EWALD PLACHUTTA

Koch des Jahres 1991
Träger des Trophée Gourmet
Begründer der Rindfleischdynastie Plachutta

CHRISTOPH WAGNER

Geboren 1954, Österreichs prominentester Gourmetjournalist und Hobbykoch, schreibt regelmäßig für „profil", „gusto" u. a., Herausgeber des Gastronomieführers „Wo isst Österreich?" und Autor zahlreicher kulturgeschichtlicher Werke und Kochbücher: „Das österreichische Kuchlkastl", „Wachau", „Rossini Cucina & Musica", „Le Tour Gourmand" u. v. a.
2001 Goldenes Ehrenzeichen der Republik Österreich.
Zuletzt erschien sein auch mit Kochrezepten gewürzter Kriminalroman „Schattenbach"

DIE GUTE
KÜCHE

PLACHUTTA · WAGNER

DIE GUTE KÜCHE

DAS ÖSTERREICHISCHE JAHRHUNDERT KOCHBUCH

Mit Farbabbildungen von
Luzia Ellert (32 Photos) und
Dorit und Johannes Kittel (580 Photos)

Orac

ISBN 978-3-7015-0310-0

Foto auf dem Einband vorne: Luzia Ellert
Foto auf dem Einband hinten: Johannes Kittel
Lektorat: Renate Wagner-Wittula
Grafische Gestaltung und technische Betreuung: Rudolf Metzger
Für die Mitarbeit danken wir: Karl Fetter, Konditormeister und Sous-Chef des Restaurants „Drei Husaren", Wien; Andreas Schöner, Executive-Chef der Kohl & Plachutta GesmbH, Wien; Mario Plachutta, Eigentümer der PLACHUTTA-Gastwirtschaft, Wien
Für die Foto-Requisiten danken wir folgenden Firmen: Rist GmbH, Wien; Ernst Wahliss GesmbH, Wien; Keramische Werkstätte Berger, Wien; Zur Schwäbischen Jungfrau, Wien; Riccardo Piccini, Wien; Rasper und Söhne, Wien; E. Rettner GesmbH, Wien; Klaus Ruhnau GesmbH, Wien; E. Lackinger GesmbH, Wien
Satz und Repros: SRZ Korneuburg
Druck und Bindung: Druckerei Theiss GmbH, A-9431 St. Stefan, www.theiss.at

INHALT

KLEINE WARENKUNDE
11

KALTE GERICHTE
93

WARME GERICHTE
157

SÜSSE GERICHTE

411

AUFTAKT

Statt eines Vorworts: Eine kleine Gebrauchsanweisung

Kochbücher, die über ein allzu kompliziertes Regelwerk verfügen, erweisen sich zumeist als wenig benützerfreundlich. Ein Kochbuch ist schließlich kein Flughafen, auf dem man nur dann zum richtigen Flugsteig findet, wenn man ein, zwei Dutzend Piktogramme richtig zu deuten versteht.
Wir haben aus diesem Grunde versucht, mit Rezepten möglichst freizügig und mit Symbolen aller Art möglichst sparsam umzugehen, um Ihnen, liebe Leserinnen und Leser, mühseliges Hin- und Herblättern zu ersparen.
Damit Ihnen „Die gute Küche" gleich von Anfang an vertraut wie ein lieber alter Bekannter ist, haben wir das Buch nicht etwa nach kalten und warmen Vorspeisen, Suppen, Zwischengängen, Hauptgerichten und Desserts gegliedert, wie es einer klassischen Menüfolge entsprechen würde. Der „Fahrplan" durch dieses Kochbuch ist wesentlich kürzer und übersichtlicher. Er läßt sich mit den Worten „kalt", „warm" und „süß" zusammenfassen.
Um Ihnen die Arbeit in und mit Ihrer „Guten Küche" so leicht und angenehm wie möglich zu machen, haben wir im Ablauf der Rezepte noch einige weitere „Haltegriffe" angebracht. Unter jedem von ihnen finden Sie daher auch auf den ersten Blick wichtige Informationen. Back-, Koch- und Garungszeiten sind auf diese Weise ebenso hervorgehoben wie Backrohrtemperaturen und ähnliche kochtechnische Angaben. Beilagenempfehlungen und Garniturvorschläge sind ebenfalls detailliert ausgewiesen.
Unter vielen Rezepten werden Sie auch noch einen zusätzlichen Absatz mit dem Titel „Mein Tip" antreffen, in dem spezielle Tricks und Kniffe aus der Küche der „Drei Husaren" und des „Hietzinger Bräu" verraten werden.
Wenn Fragen allgemeinerer Natur – etwa über Grundprodukte, Frischhaltemethoden, Kochgeräte oder Tafelgeschirr – auftauchen, so möchte sich „Die Gute Küche" über den Rezeptteil hinaus auch als Nachschlagewerk empfehlen. Das ist auch der Grund, warum der einleitende warenkundliche Teil in diesem Standardwerk

vielleicht etwas umfangreicher ausgefallen ist als in den meisten anderen Kochbüchern.
Schließlich wollten wir Ihnen neben dem Spaß am Kochen auch noch ein wenig Lesevergnügen bereiten und haben für Sie in der Küchenhistorie nachgeforscht, um Ihnen ein bißchen etwas über die Geschichte jener Gerichte zu erzählen, die Sie vielleicht gerade für Ihre Familie oder für Gäste vorbereiten.
Ein abschließendes Wort sei noch zur Auswahl der Rezepte gesagt, die wir – bei allem Streben nach Vollständigkeit – letztlich doch treffen mußten, weil der gesamte Rezeptfundus, der sich in der österreichischen Küche im Laufe von vielen Jahrhunderten angesammelt hat, vermutlich eine vielbändige Enzyklopädie füllen würde. Wir haben selbstverständlich getrachtet, alle gängigen Standards der Wiener und österreichischen Küche zu berücksichtigen, aber dennoch versucht, unsere Küche so zu beschreiben, wie sie sich an der Schwelle zum dritten Jahrtausend präsentiert. Sie werden daher neben Tafelspitz und Kaiserschmarren auch ein Carpaccio oder eine Schokolademousse finden, selbst wenn diese Gerichte nicht unmittelbar in der heimischen Küchentradition stehen. Österreich hat sich in kulinarischer Hinsicht nämlich immer schon als besonders weltoffen erwiesen. Denn immerhin hat ja auch das berühmte Wiener Schnitzel seine Wurzeln nachweislich nicht in der alten Kaiserstadt, sondern in Byzanz, Venedig und Mailand. Daß es dennoch ein „typisch österreichisches" Gericht – geworden – ist, wird indessen heute kaum noch jemand bestreiten wollen.
Wir wünschen Ihnen viel Freude bei Ihrer ganz persönlichen „Guten Küche".

EWALD PLACHUTTA & CHRISTOPH WAGNER

DIE GUTE KÜCHE

KLEINE WARENKUNDE

Wie viele eheliche Kleinkriege haben sich nicht schon am leidigen Thema Haushaltsgeld entzündet. Und wie viele einstmals feurige Lieben sind daran gescheitert, daß sie auf die Dauer einfach nicht durch den Magen gingen. Kurzum: Die Harmonie rund um den Herd ist maßgeblich für die Familienharmonie im allgemeinen verantwortlich. Es ist daher mehr als nur lohnend, kleinen Alltäglichkeiten wie dem konsumbewußten Einkauf oder der liebevollen Auswahl des richtigen Gerichts die Aufmerksamkeit zu widmen, die die Wichtigkeit des Themas auch dann verdient, wenn das Essen – nur scheinbar – nicht zu den „großen Problemen" der Familie zählt.

FÜHREN SIE IHREN HAUSHALT WIE EIN PROFI

Kochen fängt bereits beim Einkaufen an.

Kochen hat nicht nur mit Kreativität, Intuition und Freude zu tun, Kochen ist vor allem eine Sache erstklassiger Organisation. Das beginnt bereits bei der Küchenplanung und der Auswahl der Geräte, bei deren Qualität man nicht sparen sollte. Kochen fängt also bereits beim Einkauf an, und um richtig einkaufen zu können, sollte man allerlei Grundlegendes über Warenkunde, richtige Lagerung und Hygiene wissen. Denn je mehr man sich mit diesen Themen beschäftigt hat, bevor man sein theoretisches Wissen am Herd in die Praxis umsetzt, desto weniger Enttäuschungen erlebt man nachher auf dem Teller. Das alles gilt für den Profikoch ebenso wie für die Hausfrau oder den Hobby-Cuisinier. Allen geht es ums gelungene Resultat, nur daß zu Hause meist die vielen Heinzelmännchen fehlen, die in der Profiküche zur Verfügung stehen. Dieses Kochbuch möchte die Heinzelmännchen jedoch, so gut es geht, ersetzen.

Zehn goldene Regeln für den Einkauf von Nahrungsmitteln

Kontrollieren Sie Ihre Vorräte mit einer Checkliste!

1. Sichern Sie sich einen möglichst genauen Überblick über Ihre lagernden Haushaltsvorräte. Eine **Checkliste** kann dabei gute Dienste leisten.
2. Planen Sie – eventuell nach Einberufung einer „Familienkonferenz" – Ihren **Speisezettel für mindestens eine Woche**. Das hilft Zeit und Geld zu sparen und sorgt außerdem für mehr Abwechslung am Menüplan.
3. Berechnen Sie die **genauen Einkaufsmengen** (Fisch, Fleisch) und legen Sie, möglichst unter Berücksichtigung von Saison- und Sonderangeboten, eine Einkaufsliste an. Und jetzt das Wichtigste: Lassen Sie sich in Selbstbedienungsläden nicht von überflüssigen Verlockungen verführen, sondern halten Sie sich genau an Ihr eigenes Konzept.
4. Beachten Sie **Ablaufdaten** und kontrollieren Sie jede Ware auf Verderb und etwaige **Verpackungsschäden.** Wenn es möglich ist, benutzen Sie die Supermarktwaagen, um dort auch vorverpacktes Obst nachzuwiegen. Vermeiden Sie es, unverpacktes Obst und Gemüse aus Ausstellungs- und Marktkörben in unmittelbarer Nähe stark befahrener Straßen zu nehmen, da dies die Gefahr einer Bleiablagerung birgt.

Beurteilen Sie Obst nicht nach der Oberfläche!

5. Gehen Sie **Obst- und** vor allem **Beerenschalen** „auf den Grund". Oft ist nur die Oberfläche hübsch anzusehen und der „Untergrund" mangelhafte, mitunter sogar schimmelige Ware.
6. Prüfen Sie **Fleisch** genau auf seine Qualitätsmerkmale. Hier einige wichtige Hinweise: Beachten Sie vor allem bei Fleischsonderaktionen ein mögliches Übergewicht von Fett- und Knochenanteilen. Achten Sie darauf, kein blutfrisches Fleisch einzukaufen, das für den Verzehr zu wenig abgehangen ist. Steaks sollten nie „nur mager", sondern stets zart marmoriert sein.
7. Achten Sie beim Einkauf von **Fisch** auf rote Kiemen, klare Augen, festes Fleisch und einen reintönigen Geruch. Besondere Vorsicht ist im Binnenland bei Meeresfischen angebracht, bei denen man sich auf jeden Fall optimaler Frische versichern sollte.
8. Lassen Sie beim Kauf von **Tiefkühlware** ganz besondere Vorsicht walten und bereifte, stark vereiste und daher schlecht kühlende Truhen links liegen. Riskieren Sie einen kurzen Blick, ob die Tiefkühltruhe richtig eingestellt ist. Die Temperatur sollte minus 18 °C betragen. Die Ware in der Truhe darf nicht über der vorgeschriebenen Markierungsmarke gestapelt sein. Schnee- und Saftspuren sowie Verklumpung (vor allem bei Gemüse und Beeren) lassen auf eine Unterbrechung der Kühlkette, d. h. auf bereits angetaute und daher gesundheitsgefährdende Ware schließen. Weiße oder braune Flecken bei Fisch und Fleisch zeigen Gefrierbrand an. Transportieren Sie Tiefkühlwaren, die nicht zum sofortigen Verbrauch bestimmt sind, in Spezialboxen oder -taschen. Ein Isoliermantel aus Styropor oder notfalls auch mehrere Schichten von Zeitungspapier sind praktikable Behelfe.
9. Überprüfen Sie **Dosenware** grundsätzlich auf Ablaufdatum und mögliche Bombierung (verbogenes Blech).
10. Kaufen Sie **vakuum- oder plastikverpacktes Fleisch** wirklich nur bei einem Fleischhauer Ihres Vertrauens ein. Es läßt sich nämlich nur schwer auf seine tatsächliche Qualität überprüfen.

Richtige Lagerung schützt vor Enttäuschung

Selbst die beste Produktqualität kann aufgrund mangelhafter Lagerung schnell verlorengehen. Und dann gilt die alte Küchenweisheit, daß sich aus einem erstklassigen Produkt zwar ohne weiteres ein zweitklassiges Gericht herstellen läßt, aber niemals umgekehrt.

Zehn allgemeine Faustregeln für richtige Lagerung von Lebensmitteln im Haushalt

Sorgsame Lagerung ist der halbe Kocherfolg.

1. Lassen Sie zwischen dem Einkauf der Ware und dem Einlagern in Speisekammer, Kühlschrank oder Tiefkühltruhe möglichst wenig Zeit vergehen. Wichtig: Waren niemals länger als unbedingt nötig im Kofferraum des Autos liegen lassen.

2. Lagern Sie übersichtlich und nach Warengattung.

3. Stellen Sie die ältere Ware vor die neue und sichern Sie sich somit eine funktionelle Frischekette.

4. Lagern Sie Gefäße mit flüssigen Inhalten grundsätzlich tiefer als Feststoffe (Augenhöhe).

5. Geflügel und Eier sind stark salmonellengefährdet und müssen daher möglichst isoliert von anderen Lebensmitteln gelagert werden.

6. Nehmen Sie Fleisch, Fisch und Wurstwaren vor der Lagerung aus der Verpackung. In Frischhalteboxen oder in Folie hält sich die Qualität besser und hygienischer.

7. Tiefkühlware muß grundsätzlich sofort weitergefrostet werden. Unser Tip: Schaffen Sie eigene Aromabereiche für Eis, Gemüse, Fisch und Fleisch in Ihrem Tiefkühlschrank. Sie vermeiden so beispielsweise, daß Ihre Cassata „fischelt“.

8. Lagern Sie alle Lebensmittel stets kühl, trocken und dunkel.

9. Verpackungen vor der Lagerung auf ihre Dichte zu prüfen spart Ärger.

10. Achten Sie darauf, daß Kühlschrank und Tiefkühltruhe gut schließen und vereisungsfrei sind (Mindesttemperatur für Tiefkühlware: –18 °C).

Austupfen der Bauchhöhle

Was Sie bei der Lagerung verschiedener Lebensmittel im speziellen beachten sollten

Fleisch sollte man nach dem Einkauf sofort aus der Verpackung nehmen, mit einem Einwegtuch abreiben, in Folie einschlagen, in Frischhalteboxen lagern oder (z. B. bei Steaks) im Ölbad konservieren. Die ideale Lagertemperatur beträgt +1 bis +3 °C. **Vorsicht:** Rohes Faschiertes muß, da nicht lagerfähig, innerhalb eines Tages verarbeitet werden. Je magerer das Fleisch, desto besser ist es tiefkühlgeeignet.

Fische vertragen grundsätzlich nur eine kurze Lagerzeit. In jedem Fall muß man sie vor dem Einlagern ausnehmen und die Bauchhöhle gründlich austupfen. Die ideale Lagertemperatur liegt nahe dem Gefrierpunkt. Zur Aromasicherung empfehlen sich Folien oder Frischhalteboxen. Fische im Ganzen sollte man zur Lagerung in nasse Essigtücher einschlagen. Frische Fische sind generell gut tiefkühlgeeignet.

So vermeiden Sie die Salmonellengefahr.

Geflügel sollte man wie Fisch nur möglichst kurzfristig und wegen der Salmonellengefahr isoliert lagern, wobei die ideale Lagertemperatur +1 bis +3 °C beträgt. Vor dem Lagern muß das Geflügel ausgenommen werden, die Bauchhöhle muß sorgfältig mit Küchenkrepp getrocknet werden. Innereien sollten unbedingt separat gelagert werden. Tiefkühlung ist bei gutem Aromaschutz möglich.

Bei **Früchten** ist die ideale Lagertemperatur je nach Gattung verschieden. In jedem Fall müssen die Früchte, nachdem sie auf Druckstellen, Reife und Fäulnis kontrolliert worden sind, flach aufgelegt werden. Auch **Beeren** sollte man im Kühlschrank möglichst flach lagern und häufig kontrollieren.

Erdäpfel und Zwiebeln müssen trocken, kühl und dunkel gelagert werden. Für Zwiebeln gibt es spezielle Lagertöpfe mit Frischhalteeffekt. Auch alle anderen **Gemüse** lieben Kühle, Trocken- und Dunkelheit und sollten möglichst nicht gestapelt werden.

Salate sollten in jedem Fall kühl, aber nicht zu kalt gelagert werden, wobei die Idealtemperatur bei +6 °C liegt. **Wichtig:** Vogerlsalat, Rucola und zarte Blattsalate mit feuchten Tüchern bedecken!

Fisch aromageschützt lagern

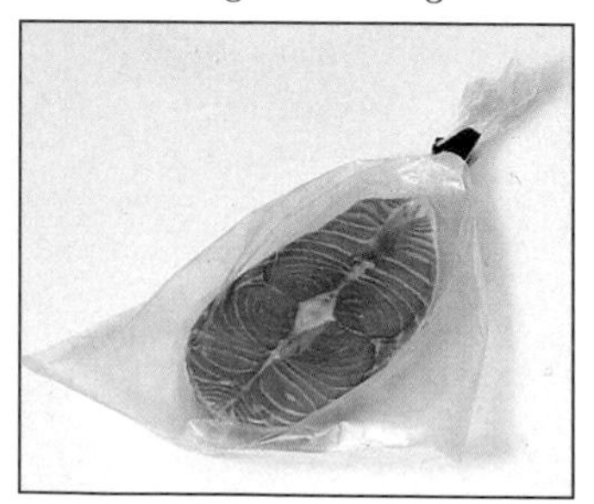

Für die Lagerung von **Kräutern** sollten die Kräuterstiele unbedingt in kaltes Wasser gestellt oder zumindest in ein feuchtes Tuch oder Klarsichtfolie eingeschlagen werden (Kühlbeutel). **Wichtig:** Kräuter stets frisch hacken oder frisch gehackt tiefkühlen. Für längere Lagerung können Kräuter auch flach aufgebreitet und an warmen Orten getrocknet werden.

Milchprodukte werden grundsätzlich im Kühlschrank aufbewahrt. Schlagobers läßt sich nur gut gekühlt schlagen.

Fette wie Butter, Margarine, Schweine-, Gänse- und Kokosfett gehören ebenso wie Kürbiskernöl und Trüffelöl in den Kühlschrank. Alle anderen **Öle** werden kühl, dunkel und gut verschlossen, wenn möglich in einer Speisekammer, gelagert.

Käse sollte, möglichst in der Originalverpackung, bei ca. +4 bis +7 °C gelagert werden, Hart- und Schnittkäse eventuell auch kälter. **Wichtig:** Angeschnittenen Käse unbedingt in Klarsichtfolie einschlagen oder mit einem nassen Tuch bedecken. Geruchsintensive Käse lagern Sie am besten in gut verschlossenen Boxen. Und noch ein Tip: Alle Käse außer Frischkäse sollte man etwa eine Stunde vor dem Verzehr aus dem Kühlschrank nehmen. So können sie ihr Aroma wesentlich besser entfalten.

Eier werden im Kühlschrank oder an einem anderen kühlen Ort wegen der Gefahr der Salmonellenübertragung möglichst isoliert gelagert.

Schinken und Wurstwaren mögen's sehr kühl, am besten zwischen +1 und +3 °C im Kühlschrank.

Schnittwurst lagert man am besten in Originalverpackung oder Frischhalteboxen.

Schinken und Schnittwurst mögen's kühl.

Mehl, Zucker, Reis, Semmelbrösel und Teigwaren werden trocken, kühl und dunkel gelagert. Achten Sie im eigenen Interesse auf Übersichtlichkeit.

Kaffee und Tee müssen unbedingt aromasicher, eventuell in eigenen Behältnissen, aufbewahrt werden.

Marmeladen auf offene Deckel und Schimmelbefall prüfen.

Wie man Lebensmittel frisch hält

Man muß gar nicht auf bestem Fuß mit einer guten Küchenfee stehen, um seine Lieben stets und, wenn's sein muß, sogar saisonunabhängig mit den größten Köstlichkeiten zu verwöhnen. Man braucht nur ein paar kleine Kniffe zu kennen, die wir hier gerne verraten.

Lagerung von Fertiggerichten. Jederzeit servierbereit ist, was aromageschützt in Frischhalteboxen oder Nirostageschirr im Kühlschrank gelagert wurde, und zwar möglichst bei ca. +1 bis +3 °C. Ragouts sollte man dabei gut mit Saft abdecken. Braten wird in Klarsicht- oder Alufolie eingeschlagen, gekochtes Fleisch grundsätzlich in der Suppe belassen. Gemüsegerichte gehören am besten in Frischhalteboxen oder Nirostaschüsseln.

Auch Kühlen will gelernt sein. Selbst wenn ein Kühlschrank heute etwas Alltägliches ist, werden doch noch immer viele

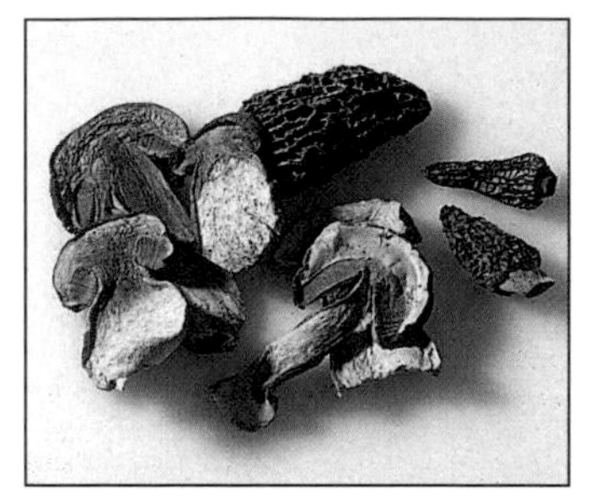

Getrocknete Pilze

Bedienungsfehler gemacht, die sich negativ auf die Qualität der Speisen auswirken. Beachten Sie daher unbedingt die folgenden **fünf Kühlschrankgebote**:

1. Die Temperatur sollte nahe der Null-Grad-Grenze liegen. Fixieren Sie das Thermometer entsprechend.
2. Öffnen Sie die Türen stets nur kurz, und achten Sie darauf, daß sie gut schließen.
3. Überprüfen Sie von Zeit zu Zeit die Türdichtungen.
4. Lassen Sie den Kühlschrank schon bei den ersten Anzeichen von Bereifung sofort abtauen und austrocknen.
5. Reinigen Sie die Obstladen so oft wie möglich.

Vakuumverpackung – aber nicht für alles. Die Haltbarmachung von Lebensmitteln durch Luftentzug in Plastikbeuteln erfreut sich zunehmender Beliebtheit. Allerdings kann die Vakuumverpackung bei pariertem und portioniertem Fleisch (z. B. Schnitzeln) und portioniertem Frischfischfilet durchaus problematisch sein. Das Vakuum öffnet nämlich die Poren und sorgt für übermäßigen Gewebesaftaustritt. Ideal ist diese Frischhaltemethode hingegen zum Verpacken von Wurst, Schinken, Pasteten, Räucherfisch sowie Fleisch mit guter Fetteindeckung im großen Stück (z. B. Tafelspitz, Schulterscherzel oder Lammrücken).

Frischhaltefolie – ein Muß für jede Küche. Transparent, atmungsaktiv und selbsthaftend sind Klarsichtfolien der erstklassige Aromaschutz schlechthin.

Alufolie – ein vielseitiger Küchenhelfer. Alufolie eignet sich, da ein guter Wärme- und somit auch Kälteleiter, perfekt zum Frischhalten von Fisch und Fleisch. Man verwendet sie aber auch zum Abdecken von Gerichten nach vollendeter Bräunung, zum Garen in der fest verschlossenen Folie (z. B. Forelle, Rostbraten, Seezungenroulade oder Folienerdäpfel) oder zum Formen von Butter- (Kräuterbutter) oder Carpaccio-Rouladen.

Alt, aber gut: ein feuchtes Tuch. Die altbewährte Methode, Nahrungsmittel frischzuhalten und vor dem Austrocknen zu bewahren, hat auch in der modernen Küche nichts von ihrem Reiz verloren. Besonders geeignet ist sie beispielsweise für Käse, Spargel, Fische im Ganzen, Blattsalate und Kräuter.

So kochen Sie Ihre Lieben ein. Auch Einkochen ist eine Form des Haltbarmachens von Früchten, eignet sich fallweise aber auch für Ragouts, Fertiggerichte, Gemüse und Pilze, die durch Erhitzen im Wasserbad oder im Einkochtopf an Lagerfähigkeit gewinnen. Durch die Hitzeeinwirkung werden die Bakterien abgetötet, durch Verschließen der Glasbehälter entsteht ein Vakuum. Ganz besonders erfolgsträchtig ist das Einkochen von Marmeladen unter Beigabe von Zucker und Gelierhilfen.

Diverses Dörrobst

Trocknen von Pilzen und Obst. Das klassische „Großmutterrezept" zum Haltbarmachen von Obst, Pilzen oder Kräutern bewährt sich auch heute noch. Dazu wird das Trockengut auf großen Sieben oder einer anderen luftdurchlässigen Unterlage (z. B. Küchenkrepp) an warmen, luftigen Orten aufgebreitet. Steinpilze etwa werden geputzt, geschnitten und flach ohne gegenseitige Berührung aufgelegt. Pilze, die auf diese Weise konserviert wurden, lassen sich bequem über längere Zeit aufbewahren. Vor der Verwendung müssen sie allerdings in Wasser eingeweicht werden. Bei Obst ist diese Methode besonders für das Konservieren von Zwetschken, Pflaumen, Birnen (Kletzen), Apfelringen und Marillen hervorragend geeignet.

Gut gebeizt ist halb gewonnen. Das Beizen ist zunächst einmal kein geschmacksverstärkender, sondern ein haltbarmachender Vorgang. Beim Einlegen von Fleischstücken (Rind, Wild) in gekochte oder rohe Beize wird das Fleisch jedoch auch mürb und – je nach Art der Beize – geschmackvoller. Es empfiehlt sich, eine gute Beize zumindest teilweise mitzukochen und dadurch ihr Aroma voll zur Geltung zu bringen.

Konservieren mit Alkohol muß keineswegs betrunken machen. Beliebt ist diese Art der Haltbarmachung in erster Linie bei Früchten (z. B. Rumtopf, Schwedenfrüchte).

Rumtopf

Pökeln und Räuchern wie anno dazumal. Was im bäuerlichen Haushalt seit Jahrhunderten üblich ist, wird im Normalhaushalt kaum praktiziert. Wer aber hobbymäßig räuchern will, findet im Fachhandel praktische Mini-Räuchergeräte.

Konservieren mit Essig. Ebenfalls ein „Großmutterrezept“: Einlegen von Gemüse und Hülsenfrüchten in Essigmarinade, teilweise auch mit Öl versetzt. Besonders geeignet sind Gurkerl, Perlzwiebeln, Bohnen und Maiskolben.

In der Ölmarinade gewinnt Fleisch an Mürbe.

Wenn das Steak ein Ölbad nimmt. Wird Fleisch mit Öl bedeckt und eventuell mit Kräutern und Gewürzen veredelt, verlängert das nicht nur die Haltbarkeit, sondern macht das Fleisch auch mürber. Besonders geeignet ist diese Methode für Rindsfilet, Steaks, Lamm und Wild. Man sollte jedoch genau auf die Geruchsentwicklung des Öls und die Saftabsonderung achten.

In Fett eingießen. Alte Methode, um Gänse oder Gänseleber im gegarten Zustand längerfristig haltbar zu machen (Confit). Siehe Rezept S. 127. Kühle Lagerung erforderlich.

Tiefkühlen im allgemeinen. Dieses hervorragende Verfahren, verschiedene Lebensmittel längerfristig haltbar zu machen, ist bei manchen Gourmets deshalb in Verruf geraten, weil es leider häufig falsch praktiziert wird. Ernährungsphysiologisch ist es jedoch in jedem Fall die schonendste Methode, um Vitamine und Nährwerte, aber auch Aromen dauerhaft zu erhalten. Vorschriftsmäßiges Einfrieren funktioniert so, daß Lebensmittel zunächst bei –30 bis –40 °C schockgefroren und dann bei mindestens –18 °C gelagert werden. Ein Tip: Man sollte niemals zuviel Frischware auf einmal frosten, damit die Temperatur konstant bleibt.

Tiefkühlen von Gemüse und Pilzen. Das Gemüse wird (bei Bedarf) zerkleinert, geputzt, gewaschen und 2–4 Minuten blanchiert, dann sofort in mit Eiswürfeln versetztem, kaltem Wasser abgekühlt, abgeseiht, abgetrocknet, auf Plateaus flach angefrostet und abgepackt. Rotkraut, Kohl, Kochsalat und Cremespinat werden nur in völlig gegartem Zustand verpackt. Zum Frosten geeignet sind vor allem wasserarme Gemüse wie Spinat, Kochsalat, Kohl, Karotten, Fenchel, Sellerie, Erbsen, Erbsenschoten, Fisolen, Hülsenfrüchte, Maiskolben, Kohlrabi, Spargel, Broccoli, Kohlsprossen, Schwarzwurzeln, Rot- und Weißkraut. Nicht geeignet sind Gurken, Tomaten sowie rohe Erdäpfel. Pilze kann man gereinigt schneiden und schnell frosten oder aber vorher, ebenfalls geschnitten, kurz in Öl farblos anschwitzen.

Tiefkühlen von Kräutern. Die Kräuter frisch nicht zu fein hacken und sofort – in Behältern oder Tiefkühlsäcken verpackt – frosten. Nicht zum Frosten geeignet ist Schnittlauch.

Tiefkühlen von Fonds

Tiefkühlen von Früchten und Beeren. Zum Teil können auch nicht zu wasserhältige Früchte gefrostet werden. Besonders eignen sich Marillen, Zwetschken, Pflaumen, Weichseln, Kirschen, Rhabarber, Erdbeeren, Brom-, Heidel- und Himbeeren. Walderdbeeren erhalten hingegen einen bitteren Geschmack. Geschälte Kiwis kann man, allerdings nur dann, wenn sie nach dem Auftauen zur Saucenerzeugung verwendet werden, ebenfalls frosten. Das Obst wird zu diesem Zweck bei voller Reifung gewaschen, getrocknet und gefrostet. Steinobst am besten entkernen und auf Plateaus ausgebreitet anfrosten, dann schnell verpacken. Beeren verlesen, flach auf Plateaus ausbreiten, anfrosten, verpacken. Übrigens: Man kann Früchte und Beeren auch mit Trockenzukker (Kristall) oder Zuckerlösung versetzen (Zuckerzugabe 35–45%).

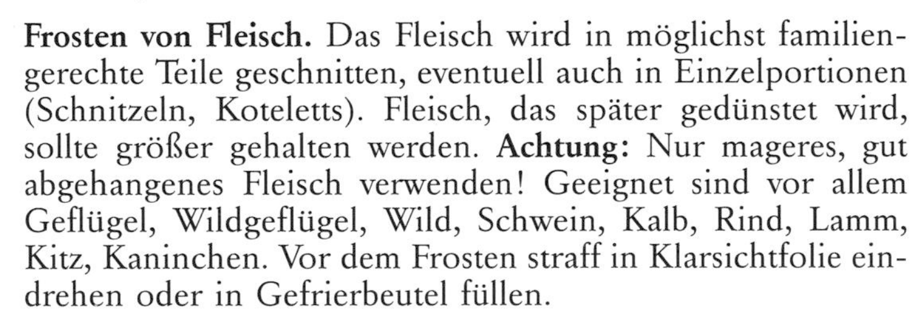

Frosten von Fleisch. Das Fleisch wird in möglichst familiengerechte Teile geschnitten, eventuell auch in Einzelportionen (Schnitzeln, Koteletts). Fleisch, das später gedünstet wird, sollte größer gehalten werden. **Achtung:** Nur mageres, gut abgehangenes Fleisch verwenden! Geeignet sind vor allem Geflügel, Wildgeflügel, Wild, Schwein, Kalb, Rind, Lamm, Kitz, Kaninchen. Vor dem Frosten straff in Klarsichtfolie eindrehen oder in Gefrierbeutel füllen.

Frosten von Fischen. Portionsfische (ca. 250–400 g) werden ausgenommen, gewaschen und getrocknet gefrostet. Größere Fische werden meist filetiert oder auch in Schnitten oder Scheiben portioniert. Der Vorgang: möglichst schnell anfrosten, in eiskaltes Wasser tauchen (glacieren), weiterfrosten und straff verpacken.

Außerdem zum Tiefkühlen geeignet sind: Eisparfait, Eiscreme, Kuchen, Torten, Brot, Gebäck, Aufläufe, Strudeln, Germknödel, Fertiggerichte wie Beuschel, Ragout, gekochtes Fleisch, Rindsbraten, gedünstetes Wild in Sauce, Gemüsegerichte, Nudelgerichte wie Lasagne, Ravioli, Cannelloni, Milch, Schlagobers, Suppen, Fonds, Saucen, Kartoffelmassen, Pommes frites, Fruchtsäfte, Blätter- und Plunderteig, Fruchtmark, fertige Marmeladen, rohe Eier ohne Schale, Germ.

Wer schnell frostet, der frostet doppelt so gut. Geräte mit Schnellfrosteinrichtung sind daher grundsätzlich zu bevorzugen. Fleisch muß besonders rasant gefrostet werden, da sich beim Langsam-Frieren im Inneren der Produkte große Eiskristalle bilden, die das Gewebe zerstören (großer Flüssigkeitsverlust beim Auftauen führt zum Austrocknen des Produkts).

Einige wichtige Tiefkühlregeln

Luft und Gefriergut vertragen sich nicht.

1. Ware richtig verpacken (in Frage kommen Tiefkühlbeutel, Folien, Alu- und Kunststoff-Formen).
2. Luft möglichst aus der Verpackung herausstreichen. Luft trocknet das Gefriergut nämlich aus.
3. Die Ware möglichst flach (auf Plateaus) in nicht zu großen Quantitäten anfrosten.
4. Beim Anfrosten niemals stapeln.
5. Erst nach völliger Erstarrung mit dem Stapeln beginnen.
6. Waren mit Aufkleber (Warengattung, Einfrierdatum, Mengenangabe) versehen.
7. Achtung vor dem Gefrierbrand: Durch Verdunstung von Zellflüssigkeit entstehen weiße oder braunrötliche Flekken. Die Ware verändert den Geschmack nachteilig und wird trocken. Vor Gefrierbrand schützt nur die regelmäßige Kontrolle der Ware. Ursachen dafür können Verpakkungsmängel, Temperaturschwankungen, zu warme Lagerung oder Überlagerung sein.

Richtlinien für die Lagerfähigkeit von Tiefkühlprodukten bei –18 °C

Schweinefleisch:
4–6 Monate

Rind- und Kalbfleisch:
8–12 Monate

Wildschwein:
4–6 Monate

Reh, Hirsch, Hase:
8–12 Monate

Wildgeflügel, Hühner, Truthahn:
8–10 Monate

Ente, Gans:
6–8 Monate

Fische:
6–12 Monate

Gemüse, Obst, Beeren:
12–14 Monate

Hygiene in der Küche

Auch in der heimischen Küche könnten unter Umständen lästige Krankheitserreger lauern. Daher ist Sauberkeit sowie fachgerechte Verarbeitung und Lagerung von Lebensmittel von großer Wichtigkeit:
Lagern Sie Lebensmittel kühl und dunkel, Hühner und Eier möglichst gesondert.
Reinigen Sie möglichst mit Einwegtüchern, wechseln Sie Schwammtücher oft. Waschen Sie Arbeitsflächen mit desinfizierenden Lösungen oder Waschzusätzen. Verwenden Sie Schneidbretter aus Kunststoff.
Kühlen unter 5 °C, Ansäuern, Salzen oder Trocknen verzögert die Vermehrung von Salmonellen. Erhitzen durch Kochen und Braten führt zum Absterben von Salmonellen.

DIE KÜCHE IST MEHR ALS EIN ARBEITSPLATZ

Haben Sie schon einmal nachgerechnet, wieviel Zeit Sie täglich in der Küche verbringen? Jedenfalls zuviel, um sich täglich mit mangelhafter Ausstattung und unzulänglichen Arbeitsbedingungen herumzuärgern. Denn merke: Eine schöne, moderne und nach allen Regeln zeitgemäßen Designs und Stylings ausgestattete Küche muß nicht automatisch eine gute sein.

Der Herd ist das Herz der Küche

Die Wahl der richtigen Energieform spart Energie.

Wenn nicht die regionale Versorgungslage die Entscheidung zwischen Strom- und Gasversorgung ohnedies vorwegnimmt, ist es absolut nützlich, sich darüber Gedanken zu machen, welche Energieform für welche Bedürfnisse am geeignetsten ist. Hier ein kurzer Vergleich:

Pro und contra Gasherd

Pro: Gas ist die billigere Energieform. Die Hitze entwickelt sich in Sekundenschnelle und kann ebenso blitzartig wie stufenlos reguliert werden. Gas eignet sich für Geschirre ohne Spezialböden.
Contra: Die Hitzeverteilung auf Pfannen und Töpfe erfolgt nicht gleichmäßig. Die Töpfe kippen leicht. Der Raumluft wird beim Kochen viel Sauerstoff entzogen. Die Feuergefahr ist größer als beim E-Herd. Schließlich sind Geschirr und Ofen anfälliger für Verunreinigungen.

Pro und contra E-Herd

Pro: Durch gleichmäßige Hitzeverteilung stellt der E-Herd eine optimale Energiequelle dar, die sich in Stufen regulieren läßt. Glaskeramikplatten bieten eine ideale Ergänzung und sorgen für zusätzliche Stellfläche. Blitz- und Schnellkochplatten sind teilweise mit Energieregulierung ausgerüstet. E-Herde sind leicht zu reinigen und verfügen zumeist über das formschönere Design.
Contra: E-Herde setzen Geschirr mit Spezialböden voraus, verursachen höhere Energiekosten und strahlen auch nach dem Abschalten noch Hitze ab.

Alles übers Backrohr. Ob sie im Herd integriert sind oder als Einzelgeräte angeboten werden: Elektrobackrohre sind Gasbackrohren aufgrund der weitaus gleichmäßigeren Backleistung vorzuziehen. Die meisten Backrohre sind heutzutage mit gesondert geschalteter Ober- und Unterhitze ausgestattet und verfügen oft auch über Grillschlangen an der Decke des Gerätes. Letztere eignen sich vor allem zum raschen Bräunen, Gratinieren und Toasten. Fast schon obligatorisch ist heute auch die Zuschaltung von beheizter Umluft. Das schafft, bei Zeit- und Energieersparnis, die Möglichkeit, in mehreren Etagen gleichzeitig zu backen oder zu braten. Außerdem ergibt sich eine gleichmäßigere Bräunung. Vorsicht: Zirkulierende Heißluft birgt allerdings auch die Gefahr in sich, die Speisen auszutrocknen.

Umluft ist heute schon fast obligatorisch.

Was Sie über die Mikrowelle wissen sollten

Mikrowelle ja oder nein. Diese Frage steht neuerdings immer stärker im Mittelpunkt einer nicht immer mit seriösen Argumenten geführten Diskussion. Bleiben wir also bei den Fakten. Der Mikrowellenherd ist, auch wenn es mittlerweile die Möglichkeit der Zuschaltung von Bräunungsvorrichtungen gibt, doch in erster Linie ein ideales Gerät, um Speisen rasch wiederzuerwärmen oder Tiefkühlprodukte aufzutauen. Da Mikrowellengeräte elektromagnetische Wellen erzeugen, mit Hilfe derer die Wassermoleküle von Speisen in schnelle Schwingungen versetzt werden, können bereits fertige Speisen in Sekundenschnelle erhitzt werden.
Ideal ist ein Mikrowellenherd daher für Familien, deren Mitglieder zu unterschiedlichen Zeiten essen. Die Mahlzeit kann dann nämlich, einmal fertiggestellt, im Kühlschrank aufbewahrt und in Kürze heiß serviert werden. Als nützlich erweist sich die Mikrowelle zuweilen auch, wenn man Gäste erwartet. Sie entlastet den Herd, außerdem können Gemüsebeilagen und Aufläufe darin bereits im Tafelgeschirr erwärmt werden. Auch fertige Mehlspeisen wie Strudel, Aufläufe und Knödel lassen sich meist ohne Qualitätsverlust aufwärmen.

So ersparen Sie sich Ärger: Programmieren Sie die Garungs- oder Erwärmungsdauer möglichst exakt. Wenige Sekunden sind oft entscheidend. Bedecken Sie die Speisen unbedingt mit den dafür vorgesehenen Abdeck-Clochen oder straff fixierter Klarsichtfolie. Plazieren Sie die Speisen stets im Zentrum des Mikrowellenherdes.

Verwenden Sie das ideale Geschirr! Geeignet sind Behälter aus Glas, Porzellan, Kunststoff mit Mikrowelleneignung oder Karton. Auf keinen Fall geeignet sind Behälter aus Metall sowie Alufolien. Die Mikrowellen werden in diesem Fall reflektiert und beschädigen das Gerät.
Wichtig: Der Mikrowellenherd ist eine praktische Küchenhilfe zum Aufwärmen, aber keinesfalls ein Ersatz für einen konventionellen Herd!

„Ein guter Griller ist keine Grille“

Grillfeste erfreuen sich nicht nur aufgrund ihres gesellschaftlichen Wertes hoher Beliebtheit. Grillen ist eine der ältesten Garungstechniken der Menschheit und will mit Bedacht und Können praktiziert sein. Hier einige Tips:

Der Holzkohlengrill ist zum Grillen im Freien gedacht, läßt sich aber bei Bedarf auch im Kamin einbauen oder ist als kleines Tischgerät erhältlich. Die durch die Kohlebefeuerung erzielte Rauchentwicklung parfumiert die Speisen auf einzigartige Weise. Praktisch ist auch ein integrierter, batteriebetriebener Elektrospieß für größere Bratenstücke.
Das Problem der Feuerentfachung läßt sich in den Griff bekommen, wenn man lockere Papierknäuel mit lagenweise geschichtetem Spanholz bedeckt und mit nicht zu dicht gestaffelter Holzkohle so belegt, daß Zugfreiheit herrscht. Nach dem Entzünden des Papiers sollte die Feuerstelle sofort mit Blasebalg oder noch besser mit einem Fön aus der richtigen Entfernung belüftet werden.
Wichtig: Das Grillgut darf erst aufgelegt werden, wenn sich die Kohle zur Glut entwickelt hat.

Elektrogrillgeräte sind praktisch, schnell einsatzbereit und (vor allem, wenn mit Antihaftbelag ausgestattet) leicht zu reinigen. Einziger Nachteil: Die Grillromantik und der typische Grillgeschmack des Holzkohlenrauches fehlen. Ähnliches gilt für Geräte mit Gasfeuerung und für Lavasteine, wobei die offene Flamme positiv zur Aromaentfaltung beiträgt.

Keine Angst vor Automaten in der Küche!

Manche Hausfrauen betrachten einen allzugroßen „Maschinenpark“ in der Küche als ähnlich unsportlich wie die Herren der Schöpfung einen Pkw mit automatischer Schaltung. Da in der Küche jedoch letztlich der Erfolg entscheidet und Zeit auch Geld ist, sollte man allfälliges Mißtrauen gegenüber Küchenrobotern ruhig abbauen. Sie erledigen nämlich in Windeseile, was noch für Oma Plackerei und mühsame Qual bedeutete.
Folgende Grundausstattung an kleinen und größeren Küchenhelfern sollten Sie auf jeden Fall bei der Hand haben:

Handrührgerät

Das **Handrührgerät** ist ein leistungsstarkes, kostengünstiges Gerät mit Zusätzen zum Schnee- und Obersschlagen, Rühren, Kneten und Mixen.

Der **Mixstab** ist eine Errungenschaft der Nouvelle Cuisine. Horizontal rotierende Messer glätten Cremesuppen oder Saucen, sind aber auch zum Gemüsepürieren und Aufschäu-

Küchenuniversalmaschine

Mixstab

men geeignet. Auf billige Weise lassen sich so die Effekte der Haubenköche auch zu Hause erzielen.

Die Anschaffung einer **Küchenmaschine** lohnt sich nur für Mehrpersonenhaushalte. Ihr Grundelement ist ein leistungsstarkes Rührwerk zum Schlagen, Mixen, Schneiden und Kneten.

Nudelteigmaschine

Folgende Kombigeräte machen das Kochen noch zusätzlich angenehmer:

Eine **Faschiermaschine** erleichtert das Verarbeiten von rohem und gekochtem Fleisch sowie von Gemüse. Als **Mixer** dient ein Becheraufsatz mit rotierendem Messer zum Erzeugen von Milchmixgetränken und Fruchtpürees sowie zum Mixen von Saucen und gebundenen Suppen (auch als Sologerät erhältlich). Das **Schnitzelwerk** ist ein Vorsatzgerät mit Scheiben zum Schaben, Schnitzeln und Schneiden von Gemüse.

Cutter (Kleinschneider)

Der **Entsafter** schließlich dient zur Gewinnung von Vitaminstößen für die ganze Familie.

Besonders für italophil veranlagte Köchinnen und Köche ist eine **Nudelteig-Roll- und Schneidemaschine** empfehlenswert. Die meist sehr robusten und kostengünstigen Geräte (vorwiegend italienische Fabrikate) sind in verschiedenen Größen erhältlich. Das Walzwerk ist verstellbar, zum Nudelschneiden oder für die Ravioliherstellung gibt es eigene Zusatzstücke.

Immer mehr Hausfrauen und Hobbyköche verlangen nach einem **Cutter (Kleinschneider)**, einem Gerät, das die Herstellung feinster homogener Farcen (Füllungen für Pasteten, Rouladen etc.) garantiert.

Kleine Topf- und Pfannenkunde

Billig kann bekanntlich teuer sein, und das ist auch der Grund, warum bei Töpfen und Pfannen das Beste gerade gut genug ist.
Sparen Sie also keinesfalls bei der **Bratpfanne.** Empfehlenswert sind Edelstahlpfannen, in denen das Bratgut jedoch leicht haften bleibt. Als Ausweg bieten sich titanbeschichtete Edelstahlpfannen an. Teflonpfannen haben sich als Bratpfannen jedoch nicht bewährt. Sie haben keine lange Lebensdauer, und beim Braten von Fleisch bildet sich kein Bratensatz, also auch weder Saft noch Sauce. Für Palatschinken, Erdäpfelpuffer, Rösterdäpfel oder Spiegeleier sind Teflonpfannen indessen sehr wohl geeignet. Zum fettarmen Grillen werden Spezialpfannen mit Rillen angeboten, die das typische Grillmuster zeichnen. **Wichtig:** In jedem Fall sollten Sie mehrere Pfannen von unterschiedlicher Größe vorrätig haben.

Diverse Pfannen (v. l. n. r. gegen den Uhrzeigersinn): Fischbratpfanne, Bratpfanne für E-Herd, Teflonpfanne, Grillpfanne, Dalken- oder Spiegeleierpfanne

Die **Pfanne für den Braten** unterscheidet sich von der Bratpfanne alleine schon durch die Form und besteht gewöhnlich aus Metall, hitzebeständigem Glas oder Ton. Sie ist rechteckig mit hohem Rand und kann, perfekte Reinigung vorausgesetzt, auch zum Backen von Kuchen oder Aufläufen verwendet werden.

Diverse Töpfe (v. l. n. r. gegen den Uhrzeigersinn): Dämpftopf, Stielkasserolle, Braisière, flache Stielkasserolle, Bratenpfanne, Pochierwanne, Spargelkochtopf, Schnellkochtopf

Der **Topf zum Dünsten** ist im Normalfall ein halbhohes ovales Gefäß mit Deckel. Vorzuziehen sind Töpfe aus Gußeisen, in denen die Gerichte dank guter Wärmeverteilung bei dosierter Hitze langsam schmurgelnd garen. Einsetzbar am Herd und im Backrohr.

Ein **Fischtopf** ist eine praktische, allerdings keine billige Anschaffung. Fisch läßt sich darin im Ganzen oder auch portioniert sieden und mit Hilfe einer Fixiereinrichtung nach dem Garen unversehrt auf den Teller bringen.
Ähnliche Spezialtöpfe mit Einsätzen werden auch zum Kochen von **Teigwaren** und **Spargel** angeboten.

Als ideales Gerät für Eilige hat sich der **Schnellkochtopf** bewährt. Kochen unter Druck verkürzt die Garungszeit bei Gemüse um ca. 35%, bei Fleisch um ca. 70%. Bei gleicher Garungszeit kann auch in verschiedenen Etagen gegart (= gedämpft) werden. Durch die kürzere Garungszeit bleiben Vitamine und Mineralstoffe, trotz größerer Hitzeentfaltung (bis 120 °C), besser erhalten. Besonders geeignet ist das Gerät für Knochensuppen, Ragouts, Hülsenfrüchte und Gemüsegerichte.

Der **Römertopf** dient einer seit Jahrtausenden bewährten Garmethode mit gleichmäßiger und schonender Hitzeentwicklung. Der Topf muß vor Inbetriebnahme im kalten Wasser „aktiviert" werden.

Durch das zunehmende Interesse für die asiatische Küche ist der **Wok** auch bei uns in Mode gekommen. Die kesselartige asiatische Metallpfanne ist stark gewölbt und wird nur über der Gasfeuerung eingesetzt. Das Gerät dient zum Braten von kleingeschnittenem Fleisch, Garnelen, Gemüsestücken und ähnlichem Bratgut unter ständigem Rühren mit flachen Lochschöpfern.

Wichtig: Elektroherde setzen Spezialgeschirr voraus. Nichtrostender Edelstahl mit stabil verankertem Sandwichboden, der auch nach jahrelanger Benützung plan aufliegen muß, ist genau das richtige. Der Rolls-Royce unter den Töpfen besteht aus einer Kombination aus Kupfer und Edelstahl.

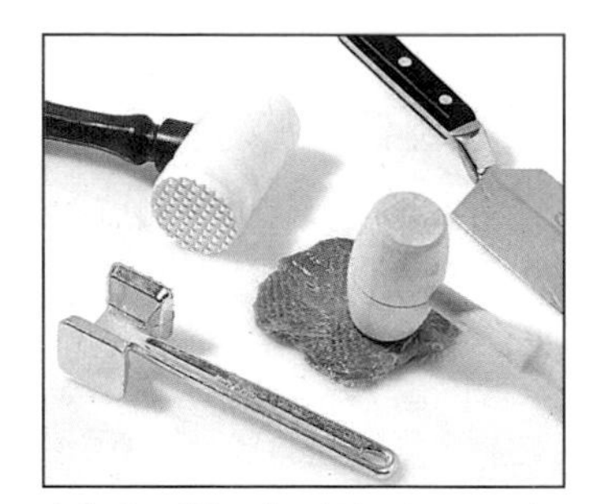

Schnitzelklopfer (Plattiereisen)

Das gut sortierte Küchenregal

Lassen Sie sich von der Vielzahl der angebotenen Küchenhilfsgeräte nicht verwirren. Nicht alles, was praktisch klingt, ist es auch. Im allgemeinen kommt man mit einer geringen Anzahl von Geräten aus, bei denen man dafür auf eine solide, hochwertige Ausführung (Nirostastahl, hochwertiger Kunststoff oder Holz) Wert legen sollte. Hier eine kurze Übersicht der wichtigsten Geräte in Regal und Lade.

Teigkarte und Teigschaber

Schneidbretter sind in Holz und – hygienischer – in Kunststoffausführung erhältlich. Dazu ein Tip: Vor der Arbeit auf dem Schneidbrett ein nasses Schwammtuch oder Einweghandtuch unterlegen, dann rutscht das Brett nicht auf der Arbeitsplatte.

Kochlöffel aus Holz oder Kunststoff sind in allen beliebigen Größen erhältlich. Für Süßspeisen sollte man aus Gründen des Aromaschutzes stets dieselben Löffel verwenden.

Der **Schnitzelklopfer**, in der Fachsprache auch **Plattiereisen** genannt, ist ein Schlägel mit genoppter Eisenoberfläche und Holzgriff. Zur hygienischen Anwendung und als Antihafteinrichtung empfiehlt es sich, das Gerät vor Gebrauch in Plastikfolie einzuhüllen oder zwischen Fleisch und Gerät ein Stück Folie aufzulegen.

Knödelfänger und Schaumlöffel

Teigschaber werden ob ihrer Schmiegsamkeit im Volksmund auch „Gummihunde“ genannt. Sie eignen sich hervorragend zum Umfüllen von Farcen, Teigen, Massen oder zum verlustlosen Entleeren von Saucen, Cremen etc., sind aber leider nicht hitzebeständig. **Vorsicht:** Dünne Teigschabergriffe aus Kunststoff sind weniger gut geeignet und instabil.

Die **Teigkarte** entspricht in der Anwendung dem Teigschaber. Die Ausführung mit Sägekerbung dient zum Verzieren von Torten.

Schneebesen

Schöpflöffel sollte man mehrere im Hause haben: einen großen für die Suppe, einen kleineren fürs Gemüse sowie einen ganz kleinen für die Saucen.

Der **Schaumlöffel** oder **Knödelfänger** ist ein ideales Gerät zum Entschäumen von Suppen und Saucen, wird aber in erster Linie zum Herausheben von Nockerln, Knödeln, Tomaten, Eiern und Gemüse aus dem Kochsud verwendet. Erhältlich in flacher und gewölbter Ausführung.

Die **Backschaufel** dient zum Wenden von Erdäpfeln oder Schmarren, zum Rösten von Knochen und Herausheben von Speisen.

Der **Schneebesen** ist unentbehrlich für das Schlagen von Eiweiß und Schlagobers (Weinschaum) sowie beim Rühren von Cremen und Pürees. Beim Kauf unbedingt auf die Dichte der Drahtschlaufen achten. **Vorsicht:** Metallgriffe erhitzen sich leicht. Holzgriffe sind nicht spülmaschinenfest, können aber abgeschraubt werden.

Dressiersack und Röhrchen (Tüllen)

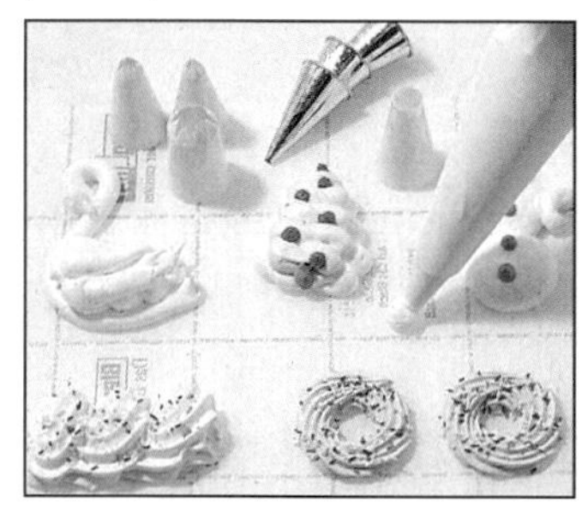

Siebe werden in verschiedenen Größen mit halbrundem oder spitzem Korpus angeboten. Die beständigere Nirostaausführung ist auch entsprechend kostspieliger. **Wichtig:** Siebe stets hängend aufbewahren.

Metallene **Passiersiebe** werden meist mit Holzrahmen angeboten und eignen sich ideal, um Erdäpfel, Äpfel oder Gemüse rasch und ohne Schwund zu passieren. Sie sind auch zum Seihen von Mehl und Semmelbröseln geeignet.

Diverse Siebe (v. l. n. r. gegen den Uhrzeigersinn): Passiersieb mit Passierschwamm, Flotte Lotte, Saucensiebe, Spitzsiebe, Gemüse- oder Nudelsieb

Die sogenannte **Flotte Lotte** ist ein handliches Gerät zum Passieren von Pürees, Suppen sowie Saucen und wird mit differenziert gelöcherten Passierscheiben angeboten.

Das auch **Chinois** genannte **Spitzsieb** wird zum Seihen von Suppen und Saucen verwendet, aber auch, um Nudeln und geschnittenes Gemüse abzuseihen sowie unter fließendem Wasser abzufrischen.

Durchschlagssiebe mit Henkel oder Griff sollte man stets in hitzebeständiger Nirostaausführung kaufen. Sie dienen zum Abseihen von Nudeln, Erdäpfeln und Gemüse.

Meßbecher kommen aus Metall oder Transparentplastik in den Handel.

Bei **Waagen** empfiehlt sich die platzsparende Hängevariante oder ein Gerät mit elektronischer Digitalanzeige.

Beim Kauf von **Pinseln** zum Bestreichen von Brat- und Backgut mit Ei, Fett, Aspik, Glasur, Wasser oder Milch sind in jedem Fall solche mit stabilen Holzgriffen und guter Borstenqualität zu bevorzugen.

Der **Krenreißer** ist auch zum Schaben von Karotten u. ä. geeignet. Stabile Nirostageräte sind kleinen Kombigeräten in jedem Fall vorzuziehen.

Der **Röstireißer** ist ein Verwandter des Krenreißers und kann umgedreht auch als Nockerlsieb verwendet werden.

Die **Maroni- oder Spätzlepresse** ist ein Spezialgerät zum Pressen von Maronimasse, dient aber auch zum Einkochen von Spätzle.

Mit Hilfe einer **Knoblauchpresse** wird ein stärkeres Knoblaucharoma erzielt als beim Kleinhacken des Knoblauchs.

Vorsicht beim Arbeiten mit dem **Gurken- bzw. Krauthobel**! Es besteht Verletzungsgefahr. Man sollte nur möglichst stabile Geräte mit Doppelklingen verwenden.

Zitruspressen sind – manuell und elektrisch betrieben – für jede Haushaltsgröße erhältlich.

Ohne **Pfeffermühle** gibt es keine große Küche. Denn frisch gemahlener Pfeffer verleiht den Speisen ein ungleich intensiveres Aroma als vorgeriebener.

Wer seine Speisen lieber mit dem unjodierten und daher milderen Meersalz würzt, sollte eine **Salzmühle** besitzen.

Als unentbehrlich zum Glattstreichen von Cremen und Massen sowie zum Abheben von Tranchen haben sich **flache** oder **stufenförmige Paletten** erwiesen.

Im Fachhandel erhalten Sie praktische **Dosenöffner**, die elektrisch betrieben werden.

Maronipresse

Stufenpalette mit Schablonen

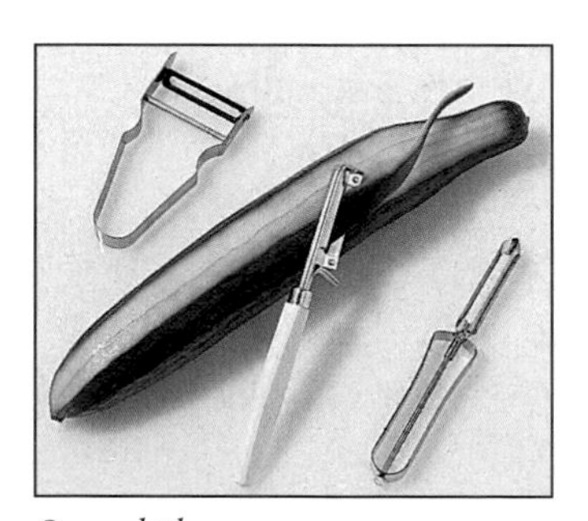

Sparschäler

Apfelausstecher

Fischentschupper

Butterroller

Eiteiler

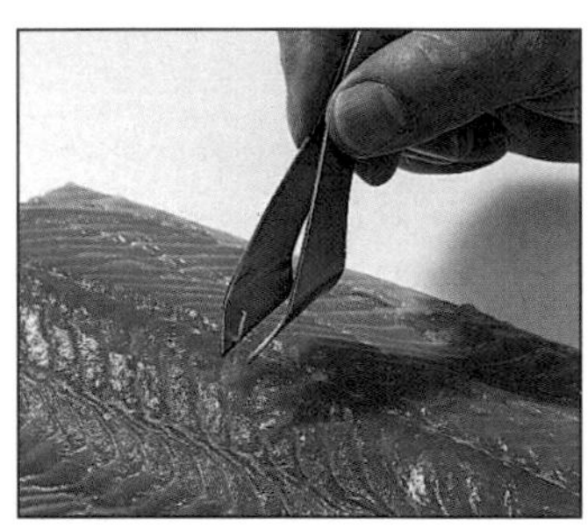

Fischpinzette

Austernöffner

Spick- und Dressiernadeln, Lardiereisen

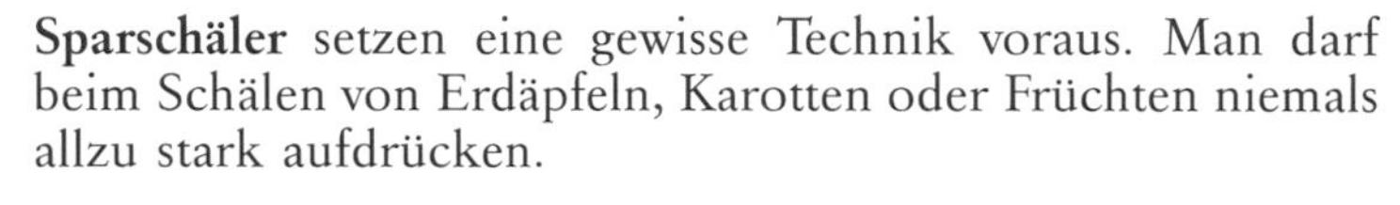

Sparschäler setzen eine gewisse Technik voraus. Man darf beim Schälen von Erdäpfeln, Karotten oder Früchten niemals allzu stark aufdrücken.

Der **Spargelschäler** ist ein sparsamer Spezialschäler, dessen Stärke bei einigen Modellen auch verstellt werden kann.

Apfelausstecher und **Kirschenentkerner** können vor allem in der Mehlspeisküche gute Dienste leisten.

Eine **Spicknadel** benötigt man, um Rehrücken, Lammkeulen etc. durch Spickspeck noch saftiger zu machen.

Die **Dressiernadel** dient zum Vernähen von Fleisch (z. B. Kalbsbrust) sowie zum Formen (= Dressieren) von Geflügel.

Das **Lardiereisen** dient zum Spicken mit dünnen Speck- und Wurzelstreifen (z. B. bei gedünstetem Rindsbraten).

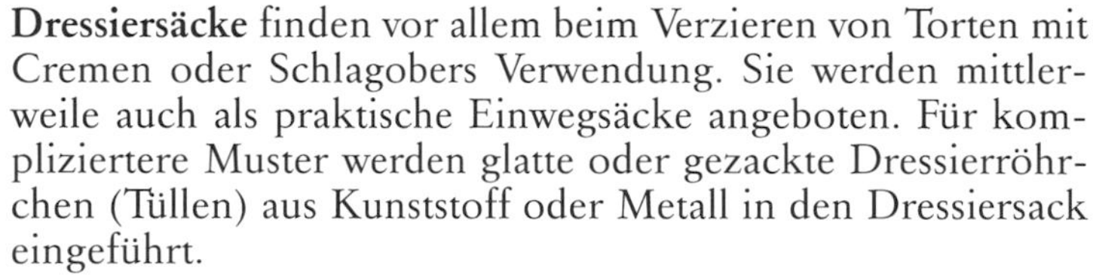

Dressiersäcke finden vor allem beim Verzieren von Torten mit Cremen oder Schlagobers Verwendung. Sie werden mittlerweile auch als praktische Einwegsäcke angeboten. Für kompliziertere Muster werden glatte oder gezackte Dressierröhrchen (Tüllen) aus Kunststoff oder Metall in den Dressiersack eingeführt.

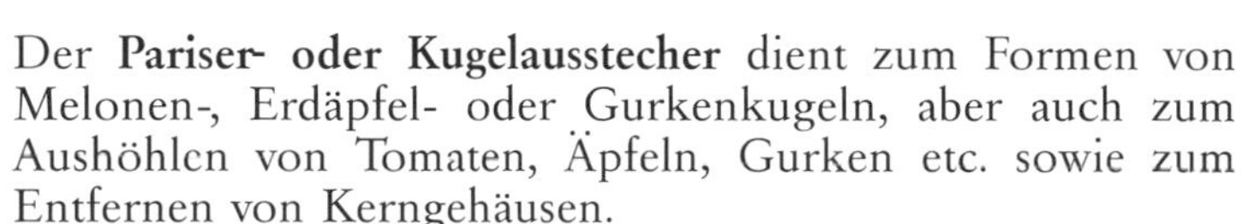

Der **Pariser- oder Kugelausstecher** dient zum Formen von Melonen-, Erdäpfel- oder Gurkenkugeln, aber auch zum Aushöhlen von Tomaten, Äpfeln, Gurken etc. sowie zum Entfernen von Kerngehäusen.

Der **Austernöffner** wird vor allem von Profis zum Öffnen von Austern und Jakobsmuscheln verwendet.

Der **Fischentschupper** ist ein unentbehrliches Gerät für jede ambitionierte Fischküche.

Die **Fleischgabel** ist ein Muß in jeder Küche und sollte möglichst in unterschiedlichen Größen vorrätig sein, um Fleischstücke aus Pfannen und Töpfen zu heben.

Kugelausstecher

Kanneliermesser

Wiegemesser

Die **Fischpinzette** dient zum Entfernen kleiner Quergräten (z. B. beim Lachs).

Der **Butterroller** ist ein vor allem bei festlichen Tafeln verwendetes Gerät zur dekorativen Gestaltung von Butterflokken.

Der **Eiteiler** ist in zwei Ausführungen, für Scheiben und Sechsteln, erhältlich.

Der **Zestenreißer** zum Erzeugen feinster Streifen von Orangen- und Zitronenschale ist vor allem für die Saucenküche unentbehrlich.

Zestenreißer

Das **Kanneliermesser** ist ein Verziergerät, um Rillen in Gurken, Orangen, Obst und Gemüse zu ziehen.

Das **Grapefruitmesser** löst dank seiner gebogenen und gezackten Klinge Zitrusfrüchte problemlos aus der Schale.

Ein **Wiegemesser** erleichtert das Kleinhacken von Kräutern.

Mit Hilfe des wellenförmig geschliffenen **Chartreusemessers** lassen sich Karotten, Gurken, Butter etc. hübsch verzieren.

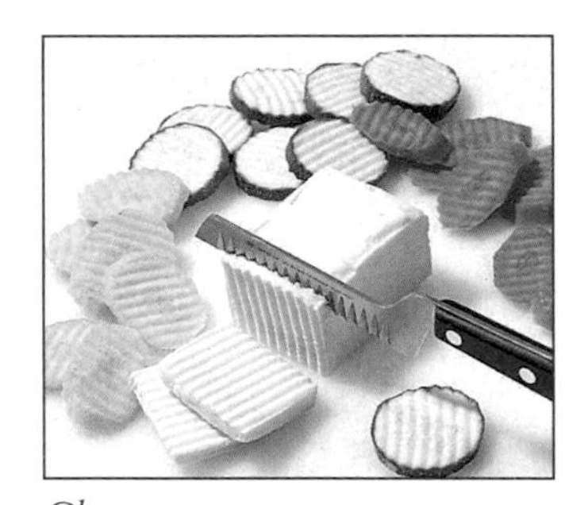

Chartreusemesser

Das **Tourniermesser** erleichtert mit seiner gebogenen Klinge das Formen und Zuschneiden von Gemüse wie Erdäpfeln, Kohlrabi u. ä.

Tourniermesser

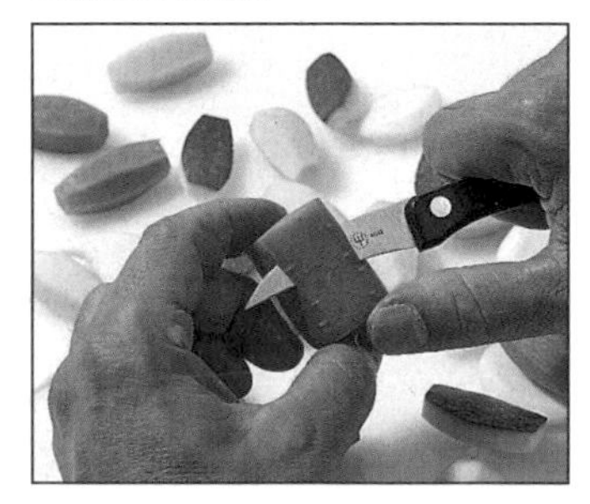

Das auch **Officemesser** genannte **Gemüseputzmesser** dient zum Schälen von Erdäpfeln, Tomaten etc. sowie dem Zuschneiden von Gemüse.

Das **Sägemesser** wird mit und ohne Spitze angeboten und eignet sich ideal zum Schneiden von Brot sowie gekochtem Fleisch.

Das **Elektromesser** wird vor allem als praktische Küchenhilfe zum Tranchieren großer Bratenstücke (Ente, Gans, Schweinskarree, Roastbeef etc.) sowie zum Schneiden von Bauernbrot und Kuchen geschätzt.

Diverse Messer

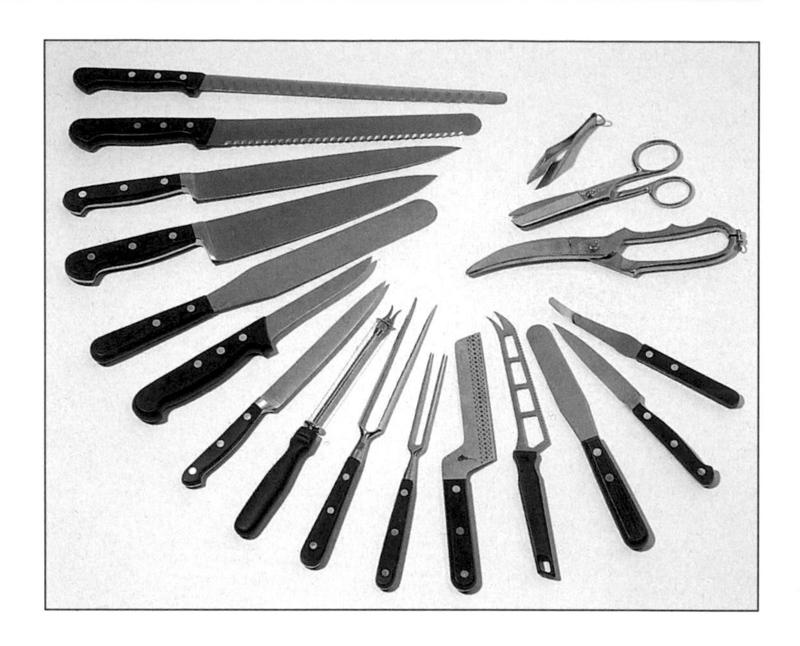

Mit dem klassischen **Küchenmesser** sollte man ausschließlich Gemüse schneiden.

Zum Schneiden von gekochtem oder rohem Fleisch dient ein spezielles **Fleischmesser.**

Das feine **Filetmesser** leistet vor allem beim Filetieren von Fischen, aber auch beim Schneiden von rohem oder gekochtem Fleisch, Terrinen, Pasteten, Strudeln etc. beste Dienste.

Das **Lachsmesser** ist mit seinem leichten Rillenschliff speziell auf das Schneiden von Räucherlachs abgestimmt.

Das **Ausbeinmesser** ist eine unentbehrliche Hilfe zum Auslösen von Knochen sowie zum Entfernen von Speck- und Schinkenschwarten.

Das **Käsemesser**, ein abgewinkeltes Spezialmesser zum Schneiden von Hart- und Schnittkäse, zählt ebenso wie ein **Spezialmesser für Weichkäse** zur Standardausrüstung jedes Gourmethaushalts.

Die Verwendung von **Bratenthermometern** hat sich längst auch im Haushalt bewährt. Nach dem Einstechen bis zum Zentrum des Fleisches wird die Kerntemperatur auf einem Skalenbereich von 0–120 °C angezeigt. Unentbehrlich beim Braten von Roastbeef und bei Niedertemperaturgarung.

Für die Mehlspeisköchin oder den Hobby-Patissier empfiehlt sich ein **Glacier- und Kuchengitter mit Untersatz**, das einerseits zum Überkühlen von Kuchen und Torten dient,

Diverse Terrinen- und Pastetenformen

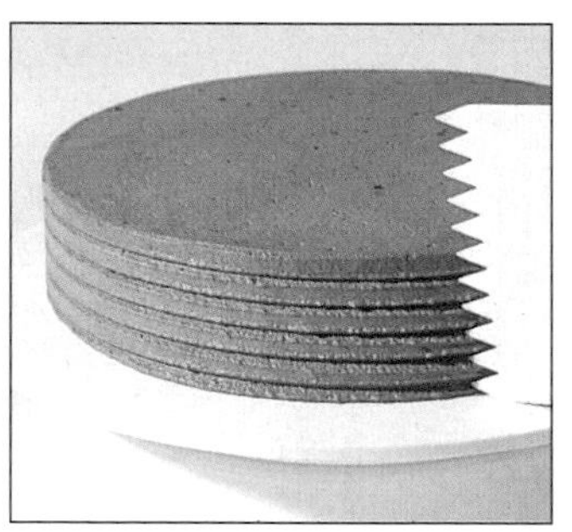

Teigkarte mit Sägekerbung

andererseits aber auch dazu, um Torten, Pastetenscheiben, Fisch und Eiergerichte mit Glasuren aus Schokolade bzw. Aspik zu überziehen. Die Glasur tropft ab und wird in der Auffangtasse gesammelt.

Die **Küchenschere** hat sich vor allem in der Fischküche (Zuschneiden von Flossen etc.) bewährt.

Diverse Backformen (v. l. n. r. gegen den Uhrzeigersinn): Tortenform, Tortenreifen, Bombenform, Ulmerform, Tarteletten- und Barquettenformen, Reisreifen (Savarinform), Gugelhupfform, Rehrückenform, Dariol- oder Puddingformen, Parfaitwanne, Parfaitform

Stanitzelholz

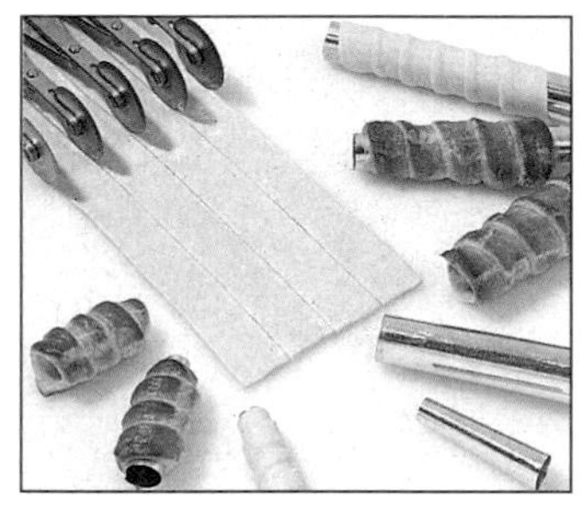

Schaumrollenröhrchen und Teigteiler

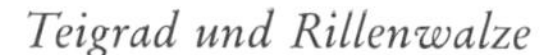

Teigrad und Rillenwalze

Eine **Geflügelschere** zum mühelosen Zerteilen von gebratenem Geflügel gehört in jeden Haushalt.

Eine ganze Fülle von **Back- und Bratformen** erleichtert der Hausfrau und dem Hobbykoch das Leben. **Pastetenformen** sind auch für Kuchen oder Sulzen geeignet und mit oder ohne Deckel erhältlich. Die klassische **Rehrückenform** ist der gleichnamigen Süßspeise vorbehalten. Konische **Dariol- oder Puddingformen** sind leicht zu stürzen und daher besonders für Pudding, Cremen, Sulzen, Mousse, Aufläufe (Mohr im Hemd) und Parfaits geeignet. Die **Tartelettenform** dient zum Auslegen mit diversen Teigen, Speck oder ähnlichem und ist in ovaler oder runder, glatter oder gerillter Ausführung erhältlich. Die traditionelle **Steingutform** wird für alle Arten von Terrinen verwendet. Die **Parfaitwanne** für Eisparfaits hat einen aufschiebbaren Deckel als Aromaschutz. In der **Gugelhupfform** läßt sich u. a. auch ein Kärntner Reindling zubereiten. Die kleine **Muschelform** ist Fischragoutgerichten und kalten Fischvorspeisen vorbehalten. Als **Cocotte** bezeichnet man eine kleine, feuerfeste Auflaufform für Soufflés, Flane, Aspikvorspeisen und kleine Ragoutgerichte. Die kuppelförmige **Bombenform** empfiehlt sich für die Herstellung von Eis-, Mousse- und Salatbomben. Die halbkugelförmige **Ulmerform** ist nach dem Ulmerkuchen benannt.

Mit dem **Reisreifen oder Savarinring** lassen sich Reis, Teige, Sulzen, Mousse u. ä. zu Ringen formen.

Eine **Springform** ist durch ihren leicht abnehmbaren Klappverschluß ein praktischer Helfer beim Backen.

Der **Tortenreifen** ist ein Metallring ohne Boden, der durch Trennpapier ersetzt wird und daher leicht zu entfernen ist.

Runde oder gerillte **Ausstecher** sind meist in Ausstechersätzen zusammengefaßt und müssen, da nicht rostfrei, stets gut getrocknet werden. Es gibt auch Spezialausstecher für Linzer Augen, Tierumrisse, Halbmonde etc.

Das leicht konische **Schaumrollenröhrchen** aus Metall wird verwendet, um Blätterteig für Schaum-, Käse- oder Mousselinerollen zu formen.

Das **Stanitzelholz** dient zum Formen heißer Hippenmasse.

Das **Teigrad** (glatt, gewellt oder als Mehrfachschneider) wird zum Teilen von ausgerolltem Teig verwendet.

Das **Nudel- oder Rollholz**, in Österreich auch Nudelwalker, gibt es aus Holz oder Kunststoff, bei letzterem auch mit drehbaren Griffen.

Mit Hilfe einer **Rillenwalze** lassen sich dekorative Muster in Marzipan oder Teige „zaubern".

GANZ UND GAR – ZUBEREITUNGSARTEN AUF EINEN BLICK

Blanchieren

Blanchieren

Das Blanchieren ist eine vorbereitende Kochtechnik. Das Kochgut wird dabei meist in reichlich siedendem Wasser kurz überkocht und sofort kalt abgefrischt oder in mit Eiswürfeln versetztes Wasser gelegt. Sinnvoll ist das Blanchieren bei Erdäpfeln und Gemüse (fallweise auch vor dem Tieffrieren) sowie bei Knochen und Obst.
Unerläßlich ist das **Blanchieren von Kalbsbries**. Es wird in kaltem Wasser zunächst gewässert, zugestellt und schließlich langsam auf ca. 90 °C erhitzt. Dann wird das Wasser abgeschüttet, das Bries neuerlich mit frischem, kaltem Wasser bedeckt und wieder erhitzt. Dieser Vorgang wird mehrmals wiederholt. Abschließend läßt man das Bries im kalten Wasser abkühlen, hebt es aus dem Wasser und trocknet es.

Dämpfen

Dämpfen

Bei diesem schonenden Garungsvorgang im Wasserdampf kommt das Kochgut mit der Flüssigkeit gar nicht erst in Berührung. Es liegt meist auf einem in das Kochgeschirr eingehängten oder hineingestellten Gitterrost oder Siebeinsatz. Der Sud kann mit Aromastoffen, Gewürzen oder Kräutern stark angereichert werden, was zu einer Aromatisierung führt, die mit jener des Räucherns vergleichbar ist. Das Gefäß muß dafür mit einem Deckel möglichst dicht abgeschlossen werden.
Gedämpft kann übrigens auch im Schnellkochtopf werden, was den Vorteil hat, daß Form und Eigengeschmack besser erhalten bleiben.
Dämpfen empfiehlt sich üblicherweise bei Fischen im Ganzen, Fischtranchen, Fischrouladen, Muscheln, Krustentieren, zarten Fleisch- und Geflügelstücken, Teigtascherln nach Art der chinesischen Küche (Dim sum), Gemüse, Erdäpfeln, Knödeln sowie vielen Gerichten der Diätküche.

Pochieren (Garziehen)

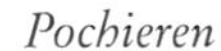

Pochieren

Diese besonders schonende Garungsmethode wird in heißer, aber nicht kochender aromatisierter Flüssigkeit durchgeführt, deren Temperatur – je nach Produkt – 75 bis 95 °C nicht überschreiten darf. Entscheidend ist neben der Temperatur auch die Flüssigkeitsmenge. So werden z. B. pochierte Eier in viel, Fischtranchen hingegen in wenig Flüssigkeit pochiert. Pochieren empfiehlt sich bei Fischen im Ganzen, Fischtranchen, ausgelösten Krustentierschwänzen, Farcenokkerln, Eiern und Obst.

Kochen (Sieden)

Kochen ist neben dem Braten die grundlegende Garungstechnik schlechthin. Es kann, wie etwa bei Teigwaren, mit einer großen Wassermenge oder, wie etwa bei Fleisch, in gerade bedeckender Flüssigkeit durchgeführt werden. Wesentlich ist jedoch dabei, daß die Kochtemperatur über 100 °C liegt.
Gekocht kann bei offenen Töpfen (z. B. Fleisch) ebenso wie bei zugedeckten (z. B. Erdäpfeln) werden. Das zu garende Fleisch wird in die kochende Flüssigkeit gelegt, damit sich die Poren schließen und das Fleisch nicht ausgelaugt wird. Eine Ausnahme bilden Erdäpfel, Hülsenfrüchte, Trockenobst, Suppenknochen und Suppenfleisch, die stets kalt zugestellt werden. Beim Kochvorgang selbst wird die Flüssigkeit stets ganz schwach wallend gehalten. Damit wird auch einer eventuellen Trübung des Suds oder der Suppe vorgebeugt. Bei letzterer ist es übrigens von eminenter Bedeutung, den aufsteigenden Schaum ständig abzuschöpfen.
Ideal zum Kochen geeignet sind große Fleischstücke (meist Rindfleisch), Geselchtes, Schinken, Zunge oder Kalbskopf, Geflügel, Krustentiere, Erdäpfel, Gemüse, Hülsenfrüchte, Teigwaren, Knödel und Früchte. Vorsicht beim Herausnehmen oder Abseihen des Kochgutes! Es besteht große Verletzungsgefahr durch Dampf oder kochende Flüssigkeit.

Garen im Wasserbad

Garen im Wasserbad

Diese Technik zum Garen, Erwärmen oder Warmhalten von Speisen wird vorzugsweise in halbhohen, viereckigen oder runden Geschirren durchgeführt, die nach Bedarf mit Wasser gefüllt und erhitzt werden. Das zu garende Kochgut befindet sich dabei in Schüsseln, Kasserollen, Terrinen oder Dariolformen, die in das Wasserbad gestellt werden. Je nach Produkt wird das Wasserbad verschlossen (z. B. bei Aufläufen und Kochen) oder offen gelassen (z. B. bei Terrinen). Erhitzt wird das Gargut entweder auf dem Herd oder im Backrohr. Im Effekt ist diese Methode dem Pochieren oder Dämpfen nicht unähnlich.
Diese schonende Garung empfiehlt sich bei Wassertemperaturen von 75 bis 95 °C. Wird im Backrohr pochiert, so sollte dieses auf 150 bis 190 °C vorgeheizt werden. Ideal geeignet zum Garen im Wasserbad sind Eistiche, Aufläufe, Koche oder Terrinen. Es dient aber auch zum Aufschlagen von Biskuitmassen, Weinschaum oder Parfaitmassen, zum Schmelzen oder Erweichen von Butter, Cremen, Aspik und Schokolade. Schließlich ist das Wasserbad im Haushalt auch ein geeignetes Hilfsmittel zum Warmhalten von Flüssigkeiten, Reis, Erdäpfeln, Gemüse, Ragouts und gedünsteten Fleisch- und Eintopfgerichten.

Dünsten und Schmoren auf dem Herd und im Backofen

Das Garen im eigenen Saft unter Beigabe von wenig Flüssigkeit bei Temperaturen um 100 °C bei geschlossenen Töpfen ist vor allem für billigere Fleischsorten eine der beliebtesten und erfolgsträchtigsten Garungstechniken. Das Fleisch wird dabei – je nach Art des Gerichtes – angebraten (Rindsbraten, braune Ragouts, Schnitzel, Rouladen) oder unangebraten gedünstet (Gulasch, Paprikahuhn, Gemüse). Sinnvoll ist das Schmoren und Dünsten vor allem im schwach- oder mittelbeheizten Backrohr, das beste Hitzeverteilung gewährleistet und wenig Gefahr für das Anlegen oder Anbrennen der Speisen birgt.
Ideal zum Schmoren sind schwere ovale Braisièrekasserollen oder halbhohe Kasserollen aus Gußeisen, Kupfer, Edelstahl oder Ton sowie der klassische Römertopf.
Im Backrohr geschmort werden vor allem große Fleischstücke, Geflügelstücke sowie Schinken. Auf der Herdplatte gedünstet werden Reis, Reisgerichte, gefülltes oder ungefülltes Gemüse, Ragouts, Schnitzel, Rouladen, Krautgerichte und Früchte.

Schmoren und dünsten Sie nie bei hoher Hitze!

Braten und Backen im Backrohr

Das Bratgut wird im geschlossenen Backrohr in trockener Luft bei Temperaturen bis zu 250 °C gegart. Ober- und Unterhitze sind üblicherweise gesondert zu regeln, bei Umluftöfen verteilt ein Ventilator die heiße Luft, wodurch man in mehreren Etagen gleichzeitig backen und braten kann, soferne das Back- oder Bratgut ähnliche Garungszeiten aufweist und keine allzu große gegenseitige Beeinträchtigung des Aromas zu erwarten ist. Bei Umluftöfen liegen die erforderlichen Backtemperaturen etwa 20 °C unter den Werten statischer Hitzeentwicklung. Zirkulierende Luft ist heißer und trocknet daher das Brat- oder Backgut auch schneller aus.
Große Braten werden meist auf gehackte Knochen gebettet, gewürzt, mit Fett bestrichen oder begossen. Das Fleisch wird zunächst forciert (bei größerer Hitze) angebraten, während man die Hitze dann sogleich stark reduziert (100–150 °C, bei der sogenannten Niedertemperaturgarung auch weit darunter). Wichtig ist, während des Bratens mit Wasser oder Fond schwach zu untergießen sowie den Braten öfter mit dem Bratensatz zu übergießen.
Nach vollendeter Garung wird der Braten schließlich aus der Pfanne gehoben und überschüssiges Fett abgegossen, während man aus dem Bratensatz und den Knochen Saft erzeugt. Vor dem Servieren läßt man den Braten unbedingt etwa 15 Minuten lang rasten, damit das Fleisch mürber wird und sich die Säfte setzen können. In sehr heißem Zustand sollte man ein Bratenstück niemals tranchieren.

Ein abschließender Tip: Tiefgefrorene Backwaren (Semmeln etc.) werden bei ca. 200 °C etwa 10 Minuten (manchmal auch länger) aufgebacken.

Braten in der Pfanne

Zum Braten gehört auch das Montieren von Saucen.

Gebraten wird in der Pfanne stets mit wenig Fett, das auf etwa 180 °C erhitzt wird. Das gewürzte, vorbehandelte Bratgut wird wegen der Spritzgefahr vom Körper weg in die Pfanne gelegt, rasch gebräunt, gewendet und je nach gewünschtem Garungsgrad fertiggebraten.
Fleisch wird nach dem Braten zunächst aus der Pfanne gehoben und dann warm gestellt. Überschüssiges Fett wird abgeschüttet. Anschließend wird der Bratensatz mit Flüssigkeit (Wasser, Suppe, Wein, Fond etc.) abgelöscht und auf den gewünschten Geschmack bzw. Konsistenz reduzierend eingekocht. Zur sogenannten „Montage" der Sauce werden unter ständigem „Pfandlschwingen" eiskalte Butterstücke eingerührt, wodurch der Saft an Geschmack, Konsistenz und Volumen gewinnt. Je nach Bedarf wird der Saft anschließend geseiht, das Fleisch eingelegt und, ohne es zu kochen, erwärmt. Nach dem Wenden gleich anrichten.
Steaks werden meist trocken (d. h. ohne Saft) gebraten oder gegrillt. Naturschnitzel, Koteletts u. ä. sollte man nach dem Würzen sparsam mit glattem Mehl bestauben, abschütteln, anpressen und erst dann braten.
Zum Braten eignen sich portioniertes Fleisch, Fische im Ganzen, Fischtranchen, Schal- und Krustentiere, Innereien, Gemüse wie Melanzani, Tomaten etc., Pilze und Früchte wie Bananen oder Apfelscheiben.

Abschließend noch ein paar nützliche Brattips:

- Verwenden Sie nur erstklassige und hitzebeständige Fette.
- Überhitzen Sie das Fett nicht, das ist gesundheitsschädlich und verdirbt den Geschmack.
- Salzen Sie das Fleisch erst im letzten Moment, da es sonst Wasser zieht.
- Präparieren Sie das Bratgut richtig. Fischstücke sollte man beispielsweise marinieren und eventuell mit Mehl bestauben sowie wegen der Antihaftwirkung mit verschlagenem Ei zart einstreichen.

Braten am Spieß

Für diese uralte Garmethode mit dem mittelalterlichen Image eignen sich vor allem sogenannte „grosses pièces", große Fleischstücke wie Stelzen, Rücken, Keulen, Hühner oder Enten. Das Bratgut wird gewürzt, auf einen oder mehrere Spieße gefädelt, mit Klammern fixiert, mit Öl zart bestrichen

und über einer geeigneten Hitzequelle (optimal ist Holzkohlenfeuer) unter ständigem manuellem oder mechanischem Drehen gegart.
Während des Garens sollte man das Bratenstück öfter mit Öl oder – im Falle eines Spanferkels – mit Bier bestreichen. Abfließendes Fett wird meist in einer Wanne aufgefangen.
Braten von kleinen Spießen: Kleine Fleischstücke oder Krustentierschwänze werden auf kleine Spieße gefädelt und am Rost oder auch in der Pfanne gegart.

Ein Spieß bringt Abwechslung auf den Speisezettel.

Niedertemperaturgarung

Was manchen seit der „Erfindung" spezieller Niedertemperaturöfen als Küchenrevolution made in USA gilt, war versierten Köchen längst bekannt. Große Braten wie Roastbeef, Beinschinken oder Lammkeule geraten bei geringeren Temperaturen am saftigsten und bleiben – wie sich's gehört – innen rosa wie die Morgenröte.
Man kann diese Methode übrigens durchaus auch bei herkömmlichen Backöfen praktizieren, wenngleich das Erzielen der richtigen Temperatur nicht immer einfach ist. Als typisches Beispiel sei hier das Braten von Roastbeef bei Niedertemperatur angeführt:

Etwa 3½ kg Roastbeef werden pariert (zugeputzt), wie gewohnt gewürzt und in einer Pfanne mit wenig heißem Fett von allen Seiten rasant angebraten. Das Roastbeef wird auf einen Bratenrost gelegt und in das auf 120 °C vorgeheizte Backrohr geschoben. Nach 60 Minuten Garzeit wird die Temperatur auf 65 °C reduziert und sollte etwa 3–4 Stunden, je nach Stärke des Stükkes, halten.
Das fertige Roastbeef kann bei dieser Temperatur ca. 12 Stunden warm gehalten werden, ohne daß es merklich an Qualität und Rosafärbung verliert.

Wichtig: Mit dem Bratenthermometer muß die Kerntemperatur des Fleisches gemessen und überprüft werden (bei Roastbeef 58–65 °C). Nur so bleibt das Fleisch saftig, gart gleichmäßig und wird bei geringstem Gewichtsverlust mürber.

Die Garstufen beim Braten

Grundsätzlich wird weißes Fleisch in den meisten Fällen durchgebraten. Vereinzelt brät man Kalbsfilet, vor allem Medaillons, zart rosa auf den Punkt. Bei dunklem Fleisch erweisen sich die erwünschten Garungsstufen schon als differenzierter und richten sich nach persönlichen Vorlieben und Geschmäckern. Folgende Garstufen sind in der Gastronomie gebräuchlich und können auch als Richtmaß für das „Kochen am häuslichen Herd" genommen werden:

Deutsch	*Französisch*	*Englisch*
blau	*bleu*	*rare*

Bratenstück außen rasant anbraten, das Fleisch ist innen roh und kaum temperiert.

Gleiche Garstufen haben verschiedene Namen
(s. S. 284).

Deutsch	*Französisch*	*Englisch*
englisch	*saignant*	*medium rare*

Das Fleisch ist außen angebraten, innen aber rot und blutig, allerdings ist das Fleisch warm.

Deutsch	*Französisch*	*Englisch*
halb englisch (halb durch)	*à point*	*medium (half done)*

Das Fleisch ist zart rosa auf den Punkt gebraten. Dies ist wohl die häufigste Bratart.

Deutsch	*Französisch*	*Englisch*
durch	*bien cuit*	*well done*

Das Fleisch ist völlig durchgebraten, der Fleischsaft darf keine Rotfärbung zeigen. Diese Garstufe wirkt sich bei dunklem Fleisch in jedem Fall nachteilig auf die Qualität aus, weil die Fasern trocken und sperrig werden.
Wichtig: langsam bei reduzierter Hitze braten.

Einige Brattips:

- Das richtige Braten erfordert einige Routine. Man kann den Garungsprozeß mit Fingerdruck feststellen („rare“ wird durch schwammige Konsistenz angezeigt , „medium rare“ bedeutet kompakte, aber noch gummiartige Konsistenz, „medium“ zeigt sich leicht elastisch, „durchgebraten“ erkennt man am kompakten Druck).
- Wer es genauer wissen will, kann auch mit einer feinen Nadel in die Mitte des Bratgutes stechen, dieselbe einige Sekunden im Fleisch belassen, herausziehen und zu den Lippen führen. Die Temperatur gibt Aufschluß über den Garungsgrad. Auch am Widerstand, den das Fleisch der Nadel entgegensetzt, merkt man, wie weit der Garungsprozeß fortgeschritten ist.
- Das immer wieder erwähnte Wort „blutig“ entspringt der Umgangssprache und ist eigentlich unrichtig. Im Fleisch ist kein Blut mehr enthalten, vielmehr handelt es sich dabei um mehr oder minder rohes Fleisch, wobei austretende Fleischsäfte rot gefärbt, aber kein Blut sind.

Braten in der Alufolie

Dieser besonders schonende Garvorgang ist für die Hausfrau mit wenig Risiko verbunden. Die Folie, in die man das gewürzte und oft auch gefüllte Bratgut einschlägt, wird meist mit Fett (vorzugsweise Butter) bestrichen. Gegart wird schließlich im vorgeheizten Backrohr oder auch am Grill. Da bei dieser Technik keine Bräunung eintritt, kann man – so gewünscht – die Produkte vorher in einer Pfanne bräunen. Diese Gartechnik eignet sich vor allem für Fisch im Ganzen, Fischtranchen, Fischröllchen, Galantinen, Fleischstücke (Rostbraten), Erdäpfel und Gemüse.

Braten in Alufolie

Braten am Rost (Grillen)

Dieser vielleicht kommunikationsfreudigste aller Garvorgänge wird folgerichtig vor allem bei Parties bevorzugt. Man sollte in der allgemeinen Festesfreude jedoch folgende **drei Grundregeln** nicht vergessen:

1. Die Roste müssen gleichmäßig erhitzt sein und werden zart mit Öl oder Speckschwarte eingestrichen.
2. Das Grillgut wird gewürzt oder mariniert, fallweise werden Fleischstücke in aromatisierte Ölbäder gelegt. Öl stets gut abstreifen, nicht zu fettes Fleisch verwenden! Abfließendes Fett entfacht Flammen.
3. Bratstücke scharf anbraten, wenden, langsam je nach gewünschtem Garungsgrad fertiggrillen. Vom Rost nehmen.

Ideal zum Grillen eignen sich roh portionierte Fleischstücke von Rücken und Keule, Leber, Nieren, kleine Fleischstücke oder Krustentiere am Spieß, Fische im Ganzen, roh portionierte Fische, Gemüse wie Melanzani, Zucchini, Tomaten, Zwiebeln, Erdäpfel, Würste und Faschiertes.

Backen im Fett

Eine der bevorzugten Garungstechniken der Wiener Küche ist es, unterschiedlichste Spezialitäten schwimmend in heißem Fett herauszubacken. Man denke etwa an Backhendl, gebackenes Hirn, gebackene Pilze oder das berühmte Wiener Schnitzel.
Voraussetzung für das Gelingen solcher Gerichte ist neben erstklassigen Produkten die Wahl der richtigen Pfanne und des geeigneten Fettes.

Was ein optimales Fett leisten soll: Zur Verwendung gelangen in erster Linie hochwertige, hitzebeständige Pflanzenfette. Schweinefett ist aus Gesundheitsbewußtsein und auch wegen seines sehr markanten Geschmackes aus der Mode gekommen. Butterschmalz ist nicht sehr hitzebeständig, wird aber von vielen Gourmets vor allem für Wiener Schnitzel und Faschingskrapfen bevorzugt.
Wichtig ist die richtige Temperierung des Fettes, diese ist aber auch weitestgehend von der notwendigen Backdauer der einzelnen Gerichte abhängig. Die Temperatur variiert daher von 160–190 °C. Zur genauen Temperaturbestimmung ist gewiß

So machen Sie die „Wiener-Schnitzel-Probe".

einige Erfahrung notwendig. In der Praxis benetzt man eine Fleischgabel mit etwas Wasser und hält diese in das heiße Fett. An der Art des Spritzens kann man den Erhitzungsgrad erkennen. Beim Wiener-Schnitzel-Backen hält man ein Zipfelchen des panierten Fleisches kurz in das Fett, auch hier zeigt sich der Erhitzungsgrad. Ist das Fett zu heiß geworden, ergänzt man durch etwas kaltes Fett. Es empfiehlt sich, Fette nach einmaligem Gebrauch nicht mehr zu verwenden.

Ausbacken in Pfannen und Friteusen. Für dünnere Fleisch- und Fischgerichte verwendet man flache Pfannen. Das Gericht soll darin zwar schwimmen, eine übermäßige Fettbedeckung ist aber nicht notwendig. Anders verhält es sich bei Mehlspeisen wie Krapfen, Brandteiggebäck oder etwa Pommes frites etc. Hier soll das Backgut im Fett schwimmen, die Gefäße sollen tief sein. Auch für Haushalte sind thermostatisch geregelte Friteusen erhältlich.

WÜRZEN SIE MIT LIEBE

Die Zeiten, in denen Gewürze Kriege entfesselten und sich Raubritter um Salzschiffe balgten, sind gottlob vorbei. Aus blutigen Scharmützeln sind allenfalls Geschmackskriege geworden, in denen sich echte und angebliche Experten um das Zuwenig oder Zuviel von Würzung und Salz in edlen Saucen streiten. Unser Rat: Lassen Sie sich davon nicht beeinflussen, sondern finden Sie Ihre persönliche Würzlinie – und experimentieren Sie auch ruhig einmal kräftig drauf los.

Diverse Gewürze

Ihr persönliches Gewürzbord

sollte unbedingt folgende Sorten enthalten:

Anis. Das Lieblingsgewürz Karls des Großen zeichnet sich durch seinen intensiv ausgeprägten Lakritze-Geschmack aus und dient zum Parfumieren von Kuchen, Kleinbäckereien und Likören.

Curry. Von den Engländern erfundene indische Gewürzmischung aus Kurkuma (Gelbwurz), Piment (Neugewürz), Zimt, Nelken, Muskat, Curryblatt, schwarzen Pfefferkörnern, Chili, Bockshornklee, Ingwer, Koriander und Cumin (Kreuzkümmel). Geeignet für Suppen, Lamm, Geflügel, Kalbfleisch, Fisch, Krustentiere und Reisgerichte.

Ingwer. Scharf schmeckende Wurzel, kommt frisch, kandiert oder in Sirup eingelegt auf den Markt und eignet sich u. a. als Beilage zu Sushi (rohem japanischen Fisch), für Currygerichte, Saucen, diverse Süßspeisen und Kompotte.

Kümmel. Zählt zu den Grundgewürzen der altösterreichischen Küche und ist unentbehrlich für Rinds-, Erdäpfel- und Szegedinergulasch, Gulaschsuppe, Saure Stosuppe, Schweinsbraten, Schweinskoteletts, Krautsalat etc.

Lorbeer. Muß stets mit Bedacht (sparsam) angewandt werden und eignet sich für gedünstete Fleischgerichte, Marinaden (vor allem für Wild) und Suppen.

Muskatnuß. Ideal zur Verfeinerung von Erdäpfelpüree, Blattspinat, Einmach- und Fischsaucen.

Nelken. Sie sind ein unentbehrlicher Bestandteil von Glühwein und Kompotten, aber auch sehr gut für Beizen oder Gewürzreis geeignet.

Paprika. Dieses wahre Monument der österreichisch-ungarischen Küche findet man vor allem bei Gulasch, Paprikahuhn, Szegediner Gerichten und Fischsuppen (Halászlé).

Pfeffer aus der Mühle ist doppelt so aromatisch.

Pfeffer. Ob weiß für helle Saucen und Suppen oder schwarz für dunkle Speisen und Käse – in jedem Fall schmeckt Pfeffer frisch gemahlen aus der Mühle am aromatischsten. Pfefferkörner werden überdies auch als Würzung für Suppen, Fonds, Saucen, Marinaden etc. verwendet.
Grüne unreife Pfefferkörner kommen getrocknet oder in Lake eingelegt auf den Markt und werden manchen Saucen (Pfeffersteak) unzerkleinert beigegeben.
Rosa Pfeffer ist, streng biologisch gesehen, kein Pfeffer, erfreut sich aber, getrocknet, gemahlen oder im Ganzen, großer Beliebtheit beim Verfeinern von Suppen und Saucen oder als dekorative Beigabe kalter Gerichte.

Safran. Das teuerste Gewürz der Welt wird in Fäden oder pulverisiert angeboten. Safran zeichnet sich durch seinen intensiven zartbitteren Geschmack und seine ausgeprägt gelbe Farbe aus und ist ein unentbehrlicher Bestandteil jeder exotischen Küche. Er eignet sich aber auch zum Würzen von Reis, Nudeln, Suppen, spanischer Paella oder diversen Fischgerichten. Safranfäden müssen vor der Verwendung in etwas lauwarmem Wasser eingeweicht werden.

Senfkörner. Dienen zum Beizen und Marinieren sowie Einlegen von Essiggemüse.

Vanille. Der aus einer Schote der Orchideenfamilie gewonnene Aromastoff wird meist stangenförmig geliefert und dient zum Aromatisieren von Eis, Cremen oder Feingebäck.

Zimt. Das sowohl in seiner ursprünglichen Rindenform als auch pulverisiert erhältliche exotische Gewürz hat sich vor allem für Kompotte, Süßspeisen, Milchreis u. ä. bewährt.

Die wichtigsten Gewürzmischungen und Saucen

Geschmacksverstärker. Sie gelten unter Gourmets als heißes Eisen. Die meisten Spitzenköche leugnen stand- und meist wenig glaubhaft, Geschmacksverstärker in Form von granuliertem Rindsuppenextrakt, Glutamat oder flüssigen Suppenwürzen zu verwenden. Wie dem auch sei: Richtig dosiert und angewandt kann speziell die gekörnte Suppenwürze ein wichtiger und unentbehrlicher Helfer jeder Hausfrau sein, der ausdruckslose Suppen gleich noch einmal so schmackhaft zu machen vermag.

Gekörnter Rindsuppenextrakt. Dieser Geschmacksverstärker besteht aus Rindfleischextrakt, Salz, Stärke, tierischem und gehärtetem pflanzlichen Fett.
Wichtig: Die Speisen nicht im letzten Moment würzen, sondern den Extrakt in der Endphase mitkochen. Der Ge-

schmack neutralisiert und homogenisiert sich. Bei richtiger Dosierung ist die Beigabe von Suppenwürze nicht feststellbar. Flüssige Suppenwürze ist zu dominant und daher eher abzulehnen.

Glutamat. Das weiße kristalline Salz aus pflanzlichem Eiweiß wird vor allem in der exotischen Küche verwendet. Es hat keinen Eigengeschmack und rundet, richtig dosiert, das Aroma von Speisen angenehm ab.

Glutamat rundet vor allem exotische Gerichte ab.

Ketchup. Beliebte, wenngleich von Gourmets ob ihres leicht süßlichen und daher sehr dominanten Geschmacks geächtete Würzsauce aus passierten Tomaten, Essig, Zucker, Pfeffer, Salz, Paprika, Nelken und Ingwer. Ketchup ist ein wesentlicher Bestandteil von Cocktailsaucen und wird hauptsächlich für gebundene Salate und Aufstriche verwendet.

Pastetengewürz. Mischgewürz zum richtigen Würzen von Pasteten, Terrinen und Farcen. Siehe Seite 147.

Sojasauce. Aus der chinesisch-indonesischen Küche stammende dunkelbraune Würzsauce aus vergorenen Sojabohnen. Wird salzig oder süß angeboten und eignet sich hervorragend als Würzsauce für Fisch, Fleisch, Glasnudeln (siehe Glasnudelsalat S. 133) oder Gemüsegerichte.

Tabascosauce. Extrem scharfe Sauce aus Chilischoten, die nur tropfenweise in Grillmarinaden und Saucen zur Verwendung gelangt.

Worcestershiresauce. Typisch britische dunkelbraune Würzsauce indischen Ursprungs. Das streng geheime Rezept enthält u. a. Essig, Zucker, Ingwer, Tamarinde, Anchovis, Knoblauch, Limetten, Chili und Zucker. Sollte sehr sparsam, u. a. für Mayonnaise, Flambiersaucen, Salatmarinaden, Suppen sowie verschiedene Drinks und Cocktails, verwendet werden.

Aromatisieren mit Wein und Spirituosen

Man muß schon ein äußerst standhafter Abstinenzler sein, um zu leugnen, daß Geistiges und Hochgeistiges so manche Speise zu veredeln vermag.
Was wäre beispielsweise die Wiener Mehlspeisküche, gäbe es nicht allenthalben die bewußten paar Spritzer Rum im Teig? Aber auch sonst sollten stets ein paar gute Geister einsatzbereit und verfügbar sein. Grand Marnier, Kirschwasser, Amaretto oder Cointreau beispielsweise sind bei Cremen, Parfaits, Früchten und Beeren stets das gewisse Tüpfelchen auf dem vielzitierten „i".
Weiß- oder Rotwein wird hingegen hauptsächlich zur Saucenerzeugung bei Fleisch und Fisch eingesetzt. Die durch Erhitzung eingeleiteten Verdunstungsprozesse eliminieren den

Alkohol und geben den Saucen (die somit auch für Kinder verträglich sind) eine spezielle Note. Trockene Weine sind dabei grundsätzlich zu bevorzugen.
Achtung: Aromatische Südweine wie Portwein, Madeira oder Marsala, aber auch Cognac und Calvados werden im letzten Moment beigegeben, da sie sonst ihr charakteristisches Aroma einbüßen.
Portwein macht sich übrigens auch perfekt als Marinade für Melonen und verbessert den Geschmack von Gelees. Madeira wird Suppen, Saucen und Aspik beigefügt, Marsala vor allem in der italienischen Küche (Zabaione etc.) verwendet. Cognac und Calvados verfeinern diverse Suppen (etwa Hummersuppe) und Saucen. Sie werden nebst anderen Spirituosen vor allem bei Flambiergerichten eingesetzt.

Ihr privater Kräutergarten

Kapuziner Kresse

Ob Sie Ihre Kräuter selbst am Balkon oder im Garten ziehen, ein Kräuterweiblein kennen oder sich schlicht und einfach beim Gemüsehändler eindecken: Mit Liebe und Bedacht ausgewählte Kräuter hauchen den Speisen erst wirklich die Seele ein.

Basilikum. Das italienische Gewürz schlechthin bringt südliches Flair in Nudel-, Tomaten-, Käse- und Fleischgerichte sowie in Buttermischungen.

Bohnenkraut. Das bereits vom römischen Lyriker Vergil gepflanzte Kraut würzt vor allem Eintöpfe und Suppen, aber selbstredend auch Bohnen.

Dill. Das Kräutlein eignet sich vor allem für Saucen, Suppen, Gurken, Fisch, Meeresfrüchtegerichte und zum Marinieren von (Graved) Lachs.

Estragon. Das Kraut, das – wie man früher sagte – die Leber erwärmt und das Blut erhitzt, eignet sich perfekt für Saucen (etwa Sauce hollandaise) oder Suppen, Fisch, Geflügel, Fleisch, Spargel und Kräuterbutter.

Fenchel. Das zarte Kraut mit dem leichten Anis- und Lakritzenaroma dient zum Beizen von Fischen sowie als Aromaspender vieler Suppen und Saucen.

Gartenkresse. Nicht ganz so aromastark wie die rare Brunnenkresse, würzt sie vor allem Suppen, Saucen, Salate und Kräuterbutter für Grillgerichte.

Kerbel. Einst schrieb man ihm verjüngende Eigenschaften zu, heute würzt man mit Kerbel vor allem Suppen, Saucen, Salate, Erdäpfel, Kräuterbutter und Eierspeisen, verwendet ihn aber auch für Fleisch und Fisch als Garnitur.

Bohnenkraut, Basilikum (v. l. n. r.)

Rosmarin, Zitronenthymian, Kerbel (v. l. n. r.)

Bohnenkraut, Thymian, Zitronenthymian (v. l. n. r.)

Majoran, Oregano, Koriander (v. l. n. r.)

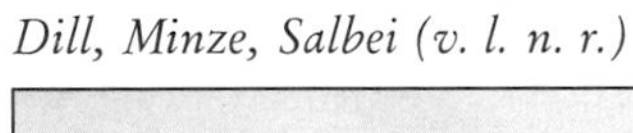

Dill, Minze, Salbei (v. l. n. r.)

Zitronenmelisse, Basilikum, Liebstöckel (v. l. n. r.)

Koriander. Die „chinesische Petersilie“ mit ihrem scharfen, kräftigen Geschmack eignet sich ideal zum Würzen von (exotischen) Nudelgerichten, aber auch für Fleisch, Fisch und Eintöpfe.

Liebstöckel. In Kärnten Lustock, sonst wegen seiner Unentbehrlichkeit für Suppen auch Maggikraut genannt, findet sich dieses Kräutlein mit dem ausgeprägten Geschmack auch in vielen Eintöpfen oder Erdäpfelgerichten und dient außerdem zum Ansetzen von Schnäpsen.

Majoran. Das süßliche, schon den alten Griechen bekannte Würzkraut wird meist in getrockneter Form verwendet. Seine vielseitige Eignung reicht von Erdäpfelsuppen und Erdäpfelspeisen über Eintöpfe, Gulasch, Ragoutgerichte, geröstete Leber und Nieren bis zu Terrinen und Faschiertem sowie Ente und Gans. Getrockneter Majoran entfaltet sein Aroma am besten, wenn man ihn beim Würzen zwischen den Handflächen zerreibt.

Minze. Dieses ebenso dekorative wie duftige Kraut ist perfekt zum Verfeinern von Süßspeisen, Lammgerichten und Saucen geeignet.

Oregano. Der wilde Majoran ist *das* Gewürz für Pizza, Pasta, Grillmarinaden, Tomaten und Frischkäse mit Olivenöl.

Petersilie. Das wohl populärste aller Küchenkräuter eignet sich für Erdäpfel, Suppen, Fisch, Saucen, Marinaden, Salate und Gemüse. **Achtung:** Petersilie niemals mitkochen! Sie verliert sonst ihr Aroma.

Rosmarin. Ros marinus, der „Nebel des Meeres“, ist wegen seiner besonders aromatischen, langstieligen grünen Blätter ein ideales Würzmittel für – nach mediterranen Rezepten zubereitete – Saucen, Marinaden, Geflügel, Lamm oder Rind.

Salbei. Salbei kommt von „salvia“ und bedeutet nichts anderes als „gesund.“ Daneben ist er auch noch schmackhaft. Bevorzugte Verwendung findet er vor allem im Italienischen (etwa beim „Saltimbocca“), aber auch bei Kalbsleber, in Lammeintöpfen, bei Fleischspießen, Teigwaren, Saucen und Suppen.

Waldmeister. Das „Parfum des Waldes“ wird zu Essenzen verarbeitet oder frisch, vorzugsweise für Bowlen, verwendet, dient aber auch als aromatisierende Zugabe für Cremen, Eis, Eisparfaits, Mousse, aber auch als Beigabe zu Wildgerichten.

Zitronenmelisse. Der säuerlich-zitronige Geschmack kontrastiert angenehm mit Süßspeisen und Früchtecocktails, paßt aber auch zu Saucen, Suppen, Fischen und Salaten.

Wichtige Aromastoffe für die feine Küche

Senf

Aus gelben, braunen oder gemischten Samenkörnern der Kohlfamilie wird diese keineswegs nur bei Wiener Würstelständen allgegenwärtige Würzpaste unter Beimengung von Essig, Zucker, Salz und verschiedenen Gewürzen gewonnen. Geschmacklich gibt es Abstufungen zwischen sehr scharfem, scharfem, mildem oder süßem Senf. Auch Kräuterzugaben (z. B. Estragonsenf) können die Geschmacksrichtung bestimmen.
Weltruhm genießen mit Recht einige französische Senfsorten (Dijon oder Moutarde de Meaux), die vor allem zum Verfeinern von Dressings und Saucen (beispielsweise zu Kalbsnieren) dienen.
In England verwendet man Senfpulver (Colman's), das mit Wasser verrührt eine besonders pikante, aber auch ziemlich scharfe Paste ergibt.
Senf ist äußerst vielseitig verwendbar und eignet sich für Dressings, Mayonnaisen, Saucen, gedünstete Fleischgerichte und Rouladen oder Beuschel, aber auch für Grillragouts oder zum Bestreichen von Fleischstücken „in der Senfkruste".

Essig

Essig, ursprünglich eher ein Billigprodukt, ist in den letzten Jahren groß in Mode gekommen. Verantwortlich dafür ist vor allem das gestiegene Qualitätsbewußtsein vieler Essigpro-

Diverse Essig- und Ölsorten

duzenten sowie die Einsicht, daß ein Schuß vom richtigen Essig oft mehr bewirkt als ein noch so kompliziertes Rezept. Grundsätzlich wird zwischen Gärungsessig (Wein, Obst) und Säureessig (Trinkwasser vermischt mit chemisch erzeugter reiner Essigsäure) unterschieden.
Das richtige Marinieren mit Sherry-, Himbeer- oder Balsamicoessig ist jedenfalls in der Lage, die Salatkultur wesentlich anzuheben. Wichtig bei der Verwendung von Essig ist vor allem die sparsame Dosierung. Als Faustregel bei Blattsalaten gilt: Auf einen Teil Essig kommen etwa drei Teile Öl. Unter Kennern verpönt ist mit Recht die weitverbreitete Unsitte, den Essig zu wässern und die Salatblätter in der Marinade zu „baden".
Essig eignet sich perfekt zum Würzen von Aspik, Mayonnaisen und Saucen, zum Beizen von Fleisch, zum Marinieren von Gemüse, Salaten und Fisch, aber in bestimmten Fällen auch zum Garen von Fisch. Entscheidend ist in jedem Fall die Wahl des optimalen Essigs für die jeweilige Speise. So wäre es beispielsweise völlig verfehlt, für einen Erdäpfelsalat Aceto balsamico zu verwenden.
Im einzelnen werden folgende wichtige Essigsorten unterschieden:

Die Wahl des richtigen Essigs ist entscheidend.

Aceto balsamico gilt als König der Essige und wird aus dem Most der Trauben der alkoholarmen „Trebbiano di Spagna" hergestellt. Er stammt aus den Hügellagen um Modena (Provinz Reggio Emilia). Je nach Alter und Qualität gibt es gewaltige Preisdifferenzen.

Sherry-(Jerez)Essig wird aus Sherrywein hergestellt und eignet sich besonders gut zum Marinieren von Blattsalaten, für Saucen und Wildgerichte. Dieser Essig harmoniert optimal mit Olivenöl.

Himbeeressig ist ein mit Himbeeren oder deren Saft aromatisierter Rot- oder Weißweinessig. Hervorragend zum Marinieren von Blattsalaten geeignet, eventuell in Verbindung mit Walnußöl.

Apfelessig (Cidreessig) ist ein Obstessig aus vergorenem Apfelsaft und besonders gut für Erdäpfelsalat, aber auch für Blatt- und Gemüsesalate geeignet.

Hesperidenessig ist reiner Gärungsessig und wird im biologischen Verfahren unter Beigabe von Weinessig und Apfelsaft hergestellt. Er ist besonders geeignet zum Marinieren von Blatt-, Erdäpfel- und Gemüsesalaten, wird aber auch zum Beizen, für Salatsaucen und Mayonnaise verwendet.

Weinessig wird aus dem mit Essigmutter versetzten Wein weißer oder blauer Trauben zu Weiß- oder Rotweinessig verarbeitet. Das – je nach Qualität – vollaromatische Ergebnis eignet sich perfekt zum Säuern von Blattsalaten und Speisen.

Spezialessig ist ein aus Äthylalkohol hergestellter Spritessig, dem Wein oder Obstwein zugesetzt wird.

Tafelessig wird jedes Gemisch aus Säure- und Gärungsessig oder aber auch reiner Gärungsessig genannt.

Kräuteressig wird aus Tafel- oder Weinessig unter Zusatz von Kräutern hergestellt und zum Marinieren von Blatt- und Gemüsesalaten verwendet.

Kräuteressig macht Blattsalate besonders aromatisch.

Speiseöle

Der deutlich spürbare Trend zur Verwendung hoch- und höchstwertiger Öle geht zweifellos auf jenes neu entstandene Qualitäts- und Produktbewußtsein zurück, das mit dem Siegeszug der Neuen Küche (Nouvelle Cuisine) Anfang der 70er Jahre eingesetzt hat. Öle werden generell durch Pressen und Extrahieren gewonnen. Kaltgepreßte Sorten sind dabei wesentlich teurer und gelangen wegen ihrer hohen Qualität vor allem in der kalten Küche zum Einsatz. Aus Gesundheitsgründen (hoher Erhitzungsgrad) sollte man jedoch mit kaltgepreßten Ölen niemals kochen. Zur Qualitätserhaltung sollte man solche Öle stets dunkel und kühl lagern.
Hier die wichtigsten Sorten:

Distelöl wird aus dem Samen der Färberdistel gewonnen und eignet sich für Salatmarinaden, Mayonnaisen und Saucen.

Erdnußöl verträgt hohe Temperaturen und ist daher perfekt zum Braten und Fritieren geeignet.

Kürbiskernöl ist eine regionale Spezialität aus der Steiermark. Das dunkelgrüne, dicke Öl mit dem unvergleichlichen nussigen Eigengeschmack ist hervorragend geeignet, um Blattsalate, Gemüsesalate, Sulzen, saure Wurst und Rindfleisch, vor allem aber auch „Erdäpfelsalat auf steirische Art" zu marinieren.

Maiskeimöl fällt durch seine schöne goldgelbe Farbe auf, verhält sich jedoch geschmacklich neutral. Man verwendet es für Salatmarinaden, Rohkost und Diätküche, aber auch zum Braten, Backen und Grillen.

Olivenöl wurde angeblich von Aphrodite erfunden und ist eine Spezialität der mediterranen Küche. Zu bevorzugen sind Öle aus erster Pressung – Olio Extra Vergine oder Huile Extra Vierge bedeutet kaltgepreßt. Sein hervorragender Eigengeschmack macht es perfekt geeignet für Salate, kalte oder lauwarme Gemüsespeisen, Pastagerichte, Fisch-, Lamm- und Rindfleischgerichte. Es dient aber auch zur Fisch- und Gemüsekonservierung.

Sesamöl ist ein wohlschmeckendes Öl mit Röstaroma und stammt aus der asiatischen Küche.

Sojaöl ist vor allem gesund, allerdings auch etwas geschmacksintensiv.

Sonnenblumenöl ist leicht und bekömmlich, qualitativ hochstehend und daher auch sehr populär. Es eignet sich gut zum Marinieren von Salaten, für Mayonnaisen und Braten sowie zum Backen und Grillen.

Traubenkernöl wird wegen seines milden, angenehmen Geschmacks von vielen Gourmets gerühmt und vor allem für Salate und Marinaden verwendet.

Trüffelöl ist ein mit weißen Alba-Trüffeln aromatisiertes kaltgepreßtes Olivenöl, das sich hervorragend zum Parfumieren von Blattsalaten, Nudeln oder Erdäpfelpüree eignet.

Walnußöl ist ein ganz besonders kostbares, würziges Öl zum Marinieren von Blattsalaten.

EIN STREIFZUG DURCH KÜHLSCHRANK UND SPEISEKAMMER

Die Vorratskammer ist, um mit Arthur Schnitzler zu sprechen, ein weites Land. Für fast alles, was man in Kühlschrank, Keller oder „Speis'" lagern kann, gibt es Spezialliteratur und eigene Kochbücher. Was wir hier bieten wollen, ist eine kurze Übersicht über die wesentlichen Merkmale all jener Produkte, mit denen Sie das Jahr über in Ihrer Vorratshaltung immer wieder konfrontiert werden.

Ohne Fett geht's nicht

Fett ist einer der wichtigsten Geschmacksträger.

Auch wenn es noch so ein Feindbild von Schlank- und Gesundheitsaposteln sein mag: Ohne Fett geht in der Küche rein gar nichts. Es dient zum Braten, Backen, Erzeugen von Abtrieben, lockert das Gebäck auf, verleiht Saucen und Suppen (meist sogar in Verbindung mit Mehl) die nötige Bindung, macht Würste, Terrinen, Pasteten saftig und ist so gut wie immer die Grundlage herzhafter Aufstriche.
Ob Sie trotzdem ernährungsbewußt kochen, entscheiden die notwendigen Mengen und der Einsatz des richtigen Fettes. Hier eine kurz gefaßte Übersicht:

Butter wird in verschiedenen Qualitäten wie Landbutter, Teebutter, Tafelbutter oder Kochbutter angeboten. Sie ist unentbehrlich für Cremen, Mehlspeisen, Massen und Teige, aber auch zum Verfeinern von Gemüse, Teigwaren, Fleisch, Fisch, Eiergerichten sowie zur Herstellung von Sauce hollandaise oder Kräuterbutter. Butter kann durch starkes Erhitzen zur Bräunung gebracht werden und verfeinert dadurch Gemüsegerichte und gebratenen Fisch. Ein weiterer wichtiger Verwendungszweck: Butter „montiert" Saucen und Suppen, sie dickt dieselben also ein, indem sie eiskalt unter ständigem Schwingen der Pfanne eingemengt (eingemixt) wird.

Butterschmalz entsteht durch langsames Erhitzen und Klären von Butter, wodurch Wasser und Molke ausgeschieden werden. Übrig bleibt ein klares, gelbes Schmalz mit Brat- und Backfähigkeit von hoher geschmacklicher Güte.

Gänseschmalz wird vor allem für Aufstriche, zuweilen auch zum Braten und Haltbarmachen von Gänseleber („Ganslebertöpfchen") verwendet.

Kalbsnierenfett lockert Farcen für Leberknödel und -nokkerln auf, wird aber auch häufig in der englischen Küche (Steak and Kidney Pie) verwendet.

Margarine wird vorwiegend aus pflanzlichen Fetten und Ölen hergestellt und ähnlich wie Butter verwendet. Für Diätzwecke und zur Erzeugung von Plunder- und Blätterteig wird auch Spezialmargarine (Ziehmargarine) hergestellt.

Kokosfett ist ein extrem hartes Fett mit großer Backkraft.

Nicht nur Backhendln „lieben" das Schmalzpfandl.

Schweineschmalz wird aus ausgelassenem Bauchspeck hergestellt, wobei als Restprodukt Grammeln anfallen. Es wird sowohl als Aufstrichfett wie auch zum Ansetzen von Sauerkraut verwendet. Liebhaber gebrauchen es auch als Backfett für Schnitzel oder Backhendln sowie zum Ansetzen von Schweinsbraten.

Eier

Da Hühnereier in der Größe variieren, ist nicht nur der Preis, sondern das Verhältnis zum Gewicht entscheidend. Bewußte Konsumenten berücksichtigen daher beim Kauf die **Gewichtsklassen:** Klasse 1: 70 g und darüber; Klasse 2: 65–70 g; Klasse 3: 60–65 g. Die Farbe der Eier läßt keinen Rückschluß auf die Qualität zu, sondern ist von der Hühnerrasse abhängig. Der **Frische** nach werden Eier in Klasse I (14 Tage ab Verpackung) und Klasse II (2 bis 4 Wochen) unterteilt.

Wichtig: Hühnereier sollten wegen der Salmonellengefahr stets kühl und isoliert gelagert werden. Nach dem Anfassen von Eiern Hände waschen und die Eierschalen sofort entsorgen! Eier aus Intensiv-Tierhaltung sind wegen der fehlenden Kotbehaftung, die zum Virenbefall führt, am unbedenklichsten. Die Bezeichnungen „Nesteier" oder „Gutshofeier" sagen indessen nichts über deren Unbedenklichkeit aus. In Österreich werden Eier sowie Legehennen jedoch ständig überprüft. Bedenkenlos können lediglich Eier verzehrt werden, die länger als 8–10 Minuten gekocht wurden. Gerichte, die Eier beinhalten, müssen über 75 °C erhitzt werden. Für Speisen, in denen rohe Eier verwendet werden (Mayonnaise, Beefsteak tatar, Weinschaum, Cremen, Tiramisu) ist pasteurisiertes Hühnervollei, Eigelb oder Eiweiß zu empfehlen. Pasteurisiertes Ei wird in 1-Liter-Tetrapackungen angeboten, die 20 Eier beinhalten (Lagerung: ungeöffnet bei 2–4 °C 4 Wochen, geöffnet 5 Tage).

Frischetest: Nach dem Aufschlagen bildet das Eiklar einen dichten Hof um den Dotter. Wenn man frische Eier schüttelt, hört man absolut nichts, die Luftkammer ist nicht wahrnehmbar. Frische Eier gehen außerdem im Wasser unter.

Eieranstechen: Eier platzen beim Kochen nicht, wenn man vorher die Schale am runden Ende (Luftkammer) mit einer Nadel (Eierpieker) ansticht. Ein weiterer Tip: Eiskalte Eier niemals sofort ins siedende Wasser legen, da sie sonst platzen.

Eiklar ist ein unentbehrliches Triebmittel für Aufläufe und Mehlspeisen. Wichtig ist dabei, das Eiklar immer sauber vom Dotter zu trennen. Dotterreste verhindern das Zustandekommen eines erstklassigen Eischnees. Gefäße, in denen Schnee geschlagen wird, müssen, ebenso wie Schneebesen, kalt, trocken und absolut fettfrei sein.

Dotterreste beeinträchtigen die Qualität des Eischnees.

Eierschälen: Die Eier sollten nach dem Kochen am besten sofort eiskalt abgeschreckt, allseitig angedrückt und in kaltes Wasser gelegt werden, wodurch das Schälen beträchtlich erleichtert wird.

Molkereiprodukte

Neben Milch (sprich: pasteurisierter Vollmilch mit 3,6% Fettgehalt) finden beim Kochen hauptsächlich Schlagobers, Sauerrahm, Joghurt, Sauermilch und Crème fraîche Verwendung.

Schlagobers hat einen Fettanteil von 36%. Es verfeinert und bindet Cremesuppen und Saucen meist auch durch Reduktion (d. h. es dickt sie beim Kochen durch Verdampfung ein). Schlagobers gewinnt durch Aufschlagen etwa 80–100% an Volumen. Voraussetzung ist allerdings, daß Schlagkessel und Schneebesen kalt, trocken und fettfrei sind. Außerdem muß das zu schlagende Obers gut gekühlt sein.

Sauerrahm dient mit einem Fettgehalt von 15% zum Verfeinern und Säuern von Cremesuppen, Rahmsaucen, Mehlspeisen, Salaten, kalten Saucen und Gemüse. Er wird in Verbindung mit glattem Mehl auch zum Binden von Suppen, Saucen und Gemüse verwendet. **Wichtig:** Bei dieser Methode soll die Rahm-Mehl-Beigabe im letzten Moment vor der Fertigstellung erfolgen.

Crème fraîche ist eine ursprünglich aus Frankreich stammende Sauerrahmart mit 36% Fettgehalt. Idealerweise dient sie dazu, um Suppen oder Saucen zu säuern und zu binden. In Anbetracht des hohen Fettgehaltes ist Crème fraîche sehr fest und sämig, man erspart sich daher zumeist die Zugabe von Mehl als Bindung.

Käse

Mit fortschreitender Europäisierung der Eßkultur gewann und gewinnt Käse auch in Österreich immer mehr an Bedeutung. Käse ist im übrigen nicht nur ein eigener Gang im Menü, sondern auch eine ganz hervorragende und unentbehrliche Zutat, um Speisen zu aromatisieren. Er dient vor allem zum Überbacken, aber auch als Ergänzung von Fleisch, Salaten oder Gemüsegerichten.

Diverse Käsesorten

Zwei grundsätzlich verschiedene Arten der Reifung lassen sich auch für den Laien leicht erkennen. Käse, die von außen nach innen reifen, haben an der Außenhaut Weißschimmel (Brie) oder Rotschmiere (Münster). Von innen nach außen gereifte Käse verfügen über eine nach außen geschlossene Rinde und eine unterschiedlich große Lochung, die durch Gärung und Temperatur entsteht. Käse wird aus Kuh-, Büffel-, Schaf- oder Ziegenmilch gewonnen. Der auf Verpackungen angegebene Fettgehalt bezieht sich übrigens nicht auf das Gesamtgewicht, sondern auf den Anteil an Trockenmasse (Fett i. Tr.), also jenen Feststoffen, die nach dem Abzug der Molke übrigbleiben. Im Klartext hat demnach ein Emmentaler mit 45% Fett i. Tr. einen tatsächlichen Fettanteil von 27%, Brie oder Camembert verfügen, da weicher (= mehr Flüssigkeit) über etwa 24% Fett (bezogen auf das Gesamtgewicht). Die Einteilung der Käse in verschiedene Gruppen erfolgt daher folgerichtig in Hinblick auf ihre Festigkeit.

Frischkäse hat keinerlei Reifung durchgemacht. Topfen, Gervais, Mascarpone, Ziegenfrischkäse und Cottage Cheese sind die bekanntesten Sorten.

Weichkäse werden in solche mit natürlicher Rinde, Weiß- oder Doppelschimmelkäse und Schmierenkäse unterschieden. Die Konsistenz kann sehr unterschiedlich sein, denn beim Reifen beginnt der Käse zu „laufen". Beim Kauf ist darauf zu achten, daß der gewünschte Reifegrad gegeben ist (die Elastizität überprüft man mit der Fingerdruckprobe). Die

Rinde muß geschlossen sein und darf keine Risse aufweisen. Warme Lagerung beschleunigt die Reifung.
Zu den bekanntesten Weichkäsen zählen Brie, Camembert, Münster, österreichischer Schloßkäse, Reblochon, Maroilles, Pont l'Eveque, Noblesse u. v. a.

Halbfeste Schnittkäse sind Käse mit weicher, saftiger Struktur. Zu ihnen zählen u. a. Butterkäse, Bel Paese, Bonbel, Pyrenäenkäse, Tête-de-moine sowie Blau- und Grünschimmelkäse wie Österzola, Bresse Bleu, Dolce Latte oder Roquefort.

So stellen Sie ein perfektes Käsebrett zusammen.

Schnittkäse sind meist von ausgeprägter Rinde und unterschiedlicher Lochung gekennzeichnet. Die bekanntesten sind Appenzeller, Tilsiter, Gouda und Edamer.

Hartkäse sind harte oder extraharte Käse. Starke Rindenbehaftung sowie volles, oft schon scharfes Aroma zeichnen diese Gattung aus. Hartkäse werden zum Teil gehobelt, geschnitten (Emmentaler) oder gestochen (Grana oder Parmesan). Die wichtigsten Hartkäse sind u. a. Grana padano, Parmigiano Reggiano, Cheddar Cheese, Pecorino, Provolone, Greyerzer.

Schmelzkäse werden, wie der Name schon sagt, durch Einschmelzen verschiedener feingemahlener Käsesorten unter Vakuumverschluß und Beigabe von Zusätzen erzeugt. Dazu zählen u. a. französische Nuß- und Pfefferkäse, aber auch die sogenannten „Eckerlkäse“ oder vorgeschnittene viereckige Sorten, die für Toasts Verwendung finden.

Schneiden von Käse. Um Käse ökonomisch zu zerteilen und den Rindenanteil gleichmäßig zu verteilen, sollte man sich an einige Regeln halten, die grundsätzlich von der Beschaffenheit und der Form des Käsestücks abhängig sind. Zum Schneiden bedient man sich in der Regel eines Käsemessers (siehe S. 34), bei speziellen Sorten sind Käseharfe, Stecher (Grana) oder Hobel (Tête-de-moine) notwendig.

Wie man Käse serviert. Butter kann, muß aber nicht mitserviert werden. Als Dekor empfehlen sich – je nach Charakter der Käseplatte – Walnüsse, geröstete Kürbiskerne, Oliven, Trauben, Äpfel und Birnen sowie diverse Brotsorten.

Topfen

Genaugenommen ist Topfen Frischkäse und aus der Wiener Küche nicht wegzudenken. Seine vielfältige Verwendung reicht von Aufstrichen über Cremen, Strudel, Torten und Rouladen bis zu Knödeln, Nocken, Teigen und Aufläufen. Im Einzelhandel wird Topfen fast ausschließlich in passiertem Zustand angeboten. Je nach Verwendungszweck ist der Fettanteil in der Trockenmasse zu beachten. Am häufigsten

Topfen muß nicht immer gleich Topfen sein.

wird fettfreier, 10, 20 und 40%iger Topfen gehandelt. Der tatsächliche Fettgehalt beträgt (wie bei Käse) natürlich bedeutend weniger (bei 10%igem Topfen beispielsweise 2,5%). Magertopfen ist praktisch fettfrei.
Für manche Topfenspeisen wie Teige, Topfenknödel, Topfengolatschen oder Haluŝka ist der passierte Topfen allerdings wenig oder gar nicht geeignet. Unpassierten Topfen erhält man üblicherweise nur gegen Vorbestellung. Dieser ist trokkener als der in Bechern angebotene passierte Topfen. Der bröselige Preßtopfen ist vor allem für Topfengolatschen und Haluŝka vorzuziehen. Für Kärntner Kasnudeln benötigt man den regional erhältlichen Bröseltopfen.
Topfen sollte stets dunkel, kühl und verschlossen gelagert werden. Alter Topfen entwickelt einen unangenehmen, bitteren Geschmack und verdirbt jedes Gericht.

Stärke

Stärke ist gewissermaßen das Rückgrat vieler Gerichte. Sie wird durch Auswaschen von Stärkekörpern aus Produkten wie Weizen, Reis, Mais und Erdäpfel gewonnen. Stärke ist stets weiß, geruchlos und in kaltem Wasser löslich. Aus Stärke werden in Perlform Suppeneinlagen gewonnen, die unter der Bezeichnung Tapioka und Perlsago vertrieben werden. **Anwendung:** Stärke muß immer mit kalter Flüssigkeit angerührt und kurz vor dem Kochen zügig mit einem Schneebesen unter ständigem Rühren in die heiße Flüssigkeit eingemengt werden. Die Flüssigkeit bekommt dann, je nach Dosierung, eine glasige, cremige Bindung.

Verwendung: zum Binden von Suppen und Saucen, Cremespeisen sowie Pudding. Die beim Kochen gallertartig und durchsichtig werdenden Stärkekügelchen dienen auch als Einlage für kalte und warme Suppen.

Mehl und Mahlprodukte

Entscheidend für die Beurteilung von Mehl ist der Ausmahlungsgrad. Wird das ganze Korn vermahlen, so beträgt der Ausmahlungsgrad 100% (Vollkornmehl). Je geringer der Ausmahlungsgrad ist, desto weniger Kleieanteile sind im Mehl enthalten; das Mehl wird rein weiß, der Stärkegehalt wird höher, Eiweiß-, Vitamin- und Mineralstoffgehalt werden entsprechend niedriger.

Verwendung in der Küche: Zur Anwendung gelangt hauptsächlich glattes Mehl. Das weißere und auch teurere **Weizenmehl glatt** (Type 480) eignet sich besonders gut für Strudelteig, Biskuit, Einmach und Einbrenn sowie für feinporige ge-

schmeidige Teige, Nockerln und Spätzle. Auch Mehle der Type 700 haben gute Backeigenschaften.
Griffiges Weizenmehl wird zur Knödelerzeugung benötigt, bindet aber beim Kochen nicht so stark, wodurch das Endprodukt lockerer wird.
Fallweise mischt man für Germ- oder Nudelteige auch glattes mit griffigem Mehl.

Knödel gelingen am besten mit griffigem Mehl.

Auf die richtige Bindung kommt es an

Der Möglichkeiten gibt es zumeist mehrere. Auch was das Binden von Cremen, Suppen oder Ragouts betrifft. Meist gibt das Grundprodukt, z. B. Linsen, Hirn oder Tomaten, einiges an bindender Substanz ab. Mehl, Stärke, Obers, Crème fraîche oder einmontierte kalte Butterstücke können ebenso für die Bindung verwendet werden wie eine Obers-Eidotter-Legierung.
Um einen Mittelweg zu wählen, sind die nachfolgenden Rezepte mit einer leichten Mehlbindung ausgestattet worden. Wem dies zu üppig erscheint, verzichte auf die Mehlbindung und binde mit mehr Obers oder Butter.

So bindet man Säfte und Saucen

Um Säfte oder Saucen zu binden und ihnen mehr Konsistenz und Stabilität zu verleihen, kann man glattes Weizenmehl, Stärke, kalte frische Butter, Obers oder Crème fraîche – je nach Art und Farbe der Sauce (Saftes) – untermengen.

Methoden

Mehl mit kalter Flüssigkeit (Wasser, Wein, Sauerrahm) glatt verrühren, zügig unter die Sauce (Saft) rühren, kurz durchkochen, passieren.

Für **Velouté** und **Béchamelsauce** Mehl in Butter farblos anschwitzen, mit heißer Flüssigkeit (Fond bzw. Milch) aufgießen, knotenfrei verrühren (Schneebesen), durchkochen lassen, passieren.

Für **Einbrenn** röstet man Mehl in heißem Fett dunkelbraun, gießt mit dem passenden Sud auf und verrührt knotenfrei (Schneebesen). Gut durchkochen lassen, passieren. Zur besseren Färbung kann Kristallzucker und im letzten Moment etwas Tomatenmark mitgeröstet werden (für Beuschel, Linsen etc.).

Bratensaft kann mit etwas angerührter Stärke zart und glänzend gebunden werden, oder man staubt den Bratensatz mit Mehl, röstet kurz mit und löscht ab.

Bei Portionsgerichten wie Naturschnitzel etc. schwingt man in den naturbelassenen Saft kalte Butterstücke ein.

Bei **Weißweinsaucen** ist es heute üblich, auf das Mehl zu verzichten. Der Fond wird mit Obers auf die richtige Konsistenz reduzierend gekocht.

Grieß

Dieses grobkörnige Zwischenprodukt der Weizenvermahlung wird in groben, mittleren und feinen Mahlungen angeboten. Geeignet ist Grieß vor allem für Suppen, Suppeneinlagen, Knödel sowie kalte und warme Süßspeisen.
Maisgrieß ist die Grundlage für Türkensterz, Polentataler oder etwa Polentasuppe.

Fische

Moderne Transportmöglichkeiten und optimale Kühlung machen es möglich, daß Frischfisch heute in bester Qualität jeden Haushalt erreichen kann. Vielfältig sind dabei die Zubereitungsarten. Fische kommen mariniert, gebeizt, als Terrine, Pastete, geräuchert, als Ragout, gegrillt, gekocht, gedünstet, gedämpft, in der Folie oder im Rohr gebraten, in der Pfanne gebraten, gefüllt, im Ganzen zubereitet oder filetiert auf den Tisch.

Bei Fischen gibt es folgende **Unterscheidungsmerkmale:**
Nach ihrer Herkunft werden Fische in Süßwasser- und Salzwasserfische unterteilt, wobei einige, wie etwa der Lachs, Wanderfische zwischen Fluß und Meer sind. Süßwasserfische verfügen über ein zartes, oft sehr grätenreiches Fleisch, Meeresfische über eine kräftigere Fleischstruktur.
Nach ihrer Qualität unterscheidet man Konsum- oder Edelfische.
Nach ihrer äußeren Form unterteilt man sie in Rund- und Plattfische. Zur letzteren Gattung zählen Seezunge, Stein- und Heilbutt sowie Scholle. Fische sind in Konsistenz, Aussehen und Geschmack stark unterschiedlich, wobei auch der Fettgehalt eine Rolle spielt.

Neben Einkauf und Lagerung ist die **Vorbereitung**, z. B. Schuppen, Ausnehmen, Filetieren und Schneiden von gewissen Techniken und Kenntnissen abhängig. Da Fisch ein sehr hitzesensibles Produkt ist, erfordert die Zubereitung besondere Sorgfalt und Zuwendung. Über diese Manipulationen finden Sie Informationen und schematische Darstellungen auf Seite 252 und 261.

Salz- und Süßwasserfische

1) Forelle
2) Hecht
3) Sardine
4) Karpfen
5) Steinbutt
6) Lachs
7) Zander
8) Seezunge
9) Knurrhahn
10) Reinanke
11) Drachenkopf

1
2
3
4
5
6
7
8
9
10
11

Signalkrebse

Krusten-, Schal- und Weichtiere

Sie sind die vornehmeren und daher meist auch teureren Verwandten der Fische und leben in Flüssen, Seen und Meeren, oder aber sie sind Kriechtiere wie etwa die köstlich mundenden Schnecken. Krustentiere verfärben sich beim Kochen rot. Gegessen werden der Schwanz und, soferne vorhanden, auch die Scheren. Lassen Sie sich nicht durch unterschiedliche Bezeichnungen verwirren. Manche Namen wie etwa King Prawns, Riesengarnelen oder Hummerkrabben bezeichnen exakt dasselbe Produkt.
Entscheidend für die Qualität der Meerestiere ist vor allem der Lebensraum, aus dem sie stammen. Kaltwassertiere sind Warmwassertieren qualitativ überlegen. Es kommt also auch auf die Temperatur auf dem Meeresboden an, wie ein Schaltier auf dem Teller mundet. Nordatlantikhummer sind daher beispielsweise Hummern aus sonnigeren Gewässern vorzuziehen (und daher auch teurer).
Vorsicht bei Muscheln und Austern: Sie verderben leicht und schnell. Geöffnete Schaltiere dürfen nicht verarbeitet und verzehrt werden. Austern werden fast ausschließlich roh gegessen.

Krusten-, Schal- und Weichtiere

1) Spanner Krabbe
2) Tintenfisch (Kalamar)
3) Edelkrebs
4) Scampi (Kaisergranat)
5) Hummer
6) Octopus (Krake)

Fleisch

Wer, außer vielleicht ein notorischer Vegetarier, könnte schon einem saftigen, goldbraun glacierten Braten, einem zart rosa gebratenen Lammkarree, einem richtig gebratenen Steak oder einem luftig und knusprig soufflierenden Wiener Schnitzel widerstehen?
Für Ungeübte kann allzu große Fleischeslust jedoch fatale gesundheitliche Folgen haben. Fachkenntnis bei Einkauf, Lagerung und Zubereitung ist daher auch im Haushalt unbedingte Voraussetzung.
Grundsätzlich hängt die Fleischqualität von der Tierart, der Rasse, der Fütterung, der Art der Tierhaltung, vom Geschlecht und vom Alter der jeweiligen Tiere ab.

Rindfleisch

Es spielt in der österreichischen, speziell in der Wiener Küche eine noch größere Rolle als in anderen Ländern. Tradition hat hierzulande vor allem die **Siedefleischküche**. Die Fleischteile von Rücken, Schulter, Brust und Knöpfel (Keule) haben dabei ziemlich unterschiedliche Voraussetzungen für eine geeignete Weiterverarbeitung.
Das beste Fleisch liefern Mastochsen, Kalbinnen und junge Masttiere. Qualitätsfleisch erkennt man an der weißen Fetteindeckung, der fettdurchzogenen Fleischstruktur, speziell bei den Rückenteilen, sowie an der kräftig hellroten bis dunkelroten Farbe.
Grundsätzlich muß Rindfleisch gut „abgehangen“ sein, um das beste Resultat zu liefern. Die einzelnen Fleischteile haben völlig unterschiedliche Faserstrukturen und daher auch einen stark differenzierten Geschmack. **Wichtig**, um Rindfleisch fachgerecht zu kochen bzw. zu dünsten: Die deckenden Häute dürfen gar nicht und die Fettabdeckung darf nur zum Teil entfernt werden. Will man nur eine sehr gute Suppe erzeugen, stellt man kostengünstige Rindfleischteile mit Fettbehaftung mit kaltem Wasser zu.

Fleisch vom Rücken

erfreut sich bei Kennern größter Wertschätzung.

Der **Lungenbraten** *(Rindslende, Rindsfilet)* ist das teuerste Stück des Tieres. Er wird völlig von deckenden Fettschichten und Häuten befreit zubereitet und eignet sich mit wenigen Ausnahmen nur zum Braten. Lungenbraten wird im Ganzen entweder natur, gespickt, in Blätterteig oder Schweinsnetz u. ä. gehüllt, gebraten bzw. gebacken.
Roh portioniert man den Lungenbraten, indem man ihn in mehr oder weniger dicke Scheiben zerteilt *(Chateaubriand, Filetsteak, Tournedos)*. Diese Stücke werden in der Pfanne

Filetsteak, T-Bone-Steak, Porterhouse-Steak

Rostbratenstück, Beiried

oder am Rost zubereitet. Lungenbratenspitzen und -kopf werden für Fleischspieße oder *Filet Stroganoff* etc. verwendet.

Rostbratenstück nennt man den fettdurchzogenen Teil des Rückens in der Nähe des Halses (dies ist jener Teil, der beim Schwein als Schopfbraten bezeichnet wird). Das Fleisch wird roh portioniert und eignet sich zum Braten, Grillen und Dünsten *(Rostbraten).*

Die **Beiried** ist die Fortsetzung des Rückens zur Keule (Knöpfel) hin. Sie eignet sich zum Braten im Ganzen *(Roastbeef),* roh portioniert mit Knochen für *T-Bone-Steak oder Porterhouse-Steak* und ausgelöst für *Entrecôte und Rumpsteak.* Der **Rieddeckel** vom oberen Teil des Rostbratenstückes eignet sich zum Dünsten und Kochen.

Fleisch vom Knöpfel (Keule)

ist ausschließlich zum Kochen und Dünsten geeignet.

Tafelspitz

Als **Schale oder Ortschwanzel** bezeichnet man die innere Backe der Keule. Sie wird zum Dünsten, speziell auch für Schnitzel und Rouladen verwendet.

Der **Zapfen** (Kugel) eignet sich zum Dünsten von Schnitzeln und Rouladen.

Die **Rose**, auch **Hieferscherzel** genannt, wird im Ganzen gedünstet oder gekocht.

Das **Hieferschwanzel** ist ein dreieckiger Muskel, der ganz ausgezeichnetes Fleisch zum Kochen und Dünsten im Ganzen liefert.

Der **Tafelspitz** gilt mit Recht als die Altwiener Rindfleischlegende. Er wird mit dem berühmtem Fettranderl gekocht, gibt aber auch ein phantastisches Dünstfleisch ab.

Das **weiße Scherzel** ist ein schmaler, runder, hellfarbener Muskel, der entlang des schwarzen Scherzels verläuft. Laien verwechseln es häufig mit dem Lungenbraten, bis sie es dann kosten und als bröseliges, trockenes Siede- und Dünstfleisch entlarven.

Schulterscherzel, mageres Meisel

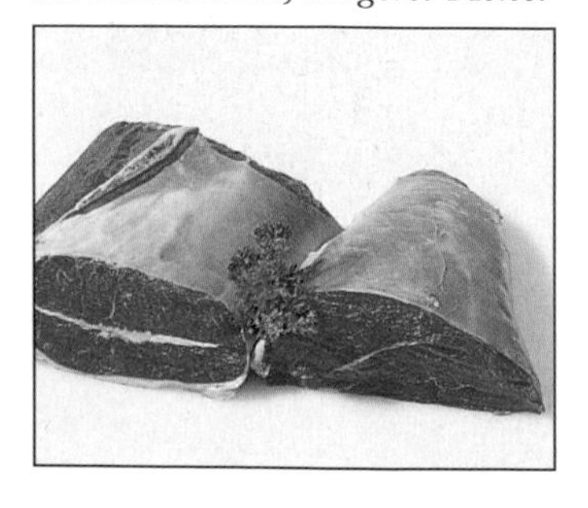

Das **schwarze Scherzel** eignet sich als Siede- und Dünstfleisch im Ganzen oder für Schnitzel und Rouladen.

Das **Wadschinkenstück**, auch **Gschnatter** oder **hinteres Pratzel** genannt, ist das klassische Wiener Gulaschfleisch, aber auch perfekt für Ragouts geeignet.

Die **Zwerchried** oder **Riedhüfel** ist ein ausgesprochenes Siedefleisch.

Das Vorderviertel,
bestehend aus Spitz und Schulter, wird wie folgt aufgeteilt:

Rindskamm (Siedefleisch, meist gepökelt oder geräuchert)

Hinteres Ausgelöstes (Siede- oder Dünstfleisch)

Dicker oder Rippenspitz (Siedefleisch)

Kruspelspitz (hervorragendes Siedefleisch für Kenner)

Zwerchspitz (Siedefleisch)

Rindsbrust oder Brustkern, auch **mittleres** und **dickes Kügerl** genannt (Siedefleisch, das auch gepökelt oder geräuchert angeboten wird)

Beinfleisch (hervorragendes Qualitätssiedefleisch, das mit den Knochen gesotten wird)

Beinfleisch

Mageres Meisel, auch **vorderer Schulterblattmuskel** genannt (zapfenförmiges Siede- und Dünstfleisch)

Kavalierspitz (unmittelbar unter dem Schulterblatt gelegenes hervorragend saftiges Siedefleisch)

Fettes Meisel (überdeckt das magere Meisel; fettes, aber schmackhaftes Siedefleisch)

Schulterscherzel (für viele der Siedefleischfavorit: feinfaserig, saftig, mit gallertartigem Kern)

Schulterschwanzel oder **dicke Schulter** (Hauptteil der Schulter, zum Dünsten und Sieden)

Bugschnitzel und vorderes Pratzel (Fleisch um den Röhrenknochen für Ragoutgerichte)

Weitere Fleischteile und Innereien

Ochsenschlepp (Schwanzstück für Suppe, wird auch gedünstet und häufig gefüllt)

Ochsenschlepp mit Markknochen

Kuttelfleck, Pansen und Netzmagen (für saucige Kuttelgerichte und Salate)

Knochenmark (Beigabe zu Siedefleisch, für Suppeneinlagen und auf Schwarzbrottoast)

Zunge (zum Sieden, meist geräuchert oder gepökelt)

Leber (für Suppeneinlagen)

Milz (für Suppeneinlagen)

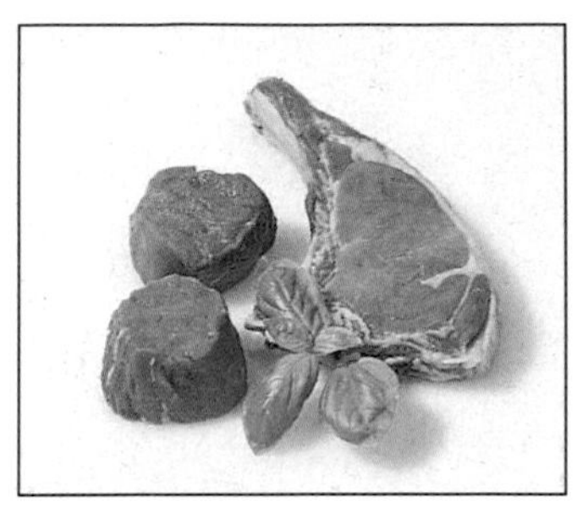

Kalbskotelett und Kalbsmedaillons (Lungenbraten)

Kalbfleisch

Das Kälberne steht im Mittelpunkt vieler Mißverständnisse. Wenn Ihnen jemand weismachen möchte, daß besonders helles Kalbfleisch auch ein ganz besonders gutes sei, so glauben Sie ihm bitte nicht. Derlei optische Merkmale lassen keinerlei schlüssigen Bezug auf die Qualität zu, auch wenn dies dem allgemeinen Publikumsgeschmack zu entsprechen scheint.
Das beste Kalbfleisch stammt zweifellos vom **Milchkalb**, das allerdings heute kaum noch erhältlich ist. Aufgrund neuer, zum Teil recht zweifelhafter Fütterungsmethoden sind Kälber heute wesentlich schwerer als früher, die Teile sind dadurch auch größer.
Als einzige „Sicherheitsmaßnahme" beim Einkauf von Kalbfleisch muß daher heute leider gelten: Wählen Sie einen Fleischhauer, mit dem Sie bereits gute Erfahrungen gemacht haben. Das (halbierte oder geviertelte) Kalb bietet er Ihnen in folgenden Stücken an:

Kalbslungenbraten (Lende) und Kalbsnierenscheiben

Stücke vom hinteren Stutzen (Kalbsrücken und Schlegel)

Als **Nierenbraten** versteht man den halbierten Rücken mit Niere. Das Rückgrat muß ausgehackt werden. Die Rippenknochen bleiben am Fleisch oder werden je nach Verwendungszweck – für glacierten Nierenbraten, gerollten Nierenbraten oder Kalbskoteletts – ausgelöst. Wenn die Rose des Nierenbratens herausgeschält wird, ergibt sich bestes, aber auch teures Kalbssteak und Schnitzelfleisch.

Der **Kalbslungenbraten** oder **Lende** wird zu Medaillons verarbeitet, die Spitzen eignen sich perfekt für Geschnetzeltes (beste Qualität zu Höchstpreisen).

Der **Kalbsschlegel** wird in Schale (Natur- oder Kaiserteil), Fricandeau, Nuß, Rose, Kleinteile und Stelze unterteilt.

Das **Fricandeau** kann gespickt oder ungespickt im Ganzen gebraten werden und ist ein hervorragendes Schnitzelfleisch.

Kalbsfricandeau, Kalbsschale

Die **Schale** eignet sich für Schnitzel und Kalbsrouladen.

Die **Nuß** wird im Ganzen gebraten oder für Kalbssteaks geschnitten.

Die **Kalbsstelze** wird gespickt oder ungespickt im Ganzen gebraten und findet als *Kalbsvögerl*, *Osso buco* bzw. in *Ragouts* und *Gulasch* Verwendung.

Die **Kalbsrose**, auch **kleine Nuß**, ergibt perfektes Braten- und Schnitzelfleisch (hervorragendes, saftiges Fleisch).

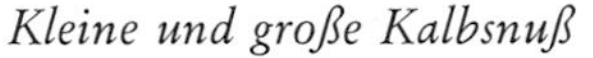
Kleine und große Kalbsnuß

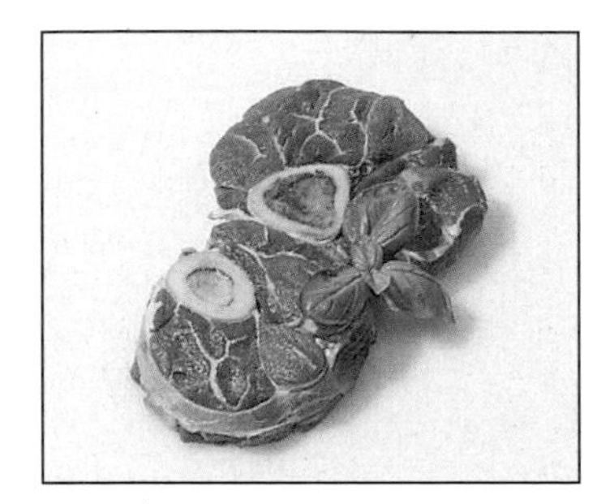
Osso buco

Kalbsleber

Stücke vom vorderen Stutzen

Die **Kalbsbrust** wird meist im Ganzen verwendet und gefüllt.

Die **Vorderstelzen** werden wie Hinterstelzen verarbeitet.

Das **Karree** ist beim Kalb nicht der Nierenbraten, sondern der Teil, der beim Schwein Schopf genannt wird. Eignet sich perfekt zum Braten und Dünsten.

Kalbsinnereien. Alle Innereien des Kalbes – ob Bries, Herz, Lunge *(Beuscherl)*, Kopf, Zunge, Nieren oder Hirn – erfreuen sich bei Gourmets größter Beliebtheit.

Schweinefleisch

Obwohl viele Tiere heute schon auf 16 Rippen und 30% weniger Rückenspeck hin gezüchtet werden, ist das Schwein nach wie vor das fetteste Schlachttier. Schweine werden nach der Schlachtung zunächst halbiert, wobei man bei jungen Schweinen die Schwarte (Haut) am Fleisch beläßt *(Jungschweinernes)*. **Spanferkel** (8–12 Wochen alt, nicht schwerer als 21 kg, idealerweise 7–8 kg) werden im Ganzen oder zerteilt verarbeitet.

Selbst wenn alle Qualitätsmerkmale (gute Marmorierung, zart rosa Farbe, feinfaserige Fleischstruktur) sichtbar sind, ist das Ergebnis leider dennoch oft nicht befriedigend. Häufig unterliegt Schweinefleisch beim Braten einem großen Flüssigkeitsverlust, schrumpft in der Pfanne und kann sehr zäh und trocken schmecken.

Auch hier gilt unser einfacher Rat: Wählen Sie einen Fleischhauer, mit dem Sie gute Erfahrungen gemacht haben und bevorzugen Sie das fettere Fleisch von 12-Rippen-Schweinen (das Fett können Sie getrost wegparieren). Hier ein kurzer Überblick über die Teilung des Schweines:

Das **Karree** (kurz oder lang) wird ausgelöst oder unausgelöst im Ganzen gebraten, zu *Koteletts* zerteilt, gepökelt oder geräuchert.

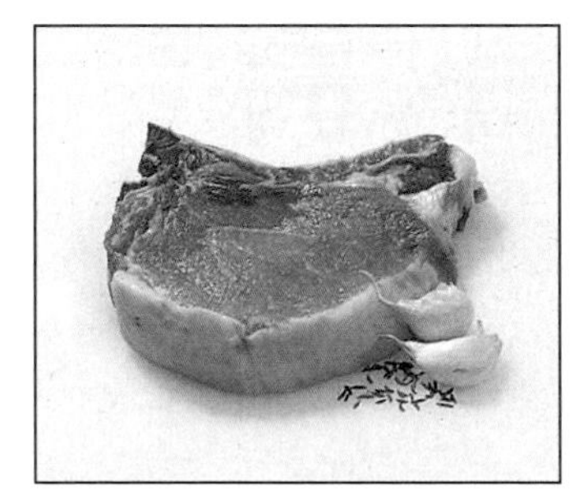
Schweinskotelett

Schopfbraten

Schweinsjungfer

Bauchfleisch

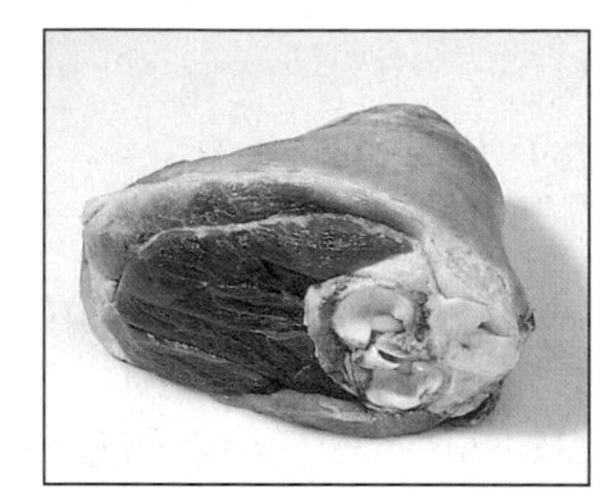

Hintere Stelze

Spareribs

Schweinsniere

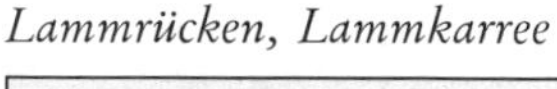

Lammrücken, Lammkarree

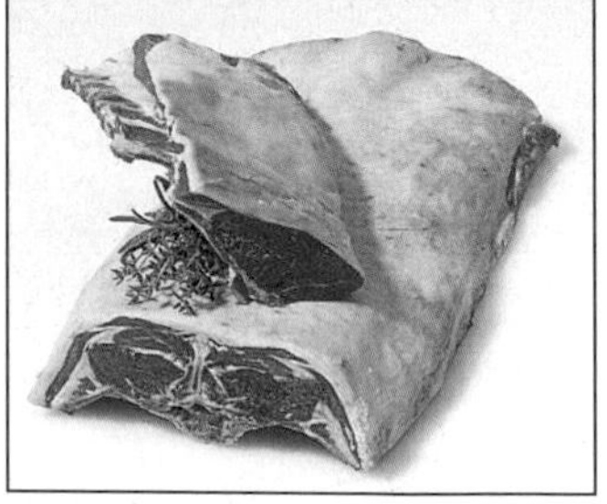

Das **Nierenstück** wird wie das Karree behandelt und mit Lungenbraten (Filet) oder auch ausgelöst verarbeitet.

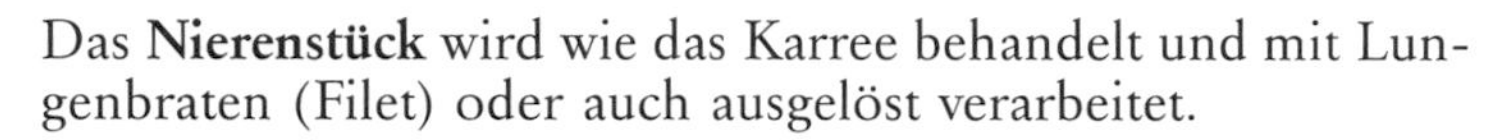

Der **Schopfbraten** führt vom Karree zum Kopf (Nackenstück) und ist stark fettdurchzogen, daher als Braten äußerst saftig. Wird auch paniert und gebacken *(Schnitzel)* oder als *Karbonade* (in Scheiben geschnitten und in der Pfanne gebraten) verwendet.

Die **Schweinsjungfer**, auch **Filet** oder **Lungenbraten**, wird meist im Ganzen (üblicherweise in Kohlblätter gehüllt) oder, aufgeschnitten in Medaillons, in der Pfanne gebraten. Sie dient auch als beliebte Einlage für Pasteten und Terrinen.

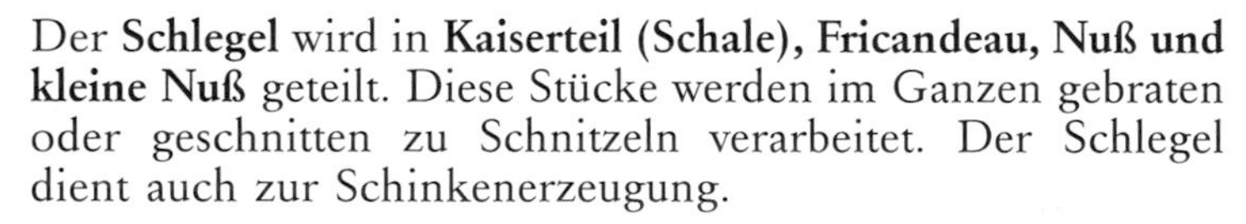

Der **Schlegel** wird in **Kaiserteil (Schale), Fricandeau, Nuß und kleine Nuß** geteilt. Diese Stücke werden im Ganzen gebraten oder geschnitten zu Schnitzeln verarbeitet. Der Schlegel dient auch zur Schinkenerzeugung.

Die **Schulter** wird für Braten, Ragout und zur Schinkenerzeugung verwendet.

Brust- und Bauchfleisch werden üblicherweise zunächst mit der Schwarte geschröpft, gefüllt und schließlich gebraten. Der Bauch kann auch gefüllt und gesurt oder – als *Kaiserfleisch* (geräuchertes Bauchfleisch) – gekocht werden.

Die **Stelze** wird gebraten, gesurt oder gekocht.

Innereien (Zunge, Niere, Lunge, Herz, Leber) werden ähnlich wie beim Kalb verwendet.

Lammfleisch

Lamm gilt wegen seiner ernährungsphysiologischen Hochwertigkeit als besonders zeitgemäßes Fleischprodukt. Hervorragendes, qualitativ gleichmäßiges Lamm wird in Australien, Neuseeland und Schottland gezüchtet, aber auch in Österreich hat sich die Qualität in den letzten Jahren wesentlich verbessert.
Lammfleisch „lamperlt“ heute nur noch selten, sondern ist

bereits ziemlich geschmacksneutral. Gourmets bevorzugen vor allem **Milchlämmer**, also jene Tiere, die mit Milch gemästet wurden und ein Alter von sechs Monaten nicht überschreiten. **Hammelfleisch** (auch **Schöpsernes** genannt, worunter man das verschnittene männliche Schaf versteht) hat wegen seines strengen, arttypischen Geschmacks heute kaum noch Bedeutung.
Beim Lamm werden in erster Linie die **Schlegel (Keulen)**, übrigens meist im Ganzen, gebraten. Der **Rücken** wird halbiert, im Ganzen gebraten oder zu Koteletts sowie Rückenfilets verarbeitet, die **Schulter** wird meist für Ragoutgerichte verwendet. **Lamminnereien** – Beuscherl, Bries, Leber, Niere und Zunge – gelten als hochwertige Spezialität.

Lammkoteletts

Kitz

So wird in Österreich das Fleisch junger Ziegen genannt. Es wird, einem alten Brauchtum entsprechend, meist nur zu Ostern verarbeitet, und zwar entweder gebacken, geschmort oder gebraten.

Lammchops

Kaninchen

Vom Haus- oder Stallhasen werden in der guten Küche vor allem Rücken und Keulen verarbeitet. Trotz seines hellen, wohlschmeckenden und oft außerordentlich zarten Fleisches ist das Kaninchenfleisch hierzulande nicht so populär wie in südlicheren Regionen.

Lammschlegel (Keule)

Speck

Dieses Kapitel müßte, genaugenommen, unter dem Oberbegriff Schweinefleisch stehen. Speck stammt nämlich ausschließlich vom Schwein und bezeichnet jene fette Schicht, die zwischen Haut (Schwarte) und Muskelfleisch liegt. Speck wird meistens gepökelt und geräuchert, findet aber auch als „grüner Speck", also unbehandelt, Verwendung.
In der Küche wird Speck – geräuchert oder grün – zum Spicken, zum Auskleiden von Terrinenwannen zur Pastetenerzeugung sowie zum Rösten und Braten verwendet. Fallweise dienen dünne Speckplatten auch zum Einhüllen von Wildgeflügel.

Lammschulter

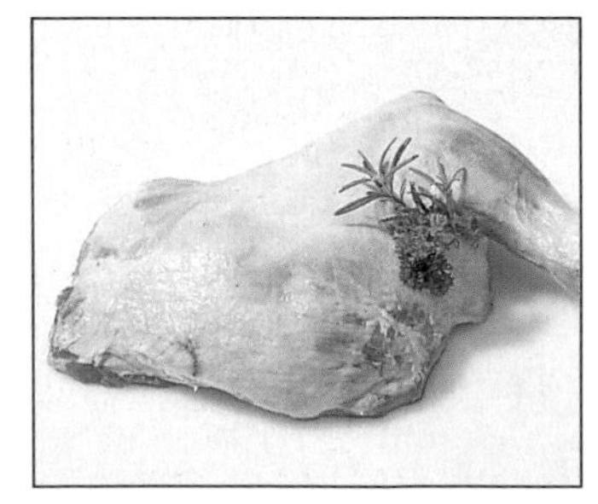

Geflügel

Der Großteil des Geflügels, insbesondere das Huhn, stammt heute von Zuchtfarmen, wodurch zwar meist eine gleichmäßige Qualität gewährleistet ist, der typische Geschmack freilebenden Geflügels jedoch leider abhanden kommt. Geflügel ist, mit Ausnahme von Ente und Gans, fettarm, eiweißhältig und leicht verdaulich. Es kommt heute ausschließlich gerupft und meist sogar küchenfertig (ausgenommen) in den Handel. Die Qualität ist von Rasse, Geschlecht, Alter, Haltung und Fütterung abhängig.

So erkennen Sie Geflügelqualität schon beim Einkauf.

Die Qualitätsprobe: Junge Tiere haben einen leicht verformbaren Brustknochen und helle glatte Füße. Bei jungen Enten und Gänsen sind die Schwimmhäute leicht einreißbar.
Hier ein kurzer Überblick der verschiedenen Geflügelarten:

Das kleinste und feinste Tier aus der Gruppe der **Hühner** ist das **Küken**. Besonders beliebt ist das weibliche **Stubenküken** (Gewicht ca. 400–500 g, Alter ca. 3 Wochen), das vor allem – meistens gefüllt – zum Braten verwendet wird.

Als **Junghühner (Hähnchen)** werden meist männliche Hühner mit einem Gewicht von 800–1600 g bezeichnet. Ihr Alter liegt zwischen 4 und 6 Wochen. Sie werden zum Braten, Backen und Grillen verwendet und werden o. D. (= ohne Darm), bratfertig (ohne Kopf, Füße und Darm, mit geputztem Hals, mit Leber ohne Galle und geputztem Magen) oder grillfertig (geputzt, ohne Füße, Hals und Innereien) im Handel angeboten.

Echte **Poularden**, also gemästete Hühner, gibt es heute kaum noch. Unter dieser Bezeichnung werden vor allem Junghühner oder Hähnchen im Gewicht von ca. 1600–2300 g mit einem Alter von ca. 8 Wochen angeboten.

Suppenhühner sind etwa 1 Jahr alte Hühner, die als Grundlage für *Hühnersuppe* oder *Frikassee* dienen. Sie sind in der modernen Küche kaum noch von Bedeutung, obwohl gerade ihr Fleisch der Suppe einen besonders ausgeprägten Geschmack verleiht.

Perlhühner werden ausschließlich gezüchtet und sind eine dem Fasan verwandte Hühnerrasse. Meist werden sie gebraten oder gedünstet. Die Brüste werden gefüllt und separat verarbeitet.

Enten sind kleiner als Gänse und haben eine starke Fettschicht, die allerdings beim Braten großteils abfließt. Geschätzt wird, vor allem in der chinesischen Küche, die knusprige Haut. Enten gelangen frisch, aber auch tiefgekühlt in meist sehr guter Qualität auf den Markt.

Barbarie- oder **Flugenten** sind eine Mischzucht aus Wild- und Hausente, die sich vor allem durch eine fleischige zarte Brust auszeichnen, die man am besten selbständig zubereitet.

Gänse gelten vor allem als Traditionsgeflügel (Martini, Weihnachten), das fettreich und schwer verdaulich ist und als

Frühmastgans mit ca. 4 kg sowie Mastgans auf den Markt kommt. Gänse werden wie Enten zubereitet. **Gänsebrust** wird häufig auch als Räucherware angeboten. Eine der größten Delikatessen der großen Küche ist zweifellos die **Gänseleber**, fast immer eine Stopfleber von speziell gemästeten Tieren mit hohem Fettanteil. Sie wird sowohl gebraten als auch für Pasteten und Terrinen verarbeitet.

Der **Truthahn** (die **Pute**) liegt, auch wenn er gewiß nicht zum geschmacksträchtigsten Geflügel zählt, voll im gegenwärtigen Trend zu besonders kalorienarmem und eiweißhältigem Fleisch. Bevorzugt wird dabei vor allem die voluminöse Brust. Sie ergibt – ausgelöst, gefüllt und im Netz gebraten – ein besonders schmackhaftes und auch saftiges Gericht. Truthahn wird aber auch im Ganzen, gefüllt oder ungefüllt, gebraten.

Truthahnfleisch ist kalorienarm und eiweißhältig.

Wildgeflügel ist ein Saisonprodukt und wird nur während der gesetzlich festgesetzten Schußzeiten, also vor allem im Herbst, angeboten. Das Rupfen und Ausnehmen von Wildgeflügel ist eine zeitintensive und von der Geruchsentwicklung her unangenehme Arbeit, die man – wenn möglich – an den Wildhändler delegieren sollte.
Das am häufigsten angebotene Wildgeflügel ist der **Fasan**. Gefragt sind vor allem männliche, einjährige Tiere mit kurzen Sporen. Fasane werden meist im Ganzen – gespickt oder in Speckblätter gewickelt – gebraten. Vorzüglich ist die fleischige Brust, die man roh ausgelöst auch mit Gänseleber füllen oder in ein Netz gewickelt braten kann.

Das **Rebhuhn** ist kleiner als der Fasan. Es wird in Speck oder Kohl gehüllt und gebraten. Faustregel: Pro Portion benötigt man 1 Rebhuhn.

Die **Wachtel** wird heutzutage so gut wie immer gezüchtet und – meistens mit Gänseleber gefüllt – gebraten.

Tauben gibt es in Österreich fast ausschließlich als teure Importware (meist aus der französischen Bresse), die sich jedoch durch hervorragendes, dunkles und saftiges Fleisch auszeichnet.

Wild

Die Fachsprache unterscheidet zwischen **Schalenwild** (Hirsch, Reh, Wildschwein, Gemse) und **Haar- oder Niederwild** (Hase, Wildkaninchen). Wild wird grundsätzlich in der Decke (im Fell) abgehangen. Die Qualität hängt in erster Linie von Alter, Geschlecht und Gesundheitszustand der Tiere ab. Da Wild fettarm ist, wird es häufig gespickt.

Vom **Hirsch** sind besonders Rücken und Keulen (Hinterläufe) gefragt. Der Rücken wird ausgelöst und rosa gebraten oder zu Steaks und Schnitzeln verarbeitet. Hier werden besonders die jungen Hirschkälber bevorzugt. Der Lungenbraten wird wie der Rücken verarbeitet. Die Keulen werden ausgelöst, gedünstet oder roh portioniert und in der Pfanne zubereitet. Die Schulter eignet sich für Ragoutgerichte. Ältere Tiere werden gebeizt. Von wenigen Ausnahmen abgesehen, ist Hirschfleisch nicht so zart und hochwertig wie Rehfleisch.

Das **Reh** liefert das größte Angebot an Wildfleisch. Junge Tiere sind von großer Zartheit und edlem Geschmack. Der Rücken wird pariert und rosa gebraten (er kann, muß aber nicht gespickt werden) oder roh ausgelöst und zu Filets sowie Medaillons verarbeitet. Die Keule (meist ausgelöste Keulenteile) kann gedünstet oder roh zerteilt zu Filets (Schnitzerln) verarbeitet werden. Aus der Schulter werden Ragouts und Pasteten erzeugt. Rehfleisch eignet sich, da fettarm, besonders gut zum Tieffrieren.

Vom **Wildschwein** werden besonders die jungen Tiere, vor allem die **Frischlinge**, bevorzugt. Das Fleisch wird allgemein wie Schweinefleisch behandelt.

Junge und daher besonders schmackhafte **Hasen** erkennt man an den leicht einreißbaren Ohren, das Fleisch ist heller als bei älteren Tieren. Verwendet werden in erster Linie der Rücken und die Hinterläufe. Diese Teile werden meist gespickt und gedünstet. Der Rücken kann auch ausgelöst oder unausgelöst rosa gebraten werden.

Salate

Friséesalat

Salat ist nicht gleich Salat. Während manche Salate als veritable Vorspeisen gelten können, eignen sich andere besser als Beilagen (was auch der Grund ist, warum wir beide Arten in unserem Rezeptteil getrennt behandelt haben).
Beilagensalate können aus Blattsalaten oder Gemüse zubereitet werden, wobei man sie, je nach Eignung und Geschmacksharmonie, auch untereinander mischen kann. Von den Gemüsen eignen sich am besten: Fenchel, Tomaten, Gurken, Spinat, Jungzwiebeln, Fisolen, Weiß- und Rotkraut, Stangen- und Knollensellerie, Karotten, rote Rüben, Karfiol, Paprika, außerdem Erdäpfel, Sojakeime und Radieschen. Gemüse wird teilweise gekocht oder aber auch roh verwendet.
Besonderer Zuwendung bedürfen die frischesensiblen **Blattsalate**. Entscheidend für die gelungene Zubereitung von Blattsalaten ist neben der Qualität und Frische vor allem der Einsatz bester Öle und Essige (s. S. 51 ff).

Sieben goldene Salatregeln

Eichblattsalat

1. Verwenden Sie Blattsalate stets nur frisch.
2. Entfernen Sie Außenblätter und Strunk und weichen Sie Bittersalate (Radicchio etc.) im lauwarmen Wasser ein.
3. Waschen Sie alle Salate kurz in kaltem Wasser, lassen Sie dieselben durch gewissenhaftes Schleudern gut abtropfen und vermeiden Sie es, Blattsalate „auszuwinden".
4. Marinieren Sie erst im letzten Moment, unmittelbar vor dem Servieren.
5. Marinieren Sie möglichst trocken und vermeiden Sie sogenannte „Fußbäder".
6. Achten Sie besonders bei Blattsalaten auf das richtige Marinierverhältnis gemäß der alten Faustregel: 1 Teil Essig, 3 Teile Öl. Blattsalate mit Kräutern oder Schnittlauch anreichern.
7. Lassen Sie Gemüsesalate beim Marinieren oder Beizen lieber länger durchziehen.

Lollo Rosso

Die wichtigsten Blattsalate

Bummerlsalat wird auch **Eisbergsalat** genannt und ist ein knackig-krautiger, heller Kopfsalat von großer Bißfestigkeit.

Chicorée ist auch unter der Bezeichnung **Brüsseler Spitzen** bekannt. Die Zichorienart mit den länglichen, weißen, an den Spitzen ins Gelbliche verlaufenden Blättern ist knusprig und besticht durch ihren angenehmen Bitterton.

Vogerlsalat

Sauerampfer

Chinakohl (Jägersalat)

Chicorée (Brüsseler Spitzen)

Löwenzahn, Rucolasalat (v. l. n. r.)

Radicchio

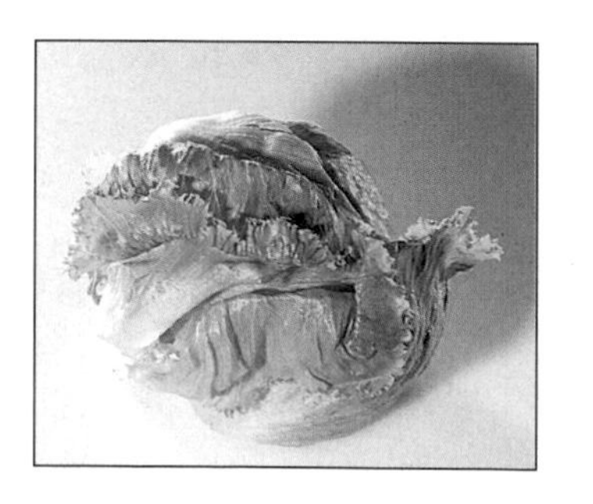

Bummerlsalat (Krauthaupt- oder Eisbergsalat)

Häuptelsalat (Butterhäuptel)

Eichblattsalat ist ein sehr zarter, löwenzahnähnlicher Salat von grünlicher bis rostbrauner Farbe mit nussigem Geschmack. Nachteil: Er welkt rasch.

Endivie ist eine Zichorienart mit gefiederter Blattkrone und ausgewogenem Bitteraroma.

Friséesalat ist eine weitere Endivienart mit gelblich-grünen, zweigförmig gekrausten Blättern und gemüsig-herber Geschmacksnote.

Häuptelsalat heißt auch **Kopfsalat**. Die häufiger verwendeten, weil knackigeren Innenblätter sind leider auch die vitaminärmeren.

Lattich wird nach seinem griechischen Herkunftsort auch **Kos-Salat** genannt. Besonders gut mundet das zartgrüne, knackige Herz, das vor allem in jungem Zustand ein angenehm mildes Bitterstoffaroma aufweist.

Lollo Rosso ist ein schnell welkender, gekräuselter, rotbrauner Salat mit eichenlaubähnlichem Geschmack.

Löwenzahn gilt mit seinen grobgezackten, im Geschmack leicht säurebetonten Blättern als einer der besten wildwachsenden Salate.

Portulaksalat ist ein fleischiger, leicht säuerlicher Salat mit löffelförmigen Blättern, bei dem auch die Stiele durchaus wohlschmeckend sind.

Radicchio ist ein chicoréeähnlicher, rotädriger Salat mit kräftigem Bittergeschmack und krautigem Biß.

Sauerampfer zählt zu den Wildsalaten und erzielt dank seiner zarten Blätter ein charakteristisches, ausgeprägt säuerliches Aroma.

Vogerlsalat wird auch **Feld- oder Rapunzelsalat** genannt. Seine büschelartig verzweigten, kleinen, dunkelgrünen Blätter sind mild im Aroma und frisch im Geschmack.

Gemüse und Erdäpfel

Gemüse sollte man grundsätzlich nach den Gegebenheiten des Marktes einkaufen und zubereiten. Feinschmecker bevorzugen sogenannte „Gourmetgemüse" wie Zucchini mit Blüte (Juni–Juli), Melanzani, Artischocken, grünen und weißen Spargel, Kirschtomaten, Erbsenschoten, Okra, Keniabohnen, Topinambur, Mangold oder Fenchel. Aber auch aus den „ganz normalen" Alltagsgemüsen wie Tomaten, Karfiol oder Kohlrabi lassen sich die feinsten und vor allem leichtesten Gourmetgenüsse zaubern.

Süßkartoffel

Keniabohnen

So bereiten Sie Gemüse richtig zu. Gemüse müssen grundsätzlich mit größter Sorgfalt und wohldosierter Hitze gegart werden. Zu lange Kochprozesse schaden dem Geschmack und vernichten Vitamine und Nährstoffe.
Gemüse sind unentbehrliche Begleiter von Fleisch- und Fischgerichten, eignen sich aber auch hervorragend als selbständige Speisen, als Vorspeisen oder Salate.

Ihr persönlicher Gemüsekorb

Erdäpfel werden, je nach Eignung, in **mehlige** (Bintje, Ostara, Conny etc.) und **speckige** (Kipfler, Sieglinde, Sigma etc.) eingeteilt. Während die speckigen für Salat, Salz-, Petersil- und Braterdäpfel verwendet werden, finden mehlige Erdäpfel bei Püree, Krokettenmassen oder Teig Verwendung.

Kaiserschoten

Die braunschalige **Küchenzwiebel** hat im Gegensatz zur **Gewürzzwiebel** einen milden Geschmack. Merke: Zwiebeln sollten stets frisch geschnitten verwendet werden. Für helle Gerichte wird die Zwiebel farblos angeschwitzt. Bei dunklen Gerichten, besonders bei Saucenspeisen und Gulasch, soll die Zwiebel in heißem Fett dunkel gebräunt werden.

Die weiße **Perlzwiebel** eignet sich für Salate oder (gesäuert) als Beigabe zu meist kalten Gerichten.

Schalotten sind wesentlich kleiner als Zwiebeln und eiförmig. Da sie auch milder und feiner im Geschmack sind, eignen sie sich vorzüglich für feine Saucen zu Fisch und Geflügel.

Schalotten

Die **Frühlingszwiebel** bereichert, feingeschnitten, Blatt- und Gemüsesalate. Auch im gekochten oder gebackenen Zustand ist sie eine ideale Begleiterin von Lamm, Steaks oder gesottenem Rindfleisch.

Lauch oder **Porree** ist ein längliches, geschmacklich der Zwiebel ähnelndes Gemüse. Das Weiße wird entweder roh verwendet (sehr fein geschnitten) oder in große Stücke geteilt und gekocht (beispielsweise als Beilage zu Siedefleisch etc.). Die grünen Blätter dienen zur Aromatisierung von Suppen und Saucen.

Okra

Schnittlauch hat in der Wiener Küche besondere Bedeutung für Suppen, Saucen, Salate und Aufstriche. Der Schnittlauch sollte stets ganz frisch mit einem sehr scharfen Messer geschnitten und den Speisen erst im letzten Moment beigegeben werden.

Vorsicht: Schnittlauch, Lauch, Schalotten und Zwiebeln sind nicht zum Tiefkühlen geeignet.

Knoblauch verfügt über ein sehr intensives, stark und nachhaltig riechendes Aroma und sollte deshalb nur mit äußer-

Buntes Gemüse-Allerlei

Rondini und gelbe Patisson

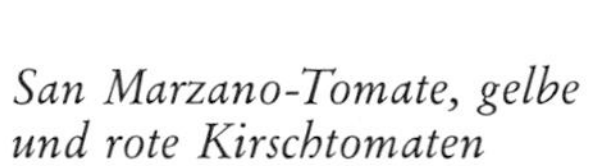

San Marzano-Tomate, gelbe und rote Kirschtomaten

Romanesco

Mini-Zucchinis mit Blüten

Artischocke

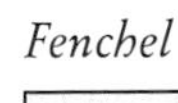

Fenchel

Schwarzwurzeln

stem Bedacht angewandt werden. **Knoblauchschälen:** Zehen mit dem Handballen leicht andrücken und von der Wurzel her die Schale mit kleinem Messer abziehen. Dann entweder mit einer **Knoblauchpresse** pressen oder kleingeschnitten mit etwas Salz mittels einer breiten Messerklinge verreiben. Verwendung: für Suppen, Salate, Fleisch (meist Schwein und Lamm), Gemüse, Aufstriche, Fisch, Schal- und Krustentiere. **Vorsicht:** Gepreßter Knoblauch ist, mit Öl vermengt, nur bedingt lagerfähig.
Ganze Zehen können übrigens auch gekocht und beispielsweise zu Lammgerichten gereicht werden.

Pilze

Steinpilze

Obwohl sie manchmal als die edelsten aller Gemüse bezeichnet werden, gehören sie eigentlich gar nicht dazu. Der Botaniker spricht von Sporengewächsen, der Gourmet einfach von Genuß.
Wer nicht ein wirklich erfahrener und geschulter Schwammerlsucher ist, sollte Pilze im eigenen und im Interesse der Familie nur am Markt kaufen. Mit wenigen Ausnahmen lassen sich Pilze nicht züchten, eignen sich aber sehr gut zum Trocknen (Morcheln, Steinpilze) oder zum Tieffrieren (Steinpilze, Butterpilze, Eierschwammerl).
Die am häufigsten angebotenen Pilze sind **Austernpilze** (meist als Zuchtpilz angeboten), **Champignons** (mit weißer oder brauner Kappe, ebenfalls hauptsächlich gezüchtet und sehr preiswert), **Eierschwammerl** (Pfifferlinge) mit ihrem duftenden Waldbodenaroma, **Morcheln** (April, Mai, Juni) und **Steinpilze** – neben Trüffel und Morchel der edelste aller Pilze.
Parasole werden selten angeboten und schmecken gebacken am besten. Im Zuge der Asien-Gourmetwelle gelangte auch der **Shiitake**, ein Zuchtpilz mit braunem Hut und bißfestem weißen Fleisch, zu Ehren.

Trüffeln – die Diamanten der Küche

Auch wenn sie in der Haushaltsküche aus Kostengründen kaum Bedeutung haben, interessieren sich doch zunehmend mehr Hobbyköche für die edlen Knollen, die unter der Erde wachsen und von Trüffelhunden oder Trüffelschweinen aufgespürt werden. Für Freaks und solche, die es noch werden wollen, daher ein paar nützliche Informationen und Tips für den richtigen Umgang:

Die **schwarze Trüffel** stammt meist aus dem französischen Périgord. Sie wird zunächst gereinigt und teilweise geschält; sie harmoniert fabelhaft mit Gänseleberterrine, warmer Gänseleber, Poularden, Küken, Tauben, Rindsfilet, aber auch mit Schmorbraten. Schwarze Trüffeln werden grundsätzlich mitgegart.

Die **weiße Trüffel** ist noch bedeutend teurer als die schwarze, stammt aus den Wäldern rund ums piemontesische Alba und ist von faszinierender Geruchsintensität. Sie wird mit einem speziellen **Trüffelhobel** über Nudelgerichte, Risotti oder gebundene Suppen gehobelt. Die weiße Trüffel wird ausschließlich roh genossen.

Schwarze Trüffeln

Trüffelsaison: weiße Trüffel zwischen Oktober und Dezember, schwarze Trüffel von Jänner bis März.

Angeboten wird außerdem die auch im Alpenraum beheimatete, aber aromaschwache schwarzbraune **Sommertrüffel**.

Reinigung: Die Trüffel wird je nach Verschmutzung entweder mit Tüchern oder einer ungebrauchten Zahnbürste abgerieben. Erdrückstände können mit der Spitze eines kleinen Messers ausgekratzt werden.

Lagerung: Trüffeln halten sich am besten in rohem Reis eingebettet. Wichtig ist es, Gläser oder Dosen aromadicht zu verschließen.

Teigwaren

Bei allem Stolz auf unsere Wiener Küche müssen wir bei den Nudeln doch neidlos anerkennen, daß uns die Italiener, was Vielfalt und Kochtechnik anlangt, um einiges voraus sind. Nur intime Pastakenner sind beispielsweise in der Lage, die unzähligen Sorten und Arten zu benennen, die mittlerweile ganze Spezialkochbücher füllen. Dank preiswerter und robuster Nudelmaschinen ist man auch im gepflegten Haushalt wieder dazu übergegangen, die Nudeln wie früher selbst zu erzeugen. Probieren Sie es einfach einmal. Sie werden sehen: Mit etwas Phantasie, Mehl und Eiern verwandeln auch Sie Ihre Küche innerhalb kürzester Zeit in ein professionelles Pastastudio.

Reis

Beim Kochen von Reis haben schon mancher Hobbykoch und manche Hausfrau ihr kulinarisches Waterloo erlebt. Eine solche Niederlage kann sich übrigens schon bei der Wahl der falschen Reissorte ankündigen, auf die man daher um so mehr Sorgfalt verwenden sollte. Hier ein kurzer Überblick über die einzelnen Sorten und ihren Verwendungszweck.
Reis wird in **zwei Grundsorten** unterteilt:

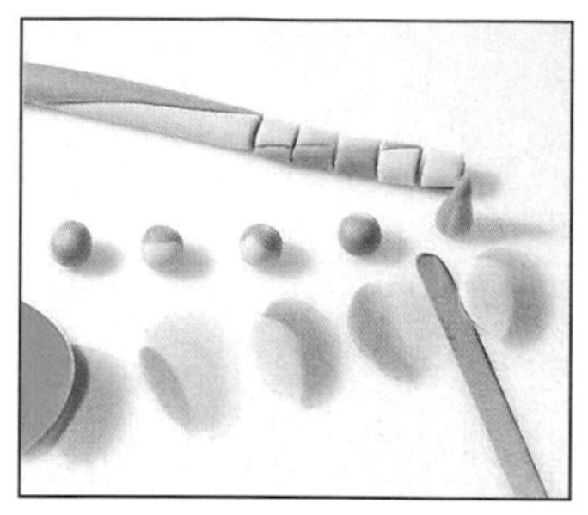

Gestalten einer Marzipanrose

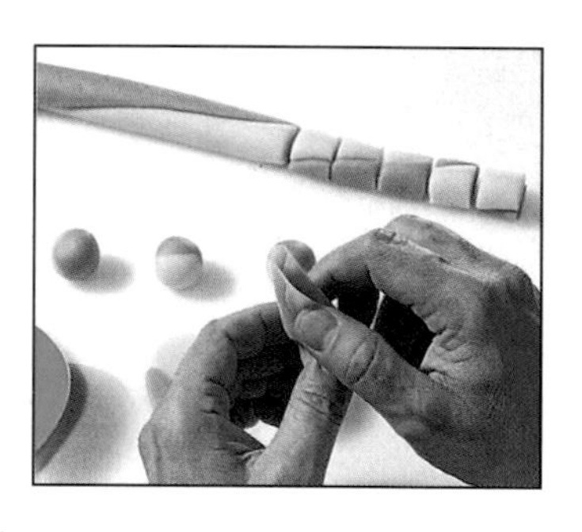

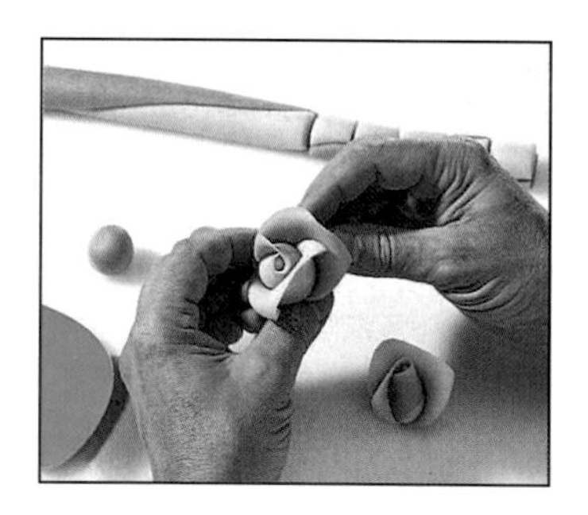

Langkornreis (Patna, Basmati, Carolina etc.) eignet sich zum Dünsten und Kochen für Beilagen oder selbständige Gerichte wie Paella, Reisfleisch u. ä.

Rundkornreis (Arborio) ist der klassische Risottoreis und eignet sich zur Herstellung von Aufläufen und Milchreis bzw. Reisschleimsuppe.

Daneben gibt es auch noch **Spezialsorten**:

Parboiled Reis wurde nach einem speziellen Druck-Dampf-Verfahren industriell vorbehandelt. Vitamine und Mineralstoffe werden in das Innere der Kerne gepreßt und bleiben voll erhalten. Parboiled Reis wird beim Dünsten und Kochen stets problemlos locker und klebt nicht.

Wilder Reis ist trotz dieser Bezeichnung kein Reis, sondern der Samen einer wildwachsenden Grasart. Wildreis ist wegen seiner schwierigen Ernte sehr teuer.

Naturreis besteht aus ungeschälten Körnern, ist dunkelfarbig und verfügt zwar über einen hohen Gehalt an Vitaminen und Mineralstoffen, hat aber geringere Lagerfähigkeit.

Kleine Schokoladenkunde

„Süße" Geheimnisse mögen zwar ihren Reiz haben, allerdings nicht, wenn es um Wissenswertes bezüglich Schokolade und deren richtige Verwendung geht.

Couverture, auch **Tunkmasse** genannt, wird vor allem zum Tunken und Glacieren von feinen Backwaren verwendet. Diese hochwertige und feine Schokolade besteht aus mindestens 17,5% fettfreier Kakaotrockensubstanz und mindestens 35% Kakaobutter. Tunkmasse muß nach dem Zerkleinern im Wasserbad vorsichtig temperiert werden. Die Temperatur darf 32 °C nicht übersteigen. Anschließend die Tunkmasse im kalten Wasserbad abkühlen oder auf eine Marmorplatte gießen und mit einer Palette (Spachtel) tablieren.

Kochschokolade, auch unter den Namen **Haushalts-, Wirtschafts-** oder **Konsumschokolade** bekannt, ist eine grobe, preisgünstige Schokolade, die vor allem Kuchen, Tortenmassen und Aufläufen untermengt wird. Kochschokolade enthält mindestens 35% Kakaobestandteile, 14% fettfreie Kakaotrokkensubstanz, 18% Kakaobutter und höchstens 65% Zucker.

Bitterschokolade zeichnet sich durch besonders feinen Schmelz und intensiven Kakaogeschmack aus. Sie dient in erster Linie zur Herstellung von feinen Cremen oder Mousse. Zusammensetzung: mindestens 22% fettfreie Kakaotrockensubstanz und höchstens 45% Zucker. Der Rest ist ein relativ hoher Anteil an Kakaobutter.

Spritzschokolade erhält man, wenn man temperierte Tunkmasse mit einigen Tropfen Rum eindickt und auf Pergamentpapier (nach Vorlage oder frei) Ornamente spritzt. Die Ornamente im Kühlschrank erstarren lassen, vorsichtig von der Unterlage lösen und zum Garnieren von Cremen, Tortenstücken oder Eisspeisen verwenden.

Dekor mit Spritzschokolade

Modelliermarzipan dient zum Modellieren von Rosen, zum Eindecken von Torten, Schnitten und Kleingebäck. Dafür werden 100 g Rohmarzipan mit 100 g gesiebtem Puderzukker und 10 g Glucose zu einer geschmeidigen Masse verarbeitet, die beliebig mit Lebensmittelfarbe eingefärbt werden kann.

Früchte und Beeren

Unseren Urgroßmüttern würde das heutige Angebot am Obstmarkt wohl wie das Märchen vom Schlaraffenland erscheinen: Erdbeeren zu Weihnachten, Weintrauben das ganze Jahr über sowie jede Menge exotischer Früchte aus den entlegensten Regionen des Erdballs.
Allein: Vieles, was da so attraktiv und verführerisch aussieht, erweist sich beim Hineinbeißen als Enttäuschung. Daher prüfe man beim Einkauf nicht nur Aussehen und Reifungsgrad, die sich mit allerlei technischen und gentechnischen Mätzchen leicht beeinflussen lassen, sondern vertraue in erster Linie seinem Geschmack.

WENN GÄSTE KOMMEN

Ob es sich um einen Besuch von Freunden, um das traditionelle Zelebrieren großer Familienfeste oder ein romantisches Diner zu zweit bei Kerzenschein und zärtlicher Musik handelt: In jedem Fall steht die Hausfrau oder der Hobbykoch einen Abend lang auf dem Prüfstand.
Schlaflose Nächte kann man sich dennoch ersparen und sie durch erstklassige Planung und Vorbereitung ersetzen. Doch ganz zu Beginn ein grundsätzlicher Tip, der schon viele Katastrophenabende verhindert hat: Kochen Sie nur Gerichte, die Sie bereits mehrmals durchgekocht haben und wirklich beherrschen. Welcher Gast möchte sich schon als Versuchskaninchen fühlen?

Zehn Gebote für einen gelungenen Abend

Betrachten Sie Ihre Gäste nicht als „Versuchskaninchen"!

1. Nehmen Sie auf Eßgewohnheiten, Vorlieben und Aversionen Ihrer Gäste Bedacht. Sofern Sie letztere nicht kennen, empfiehlt es sich, vorher Erkundigungen einzuholen.
2. Beachten Sie bei der Wahl der Speisen die Jahreszeit und das aktuelle Marktangebot.
3. Bestellen Sie Fleisch und Fisch rechtzeitig, damit es in bester Qualität lagernd ist. Machen Sie Ihren Lieferanten zum „Verbündeten" und weisen Sie ihn darauf hin, daß Sie seine Mithilfe für „schwierige Gäste" brauchen.
4. Achten Sie bei der Zusammenstellung des Menüs darauf, daß sich Zutaten, Aromen, Farben und Zubereitungsarten innerhalb einer Speisenfolge möglichst nicht wiederholen.
5. Je länger Sie Ihr Menü konzipieren, desto kleiner dimensioniert müssen die einzelnen Gänge sein.
6. Beachten Sie den gegebenen Anlaß. Ein Treffen von Jagdfreunden setzt eine andere Speisenfolge voraus als eine Taufe in Anwesenheit von Kindern und betagten Menschen.
7. Berücksichtigen Sie Ihre technischen Möglichkeiten, und nutzen Sie diese möglichst voll aus. Beispielsweise:
   Kalte Vorspeise: Kühlschrank
   Suppe: Herd
   Fischgericht: Herd
   Braten: Backrohr
   Beilagen: Mikrowellengerät
   Nachspeise: Tiefkühlschrank

8. Bauen Sie Ihr Menü geschmacklich logisch auf. So schätzt es etwa kaum ein Gast, wenn bereits die Vorspeise eine geschmacksnervtötende Gewürzbombe darstellt. Eine vorbildliche Menüfolge wäre beispielsweise:

   Kalte Vorspeise

   ——

   Suppe

   ——

   Fischgericht oder warme Vorspeise

   ——

   Fleischgericht mit Beilagen (Fleisch, Wildfleisch, Geflügel)

   ——

   Käse

   ——

   Nachspeise

   ——

   Kaffee und Kleingebäck

   Wer ein kürzeres Menü wünscht, lasse einzelne Gänge aus. Suppe oder kalte Vorspeise, Hauptgericht und Nachspeise sollten aber auf jeden Fall erhalten bleiben.

Bei der Menüplanung ist man ziemlich flexibel.

9. Achten Sie darauf, daß Sie sich im Kreise Ihrer Gäste auch selbst ein paar schöne Stunden machen können. Nichts wirkt stimmungstötender als eine gehetzte und gestreßte Gastgeberin. Voraussetzung dafür ist, die einzelnen Gänge so perfekt wie möglich vorzubereiten. Diesbezüglich sind für Einladungen vor allem Terrinen, Pasteten, große Bratenstücke, Ragouts, Eisparfaits, Cremen, Früchte- oder Beerensüßspeisen geeignet. Sogenannte „À-la-minute-Gerichte", die frische Zubereitung erfordern, sollte man eher meiden.
10. Überlegen Sie, ob Sie Ihre Gäste nicht lieber mit einem Buffet verwöhnen wollen. In diesem Fall ist Ihre Arbeit, wenn die ersten Gäste eintreffen, bereits abgeschlossen, und Sie können sich in voller Ruhe Ihrer Gastgeberrolle widmen.

Tischlein deck dich – ein kleiner Tischkulturführer

Nichts verrät mehr über den Charakter des Gastgebers als die Art, wie er seine Gäste bewirtet. Und dazu gehört keineswegs nur das Essen selbst, sondern auch das sogenannte „Drumherum". Tischkultur war und ist ein fixer Bestandteil des ge-

sellschaftlichen Lebens. Und gerade sie ermöglicht auch den einen oder anderen Blick hinter die Kulissen des Wohn- und Speisezimmers.
Lassen Sie sich also Zeit für das Decken eines Tisches. Sie haben dabei reichlich Möglichkeit, eigene Ideen einfließen zu lassen oder vielleicht noch unentdecktes künstlerisches Talent zu entfalten. In jedem Fall sollten Sie jedoch gewisse Grundregeln beachten, um vor Ihren Gästen Ihre Kompetenz in Fragen der Etikette unter Beweis zu stellen.

Tischwäsche

Stimmen Sie die Tischwäsche auf den Stil des Eßzimmers ab!

Bei der Wahl der Tischwäsche sollte schon beim Ankauf großer Wert auf die Farbe gelegt werden. Sie sollte nicht nur zum Stil Ihres Eßzimmers passen, sondern auch einen angenehmen, sprich: kulinarischen Grundton vermitteln. Besonders gut geeignet sind Farben wie Weiß, Zartrosa, Zartgelb, Zartgrün sowie alle Arten von Pastellfarben.
Weiß ist dabei gewiß die festlichste, allerdings auch am wenigsten gemütliche aller Farben. Gemusterte Tischwäsche ist jedoch in jedem Falle mit Vorsicht zu genießen, da sie eine gewisse Unruhe ins Zimmer bringt und von den Speisen ablenkt.
Die Stoffservietten können durchaus in einem anderen Farbton gehalten sein als das Tischtuch, sollten aber unbedingt die Mindestmaße von 40 × 40 Zentimeter aufweisen und nach jedem Waschgang gestärkt werden. Dieses Mindestmaß garantiert auch eine gute Faltbarkeit der Servietten.

Wie decke ich richtig auf?

Achten Sie auf funktionelle, praktische Abläufe. Zuerst werden beispielsweise die Stühle ausgerichtet, dann die Platz- oder Standteller mit den gefalteten Servietten eingedeckt, danach erst das Besteck aufgelegt.
Gedeckt wird grundsätzlich von innen nach außen. Das heißt, man beginnt mit dem Hauptgang (großes Besteck) und plaziert dieses nächst dem Standteller oder der Serviette. Danach kommt der vorhergehende Gang, zum Beispiel Fisch oder Suppe, am Schluß dann die kalte Vorspeise. Nur so können die richtigen Abstände gewahrt werden.

Acht Serviceregeln für professionelle Gastgeber

1. Fleischgabel und Fleischmesser müssen stets eine Messerlänge voneinander entfernt aufgedeckt werden.
2. Besteck zwei Fingerbreit innerhalb der Tischkante plazieren.
3. Aus optischen Gründen niemals mehr als 4 Gänge eindecken (inkl. Suppe).

4. Bei runden oder ovalen Tischen muß beim Auflegen des Bestecks unbedingt der Verlauf der Tischkante berücksichtigt werden.
5. Gabeln jeweils der Höhe nach versetzt eindecken, wobei zu beachten ist, daß jene Gabel direkt neben dem Standteller immer normal, also zwei Fingerbreit von der Tischkante entfernt, eingedeckt werden sollte.
6. Das Dessert- und das Käsebesteck wird über dem Gedeck plaziert, die Gabeln schauen nach rechts, Löffel bzw. Messer sind immer nach links ausgerichtet.
7. Es ist in manchen Restaurants immer wieder zu beobachten, daß das Besteck fälschlicherweise umgedreht aufgelegt wird. Diese besondere Art des Deckens stammt aus Frankreich und hat seine Begründung darin, daß bei den französischen Adels- und Großfamilien der Name bzw. das Wappen auf der Rückseite des Bestecks eingraviert wurde. Um diese Gravur zur Schau zu stellen, drehte man das Besteck um. Ist eine solche Gravur nicht vorhanden, sollte von dieser Art des Deckens Abstand genommen werden, da dies dann nur von Unwissenheit zeugt.

Umgedreht aufgelegtes Besteck zeugt meist von Unwissenheit.

8. Der Brotteller mit dem Buttermesser (Dessertmesser) steht links von den Gabeln. Das Messer liegt am rechten Tellerrand mit der Schneide nach links gerichtet.

Das Einstellen der Gläser

Beim Einstellen der Gläser sollte der Einfachheit halber folgende Reihenfolge eingehalten werden:

1. Wasserglas über der großen Messerspitze plazieren.
2. Weißweinglas rechts vom Wasserglas, etwas nach unten versetzt einstellen.
3. Rotweinglas zwischen Wasser- und Weißweinglas nach oben versetzt plazieren.
4. Sollte vorher Sekt gereicht werden, so steht das entsprechende Glas rechts vom Weißweinglas.

Das richtige Gedeck – was gehört wozu?

Kalte Vorspeise: *kleines Messer, kleine Gabel*

Suppe: *Dessertlöffel*

Zu Fischgerichten ist ein Fischbesteck unentbehrlich.

Fischgericht: *Fischgabel, Fischmesser, eventuell Fisch- und Saucenlöffel*

Sorbet: *Kaffeelöffel*

Hauptgericht: *Fleischgabel, Fleischmesser*

Käse bzw. Obst: *kleines Messer, kleine Gabel*

Dessert: *kleine Gabel, kleiner Löffel*

Die Checkliste für einen gelungenen Abend

Bei größeren oder sehr wichtigen Einladungen ist es empfehlenswert, eine kleine Checkliste anzulegen. Das macht vorher nicht viel Arbeit und erspart danach jede Menge Ärger – und vor allem eine schlechte Nachrede bei unzufriedenen Gästen.

So oder ähnlich könnte Ihre Liste aussehen:

Teller warm stellen
Anrichtegeschirr
Vorlegebesteck
Buttergeschirr
Butter schneiden
Brotkorb
Eiswürferl
Weinkühler
Korkenzieher
Weinservietten
Getränke einkühlen
Aperitif plus Digestif
Dekantierkaraffe
Serviertabletts
Kaffeegeschirr
(Milch, Zucker)

Die passenden Getränke

Ein Gutteil der Faszination jedes gediegenen Essens rührt von der Verschmelzung – die Franzosen sagen „mariage", also Hochzeit – der einzelnen Gerichte mit den passenden Weinen her. Können die beiden nicht miteinander, ist die Ehe- bzw. Geschmackskrise so gut wie vorprogrammiert. Stimmt jedoch die Harmonie, so kann diese zu unvergeßlichen Gaumenfreuden führen.

Doch nicht nur die Auswahl des richtigen Weines (bei bestimmten Gerichten kann es auch durchaus Bier sein), auch die Wahl des geeigneten Wein- oder Bierglases ist von großer Wichtigkeit. In den meisten Haushalten findet man leider nur das zwar robuste, aber meist weder formschöne noch funktionelle Preßglas vor. Die bessere, wenngleich zugegebenermaßen auch zerbrechlichere Alternative ist Bleikristall. Mittlerweile hat sich übrigens längst nicht nur bei professionellen Weinkennern, sondern auch bei vielen „ganz normalen" Weinfreunden die Überzeugung durchgesetzt, daß nur das dünnwandige Weinglas eine optimale Entfaltung der Geschmacks- und Aromastoffe im Glas und am Gaumen gewährleistet. Es gibt daher bereits ein reichhaltiges Angebot von sortengerechten Gläsern, die durchaus auch für den privaten Gebrauch geeignet sind. Hier eine Grundausstattung, über die Sie verfügen sollten.

Gute Gastgeber verfügen über sortengerechte Gläser.

Glas für junge Weißweine: Schmale, tulpenförmige Form, vor allem geeignet für Riesling, Grünen Veltliner, Müller-Thurgau, Welschriesling, Sauvignon blanc, Rotgipfler und Zierfandler.

Glas für alte oder kräftige Weißweine: Apfelförmiges, bauchiges Design, ideal für Chardonnay, Frühroten Veltliner, Muskateller, Traminer, Neuburger, Roten Veltliner, Weißburgunder, Ruländer, ältere und höherstufige Prädikatsweine.

Burgunderglas: Runde, pokalförmige Façon, ideal zum Ausschwenken besonders bukettreicher Weine, darf nur bis zu einem Drittel vollgeschenkt werden, vor allem für Weine der Pinot-noir-Rebe, aber auch für St. Laurent oder Barolo geeignet.

Bordeauxglas: Hohes, relativ schlankes Glas, das am Boden leicht bauchig ist und sich nach oben hin verjüngt. Ideal für die klassischen Bordeauxreben Cabernet Sauvignon und Merlot, aber auch für Zweigelt, Cabernet Franc und Blaufränkisch. **Achtung:** Bordeauxweine sollten, im Gegensatz zu Burgundern, stets vorsichtig in eine Karaffe über einer Kerze umgefüllt **(dekantiert)** werden, wobei man den Satz (Depot) in der Flasche beläßt.

Dessertweinglas: Kleinere, zumeist bauchige Gläser für höhere Prädikatsweine (Beerenauslese, Trockenbeerenauslese, Ausbruch, Eiswein), Weine aus dem französischen Sauternes, italienischen Picolit.

Schaumweingläser: Bei dieser Gläserart unterscheidet man drei verschiedene Formen: die Flöte, den Sektkelch und die Sektschale. Je kleiner die Oberfläche, desto langsamer entweicht die Kohlensäure.

Trinktemperaturen

Die richtige Trinktemperatur ist Grundvoraussetzung für die optimale Entfaltung des Weines.

Schaumwein, Sekt, Aperitifweine: 6–8 °C

Trockene Weißweine: 8–10 °C

Schwerere Weißweine: ca. 10 °C

Roséweine, Spät- und Auslesen: 11–12 °C

Leichte Rotweine sind mit 12–14 °C ideal temperiert.

Leichte und junge Rotweine, Dessertweine: 12–14 °C

Mittelschwere Rotweine: 14–16 °C

Schwere und alte Rotweine: 16–18 °C, Zimmertemperatur

Welcher Wein wozu?

Die Faustregel „weißer Wein zu weißem und roter Wein zu dunklem Fleisch“ gilt zwar als hieb- und stichfest, aber keineswegs als Dogma. Längst hat man nämlich erkannt, daß ein Burgunder zum Kalbfleisch ebenso mundet wie ein Côtes du Rhône zum Loup de mer. Umgekehrt verträgt die dunkle Entenbrust durchaus auch ausdrucksvolle Weißweine. In jedem Fall gilt: Die Weinfolge sollte sich, wie die Menüfolge, stets vom Leichteren zum Kraftvolleren bewegen. Ausnahmen bestätigen die Regel. Ein Gewürztraminer oder eine Spätlese zur als Vorspeise gereichten Gänseleber gelten keineswegs (mehr) als Fauxpas.
Im folgenden einige Kombinationstips, die freilich jeder Genießer auf seine individuellen Geschmacksvorlieben adaptieren kann.

Hors d'œuvres: Fast immer paßt ein leichter, trockener Weißwein (z. B. ein Steinfederwein aus der Wachau, ein steirischer Welschriesling, ein Pinot grigio oder ein Muscadet).

Austern: Sie harmonieren am besten mit Champagner oder Weißburgunder (z. B. Chablis).

Caviar: Wenn man dazu keinen Wodka trinken will, bevorzuge man Sancerre, Riesling oder Champagner.

Gänseleber: Ideal passen Sauternes, Gewürztraminer, Muskateller, Riesling-Spätlesen oder aber auch burgenländische Beerenauslesen, Eisweine und Ausbrüche mit hohem Säureanteil.

Hummer und Schaltiere: Vertragen sich blendend mit Weißburgunder (Pinot blanc) und Chardonnay.

Räucherlachs: Läßt sich perfekt durch ausdrucksvollere, aber trockene Weißweine (Riesling, Müller-Thurgau, Pinot blanc) unterstreichen.

Pasta: Dazu sollte man junge weiße Italiener (Frascati, Pinot grigio etc.) oder leichte rote Tischweine (z. B. Bardolino) trinken.

Spargel: Ein ideales Gericht für Riesling oder Chardonnay.

Fisch: Je nach Konsistenz und geschmacklicher Intensität kombiniere man mit Fischgerichten leichte (Grüner Veltliner, junger Riesling) bis massive (Meursault, Montrachet) Weißweine oder leichte Rotweine (z. B. Zweigelt, Bourgogne Aligoté etc.).

Zu Fisch darf's ruhig auch ein leichter Zweigelt sein.

Geflügel: Leichte spritzige Weißweine können – bei entsprechender Sauce (z. B. bei Coq-au-vin) auch durch Rotweine, etwa einen Chambertin, ersetzt werden.

Steak: Je nach individueller Vorliebe paßt praktisch jeder Rotwein; je gehaltvoller, desto besser.

Kalbfleisch: Harmoniert mit allen großen weißen Burgundern oder kalifornischen Chardonnays, aber auch mit Wachauer Rieslingen sowie unkomplizierteren Rotweinen (z. B. Côtes du Rhône).

Wild: Begleitet man am besten mit altem Barolo oder großen Burgundern.

Schweinefleisch: Wenn's nicht Bier sein soll, so paßt junger Weißwein oder – bei Filet – auch guter Rotwein (z. B. Blauburgunder, Zweigelt etc.).

Käse: Je nach Fettgehalt und Intensität wähle man leichte bis schwere Rotweine. Zu Blauschimmel- und Ziegenkäse passen auch ausdrucksvolle Weißweine bis hin zur Beerenauslese.

Desserts: Von burgenländischen Trockenbeerenauslesen über Eisweine bis hin zu Château d'Yquem oder Portwein bietet sich – entgegen dem Vorurteil, daß Wein nicht zum Dessert passe – ein weites Feld an Kombinationsmöglichkeiten an. Zu fruchtigen Desserts, Eis, Parfaits und Cremen reicht man auch Sekt, Schaumwein oder Champagner.

Im Rezeptteil verwendete Abkürzungen:

EL = Eßlöffel *TL = Teelöffel*
KL = Kaffeelöffel *TK = Tiefkühlware*

Im Rezeptteil verwendete Symbole:

- BACKROHRTEMPERATUR
- KOCHDAUER, BRATDAUER, BACKDAUER, POCHIERDAUER, GARUNGSDAUER
- BEILAGENEMPFEHLUNG
- GARNIERUNG
- MEIN TIP

DIE GUTE KÜCHE
KALTE GERICHTE

Nächste Doppelseite: Beim Belegen von Canapés sind Ihrer Phantasie keine Grenzen gesetzt. Einige Anregungen und Tips finden Sie auf den Seiten 107 und 108.

SCHNELLASPIK I

ZUTATEN FÜR 4–6 PORTIONEN

¼ l Rindsuppe, möglichst klar und fettfrei
6 Blatt Gelatine
Salz, Essig
Für Madeiraaspik zuzüglich
2 cl Madeira

Gelatine in kaltem Wasser einweichen. Suppe aufkochen, eingeweichte Gelatineblätter einrühren, abschäumen, abschmecken und kalt stellen. Gestocktes Gelee würfelig schneiden oder temperiert zum Glacieren verwenden.

SCHNELLASPIK II

ZUTATEN FÜR ¼ l ASPIK (4–6 PORTIONEN)

25 g Trockenaspik
⅛ l kaltes Wasser (oder fettfreie klare Suppe)
⅛ l siedendes Wasser (oder fettfreie klare Suppe)
Salz
Essig

Aspikpulver mit kalter Flüssigkeit verrühren. 10 Minuten ziehen lassen. Siedende Flüssigkeit würzen und mit dem aufgeweichten Aspikpulver vermengen. Das Pulver völlig auflösen, wobei eventuell auftretender Schaum mit einer Papierserviette entfernt werden muß.

- MEIN TIP: Dieser Aspik eignet sich besser zum Glacieren als Gelee aus Gelatineblättern.

MADEIRAASPIK

ZUTATEN FÜR 4–6 PORTIONEN

3 dl Rindsuppe oder Geflügelfond, hell und fettfrei
70 g Rindfleisch, mager (oder Geflügelbrust ohne Haut)
40 g Wurzelwerk
1 TL Tomatenmark
3 Pfefferkörner
Salz
2 cl Madeira
6 Blatt Gelatine
1 Eiklar
4 cl Wasser, kalt

Fleisch und Wurzeln grob faschieren, mit Wasser, Tomatenmark und Eiklar gut verschlagen, ½ Stunde ziehen lassen. Suppe mit Pfefferkörnern und dem Fleischgemisch vermengen. Unter ständigem Rühren zum Kochen bringen. Zur Seite stellen und ca. 40 Minuten ziehen lassen.
Durch ein feines Tuch (Etamin) seihen. Eingeweichte, gut ausgedrückte Gelatine in der heißen Flüssigkeit auflösen. Salz und Madeira einrühren. Kalt stellen. Gestocktes Gelee würfelig schneiden (als Beigabe zu Terrinen und Pasteten) oder lippenwarm temperiert zum Glacieren verwenden.

FISCHASPIK

ZUTATEN FÜR 4–6 PORTIONEN

3 dl Fischfond
50 g Fischabschnitte (Fischkarkassen)
1 Eiklar
3 Pfefferkörner
Dillstengel
2 cl Weißwein
6 Gelatineblätter
Salz, Essig

Fischabschnitte und Eiklar gut vermengen, mit dem Fischfond verschlagen. Fischfond unter Beigabe von Dillstengeln und Pfefferkörnern zum Kochen bringen (ständig rühren). Bei schwacher Hitze 40 Minuten ziehen lassen. Wein, Essig und Salz beifügen. Durch ein feines Tuch (Etamin) seihen. Eingeweichte Gelatineblätter untermengen, würzen und kalt stellen. Gestocktes Gelee würfelig schneiden oder lippenwarm temperiert zum Glacieren verwenden.

» *Mayonnaise* «
Mahonnaise – Marseillaise

Wie fast alle großen Erfindungen in der Kulinarik – etwa die Kunst des Panierens, die Kreation des Urknödels oder die Entdeckung des Labs als Grundlage aller Käseherstellung – verdankt auch die Mayonnaise ihre Existenz dem bloßen Zufall. Daran ändert auch nichts, daß die Franzosen, wie so oft, ein heroisches Historchen darum gewirkt haben, demzufolge der Küchenmeister des Herzogs von Richelieu die Mayonnaise 1756 zur Erinnerung an die glorreich geschlagene Schlacht bei Mahon – als Mahonnaise – erfunden haben soll. In Wahrheit ist sie jedoch viel älter. Und es mag wohl eine ganz gewöhnliche Hausfrau gewesen sein, der einmal irrtümlich ein Ei ins Öl fiel. Vielleicht war's aber auch ein ungeschickter Küchenjunge, der seinem Zorn über das nämliche Mißgeschick freien Lauf ließ, indem er mit dem nächstbesten Küchenwerkzeug wie ein Wilder in der so entstandenen Flüssigkeit herumquirlte und dabei entdeckte, daß dieselbe sämig zu werden begann. Als er sie dann auch noch kostete, und ein bislang ungeahnter Wohlgeschmack seine Geschmackspapillen bezauberte, war eine der größten Küchenrevolutionen vollzogen – und die Mayonnaise erfunden. In Frankreich, woher die Mayonnaise zweifellos stammt, ist sie seither fast so populär geworden wie die Marseillaise. Auch wenn sich in diese kulinarische Saucenhymne mittlerweile so manche cholesterin-(hinter)hältige Dissonanz eingeschlichen hat.

MAYONNAISE

ZUTATEN FÜR CA. ⅓ l

2 Eidotter
¼ l Pflanzenöl
1 KL Senf
Zitronensaft oder Essig
Salz
Prise Zucker
Worcestershiresauce
Pfeffer, weiß

Dotter, Senf, Zitronensaft, Salz und Pfeffer glattrühren. Unter ständigem Rühren tropfenweise zimmertemperiertes Pflanzenöl einfließen lassen. Bindet die Mayonnaise, so kann der Ölfluß erhöht werden. Mayonnaise pikant abschmecken. Soll die Mayonnaise als Decksauce für kalte Fischgerichte, gefüllte Eier, Terrinen etc. dienen, so vermengt man etwa 200 g flüssigen Aspik mit 300 g Mayonnaise (sofort verwenden!).
Verdünnen kann man Mayonnaise je nach Verwendungszweck mit Essigwasser (langsam unter Rühren einfließen lassen), Sauerrahm, Joghurt oder Schlagobers.

- MEIN TIP: Gerinnt Mayonnaise bei der Erzeugung (zu kaltes Öl oder zu rascher Ölfluß), so muß man mit einem neuerlichen Eidotter mit Essigbeigabe und kleinweisem Hinzufügen der geronnenen Mayonnaise die Mayonnaise neu anrühren. Oft genügt aber das Unterrühren von etwas heißem Wasser, um die Mayonnaise zu retten.

Zutaten für 4 Portionen

2 cl Wein- oder Kräuteressig
4 cl Pflanzen- oder Olivenöl (Kürbiskernöl)
Salz
Prise Zucker (auf Wunsch)

MARINADE FÜR BLATTSALATE

Alle Zutaten gut vermischen. Die Mischung kann fertig abgerührt in Flaschen kühl gelagert werden. Blattsalate erst unmittelbar vor dem Servieren marinieren. (Blattsalate müssen trocken sein.)

- MEIN TIP: Achten Sie darauf, daß Sie nur Essig und Öl von bester Qualität verwenden.

Zutaten für 4 Portionen

1 EL Essig
6 EL Öl
1 EL Estragonsenf (oder Dijonsenf)
Salz
Pfeffer
etwas Wasser
Prise Zucker

FRANZÖSISCHES SENFDRESSING
(French Dressing)

Essig, Wasser, Senf und Gewürze glatt verrühren, tropfenweise Öl einmengen, bis eine sämige Sauce entsteht. Nach Belieben kann auch etwas Knoblauch beigefügt werden.

Zutaten für 4 Portionen

80 g Joghurt
1 EL Öl
2 EL Schnittlauch
Salz
Pfeffer, weiß
Zitronensaft
Prise Zucker

JOGHURT-SCHNITTLAUCH-DRESSING

Joghurt, Öl und Gewürze verrühren, feingeschnittenen Schnittlauch untermengen.

- MEIN TIP: Den Schnittlauch stets im letzten Moment beigeben!

Bunte Dressings machen sich nicht nur gut auf der Tafel, sondern bringen auch Abwechslung in Ihre Salatkultur. V. l. n. r.: Thousand-Islands-Dressing, Marinade für Blattsalate, Kräuterdressing, Roquefortdressing

» How to dress «
eine kleine kulinarische Harmonielehre

Kochen ist die Kunst, gute Ehen zu schließen. Und das ist wohl auch der Grund, warum die Franzosen gerne von „bon mariage" sprechen, wenn sie finden, daß zwei Zutaten perfekt miteinander harmonieren. Als Hohe Schule dieser kulinarischen Harmonielehre gilt dabei die Kunst des Marinierens. Sie ist eine relativ junge Disziplin, da man unter Marinade vor der Erfindung des Kühlschranks eigentlich etwas anderes verstand, nämlich eine stark säurehältige Flüssigkeit (meist Wein) mit verschiedenen Aromaten, die vor allem dazu dienen sollte, das Fleisch haltbar zu machen. Diese Marinade bedeckte man dann noch mit einer dicken Ölschicht, deren Aufgabe es war, das Fleisch möglichst von der Luftzufuhr zu isolieren. Geblieben ist von dieser Praxis heute das gelegentliche Einlegen von Wild in Beize (das auch allmählich aus der Mode kommt), geblieben ist aber vor allem die Hochzeit von Essig und Öl. Und weil es bei einem Brautpaar nicht nur darauf ankommt, wie es sich versteht, sondern auch wie es aussieht, haben die Engländer statt der faden Marinade dafür den fashionablen Terminus „Dressing" aus der Modesprache entlehnt. Wobei die beiden Partner Essig und Öl durchaus auch einmal fremdgehen dürfen. Ein kleiner Flirt mit anderen Zutaten wie Senf oder Roquefort ist gelegentlich schon drinnen.

KRÄUTERDRESSING

Zutaten für 4 Portionen

40 g Mayonnaisesauce (s. S. 100)
40 g Joghurt
1 EL Zwiebeln, geschnitten
1 EL Kräuter, gehackt (Estragon, Kerbel, Basilikum etc.)
Salz, Zitronensaft
Pfeffer, weiß

Mayonnaisesauce mit Joghurt glatt und knotenfrei verrühren. Zwiebeln und Kräuter unterrühren, mit Salz, Pfeffer und Zitronensaft pikant abschmecken, bei Bedarf verdünnen.
Verwendung: für Blatt- und Gemüsesalate

ROQUEFORTDRESSING

Zutaten für 4 Portionen

70 g Blauschimmelkäse, passiert (Österzola, Roquefort, Gorgonzola etc.)
100 g Sauerrahm
8 EL Olivenöl, Salz, Weißweinessig, Pfeffer, weiß

Passierten Blauschimmelkäse und Sauerrahm mixen, Öl langsam einfließend einmixen, würzen.
Verwendung: für Blattsalate, Nudel- oder Fenchelsalat

THOUSAND-ISLANDS-DRESSING
(Amerikanisches Spezialdressing)

Zutaten für 4 Portionen

80 g Mayonnaisesauce (s. S. 100)
1 TL Ketchup
3 EL Paprikaschoten, rot und grün
1 EL Zwiebeln
Salz, Pfeffer, weiß, Zitronensaft
Tabasco- oder Chilisauce

Zwiebeln und entkernte Paprikaschoten in feine Würfel schneiden. Mayonnaise, Ketchup, Tabasco- oder Chilisauce vermengen, eventuell mit Essigwasser verdünnen. Gewürze, Paprikaschoten und Zwiebeln untermengen.

Zutaten für 4 Portionen
160 g Mayonnaise (s. S. 97)
Essigwasser oder flüssiges Obers
Salz
Pfeffer, weiß

MAYONNAISESAUCE

Mayonnaise unter langsamer Beigabe von Flüssigkeit auf die gewünschte Konsistenz rühren (Schneerute oder Mixer), würzen. Wichtig ist die ständige, gleichmäßige Beigabe der Flüssigkeit, um Knotenbildungen zu vermeiden.

- MEIN TIP: Diese Mischung dient als Basis für viele Dressings und Saucen. So läßt sich etwa eine Schnittlauchsauce lediglich durch Hinzufügen von 2–3 EL gehacktem Schnittlauch rasch herstellen.

Zutaten für 4 Portionen
200 g Mayonnaisesauce (siehe oben)
60 g Essiggurken
40 g Zwiebeln
1 Sardellenringerl oder -filet (Sardellenpaste)
1 TL Kapern
1 EL Petersilie, gehackt
Salz, Pfeffer, weiß
Zitronensaft, Estragonsenf

SAUCE TARTARE

Gurken, Zwiebeln, Kapern und Sardellenringerl fein hacken (nicht mixen). Alle Zutaten vermengen, Konsistenz eventuell mit Essigwasser regulieren.

Rund um den Knoblauchäquator

Manchen Feinschmeckern ist er ein echtes Four-Letter-Word, und viele feinnervige Köche kochen ihn zunächst in Milch aus und verwenden ihn dann allenfalls, um damit die Kasserollen auszureiben. Vor allem vermeiden sie es peinlichst, auch nur ein Scheibchen von dem odorösen Knöllchen im Gericht selbst vorkommen zu lassen. Dennoch sind etwa die provencalische und ein großer Teil der italienischen Küche ohne Knoblauch undenkbar. Auch aus der Wiener Küche ist der Knoblauchduft – allein schon wegen der transsylvanischen und pannonischen Verwandten – nicht wegzudenken. Durch Österreich verläuft allerdings so etwas wie ein Knoblauchäquator. Während das Burgenland und Wien als durchaus knoblauchselig gelten dürfen und Nieder- sowie Oberösterreich das scharfe Aroma des „allium sativum" zu schätzen wissen, wird man westlich von Salzburg gewiß weniger knoblauchhältige Küchendünste – und demzufolge wohl weniger gerümpfte Nasen wahrnehmen.

Wem derlei zu wenig wissenschaftlich ist, der sei mit einer Untersuchung getröstet, die Artur Stoll und Ewald Seebeck 1948 durchgeführt haben. Sie erkundeten nämlich, daß es gar nicht der Knoblauch selbst ist, der für die von vielen als so unangenehm empfundenen Ausdünstungen verantwortlich ist, sondern daß ein Enzym namens Allinase die entsprechenden Stinkmoleküle freisetzt, und zwar nach der Formel:
$CH_2 = CHCH_2S(O)CH_2(NH_2)COOH.$

FRÜHLINGSKRÄUTERSAUCE

Kräuter fein hacken, Mayonnaise mit Joghurt glattrühren, Sauce und Kräuter verrühren; pikant abschmecken.
Verwendung: für kaltes Buffet, Spargel-, Fisch- und Gemüsegerichte

ZUTATEN FÜR 4 PORTIONEN
160 g Mayonnaisesauce (s. S. 100)
40 g Joghurt
2 EL Estragon, Kerbel, Basilikum, Zitronenmelisse
Salz, Pfeffer, weiß
Zitronensaft

KNOBLAUCHSAUCE

Sauerrahm mit Knoblauch verrühren, würzen. Knoblauchzehen in feine Scheiben schneiden. In heißem Olivenöl beidseitig braten, überkühlt auf die Sauce geben.
Verwendung: für Lamm-, Melanzani- oder Zucchinigerichte

ZUTATEN FÜR 4 PORTIONEN
200 g Sauerrahm
1 TL Knoblauch, gepreßt
2 EL Olivenöl
2 Knoblauchzehen
Salz
Pfeffer, weiß

COCKTAILSAUCE

Mayonnaisesauce mit Ketchup, Kren und Weinbrand vermengen. Geschlagenes Obers unterziehen, würzen.
Verwendung: für Crevetten-, Hummer- und andere Cocktails sowie zum Binden von Salaten

ZUTATEN FÜR 4 PORTIONEN
180 g Mayonnaisesauce (s. S. 100)
1 EL Ketchup
2 EL Obers, geschlagen
1 Messerspitze Kren, gerissen
1 KL Weinbrand
Salz, Pfeffer, weiß

KRENSAUCE

Alle Zutaten verrühren und abschmecken. Sollte die Sauce zu dick geraten, so kann sie durch Hinzufügen von etwas Flüssigkeit noch verdünnt werden.
Verwendung: für Spargel-, Schinken- und Eiergerichte

ZUTATEN FÜR 4 PORTIONEN
200 g Mayonnaisesauce (s. S. 100)
1 EL Kren, gerissen
1 EL Walnüsse, gehackt
Salz, Pfeffer, weiß
Zitronensaft

BASILIKUM-TOMATEN-SAUCE

Tomaten in feine Würfel schneiden. Mayonnaisesauce mit Basilikum vermengen, bei Bedarf mit etwas Essigwasser oder Obers verdünnen; glattrühren, Pinienkerne einrühren, abschließend Tomatenwürfel behutsam einmengen. Pikant mit Salz und Pfeffer würzen.
Verwendung: für Fisch- und Gemüsegerichte in Backteig

- MEIN TIP: Diese Sauce eignet sich auch als Dressing für italienische Blattsalate.

ZUTATEN FÜR 4 PORTIONEN
200 g Mayonnaisesauce, mit Olivenöl gerührt (s. S. 100)
160 g Tomaten, entkernt, geschält
40 g Pinienkerne, grob gehackt
1 EL Basilikum, gehackt
Salz, Pfeffer, weiß
Zitronensaft oder Balsamicoessig

CURRYSAUCE

Die Mangofrucht entkernen und kleinwürfelig schneiden, den Apfel in feine Würfel schneiden. Rosinen sowie Pinienkerne hacken und alle Zutaten vermengen, würzen.
Verwendung: als Beigabe zu Fleischfondue, kaltem Fisch, Geflügel- und Grillgerichten

ZUTATEN FÜR 4 PORTIONEN
180 g Mayonnaisesauce (s. S. 100)
1 TL Currypulver
40 g Mangofrucht, geschält
40 g Apfel, geschält, entkernt
40 g Pinienkerne
20 g Rosinen
Ingwer, Salz, Zitronensaft

SAUCE VINAIGRETTE

Zutaten für 4 Portionen
1 Ei, hartgekocht
30 g Zwiebeln
30 g Essiggurken
15 Kapern
30 g Tomaten
1 EL Petersilie, gehackt
1 EL Schnittlauch
2 cl Essig
⅛ l Olivenöl
4 cl Wasser
Salz, Pfeffer, weiß

Zwiebeln, Gurken, Schnittlauch sehr fein schneiden, Ei und Kapern gesondert fein hacken. Tomaten kurz in heißes Wasser halten, schälen, entkernen und in kleine Würfel schneiden. Essig, Gewürze und Öl mit der Schneerute gut vermengen. Alle Zutaten beigeben und einige Stunden kühl ziehen lassen.
Verwendung: für Spargel- und kalte Gemüsegerichte

SALSA VERDE *(Grüne Sauce)*

Zutaten für 4 Portionen
1 kl. Bund Petersilie
10 Kapern
2 Sardellenfilets
1 Essiggurke
2 Knoblauchzehen
½ EL Zitronensaft
⅛ l Olivenöl
20 g Babyspinat TK
40 g Schalotten (od. Zwiebeln)
Salz, Pfeffer

Petersilienblätter, Kapern, Sardellen, Knoblauch, Essiggurke und Schalotten fein hacken, mit Salz, Pfeffer, Zitronensaft, Öl und Spinat gut verrühren.
Verwendung: als klassische Beilage zu Bollito misto, kann deshalb auch zu Kalbskopf, Zunge oder gesottenem Rindfleisch gereicht werden.

SENF-DILL-SAUCE

Zutaten für 4 Portionen
3 EL Estragonsenf
etwas Wasser
2 EL Zucker oder Honig
1 EL Weinessig
1 dl Öl
1 EL Dillspitzen, gehackt

Senf, Zucker (Honig), Wasser, Essig und Dille vermengen. Langsam das Öl einrühren, bis die Sauce bindet.
Verwendung: für Graved lax, Heringe

BARBECUESAUCE

Zutaten für 4 Portionen
2 cl Olivenöl
2 Schalotten oder 2 EL Zwiebeln, gehackt
1 Knoblauchzehe, feingehackt
180 g Tomatenketchup
1 EL Petersilie, gehackt
4 cl Ananassaft
Spritzer Tabascosauce
Spritzer Worcestershiresauce
Salz
Pfeffer, schwarz, aus der Mühle
etwas Cayennepfeffer

Feingehackte Schalotten in heißem Olivenöl anschwitzen, Knoblauch beigeben. Ketchup und Ananassaft beifügen. Etwa 5 Minuten dünsten lassen (nicht zudecken), dabei öfter umrühren. Gewürze und Aromastoffe beifügen, zuletzt Petersilie untermengen.

● MEIN TIP: Wer keine Tabascosauce im Hause hat, kann auch Chilisauce verwenden. Etwas Honig und feingehackte Hawaiiananas veredeln die Sauce zusätzlich.

CUMBERLANDSAUCE

Zutaten für 4 Portionen
100 g Preiselbeeren, passiert
100 g Ribiselmarmelade, passiert
1 dl Rotwein
Saft einer Orange
Zeste (Schale) einer Orange
Zitronensaft
engl. Senfpulver
Ingwer
Zucker

Preiselbeermark und Ribiselmarmelade mit Orangensaft glattrühren. Rotwein mit Orangenzeste reduzierend kochen, bis die Zeste knackig-weich erscheint. Zur Sauce rühren, Gewürze beigeben.
Verwendung: als klassische Sauce für kalte Wildgerichte, Pasteten, Terrinen, Geflügel

● MEIN TIP: In der Praxis verwendet man nur Preiselbeerkompott und verzichtet auf die Beigabe von Ribiseln.

SCHNITTLAUCHSAUCE

ZUTATEN FÜR 6 PORTIONEN

100 g Weißbrot, entrindet
2 dl Milch
2 Eidotter, roh
2 Eidotter, gekocht
2 EL Schnittlauch, feingeschnitten
4 dl Pflanzenöl
Salz
Essig
Pfeffer, weiß
Estragonsenf
Prise Zucker

Weißbrot in kalter Milch einweichen und gut ausdrücken. Gekochte Eidotter mit dem Weißbrot fein passieren, rohe Dotter, alle Aromastoffe (Gewürze) beigeben und mit dem Mixer unter ständiger Beigabe von Öl eine sämige Sauce erzeugen. Den Schnittlauch erst kurz vor dem Servieren unter die Masse ziehen!
Verwendung: als klassische Sauce zu gekochtem Rindfleisch, aber auch zu Fondue Bourguignonne

- MEIN TIP: Ohne Schnittlauchbeigabe hält sich die Sauce – gut gekühlt – einige Tage. Eine weitere, schneller zubereitete Variante der Schnittlauchsauce ist eine Mischung aus ca. 160 g Mayonnaisesauce und 2–3 EL gehacktem Schnittlauch.

APFELKREN I

ZUTATEN FÜR 4 PORTIONEN

300 g Äpfel, säuerlich, geschält, entkernt
15 g Kren, gerissen
10 g Zucker
Prise Salz
2–3 EL Zitronensaft
1 EL Öl

Äpfel mit dem Krenreißer fein schaben und sofort (um Braunfärbung zu vermeiden) mit Zitronensaft verrühren. Restliche Zutaten einmengen.
Verwendung: als Beigabe zu gekochtem Rindfleisch, Räucherzunge oder Pökelbrust

APFELKREN II

ZUTATEN FÜR 4 PORTIONEN

400 g Äpfel, entkernt
15 g Kren, gerieben
10 g Zucker
1–2 EL Zitronensaft
Prise Salz
1 EL Öl, Spritzer Essig

Äpfel zerkleinern, mit ganz wenig Wasser, Zitronensaft und Zucker zugedeckt weichdünsten. Äpfel passieren, erkalten lassen und mit restlichen Zutaten vermengen.

OBERSKREN

ZUTATEN FÜR 4 PORTIONEN

2 dl Schlagobers
1 EL Kren, gerissen
Salz
Prise Zucker

Schlagobers nicht zu steif schlagen, Zutaten untermengen.
Verwendung: als Beilage zu Räucherfischen, Rohschinken, Schinken oder als Füllung für Schinkenrollen

PESTO

ZUTATEN

100 g Mandeln
100 g Pinienkerne
100 g Parmesan, gerieben
30 g Knoblauch
30 g Basilikum
1/16 l Olivenöl
Salz nach Bedarf

Mandeln und Pinienkerne im Mörser oder Kleinschneider sehr fein hacken. Basilikum fein schneiden, Knoblauch pressen oder hacken und alle Zutaten gut miteinander vermischen. In Gläser (Rex) oder Plastikschüsseln mit Deckel füllen, kühl lagern.
Verwendung: hauptsächlich für Nudel- und Reisgerichte

- MEIN TIP: Die Masse ist relativ lange lagerfähig und kann deshalb auch im voraus produziert werden.

Schneckenbutter II

„. . . der Erdengüter höchstes nicht“

Daß Schnecken heute als exotische Delikatesse gelten und eher den Chinesen oder den Franzosen als Leibgericht zugeschrieben werden, hätte unsere österreichischen Vorfahren allenfalls in Erheiterung versetzt. Denn Schnecken bestimmten den Speisezettel unserer Altvorderen, vor allem im 18. Jahrhundert, in einem Maße, daß es durchaus nicht verwegen ist, von einer Volksnahrung zu sprechen.
Man labte sich an Schneckenknödeln, Schneckenpasteten, Schneckensalaten, Schneckeneierspeis, gebackenen Schnecken oder Schneckenwürsten mit Kren und Kraut. Ganz nach dem volkstümlichen Motto: „Besser a Schneck als gar kein Speck!“ Und das berühmte Appetitlexikon aus dem Jahr 1830 weiß das Schneckenessen ebenfalls in die niedrigeren Genußregionen zu verbannen. Sie seien „zwar der Erdengüter höchstes nicht, doch aber zur Erregung angenehmer Empfindungen“ oder „als Füllsel für einen saftigen Kapaun“ durchaus geeignet. Vor allem gelten Schnecken auch seit den alten Römern, die sie lebendig in mit Weizenmehl gestaubter Milch einweichten, als Lebensmittel von hoher aphrodisischer Wirksamkeit. „Männer, die Schnecken essen, sind auch nachts beim Dasein da“, lautet daher auch ein altes steirisches Sprichwort.
In der alten Monarchie galten Schnecken übrigens als einer der wichtigsten kulinarischen Exportartikel Österreichs. Heute dürfen sie indessen nur noch auf Farmen gezüchtet werden, weil wild lebende Weinbergschnecken unter strengem Naturschutz stehen.

SCHNECKENBUTTER I

ZUTATEN FÜR CA. 36 ÜBERBACKENE SCHNECKEN

500 g Butter, handwarm
60 g Zwiebeln, feingehackt
30 g Knoblauch, gepreßt
3 Eidotter
20 g Mehl
1 KL Paprikapulver
1 EL Petersilie, gehackt
1 KL Estragonsenf
Salz, Pfeffer, weiß, Zitronensaft
Worcestershiresauce

Butter schaumig rühren, Eidotter nach und nach einrühren. Mehl untermengen, sämtliche Zutaten einrühren. Gut emulgieren.
Verwendung: zum Überbacken von Schnecken oder aber auch als Basis für Krusten (wie Lammkarree in der Kruste)

SCHNECKENBUTTER II

ZUTATEN FÜR CA. 36 ÜBERBACKENE SCHNECKEN

500 g Butter, handwarm
60 g Schalotten oder Zwiebeln
30 g Knoblauch
1 EL Petersilie
Salz, Pfeffer, weiß,
Worcestershiresauce
Zitronensaft

Schalotten oder Zwiebeln sehr fein hacken. Knoblauch pressen und Petersilblätter ebenfalls fein schneiden. Butter schaumig rühren, alle Zutaten gut miteinander vermengen. Würzig abschmecken.

KRÄUTERBUTTER

ZUTATEN FÜR 4 PORTIONEN

100 g Butter
1 KL Estragon
1 KL Petersilie
1 KL Basilikum
1 KL Kerbel
1 Messerspitze Knoblauch
1 EL Zwiebeln oder Schalotten
Salz, Senf
Zitronensaft
ev. Worcestershiresauce

Butter schaumig rühren, Kräuter sehr fein hacken, Zwiebeln fein schneiden, alles vermischen und würzig abschmecken. Auf Alufolie eine Rolle formen, fest zusammendrehen. Einige Stunden gut im Kühlschrank kühlen, aus der Folie drehen und in Scheiben schneiden.

- MEIN TIP: Legen Sie die kalte Butter erst im letzten Moment auf das gegrillte Gericht.

SARDELLENBUTTER

ZUTATEN FÜR 4 PORTIONEN

100 g Butter
20 g Sardellenpaste oder passierte Sardellenfilets bzw. -ringerl

Butter schaumig rühren, Sardellenpaste untermengen.
Verwendung: als Aufstrich oder aber auch zum Vollenden von gebratenen Fischgerichten wie Seezunge, Zander etc., wobei man die Butter sehr sparsam einsetzen muß.

PARISER BUTTER
(Café-de-Paris-Butter)

ZUTATEN FÜR 4 PORTIONEN

100 g Butter
Estragonsenf
Petersilie, gehackt
Currypulver, Paprikapulver
Sardellenpaste
Dille, gehackt
Thymian, Rosmarin
Estragonblätter, gehackt
20 g Schalotten, gehackt
Cognac, Majoran
Salz, Worcestershiresauce
Pfeffer, weiß, Zitronensaft
1 Eidotter

Butter schaumig rühren, Eidotter untermengen, alle Zutaten beifügen und gut verrühren.
Verwendung: als Würzbutter für Grillspezialitäten; wird z. B. auf Steaks gelegt, die bei extremer Oberhitze mit der Butter überbacken werden.

LACHSBUTTER

ZUTATEN FÜR 4 PORTIONEN

100 g Butter
60 g Räucherlachs (Anschnitte, Schwanzstück)
1 TL Dillspitzen, gehackt
1 TL Zwiebeln oder Schalotten, gehackt
Salz, Pfeffer, weiß
Zitronensaft

Butter schaumig rühren, Lachs äußerst fein hacken und alle Zutaten vermischen.
Verwendung: als Aufstrich oder Unterlage für Fischbrötchen

- MEIN TIP: Statt Dille kann auch gerissener Kren untergemengt werden.

KRENBUTTER

ZUTATEN FÜR 4 PORTIONEN

100 g Butter
20 g Kren, gerissen
20 g Walnüsse, gehackt
Salz
Pfeffer, weiß
Prise Zucker

Butter schaumig rühren, Gewürze, Kren und feingehackte Nüsse untermengen.
Verwendung: als Aufstrich auf Schwarzbrot oder als Unterlage für Schinkenbrote

Liptauer

» Nicht allein der Brimsen macht's «

Obwohl der Name Liptauer nahelegt, daß der gleichnamige Frischkäse baltischen Ursprungs sein könnte, handelt es sich um eine rundum österreichische Spezialität, deren Verbreitungsgebiet etwa vom Burgenland bis nach Niederösterreich reicht. Das „Geheimnis" dieses Königs unter allen Heurigenaufstrichen liegt – vor allem – im Brimsen, einem speziellen, besonders bröseligen, cremigen und seinem Geschmack nach leicht rezentem Schafkäse, der nur im Sommer erhältlich ist. (Demzufolge dürfte es im Winter beim Heurigen keinen Liptauer geben, selbstverständlich gibt es ihn aber.) Doch der Geheimnisse des Liptauers sind letztlich vielerlei, und jeder Heurigenwirt zwischen Bisam- und Laaerberg schwört auf eine andere Ingredienz, ob das nun Sardellenpaste, Kümmel, Senf oder Quargel sei. Manche Rezepte beinhalten sogar 25 und mehr Zutaten. Wie auch immer man den Liptauer letztlich zubereitet: Ganz wichtig ist es, vor dem Servieren Schnittlauch darüber zu streuen. Denn nur so ist er authentisch.

LIPTAUER

ZUTATEN FÜR 6 PORTIONEN

250 g Brimsen oder Topfen, passiert
60 g Butter
2 EL Sauerrahm
60 g Zwiebeln, feingehackt
1 EL Essiggurken, feingehackt
1 TL Kapern, feingehackt
1 TL Estragonsenf
1 TL Paprikapulver
Salz
Pfeffer, weiß
Kümmel, ganz
Sardellenpaste oder Sardellenfilets, gehackt
Schnittlauch zum Bestreuen

Handwarme Butter glatt verrühren, Brimsen oder Topfen untermengen, Sauerrahm beigeben, alle anderen Zutaten einrühren und pikant abschmecken. Masse zu einer Kuppel formen, mit Schnittlauch bestreuen.

- MEIN TIP: Wenn Sie Brimsen verwenden, so reduzieren Sie die Salzbeigabe.

ERDÄPFELAUFSTRICH

ZUTATEN FÜR 6 PORTIONEN

350 g Erdäpfel, speckig, gekocht, geschält
150 g Gurken
2 Eier, hartgekocht
200 g Mayonnaise
Salz
Senf
Pfeffer, weiß

Erdäpfel mit dem „Röstireißer" raspeln, Gurken ganz feinwürfelig schneiden, harte Eier fein hacken. Gemeinsam mit Mayonnaise cremig abrühren. Pikant abschmecken, eventuell etwas Essiggurkenmarinade beigeben.
Verwendung: auf Schwarz- oder Weißbrot streichen. Auch als Unterlage für zusätzlichen Belag wie Roastbeef, Schinken, Braten, harte Eier etc. gedacht.

FRÜHLINGSAUFSTRICH

ZUTATEN FÜR 6 PORTIONEN

250 g Topfen, passiert
60 g Butter, handwarm
2 EL Sauerrahm
1 Bund Radieschen
50 g Jungzwiebeln
2 EL Estragon und Schnittlauch
Salz, Pfeffer, weiß

Butter schaumig rühren, Topfen untermengen, Sauerrahm einrühren. Radieschen und Zwiebeln fein schneiden. Gehackten Estragon, Schnittlauch und Gewürze beimengen.

GERVAIS-NUSS-AUFSTRICH

ZUTATEN FÜR 6 PORTIONEN
250 g Gervais oder Topfen, passiert
60 g Butter
2 EL Kren, gerieben
50 g Walnüsse, gehackt
1 EL Sauerrahm (Crème fraîche)
Salz
Pfeffer, weiß

Handwarme Butter schaumig rühren, Gervais oder Topfen beigeben, glattrühren, würzen. Sauerrahm, Nüsse und Kren untermengen.

- MEIN TIP: Der Aufstrich kann außerdem – ohne Nußbeigabe – als Dekor- und Füllcreme verwendet werden (etwa für Schinkenrollen, Roastbeef, kalten Braten etc.).

GORGONZOLAAUFSTRICH

ZUTATEN FÜR 4 PORTIONEN
300 g Gorgonzola oder österreichischer Blauschimmelkäse
100 g Butter, zimmertemperiert

Butter schaumig rühren, Blauschimmelkäse durch ein feines Sieb streichen und beide Zutaten cremig vermischen.

- MEIN TIP: Man kann dem Aufstrich auch gehackte Walnüsse oder Pinienkerne untermengen.

SARDINENAUFSTRICH

ZUTATEN FÜR 4 PORTIONEN
40 g Butter
2 Eier, hartgekocht
2 Dosen Sardinen
40 g Essiggurken
Salz
Pfeffer

Butter cremig rühren. Eier und Essiggurken gesondert fein hacken. Sardinen halbieren, Rückgrat entfernen, samt dem Öl mit einer Gabel zerdrücken. Alle Zutaten vermengen, abschmecken.

- MEIN TIP: Verwenden Sie wegen der Schärfe vorzugsweise Nuri-Sardinen.

MAILÄNDER AUFSTRICH

ZUTATEN FÜR 4–6 PORTIONEN
110 g Thunfisch (inkl. Öl) aus der Dose
90 g Extrawurst
50 g Butterkäse
2 Eier, hartgekocht
80 g Mayonnaise
1 TL Ketchup
eventuell etwas Salz
Pfeffer, schwarz, aus der Mühle
einige Tropfen Tabascosauce

Eier und Thunfisch gesondert fein hacken. Extrawurst und Butterkäse in feine Würfel schneiden. Alle Zutaten und etwas Thunfischöl gut miteinander vermengen. Saftiges Sandwich- oder Toastbrot sehr dick damit bestreichen.

- MEIN TIP: Bestreichen Sie zur Abwechslung einmal ein Brötchen mit Mailänder Aufstrich, setzen ein halbiertes hartes Ei mit der Schnittfläche nach unten darauf und garnieren mit Sardellenringerln, Mayonnaise und Krauspetersilie.

CANAPÉS

Canapés können viereckig, rechteckig, dreieckig oder rund geschnitten werden (s. S. 108). Als Belag eignen sich z. B. Roastbeef, Braten, Schinken, Delikatesswürste, feine Aufstriche, Räucherfisch, Krusten- und Schaltiere. Zum Garnieren kann man u. a. Gervais-, Eier- oder Gorgonzolaaufstrich verwenden, aber auch Oliven, Radieschen, Eier, Paprikaschoten, Kräuter, Nüsse, Trauben etc. Je sorgfältiger Sie die Canapés anrichten, desto mehr freut sich das Auge.

Belegen von Canapés

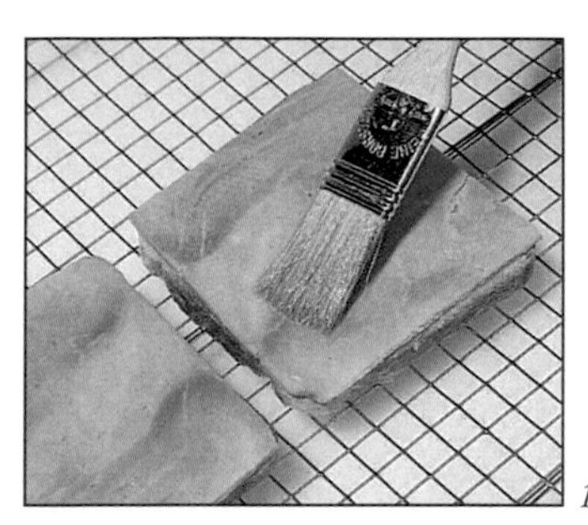

1

◁ VARIANTE I: *Toastbrotscheibe mit weicher Butter bestreichen, mit Schinken usw. belegen, kalt stellen. Mit Aspik dünn bestreichen, nochmals kalt stellen.*

Mit einem Messer die Ränder abtrennen und Scheiben vierteln. Auf einen Glacierrost umlegen und bis zur Weiterverarbeitung kalt stellen. ▷

2

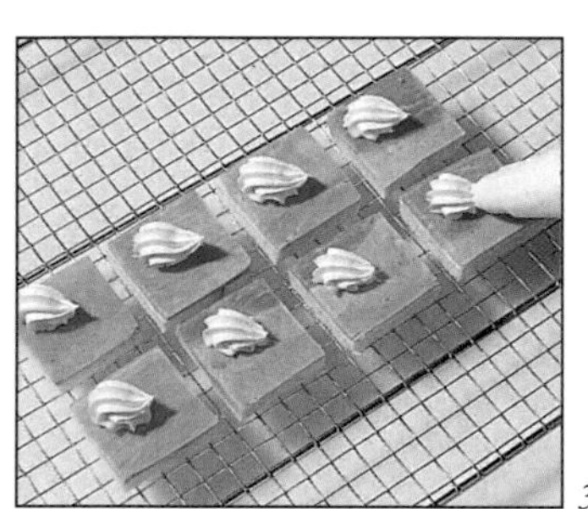

3

◁ *Aus schaumiger Butter und passiertem Topfen eine würzige Creme rühren. Diese mittels Spritzsack mit Sterntülle auf die Canapés aufdressieren.*

Beliebig mit Garnitur belegen (Kirschtomatenscheiben, Krauspetersilie, Olivenscheiben etc.). Nochmals kalt stellen, danach mit flüssigem Aspik beträufeln. ▷

4

1

◁ VARIANTE II: *Toastbrotscheibe mit schaumiger Butter bestreichen. Brot und Belag rund ausstechen. Gurkenscheibe auf das Brot legen, kalt stellen.*

Canapés mit glacierfähigem Aspik (soll dickflüssig und kühl sein) mittels Pinsel glacieren. Canapés bis zur Weiterverarbeitung kalt stellen. ▷

2

3

◁ *Aus schaumig gerührter Butter und passiertem Topfen eine Creme rühren, pikant würzen. Mittels Spritzsack und Sterntülle rosettenförmig aufspritzen.*

Rosetten mit Crevetten oder anderer passender Garnitur (Matjes usw.) belegen, mit Aspik beträufeln, mit Dillspitzen garnieren. Kalt stellen. ▷

4

GEFÜLLTE PUMPERNICKEL

Pumpernickelscheibe mit Butter gleichmäßig dick bestreichen. Brotscheibe daraufsetzen, anpressen. Liptauer aufstreichen, Brotscheibe aufsetzen, anpressen. Gorgonzolacreme aufstreichen, Brotscheibe aufsetzen, anpressen. Den Ziegel straff in Alufolie eindrehen, Vorgang dreimal wiederholen. Im Tiefkühlfach gut durchkühlen, bis der Ziegel schnittfähig erscheint. Ziegel mit dünnem, in heißes Wasser getauchten Messer in Würfel schneiden.

ZUTATEN FÜR 32 WÜRFEL

16 Scheiben Pumpernickel
120 g Butter, leicht gesalzen
120 g Gorgonzolaaufstrich
(s. S. 107)
120 g Liptauer

JÄGERWECKEN

Sandwichwecken an einer Seite anschneiden. Schmolle vorsichtig aus dem Wecken entfernen (aushöhlen). Butter schaumig rühren, Topfen und Schnittlauch beigeben, würzen. Erdäpfel kleinwürfelig schneiden, salzen. Gurken, Schinken und Zunge in kleine Würfel schneiden. Eier hacken. Alles mit Butterabtrieb vermengen, würzen, Fülle in den Sandwichwecken pressen. Einen Tag lang gut durchkühlen. In Scheiben schneiden.

ZUTATEN

1 Sandwichwecken
200 g Schinken und Rindsräucherzunge
100 g Erdäpfel, speckig, gekocht, geschält
2 Eier, hartgekocht
100 g Essiggurken
100 g Butter
50 g Topfen, passiert, oder Gervais
2 EL Schnittlauch, gehackt
Salz, Pfeffer, weiß
Sardellenpaste

Längst wird der Jägerwecken nicht nur von Weidmännern und Wanderern im Rucksack mitgeführt, sondern ziert auch so manches kalte Buffet.

MOHNSTANGERLN

ZUTATEN FÜR 2 BLECHE
400 g Blauschimmelkäse (Österzola)
500 g Mehl, glatt
350 g Butter
Salz
Pfeffer
Mohn zum Bestreuen
Ei zum Bestreichen

Käse passieren und mit den anderen Zutaten zu einem Teig verkneten. Teig eine Stunde kühl rasten lassen. Auf bemehlter Unterlage messerrückendick ausrollen, mit Teigroller in Stangerln teilen. Mit Ei bestreichen, mit Mohn bestreuen. Auf Backblech im vorgeheizten Backrohr backen.

- BACKROHRTEMPERATUR: 200 °C
- BACKDAUER: ca. 12 Minuten

BRIOCHES

ZUTATEN FÜR 10 STÜCK
120 g Mehl, glatt
10 g Germ
10 g Zucker
1 Eidotter
40 g Butter
6 EL Milch
Ei zum Bestreichen
Prise Salz

Hälfte der Milch lauwarm erhitzen, Germ darin auflösen, etwas Mehl beigeben, zu weichem Vorteig verrühren, mit Mehl bestauben und an einem warmen Ort zugedeckt gehen lassen. Restmehl in eine Schüssel sieben, Zucker, Salz, Vorteig beigeben. Mit restlicher Milch, Eidotter und zart geschmolzener Butter verrühren. Kneten, bis sich Blasen bilden. Zugedeckt warm rasten lassen. Nochmals zusammenkneten, in 30-g-Stücke teilen. Mit der Innenhand auf leicht bemehlter Unterlage zu Kugeln schleifen. (Kreisende Bewegung der Hand mit leichtem Druck auf die Teigkugel.) Brioches auf – mit Trennpapier belegtes – Backblech setzen, mit Tuch abdecken, nochmals gehen lassen. Mit Ei bestreichen. Im vorgeheizten Backrohr goldbraun backen.
Verwendung: hervorragende Beigabe zu Gänseleber, Fleischterrinen etc.

- BACKROHRTEMPERATUR: 190 °C
- BACKDAUER: ca. 18 Minuten

EMMENTALER-KÄSE-STANGEN

ZUTATEN FÜR 1½ BLECHE
270 g Mehl, glatt
160 g Butter
45 g Emmentaler, gerieben
30 g Parmesan, gerieben
1 Ei
1 Messerspitze Germ
5 cl Milch
Salz
Ei zum Bestreichen
ca. 80 g geriebener Emmentaler zum Bestreuen
Kümmel zum Bestreuen

Mehl, Butter, Emmentaler, Parmesan, Ei, Germ und Milch zu einem geschmeidigen Teig verkneten. Zugedeckt kühl rasten lassen. Dünn ausrollen, auf bemehltes Brett legen. Mit Ei bestreichen, mit Emmentaler bestreuen und tiefkühlen. In ca. 1 cm breite und 6 cm lange Stücke schneiden. Auf trennpapierbelegtes Blech legen, salzen, mit Kümmel bestreuen, goldgelb backen.

- BACKROHRTEMPERATUR: 200–220 °C
- BACKDAUER: ca. 12 Minuten

GEFÜLLTE ZUCCHINI

Zucchini in ca. 3 cm dicke Scheiben schneiden. Mit Pariser Ausstecher 2 cm tief aushöhlen, mit Zitrone einreiben, mit Salz und Pfeffer würzen, Zwiebeln fein schneiden und in heißem Schmalz licht rösten. Fleisch und eingeweichte Semmel faschieren. Mit Ei, 1 EL Parmesan, Zwiebeln, Petersilie, Salz und Pfeffer vermengen. Kugeln formen, diese in die Höhlung der Zucchini füllen. Für die Sauce Tomaten und Zwiebeln gesondert kleinwürfelig schneiden. Öl erhitzen, Zwiebeln hell anrösten, mit Weißwein ablöschen, Tomaten beigeben, Basilikum und Gewürze untermengen. Tomatensauce in Gratinierschüssel füllen, Zucchini einsetzen. Mit 1 EL Parmesan bestreuen. Im heißen Backrohr garen. Kalt oder warm (als Vorspeise) servieren.

- BACKROHRTEMPERATUR: ca. 200 °C
- GARUNGSDAUER: ca. 25 Minuten

ZUTATEN FÜR 4 PORTIONEN

600 g Zucchini
250 g Kalbfleisch (Kleinfleisch)
½ Semmel, eingeweicht
2 EL Parmesan oder Reibkäse
1 Ei
50 g Zwiebeln
20 g Butterschmalz
Salz
Pfeffer, weiß, aus der Mühle
Zitronensaft
Petersilie, gehackt

Für die Sauce:
200 g Fleischtomaten, geschält, entkernt oder aus der Dose
3 EL Olivenöl
60 g Zwiebeln
5 cl Weißwein
1 KL Basilikum, gehackt
Salz, Pfeffer, weiß, Rosmarin

FRITIERTE ZUCCHINI

Spitzen und Enden von gewaschenen Zucchini wegschneiden. Zucchini in dünne, gleichmäßige Scheiben schneiden, salzen, mit Zitronensaft marinieren, ½ Stunde ziehen lassen, mit Küchenkrepp abtrocknen. Mit Mehl bestauben, durchmischen. Öl auf ca. 180 °C erhitzen. Zucchinischeiben unter Rühren knusprig braun backen. Aus dem Öl heben, gut abtropfen lassen. Eventuell nachsalzen, lauwarm auftragen.

ZUTATEN FÜR 4 PORTIONEN

600 g Zucchini, ungeschält
Saft von ½ Zitrone
Salz
1 EL Mehl, glatt
Öl zum Backen

GEFÜLLTE TOMATEN

Tomaten oben abkappen, Stielansatz ausschneiden. Tomaten mittels Pariser Ausstecher aushöhlen, innen salzen und pfeffern, mit Französischem Salat füllen, Deckel aufsetzen, beliebig mit Oliven, Krauspetersilie etc. garnieren.

- MEIN TIP: Selbstverständlich können die Tomaten auch mit anderen Salaten ähnlicher Konsistenz oder mit Aufstrichen (etwa Kräutergervais) gefüllt werden.

ZUTATEN FÜR 4 PORTIONEN/STÜCK

4 Tomaten, geschält
Salz
Pfeffer
Garnierungsmaterial

Fülle:
Französischer Salat (s. S. 134)

TOMATEN MIT MOZZARELLA

Tomaten und Mozzarella in je 4 mm dicke Scheiben schneiden. Dachziegelartig je eine Tomaten- und Mozzarellascheibe aneinanderschichten. Mit Olivenöl, Essig, Salz und Pfeffer marinieren. Mit gehacktem Basilikum bestreuen.

ZUTATEN FÜR 4 PORTIONEN

300 g Tomaten, fleischig
250 g Mozzarella
3 EL Olivenöl
2 EL Rotweinessig
Salz
Pfeffer, schwarz, aus der Mühle
1 EL Basilikum, gehackt

PEPERONATA

ZUTATEN FÜR 4 PORTIONEN

9 Paprikaschoten, grün, gelb, rot
1/8 l Olivenöl
Salz
Oregano
Pfeffer, weiß
Balsamicoessig
2 Knoblauchzehen
Olivenöl

Paprikaschoten halbieren, Stiel und Kerne entfernen, waschen, abtrocknen. Länglich dritteln, große Paprikaschoten in 5 Teile schneiden. Mit Öl und Knoblauchzehen im vorgeheizten Backrohr weichbraten (ohne Farbe). Gegarte Schoten mit Gewürzen marinieren und mit Olivenöl begießen (muß in Ölbad liegen).

- BACKROHRTEMPERATUR: 180 °C
- GARUNGSDAUER: ca. 20 Minuten

PIKANT GEFÜLLTE PAPRIKA

ZUTATEN FÜR 4 PORTIONEN

2 Paprikaschoten, grün, gleichmäßig geformt
5–6 EL Französischer Salat (s. S. 134)
4 Maiskolben in Essigmarinade
4 Radieschen
4 Oliven, grün oder schwarz
4 Perlzwiebeln
etwas Krauspetersilie
eventuell Aspik zum Abglänzen

Paprika waschen, der Länge nach halbieren, so daß auch der Stiel halbiert wird. Die Unterseiten leicht abschneiden, damit der Paprika flach steht. Kerngehäuse entfernen, mit Französischem Salat flach anfüllen. Radieschen zu Röschen schnitzen, Paprika immer in gleicher Reihenfolge mit Maiskolben, Radieschen, Zwiebeln, Oliven und Krauspetersilie belegen. Eventuell mit Aspik glacieren.

MARINIERTE STEINPILZE

ZUTATEN FÜR 4 PORTIONEN

400 g Steinpilze (klein und fest), geputzt
4 cl Olivenöl
3 cl Weinessig
Salz
Pfeffer, weiß, aus der Mühle
1 EL Petersilie, gehackt

Pilze je nach Größe halbieren, vierteln oder im Ganzen belassen. Öl in Pfanne erhitzen. Pilzstücke nicht zu dunkel rösten, dabei Pfanne öfter kräftig schwingen; würzen, Petersilie beigeben, mit Essig begießen. Abschmecken und eventuell nochmals mit etwas Olivenöl begießen, kalt servieren.

- GARUNGSDAUER: ca. 5 Minuten
- MEIN TIP: Eierschwammerl lassen sich auf dieselbe Art marinieren, wobei allerdings geröstete Zwiebeln und abschließend 1/2 gepreßte Knoblauchzehe den pikanten Geschmack verstärken.

Gegenüberliegende Seite: Eine echte italienische Peperonata ist immer wieder eine Einladung, den Süden auf den Tisch zu bringen.

Zutaten für 4 Portionen

12 Scheiben Melanzani
6 EL Tomatensauce nach neapolitanischer Art (s. S. 200)
3 EL Parmesan, gerieben (oder Reibkäse)
Basilikum, gehackt
Öl zum Backen
Mehl zum Bestauben
Salz
Pfeffer, schwarz

ÜBERBACKENE MELANZANISCHEIBEN

Melanzani mit Schale ca. 6 mm dick schneiden, salzen, pfeffern, in Mehl wenden. In ausreichend viel Öl beidseitig bräunen, mit Küchenkrepp abtrocknen. In eine Gratinierschüssel legen, Scheiben mit Tomatensauce leicht bedecken, mit Basilikum bestreuen. Parmesan darüberstreuen, bei extremer Oberhitze überbacken. Lauwarm oder kalt auftragen.

- BACKROHRTEMPERATUR: 250 °C
- BACKDAUER: ca. 3 Minuten

Überbackene Melanzanischeiben zaubern einen Hauch von Urlaubsfreude auf Ihren Tisch.

Es muß nicht immer (mit echtem russischen) Caviar sein: Gefüllte Eier gibt es auch in preiswerteren Variationen.

RUSSISCHES EI *(Mayonnaiseeier)*

ZUTATEN FÜR 4 PORTIONEN
4 Eier, hartgekocht
8 EL Französischer Salat
(s. S. 134)
8 EL Mayonnaisesauce
(s. S. 100)
Garnierungsmaterial wie
Caviar oder Sardellenringerl
etc.

Aus Französischem Salat Sockel formen, halbierte Eier mit Schnittfläche nach unten auf den Sockel legen, mit Mayonnaisesauce überziehen. Dekor obenauf setzen, individuell garnieren.

- MEIN TIP: Für ein kaltes Buffet überzieht man die Eier wegen der längeren Stehzeiten mit Aspikmayonnaise.

GEFÜLLTE EIER

ZUTATEN FÜR 4 PORTIONEN
4 Eier, hartgekocht
80 g Butter, handwarm
80 g Weißbrot, entrindet
Salz
Pfeffer, weiß
Worcestershiresauce
Sardellenpaste
Estragonsenf
Garnierungsmaterial wie
Caviar, Lachsröschen,
Olivenscheiben, Radieschen etc.
Französischer Salat (s. S. 134)

Die Eier halbieren und die Enden abschneiden, damit die Eierhälften stehen. Dotter herausheben. Brot in kaltem Wasser einweichen, sehr gut auspressen, Dotter und Brot durch ein feines Sieb streichen. Butter schaumig rühren, Dotter, Brot, Gewürze und Aromastoffe untermengen. Farce mittels Dressiersack (mit glatter oder Sterntülle) erhaben aufspritzen. Das Garnierungsmaterial je nach Geschmack auf die Farce obenauf drapieren.

- MEIN TIP: Will man die Eier mit Aspik überziehen, muß man die Eier auf ein Glaciergitter setzen und gut kühlen, damit der Aspik haftet.

ZUTATEN FÜR 4 PORTIONEN
8 Eier
40 g Räucherlachs (8 kleine Scheiben)
2 dl Sauerrahm
1 EL Dillspitzen, feingehackt
8 Salatblätter
¼ l Gärungsessig, 7,5%ig
1 l Wasser
1 EL Olivenöl, kaltgepreßt
etwas Kräuteressig
Salz

VERLORENE EIER MIT RÄUCHERLACHS

Sauerrahm mit Dille und Salz glattrühren (nicht mixen), kalt stellen. Wasser und Essig vermischen, auf ca. 90 °C erhitzen. Eier einzeln in kleine Schälchen aufschlagen, hintereinander in das Essigwasser gleiten lassen, ca. 5 Minuten ziehen lassen (pochieren). Vorsichtig mit flachem Lochschöpfer aus dem Essigwasser heben und sofort in mit Eiswürfeln versetztes Salzwasser legen. Gut durchkühlen lassen, aus dem Eiswasser geben, abstehende Fransen abtrennen (façonnieren). Salatblätter mit Öl, Salz und Kräuteressig marinieren. Je zwei Salatblätter auf passende kalte Teller legen, jeweils ein Ei auf jedes Salatblatt setzen, halb mit Lachs belegen, die andere Hälfte mit Dillrahm überziehen.

- MEIN TIP: Das Essigwasser darf keinesfalls gesalzen werden, da sonst Löcherbildung an den Eiern entsteht. Verlorene Eier gelingen nur dann optimal, wenn die Eier frisch und kalt sind.

ZUTATEN FÜR 12 EIER
12 Eier
12 dl Wasser
2 dl Rotweinessig
1 Thymianstrauß
6 Pfefferkörner
½ Lorbeerblatt
50 g Zucker
½ TL Paprikapulver
Salz

GEBEIZTE EIER

Die Eier hart kochen und im kalten Wasser abkühlen. Eier an allen Seiten anschlagen (rollen), damit die Marinade eindringen kann. Wasser und sämtliche Zutaten 10 Minuten kochen, abkühlen lassen. Die Eier in ein Einsiedeglas oder einen Steinguttopf legen, die Marinade bedeckend einfüllen und 3 Tage sehr kühl lagern. Eier aus der Marinade heben, schälen. Mit Saucen oder Chutney servieren.

Gegenüberliegende Seite: Die Kombination von Räucherlachs und „verlorenem Ei“ klingt verheißungsvoll, besonders dann, wenn man das Ganze mit feinem Dillrahm abschmeckt.

GEBEIZTER LACHS *(Graved lax)*

ZUTATEN FÜR 8 PORTIONEN
1¼ kg Frischlachs, filetiert, mit Haut (= eine Seite)
100 g Meersalz
100 g Kristallzucker
80 g Dillkraut
1 EL Pfeffer, weiß, gestoßen
1 EL Senfkörner

Salz, Pfeffer, Senfkörner und Zucker mischen, die Innenseite des Lachses damit würzen. Dille waschen, grob hacken, die Innenseite damit dick bestreuen. Das Lachsfilet in eine Wanne legen, leicht beschweren und so 12 Stunden ruhen lassen, wenden; nach weiteren 12 Stunden ist der Lachs fertig. Dillbelag abstreifen. Eventuell frisch mit gehacktem Dillkraut einstreuen. In hauchdünne Scheiben schneiden und mit Senfsauce (s. S. 102) auftragen.

- MARINIERDAUER: 24 Stunden

POCHIERTES LACHSFILET

ZUTATEN FÜR 8 PORTIONEN
800 g Filet vom frischen Lachs
Court-bouillon (s. S. 187)
Aspik zum Abglänzen
Garnierungsmaterial wie Crevetten, Wachteleier, Dillsträußchen

Court-bouillon in flache viereckige Wanne geben. Lachsfilet einlegen, auf ca. 75 °C erhitzen und etwa 15 Minuten pochieren (ziehen lassen). Filet im Sud erkalten lassen, Lachs aus dem Sud heben und vorsichtig in Scheiben schneiden. Scheiben auf Glaciergitter legen, beliebig garnieren, mit dickflüssigem, kühlem Aspik überglänzen. Anstocken lassen und anrichten.

- GARUNGSDAUER: ca. 15 Minuten
- BEILAGENEMPFEHLUNG: Dillsauce, gefüllte Eier oder Gurken
- MEIN TIP: Diese Zubereitungsart gilt auch für Filets von Zander, Hecht etc. oder aber auch für Fische im Ganzen wie etwa Steinbutt. Die Garungszeiten richten sich nach Größe und Stärke der Fische.

ZANDERSCHNITTEN MIT TOMATENRAGOUT

ZUTATEN FÜR 4 PORTIONEN
400 g Zanderfilet, geschuppt
3 EL Olivenöl
80 g Zwiebeln, feingehackt
3 EL Tomatensaft
⅛ l Weißwein
150 g Tomaten, geschält, entkernt
Salz
Pfeffer
Basilikum, gehackt

Zanderfilet in 8 Stücke teilen. Öl erhitzen, Zwiebeln anschwitzen, mit Weißwein ablöschen, Tomatensaft einrühren, durchkochen. Tomaten in Würfel schneiden, würzen, beigeben. Zanderstücke mit Hautseite nach unten einlegen. Basilikum untermengen. Dünsten, nach 4 Minuten wenden, garziehen lassen. Filets in der Sauce erkalten lassen und mit derselben auftragen.

- GARUNGSDAUER: ca. 8 Minuten
- BEILAGENEMPFEHLUNG: Baguette oder heiße Erdäpfel

» *Der Fisch, der aus der Erde kam* «

Einer der Hauptgründe, warum man auf den Speisekarten dieser Welt so unterschiedliche Schreibweisen wie Gravlax, Graved lax, Gravadlax oder Gravalax findet, liegt wohl in der Tatsache begründet, daß kaum jemand so genau weiß, woher dieses Wort eigentlich stammt. Der Feinschmecker denkt dabei an Dille und den Hohen Norden, macht sich aber sonst nicht allzuviele Gedanken. Dabei ist die wahre Geschichte dieser Lachszubereitungsart durchaus nicht ohne kuriosen Charakter. Früher einmal pflegten die Fischer ihre Lachse nämlich, in Salzfässer eingelegt, für eine Weile unter der Erde zu vergraben und auf diese Weise halt- und eßbar zu machen. Die „Lachsvergräber" waren also im Grunde nichts anderes als Fischer oder Fischhändler. Im Jahre 1348 wird erstmals ein Olafuer Gravlax aus Jämtland urkundlich erwähnt. Mittlerweile wird der Lachs freilich längst nur noch sinnbildlich in der Lake „begraben", der alte Name jedoch hat sich bis heute erhalten und die eigentlich treffendere Bezeichnung „Surlax" überlebt.

Lachstatar

LACHSTATAR

ZUTATEN FÜR 4 PORTIONEN

600 g Frischlachs, filetiert, ohne Haut
Salz
Pfeffer, weiß, aus der Mühle
1 TL Dillspitzen, gehackt
1 EL Zwiebeln, feingehackt
etwas Zitronensaft
ev. Keta-Kaviar (oder Malossol) als Garnierung

Lachs mit dem Messer sehr kleinwürfelig schneiden (alle braunen Stellen an der Oberseite gründlich entfernen). Alle Zutaten beimengen und gut abmischen, 4 Laibchen formen, diese anrichten und je nach Geschmack garnieren.

Ein Dillsträußchen zum pochierten Lachs sieht nicht nur recht dekorativ aus, sondern verfeinert auch den Geschmack (s. Rezept S. 118).

» *Noch grün hinter den Kiemen* «

Ein Matjes kann zwar, bildlich gesprochen, ein grüner Junge sein, ein grüner Hering ist er deswegen noch lange nicht. Als Matjesheringe bezeichnet man nämlich jene silbergrün schimmernden Fischlein zwischen dem Golf von Biskaya und dem Eismeer, die noch nicht gelaicht haben und daher besonders schmackhaft sind. Ihre Saison haben sie vor allem im Juni. Grün können sie indessen das ganze Jahr über sein. Denn es heißt nichts anderes, als daß sie frisch, unbearbeitet und ungesalzen in den Handel – und von dort am besten auf den Grill kommen.

ZUTATEN FÜR 6 PORTIONEN
12 Matjesfilets
300 g Äpfel, geschält, entkernt (säuerlich)
100 g Zwiebeln
200 g Sauerrahm
Salz
Pfeffer, weiß, aus der Mühle
Zitronensaft
Garnierungsmaterial wie Salatblätter, Krauspetersilie

MATJESFILETS MIT APFELRAHM
(Hausfrauenart)

Zwiebeln und Äpfel in nicht zu kleine Würfel schneiden. Mit Sauerrahm verrühren, mit Gewürzen und Zitrone abschmekken. Matjes portionsweise auf Teller oder gemeinsam auf einer Platte flach anrichten, mit Apfelrahm halb bedecken, garnieren.

ZUTATEN FÜR 4 PORTIONEN
250 g Räucherforelle, ohne Haut
50 g Butter, handwarm
1/4 l Schlagobers
3 1/2 Blatt Gelatine
Salz
Pfeffer, weiß
Kren
Zitronensaft

RÄUCHERFORELLENMOUSSE

Räucherforelle mit Butter im Schnellschneider fein pürieren und durch ein Sieb streichen. Gelatine in kaltem Wasser einweichen, anschließend mit 1 KL Wasser erwärmen; fast erkaltet langsam unter das Forellenpüree mengen. Geschlagenes Obers vorsichtig unterheben. Mit Kren, Salz, Pfeffer und Zitronensaft abschmecken. Pastetenwanne mit Klarsichtfolie auskleiden, Masse einfüllen, glattstreichen. Einige Stunden durchkühlen, stürzen, Folie abziehen und mit nassem, dünnem Messer in Tranchen schneiden. Sollten sich beim Schneiden Probleme ergeben, so ist folgende Methode empfehlenswert: Mousse aus der Folie nehmen, in neue Folie straff eindrehen, schneiden, Folienstreifen abziehen.

- MEIN TIP: Man kann viele Mousse-Arten auf ähnliche Weise erzeugen, d. h. aus Aromaträger (Räucherfische, Schinken, Gänseleber oder Avocados), Butter, geschlagenem Obers und Gelatine. Fallweise empfiehlt es sich, etwas Velouté beizufügen.

Auch aus Süßwasserfischen lassen sich köstliche Vorspeisen wie etwa diese Räucherforellenmousse zubereiten. Das Grundrezept dazu finden Sie auf S. 120. Mit einer Fülle aus Lachsscheiben und Räucherforellenfilets ist das Gericht noch raffinierter.

POCHIERTE AUSTERN AUF BLATTSPINAT

ZUTATEN FÜR 12 AUSTERN
12 Austern (Fines de Claires)
120 g Blattspinat, blanchiert
30 g Schalotten oder Zwiebeln
2 EL Olivenöl
1 EL Rotweinessig
1 dl Sauerrahm
1 EL Dillspitzen, gehackt
Salz
Pfeffer, weiß

Sud:
100 g Zwiebeln
5 Pfefferkörner
2 l Wasser
⅛ l Gärungsessig
Salz

Wasser, Essig, Salz, Pfefferkörner und geschnittene Zwiebeln 5 Minuten kochen. Verschlossene Austern in kochenden Sud legen, 3 Minuten ziehen lassen (nicht mehr kochen), in mit Eiswürfeln versetztes kaltes Wasser geben, abkühlen. Austern öffnen, Bart entfernen, für die Weiterverarbeitung bereithalten. Blattspinat mit feingeschnittenen Schalotten, Salz, Pfeffer, Essig und Öl vermengen. Spinatmasse in dic bauchigeren Austernschalen geben. Kleine Mulde bilden, Austern daraufsetzen, Sauerrahm mit Dille, Salz und Pfeffer verrühren. Austern mit Sauerrahmsauce nappieren (überziehen). Sofort sehr gut gekühlt servieren.

- MEIN TIP: Man kann die Sauce auch variieren, indem man Mayonnaisesauce mit Safran und Pernod vermengt.

» *Austern* « *ein exklusives Massenprodukt*

Wirkt bereits ein halbes Dutzend, oder hatte Casanova recht, wenn er meinte, man müsse, um mit Austernsaft die Manneskraft zu stärken, täglich mindestens fünfzig Stück davon verspeisen? Reicht es dabei, das schlabbrige Fleisch am Gaumen vorbeiflutschen zu lassen, oder muß man es geduldig kauen, um sich all seine erogenen Kräfte einzuverleiben? Vor allem aber: Liegt das eigentliche Geheimnis nun in der Molluske

Pochierte Austern auf Blattspinat (s. Rezept S. 121)

selbst oder eher im wertvollen Wasser, das man beim Öffnen keinesfalls verschütten darf, weil es so perfekt nach Hafen, Meer und Liebe duftet, sich vor allem aber so wunderbar mit Champagner verträgt?
Womit schon viel über den Mythos der Auster gesagt wäre, aber nur wenig über die Auster selbst. Sie ist – Amor hin und Eros her – mit 9 % Eiweiß, 4 % Kohlenhydrate, 1,2 % Fett, den Vitaminen A, B_1 und B_2 sowie Mineralien wie Kalzium, Magnesium, Zink, Eisen, Jodid und Phosphor vor allem einmal ein höchst nahrhaftes Lebensmittel und gilt sogar als noch nahrhafter als Milch. So gesehen ist es eigentlich verwunderlich, daß die Auster in der Welternährung keine größere Rolle spielt. Das ist keineswegs zynisch gemeint, ist doch die Auster heute durchwegs ein reines Zuchtprodukt, das vor allem in den „Claires" genannten Austernteichen heranreift, und zwar massenhaft. Eine europäische Auster produziert im Jahr 600.000 bis 3 Millionen Eier, die sich dann einige Wochen als Plankton aufs Wasser verteilen und erst allmählich wieder Schalen bilden, die sich dann in den Untergrund festbeißen. Ist derselbe felsig genug, können Austernbänke mit Millionen von Tieren entstehen. Daß Austern trotzdem als rarer, teurer Leckerbissen gelten, mag wohl nicht zuletzt daran liegen, daß man ganz schön viel davon konsumieren muß, um der eingangs erwähnten Nährwerte auch wirklich teilhaftig zu werden. Immerhin bestehen 83 Prozent des schmackhaften Weichtiers aus Wasser, was wohl auch der Grund für den verhältnismäßig niedrigen Brennwert von 71,1 kcal pro 100 g erklärt. Und 100 g schieres Austernfleisch können ganz schön viel sein. Sie brauchen's nur zu probieren!

MUSCHELN MIT SHERRYDRESSING

ZUTATEN FÜR 4 PORTIONEN

1½ kg Miesmuscheln
3 EL Öl
30 g Schalotten oder Zwiebeln
100 g Wurzelstreifen (Sellerie, Karotte, gelbe Rübe)
⅛ l Weißwein, trocken
⅛ l Wasser
6 EL Olivenöl
3 EL Sherry, trocken
Salz
Essig

Muscheln unter fließendem Wasser gründlich bürsten, Bart entfernen, offene Muscheln wegwerfen (sie sind verdorben). Öl erhitzen, kleingeschnittene Zwiebeln darin anschwitzen. Muscheln beigeben, mit Wein und Wasser ablöschen, zugedeckt 3–5 Minuten kochen, bis sich die Muscheln öffnen. Sud abseihen, beiseite stellen, Muscheln nach dem Überkühlen auslösen. Wurzelstreifen in gesalzenem Sud knackig kochen, mit Essig, Sherry und Olivenöl abschmecken. Muscheln in die kalte Marinade geben.

- BEILAGENEMPFEHLUNG: Baguette oder Toast

Gegenüberliegende Seite: Lassen Sie beim Anrichten der Muscheln mit Sherrydressing Ihrer Phantasie einfach freien Lauf!

Gut gerollt schmeckt manches doppelt fein: Roastbeefrollen und Schinkenrollen mit Topfen-Nuß-Fülle.

ZUTATEN FÜR 4 PORTIONEN
8 Scheiben Roastbeef
(à ca. 20–30 g)

Fülle:
Gekochter Spargel,
Französischer Salat oder
Englischer Selleriesalat
Garnitur nach Belieben (etwa Gervaiscreme, Oliven
100 g Madeiraaspik

ROASTBEEFROLLEN

Roastbeefscheiben nebeneinander auflegen. Fülle auf vorderes Ende geben, straff einrollen. Mit Gervaiscreme rosettenartig bespritzen und beliebig mit Garnitur belegen. Mit würfelig geschnittenem Madeiraaspik garnieren.

- MEIN TIP: Noch attraktiver sehen Roastbeefrollen aus, wenn sie nach dem Einrollen mit Aspik glaciert werden.

ZUTATEN FÜR 4 PORTIONEN
4 Schinkenscheiben (à 30 g)
180 g Topfen, passiert
80 g Butter
1 EL Kren, gerissen
30 g Walnüsse, feingehackt
Salz
Pfeffer, weiß
ev. Garnierungsmaterial (etwa Oliven, Radieschen, Tomaten- und Gurkenscheiben, Krauspetersilie) und Aspik zum Abglänzen

SCHINKENROLLEN MIT TOPFEN-NUSS-FÜLLE

Handwarme Butter schaumig rühren, Topfen beigeben, gut abmischen und würzen. Nüsse und Kren untermengen. Schinkenscheiben auf Folie ausbreiten, mittels Spritzsack (glatte Tülle) die Creme auf der Breitseite aufspritzen. Schinken straff einrollen. Obenauf mit Creme eine Rosette spritzen, beliebig garnieren. Eventuell mit Aspik abglänzen. Nicht direkt aus dem Kühlschrank servieren, da die Creme sonst zu steif ist.

- MEIN TIP: Die Schinkenblätter können auch mit Oberskren oder Französischem Salat gefüllt werden.

BEEFSTEAK TATAR

ZUTATEN FÜR 4 PORTIONEN

800 g Rindfleisch, mager, flachsenfrei (Tafelstück oder schwarzes Scherzel)
4 Eidotter
70 g Zwiebeln, feingehackt
25 g Kapern
120 g Essiggurken
4 g Sardellenpaste
15 g Paprikapulver
2 TL Ketchup
25 g Estragonsenf
2 Spritzer Tabascosauce
1 EL Petersilie, gehackt
Salz, Pfeffer, schwarz
Cognac nach Geschmack

Variante I: Fleisch in gut gekühlter Faschiermaschine (vorher in den Kühlschrank legen) fein faschieren (oder hacken). Alle Zutaten beigeben, gut vermengen, dabei kühl halten. Zu Laibchen formen, mit Messer ein Karomuster eindrücken.

Variante II: Fleisch faschieren (w. o.), alle Zutaten außer Dotter einmengen, Laibchen formen, Mulde bilden, jeweils ein Eidotter einsetzen, anrichten. Dotter wird erst bei Tisch vermengt.

- MEIN TIP: Nur unabgelegenes, farbschönes Fleisch verwenden, es muß aber nicht unbedingt Rindslungenbraten sein (s. Zutaten).

RINDFLEISCH IN ESSIG UND ÖL

ZUTATEN FÜR 4 PORTIONEN

600 g Rindfleisch, mager, gekocht
120 g Zwiebeln
2 dl Hesperidenessig, verdünnt
6 EL Pflanzenöl
Salz
Pfeffer, schwarz, aus der Mühle
Schnittlauch, geschnitten

Rindfleisch in feine Scheiben schneiden. Essig, Öl und Salz zu einer Marinade vermengen, feinnudelig geschnittene Zwiebeln, Marinade und Rindfleisch vorsichtig vermischen. Mit Pfeffer würzen, einige Stunden marinieren. Anrichten und mit Schnittlauch bestreuen.

- MEIN TIP: Dieses Gericht gerät noch aromatischer im Geschmack, wenn man statt Pflanzenöl Kürbiskernöl zum Marinieren verwendet.

CARPACCIO

ZUTATEN FÜR 4 PORTIONEN

400 g Rindslungenbraten, nicht abgehangen, pariert (zugeputzt)
2 EL Olivenöl
Salz
Pfeffer, aus der Mühle
80 g Grana (junger Parmesan)
etwas Zitronensaft

Es gibt mehrere Methoden, den rohen Lungenbraten in hauchdünne Scheiben zu schneiden.

Variante I: Rindsfilet mit sehr scharfem Messer in hauchdünne Scheiben schneiden. Diese mit Klarsichtfolie bedekken und mit Plattiereisen vorsichtig dünn ausklopfen. Anrichten.

Variante II: Rindsfilet, in Folie gedreht, im Gefrierfach anfrosten, dann mit einem scharfen Messer (oder mit Schneidemaschine) in hauchdünne Scheiben schneiden. Anrichten.

Variante III: Rindsfilet in Alufolie sehr straff einrollen und die Enden abdrehen. Mindestens 12 Stunden im Gefrierfach frosten. Aus der Folie nehmen, 5 Minuten antauen lassen, mit der Schneidemaschine in hauchdünne Scheiben schneiden. Sofort auf Teller anrichten.

Fertigstellung: Filetscheiben flach auf dem Teller ausbreiten, so daß der ganze Teller belegt ist. Mit Salz und Pfeffer bestreuen, mit Olivenöl beträufeln und eventuell mit Grana-Spänen oder gehacktem Basilikum bestreuen. Auf Wunsch mit etwas Zitronensaft würzen.

» *Das Carpaccio und seine Folgen* «

Hat es eigentlich irgend jemand seit Gioacchino Rossini mit seinen berühmten Tournedos geschafft, mit einem Gericht ähnliche Weltgeltung zu erzielen wie Arrigo Cipriani mit seinem Carpaccio? Hand aufs Herz: Noch zu Beginn der 80er waren wir doch alle diesbezüglich völlig ahnungslos und verwechselten das Carpaccio, so es uns überhaupt ein geläufiger Begriff war, nicht selten mit der phonetisch verwandten kalten spanischen Gemüsesuppe namens Gazpacho. (Eine Verwechslung, vor der auch manch alpenländischer Piccolo bis heute noch nicht ganz gefeit ist). Doch dann kam es über uns. Tiefrot und dünn geschnitten, mit Olivenöl beträufelt und Parmesansplittern bestreut, eroberte das Carpaccio die Tafeln von Wien bis Wuppertal und von Sankt Pölten bis San Francisco. Wir gewannen die Methode, allerlei in tiefgekühltem und kaum angetautem Zustand zu zerschnipseln und zu zersäbeln, so lieb, daß bald kein Lebewesen mehr vor unseren fein geschliffenen Filetiermessern sicher war, ob Taube oder Lachs, ob Reh oder Forelle, ob Perlhuhn oder Kaninchen.

Es ist daher nicht verwunderlich, daß man auf die Frage, was denn eigentlich ein Carpaccio sei, immer nur etwas von geeist und hauchdünn geschnitten, aber kaum jemals die einzige korrekte Wahrheit hört: Daß nämlich der venezianische Gastronom Arrigo Cipriani seine berühmte Harry's Bar nicht zuletzt mit seinem Einfall berühmt machte, köstlich marinierte dünne Scheiben vom Rindsfilet nach jenem berühmten italienischen Renaissancemaler zu benennen, an dessen charakteristisches Rot sich Cipriani beim Anblick seiner Rindfleischkreation erinnert fühlte: Vittore Carpaccio (1457–1526).

REHRÜCKENMEDAILLONS MIT GÄNSELEBERCREME

ZUTATEN FÜR 4 PORTIONEN

200 g Rehrückenfilet
50 g Gänseleberterrine (s. S. 149)
50 g Butter
1 EL Öl
1 Apfel (Golden Delicious)
Salz
Pfeffer, schwarz, aus der Mühle
Spritzer Weinbrand (Cognac)
Zitronensaft
Zucker
Preiselbeeren oder Sauce Cumberland als Beigabe

Garnierungsmaterial:
Krauspetersilie und Moosbeeren
Aspik zum Überziehen

Rehrücken mit Salz und Pfeffer kräftig würzen. In heißem Öl allseitig anbraten, bei ca. 130 °C im Backrohr rosa braten. Erkalten lassen. Apfel schälen, entkernen, in ca. 1 cm dicke Scheiben schneiden, in wenig Zitronen-Zuckerwasser aufkochen, kalt stellen. Apfelscheiben auf ein Glaciergitter legen. Rehrückenfilet in 8 Scheiben schneiden. Gänseleberterrine durch feines Sieb streichen, mit schaumig gerührter Butter vermengen und mit Salz, Pfeffer und Weinbrand abschmekken. Gänselebermousse auf die Apfelscheiben mit Spritzsack rosettenartig aufspritzen. Rehrückenstücke darauf gruppieren, beliebig dekorieren, mit Aspik abglänzen und mit Preiselbeeren oder Sauce Cumberland anrichten.

- BACKROHRTEMPERATUR: 130 °C
- BACKDAUER: ca. 18 Minuten

EINGEGOSSENE GANS

Die Gans in Stücke teilen, mit Salz und Pökelsalz kräftig einreiben. 12 Stunden im Kühlschrank beizen lassen. Gänseschmalz schwach erhitzen, Knoblauch und Rosmarin beigeben. Die Gänsestücke einlegen – diese müssen mit Schmalz völlig bedeckt sein! 3–4 Stunden bei schwacher Temperatur garen (Nadelprobe machen). Gänsestücke aus dem Fett heben, von den Knochen befreien, Fett abseihen, beiseite stellen. Einen Steinguttopf mit etwas Fett am Boden bedecken. Stocken lassen. Die Gänsestücke einlegen, mit Gänsefett bedecken, abermals stocken lassen. Nochmals mit etwas flüssigem Fett abschließen. Mit Folie bedeckt im Kühlschrank lagern. Die Gans kann sowohl kalt gegessen werden, oder – nochmals erhitzt – als warme Mahlzeit gereicht werden.

- GARUNGSDAUER: 3–4 Stunden
- MEIN TIP: Stechen Sie mit einer Nadel oder kleinen Gabel in das Fleisch – tritt nur mehr klarer Saft aus, so ist der Garungsprozeß beendet (Nadelprobe).

ZUTATEN

1 Gans, ca. 4 kg
1½ kg Gänseschmalz
2 Rosmarinzweige
Salz
Pökelsalz
4 Knoblauchzehen

In der Tat be-„rückend“, diese Medaillons vom Rehrücken, die mit etwas Gänseleber als delikates Hors d'œuvre serviert werden (s. Rezept S. 126).

GÄNSELEBERSCHAUMNOCKERLN

ZUTATEN FÜR 4 PORTIONEN
120 g Gänseleberterrine (Pastete, s. S. 149)
20 g Butter, handwarm
1 dl Schlagobers
1 Blatt Gelatine
Salz
Weinbrand
Madeira

Gänseleber passieren, mit handwarmer Butter schaumig rühren. Gelatine in kaltem Wasser einweichen, aus dem Wasser heben, lauwarm schmelzen und in die Gänseleber einrühren. Obers unter die Masse mengen, Madeira, Weinbrand und Salz beigeben, in passendem Geschirr einige Stunden im Kühlschrank kühlen. Suppenlöffel in heißes Wasser tauchen, Nocken ausstechen und gleich auf Teller legen. Man kann die Lebermasse aber auch in einer Auflaufschüssel auftragen und erst bei Tisch portionieren.

- BEILAGENEMPFEHLUNG: Toast, Brioche, Madeirageleewürfel
- MEIN TIP: Die Masse eignet sich zum Dressieren etwa auf kaltes Rindsfilet oder Rehrückenmedaillons.

EINGEGOSSENE GÄNSELEBER

ZUTATEN
1 kg Gänseschmalz (ausgelassen)
½ kg Gänseleber
Salz (oder Pökelsalz)
Pfeffer, weiß

Gänseleber von Häutchen und großen Nervensträngen befreien, aber nicht zerteilen. Kräftig würzen, einen Tag beizen lassen. Gänseschmalz erhitzen, auf 80 °C abkühlen. Gänseleber in das Fett geben (muß völlig bedeckt sein). Je nach Größe der Leber 15–20 Minuten im Fett pochieren (ziehen lassen). Die Leber ist fertig, wenn sie sich noch schwammig anfühlt. Gänseleber im Fett belassen, bis dieses abgekühlt ist. Nach den folgenden beiden Varianten wahlweise anrichten:

Variante I: Leber mit Fett in passende Schüssel oder Auflaufform geben, nach völligem Erstarren mittels Löffel Nocken ausstechen. Mit Schwarzbrot, Meersalz und Pfeffer aus der Mühle auftragen.

Variante II: Gänseleber vor dem Abstocken des Fettes aus diesem herausheben, Fett abstreifen, Leber gut durchkühlen, in Tranchen schneiden. Mit Salatbukett und Madeiraaspik sowie Toast oder Brioche auftragen.

- GARUNGSDAUER: 15–20 Minuten bei 80 °C

Gerichte mit Hirn erweisen sich – wie diese Kalbshirnbällchen – oft auch als Gerichte mit Köpfchen.

KALBSHIRNBÄLLCHEN AUF BLATTSPINAT MIT SENFSAUCE

ZUTATEN FÜR 4 PORTIONEN

400 g Kalbs- oder Schweinshirn, enthäutet
4 EL Öl
120 g Zwiebeln
2 Eier
400 g Spinat, geputzt
Petersilie, gehackt
Salz
Pfeffer, weiß
Zitronensaft
Olivenöl

Sauce:
4 EL Mayonnaise (s. S. 97)
1 EL Sauerrahm
Französischer Senf mit Senfsaat
Essig
Pfeffer, weiß
Vermouth

Zwiebeln sehr fein hacken. Spinat in Salzwasser knackig kochen, kalt spülen, gut ausdrücken. 40 g Zwiebeln beigeben, mit Salz, Pfeffer, Zitronensaft und Olivenöl marinieren. Hirn fein hacken, Öl erhitzen, restliche Zwiebeln goldgelb anschwitzen und Hirn unterrühren. Sehr trocken rösten, versprudelte Eier beigeben, weiterrösten. Petersilie untermengen, mit Salz und Pfeffer würzen. Erkalten lassen und kleine Bällchen formen. Mayonnaise, Sauerrahm, Senf, Essig, Pfeffer und Vermouth zu einer pikanten, nicht zu dicken Sauce verrühren. Aus Blattspinat kleine Plätzchen formen, diese auf Teller setzen, das Hirnbällchen daraufdrücken und mit Senfsauce überziehen.

- GARNIERUNG: Kresse
- MEIN TIP: Zweckmäßig und auch hygienischer ist es, die Hirnmasse in einen kleinen Ausstecher zu pressen, die Masse wieder herauszudrücken und den Vorgang so lange zu wiederholen, bis die Masse verbraucht ist.

» *Eingesalzenes Armeleuteessen* «

Wer denkt, wenn er Salat sagt, schon an Salz. Viel eher stellt man Assoziationen zu knackigen Kopfsalatblättern, zu bißfestem Radicchio, zu feinen Kräutern, edlen Ölen und teuren Essigen her. Tatsächlich bedeutet Salat ursprünglich jedoch nichts anderes als „insalata" – etwas Eingesalzenes. Salat, heute nicht selten eines der teuersten Gerichte auf der Speisekarte (zumal dann, wenn er mit Hummer, Jakobsmuscheln oder anderen Edelzutaten zubereitet wird), war früher ein typisches Armeleuteessen. Man pflückte, was rundum wuchs, salzte es, um ihm etwas mehr Geschmack zu geben, und aß es gemeinsam aus einer großen Schüssel. Dabei war die Salatkultur die Sache der Österreicher nicht. Eigene Kapitel über Salate findet man kaum in altösterreichischen Kochbüchern. Salatkultur beschränkte sich im großen und ganzen auf den Erdäpfelsalat und den in Wien gerne mit Zucker abgemachten „G'mischten" Salat. Der eigentliche Siegeszug des Salats begann erst mit dem zunehmenden Ernährungsbewußtsein, das den Kaloriensünden der zwar kalorienreichen, aber keineswegs sehr g'schmackigen Aufpäppelküche der sogenannten Wirtschaftswunderjahre nach dem Zweiten Weltkrieg fast zwangsläufig folgte.

MEERESFRÜCHTESALAT

ZUTATEN FÜR 4 PORTIONEN

250 g Crevetten
150 g Sepia
150 g Octopus
100 g Miesmuscheln
50 g Zwiebeln
100 g Paprikaschoten, bunt, entkernt
6 EL Olivenöl
Salz
Knoblauch
Rotweinessig
Pfeffer, weiß

Sepia und Octopus gesondert in Salzwasser weichkochen, kalt abschwemmen. In beliebig kleine Stücke schneiden. Muscheln kochen und auslösen. Zwiebeln fein hacken, Paprikaschoten in kleine Würfel schneiden, alle Zutaten vermischen. Mit Gewürzen pikant marinieren. Einige Stunden ziehen lassen und nicht zu kalt servieren.

- BEILAGENEMPFEHLUNG: Weißgebäck
- GARNIERUNG: Muschelschalen
- MEIN TIP: Sollten Sie bei der Beschaffung der Produkte Probleme haben, so können einzelne Zutaten auch durch andere (ähnliche) ersetzt werden. So gibt es im Fachhandel Sepiatulpen, Moscardini und Octopus bereits küchenfertig als Frischware oder tiefgekühlt.

Gegenüberliegende Seite: Auch an binnenländischen Gestaden läßt sich heutzutage – zumindest auf gut sortierten Märkten – so manches delikate Meeresgetier an Land ziehen und zu einem raffiniert marinierten Meeresfrüchtesalat verarbeiten.

Ob vor oder nach dem Urlaub: Ein griechischer Salat ist eine leichte Kost für heiße Sommertage, die mediterrane Erinnerungen mitschwingen läßt.

ZUTATEN FÜR 8 PORTIONEN
150 g Paprikaschoten, rot und grün, entkernt
150 g Tomaten, entkernt
120 g Zwiebeln
250 g Gurken, geschält, entkernt
100 g Zucchini
200 g griechischer Schafkäse
100 g Oliven, schwarz
4 EL Rotweinessig
⅛ l Olivenöl
Salz
Pfeffer, schwarz, aus der Mühle
Oregano
Knoblauch

GRIECHISCHER SALAT

Paprikaschoten, Tomaten, Gurken, Zucchini und Zwiebeln in grobe Würfel schneiden. Salzen, pfeffern, mit Öl, Essig, Knoblauch und Oregano marinieren, eventuell etwas Wasser beigeben. Schafkäse würfelig schneiden, mit den Oliven vorsichtig unter den Salat mischen.

ZUTATEN FÜR 6 PORTIONEN
300 g Rindfleisch, gekocht
300 g Extrawurst
1 Zwiebel
3 Paprikaschoten
2 Tomaten
3 Eier, hartgekocht
3 Essiggurken
300 g Erdäpfel, gekocht
Salz, Essig, Öl

HEURIGENSALAT

Entkernte Tomaten in Spalten teilen, Zwiebel hacken. Erdäpfel, Eier, Paprikaschoten, Rindfleisch, Wurst und Gurken in feine Scheiben schneiden, alle Zutaten mit Salz, Essig und Öl marinieren. Einige Stunden kühlstellen.

- GARNIERUNG: Salatblätter, Eischeiben, geschnittener Schnittlauch

ZUTATEN FÜR 4 PORTIONEN
500 g Ochsenmaul, gepreßt
100 g Zwiebeln
2 dl Weißwein- oder Apfelessig
Salz

OCHSENMAULSALAT

Ochsenmaul mit der Aufschnittmaschine hauchdünn aufschneiden (oder vom Fleischhauer aufschneiden lassen). Die Scheiben halbieren oder vierteln, mit der Essig-Salz-Marinade übergießen. Zwiebeln in hauchdünne Scheiben schneiden, dem Salat beigeben, abschmecken. Im Kühlschrank mindestens einen Tag marinieren. (Ochsenmaulsalat wird nicht mit Öl versetzt!)

GLASNUDELSALAT

ZUTATEN FÜR 4 PORTIONEN

50 g Glasnudeln
150 g Hühnerbrust, ausgelöst, ohne Haut
8 g Mu-Err-Baummorcheln
20 g Pinienkerne
50 g Sojakeime
Salz
Pfeffer
Sojasauce, süß
Oliven- oder Sesamöl
Essig

Glasnudeln in reichlich Salzwasser kernig kochen, abseihen. Pilze in kaltem Wasser einweichen, 10 Minuten in reichlich Salzwasser kochen, lauwarm abschwemmen. Hühnerbrust in feine Streifen schneiden, in heißem Öl zart braten. Sojakeime in heißem Öl kurz rösten und würzen. Glasnudeln, Sojakeime, Hühnerbrust, Pinienkerne und Pilze vermengen, mit reichlich Öl, Essig und Sojasauce sowie den Gewürzen abschmecken. Der Salat schmeckt lauwarm und frisch am besten.

- MEIN TIP: Bevorzugt man den typisch exotischen Geschmack, so empfehle ich, die geschnittene Hühnerbrust mit Salz, Pfeffer zu würzen, mit Mehl gleichmäßig zu bestauben, mit etwas verschlagenem Ei und Sojasauce abzurühren und dann zu braten. Das Fleisch wird weicher und erhält das charakteristische Aroma.

CÄSARSALAT

ZUTATEN FÜR 4 PORTIONEN

300 g Bummerlsalat
2 Eidotter
6 EL Oliven- oder Maiskeimöl
40 g Parmesan, gerieben
2 Sardellenfilets oder -ringerl
2 Knoblauchzehen
40 g Weißbrotwürfel, geröstet
Salz, Weinessig

Salat gut waschen und schleudern (trocknen). Schüssel mit Knoblauch ausstreichen. Eidotter mit Öl anrühren, Essig und Salz einrühren, Sardellen fein hacken, untermengen. Salat darin marinieren, mit Parmesan bestreuen, einmal wenden, mit Brotwürfeln bestreuen.

NUDELSALAT CAPRESE

ZUTATEN FÜR 4 PORTIONEN

400 g Nudeln, gekocht (Penne, Farfalle)
150 g Mozzarella
80 g Zwiebeln
150 g Tomaten, geschält, entkernt
2 EL Rotweinessig
4 EL Olivenöl, kaltgepreßt
5 Kapern, gehackt
1 EL Basilikum, gehackt, Salz

Nudeln mit Salz, Essig und Öl marinieren. In Würfel geschnittenen Mozzarella, kleingeschnittene Tomaten und Zwiebeln, Kapern und Basilikum daruntermengen, nochmals nachwürzen.

- MEIN TIP: Es ist empfehlenswert, den Salat erst im letzten Moment zu marinieren, da die Nudeln die Flüssigkeit aufsaugen und der Salat in der Folge zu trocken wird.

WALDORFSALAT

ZUTATEN FÜR 4 PORTIONEN
250 g Knollensellerie, geschält
150 g Äpfel, säuerlich, geschält, entkernt
40 g Walnüsse, gehackt
150 g Mayonnaisesauce (s. S. 100)
2 EL Sauerrahm
Salz
Pfeffer, weiß
Zitronensaft

Sellerie in feine Streifen schneiden, salzen, Zitronensaft beigeben, durchkneten. Äpfel ebenfalls in feine Streifen schneiden, mit Sellerie, Mayonnaisesauce und Sauerrahm verrühren. Würzen und gehackte Walnüsse beigeben.

- MEIN TIP: Dieser klassische Salat kann auch als Sockel (Unterlage) für kalte Geflügel-, Wildgeflügel- oder Wildgerichte verwendet werden.

STANGENSELLERIESALAT „DREI HUSAREN“ *(Englischer Selleriesalat)*

ZUTATEN FÜR 4 PORTIONEN
150 g Stangensellerie, geschält
150 g Äpfel, geschält, entkernt
100 g Hawaiiananas, frisch oder aus der Dose
1–2 EL Zitronensaft
150 g Mayonnaise (s. S. 97), mit Ananassaft verdünnt
Salz
Zucker

Sellerie der Breite nach in feine Scheiben schneiden. Ananas in kleine Stücke, Äpfel in feine Streifen schneiden. Sellerie mit Ananasstücken und Zitronensaft vermengen. Salz und Zucker beigeben, einige Stunden marinieren. Gut ausdrükken (abpressen), Äpfel beigeben, mit Mayonnaise binden. Süß-sauer abschmecken.

- MEIN TIP: Servieren Sie diesen knackigen, pikanten Salat zu Pasteten, kaltem Geflügel, Wild, Rindsfilet oder Roastbeef.

FRANZÖSISCHER SALAT

ZUTATEN FÜR 4 PORTIONEN
150 g Erdäpfel, gekocht, geschält
80 g Erbsen
70 g Äpfel, entkernt, geschält
60 g Essiggurken
80 g Karotten, gekocht, geschält
140 g Mayonnaise (s. S. 97)
Salz, Pfeffer, weiß
Gurkenessig, Prise Zucker
Garnierungsmaterial wie Salatblätter, Eier, Tomaten

Erbsen kochen, kalt abfrischen. Erdäpfel, Gurken, Äpfel und Karotten in kleine Würfel schneiden. Diese Zutaten mit Mayonnaise abrühren, Konsistenz mit Gurkenessig korrigieren. Würzen, mit marinierten Salatblättern anrichten und beliebig mit Eischeiben, Tomatensechsteln etc. garnieren.

- MEIN TIP: Französischer Salat dient auch als Unterlage (Sockel) für kalte Eier-, Fisch- und Fleischgerichte sowie als Fülle für Schinken- oder Roastbeefrollen.

SPARGELSALAT

ZUTATEN FÜR 4 PORTIONEN
500 g Spargel, gekocht
200 g Preßschinken
3 Eier, hartgekocht
100 g Mayonnaise (s. S. 97)
2–3 EL Ketchup
Salz, Pfeffer, weiß
Essig, Dillspitzen, gehackt
Garnierungsmaterial

Spargel in 1 cm große Stücke schneiden, die Köpfe zum Garnieren beiseite legen. Eier fein hacken, Schinken in feine Streifen schneiden, Mayonnaise auf cremige Konsistenz verdünnen. Ketchup unterziehen, Spargel, Schinken und Eier damit binden. Gewürze und Dille beigeben, einige Stunden marinieren. Nach Belieben mit Spargelköpfen, Eischeiben und Dillsträußchen garnieren.

» Catos zweites „ceterum censeo" «

Er war dafür berühmt, nach jeder seiner fulminanten Reden im römischen Senat den Satz „Ceterum censeo Carthaginem esse delendam" (Im übrigen bin ich der Meinung, daß Carthago zerstört werden muß) ins Auditorium zu schmettern. Doch dann ging Cato der Ältere nach Hause und züchtete ganz friedlich seinen Spargel. Ihm verdanken wir die erste erhaltene Anleitung zum Spargelanbau aus dem Jahre 160 v. Chr. Sein auf den Asparagus gerichtetes „ceterum censeo" klang freilich weniger martialisch: „Du mußt den Spargel zum Verzehr von der Wurzel abrupfen, grabe also ringsum so auf, daß du ihn leicht abrupfen kannst, aber paß auf, daß er dir dabei nicht abbricht!"

HUHN-CURRY-SALAT

ZUTATEN FÜR 4 PORTIONEN
250 g Hühnerfleisch, gekocht, ohne Haut und Knochen
150 g Ananasstücke
150 g Äpfel, geschält, entkernt
50 g Pinienkerne oder Walnüsse
1 TL Currypulver
100 g Mayonnaise (s. S. 97), verdünnt
2 EL Obers, geschlagen
Salz, Zitronensaft
Pfeffer, weiß

Das gekochte Hühnerfleisch kleinwürfelig schnetzeln. Die Äpfel sowie die Ananasstückchen ebenfalls in kleine Würfel schneiden. Die verdünnte Mayonnaise mit Curry abrühren. Alle Zutaten mit Mayonnaise binden, geschlagenes Obers unterheben und würzen.

- MEIN TIP: Die Geschmackskomponente dieses Salates kann variiert werden, indem man etwa auch Zutaten wie Mango, Banane, Mandeln oder Schinken verwendet.

Wunderbare Salatwelt: Die Kombinationsmöglichkeiten sind – vom Waldorfsalat (rechts hinten, s. Rezept S. 134) über den Huhn-Curry-Salat (links hinten) bis zum Cäsarsalat (rechts vorne, s. Rezept S. 133) schier unerschöpflich.

Was wäre ein klassischer Altwiener Heringsschmaus ohne den typischen Heringssalat (rechts) und den nicht minder pikanten Räucherfischsalat (links)?

WIENER HERINGSSALAT

ZUTATEN FÜR 4 PORTIONEN

200 g Heringe, mariniert, filetiert
100 g Äpfel, geschält, entkernt
150 g Erdäpfel, gekocht, geschält
80 g Essiggurken
60 g Bohnen, weiß, gekocht
120 g Mayonnaise (s. S. 97)
60 g Zwiebeln oder Zwiebeln aus der Heringsmarinade
3 EL Sauerrahm
5 Kapern, gehackt
Sardellenpaste
Salz
Pfeffer, weiß
Estragonsenf
Heringsmarinade zum Verdünnen
nach Möglichkeit passierten Heringsmilchner
Garnierungsmaterial wie Eischeiben, Heringsstückchen, Krauspetersilie

Äpfel, Erdäpfel und Gurken in ca. 8 mm große Würfel schneiden. Heringe in etwas größere Stücke teilen. Alle Zutaten mit Mayonnaise und Sauerrahm binden, eventuell Konsistenz mit Heringsmarinade korrigieren. Milchner, Kapern, Sardellenpaste, weiße Bohnen, feingeschnittene Zwiebeln und Gewürze beigeben. Heringssalat mit Eischeiben und Heringsstückchen sowie Krauspetersilie garnieren.

RÄUCHERFISCHSALAT

ZUTATEN FÜR 4 PORTIONEN

150 g Räucherfisch (geräucherte Forelle, Lachs, Schillerlocken)
120 g Äpfel, geschält, entkernt
120 g Salatgurke, entkernt, geschält
70 g Sauerrahm
70 g Mayonnaise (s. S. 97)
40 g Zwiebeln
1 EL Dillspitzen, gehackt
Salz, Pfeffer, weiß
Zitronensaft oder Essig

Fisch, Gurke, Zwiebeln und Äpfel in kleine Würfel schneiden. Mit Sauerrahm und Mayonnaise binden, Dille beigeben. Pikant abschmecken.

- GARNIERUNG: Fischstücke, Lachsrosen, Dillsträußchen
- MEIN TIP: Den Salat sollte man einige Stunden ziehen lassen, da sich nur so die einzelnen Zutaten zu einer vollendeten geschmacklichen Harmonie verbinden.

MATJESSALAT

ZUTATEN FÜR 4 PORTIONEN

150 g Matjesheringe oder Schwedenhappen
150 g Äpfel, säuerlich
60 g Salzgurken
60 g Zwiebeln
150 g Sauerrahm
30 g Mayonnaise (s. S. 97)
Salz, Prise Zucker

Die Äpfel schälen und das Gehäuse entfernen. Die Heringe, Äpfel, Zwiebeln und Salzgurken in knapp 1 cm große Würfel schneiden. Den Sauerrahm mit der Mayonnaise vermengen und mit dem Apfel-Hering-Gemisch abrühren, würzen. Einige Stunden im Kühlschrank ziehen lassen und – nach Belieben garniert – anrichten.

GEBUNDENER RINDFLEISCHSALAT

Zutaten für 4 Portionen
250 g Rindfleisch, gekocht
80 g Paprikaschoten, entkernt
100 g Essiggurken
150 g Mayonnaise (s. S. 97)
1 EL Ketchup
40 g Zwiebeln
Salz, Pfeffer, weiß
Gurkenessig
Garnierungsmaterial wie Salatblätter etc.

Rindfleisch, Zwiebeln, Paprikaschoten und Essiggurken in feine Streifen schneiden. Mit Mayonnaise und Ketchup binden, würzen, auf Salatblättern anrichten. Beliebig mit Eischeiben, Tomaten oder Oliven garnieren.

KRAUT-KAROTTEN-SALAT

Zutaten für 4 Portionen
300 g Weißkraut, ohne Strunk und Außenblätter
100 g Karotten, geschält
200 g Mayonnaisesauce (s. S. 100)
2 EL Sauerrahm
Salz
Pfeffer, weiß
Zitronensaft

Kraut sehr fein hobeln oder auf der Schneidemaschine schneiden, salzen, mit den Händen kneten, damit das Kraut mürbe und geschmeidig wird. Karotten ebenfalls in sehr feine Streifen schneiden, salzen. Karotten mit Kraut vermischen, Zitronensaft und Pfeffer beigeben. Mit Mayonnaisesauce und Sauerrahm vermischen.
Verwendung: Dieser pikante Salat paßt hervorragend zu gegrilltem Fleisch oder Faschiertem.

CREVETTENSALAT

Zutaten für 4 Portionen
200 g Crevetten
100 g Mayonnaise (s. S. 97)
120 g Ananas, frisch oder aus der Dose
120 g Äpfel, säuerlich
2 EL Essigwasser
2 EL Obers, geschlagen
Salz
Pfeffer, weiß
Weinbrand
1 EL Ketchup

Die Äpfel schälen und das Gehäuse entfernen. Mayonnaise, Ketchup, Weinbrand und eventuell Ananassaft glatt verrühren, Ananas und Äpfel stiftelig schneiden. Ananas, Äpfel, Crevetten und die Mayonnaisesauce vermengen, geschlagenes Obers darunterziehen. Abschmecken und garniert anrichten.

- GARNIERUNG: Crevettenschwänze, Wachteleier, Dillspitzen

GÄNSELEBER UND BRIES AUF BLATTSALATEN

ZUTATEN FÜR 4 PORTIONEN
200 g Gänseleber, bratfest
200 g Kalbsbries
Blattsalate nach Wahl für 4 Personen (Rucola, Lollo rosso, Eichblatt etc.)
Salz
Pfeffer, weiß
3 EL Olivenöl
1 EL Balsamicoessig
Mehl zum Bestauben
Öl zum Braten

Gänseleber enthäuten (die groben Nervenstränge entfernen) und in 5 mm dicke Scheiben schneiden. Mit Salz und Pfeffer würzen, in Mehl wenden, gut andrücken, abstauben. Bries wässern, blanchieren (s. S. 332), enthäuten, in 1 cm dicke Scheiben schneiden, salzen und pfeffern. 2 Pfannen mit etwas Öl erhitzen (Teflon). Gänseleber und Bries gesondert beidseitig zart braun braten, wobei die Gänseleber innen noch zart rosa bleiben soll. Bries und Gänseleber aus der Pfanne heben, mit Küchenkrepp Öl vorsichtig abtupfen. Blattsalate putzen, waschen, gut abtropfen, mit Öl, Salz und Essig marinieren. Die Salate formschön auf vier Teller verteilen. Lauwarme Gänseleber und Bries darauf gruppieren und ebenfalls mit etwas Marinade beträufeln.

● MEIN TIP: Dieses Rezept stellt nur eine Anregung dar, wie man diese Art moderner Vorspeisensalate (die auch Hauptmahlzeit sein können) zubereitet. Die Wahl des Salates ist dabei auf das Hauptprodukt abzustimmen; so harmoniert etwa Rindscarpaccio mit Rucolasalat. Auf diese Art lassen sich Salate mit Garnelen, Lachs, Entenbrüsten, Schinken, gekochtem Rindfleisch oder Meeresfrüchten zubereiten.

HÜHNERBRUSTSTREIFEN AUF VOGERLSALAT

ZUTATEN FÜR 4 PORTIONEN
120 g Vogerlsalat, geputzt
400 g Hühnerbrust, ohne Haut, ausgelöst
80 g Frühstücksspeck
1 Ei
1 EL Mehl, glatt
3 Schwarzbrotscheiben, entrindet
Salz
Pfeffer
Apfelessig
Oliven- oder Kürbiskernöl
Öl zum Braten

Gegenüberliegende Seite: Unkompliziert und trotzdem köstlich sind diese Hühnerbruststreifen auf Vogerlsalat, eine leichte Vorspeise, die ahnen läßt, daß es bald Frühling wird.

Hühnerbrust in ca. 8 mm starke Streifen schneiden, salzen, in Mehl wälzen, abstauben, mit verschlagenem Ei benetzen. Öl erhitzen, die Hühnerbruststreifen einlegen, kurz anbraten lassen. Mit einer Gabel die Streifen – falls diese aneinander kleben – lösen und zart bräunen. Das Fleisch mit etwas Essig und Öl benetzen. Brot in Würfel schneiden und in heißem Öl (oder trocken im heißen Backrohr) knusprig braun rösten. Vogerlsalat mit Öl, Essig, Salz marinieren und auf die Teller verteilen. Die Hühnerbruststreifen darauf gruppieren. Speck kleinwürfelig schneiden, in einer Pfanne knusprig rösten. Über den Salat verteilen, mit Brotwürfeln bestreuen.

● MEIN TIP: Dieses Gericht kann sehr variabel abgewandelt werden. So eignet sich etwa Rucolasalat ebenso gut, den man mit Barbarieentenbrustscheiben oder Putenbrust ergänzen kann.

ZUTATEN FÜR 4 PORTIONEN
360 g Rindslungenbraten, pariert (zugeputzt)
150 g Rucola, geputzt
5 EL Olivenöl
2 EL italienischer Rotwein- oder Balsamicoessig
Salz
Pfeffer, schwarz, aus der Mühle
Öl zum Braten

RINDSLUNGENBRATENSCHEIBEN AUF RUCOLA

Rindslungenbraten in dünne Scheiben schneiden. Mit Klarsichtfolie bedecken und mit Plattiereisen dünn klopfen. Folie abziehen. Fleisch mit Salz und Pfeffer beidseitig würzen. Rucola mit Salz, Öl und Essig marinieren. Salat auf Teller erhaben verteilen. Pfanne (aufgrund der Menge eventuell 2 Pfannen) mit wenig Öl erhitzen, Fleisch einlegen, scharf einige Sekunden anbraten, wenden, auch auf dieser Seite nur einige Sekunden braten (nicht durchbraten). Das Fleisch auf den Salat verteilen, nochmals mit einigen Tropfen kaltem Olivenöl beträufeln.

- BRATDAUER: ca. 30 Sekunden

Ob Melonencocktail (links) oder Shrimpscocktail (rechts) – in jedem Fall vermitteln diese opulent dekorierten Vorspeisen Ihrer Tafel ein exotisches Flair (s. Rezepte S. 141).

SHRIMPSCOCKTAIL

ZUTATEN FÜR 4 PORTIONEN
320 g Shrimps (Crevetten)
200 g Cocktailsauce (s. S. 101)
100 g Tomaten, geschält, entkernt
Dillstrauß zum Garnieren
Salz
Pfeffer, schwarz, aus der Mühle
4 Salatblätter

Tomaten in kleine Würfel schneiden, mit Salz und Pfeffer würzen, in Cocktailschalen geben. Marinierte Salatblätter am Rand der Schalen plazieren. Crevetten in die Gläser füllen, mit Cocktailsauce übergießen (nappieren). Einige Crevetten mit Dille obenauf als Garnierung anrichten. Man kann den Geschmack noch verfeinern, indem man leicht geschlagenes Obers unterhebt.

- MEIN TIP: Hummer-, Langustinen- oder Krebsencocktails werden nach der gleichen Methode zubereitet.

AVOCADOCOCKTAIL

ZUTATEN FÜR 4 PORTIONEN
2 Avocados, vollreif
160 g Crevetten
200 g Cocktailsauce (s. S. 101)
8 Chicoreeblätter
Salz
Pfeffer, weiß, aus der Mühle
Saft von 1 Zitrone

Avocados mit Kartoffelschäler schälen, halbieren, Kern entfernen und in 1 cm große Würfel schneiden. Mit Zitronensaft, Pfeffer und Salz marinieren. Vorsichtig rühren, damit keine „Creme" entsteht. Crevetten untermengen. Cocktailschalen mit Avocado-Crevetten-Gemisch füllen, marinierte Chicoreeblätter am Glasrand stehend einsetzen. Die Avocadowürfel mit Cocktailsauce überziehen.

- MEIN TIP: Durch Hinzufügen von geschlagenem Obers oder Joghurt schmeckt die Cocktailsauce noch feiner und leichter.

MELONENCOCKTAIL

ZUTATEN FÜR 4 PORTIONEN
400 g Melone, geschält, ohne Kerne
2 dl Portwein
Kristallzucker und Minzblätter zum Garnieren

Melone in ca. 1 cm große Würfel schneiden. Cocktailschalen mit Zuckerrand versehen. Melonenwürfel in die Gläser geben, mit Portwein auffüllen. Gut im Kühlschrank kühlen, mit Minzblättern garnieren.
Man kann die Melonen statt mit Portwein auch mit Läuterzucker und anderen Alkoholika wie Cognac, Cointreau, Kirsch etc. marinieren.

- MEIN TIP: Dieses Gericht sieht optisch noch reizvoller aus, wenn man die Melonen mit dem Pariser Ausstecher zu Kugeln formt.

Nächste Doppelseite: Aus Aspik und edlen Zutaten lassen sich die allerfeinsten Überraschungen der kalten Küche zaubern. Die hier abgebildeten Sülzen sind Variationen der Rezepte für Gänselebersülze, Meeresfrüchtesulz und Gemüsesülzchen auf den Seiten 144–146.

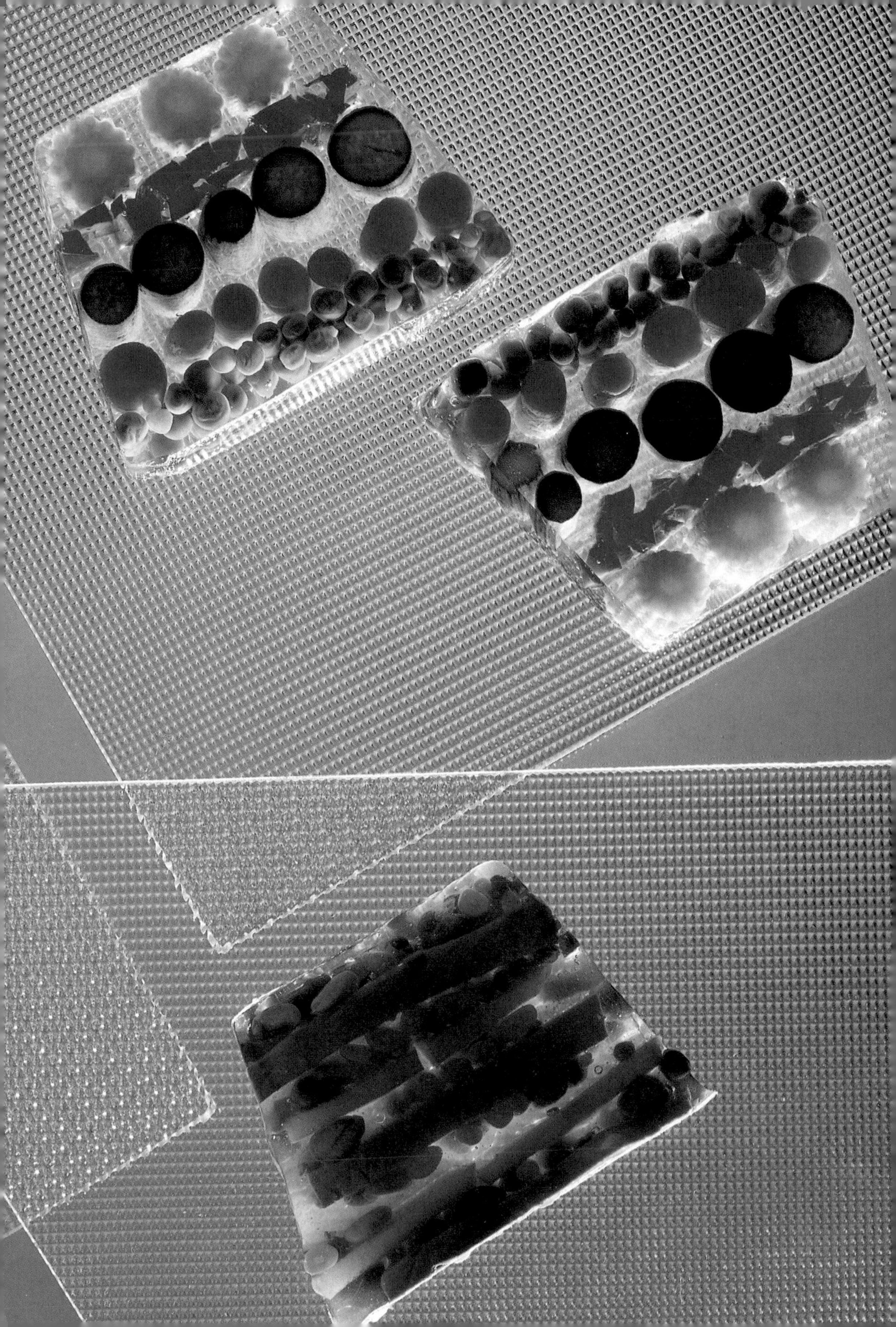

» *Karpfen jiddisch* «

Die sogenannte „Wiener Küche" als Konglomerat unterschiedlichster ethnischer Küchen hat auch einen bis heute spürbaren, nicht zu unterschätzenden jüdischen Akzent. Wenn auch unser gesulzter Wurzelkarpfen mit dem berühmten „gefilten Fisch" der ostgalizischen Juden nicht mehr viel zu tun hat, so ist doch dessen Grundprinzip, die aus den Fischgräten gewonnene Gallerte als Basis für ein ebenso einfaches wie schmackhaftes Gericht zu verwenden, dem jüdischen Vorbild durchaus verwandt. Der ursprünglich rein ostjüdische „gefilte Fisch" ist mittlerweile zu so etwas wie einem israelischen Nationalgericht geworden. Im Sechstagekrieg sollen einander die Fallschirmjäger bei Nacht statt des vereinbarten Losungswortes nur „gefilte Fisch" zugerufen haben, und schon hätten sie einander erkannt. Was wohl weniger strategische Praxis war, als es ein typischer jüdischer Witz ist.

ZUTATEN FÜR 4 PORTIONEN

480 g Karpfen, filetiert, entgrätet
120 g Wurzelwerk, geschält (Karotten, Sellerie, gelbe Rübe)
80 g Zwiebeln, gehackt
12 Blatt Gelatine
1 Lorbeerblatt
Salz
Pfefferkörner
Kuttelkraut
Essig
Petersilstengel
2 Eier, hartgekocht
Petersilblätter
Vogerlsalat zum Anrichten

GESULZTER KARPFEN

Karpfen gut waschen, die Haut leicht einschneiden. Mit Wasser bedecken, Gewürze in einem Leinensäckchen beigeben. Wurzeln in Streifen schneiden, mit Zwiebeln auf den Karpfen streuen. Wasser salzen und kräftig mit Essig säuern. Den Karpfen fast zum Sieden bringen, danach 15 Minuten ziehen lassen, aus dem Sud heben. Restliche Gräten herausziehen. Haut, je nach Geschmack, entfernen oder belassen. Weichgekochte Wurzeln aus dem Sud heben. Den Sud auf ½ Liter reduzierend (nicht zugedeckt) kochen, abseihen. Gelatine einweichen, im Sud auflösen und erkalten lassen. In passendes Geschirr etwas Sud eingießen, kalt stellen und anstocken lassen. Petersilblätter und Eischeiben daraufsetzen, mit etwas gelierendem Sud fixieren. Karpfen in Stücke teilen, mit den Wurzeln im Geschirr gruppieren, mit Sud bedecken. 12 Stunden im Kühlschrank gelieren lassen. Geschirr kurz in sehr heißes Wasser tauchen, stürzen. Gesulzten Karpfen in Scheiben oder Quadrate schneiden. Mit Vogerlsalat anrichten.

ZUTATEN FÜR 8 PORTIONEN

80 g Crevetten
50 g Sepia, gekocht
50 g Octopus, gekocht
100 g Muschelfleisch, gekocht
120 g Frischfischfilet (Lachs, Seeteufel etc.)
¼ l Wasser

MEERESFRÜCHTESULZ

Frischfisch in 1 cm große Würfel schneiden. Wasser, Weißwein, Salz, Pfefferkörner, Essig, Lorbeerblatt und Zwiebeln einige Minuten kochen, abseihen und Sud beiseite stellen. Im Sud die Fischstücke einige Minuten schwach ziehen lassen, herausheben, naß zudecken (Küchenkrepp). Gelatine einweichen, im Sud auflösen. Alle Fische und Meeresfrüchte vermengen, in passende Wanne füllen (Terrinenform), mit abgekühltem Aspiksud begießen, wobei die Fische völlig bedeckt sein müssen. 12 Stunden im Kühlschrank anziehen lassen. Form ganz kurz in heißes Wasser stellen, stürzen. Sulz in gefällige Scheiben schneiden, diese eventuell mit Aspik glacieren und garnieren.

4 cl Weißwein
50 g Zwiebeln, grobgehackt
Salz, Pfefferkörner
Lorbeerblatt, Essig
6 Blatt Gelatine
Garnierungsmaterial: Wachteleier, Kirschtomaten, Dillsträußchen

GÄNSELEBERSÜLZE MIT ÄPFELN UND PIGNOLI

ZUTATEN FÜR 4 PORTIONEN
150 g Gänseleberterrine (s. S. 149)
50 g Äpfel, geschält, entkernt
2 dl Madeiraaspik (s. S. 96)
2 EL Pinienkerne (Pignoli)
1 TL Pfeffer, rosa
Zitronensaft
Salatblätter und Selleriesalat zum Garnieren

Gänseleberterrine in 3 mm dicke Scheiben, Äpfel in messerrückendicke Scheiben schneiden, Apfelscheiben mit Zitronensaft marinieren. Pinienkerne und Pfeffer vermischen, ⅓ der Kerne in passende kleine Terrinenform geben. Eine Schichte Gänseleber einlegen, mit kühlem, flüssigem Aspik leicht bedekken. Wieder einige Kerne streuen, eine Lage Äpfel einschichten, abermals mit Aspik bedecken. Den Vorgang in derselben Reihenfolge wiederholen, bis sämtliche Zutaten aufgebraucht sind. Die Form einige Stunden im Kühlschrank stocken lassen. Form einige Sekunden in sehr heißes Wasser halten, stürzen. Sulz kurz in den Kühlschrank stellen und danach in 6 mm dicke Scheiben schneiden. Eventuell mit flüssigem Madeiragelee abglänzen. Mit schönem Salatbukett und Stangenselleriesalat auftragen. (Haltbarkeit bei kühler Lagerung ca. 4 Tage.)

SCHWEINSSULZ

ZUTATEN FÜR 5 PORTIONEN
700 g Schweinskopf, ohne Göderl
300 g Schweinsschopf, -schulter oder Haxelfleisch, ausgelöst
350 g Schweinsschwarten
100 g Karotten, Sellerie, gelbe Rübe, geschält
1 Essiggurke
Essig
Salz
Pfefferkörner
Lorbeerblatt
Thymiansträußchen
eventuell etwas Suppenwürze

Kopf, Schopf und Schwarten waschen, mit Wasser bedeckt in passender Kasserolle zustellen und leicht wallend kochen. Nach ca. 1 Stunde Wurzelwerk und Gewürze beigeben. Nach ca. 2 Stunden weichgekochtes Fleisch und Schwarten aus dem Sud heben, Schwarten an der Innenseite vom Fett befreien. Kopffleisch vom Knochen lösen; Schwarten, Essiggurke und Wurzelwerk in Streifen, Kopffleisch und Schopf in kleine Würfel schneiden. Die Suppe entfetten (abschöpfen) und auf ca. 3 dl reduzierend (nicht zugedeckt) einkochen, abseihen. Einen Eßlöffel dieser Flüssigkeit gut durchkühlen lassen und die Festigkeit überprüfen: Ist keine Schnittfestigkeit gegeben, muß man durch Beigabe von Geliermittel (Gelatineblätter oder Trockenaspik) die Gelierkraft erhöhen. Sud und Einlage (Fleisch, Wurzeln, Gurke) vermischen und in eine passende Wanne gießen, einen Tag im Kühlschrank gut durchkühlen lassen. Die Wanne ganz kurz in sehr heißes Wasser stellen und die Sulz sofort stürzen, in Scheiben schneiden und mit Zwiebel-Essig-Öl-Marinade auftragen.

● GARUNGSDAUER: ca. 2 Stunden

Bei einem erfrischend kalten Gemüsesülzchen lacht keineswegs nur das Herz des notorischen Vegetariers.

ZUTATEN FÜR 10 PORTIONEN
50 g Kohlsprossen
50 g Karotten
50 g Kohlrabi
50 g Erbsen
50 g Fisolen
50 g Champignons
50 g Schalotten
4 dl Salzwasser
Essig
Salz
Pfefferkörner
½ Lorbeerblatt
Prise Zucker
8 Blatt Gelatine

GEMÜSESÜLZCHEN

Wasser mit Aromastoffen aufkochen, 5 Minuten kochen lassen, abseihen, beiseite stellen. Geputztes, kleingeschnittenes Gemüse (Karotten, Kohlrabi, Fisolen, Champignons sowie halbierte Schalotten, Kohlsprossen) im Sud kochen, Erbsen beigeben, weitere 2 Minuten kochen lassen. Gemüse abseihen, kalt abfrischen. Der Sud sollte nun 3 dl betragen. Gelatineblätter in kaltem Wasser einweichen, in heißem Sud auflösen. Terrinenform mit Klarsichtfolie auskleiden, Gemüse in die Form geben, mit kaltem Sud auffüllen, wobei das Gemüse bedeckt sein soll. Einige Stunden im Kühlschrank stocken lassen, Form stürzen, Folie abziehen, Sulz in Scheiben schneiden. Mit Sauce vinaigrette auftragen.

● GARUNGSDAUER: ca. 12 Minuten

ZUTATEN FÜR 6 PORTIONEN
500 g Eierschwammerl, geputzt (möglichst kleine)
⅛ l Schlagobers
40 g Zwiebeln, feingeschnitten
3 EL Öl
1 EL Petersilie, gehackt
4 Blatt Gelatine
Salz
Pfeffer, weiß
Vogerlsalat zum Garnieren

EIERSCHWAMMERLSULZ

Gelatine in kaltem Wasser einweichen. Öl erhitzen, Zwiebeln darin anschwitzen, gewaschene, geschnittene Eierschwammerl beigeben. Salz und Pfeffer untermengen, ca. 5 Minuten dünsten. Saft abseihen und mit Obers vermengen. Auf ca. $^{3}/_{16}$ Liter reduzierend einkochen. Gelatine unterrühren (auflösen), Schwammerl sowie Petersilie einmengen, abschmecken. Form mit Klarsichtfolie auskleiden. Schwammerlmasse einfüllen. Ca. 4 Stunden im Kühlschrank stocken lassen. Form stürzen, Folie abziehen, mit scharfem, dünnem Messer in Scheiben schneiden. Mit Vogerlsalat garnieren.

» *Genüsse unter dem Zaubermantel* «

Pasteten haben stets etwas mit Zauberei zu tun. Aus diesem Grund war der Beginn der europäischen Pastetenkultur auch ein Versteckspiel der besonderen Art. Es galt, in die Pastete einen Überraschungseffekt einzubacken, und das mußte keineswegs nur ein saftiges Filet oder ein Stück feinster Gänsestopfleber sein. Der Phantasie waren keine Grenzen gesetzt, ebensowenig wie einem gewissen kulinarischen Größenwahn: Also buken die Köche der Renaissance vom veritablen Streichquartett über einen lebenden Vogelschwarm bis zu einem Feuerschlucker, der die Pastete schließlich in einen Vulkan umfunktionierte, alles ein, was nicht niet- und nagelfest war. Seither haben wir unsere Pastetenküche nicht nur entschieden verfeinert, sondern gottlob auch wieder vereinfacht, was vor allem den Meistern der Nouvelle Cuisine zu verdanken ist, die die Pastete vor einem Schicksal als im Aussterben begriffene Kalorienbombe bewahrten. Farcen wie Teige sind leichter geworden. Oftmals weicht die Pastete der weniger üppigen Terrine, einer Pastetenfaçon, die ohne Teigmantel auskommt. Die Dritte im Bunde ist schließlich die Galantine, unter der man heute jede Rollpastete versteht. Früher verbarg sich auch dahinter ein kleines kulinarisches Zauberkunststück. Ging es doch darum, für die Produktion einer Galantine ein Tier im Ganzen, sei's nun Huhn, Spanferkel oder Fasan, zu entbeinen und das Fleisch so zu farcieren, daß man daraus unter Zuhilfenahme der abgezogenen Haut wieder das ganze Tier zusammensetzen konnte. Ein kulinarisches Puzzle, für das heute freilich kaum noch jemand die Zeit aufbringt.

Rehpastete (s. Rezept S. 148)

PASTETENGEWÜRZ

Sollten einzelne Zutaten nicht in gemahlenem Zustand erhältlich sein, müssen diese im Mörser zerkleinert werden. Alle Gewürze gemeinsam versieben und mischen. In gut verschließbaren Dosen oder Gläsern lagern. Diese Mischung stellt eine sehr universelle Geschmacksgrundlage für alle Terrinen, Pasteten und Galantinen dar.

ZUTATEN

10 g Lorbeerblatt, gemahlen
25 g Thymian, gemahlen
20 g Majoran, gemahlen
15 g Nelke, gemahlen
20 g Muskatnuß, gemahlen
15 g Muskatblüte, gemahlen
40 g Ingwer, gemahlen
20 g Zimt, gemahlen
20 g Piment, gemahlen
10 g Kardamom, gemahlen

PASTETENTEIG

Alle Zutaten zu einem geschmeidigen Teig verarbeiten. Eine Stunde rasten lassen. (Bei Lagerung Teig stets in Klarsichtfolie hüllen.)

ZUTATEN

250 g Mehl, glatt
250 g Mehl, griffig
70 g Schweineschmalz
125 g Butter
⅛ l Wasser
Salz

ZUTATEN FÜR
8–10 PORTIONEN

180 g Rehfleisch, ohne Häute und Sehnen
120 g Schweinsschulter, sehnenfrei
100 g Speck, ungeräuchert
2 cl Cognac oder Weinbrand
2 dl Schlagobers
Salz
Pastetengewürz (s. S. 147)
Pfeffer, schwarz, aus der Mühle
Pökelsalz

Einlage:
30 g Pistazienkerne
80 g Rindspökelzunge, gekocht (Spitze)
100 g Speck, ungeräuchert
Rehrückenfilet oder Rehlungenbraten
Öl zum Anbraten
Pastetenspeck zum Einhüllen der Filets
ca. 600 g Pastetenteig (s. S. 147)
Eidotter zum Bestreichen
Madeiraaspik (s. S. 96)

REHPASTETE

Fleisch und Speck in kleine Stücke schneiden. Im Blitzschneider unter ständiger Beigabe von kaltem Obers zu geschmeidiger Farce verarbeiten, Weinbrand und Gewürze beigeben. Rehfilet würzen, in heißem Öl rasch anbraten, kalt stellen, dann in Speckscheiben einrollen. Für die Einlage Pistazien grob hacken, Speck und Zunge gesondert würfelig schneiden. Speckwürfel in Wasser aufkochen, abseihen, kalt stellen. Pistazien, Zunge und Speck unter die Farce mengen. Pastetenteig messerrückendick ausrollen und die Wanne (Form) damit auskleiden. Farce 3 cm hoch einfüllen, Filet einsetzen, restliche Farce einstreichen. Fest anpressen. Überlappenden Teig nach innen klappen, mit Ei bestreichen. Teigdeckel daraufsetzen, 2 Öffnungen mit Ausstecher ausstechen, Kamine setzen, Deckel mit Ei bestreichen. Bei größerer Hitze im Rohr 15 Minuten anbacken, reduziert fertigbacken, erkalten lassen. Fast gestocktes Madeiraaspik in die Kamine einfüllen. 3 Stunden kühlen, Wanne kurz erhitzen, Pastete stürzen. In ca. 11 mm dicke Scheiben schneiden, eventuell mit Aspik glacieren.

- BACKROHRTEMPERATUR: 240 °C fallend
- BACKDAUER: ca. 60 Minuten
- BEILAGENEMPFEHLUNG: Waldorfsalat, Stangenselleriesalat, Früchte, Sauce Cumberland

Eine wohlabgeschmeckte Rehpastete erweist sich immer wieder als veritabler Augen- und Gaumenschmaus.

GÄNSELEBERTERRINE *(Pastete)*

ZUTATEN FÜR 1 KG PASTETE

1 kg Gänseleber, Qualitätsstufe 1 a bis 3 a (ohne Häute und Nerven gewogen)
15 g Pökelsalz
Pfeffer, weiß
Cognac
Madeira
Pastetengewürz (s. S. 147) nach Geschmack
Speckscheiben, ungeräuchert (grün), dünn geschnitten zum Auskleiden der Form

Von der Gänseleber die Haut abziehen, Hauptnervenstränge (Adern) herausschneiden und die schönen Stücke beiseite legen. Kleinstücke durch feines Sieb streichen, die abpassierte Leber zu den schönen Stücken geben. Passende Pastetenform mit Speckscheiben auskleiden, Gänseleber mit Pökelsalz und Aromastoffen gut vermengen, bis eine breiige Masse entsteht. Die Masse in die Form füllen, mit Speck und Alufolie bedecken, 12 Stunden kühl rasten lassen. Die Pastetenwanne in ein Wasserbad stellen (Wassertemperatur 80 °C) und im vorgeheizten Backrohr (150 °C) je nach Größe der Wanne 35 bis 60 Minuten garen. Die Gänseleber soll im Inneren gut warm und cremig sein. Die Pastete aus dem Wasserbad heben, bei Raumtemperatur erkalten lassen, erst dann in den Kühlschrank stellen (12 Stunden). Die Pastetenwanne kurz in sehr heißes Wasser stellen, stürzen, in Scheiben schneiden.

- BACKROHRTEMPERATUR: 150 °C
- GARUNGSDAUER: je nach Größe der Form 35 bis 60 Minuten
- GARNIERUNG: Madeiragelee

HECHTFARCE *(Grundrezept)*

ZUTATEN FÜR 4 PORTIONEN

500 g Hecht- oder Zanderfilet, ohne Haut
ca. 4 dl Schlagobers
Salz
Pfeffer, weiß

Alle Zutaten gut kühlen. Fischfilet klein schneiden. Im Blitzschneider unter ständiger Beigabe von Obers zu einer glatten, homogenen Masse verarbeiten. Farce durch ein Sieb streichen, würzen. Eventuell gehackte Dillspitzen untermengen. (Grundfarce für Hechtnockerl, Pasteten, Füllungen.)

FARCE VON HÜHNERBRUST *(Schnellfarce)*

ZUTATEN

300 g Hühnerbrust, ohne Knochen und Haut
1,5 dl Schlagobers
Salz
Pfeffer, weiß, aus der Mühle
Pastetengewürz (s. S. 147)

Hühnerbrust in kleine Stücke teilen, im Blitzschneider unter ständiger Zugabe von eiskaltem Obers zu einer cremig-bindenden Farce verarbeiten. Farce durch ein feines Sieb streichen, würzen. Dies ist eine sehr universelle und sehr rasch zu erzeugende Grundfarce für kalte und warme Gerichte.

- MEIN TIP: Die Farce kann auch mit anderen Einlagen, wie etwa Duxelles, Pistazien, Zungenwürfeln, grünem oder rosa Pfeffer kombiniert werden. Weitere geschmackliche Abänderungen erzielt man durch die Beigabe von beispielsweise Oregano, Thymian und Knoblauch, um etwa ein Lammrückenfilet in Farce einzuhüllen. Werden die Farcenockerln als Suppeneinlage oder Beigabe zu Ragouts verwendet, so beträgt die Garungsdauer etwa 10 Minuten.

ZUTATEN FÜR 8 PORTIONEN
1 Poularde (Masthuhn), ca. 1,8 kg

Sud:
2 l Wasser
150 g Wurzelwerk
½ Zwiebel
Salz
Suppenwürze
8 Pfefferkörner
1 Lorbeerblatt

Farce:
300 g Hühnerbrust, ausgelöst, ohne Haut
¼ l Schlagobers
60 g Pistazienkerne
200 g Rindspökelzunge (Spitze), gekocht
2 cl Cognac
1 TL Pastetengewürz
Salz, Pökelsalz
120 g Gänseleber
10 g Trüffeln, schwarz

HÜHNERGALANTINE

Poularde von den Innereien befreien, diese putzen. Poularde waschen. Am Rücken (mit Längsschnitt) behutsam beginnen, das Huhn auszulösen. Das Knochengerüst muß herausgelöst werden, ohne die Haut zu verletzen. Knochen zerkleinern, samt Innereien (außer Leber) mit Wasser bedecken; Zwiebel, Wurzelwerk und Gewürze beigeben, 30 Minuten kochen, Suppe abseihen. Gut gekühlte Geflügelbrust zerkleinern, im Blitzschneider unter ständiger Beigabe von eiskaltem Obers cremig mixen. Cognac, Pökelsalz, Salz, Pastetengewürz, Pistazien, kleingeschnittene Pökelzunge und Trüffelwürfel einmengen, abschmecken. Huhn aufbreiten (Hautseite nach unten), salzen, mit Farce bedecken. Zugeputzte Gänseleber in Teile schneiden, würzen, der Längsrichtung nach auf die Farce legen. Die Galantine zusammenklappen – es entsteht eine Rolle – und schließen. Öffnung vernähen, in ein nasses Tuch straff rollen und binden. Suppe auf 80 °C erhitzen, ca. 60 Minuten, je nach Stärke der Rolle, pochieren (nicht kochen). Huhn im Sud erkalten lassen. Huhn aus dem Sud heben, Tuch öffnen, Nähte entfernen, nochmals straff einrollen und einen Tag im Kühlschrank kühlen. Tuch abnehmen, Galantine in gefällige Scheiben – etwa 1 cm dick – schneiden. Eventuell mit flüssigem Aspik glacieren.

- GARUNGSDAUER: ca. 60 Minuten, Sud 30 Minuten
- BEILAGENEMPFEHLUNG: Waldorfsalat, Stangenselleriesalat, Trauben, Ananas, Madeirageleewürfel, Sauce Cumberland
- MEIN TIP: Nach Wunsch können die teuren Zutaten wie Gänseleber und Trüffel weggelassen und durch Hühnerleber und Pinienkerne ersetzt werden.

Zubereiten von Hühnergalantine

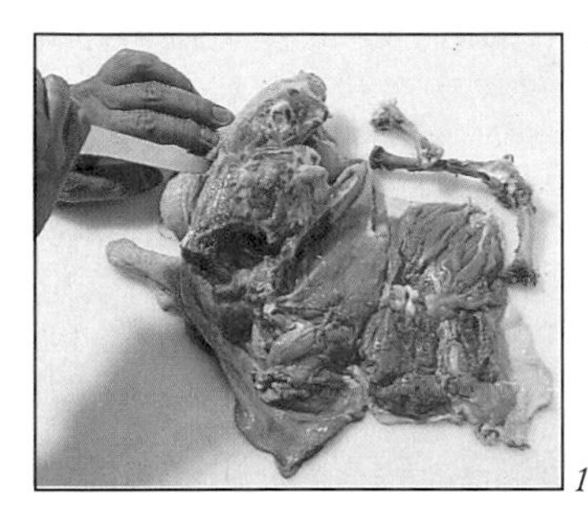

1

◁ *Von Innereien befreites Huhn am Rücken beginnend (Längsschnitt), ohne die Haut zu verletzen, auslösen. Flach aufbreiten und zur Weiterverarbeitung bereitstellen.*

Knochen, Innereien (außer Leber) waschen, mit Wasser bedecken; Zwiebel, Wurzelwerk und Gewürze beigeben, ca. ½ Stunde kochen, Suppe abseihen, abschmecken. ▷

2

3

◁ *Gut gekühlte Geflügelbrust zerkleinern, im Blitzschneider unter ständiger Beigabe von eiskaltem Obers cremig mixen. Gewürze und Einlage untermengen.*

Huhn salzen (Hautseite nach unten), mit Farce bestreichen. Zugeputzte Gänseleber in Stücke teilen, würzen, der Längsrichtung nach auf die Farce legen. ▷

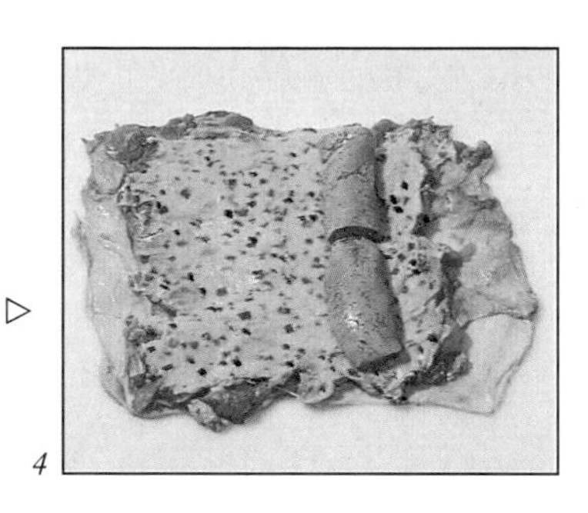

4

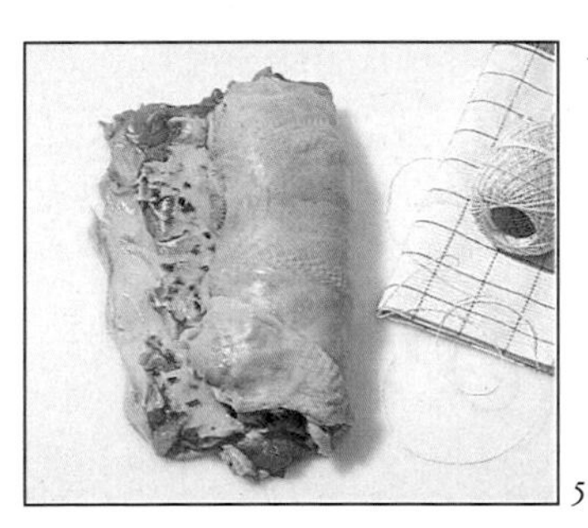

5

◁ *Die Galantine zusammenklappen – es entsteht eine Rolle – und schließen. Die Enden mit Spagat und Dressiernadel sorgfältig vernähen. In ein nasses Tuch straff einrollen.*

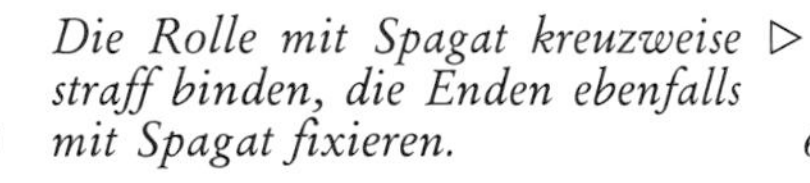

Die Rolle mit Spagat kreuzweise straff binden, die Enden ebenfalls mit Spagat fixieren. ▷

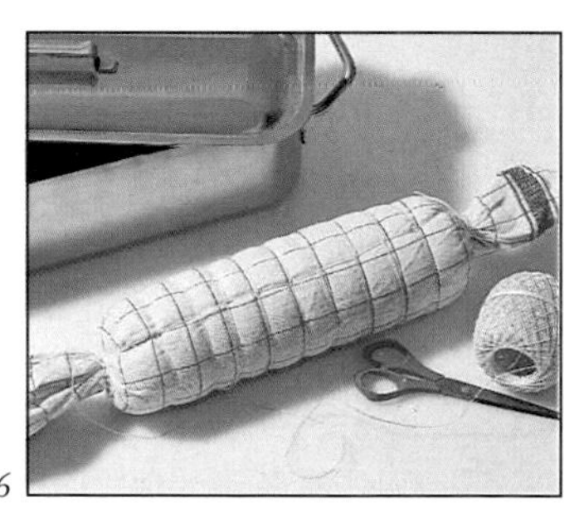

6

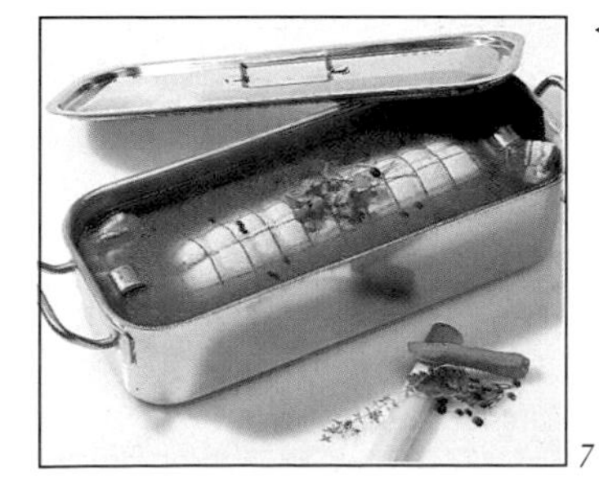

7

◁ *Suppe in passendem Geschirr auf ca. 80 °C erhitzen. Rolle, je nach Stärke, ca. 60 Minuten pochieren (nicht kochen). Huhn im Sud erkalten lassen.*

Huhn aus dem Sud heben, Tuch öffnen, Nähte entfernen, nochmals straff einrollen und einen Tag gut kühlen. Das Tuch abnehmen, Galantine in Tranchen schneiden. ▷

8

POULARDENLEBERWANDL

ZUTATEN FÜR
6–8 PORTIONEN

400 g Hühnerleber (helle Poulardenleber), passiert
400 g Butter
2 Eier
60 g Zwiebeln
Salz
Knoblauch
Sherry
Pökelsalz
Weinbrand
1 EL Pinienkerne
1 EL Pistazienkerne
1 EL Pfeffer, grün
200 g Pastetenspeck, ungeräuchert, in dünnen Scheiben
Preiselbeersauce und Madeiraaspik zum Garnieren

Terrinenform (Wandl) mit Speckscheiben – oben überlappend – auskleiden. Butter schmelzen, in Scheiben geschnittene Zwiebeln beigeben, langsam kochen, bis die Butter klar erscheint, abseihen. Leber im Standmixer unter Zugabe der Eier mixen. Lippenwarme Butter langsam einmixen, bis eine homogene Masse entsteht. Erwärmte Spirituosen, Pistazien, Pinienkerne, grünen Pfeffer, Salz, Knoblauch und Pökelsalz einmengen. Masse in Pastetenform füllen, die überlappenden Speckplatten darüberklappen. Mit Speckplatten gänzlich abdecken, Alufolie darüberziehen. Wandl in heißes Wasserbad setzen, im vorgeheizten Backrohr ziehen lassen. Wanne aus dem Wasserbad heben, leicht beschweren und gut durchkühlen. Wandl kurz in heißes Wasser stellen, die Form stürzen, in kaltem Zustand in ca. 8 mm dicke Scheiben schneiden. Mit Preiselbeersauce und Madeiraaspik auftragen.

- BACKROHRTEMPERATUR: 140 °C
- GARUNGSDAUER: je nach Größe der Wanne 35 bis 45 Minuten

ENTENLEBERTERRINE

ZUTATEN FÜR 15 SCHEIBEN

400 g Enten- oder Hühnerleber
250 g Hühnerbrust, ohne Haut und Knochen
150 g Speck (ungeräucherter Frischspeck)
3 dl Schlagobers
12 g Maisstärke
2 Eiklar
Weinbrand
Calvados
Pastetengewürz
Majoran
Salz
Pökelsalz
Pfeffer, weiß
80 g Pfeffer, grün
Scheiben vom ungeräucherten Pastetenspeck zum Auskleiden der Wanne

Leber von Galle befreien, grüne Stellen an der Leber wegschneiden. Leber, Hühnerbrust und Speck faschieren. Sehr kalt im Blitzschneider unter ständiger Beigabe von eiskaltem Obers zu einer Farce verarbeiten. Eiklar, Maisstärke, Gewürze, Alkoholika einarbeiten. Farce aus der Maschine nehmen, grünen Pfeffer einrühren. Pastetenwanne mit Speckscheiben überlappend auskleiden. Farce einfüllen, Speckscheiben oben zueinanderklappen, mit einer Deckschicht Speck abschließen. Form in ein Wasserbad stellen (Wassertemperatur 80 °C) und im vorgeheizten Backrohr pochieren (nicht kochen). Aus dem Wasserbad nehmen, erkalten lassen, im Kühlschrank einen Tag kühlen. Wanne kurz in sehr heißes Wasser halten, stürzen. In Scheiben schneiden.

- BACKROHRTEMPERATUR: 85 °C
- GARUNGSDAUER: 2 Stunden
- BEILAGENEMPFEHLUNG: Sauce Cumberland, Apfel-Sellerie-Salat, Kompott von Zwergorangen
- MEIN TIP: Die Form kann man leichter stürzen, wenn sie zuerst mit Alufolie ausgekleidet wurde.

HECHTTERRINE

ZUTATEN FÜR 8 PORTIONEN

600 g Hechtfarce (s. S. 149)
300 g Streifen vom Lachsfilet (Lachsforelle)
80 g Pinienkerne
1 EL Dillspitzen, gehackt
Salz
Pfeffer, weiß
Öl zum Bestreichen

Terrinenform mit Alufolie auskleiden, zart mit Öl ausstreichen. Hechtfarce mit Dille und Pinienkernen vermengen, die Hälfte der Masse in die Form einstreichen. Lachsfilet würzen, einlegen, mit restlicher Farce auffüllen, gut hineinpressen, naß glattstreichen. Mit geölter Folie bedecken. Im Wasserbad ins vorgeheizte Backrohr stellen. Pochieren, aus dem Wasserbad heben, erkalten lassen. In Tranchen schneiden, eventuell garnieren und mit Aspik glacieren.

- BACKROHRTEMPERATUR: 180 °C
- GARUNGSDAUER: ca. 30 Minuten
- BEILAGENEMPFEHLUNG: Rahmgurkensalat oder Dillrahm

EIERSCHWAMMERLTERRINE

ZUTATEN FÜR 4 PORTIONEN

400 g Eierschwammerl, geputzt
250 g Hühnerfarce (s. S. 149)
10 g Petersilie, gehackt
Salz
Pfeffer, weiß, aus der Mühle
2 EL Öl
eventuell Aspik zum Glacieren

Eierschwammerl oftmals waschen, je nach Größe schneiden oder im Ganzen belassen. Öl in Pfanne erhitzen, Eierschwammerl rasch (unter Schwenken der Pfanne) rösten, salzen, pfeffern, mit Petersilie vermischen, auf ein Sieb schütten, erkalten lassen. Abgetropften Schwammerlsud gut kühlen und diesen, soweit es die Hühnerfarce verträgt, in diese langsam einrühren (Gerinnungsgefahr!). Schwammerl unter die Farce rühren. Kleine Wanne mit Klarsichtfolie auskleiden, die Eierschwammerlfarce einstreichen. Terrine in ein Wasserbad setzen (Wassertemperatur ca. 80 °C), im vorgeheizten Backrohr pochieren. Form aus dem Wasser heben, erkalten lassen, im Kühlschrank gut durchkühlen, stürzen. Folie abziehen, in Scheiben schneiden. Eventuell mit Aspik glacieren und mit kleinem Salatbukett auftragen.

- BACKROHRTEMPERATUR: ca. 160 °C
- GARUNGSDAUER: ca. 40 Minuten

ERDÄPFELSALAT

ZUTATEN FÜR 4 PORTIONEN
600 g Erdäpfel, gekocht, geschält (Sieglinde oder Kipfler)
60 g Zwiebeln, feingeschnitten
ca. ¼ l Suppe, fett
3 EL Apfelessig
6 EL Pflanzenöl (Kürbiskernöl)
Salz
Pfeffer, schwarz
eventuell etwas Estragonsenf

Gekochte Erdäpfel noch heiß schälen, in feine Scheiben schneiden. Sofort mit warmer Suppe angießen, Öl, Zwiebeln, Essig, Salz und Pfeffer beigeben. Den Salat kräftig so lange rühren, bis er eine sämige Bindung erhält. Ob Senf und Zukker beigegeben werden, unterliegt dem persönlichen Geschmack.

- GARNIERUNG: Schnittlauch, Vogerlsalat

MAYONNAISESALAT

ZUTATEN FÜR 4 PORTIONEN
600 g Erdäpfel, gekocht, geschält (Sieglinde oder Kipfler)
200 g Mayonnaise, verdünnt
Salz
Pfeffer, weiß, aus der Mühle
etwas Essigwasser

Erdäpfel noch lauwarm in dünne Scheiben schneiden. Mit Salz, Pfeffer und Essigwasser marinieren. Flüssigkeit abschütten, mit Mayonnaise cremig binden, wobei jedoch nur vorsichtig verrührt werden sollte.

- GARNIERUNG: Schnittlauch, Vogerlsalat

TOMATENSALAT

ZUTATEN FÜR 4 PORTIONEN
600 g Tomaten (ev. geschält)
60 g Zwiebeln
6 EL Weinessig
8 EL Olivenöl
Salz, Pfeffer aus der Mühle
2 EL Schnittlauch
etwas Zucker

Tomaten in feine Scheiben schneiden. Pfeffer, Essig, Öl, Salz und Zucker zu einer Marinade verrühren. Sehr fein geschnittene Zwiebeln beigeben. Marinade über die Tomatenscheiben gießen und vorsichtig zwischen die Tomatenscheiben einfließen lassen, mit Schnittlauch bestreuen.

ROHER SPINATSALAT

ZUTATEN FÜR 4 PORTIONEN
200 g Spinatblätter, jung, entstielt
6 EL Olivenöl
3 EL Rotweinessig, verdünnt
60 g Weißbrotwürfel, geröstet
Salz

Spinat gut waschen, abtropfen lassen. Mit Salz, Öl und Essig marinieren, trocken halten. Vor dem Servieren mit gerösteten Weißbrotwürfeln bestreuen.

RAHM-GURKEN-SALAT

ZUTATEN FÜR 4 PORTIONEN
800 g Gurken, geschält, entkernt
200 g Sauerrahm
3 EL Apfelessig
20 g Dillspitzen, gehackt
Salz
Pfeffer, weiß, aus der Mühle

Gurke in sehr feine Scheiben hobeln. Mit Salz abmengen, 20 Minuten ziehen lassen, händisch ausdrücken, mit Pfeffer, Essig und Dille vermengen, mit Sauerrahm binden. Kalt sofort servieren, da die Gurke schnell Flüssigkeit abgibt und somit den Rahm verwässert.

- MEIN TIP: Um dem starken Wassergehalt der Gurke, speziell wenn der Salat längere Zeit steht (Buffet), entgegenzuwirken, ist es ratsam, statt Sauerrahm Crème fraîche zu verwenden.

Gute Miene zu viel Vitaminen: Österreichs Salatgärten bieten für jeden Geschmack etwas.

GURKENSALAT

ZUTATEN FÜR 4 PORTIONEN
1 kg Gurken, geschält, entkernt
3 EL Apfel- oder Weinessig
6 EL Pflanzenöl
1 Knoblauchzehe, gepreßt
Salz
Pfeffer aus der Mühle
Paprikapulver zum Bestreuen

Gurken sehr fein hobeln, mit Salz bestreuen, mischen, 20 Minuten rasten lassen. Händisch fest ausdrücken. Knoblauch einmengen. Mit Öl, Essig, Pfeffer und je nach Bedarf Salz abmischen, gut gekühlt, aber stets nur frisch auftragen.

- MEIN TIP: Nach altem Brauch bestreut man in Wien den Gurkensalat mit Paprikapulver. Eine weitere Geschmacksvariante erhält man, wenn man den Salat anstatt mit Knoblauch mit Dille und Rahm abmacht.

FISOLENSALAT

ZUTATEN FÜR 4 PORTIONEN
600 g Fisolen, geputzt
50 g Zwiebeln, feingeschnitten
4 EL Apfelessig
8 EL Pflanzenöl
Salz
Pfeffer, schwarz, aus der Mühle
etwas Wasser

Gekochte, geschnittene Fisolen kalt schwemmen, abtropfen lassen. Mit Öl abmischen, Essig, Salz, Pfeffer, Zwiebeln, eventuell Wasser beigeben. Eine Stunde marinieren lassen, öfter zart umrühren.

ROTE-RÜBEN-SALAT

ZUTATEN FÜR 4 PORTIONEN
1 kg rote Rüben
2 dl Weinessig, gewässert
20 g Kren
½ TL Kümmel
Salz
Prise Kristallzucker

Rote Rüben kalt waschen, bürsten, schwemmen. Mit Salzwasser bedecken, weichkochen (anstechen); abseihen, kalt spülen und schälen. Kalt in dünne Scheiben schneiden oder hobeln. Weinessig, Kren (in Stücken oder gerieben), Salz, Kümmel und Zucker ca. 5 Minuten kochen, über die Rüben seihen. Eventuell noch einige kleine Krenstücke beigeben. Einige Stunden kalt ziehen lassen. Kein Öl beigeben!

- KOCHDAUER: ca. 2½ Stunden

ZUTATEN FÜR 4 PORTIONEN
600 g Weißkraut, ohne Strunk und Außenblätter
80 g Frühstücksspeck
¼ l Suppe oder Wasser
3 EL Apfelessig
3 EL Pflanzenöl
Salz
1 KL Kümmel, ganz

WARMER KRAUTSALAT

Kraut fein hobeln oder schneiden, einsalzen. Suppe oder Wasser mit Kümmel versetzen, Essig beigeben, aufkochen und Kraut untermengen. Zugedeckt kräftig durchkochen lassen, vom Herd nehmen. Überschüssige Flüssigkeit abschütten. Speck kleinwürfelig schneiden, in Pfanne anrösten, gemeinsam mit dem verbliebenen Schmalz über den Salat geben. Öl beigeben, durchrühren und abschmecken.

ZUTATEN FÜR 4 PORTIONEN
600 g Weißkraut, ohne Strunk und Außenblätter
3 EL Apfelessig
6 EL Pflanzenöl
1 KL Kümmel, ganz
Salz
1/16 l Wasser

KRAUTSALAT

Weißkraut halbieren, in feine Streifen hobeln oder schneiden. Mit Salz bestreuen, gut durchkneten; 1 Stunde rasten lassen, händisch abpressen, Wasser abgießen. Wasser, Essig und Kümmel aufkochen, über das Kraut schütten; abmischen. Mit Öl komplettieren.

ZUTATEN FÜR 4 PORTIONEN
600 g Karfiolröschen, gekocht
50 g Zwiebeln, feingeschnitten
Salz
Prise Zucker
4 EL Apfelessig
8 EL Pflanzenöl
1 EL Petersilie, gehackt (oder 2 EL Schnittlauch, geschnitten)
etwas Wasser

KARFIOLSALAT

Gekochte, abgetropfte Röschen mit Öl abmischen, Zwiebeln, Essig, Wasser, Zucker, Salz und Petersilie (Schnittlauch) beigeben. Abmengen, abschmecken. Mindestens eine Stunde marinieren lassen, dabei öfter zart umrühren.

- MEIN TIP: Karfiol kann auch mit Mayonnaise gebunden oder mit anderen Zutaten wie Schinkenwürfeln und gehackten harten Eiern komplettiert werden.

ZUTATEN FÜR 4 PORTIONEN
800 g Sellerieknolle, geschält
4 EL Apfelessig
8 EL Pflanzenöl
Saft von ½ Zitrone
Kristallzucker
Salz

GEKOCHTER SELLERIESALAT

Sellerieknolle in feine Streifen schneiden. Zucker, Wasser, Salz, Zitronensaft und Selleriestreifen zum Kochen bringen. Knackig kochen, im Sud erkalten lassen. Erkaltet aus dem Sud heben, gut abtropfen. Mit Salz, Öl und Essig marinieren.

ZUTATEN FÜR 4 PORTIONEN
600 g Linsen, gekocht
60 g Zwiebeln, feingehackt
6 EL Pflanzen- oder Kürbiskernöl
3 EL Apfelessig
Salz, Pfeffer aus der Mühle

LINSENSALAT

Gekochte Linsen mit Salz, Zwiebeln, Essig, Öl marinieren. Einige Stunden ziehen lassen. (Getrocknete Linsen vorher in reichlich kaltem Wasser einige Stunden einweichen, abseihen. In reichlich Salzwasser kochen, abseihen, erkalten lassen.)

DIE GUTE KÜCHE
WARME GERICHTE

Nächste Doppelseite: Köstliche Suppeneinlagen. V. l. n. r.: Frittatenroulade, Hirntascherln, Markknödel, Biskuitschöberl (s. Rezepte S. 164–169).

RINDSKNOCHENSUPPE

ZUTATEN FÜR 6 PORTIONEN

3,5 l Wasser
1,5 kg Rindfleischknochen
100 g Zwiebeln, mit Schale
je 70 g Karotten, gelbe Rüben, Sellerie, Lauch
Petersilstengel oder -grün
Liebstöckel
10 Pfefferkörner
Salz
Suppenwürze
Schnittlauch, geschnitten

Rindfleischknochen sehr gut mit warmem Wasser waschen. Mit kaltem Wasser auffüllen, zum Kochen bringen. Mit Schöpflöffel ständig aufsteigenden Schaum abschöpfen. Zwiebeln halbieren, in Pfanne ohne Fett sehr dunkel braten und ungeschält der Suppe beigeben. Wurzelwerk schälen, Suppengrün gut waschen. Nach ca. 1½ Stunden Wurzelwerk, Suppengrün, Pfefferkörner, Salz und Suppenwürze der Suppe beigeben. Flüssigkeit, wenn nötig, mit Wasser auf die erwünschte Menge von 1,5 l ergänzen. Suppe durch ein feines Sieb seihen, abschmecken, mit Schnittlauch garnieren.

- KOCHDAUER: ca. 2½ Stunden
- MEIN TIP: Achten Sie darauf, daß die Suppe nicht zu stark kocht, da sie sonst trüb wird. Man kann die Knochen auch blanchieren, damit die Suppe klarer wird. Der Fettgehalt kann – so gewünscht – durch Abschöpfen der Oberfläche reduziert werden. (Auf dieselbe Art läßt sich auch klare Lammsuppe herstellen.)

RINDSUPPE

ZUTATEN FÜR 6 PORTIONEN

3,5 l Wasser
600 g Rindfleisch (Schulter oder Brust)
500 g Rindsknochen (Rippe)
100 g Zwiebeln, mit Schale
je 70 g Karotten, gelbe Rüben, Sellerie, Lauch
10 Pfefferkörner
Liebstöckel
Petersilstengel oder -grün
Salz
Suppenwürze
Schnittlauch, geschnitten

Zubereitung wie Rindsknochensuppe unter Beigabe von Rindfleisch, welches ebenfalls kalt zugestellt wird. Das Rindfleisch kann anschließend für Rindfleischsalat verwendet werden. (Es ist durch die Methode des Kaltzustellens, welche die Qualität der Suppe fördert, ausgelaugt und nicht mehr ganz so schmackhaft.)

- KOCHDAUER: ca. 2½ Stunden
- MEIN TIP: Ist das Fleisch zum Verzehr mit der Suppe gedacht, gibt man das Fleisch in die bereits kochende Flüssigkeit, damit sich die Poren sofort schließen.

CONSOMMÉ *(Geklärte Kraftsuppe)*

ZUTATEN FÜR 6 PORTIONEN

2 l Rindsuppe, fettfrei, kalt
600 g Rindfleisch, mager, grob faschiert
4 Eiklar
1 TL Tomatenmark
100 g Karotten, Sellerie, Lauch, alles grob faschiert
Salz

Rindfleisch, Wurzeln, Eiklar, Salz, Tomatenmark und ½ l Rindsuppe verrühren – das Eiklar muß vollkommen vermengt werden; ½ Stunde ziehen lassen. Mit restlicher kalter Suppe aufgießen und unter vorsichtigem Rühren zum Sieden bringen. An der Siedegrenze 2 Stunden ziehen lassen. Durch ein sehr feinmaschiges Sieb (oder Leinentuch) seihen. Abschmecken.

- KOCHDAUER: ca. 2 Stunden

Zubereiten von Rindsuppe und Consommé

1

◁ RINDSUPPE: *Rindfleischknochen warm waschen, mit kaltem Wasser zustellen, Rindfleisch beigeben, zum Kochen bringen.*

Mit Schöpf- oder Schaumlöffel ständig den aufsteigenden Schaum abschöpfen. Zwiebeln halbieren, in einer Pfanne ohne Fett dunkel bräunen. ▷

2

3

◁ *Nach ca. 1½ Stunden Wurzelwerk, Zwiebeln, Suppengrün, Pfefferkörner, Salz und Suppenwürze beigeben. Wenn nötig, mit Wasser auf die erwünschte Menge von 1,5 l ergänzen.*

Die fertige Suppe durch ein feinmaschiges Sieb seihen, abschmekken, anrichten, mit Suppeneinlage und Schnittlauch vollenden. ▷

4

1

◁ CONSOMMÉ *(geklärte Kraftsuppe): Grob faschiertes Rindfleisch, Wurzeln, Eiklar, Salz, Tomatenmark und ½ l kalte Rindsuppe verrühren, ½ Stunde ziehen lassen.*

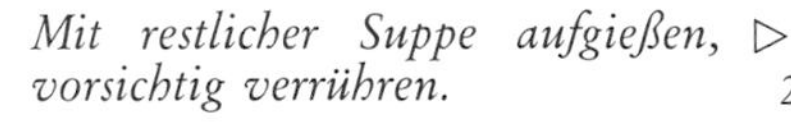

Mit restlicher Suppe aufgießen, vorsichtig verrühren. ▷

2

3

◁ *Unter vorsichtigem, fallweisem Rühren zum Sieden bringen. An der Siedegrenze 2 Stunden ziehen lassen. Abschließend Temperatur reduzieren.*

Die fertige Consommé langsam durch ein feinmaschiges Sieb seihen. Abschmecken. Als geschmackliche Abrundung ist trockener Sherry (Madeira) passend. ▷

4

Fleisch für die Diener, Gicht für die Herrschaft

Genauso wie vornehme Chinesen das Fleisch des Spanferkels den Dienstboten überlassen und nur die knusprige Kruste verzehren, hielt man es am Wiener Hof mit dem Suppenfleisch. Es wurde zwar für die kaiserlich-königliche Suppenküche aufs ausgiebigste verwendet, dann aber den hochwohlgeborenen Herrschaften unter keinen Umständen serviert. Ihnen stand lediglich die allerfeinste Essenz, die „Consommé", zu, während das Fleisch an Küche und Gesinde ging. Was damals zu dem geflügelten Wort führte: Die Dienstboten bekommen das Fleisch, die hohen Herrschaften die Gicht.

KLARE OCHSENSCHLEPPSUPPE

ZUTATEN FÜR 6 PORTIONEN
600 g Ochsenschlepp
400 g Rindfleischknochen
2,5 l Wasser
100 g Karotten
50 g Knollensellerie
50 g gelbe Rüben
1 Zwiebel
1 Lorbeerblatt
1 Lauch
6 Pfefferkörner
Thymiansträußchen
⅛ l Sherry, trocken (oder Madeira)
Salz
Suppenwürze
Fett zum Anrösten

Ochsenschlepp in Scheiben schneiden. Suppengemüse schälen, waschen; ungeschälte Zwiebel halbieren, an Schnittflächen sehr dunkel rösten. Ochsenschlepp salzen, in erhitztem Fett allseitig anbraten. Ochsenschlepp ohne Fett in passenden Topf geben, warm gewaschene Knochen hinzufügen, mit kaltem Wasser auffüllen, Aromastoffe (bis auf Salz und Suppenwürze) sowie Zwiebel beigeben. Langsam kochen, aufsteigenden Schaum stetig abschöpfen. Nach ca. 2 Stunden Wurzeln, Lauch, Salz und Suppenwürze beifügen, gemeinsam weichkochen. Suppe abseihen, Sherry (oder Madeira) zugießen, abschmecken. Ochsenschlepp vom Knochen lösen und in kleine Würfel schneiden. Wurzeln in ganz kleine Würfel schneiden. Beides der Suppe beigeben.

- KOCHDAUER: ca. 3 Stunden
- MEIN TIP: Zur Verfeinerung könnte die Suppe noch „geklärt" und mit – getrennt gekochtem – knackigem Suppengemüse serviert werden.

KLARE HÜHNERSUPPE

ZUTATEN FÜR 4 PORTIONEN
1,5 l Wasser
800 g Hühnerklein (Flügerl, Hals, Magen)
50 g Zwiebeln, geschält
je 50 g Karotten, gelbe Rüben, Sellerie, Lauch
5 Pfefferkörner
3 Petersilstengel
Salz
Suppenwürze

Hühnerklein waschen, mit kaltem Wasser bedecken. Geschälte, gewaschene Wurzeln, Sellerie und Lauch beigeben, ebenso Gewürze und Zwiebeln. Langsam aufkochen, stets abschäumen und schwach wallend ca. 40 Minuten kochen. In der letzten halben Stunde Salz und Suppenwürze mitkochen. (Suppe bei Bedarf auf 1 l Flüssigkeit aufgießen.) Abseihen, würzen.

- KOCHDAUER: ca. 40 Minuten
- MEIN TIP: Die Suppe kann klar oder mit dem geschnittenen Hühnerfleisch und Suppengemüse als Einlage serviert werden.

KLARE WILDSUPPE

ZUTATEN FÜR 6 PORTIONEN
3 l Wasser
1,5 kg Wildknochen (Wildgeflügel)
150 g Wurzelwerk (Karotte, Petersilwurzel, Sellerie)
½ Zwiebel
50 g Rauchspeck oder
1 Speckschwarte
8 Wacholderbeeren
8 Pfefferkörner
1 Lorbeerblatt
1 Thymianstrauß
Salz
Suppenwürze
2 EL Öl
4 cl Sherry oder Madeira

Wurzelwerk, gewaschen und geschält, sowie Zwiebel in grobe Würfel schneiden. Wildknochen nußgroß hacken, Speck oder Schwarte zerkleinern; Knochen in erhitztem Öl braun braten, öfter wenden. Wurzeln, Speck und Zwiebel mitrösten, Fett abschütten. In einen Topf umleeren und mit Wasser auffüllen. Gewürze bis auf Salz und Suppenwürze beigeben. Auf 1,5 l reduzierend (nicht zugedeckt) langsam kochen, ständig abschäumen. Knapp vor Fertigstellung der Suppe mit Suppenwürze und Salz würzen. Suppe fein seihen (eventuell klären) und Sherry oder Madeira beigeben.

- KOCHDAUER: ca. 2½ Stunden
- MEIN TIP: Bei kleinem Wildgeflügel wird die Suppe stets in kleinen Schälchen serviert, der Wasseranteil wird stark verringert.

RINDSUPPE MIT MARKSCHEIBEN UND WURZELSTREIFEN

ZUTATEN FÜR 4 PORTIONEN
8 dl Rindsuppe
120 g Rindermark, ausgelöst
120 g Karotten, Sellerie, gelbe Rüben, alles geschält
Schnittlauch, geschnitten

Karotten, Sellerie, gelbe Rüben in feine Streifen schneiden. Einige Minuten in kochender Suppe kernig kochen. Mark in messerrückendicke Scheiben schneiden. Kurz in der Suppe ziehen lassen. Suppe anrichten, mit Schnittlauch bestreuen.

- KOCHDAUER: ca. 4 Minuten
- MEIN TIP: Reichen Sie dazu gebähtes Schwarzbrot.

Eine klare Hühnersuppe erweist sich nicht nur an kalten Tagen als probater Seelenwärmer (s. Rezept S. 162).

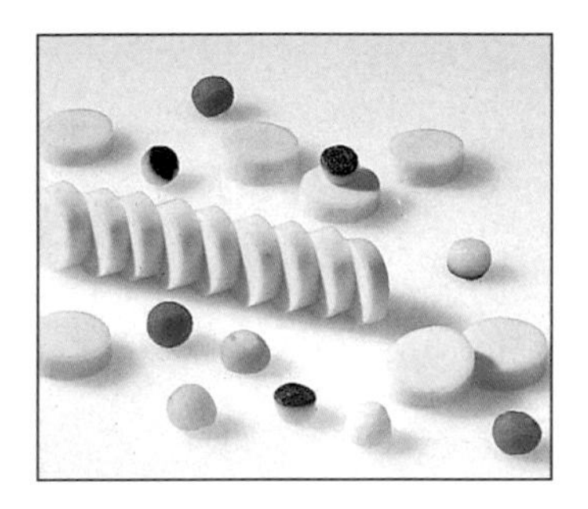

Ein Casanova namens Schnittlauch

Gewiß ist das Panoptikum der Altwiener Suppeneinlagen des Wiener Suppenkaspars ureigenstes Paradies. Allein, was nützen die flaumigsten Schöberl, die herzhaftesten Pofesen und die saftigsten Rouladen, wenn eine – die vielleicht wichtigste – Zutat fehlte? Die Rede ist vom Schnittlauch, der die Suppe erst würdig macht, diesen Ehrentitel zu tragen. Seine reichliche Verwendung als Farb- und Geschmacksgeber auf dem vieläugigen Suppenmeer hat dem Schnittlauch im Volksmund freilich auch den Ruf eingetragen, das Symbol für einen etwas losen Burschen zu sein. Als „Schnittlauch auf allen Suppen" bezeichnet man in Wien vor allem einen Casanova, aber auch jemanden, der beruflich oder privat gerne auf allen Kirtagen tanzt. Daran hat auch nichts geändert, daß der Petersil dem Schnittlauch auf der Suppe vor allem in letzter Zeit gewaltige Konkurrenz gemacht hat. Und zwar so viel, daß man mitunter auch schon in Abwandlung der alten Redensart vom „Petersil auf allen Suppen" reden hört.

ZUTATEN FÜR 4 PORTIONEN
2 Eier
60 g Mehl, glatt
1 dl Milch
3 EL Öl zum Backen
1 KL Petersilie, gehackt
Salz

FRITTATEN

Milch und Eier glattrühren, Mehl, Petersilie und Salz darunterziehen. Fett in passender Pfanne erhitzen, überschüssiges Fett abgießen, Teig dünn ganzflächig einlaufen lassen und beidseitig goldgelb backen; diesen Vorgang so lange wiederholen, bis der Teig verbraucht ist. Erkaltete Palatschinken in dünne Streifen schneiden.

- MEIN TIP: Die Frittaten sollten erst im letzten Moment der Suppe beigegeben werden, da sie stark quellen.

ZUTATEN FÜR 6 PORTIONEN
Palatschinken von 1 Ei (halbe Frittaten-Masse, s. oben)
50 g Zwiebeln, feingeschnitten
100 g Rindfleisch, gekocht, oder Bratenreste
1 EL Öl
1 Ei
Salz
Petersilie, gehackt
Majoran
Pfeffer
Knoblauch

FRITTATENROULADE

Palatschinken backen, kalt stellen. Öl erhitzen, Zwiebeln darin glasig rösten, Fleisch beigeben, etwas weiterrösten. Alles faschieren, Ei, Petersilie und Gewürze daruntermengen, gleichmäßig auf die Palatschinken streichen und diese straff einrollen. In Alu- oder Klarsichtfolie wasserdicht einwickeln, Enden fixieren und bei 90 °C im Wasser pochieren. Aus dem Wasser heben, erkalten lassen, von der Folie befreien, in Scheiben schneiden.

- GARUNGSDAUER: ca. 10 Minuten

LEBERNOCKERLN

ZUTATEN FÜR 4 PORTIONEN = 8 NOCKERLN

100 g Rindsleber
40 g Semmelbrösel
30 g Kalbsnierenfett
20 g Weißbrot oder Semmel
1 Ei
1 EL Zwiebeln, feingeschnitten
2 EL Fett zum Rösten
Salz
Knoblauch
Petersilie, gehackt
Pfeffer
Majoran

Weißbrot in kaltem Wasser einweichen, ausdrücken; Zwiebeln in heißem Fett rösten, kalt stellen; Leber, Zwiebeln, Nierenfett und Weißbrot fein faschieren, restliche Zutaten beigeben und gut vermengen. Eine halbe Stunde kühl rasten lassen, reichlich Salzwasser (oder Suppe) zum Kochen bringen, Nockerln (mittels nassem Suppenlöffel und mit Wasser benetzter Innenhand) formen und sofort einige Minuten zart wallend kochen.

- GARUNGSDAUER: ca. 8 Minuten
- MEIN TIP: Aus derselben Masse lassen sich auch Leberknödel zubereiten, die in kochendem Salzwasser ca. 7 Minuten zart wallend gekocht werden und weitere 5 Minuten ziehen müssen.

LEBERREIS *(Leberspätzle)*

ZUTATEN FÜR 4 PORTIONEN

100 g Rindsleber, sehr fein faschiert
1 Ei
50 g Mehl, glatt
30 g Butter, geschmolzen
1 KL Petersilie, gehackt
Salz
Pfeffer, gemahlen
Knoblauch, gepreßt
Majoran

Alle Zutaten gut verrühren, abschmecken. Suppe oder Salzwasser zum Kochen bringen. Lebermasse mittels Teigkarte durch ein verkehrtes Reibeisen pressen. Einmal aufkochen, einige Minuten ziehen lassen.

- GARUNGSDAUER: ca. 4 Minuten
- MEIN TIP: Für Spätzle kommt die typische Spätzlepresse zum Einsatz, oder man schabt die Masse mit dem Messer fadenartig vom Brett.

LUNGENSTRUDEL

ZUTATEN FÜR 4 PORTIONEN

300 g Kalbsbeuschel (Lunge), ergibt gekocht 150 g
1 EL Öl
40 g Zwiebeln
1 Ei
1 kl. Wurzelwerk
Salz
4 Pfefferkörner
½ Lorbeerblatt
Pfeffer, weiß
Majoran
Petersilie, gehackt
Knoblauch
Strudelteig (20 cm × 20 cm groß, s. S. 501) oder Fertigteig

Gewaschenes Beuschel mit reichlich kaltem Wasser, Lorbeerblatt, Pfefferkörnern und gewaschenem Wurzelwerk zustellen und weichkochen. Fertig gegartes Beuschel in kaltes Wasser legen, durchkühlen, grob faschieren. Öl erhitzen, kleingeschnittene Zwiebeln anrösten. Beuschel beigeben, durchrösten, würzen, Ei unterrühren. Hälfte des Teiges mit Füllung bestreuen, Strudel einrollen, mit bemehltem Kochlöffelstiel in Portionen abdrücken, dann mit Messer durchtrennen. Strudel im kochenden Salzwasser ca. 10 Minuten langsam kochen oder den Strudel auf ein mit Trennpapier belegtes Backblech legen und, mit Butter bestrichen, im vorgeheizten Backrohr ca. 10–12 Minuten goldbraun backen.

- BACKROHRTEMPERATUR: 220 °C
- GARUNGSDAUER: 60–90 Minuten
- MEIN TIP: Wird der Strudel gekocht, so verwenden Sie nur frischen (keinen tiefgekühlten) Teig, da derselbe Ei oder zumindest Eiweiß enthalten muß.

MILZSCHNITTEN

ZUTATEN FÜR 4 PORTIONEN
150 g Milz, feingeschabt
1 Ei
4 Toastbrot- oder Weißbrotscheiben
Salz
Pfeffer, gemahlen
Knoblauch
Majoran
Petersilie, gehackt
Fett zum Backen

Milz, Ei und Gewürze, abschließend Salz gut vermengen. Masse auf die Brotscheiben streichen. In einer Pfanne Fett (fingerhoch) erhitzen, Brotscheiben mit Aufstrich nach unten einlegen, auf beiden Seiten knusprig braun backen. Aus dem Fett heben, abtropfen lassen und Ränder eventuell wegschneiden. Mundgerecht in Karos oder Quadrate schneiden und in der Rindsuppe auftragen.

- GARUNGSDAUER: ca. 3 Minuten
- MEIN TIP: An Stelle von Milz kann auch Leber verwendet werden.

HIRNROULADE

ZUTATEN FÜR 6 PORTIONEN
Hirnfülle:
120 g Kalbs- oder Schweinshirn, enthäutet
½ Ei, verschlagen
1 KL Zwiebeln, feingehackt
1 KL Petersilie, feingehackt
2 EL Öl
Salz
Pfeffer, weiß

Roulade:
2 Eiklar
2 Eidotter
30 g Mehl
20 g Butter
Salz

Fülle: Zwiebeln in Öl glasig rösten, feingehacktes Hirn darin rösten, Petersilie, Ei und Gewürze beigeben. Masse rösten, bis sie cremig ist.
Roulade: Eiklar mit Salz steif schlagen, Eidotter unterziehen, Mehl darunterrühren und flüssige Butter untermengen. Masse dünn auf ein Trennpapier (20 cm × 15 cm) auftragen, im Backrohr backen; vom Papier nehmen, Innenseite vorsichtig mit Hirnmasse bestreichen und wie Biskuitroulade einrollen. Nach dem Erkalten in Scheiben schneiden und erst bei Tisch in die Suppe geben, da die Roulade starke Saugfähigkeit besitzt.

- BACKROHRTEMPERATUR: 250 °C
- BACKDAUER: ca. 3 Minuten
- MEIN TIP: Die Hirnroulade wirkt noch attraktiver, wenn Sie 1 EL fein passierten Spinat unterrühren.

SCHLICKKRAPFERL

ZUTATEN FÜR 16 STÜCK
Teig:
100 g Mehl, glatt
1 Ei
Salz
etwas Olivenöl, Wasser

Fülle:
100 g Rindfleisch, gekocht, oder Bratenreste
30 g Zwiebeln, gehackt
20 g Butterschmalz
1 Ei
Salz
Pfeffer, schwarz, gemahlen
Petersilie, gehackt
Majoran
Knoblauch, gepreßt

Nudelteig erzeugen (s. S. 238) und rasten lassen. Rindfleisch faschieren, Butterschmalz erhitzen, Zwiebeln glasig anschwitzen, Rindfleisch beigeben, rösten, Ei beifügen, weiterrösten, Gewürze und Petersilie untermengen. Teig dünn ausrollen, in 2 Teile schneiden. Aus der Fleischmasse kleine Kugeln formen, diese in Abständen auf die eine Teighälfte legen, rundum mit Wasser (oder verschlagenem Ei) bestreichen, zweiten Teil darüberstülpen, fest anpressen und mit rundem Ausstecher Tascherln ausstechen. Salzwasser zum Kochen bringen, Krapferln einkochen, einige Minuten schwach wallend kochen, aus dem Wasser heben, in der Rindsuppe servieren.

- GARUNGSDAUER: ca. 3–5 Minuten

BISKUITSCHÖBERL

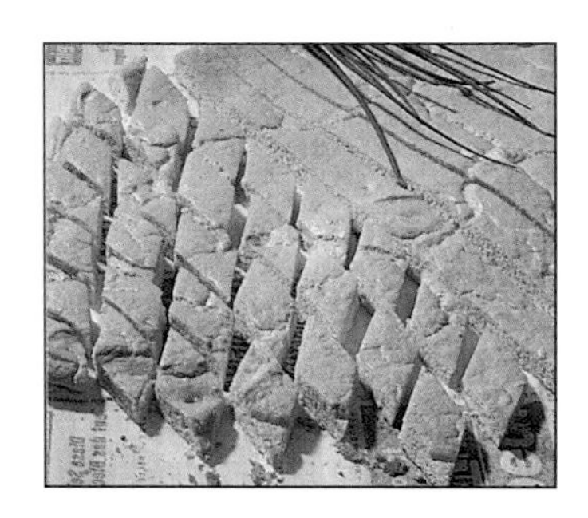

Eiklar zu Schnee schlagen. Eidotter unterheben, Mehl und Salz vorsichtig einmengen. Masse fingerdick (rechteckig) auf Trennpapier auftragen, auf Backblech legen und im vorgeheizten Backrohr braun backen. Vom Blech nehmen, Biskuit wenden, Trennpapier abziehen. Erkaltet in Karos schneiden. Unmittelbar vor dem Auftragen in die heiße Suppe geben (saugt sehr stark!).

Weitere Varianten:

Markschöberl: Biskuitschöberlmasse mit Scheiben von Rindermark (ca. 120 g) belegt.

Parmesanschöberl: Biskuitschöberlmasse mit geriebenem Parmesan (15 g) vermischt.

Kräuterschöberl: Biskuitschöberlmasse mit frischen Kräutern (1 EL) wie Kerbel, Estragon, Basilikum vermischt.

Schinken-Erbsen-Schöberl: Biskuitschöberlmasse mit feingewürfeltem Schinken (20 g) und gekochten Erbsen (30 g) vermengt.

- BACKROHRTEMPERATUR: 230 °C
- BACKDAUER: 8–10 Minuten

ZUTATEN FÜR 6 PORTIONEN

2 Eiklar
2 Eidotter
60 g Mehl, glatt
Salz

BRÖSELKNÖDEL

Handwarme Butter schaumig rühren. Ei und Eidotter verschlagen, langsam unter die Butter mengen (Gerinnungsgefahr!). Weißbrotbrösel in Milch einweichen, 20 Minuten ziehen lassen. Bröselmasse unter den Abtrieb rühren, würzen, Petersilie beigeben, 30 Minuten kühl rasten lassen. Reichlich Salzwasser zum Kochen bringen, aus der Masse mit nasser Handfläche Knödel formen, 5 Minuten schwach wallend kochen und 5 Minuten ziehen lassen. In klarer oder gebundener Suppe servieren.

- GARUNGSDAUER: 10 Minuten
- MEIN TIP: Bröselknödel – etwas größer geformt – geben eine hervorragende Beilage zu eingemachtem Kalbfleisch ab.

ZUTATEN FÜR 8 PORTIONEN = 16 KNÖDEL

100 g Butter
1 Ei
1 Eidotter
200 g Weißbrotbrösel, frisch, ohne Rinde (Mie de pain)
⅛ l Milch
Salz
Muskatnuß
Pfeffer, weiß
Petersilie, gehackt

MARKKNÖDEL

Das Ei gut verschlagen, Mark passieren. Butter und Mark schaumig rühren, Ei langsam unterrühren. Weißbrot in Wasser oder Milch einweichen, ausdrücken, passieren und unter den Abtrieb mengen. Brösel, Petersilie und Gewürze unter die Masse ziehen, mit nasser Hand Knödel formen. 5 Minuten schwach wallend kochen, 5 Minuten ziehen lassen. In klarer oder gebundener Suppe servieren.

- GARUNGSDAUER: 10 Minuten

ZUTATEN FÜR 12 KNÖDEL

50 g Mark
10 g Butter
80 g Weißbrot, entrindet
60 g Weißbrotbrösel, frisch, ohne Rinde (oder Semmelbrösel)
1 Ei
Salz
Pfeffer
Muskatnuß
Petersilie, gehackt

ZUTATEN FÜR CA. 10 KNÖDEL

120 g Knödelbrot (Semmelwürfel)
2 Eier
80 g Bauern- oder Frühstücksspeck (gekochtes Geselchtes)
50 g Zwiebeln
40 g Schweine- oder Butterschmalz
1 dl Milch
1 EL Petersilie, feingehackt
Salz
Majoran

TIROLER KNÖDEL

Speck in 3 mm große Würfel schneiden. Zwiebeln kleinwürfelig schneiden. Schmalz erhitzen, Speck kurz rösten, Zwiebeln beigeben, kurz weiterrösten. Milch erhitzen. Eier verschlagen, unter die Semmelwürfel mischen. Heiße Milch mit dieser Masse gut vermengen. Petersilie, Speck, Zwiebeln, Gewürze untermengen und 10 Minuten ziehen lassen. Reichlich Salzwasser zum Sieden bringen. Mit nasser Hand Knödel formen, kräftig pressend drehen, wobei es wichtig ist, daß die Nässe der Hand eine leicht cremige, glatte Oberfläche erzeugt. Knödel in das Kochwasser einlegen, aufkochen, bei 90 °C ziehen lassen. Aus dem Wasser heben, in Rindsuppe (oder Selchsuppe) mit Schnittlauch servieren.

- GARUNGSDAUER: ca. 11 Minuten
- MEIN TIP: Wenn Sie die – größer geformten – Tiroler Knödel als Beilage oder Hausmannskost mit Salat oder Sauerkraut servieren, so können Sie auch etwas gröber geschnittene Wurst (Dürre) verwenden.

ZUTATEN FÜR 4 PORTIONEN = 8 NOCKERLN

80 g Butter
2 Eidotter
2 Eiklar
40 g Mehl, griffig
40 g Weißbrot, trocken, ohne Rinde gerieben
Salz
Muskatnuß, gerieben

BUTTERNOCKERLN

Handwarme Butter schaumig rühren, Eidotter beigeben, weiterrühren, Mehl und Weißbrotbrösel untermengen. Eiklar zu festem Schnee schlagen und unter die Masse heben, würzen und 20 Minuten rasten lassen. Reichlich Salzwasser oder Rindsuppe zum Kochen bringen, mittels nassem Suppenlöffel und nasser Innenhand Nockerln formen, schwach wallend kochen. In der Suppe auftragen.

- GARUNGSDAUER: 10 Minuten
- MEIN TIP: Noch raffinierter schmecken Butternockerln, wenn man der Masse Kerbel, Basilikum, Petersilie, gemischte Kräuter, geriebenen Käse oder Schinkenwürfel beimengt.

ZUTATEN FÜR 16 NOCKERLN

80 g Grieß
40 g Butter, handwarm
1 Ei (60–70 g)
Salz
Muskatnuß, gerieben

GRIESSNOCKERLN

Butter schaumig rühren, zimmertemperiertes Ei gut verschlagen, langsam in die Butter einrühren. Grieß und Gewürze untermengen, 15 Minuten rasten lassen. Mit in Wasser getauchtem Kaffeelöffel Nockerln formen. In kochendes Salzwasser oder Suppe einlegen, 3 Minuten kochen lassen, mit kaltem Wasser kurz abschrecken, zugedeckt 10 Minuten ziehen lassen.

- GARUNGSDAUER: 13 Minuten
- MEIN TIP: Verwenden Sie Grieß mit grober Mahlung.

EISTICH *(Royale)*

Zutaten für 4 Portionen
2 Eier
50 g Rindsuppe, kalt, fettfrei (oder Milch)
Salz
Öl

Eier und Suppe (Milch) mit Salz gut, aber blasenfrei verschlagen. Kleine Metallform (Dariolform oder Wanne) mit Öl ausstreichen oder mit Klarsichtfolie auskleiden. Eiermasse einfüllen, in ein auf 80 °C erhitztes Wasserbad stellen, bei ca. 80 °C zugedeckt pochieren. Erkalten lassen, aus der Form stürzen, in Scheiben oder Würfel schneiden. In klarer oder gebundener Suppe servieren, eventuell mit Gemüsewürfeln kombinieren.

- GARUNGSDAUER: richtet sich nach der Art und Größe der Form, die Masse muß völlig gestockt sein. Richtzeit: ca. 45 Minuten
- MEIN TIP: Eistich kann in rohem Zustand mit Tomaten- oder Spinatpüree gefärbt werden.

HIRNTASCHERLN

Zutaten für ca. 16 Stück
Teig:
100 g Mehl, glatt
1 Ei
Salz
Wasser nach Bedarf
etwas Olivenöl

Fülle:
100 g Kalbs- oder Schweinshirn, enthäutet
30 g Zwiebeln
1 Ei
40 g Butterschmalz
1 EL Spinat (ev. tiefgekühlt)
Salz
Pfeffer, schwarz, gemahlen
Petersilie, gehackt

Nudelteig erzeugen (s. S. 238). Hirn sehr fein hacken, Butterschmalz erhitzen, feingeschnittene Zwiebeln anschwitzen, gehacktes Hirn beigeben, durchrösten. Ei hinzufügen, mit Gewürzen und Petersilie trocken rösten, Spinat gut einrühren. Nudelteig dünn ausrollen, mit Wasser oder verschlagenem Ei bestreichen und in 2 Teile schneiden. In Abständen kleine Hirnkugeln auf eine Teighälfte setzen. Die andere Teighälfte darüberklappen und fest anpressen. Mit rundem Ausstecher Tascherln ausstechen und durch „Umbarteln“ gut verschließen. Salzwasser zum Kochen bringen, Tascherln einige Minuten kochen und in klarer Rindsuppe oder leichter Cremesuppe servieren.

- GARUNGSDAUER: ca 3 Minuten
- MEIN TIP: Mit brauner Butter oder einer leichten Sauce garniert, geben die Hirntascherln eine vorzügliche Vorspeise ab.

HIRNPOFESEN

Zutaten für 6 Portionen
150 g Kalbs- oder Schweinshirn, enthäutet
50 g Zwiebeln, feingehackt
1 Ei
2 EL Öl
Salz, Pfeffer, weiß
Petersilie, gehackt
6 Toastbrotscheiben

Zum Tunken der Pofesen:
1 dl Milch
1 Ei
Salz

Öl zum Backen

Hirn fein hacken, Zwiebeln in heißem Öl anschwitzen, Hirn beigeben, durchrösten und Petersilie untermengen. Versprudeltes Ei beimengen und trocken rösten, würzen. Masse auf 3 Brotscheiben verteilen, restliche Scheiben daraufsetzen, anpressen. Ei mit Milch und Salz versprudeln, gefüllte Brote darin tunken. Beidseitig in heißem Öl braun backen, eventuell entrinden und in Rechtecke oder Karos schneiden. Im letzten Moment in die angerichtete Suppe geben.

- GARUNGSDAUER: ca. 8 Minuten
- MEIN TIP: Hirnpofesen eignen sich vorzüglich als warme Vorspeise. Dazu reicht man zarte Blattsalate.

Die Suppe kam statt dem Kaffee

Wer in alten großbäuerlichen und hochherrschaftlichen Speiseplänen blättert, wird um die erstaunliche Feststellung nicht herumkommen, daß das klassische Wiener Frühstück – Kipferl, Marmelade, Kaffee und weiches Ei – am Lande ein höchst seltsames Gegenstück hatte, nämlich die Suppe. Man begann den Tag meist schon um sechs Uhr früh mit einer kräftigen Rahmsuppe, um sich auf die harte Feldarbeit vorzubereiten. Damit war der Suppenleidenschaft freilich meist noch keineswegs genug gefrönt. Vor allem im Burgenland stand die nächste Suppe schon zum Mittagessen auf dem Speisezettel. Der Abend war dann den elaborierteren Suppengenüssen vorbehalten. Wen wundert's, daß die Burgenländer ob ihrer Suppenverliebtheit landauf landab auch die „Suppenschwaben" genannt wurden?

TOMATENSUPPE

ZUTATEN FÜR 4 PORTIONEN

600 g Tomaten, enthäutet, vollreif (oder Pelati aus der Dose)
80 g Zwiebeln
50 g Butter
1 EL Tomatenmark
1 dl Schlagobers
20 g Mehl, glatt
6 dl Rind- oder Kalbsknochensuppe
8 Pfefferkörner
½ Lorbeerblatt
1 EL Kristallzucker
Salz
Zitronensaft oder Essig

Butter in passendem Topf schmelzen, kleingeschnittene Zwiebeln glasig anschwitzen, Mehl beigeben, kurz ohne Farbe rösten. Geviertelte Tomaten und Tomatenmark beigeben, durchrühren, mit Suppe aufgießen, Aromastoffe beigeben und ca. 30 Minuten kochen lassen. Suppe passieren, wobei das Fruchtfleisch der Tomaten der Suppe im passierten Zustand erhalten bleiben sollte, mit flüssigem oder geschlagenem Obers aufmixen.

KOCHDAUER: ca. 30 Minuten

GURKENCREMESUPPE

ZUTATEN FÜR 4 PORTIONEN

200 g Gurke
30 g Butter
20 g Mehl, glatt
50 g Zwiebeln
¼ l Sauerrahm
1 l Rind- oder Kalbsknochensuppe
5 Dillstengel
1 EL Dillspitzen, gehackt
Salz
Pfeffer
Zitronensaft oder Essig

Gurke waschen, schälen, in kleine Stücke teilen. Butter schmelzen, kleingeschnittene Zwiebeln glasig anlaufen lassen, Mehl beigeben, kurz anschwitzen. Mit heißer Suppe aufgießen, glattrühren, Gurken und Dillstengel beigeben. So lange unter fallweisem Umrühren kochen, bis die Gurkenstücke weich sind. Dillstengel entfernen, Suppe mixen (passieren), Sauerrahm glattrühren, unter die Suppe ziehen, Suppe nicht mehr kochen. Gehackte Dille und Gewürze sowie Zitronensaft beifügen. Als Einlage kann man gleichmäßig geschnittene, in Salzwasser kernig gekochte Gurkenwürfel, aber auch Hechtnockerln, Lachsstücke oder Krebsschwänze servieren.

KOCHDAUER: ca. 25 Minuten

Zubereiten von Gurkencreme- und Tomatensuppe

1

◁ GURKENCREMESUPPE: *Butter schmelzen, kleingeschnittene Zwiebeln glasig und farblos anlaufen lassen.*

Mehl beigeben, kurz und farblos anschwitzen. ▷

2

3

◁ *Mit heißer Suppe aufgießen, glattrühren. Geschnittene Gurke und Dillstengel beigeben. Aufkochen, fallweise umrühren. Kochen, bis die Gurkenstücke weich sind.*

Dillstengel entfernen, Suppe mixen, Sauerrahm glattrühren, unter die Suppe ziehen. Suppe nicht mehr aufkochen, gehackte Dillspitzen und Gewürze beifügen. ▷

4

1

◁ TOMATENSUPPE: *Butter in passendem Topf schmelzen, kleingeschnittene Zwiebeln glasig und farblos rösten. Mehl beigeben, kurz farblos anschwitzen.*

Tomatenspalten und -mark beigeben, durchrühren, mit Suppe und eventuell Tomatensaft aufgießen. Aromastoffe beigeben und ca. 30 Minuten kochen lassen. ▷

2

3

◁ *Die Suppe durch ein Sieb (oder mit einer „Flotten Lotte") passieren, wobei das Fruchtfleisch der Tomaten der Suppe erhalten bleiben soll.*

Die Suppe mit flüssigem oder geschlagenem Schlagobers cremig aufmixen. ▷

4

ZUTATEN FÜR 4 PORTIONEN
200 g Zwiebeln
40 g Butter
20 g Mehl, glatt
¾ l Rind- oder Kalbsknochensuppe
¼ l Schlagobers
Croutons, geröstet
Salz
Muskatnuß
2 EL Schlagobers, geschlagen

ZWIEBELCREMESUPPE

Butter schmelzen, feinwürfelig geschnittene Zwiebeln glasig anlaufen lassen. Mehl beigeben, kurz anschwitzen, mit heißer Suppe sowie Obers aufgießen und 20 Minuten kochen lassen. Passieren, würzen, mit geschlagenem Obers mittels Mixstab aufmixen. Anrichten, mit Croutons bestreuen.

- KOCHDAUER: ca. 25 Minuten

ZUTATEN FÜR 4 PORTIONEN
20 g Butter
20 g Mehl, glatt
6 dl Rind- oder Kalbsknochensuppe
3 dl Schlagobers
½ Zwiebel, gehackt
3 EL Estragon, Basilikum, Kerbel, Zitronenmelisse oder Kräuter nach Wahl, gehackt
2 EL Spinat, fein püriert
2 EL Schlagobers, geschlagen
Salz
Pfeffer, weiß

KRÄUTERSUPPE

Butter schmelzen, Zwiebel glasig rösten, Mehl beigeben, kurz anschwitzen, mit Suppe aufgießen und glatt verrühren. 15 Minuten kochen lassen, mittels Mixstab pürieren. Obers beigeben, Kräuter und Spinat einmixen, würzen. Geschlagenes Obers einmixen, bis die Suppe schäumt. Suppe eventuell passieren oder sofort auftragen. (Als Einlage eignen sich Eistich, pochierte Eier oder Tomatenwürfel.)

- KOCHDAUER: ca. 20 Minuten
- MEIN TIP: Anstelle der angeführten Kräuter lassen sich auch etwa Bärlauch- oder Brennesselblätter in die Suppe einmixen.

ZUTATEN FÜR 4 PORTIONEN
200 g Fenchel
40 g Butter
20 g Mehl, glatt
¼ l Schlagobers
1 l Rind- oder Kalbsknochensuppe
Salz
Pfeffer
Anis

FENCHELCREMESUPPE

Fenchel (gereinigt, gewaschen) in kleine Stücke schneiden. Butter schmelzen, Fenchel darin anschwitzen, Mehl beigeben. Kurz durchrühren, ohne Farbe zu geben, mit Suppe und Obers aufgießen, Anis beigeben, glattrühren und kochen, bis der Fenchel weich ist. Suppe mixen, passieren und würzen. Eventuell kleingeschnittenen, separat in Salzwasser gekochten Fenchel oder Croutons als Einlage servieren.

- KOCHDAUER: ca. 30 Minuten
- MEIN TIP: Ausgezeichnet paßt in diese leicht nach Anis schmeckende Suppe eine Einlage aus sehr kleinwürfelig geschnittenen, separat gekochten Karotten, gelben Rüben, Schalotten und Sellerie.

ZUTATEN FÜR 4 PORTIONEN
400 g Kürbisfleisch
6 dl Rind- oder Kalbsknochensuppe
40 g Butter
50 g Zwiebeln
20 g Mehl, glatt

KÜRBISCREMESUPPE

Kürbisfleisch klein schneiden. Butter schmelzen, feingeschnittene Zwiebeln darin anschwitzen. Kürbis beigeben, andämpfen, mit Mehl stauben, durchrühren. Mit Suppe und Obers aufgießen, durchkochen, bis der Kürbis passierfähig erscheint. Suppe im Standmixer sehr fein mixen, passieren, Konsistenz eventuell regulieren. Gewürze und Crème fraîche unterrühren. Anrichten und je nach Geschmack etwas Kürbiskernöl auf die Oberfläche träufeln.

- KOCHDAUER: ca. 30 Minuten

¼ l Schlagobers
2 EL Kürbiskernöl
3 EL Crème fraîche
Salz
Pfeffer, weiß

SPARGELCREMESUPPE

ZUTATEN FÜR 4 PORTIONEN

250 g Suppen- oder Bruchspargel
1 l Spargelfond (-sud)
30 g Butter
30 g Zwiebeln, feingeschnitten
20 g Mehl, glatt
¼ l Schlagobers
Salz
Pfeffer, weiß
Prise Zucker
Muskatnuß, gerieben

Geschälten Spargel in 1 l Salzwasser weich kochen, Sud abseihen. Butter schmelzen, Zwiebeln glasig anlaufen lassen, Mehl beigeben, anschwitzen, mit heißem Sud und Obers aufgießen; glattrühren, aufkochen. Spargelköpfe abtrennen, Spargel in Stücke schneiden, der Suppe beigeben und ca. 25 Minuten kochen lassen. Suppe passieren, mixen, würzen, Spargelköpfe als Einlage geben.

- KOCHDAUER: ca. 30 Minuten
- MEIN TIP: Zur Geschmacksverfeinerung könnte die Suppe mit 2 Eidottern und ⅛ l Obers legiert werden.

LAUCHCREMESUPPE

ZUTATEN FÜR 4 PORTIONEN

200 g Lauch (Porree), geputzt (nur die hellgrünen oder weißen Teile verwenden)
30 g Butter
20 g Mehl, glatt
1 l Rind- oder Kalbsknochensuppe
¼ l Schlagobers
Salz
Pfeffer

Lauch in feine Streifen schneiden, ⅓ der Menge für die Einlage beiseite legen. Butter schmelzen, Lauch darin anschwitzen, Mehl beigeben, durchrösten, mit heißer Suppe aufgießen und verrühren, bis die Suppe bindet. Obers beifügen, 20 Minuten kochen, passieren, würzen. Restliche Lauchstreifen in Salzwasser kernig kochen, abseihen und in die Lauchcremesuppe geben. Als Einlage Croutons aus Schwarz- oder Weißbrot servieren.

- KOCHDAUER: 25 Minuten

GEMÜSERAGOUTSUPPE

ZUTATEN FÜR 4 PORTIONEN

1 l Wasser
30 g Karfiolröschen
30 g Kohlsprossen
30 g Karotten
1 Kohlrabi
20 g Champignons
30 g Erbsen
30 g Fisolen
Salz
Suppenwürze
Petersilie, gehackt (oder Frühlingskräuter)
30 g Butter
30 g Mehl, glatt

Gemüse reinigen, nach Bedarf schälen. Kohlsprossen teilen, Karotten, Kohlrabi in Würfel, Champignons und Fisolen in Scheiben schneiden. Karotten, Kohlrabi und Fisolen mit Wasser zustellen, nach einigen Minuten Karfiol und Kohlsprossen beigeben. Würzen. Knapp vor Beendigung des Garungsprozesses Erbsen und Champignons beifügen. Butter schmelzen, Mehl beigeben, anschwitzen. Gemüsesuppe abseihen, damit die Einmach aufgießen, glattrühren. 5 Minuten kochen lassen. Gemüse wieder beigeben, mit Kräutern und Gewürzen komplettieren.

- KOCHDAUER: ca. 30 Minuten

MINESTRONE

ZUTATEN FÜR 4 PORTIONEN

1 l Rind- oder Kalbsknochensuppe
2 EL Olivenöl
20 g Frühstücksspeck
40 g Zwiebeln
50 g Karotten, Sellerie, Kohlrabi
20 g Kohl
80 g Bohnen, weiß
20 g Tomatenmark
50 g Tomatenwürfel (oder Pelati aus der Dose)
50 g Spaghetti
Salz
Pfeffer, schwarz, gemahlen
Knoblauch, gepreßt
Oregano
Salbei
Parmesan, gerieben

Karotten, Kohlrabi und Sellerie schälen, kleinwürfelig schneiden. Kohlblätter in Rechtecke, Speck und Zwiebeln gesondert in kleine Würfel schneiden. Weiße, eingeweichte Bohnen kochen (oder Dosenbohnen verwenden); Öl erhitzen, Speck anlaufen lassen, Zwiebeln beigeben, anschwitzen. Karotten, Sellerie und Kohlrabi dazugeben, durchrühren, Tomatenmark beifügen, durchrühren, mit heißer Suppe aufgießen und Gemüse kernig kochen. Kohl, dann in kleine Stücke gebrochene Spaghetti beigeben. Gewürze hinzufügen, so lange kochen, bis die Spaghetti al dente erscheinen. Weiße Bohnen und Tomatenwürfel untermengen, aufkochen, würzig abschmecken. Anrichten, mit geriebenem Parmesan bestreuen oder diesen gesondert reichen.

- KOCHDAUER: ca. 30 Minuten
- MEIN TIP: Diese Suppe kann beliebig noch mit weiteren Gemüsesorten wie Erbsen oder Karfiol kombiniert werden.

ZUCCHINICREMESUPPE

ZUTATEN FÜR 4 PORTIONEN

200 g Zucchini
30 g Butter
20 g Mehl, glatt
50 g Zwiebeln
1 l Rind- oder Kalbsknochensuppe
1/4 l Schlagobers
Salz
Pfeffer
etwas Knoblauch

Zucchini waschen, in kleine Stücke schneiden. Butter schmelzen, kleinwürfelig geschnittene Zwiebeln glasig anlaufen lassen. Zucchini beigeben, kurz andünsten lassen, Mehl unterrühren. Mit heißer Suppe und Obers aufgießen, glattrühren. Kochen, bis die Zucchini weich sind. Suppe mixen, passieren, würzen. Als Einlage kann man gesondert in Salzwasser gekochte Zucchinistreifen oder auch geröstete Speckwürfel reichen.

- KOCHDAUER: 25 Minuten
- MEIN TIP: Statt der Zucchini lassen sich auch beliebig andere Gemüsesorten wie etwa Sellerie verwenden.

SPINATCREMESUPPE

ZUTATEN FÜR 4 PORTIONEN

300 g Spinat, frisch oder tiefgekühlt
40 g Butter
50 g Zwiebeln
10 g Mehl
3/4 l Rind- oder Kalbsknochensuppe
1/8 l Schlagobers
50 g Crème fraîche
20 g Butter, braun
Salz
Pfeffer, weiß
Knoblauch, gepreßt

Frischen Spinat (entstielt, gewaschen) in reichlich siedendem Salzwasser weichkochen (ca. 4 Minuten), sofort in kaltem Eiswasser abkühlen und fein faschieren. Butter schmelzen, kleingeschnittene Zwiebeln anlaufen lassen, Mehl einrühren, kurz rösten, mit heißer Suppe und Obers aufgießen. Glattrühren, 15 Minuten kochen. Spinat, Gewürze und Crème fraîche beigeben, aufmixen. Gebräunte Butter untermengen. Mit Croutons, Eistich oder pochierten Eiern als Einlage servieren.

- KOCHDAUER: ca. 25 Minuten
- MEIN TIP: Crème fraîche kann auch durch Schlagobersmengenerhöhung ersetzt werden.

Zur echten italienischen Minestrone gehört nicht nur viel buntes Gemüse, sondern auch das richtige Quentchen geriebener Parmesan (s. Rezept S. 174).

SZEGEDINER SAUERKRAUTSUPPE

ZUTATEN FÜR 4 PORTIONEN

2 EL Öl oder Schmalz
150 g Sauerkraut
50 g Frühstücksspeck
70 g Zwiebeln
20 g Paprikapulver, edelsüß
1¼ l Rind- oder Selchsuppe
1 Erdapfel, mehlig
50 g Sauerrahm
Salz
Knoblauch, gepreßt
Kümmel
1 Paar Debreziner Würstchen

Sauerkraut wässern, etwas zerkleinern. Fett erhitzen, kleinwürfelig geschnittenen Speck, danach feingehackte Zwiebeln anschwitzen, Paprikapulver beigeben, durchrühren, mit Suppe auffüllen, Sauerkraut und Gewürze beigeben. Wenn das Kraut weich erscheint, rohen, geschälten, fein gerissenen Erdapfel einmengen, 5 Minuten kochen. Würstchen in Scheiben schneiden, der Suppe beigeben und nochmals aufkochen. Suppe anrichten, Sauerrahm auf die Suppe geben oder kurz vorher unterrühren.

- KOCHDAUER: ca. 50 Minuten
- MEIN TIP: Wer eine molligere Konsistenz bevorzugt, verrühre 15 g Mehl mit Sauerrahm und rühre dieses Gemisch unter die kochende Suppe.

WIENER ERDÄPFELSUPPE

ZUTATEN FÜR 4 PORTIONEN

200 g Erdäpfel, roh geschält
50 g Frühstücksspeck
50 g Zwiebeln
80 g Karotten und Sellerie, geschält
4 EL Öl oder Butterschmalz
20 g Mehl
10 g Steinpilze, getrocknet
1¼ l Rindsuppe
2 EL Sauerrahm
Salz
Pfeffer
Knoblauch
Essig
Majoran

Erdäpfel in 1 cm große Würfel, Zwiebeln, Speck, Karotten und Sellerie in kleine Würfel schneiden. Fett erhitzen, Speck anrösten, Zwiebeln, Karotten, Sellerie beigeben, glasig werden lassen, Mehl unterrühren. Kurz anschwitzen, mit Suppe aufgießen, glattrühren. Majoran, Knoblauch hinzufügen, Steinpilze (eventuell eingeweicht) beigeben und ca. 10 Minuten kochen lassen. Erdäpfel untermengen und kochen, bis sie kernig weich sind. Glattgerührten Sauerrahm einrühren, mit Salz, Pfeffer und Essig abschmecken.

- KOCHDAUER: ca. 25 Minuten

SCHWARZBROTSUPPE

ZUTATEN FÜR 4 PORTIONEN

8 dl Rind- oder Selchsuppe
80 g Schwarzbrot, geschnitten
50 g Zwiebeln, feingeschnitten
50 g Butter oder Schmalz
2 Eier
1 Paar Frankfurter Würstchen
Salz
Schnittlauch zum Bestreuen

Fett erhitzen, Zwiebeln goldbraun rösten, würfelig geschnittenes Brot beigeben, kurz durchrösten, mit heißer Suppe aufgießen und 10 Minuten kochen lassen. Mit Schneerute gut verschlagen oder mit Stabmixer aufmixen. Eier verschlagen, salzen, in die siedende Suppe einlaufen lassen. Würstchen in Scheiben schneiden, 2 Minuten in der Suppe mitkochen lassen. Suppe anrichten, mit Schnittlauch bestreuen.

- KOCHDAUER: 12 Minuten
- MEIN TIP: Panadelsuppe wird nach demselben Rezept, allerdings ohne Zwiebeln und Würstchen, zubereitet. Statt des Schwarzbrotes wird in diesem Fall Weißbrot verwendet, wodurch sich die Kochdauer um ca. 5–7 Minuten verringert.

STOSUPPE

ZUTATEN FÜR 4 PORTIONEN

½ l Wasser
¼ l Sauermilch
¼ l Sauerrahm
1 EL Kümmel
Salz
30 g Mehl, glatt
Essig
Schwarzbrotwürfel zum Bestreuen

Salzwasser mit Kümmel einige Minuten verkochen. Sauerrahm und Sauermilch mit Mehl versprudeln; in das Kümmelwasser mit Schneerute einrühren, 5 Minuten verkochen lassen, säuerlich würzen. Anrichten, mit gerösteten Schwarzbrotwürfeln bestreuen.

- KOCHDAUER: ca. 15 Minuten
- MEIN TIP: Ebenso unterschiedlich wie die Schreibweise (auch manchmal: Stoßsuppe) ist die regional oft recht abweichende Zubereitung dieser Suppe, teils nur mit Sauermilch, teils nur mit Rahm. Fallweise werden auch roh geschälte, geviertelte Erdäpfel mitgekocht oder bereits gekochte Erdäpfel in die Suppe geschnitten.

ERBSENPÜREESUPPE

ZUTATEN FÜR 4 PORTIONEN

150 g Spalterbsen, getrocknet, grün oder gelb
½ l Wasser zum Weichen
1 l Rind- oder Selchsuppe
20 g Butterschmalz
40 g Frühstücksspeck
1 Speckschwarte
⅛ l Schlagobers
4 EL Weißbrotwürfel (Croutons)
Salz
Suppenwürze

Erbsen einige Stunden in kaltem Wasser einweichen, abseihen. Erbsen mit Suppe aufgießen, Speckschwarte beigeben, weichkochen, passieren. Speck in kleine Würfel schneiden, in heißem Fett rösten, mit Erbsensuppe aufgießen, würzen. Obers beigeben, etwas reduzieren (nicht zugedeckt kochen). Auf Wunsch kann die Suppe mit 10 g Mehl gebunden werden. Anrichten, mit gerösteten kleinen Weißbrotwürfeln bestreuen.

- KOCHDAUER: ca. 50 Minuten
- MEIN TIP: Sehr ähnlich ist die Zubereitung von Linsenpüreesuppe, die jedoch zusätzlich mit Lorbeerblatt, Thymian, Essig und gerösteten Zwiebeln geschmacklich verfeinert wird.

Gesprudelt wie geklachelt

Steirische Klacheln sind im Gegensatz zu einem weitverbreiteten Irrglauben keineswegs Schweinshaxeln, auch wenn letztere den zweifellos attraktivsten Bestandteil der Klachelsuppe darstellen. Das 1903 erschienene Standardwerk „Steirischer Wortschatz" lehrt uns nämlich ganz Gegenteiliges. „Klacheln" bedeutet soviel wie „baumeln, schlenkern und klappern", unter „Klachel" wiederum versteht man einen Glockenschwengel, einen plumpen Menschen oder einen Lumpen. Der langen Rede kurzer Sinn: Eine „abgeklachelte Supp'n" ist eine versprudelte Suppe mit viel kleingeschnittenem Fleisch von Schweinskopf und -fuß, vor allem aber mit dem unerläßlichen – à part servierten – Heidensterz.

STEIRISCHE KLACHELSUPPE

ZUTATEN FÜR 4 PORTIONEN

1 kg Schweinsstelze
150 g Wurzelwerk (Karotte, gelbe Rübe, Sellerie)
½ Zwiebel
20 g Mehl
1 EL Essig
1 Lorbeerblatt
5 Wacholderbeeren
1 KL Kümmel
Thymiansträußchen
6 Pfefferkörner
⅛ l Sauerrahm
Salz
Majoran
Suppenwürze
ca. 1½ l Wasser

Schweinsstelze vom Fleischhauer in daumenbreite Scheiben sägen lassen. Diese mit kaltem Wasser, Wurzelwerk, Zwiebel, Gewürzen und Essig zustellen. Stelze weichkochen, aus der Suppe heben, Fleisch vom Knochen lösen, in mundgerechte Stücke teilen. Suppe abseihen, Mehl und Sauerrahm versprudeln, mittels Schneerute in die Suppe einrühren, 5 Minuten kochen, Fleischwürfel beigeben, eventuell auch das kleingeschnittene Wurzelwerk, säuerlich-pikant würzen.

- KOCHDAUER: ca. 1½ Stunden
- MEIN TIP: Diese gehaltvolle Suppe kann auch als Hauptgericht gereicht werden, wozu man Heidensterz als Beilage serviert.

WILDPÜREESUPPE

ZUTATEN FÜR 4 PORTIONEN

130 g Wildfleisch, von Hals oder Schulter
80 g Wurzelwerk
60 g Zwiebeln
1 Lorbeerblatt
3 Wacholderbeeren
5 Pfefferkörner
5 EL Öl
1¼ l Wildsuppe, klar, schwach gewürzt
1 KL Preiselbeeren
20 g Mehl, glatt
1 KL Tomatenmark
1 dl Rotwein
¼ Orange
Salz, Thymian
Weißbrotcroutons, geröstet

Wildfleisch klein schneiden, ebenso Wurzelwerk und Zwiebeln. 3 EL Öl erhitzen, gesalzene Wildstücke braun anbraten. Wurzelwerk und Zwiebeln beigeben, weiterrösten. Mit Suppe aufgießen, Gewürze, Orange und Preiselbeeren untermengen. Kochen, bis das Fleisch weich ist. Fleisch herausnehmen und fein faschieren. Suppe abseihen. Restliches Öl erhitzen, Mehl sehr braun rösten, Tomatenmark beigeben, weiterrösten. Mit heißer Suppe aufgießen, 10 Minuten kochen, Rotwein und faschiertes Wild hinzufügen. Abschmecken und mit Croutons bestreuen.

- KOCHDAUER: ca. 1½ Stunden
- MEIN TIP: Verwenden Sie für eine ideale geschmackliche Harmonie braune Wildsuppe zum Aufgießen.

ZUTATEN FÜR 4 PORTIONEN
150 g Hühnerklein (Hals, Flügerl, Herz, Magen, Leber), gereinigt
1 Hühnerbügerl
50 g Erbsen
80 g Wurzelwerk (Sellerie, Karotte, gelbe Rübe)
30 g Lauch
20 g Mehl, glatt
20 g Butter oder Ganslschmalz
Salz
3 Pfefferkörner
Suppenwürze
Muskatnuß
2 dl Schlagobers
1 l Wasser
Petersilie, gehackt

HÜHNERRAGOUTSUPPE

Gewaschenes Hühnerklein und Hühnerbügerl mit Wasser bedecken. Wurzelwerk, Lauch, Salz, Suppenwürze und Pfefferkörner beigeben, gemeinsam weichkochen. Suppe abseihen, Hühnerfleisch und Wurzeln überkühlen. Fett erhitzen, Mehl farblos anschwitzen, mit Suppe und Obers aufgießen, 10 Minuten kochen, eventuell passieren. Erbsen in Salzwasser kochen, abseihen. Hühnerfleisch von den Knochen lösen, Haut entfernen, Fleisch in Würfel schneiden. Wurzelwerk ebenfalls in kleine Würfel schneiden. Erbsen, Wurzelwerk sowie Hühnerfleisch in die Suppe geben, würzen und mit Petersilie vollenden.

- KOCHDAUER: ca. 35 Minuten (Ganslsuppe ca. 1 Stunde)
- MEIN TIP: Nach demselben Rezept lassen sich Ganslsuppe und Kalbsragoutsuppe herstellen, wobei für letztere ausgelöste Kalbsschulter und Kalbsknochen als Basis verwendet werden.

ZUTATEN FÜR 4 PORTIONEN
½ l Rindsuppe
2 dl Weißwein, trocken (Terlaner)
5 Eidotter
¼ l Schlagobers
Prise Salz
Würfel von einer alten Semmel
20 g Butter
Zimtpulver

TERLANER WEINSUPPE

Rindsuppe und Weißwein zum Kochen bringen, vom Herd nehmen. Obers und Eidotter verschlagen, mit einer Schneerute zügig in das Suppe-Weißwein-Gemisch einrühren, nochmals erhitzen, weiterschlagen, bis die Suppe cremig erscheint. Vorsicht, die Suppe darf nicht kochen – Gerinnungsgefahr! Die Suppe würzen. Semmelwürfel in heißer Butter goldbraun rösten. Die Suppe mit Semmelwürfeln und Zimt kräftig bestreuen.

- KOCHDAUER: ca. 8 Minuten

ZUTATEN FÜR 4 PORTIONEN
150 g Champignons für die Suppe
70 g Champignons als Einlage
50 g Zwiebeln
50 g Butter
20 g Mehl, glatt
¾ l Rind- oder Kalbsknochensuppe
⅛ l Sauerrahm
⅛ l Schlagobers
Salz
Pfeffer, weiß
Zitronensaft
1 KL Petersilie, gehackt

CHAMPIGNONCREMESUPPE

Zwiebeln in feine Würfel, Champignons blättrig schneiden. Butter schmelzen, Zwiebeln und Champignons beigeben, kurz rösten. Mehl untermengen, anschwitzen, mit Suppe und Obers aufgießen, würzen, glattrühren. 20 Minuten kochen, mixen, passieren. Sauerrahm glattrühren, einmengen. Restliche geschnittene Champignons und Petersilie beigeben, durchrühren. Einige Minuten ziehen lassen.

- KOCHDAUER: ca. 25 Minuten
- MEIN TIP: Für Cremesuppen aus anderen Pilzen oder Schwammerln verwenden Sie dasselbe Rezept, wobei getrocknete Pilze vorher eingeweicht werden.

KÄSECREMESUPPE

Zutaten für 4 Portionen
40 g Butter
20 g Mehl, glatt
40 g Zwiebeln, feingeschnitten
7 dl Rind- oder Kalbsknochensuppe
2 dl Schlagobers
2 Ecken Schmelzkäse
60 g Butterkäse, gerieben
Salz
Muskatnuß, gerieben
Suppenwürze
Weißbrotcroutons

Butter schmelzen, Zwiebeln anrösten, Mehl beifügen, farblos anschwitzen, mit Suppe und Obers aufgießen, gut verrühren und 10 Minuten kochen lassen. Gewürfelten Schmelzkäse und geriebenen Butterkäse beigeben. Einige Minuten kochen lassen, würzen. Suppe mixen und mit gerösteten Weißbrotcroutons auftragen.

- KOCHDAUER: ca. 15 Minuten
- MEIN TIP: Für Gorgonzolacremesuppe ersetzt man den angegebenen Käse durch dieselbe Menge Blauschimmelkäse (Österzola, Gorgonzola etc.). Als Einlage können gehackte Walnüsse, Pinienkerne oder Ravioli verwendet werden.

SERBISCHE BOHNENSUPPE

Zutaten für 4 Portionen
200 g Bohnen, weiß, getrocknet, oder 400 g weiße Bohnen aus der Dose
120 g Kaiserfleisch
140 g Zwiebeln
5 EL Schmalz oder Öl
20 g Mehl, glatt
1 EL Paprikapulver, edelsüß
1 Lorbeerblatt
Salz
Pfeffer
Essig
Majoran
Thymian
1 l Rindsuppe

Bohnen über Nacht in kaltem Wasser einweichen. Abwässern, mit reichlich Wasser, Salz und Lorbeerblatt etwa 1 Stunde kochen. Kaiserfleisch mit den Bohnen mitkochen oder gesondert in Salzwasser weichkochen, überkühlt in kleine Würfel schneiden. Fett erhitzen, Zwiebeln fein schneiden, darin rösten, Mehl einrühren, rösten, Paprikapulver beigeben, durchrühren, mit Suppe oder Bohnenwasser aufgießen. Gewürze beimengen. 15 Minuten kochen, Bohnen und Kaiserfleisch hinzufügen, nochmals 5 Minuten kochen lassen. Pikant abschmecken.

- KOCHDAUER: ca. 1½ Stunden
- MEIN TIP: Anstelle von Kaiserfleisch kann auch kleingeschnittener, gerösteter Frühstücksspeck verwendet werden.

GULASCHSUPPE

Zutaten für 4 Portionen
250 g Rindfleisch (Schulter oder Wadschinken)
200 g Zwiebeln, feingeschnitten
40 g Fett
20 g Paprikapulver, edelsüß
1¼ l Wasser oder Rindsuppe
200 g Erdäpfel, roh geschält
1 KL Tomatenmark
Salz
Kümmelpulver
Majoran
Knoblauch, gepreßt
Spritzer Essig
eventuell 20 g Mehl, glatt

Rindfleisch und Erdäpfel gesondert in ca. 1 cm große Würfel schneiden. Fett erhitzen, Zwiebeln goldbraun anrösten, Fleisch beigeben, durchrühren, Paprikapulver einrühren. Mit Essig ablöschen, Tomatenmark dazugeben, mit Suppe oder Wasser aufgießen, Gewürze beimengen und ca. 40 Minuten dünsten. Erdäpfel hinzufügen, einige Minuten kochen, bis diese kernig weich sind. Wünscht man eine molligere Konsistenz, Mehl mit etwas kaltem Wasser anrühren, zügig in die kochende Suppe einrühren, 5 Minuten verkochen lassen. (Gulaschsuppe kann man auf Vorrat kochen; gekühlt ca. 1 Woche haltbar.)

- KOCHDAUER: ca. 1 Stunde

ZUTATEN FÜR 4 PORTIONEN

40 g Butter
30 g Mehl, glatt
50 g Zwiebeln, feingeschnitten
¾ l Rindsuppe oder Gemüsefond
¼ l Sauerrahm
10 g Knoblauch, gepreßt
Salz, Pfeffer
Petersilie, gehackt

Für die Croutons:
50 g Weißbrot
20 g Butter
2 Zehen Knoblauch, gepreßt

KNOBLAUCHSUPPE

Butter schmelzen, Zwiebeln beigeben, kurz anschwitzen, Mehl unterrühren, leicht bräunen, Knoblauch beigeben, durchrühren. Mit heißer Suppe aufgießen und gut verrühren. 10 Minuten durchkochen, mit glattgerührtem Sauerrahm vollenden. Würzen und mit Petersilie bestreuen.
Croutons: Butter schmelzen, Knoblauch beigeben, aufschäumen. Weißbrot in kleine Würfel schneiden, darin wenden und im Backrohr bei 250 °C bräunen. Angerichtete Suppe damit bestreuen.

- KOCHDAUER: ca. 15 Minuten

ZUTATEN FÜR 4 PORTIONEN

1 l Rindsuppe
300 g Zwiebeln
3 EL Olivenöl
30 g Butter
4 Weißbrotscheiben
120 g Schweizer Käse (Emmentaler oder Gruyère)
Salz
Pfeffer

GRATINIERTE ZWIEBELSUPPE

Butter und Olivenöl in einem Topf erhitzen, nudelig geschnittene Zwiebeln darin braun rösten, mit heißer Suppe aufgießen, würzen, kernig kochen. Weißbrotschnitten im Backrohr toasten. Die Zwiebelsuppe in feuerfesten Schalen anrichten, Brotscheiben darauflegen, dick mit geriebenem Käse bestreuen und bei extremer Oberhitze im Backrohr goldbraun überbacken.

- KOCHDAUER: ca. 15 Minuten
- MEIN TIP: Zwecks Geschmacksabänderung kann während des Zwiebelröstens auch 20 g Mehl eingestreut und anschließend mit ⅛ l Weißwein abgelöscht werden.

ZUTATEN FÜR 4 PORTIONEN

1 l Selch- oder Rindsuppe
30 g Grieß
½ Zwiebel, feingeschnitten
20 g Butter
⅛ l Schlagobers
2 Eidotter
Schnittlauch zum Bestreuen
Salz

LEGIERTE GRIESS-SUPPE

Butter erhitzen, Zwiebeln glasig anschwitzen, Grieß beigeben und durchrösten. Mit heißer Suppe aufgießen, mit Schneerute sofort kräftig verrühren, bis die Suppe bindet; würzen, 10 Minuten kochen lassen. Obers und Dotter glatt verrühren, in die nicht mehr kochende Suppe zügig einrühren. Suppe nach dem Anrichten kräftig mit Schnittlauch bestreuen.

- KOCHDAUER: ca. 12 Minuten

SUPPEN VON FISCHEN UND KRUSTENTIEREN

Ein leckeres Fastensüppchen

„Da wird nicht scharf gefastet, wo die Mönche für die Bäuche müssen den Tisch ausrunden lassen“ lautet ein altes Sprichwort. Es hätte auf den hl. Thomas von Aquin gemünzt sein können, jenen wohl hedonistischsten unter den Kirchenlehrern, der dem Vernehmen nach nicht nur an die 200 Kilo wog und daher eine besonders geräumige Ausbuchtung im Refektoriumstisch beanspruchte, sondern dem wir auch den Ausspruch „Melius est ditare quam philosophare“ verdanken: „Essen ist besser als philosophieren.“ Das gilt auch für die vielleicht berühmteste unter den Fastensuppen, die sogenannte „Fischbeuschelsuppe“ aus Karpfeninnereien. Ihre unmittelbaren Vorläufer waren die in alten Klosterkochbüchern immer wieder erscheinenden „Kräpflin vom Fisch-Eingeweyd“, die mit Hilfe von Lebkuchenbröseln als Suppeneinlage bereitet wurden. Eine wahrhaftige Fastenspeise also.

WIENER FISCHBEUSCHELSUPPE

ZUTATEN FÜR 4 PORTIONEN

Kopf und Rogen vom Karpfen
Karpfenkarkasse, gehackt
1 Lorbeerblatt
6 Pfefferkörner
Essig
½ Zwiebel
Wurzelwerk
1 l Wasser
80 g Karotten, Sellerie, gelbe Rüben, geraspelt
40 g Butterschmalz
20 g Mehl, glatt
ev. ⅛ l Rotwein
Salz, Pfeffer, gemahlen
Suppenwürze, Petersilie
Weißbrotwürfel, geröstet

Karpfenkopf und Karkassen sauber waschen, mit kaltem Wasser, Salz, Essig, Pfefferkörnern, Lorbeer, Zwiebel und Wurzelwerk zustellen. 20 Minuten schwach wallend kochen, abseihen, beiseite stellen. Kopffleisch ablösen. Karotte, gelbe Rübe, Sellerie in erhitztem Butterschmalz rösten, Mehl beigeben, lichtbraun weiterrösten, mit Fischsud und eventuell Rotwein aufgießen. Gut durchkochen, Rogen untermengen, mit der Schneerute gut verrühren. Kopffleisch und gehackte Petersilie beigeben, mit Gewürzen säuerlich-pikant abschmecken. Mit gerösteten Weißbrotwürfeln auftragen.

● KOCHDAUER: ca. 45 Minuten

DILLCREMESUPPE MIT FISCHEN

ZUTATEN FÜR 4 PORTIONEN

¾ l Wasser
Fischkarkassen
100 g Wurzelwerk
1 Bund Dillkraut
½ Zwiebel zum Kochen
50 g Zwiebeln zum Rösten
1 Lorbeerblatt
Pfefferkörner, Salz
Suppenwürze, Essig
200 g Fischfilet
30 g Butter
20 g Mehl, glatt
2 EL Dillspitzen, gehackt
¼ l Sauerrahm

Fischkarkassen gut waschen. Mit Dillkraut, Essig, Wurzelwerk, Lorbeer, Zwiebel, Pfefferkörnern und Wasser zustellen, 30 Minuten kochen lassen, Flüssigkeit auf 6 dl reduzieren. Suppe salzen, Suppenwürze beigeben. Abseihen und beiseite stellen. Butter schmelzen, kleingeschnittene Zwiebeln anlaufen lassen. Mehl darin anschwitzen, mit Suppe aufgießen, 5 Minuten kochen. Fischfilet in kleine Würfel schneiden und in der Suppe 4 Minuten ziehen lassen. Glattgerührten Rahm untermengen und mit Dillspitzen vollenden.

● KOCHDAUER: 50 Minuten

ZUTATEN FÜR 4 PORTIONEN

600 g Hummerkarkassen (Hummerkörper, ohne Fleisch und Innereien)
100 g Zwiebeln, gehackt
150 g Wurzelwerk (Karotten, Stangensellerie, gelbe Rüben)
90 g Butter
50 g Tomatenmark, doppelt konzentriert
20 g Mehl, glatt
4 cl Weinbrand
8 cl Vermouth
¼ l Weißwein
7 dl Fischfond oder helle Suppe
5 dl Schlagobers
Salz
Pfeffer, weiß, gemahlen
einige Dillstengel
etwas geschlagenes Obers
eventuell gekochtes Hummerfleisch als Einlage

HUMMERSUPPE

Karkassen von gekochtem Hummer fein stampfen oder grob faschieren. Butter schmelzen, Karkassen darin anrösten, kleingeschnittenes Wurzelwerk und Zwiebeln beigeben. Weiterrösten, Mehl hinzufügen, durchrühren, Tomatenmark untermengen. Kurz weiterrösten, Weinbrand, Vermouth und Weißwein zugießen, mit Suppe (oder Fond) und Schlagobers auffüllen. Dillstengel beigeben, 30 Minuten schwach wallend kochen, 60 Minuten heiß ziehen lassen. Suppe abseihen, den Rückstand gut auspressen. Suppe mit Stab- oder Standmixer unter Beigabe von geschlagenem Obers aufmixen, würzen. Als Einlage gekochtes, geschnittenes Hummerfleisch geben.

- KOCHDAUER: ca. 1½ Stunden
- BEILAGENEMPFEHLUNG: kleines Blätterteiggebäck – fischförmig ausgestochen
- MEIN TIP: Es empfiehlt sich, beim Fischhändler nachzufragen, ob billiger Tiefkühlhummer (Hummerbruch) lagernd ist. Aber auch Krebse, die vorher ca. 2 Minuten gekocht und anschließend ausgenommen wurden, eignen sich hervorragend für eine Suppe nach gleichem Rezept.

ZUTATEN FÜR 4 PORTIONEN

Für den Sud:
2 Fischköpfe von Karpfen oder Zander (Fogosch)
150 g Zwiebeln
2 Tomaten
Salz
1 Lorbeerblatt
8 Pfefferkörner
Essig
1¼ l Wasser

500 g Zander- oder Karpfenfilet
100 g Zwiebeln
5 EL Öl
80 g Räucherspeck
2 Paprikaschoten, grün
3 Tomaten
1 EL Rosenpaprika, edelsüß
Knoblauch, gepreßt
100 g Tarhonya oder Cipetke
etwas Essig

UNGARISCHE FISCHSUPPE
(Halászlé)

Fischköpfe gut wässern, Zwiebeln in Scheiben, Tomaten in Viertel schneiden. Mit Wasser zustellen, Gewürze und Essig beigeben, 30 Minuten kochen lassen. Abseihen, Tomaten und Zwiebeln durch ein Sieb streichen, zum Sud geben. Fischfilet in nußgroße Stücke, Speck und Zwiebeln gesondert in Würfel sowie entkernte Paprikaschoten in Streifen schneiden. Tomaten entkernen, in kleine Stücke teilen. Öl erhitzen, Speck anrösten, Zwiebeln beigeben, weiterrösten. Paprikapulver einrühren, sofort mit etwas Essig ablöschen. Fischsud aufgießen, Paprikastreifen beimengen, 10 Minuten kochen. Fisch, Knoblauch und Tomaten beigeben, ca. 5 Minuten heiß ziehen lassen. Tarhonya (Cipetke) gesondert in Salzwasser kochen oder in der Halászlé mitkochen. Suppe pikant abschmecken.

KOCHDAUER: ca. 45 Minuten

Gegenüberliegende Seite: Die sogenannte Gazpacho ist ein pikanter eisgekühlter Suppengruß aus dem auch bei Österreichern beliebten Urlaubsland Spanien (s. Rezept S. 185).

GEEISTE SAUERMILCHSUPPE MIT GURKE UND CREVETTEN

ZUTATEN FÜR 4 PORTIONEN
7 dl Sauermilch
150 g rote Rüben
½ Salatgurke, mittlere Größe
100 g Schinken, mager, gekocht
2 Eier, hart gekocht
100 g Crevetten oder gekochte Krebsschwänze
2 EL Dillspitzen, gehackt
Salz
Prise Zucker

Rote Rüben kochen, schälen, in feine Streifen schneiden. Gurke schälen, entkernen, ebenfalls in feine Streifen schneiden, salzen und ausdrücken. Eier fein hacken. Schinken in Streifen schneiden. Alle Zutaten inklusive Crevetten, Dille und Gewürze unter die Sauermilch rühren und 12 Stunden in den Kühlschrank stellen. Nochmals verrühren, eventuell mit kalter Suppe verdünnen und in eiskalten Schalen oder Tellern auftragen.

KALTE GURKENSUPPE MIT HEISSEN ERDÄPFELN

ZUTATEN FÜR 4 PORTIONEN
8 dl Sauermilch
160 g Salatgurke, geschält, entkernt
2 EL Dillspitzen, gehackt
Salz
Pfeffer, weiß
Knoblauch, gepreßt
4 Erdäpfel, in der Schale gekocht

Gurke in sehr feine Streifen schneiden, mit der Sauermilch vermischen, Dillspitzen und Gewürze untermengen, 12 Stunden im Kühlschrank ziehen lassen. In gekühlten Suppentassen oder Tellern anrichten, zum Schluß frischgekochte, geschälte, heiße Erdäpfel in die Suppe geben.

GEEISTE TOMATENSUPPE MIT BASILIKUM

ZUTATEN FÜR 4 PORTIONEN
120 g Tomaten, geschält, entkernt
4 dl Tomatenjuice
4 dl Rindsuppe, kalt, fettfrei
Salz
Worcestershiresauce
Tabascosauce
Zitronensaft
1 EL Basilikum, gehackt
120 g Tomatenwürfel, ohne Haut und Kerne als Einlage

Tomaten zerkleinern, mit Rindsuppe und Tomatenjuice im Standmixer fein mixen. Pikant und säuerlich abschmecken, Basilikum und Tomatenwürfel einmengen. 12 Stunden gut im Kühlschrank kühlen. In eisgekühlten Tassen auftragen.

KALTE SCHNITTLAUCHRAHMSUPPE MIT LACHSSTREIFEN

ZUTATEN FÜR 4 PORTIONEN
½ l Sauermilch
2 dl Sauerrahm
2 dl Kaffeeobers
100 g Räucherlachsstreifen
Salz, Pfeffer, weiß
4 Hechtnockerln, pochiert *(s. S. 256)*
4 EL Schnittlauch, geschnitten
Schnittlauch und rosa Pfeffer zum Garnieren

Sauermilch, Sauerrahm, Obers und Schnittlauch vermengen, würzen. Räucherlachsstreifen beigeben, einige Stunden kühl rasten lassen. Anrichten, Hechtnockerln einlegen und mit Schnittlauch garnieren. Etwas gemahlenen rosa Pfeffer auf die Oberfläche streuen.

KALTE GEMÜSESUPPE NACH SPANISCHER ART *(Gazpacho)*

Gurke, Zwiebeln, Tomaten sowie entkernte Paprikaschote zerkleinern, mit Tomatensaft, Suppe, Olivenöl, Knoblauch, Weißbrot und den Gewürzen in einen Standmixer geben und fein mixen. Konsistenz eventuell mit Suppe regulieren, würzen. Einige Stunden im Kühlschrank gut kühlen. Garnitur – bis auf die Weißbrotwürfel – unter die Suppe mengen. Suppe in eiskalten Tassen oder Tellern auftragen. Weißbrotwürfel erst bei Tisch darüberstreuen.

- MEIN TIP: Wenn Sie dieses Gericht nicht nur geschmacklich, sondern auch gesellschaftlich attraktiver gestalten wollen, so richten Sie die Garnitur gesondert in kleinen Schälchen an. Bei Tisch kann sich dann jeder nach Lust und Laune „selbst bedienen".

ZUTATEN FÜR 4 PORTIONEN

4 dl Tomatensaft
4 dl Suppe, kalt, fettfrei
160 g Tomaten, geschält
80 g Salatgurke, geschält
60 g Paprikaschote, grün
50 g Zwiebeln
20 g Weißbrot, ohne Rinde
1 TL Knoblauch, gepreßt
2 EL Olivenöl
Salz, Pfeffer, schwarz
Tabasco- oder Chilisauce

Garnitur:
3 EL Zwiebeln, gehackt
4 EL Gurkenwürfel
4 EL Tomatenwürfel
3 EL Paprikawürfel
4 EL Weißbrotwürfel

MELONENKALTSCHALE

Etwa ein Drittel der Melonen in Würfel schneiden. Die restlichen Melonen mit Mineralwasser mixen. Melonenpüree, Melonenwürfel und Portwein vermengen, einige Stunden gut kühlen. Mit Sekt auffüllen, durchmischen, in geeisten Schalen (Tiefkühler) auftragen. Eventuell mit gehackten Minzblättern bestreuen.

ZUTATEN FÜR 4 PORTIONEN

400 g Fruchtfleisch vollreifer Melonen, ohne Kerne
1 dl Mineral- oder Tafelwasser
1 dl Sekt
2 cl Portwein

Manche mögen's eiskalt: Die Schnittlauchrahmsuppe mit Lachsstreifen sorgt auch an den heißesten Sommertagen für eine geeiste Erfrischung (s. Rezept S. 184).

Herstellen von Fischfond und braunem Kalbsfond

1

◁ FISCHFOND: *Geschälte, geschnittene Zwiebeln und Wurzeln in Öl schwach erhitzen. Lauch einmengen, gewaschene, gehackte Fischkarkassen beigeben und einige Minuten andünsten.*

Mit Weißwein ablöschen, mit kaltem Wasser aufgießen. Aromastoffe beigeben. ▷

2

3

◁ *Kaum wallend kochen, dabei ständig den Schaum vorsichtig abschöpfen.*

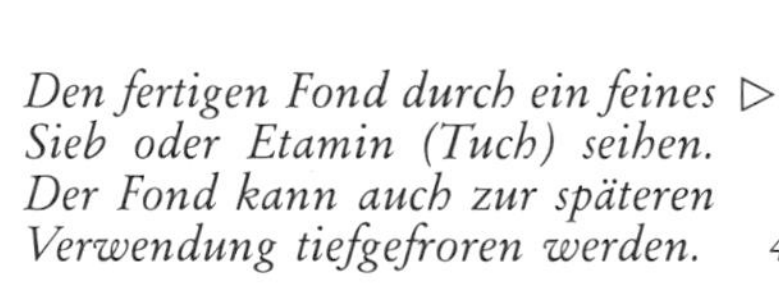

Den fertigen Fond durch ein feines Sieb oder Etamin (Tuch) seihen. Der Fond kann auch zur späteren Verwendung tiefgefroren werden. ▷

4

1

◁ BRAUNER KALBSFOND: *Öl in Bratpfanne erhitzen, kleingehackte Knochen und Parüren beigeben, dunkel rösten.*

Grobwürfelige Zwiebeln und Wurzelwerk mitrösten, Lauch beigeben. Überschüssiges Fett abgießen. Tomatenmark unterrühren, dunkel rösten, mit Suppe (Wasser) aufgießen. ▷

2

3

◁ *Den Bratensatz lösen, Fond in eine passende Kasserolle umgießen. Restliche Flüssigkeit und Aromastoffe beifügen, langsam kochen, ständig abschöpfen.*

Fond nach ca. 3 Stunden Kochzeit durch ein feines Sieb seihen. Kochend auf die gewünschte Menge reduzieren. Gleiches gilt für alle braunen Fonds. ▷

4

HELLER KALBSFOND

Gehackte Knochen warm waschen. Mit kaltem Wasser bedecken, langsam kochen, dabei Fett und Schaum ständig abschöpfen. Nach halber Kochzeit Wurzelwerk, Zwiebeln, Lauch und Pfefferkörner beigeben. Fertigen Fond durch feines Sieb oder Etamin seihen und würzen, falls der Fond bei der Weiterverarbeitung nicht mehr reduziert wird.

- KOCHDAUER: ca. 3–4 Stunden
- MEIN TIP: Nach derselben Methode läßt sich heller Geflügelfond herstellen, wobei in diesem Fall Hühnerkarkassen (Knochen), Flügerl und Hals Verwendung finden.

ZUTATEN FÜR 1 LITER
2 kg Kalbsknochen (Schwanz oder Karree)
150 g Zwiebeln, halbiert, ohne Schale
150 g Wurzelwerk (Sellerieknolle, Karotte, gelbe Rübe, Petersilwurzel)
1 Lauch
5 Pfefferkörner, weiß
Salz
ca. 3 l Wasser

FISCHFOND

Karkassen in kleine Stücke teilen, gut kalt waschen. Zwiebeln und würfelig geschnittene Wurzeln in Öl schwach erhitzen, geschnittenen Lauch kurz anschwitzen, Fischkarkassen beigeben. Einige Minuten andünsten, mit Weißwein ablöschen, mit kaltem Wasser auffüllen. Mit Aromastoffen würzen. Kaum wallend kochen, dabei ständig Schaum abschöpfen. Fond durch ein feines Sieb oder Etamin seihen.

- KOCHDAUER: 25 Minuten
- MEIN TIP: Sparen Sie mit Salz, da der Fond zur Saucenerzeugung noch weiter eingekocht (reduziert) werden muß.

ZUTATEN FÜR ½ LITER
500 g Karkassen von Plattfischen (Scholle, Steinbutt, Rot- und Seezunge etc.), Hecht oder Zander
80 g Zwiebeln, geschnitten
5 cl Weißwein, trocken
50 g Lauch (weiße Teile)
100 g Sellerie und Petersilwurzeln
2 EL Olivenöl
1 Lorbeerblatt
Pfefferkörner, weiß
8 dl Wasser
Salz

FISCHSUD *(Court-bouillon)*

Alle Zutaten ca. 10 Minuten verkochen, Fische zum Pochieren einlegen. Bei im Ganzen pochierten Fischen muß der Sud überwürzt werden. Je feiner der Fisch, desto weniger Aromastoffe sollten verwendet werden. Zum Blaukochen ist die Beigabe von Essig erforderlich.

- KOCHDAUER: 10 Minuten

ZUTATEN FÜR 1 LITER
8 dl Wasser
50 g Zwiebeln, geschnitten
100 g Wurzelgemüse
50 g Lauch, Petersilie und Dillstiele
1 Lorbeerblatt
5 Pfefferkörner, weiß
Salz, Thymian
Weißwein oder Essig

BRAUNER KALBSFOND *(Kalbssaft)*

ZUTATEN FÜR 1 LITER

1 kg Kalbsknochen (Schwanz oder Karree), gehackt
400 g Kalbsparüren (Fleischabschnitte)
150 g Wurzelwerk, grobwürfelig geschnitten
100 g Zwiebeln, geschnitten
80 g Lauch, geschnitten
50 g Tomatenmark
5 Pfefferkörner
5 EL Öl
Salz
3 l Wasser oder milde Suppe

In passender Bratpfanne Öl erhitzen, Knochen und Parüren beigeben, anbraten, in das vorgeheizte Backrohr geben. Langsam dunkel bräunen; Wurzelwerk, Zwiebeln und Lauch mitrösten. Überschüssiges Fett abgießen, Tomatenmark unterrühren und dunkel rösten. Mit etwas Wasser oder Suppe aufgießen, Bratensatz lösen, in passenden Topf umleeren, restliche Flüssigkeit zugießen. Aromastoffe hinzufügen, langsam kochen, dabei ständig Fett und Schaum abschöpfen. Nach ca. 3 Stunden durch feines Sieb oder Etamin seihen. Auf gewünschte Menge reduzierend kochen und je nach Wunsch mit etwas Stärke abziehen. Würzen.

- KOCHDAUER: 3–4 Stunden
- MEIN TIP: Schweinsfond wird auf dieselbe Art gewonnen, aber unter Beigabe von Knoblauch und Kümmel.

BRAUNER LAMMFOND *(Lammsaft)*

ZUTATEN FÜR 1 LITER

1 kg Lammrückenknochen
400 g Lammparüren (Fleischabschnitte)
5 EL Öl
150 g Wurzelwerk, grobwürfelig geschnitten
100 g Zwiebeln, geschnitten
80 g Lauch, geschnitten
50 g Tomatenmark
⅛ l Rotwein
3 l Wasser oder milde Suppe
2 Knoblauchzehen
5 Pfefferkörner
1 Lorbeerblatt
Thymianstrauß
Rosmarin, Salz

In passender Bratpfanne Öl erhitzen, gehackte Knochen und Parüren anbraten, in das vorgeheizte Backrohr stellen. Langsam dunkel bräunen; Wurzelwerk, Zwiebeln und Lauch beifügen. Überschüssiges Fett abgießen, Tomatenmark einrühren, dunkel rösten. Mit Rotwein ablöschen, mit etwas Wasser oder Suppe aufgießen, Bratensatz lösen. In geeigneten Topf umgießen, mit restlichem Wasser oder Suppe auffüllen und mit Aromastoffen langsam kochen, dabei ständig Fett und Schaum abschöpfen. Fond durch feines Sieb oder Etamin seihen. Würzen (salzen). Auf gewünschte Menge reduzierend kochen. Eventuell mit Stärke binden.

- KOCHDAUER: 3–4 Stunden

BRAUNER WILDFOND

ZUTATEN FÜR 1 LITER

750 g Wildknochen und Parüren (Fleischabschnitte), gehackt
6 EL Öl
100 g Wurzelwerk, grobwürfelig geschnitten
50 g Lauch, geschnitten
80 g Zwiebeln, geschnitten
60 g Tomatenmark
¼ l Rotwein
60 g Preiselbeeren
½ Orange
½ Zitrone
3 l Wasser oder milde Suppe
6 Wacholderbeeren
6 Pfefferkörner
1 Lorbeerblatt
Thymianstrauß, Salz

Öl in Pfanne erhitzen. Knochen und Parüren dunkel anrösten, im vorgeheizten Backrohr weiterrösten. Wurzelwerk, Zwiebeln und Lauch mitrösten. Tomatenmark untermengen, weiterrösten, mit Rotwein ablöschen. Mit etwas Suppe oder Wasser aufgießen, Bratensatz lösen, in Topf umleeren, mit restlicher Flüssigkeit auffüllen. Aromastoffe, außer Salz, beigeben. Reduzierend auf 1 l einkochen, salzen, abseihen.

- KOCHDAUER: 3–4 Stunden
- MEIN TIP: Wird Wildfond mit Mehl gebunden, so ergibt sich daraus eine braune Wildsauce.

» *Deutsche Sauce à la française* «

Um wieviel gepflegter klingt es doch, eine „Velouté" zu löffeln als eine „deutsche Sauce"? Genau das war nämlich die berühmte „Sauce allemande", die wohl einen der wenigen Beiträge der deutschen Küche zum Repertoire der französischen Küchenklassik darstellt. Da die Beziehungen zwischen Deutschland und Frankreich im Laufe der letzten Jahrhunderte nicht eben glückhaft verliefen, wollte jedoch in Frankreich kaum noch jemand ein Gericht deutschen Ursprungs essen, und so wurde aus der (in Nouvelle-Cuisine-Zeiten nicht ganz zu Unrecht in Verruf geratenen) mit Mehl gebundenen Buttersauce kurzerhand eine Velouté – und als solche wurde sie auch über den Rhein rückimportiert. Was eine deutsche Sauce ist, weiß dort keiner mehr.

EINMACHSAUCE VON KALB ODER GEFLÜGEL *(Velouté)*

ZUTATEN FÜR ½ LITER

3 dl Geflügel- oder Kalbsfond, hell
20 g Butter
20 g Mehl, glatt
2 dl Schlagobers
Salz
Pfeffer, weiß
Muskatnuß, gerieben

Butter schmelzen, Mehl einrühren, kurz anlaufen lassen, mit heißem Fond aufgießen, glattrühren, Obers beigeben. Einige Minuten durchkochen lassen, durch ein feines Sieb passieren und würzen.

- KOCHDAUER: ca. 8 Minuten
- MEIN TIP: Man kann die Sauce noch mit eiskalten Butterflocken montieren (aufmixen) oder mit Eidotter legieren. Durch Hinzufügen von Kräutern oder Pilzen ergeben sich jeweils andere reizvolle Geschmacksvarianten.

BÉCHAMELSAUCE

ZUTATEN FÜR 4 PORTIONEN

½ l Milch
40 g Butter
40 g Mehl, glatt
60 g Zwiebeln, geschnitten
Salz
Pfeffer, weiß
Muskatnuß
2 Gewürznelken

Butter schmelzen, Mehl kurz anschwitzen, erkalten lassen. Milch, Gewürze und Zwiebeln 5 Minuten kochen, abseihen. Butter-Mehl-Gemisch mit heißer Milch aufkochen, mit Schneerute glattrühren und 5 Minuten verkochen lassen.
Verwendung: als Bindung für Gemüse

- KOCHDAUER: ca. 12 Minuten
- MEIN TIP: Für Sauce Mornay (Gratiniersauce) rühren Sie in die fertige, nicht mehr kochende Béchamelsauce 2 Eidotter, lassen die Sauce fast erkalten und mengen 40 g Reibkäse unter.

Herstellen von Weißwein- und Hummersauce

1 a

◁ WEISSWEINSAUCE MIT MEHLBINDUNG: *Butter schmelzen, Mehl farblos anschwitzen.*

Mit heißem Fischfond, Obers, Weißwein sowie Vermouth aufgießen, verrühren und reduzierend (nicht zugedeckt) kochen. Passieren, würzen und eiskalte Butterstücke einmixen. ▷

2 a

1 b

◁ WEISSWEINSAUCE OHNE MEHLBINDUNG: *Schalotten in Butter anschwitzen, Fischfond, Weißwein und Vermouth zugießen. Reduzierend kochen, abseihen, Obers eingießen und weiter reduzieren (nicht zugedeckt kochen lassen).*

Eiskalte Butterstücke einrühren (einmixen), mit Salz abschmecken. ▷

2 b

1

◁ HUMMERSAUCE: *Karkassen von gekochtem Hummer fein zerstoßen.*

Karkassen in Butter rösten, kleingeschnittene Zwiebeln, Lauch sowie Wurzeln beigeben, rösten. Tomatenmark untermengen, leicht weiterrösten. ▷

2

3

◁ *Alkoholika zugießen, durchkochen, Obers, Fond und Dillstengel beigeben.*

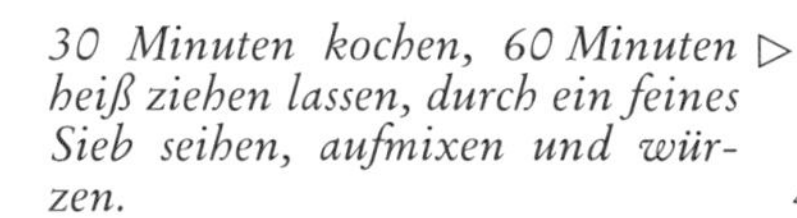

30 Minuten kochen, 60 Minuten heiß ziehen lassen, durch ein feines Sieb seihen, aufmixen und würzen. ▷

4

SAUCEN VON FISCHEN UND KRUSTENTIEREN

WEISSWEINSAUCE *(mit Mehlbindung)*

Zutaten für ½ Liter

¼ l Fischfond (s. S. 187)
⅛ l Schlagobers
⅛ l Weißwein, trocken
20 g Butter
20 g Mehl, glatt
2 cl Noilly Prat (franz. Vermouth)
Salz
Butter zum Montieren

Butter schmelzen, Mehl kurz farblos anschwitzen. Mit heißem Fischfond, Obers, Weißwein und Noilly Prat aufgießen, knotenfrei verrühren und 10 Minuten reduzierend kochen. Passieren, würzen und eiskalte Butterstücke einmixen.

- KOCHDAUER: ca. 12 Minuten
- MEIN TIP: Weißweinsauce läßt sich in der Geschmacksnote hervorragend und äußerst vielfältig variieren. So kann etwa die Beimengung von Schnittlauch, Estragon, Kerbel, Sauerampferstreifen, Brennesselpüree, rosa oder grünem Pfeffer, Petersilienpüree, Lauchstreifen, Tomatenwürfeln mit Estragon, in Wein gedünsteten Schalotten, Crevetten oder Radicchiostreifen für jeweils andere geschmackliche Variationen sorgen.

WEISSWEINSAUCE *(ohne Mehlbindung)*

Zutaten für ½ Liter

4 dl Fischfond (s. S. 187)
4 dl Schlagobers
25 g Butter
2 Schalotten, geschnitten
4 cl Noilly Prat (franz. Vermouth)
8 cl Weißwein, trocken
Butter zum Montieren
Salz

Butter schmelzen, Schalotten glasig anschwitzen, mit heißem Fischfond, Noilly Prat und Weißwein aufgießen. Reduzierend (nicht zugedeckt) kochen, abseihen, kaltes Obers zugießen und weiter reduzieren, bis die Konsistenz passend erscheint. In die Sauce eiskalte Butterstücke einmixen. Salzen.

- KOCHDAUER: ca. 15 Minuten
- MEIN TIP: Im Haushalt empfehle ich – da meistens Fischfond nicht vorhanden ist – folgende Vorgangsweise: Der zu pochierende Fisch wird mit Wasser, Weißwein und Noilly Prat leicht untergossen, mit gebutterter Alufolie bedeckt und im Backrohr bei milder Temperatur pochiert. Der daraus gewonnene Fond wird mit Obers reduziert und mit Butter montiert. Der Fisch wird für diese Zeit warm gehalten.

ZUTATEN FÜR
6–8 PORTIONEN

300 g Hummerkarkassen (Hummerkörper, ohne Fleisch und Innereien)
50 g Zwiebeln
80 g Wurzelwerk (Karotte, Stangensellerie, gelbe Rübe)
20 g Lauch
20 g Tomatenmark
2 cl Weinbrand
5 cl Weißwein, trocken
4 cl Vermouth
3 dl Fond, hell (von Huhn oder Fisch)
30 g Butter
Salz
Pfeffer, weiß
einige Dillstengel
2 EL Obers, geschlagen
3 dl Schlagobers

HUMMERSAUCE

Karkassen von gekochtem Hummer fein stoßen oder grob faschieren. Butter schmelzen, Karkassen anrösten, kleingeschnittene Zwiebeln, Lauch und Wurzelwerk beigeben, weiterrösten. Tomatenmark untermengen, rösten, mit Weinbrand, Vermouth und Weißwein aufgießen, durchkochen. Mit Obers und Fond auffüllen, Dillstengel beigeben und 30 Minuten schwach wallend kochen, 60 Minuten heiß ziehen lassen. Konsistenz regulieren (entweder weiterreduzieren oder mit Fond oder Obers verdünnen). Durch ein feines Sieb seihen, mit Stabmixer unter Beigabe von geschlagenem Obers aufmixen und würzen.

- KOCHDAUER: 1½ Stunden
- MEIN TIP: Krebsensauce läßt sich nach demselben Rezept herstellen, wobei auch die Krebse vorher gekocht (ca. 2 Minuten) und von Fleisch und Innereien befreit werden müssen. Ausgelöste Scheren und Schwänze werden beiseite gelegt, es werden lediglich die Krebsschalen verwendet.

Wie duftet doch der Hummer! Vor allem dann, wenn die aus dem edlen Schaltier gezogene Sauce auch noch mit Cognac abgeschmeckt wurde.

BRAUNE GRUNDSAUCE *(Rind)*

ZUTATEN FÜR 1 LITER

1¼ kg Rindfleischknochen
1 Speckschwarte
½ kg Rindsparüren (Häute, Abschnitte)
150 g Wurzelwerk
100 g Zwiebeln
80 g Lauch
50 g Tomatenmark
⅛ l Rotwein
1 Lorbeerblatt
8 Pfefferkörner
3 l Wasser oder milde Suppe
40 g Mehl oder
25 g Stärkemehl
6 EL Öl
etwas Rotwein zum Abrühren
Salz
Suppenwürze

Knochen möglichst klein hacken, mit Parüren vermischen. In passender Bratpfanne Öl erhitzen, Knochen, Parüren und Schwarte anbraten, in das vortemperierte Backrohr geben. Langsam bräunen, Wurzelwerk und Zwiebeln in grobe Würfel schneiden, mitrösten, Lauch schneiden, beigeben, überschüssiges Fett abschütten. Tomatenmark einrühren, gut durchrösten, mit Rotwein ablöschen. Nicht zugedeckt einkochen (reduzieren), mit etwas Suppe oder Wasser aufgießen, kochen. In Topf umfüllen, restliche Flüssigkeit sowie Aromastoffe beigeben und kochen lassen (dabei ständig Fett und Schaum abschöpfen). Sauce durch feines Sieb oder Etamin seihen. Mehl oder Stärke mit etwas Rotwein abmischen, zügig in die Sauce einrühren. Eventuell nochmals passieren. Mit Salz und Suppenwürze abschmecken.

- KOCHDAUER: 3–4 Stunden

MADEIRASAUCE

ZUTATEN FÜR 4 PORTIONEN

3 dl Braune Grundsauce (siehe oben)
1/16 l Madeira
50 g Zwiebeln oder Schalotten
⅛ l Rotwein
30 g Butter

Sehr klein geschnittene Zwiebeln mit Rotwein reduzierend (nicht zugedeckt) kochen. Mit Grundsauce auffüllen, durchkochen, Madeira beigeben, passieren und eiskalte Butterstücke einrühren.
Verwendung: für Portionsgerichte vom Rind (Filetstücke), Rindsfilet, Madeirarindsbraten oder Geflügellebergerichte

- KOCHDAUER: ca. 20 Minuten

BRAUNE ZWIEBELSAUCE

ZUTATEN FÜR ½ LITER

200 g Zwiebeln
50 g Butterschmalz
20 g Mehl
5 dl Rindsuppe
Salz
Pfeffer
Essig
Prise Zucker

Butterschmalz erhitzen, nudelig geschnittene Zwiebeln darin braun anrösten. Zwiebeln aus dem Schmalz heben. Im Restfett Zucker bräunen, Mehl beigeben, rösten, mit Suppe aufgießen und sehr gut verrühren. Zwiebeln wieder hinzufügen, würzen, 20 Minuten kochen. Passieren, mit Essig pikant abschmecken.

- KOCHDAUER: ca. 25 Minuten
- MEIN TIP: Servieren Sie diese Sauce zur Abwechslung einmal zu gekochtem Rindfleisch, wie dies früher in der großen Zeit der Wiener Siedefleischküche praktiziert wurde. Am besten schmeckt dazu als Sättigungsbeilage Erdäpfelschmarren.

PFEFFERRAHMSAUCE

ZUTATEN FÜR 4 PORTIONEN
3 dl Braune Grundsauce
(s. S. 193)
2 EL Pfeffer, grün
1 dl Süß- oder Sauerrahm
(Crème fraîche)

Grundsauce mit Rahm verrühren, durchkochen. Pfeffer gut schwemmen, beigeben.
Verwendung: als Beilage für Rinds- und Schweinssteaks

- KOCHDAUER: ca. 10 Minuten

SENF-SCHALOTTEN-SAUCE

ZUTATEN FÜR 4 PORTIONEN
3 dl Braune Grundsauce
(s. S. 193)
100 g Schalotten
20 g Butter
1 dl Weißwein, trocken
1 EL Estragonsenf
Prise Zucker

Butter schmelzen, sehr klein geschnittene Schalotten darin anschwitzen, mit Weißwein ablöschen und mit Grundsauce auffüllen. 10 Minuten kochen lassen, Estragonsenf und etwas Zucker einrühren.
Verwendung: für gegrilltes oder gebratenes Schweinefleisch

- KOCHDAUER: ca. 12 Minuten

MARKSAUCE

ZUTATEN FÜR 4 PORTIONEN
3 dl Braune Grundsauce
(s. S. 193)
⅛ l Rotwein
50 g Zwiebeln oder Schalotten
120 g Rindermark
etwas Rotwein zum Erwärmen
5 Pfefferkörner, zerdrückt
Thymian

Feingeschnittene Zwiebeln, Rotwein, etwas Wasser, Thymian und Pfefferkörner reduzierend (nicht zugedeckt) einige Minuten kochen. Mit Grundsauce auffüllen, kurz durchkochen, passieren. Markwürfel in etwas Rotwein erwärmen und unter die Sauce mischen.
Verwendung: zu Steaks und Rindsbraten

- KOCHDAUER: ca. 15 Minuten

MORCHELRAHMSAUCE

ZUTATEN FÜR 4 PORTIONEN
40 g Morcheln, getrocknet
3 dl Brauner Kalbsfond
(s. S. 188)
2 dl Schlagobers
20 g Butter
30 g Schalotten oder Zwiebeln
2 cl Vermouth, trocken
Salz
Pfeffer, weiß, aus der Mühle

Morcheln in lauwarmem Wasser einweichen, einige Male gut waschen, Wasser wechseln. Äußerst fein geschnittene Zwiebeln in Butter anschwitzen, Morcheln trocken beigeben, anschwitzen, mit Fond aufgießen, aufkochen, Vermouth und Obers untermengen. Reduzierend (nicht zugedeckt) kochen und würzen.
Verwendung: als Beilage zu Kalbfleisch, Geflügel-, Reh- und Hirschgerichten sowie zu Fasanenbrust

- KOCHDAUER: ca. 40 Minuten

KAPERNSAUCE

ZUTATEN FÜR ½ LITER
4 dl Braune Grundsauce
(s. S. 193)
⅛ l Sauerrahm
10 g Mehl
1 EL Kapern
Zitronenschale, gerieben
1 EL Petersilie

Kapern und Petersilie gesondert fein hacken. Sauce mit gerührtem Sauerrahm und anderen Zutaten unter Erhitzen vermengen, säuerlich pikant abschmecken.

PIKANTE SAUCE

ZUTATEN FÜR 4 PORTIONEN

3 dl Braune Grundsauce
(s. S. 193)
80 g Essiggurken
20 g Kapern
1 EL Petersilie, gehackt
80 g Zwiebeln oder Schalotten
1/16 l Weißwein

Feingehackte Zwiebeln in Weißwein dünsten, mit Grundsauce aufgießen, durchkochen. Feingehackte Gurken, Kapern sowie Petersilie beigeben, ebenfalls gut durchkochen.

- KOCHDAUER: ca. 15 Minuten
- MEIN TIP: Diese Sauce, die hervorragend zu Rind- und Schweinefleischgerichten paßt, kann noch zusätzlich mit saurem oder süßem Rahm verfeinert werden.

RAHMSAUCE FÜR KALBFLEISCHGERICHTE

ZUTATEN FÜR 4 PORTIONEN

3 dl Brauner Kalbsfond
(s. S. 188)
1 dl Sauerrahm
1 dl Schlagobers
20 g Mehl, glatt
etwas Zitronensaft

Fond zum Kochen bringen, Sauerrahm mit Mehl glatt verrühren, ohne Knötchenbildung unter den Fond rühren, 5 Minuten kochen lassen. Obers zugießen, mit Zitronensaft abschmecken, eventuell passieren.

- KOCHDAUER: 5 Minuten
- MEIN TIP: Diese schnell zubereitete Sauce ist auch mit Kräutern, Champignons oder gehackten Kapern kombinierbar.

RAHMSAUCE FÜR RINDFLEISCHGERICHTE

ZUTATEN FÜR 4 PORTIONEN

4 dl Braune Grundsauce
(s. S. 193)
1 dl Sauerrahm
10 g Mehl, glatt

Grundsauce zum Kochen bringen, Sauerrahm mit Mehl glatt verrühren und ohne Knötchenbildung unter die Sauce rühren, 5 Minuten kochen lassen. Eventuell nachwürzen und passieren.

- KOCHDAUER: 5 Minuten
- MEIN TIP: Eine jeweils andere Geschmacksnuance erhält die Sauce durch gehackte Kapern, Champignons, gekochte Wurzelstreifen oder Kräuter.

SAUCE DUXELLES

ZUTATEN FÜR 4 PORTIONEN

3 dl Braune Grundsauce
(s. S. 193)
1 dl Schlagobers
100 g Zwiebeln
120 g Champignons
30 g Butterschmalz
1 EL Petersilie, gehackt
Salz
Pfeffer, weiß, aus der Mühle
Vermouth, trocken

Butterschmalz schmelzen, kleinwürfelig geschnittene Zwiebeln glasig anlaufen lassen. Sehr klein gehackte Champignons beigeben und kurz anrösten. Mit Grundsauce und Obers aufgießen, reduzierend (nicht zugedeckt) kochen, mit Petersilie und Vermouth vollenden, abschmecken.
Verwendung: für Kalb- und Rindfleischgerichte

- KOCHDAUER: ca. 8 Minuten

ZUTATEN FÜR 1 LITER
8 dl Brauner Wildfond
(s. S. 188)
¼ l Sauerrahm
35 g Mehl, glatt
5 Wacholderbeeren, zerdrückt
4 cl Gin

WILDSAUCE

Fond aufkochen, Wacholderbeeren und Gin beigeben. Rahm mit Mehl verrühren, ohne Knötchenbildung mittels Schneerute einrühren, 10 Minuten kochen. Sauce durch ein feines Sieb oder Tuch (Etamin) laufen lassen.
Verwendung: als Beilage zu Rehmedaillons, Rehrücken oder Hirschgerichten

- KOCHDAUER: 10 Minuten
- MEIN TIP: Der Sauce kann auch frisches Wildblut beigemengt werden, wobei in diesem Fall die Sauce nicht mehr aufgekocht werden darf, da sie sonst gerinnt.

Zubereiten von Sauce hollandaise, Sauce mousseline und Sauce béarnaise

1) SAUCE HOLLANDAISE: *Eidotter, Fond und Gewürze über Dampf warm schaumig schlagen, warme Butter untermengen. Zu einer sämigen Sauce weiterschlagen, abschmecken.*

2) SAUCE MOUSSELINE: *Geschlagenes Obers unter die fertige Sauce hollandaise rühren.*

3) SAUCE BÉARNAISE: *Sud aus Wasser, Pfefferkörnern, Essig, Zwiebeln und Estragonstielen kochen. Abseihen.*

4) Mit diesem (abgekühlten) Fond, wie oben beschrieben, Sauce hollandaise aufschlagen. Abschließend Estragon untermengen und abschmecken.

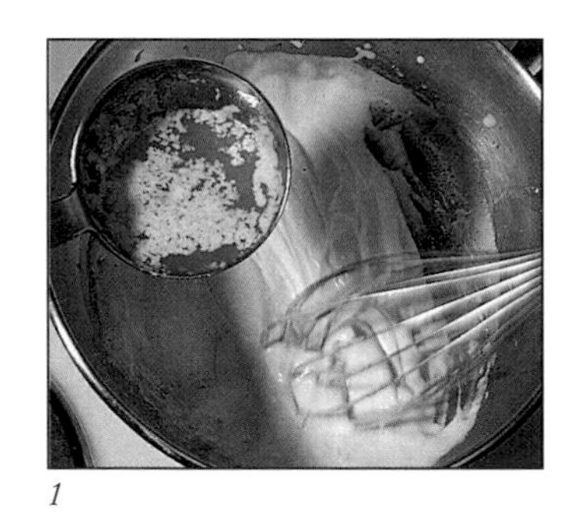

1

2

3

4

AUFGESCHLAGENE BUTTERSAUCEN

SAUCE HOLLANDAISE

Zutaten für 4 Portionen
2 Eidotter
200 g Butter
Salz
Zitronensaft
2 EL Wasser, Suppe oder Fond (von Spargel, Fisch etc., je nach Gericht)

Butter schmelzen, erwärmen auf ca. 40 °C. Eidotter, Flüssigkeit, Salz und Zitronensaft über Dampf sehr schaumig (warm) schlagen. Butter unter ständigem Schlagen langsam einfließen lassen und zu einer sämigen, dicklichen Sauce schlagen, abschmecken. Die Konsistenz kann durch Zugabe von Flüssigkeit (dünner) und Beigabe von Butter (dicker) korrigiert werden. So wird zu Spargel etwas sämigere Konsistenz bevorzugt, damit die Sauce beim Eintauchen am Spargel haften bleibt. Sauce für Fischgerichte sollte hingegen etwas dünner gehalten werden, damit die Sauce nicht zu dominant und sättigend wird.

- MEIN TIP: Sauce hollandaise eignet sich nicht nur als Beilagensauce, sondern auch zum Überziehen und Flämmen (einer Art Gratiniervorgang) von Gemüse, Innereien, Fleisch und Fisch. Es können allerdings auch Ragoutgerichte, Fischsaucen oder Beuschel damit geschmacklich verfeinert werden, wobei wichtig ist, daß die Gerichte nach der Beigabe von Sauce hollandaise nicht mehr aufgekocht werden, da die Sauce sonst gerinnt.

SAUCE MOUSSELINE

Zutaten für 4 Portionen
2 Eidotter
200 g Butter
Salz
Zitronensaft
2 EL Wasser, Suppe oder Fond
3 EL Schlagobers, geschlagen

Die Zubereitung erfolgt wie bei Sauce hollandaise – wobei das Schlagobers erst bei Tisch unter die Sauce gerührt wird.
Verwendung: speziell zu Spargel (Spargelfond zum Aufschlagen verwenden!)

SAUCE BÉARNAISE

Zutaten für 4 Portionen
2 Eidotter
200 g Butter
2 EL Estragonkraut, gehackt
1 TL Petersilie, gehackt
Salz
Estragonessig
5 Pfefferkörner
Estragonstiele
Wasser
1 EL Zwiebeln, gehackt

Wasser, Essig, zerdrückte Pfefferkörner, geschnittene Estragonstiele und Zwiebeln auf 2 EL Flüssigkeit reduzierend kochen, abseihen. Überkühlte Reduktion (Flüssigkeit) und Eidotter über Dampf schaumig (warm) schlagen. Butter schmelzen (auf ca. 40 °C), langsam und ständig schlagend unter die Dottermasse ziehen. Es muß eine sämige, dickliche Sauce entstehen. Estragon, Petersilie und Salz untermengen.

- MEIN TIP: Die Sauce kann durch Beigabe von etwas Tomatenmark oder Ketchup geschmacklich verändert werden (Sauce Choron). Beide Saucen passen ausgezeichnet zu Grillgerichten (Fleisch, Steaks, Lammkoteletts etc.).

DILLSAUCE

ZUTATEN FÜR 4–6 PORTIONEN

15 g Butter
15 g Mehl, glatt
1 dl Sauerrahm
3 EL Schlagobers
¼ l Fond
2 EL Dillspitzen, gehackt
Salz
Pfeffer, weiß
Zitronensaft
1 EL Zwiebeln, gehackt
einige Dillstengel

Dillstengel mit Fond 10 Minuten kochen, abseihen. Butter schmelzen, Zwiebeln glasig anschwitzen, Mehl beigeben und kurz weiterrösten. Mit heißem Dillsud und Obers aufgießen, glattrühren, 10 Minuten kochen lassen, mixen und passieren. Gehackte Dillspitzen, Sauerrahm und Gewürze beifügen, durchrühren, säuerlich-pikant abschmecken.
Verwendung: als Beilage für pochierten Fisch, Krebse, Hechtnockerln, Rindfleisch oder aber auch als Hausmannskost zu Semmelknödeln

- KOCHDAUER: ca. 20 Minuten
- MEIN TIP: Wird Dillsauce zu Fisch gereicht, so ist es empfehlenswert, aber nicht unbedingt notwendig, Fischfond als Aufgußmittel zu verwenden.

GURKENSAUCE

ZUTATEN FÜR ½ LITER

600 g Salatgurken, geschält, entkernt
30 g Mehl
30 g Butter
50 g Zwiebeln
¼ l Sauerrahm
⅜ l Suppe
15 g Dillspitzen, gehackt
Salz
Pfeffer, weiß, aus der Mühle
Essig

Butter schmelzen, kleingeschnittene Zwiebeln glasig anschwitzen, Mehl beigeben, kurz farblos anschwitzen. Mit Suppe aufgießen, sehr gut verrühren, aufkochen, in feine Scheiben gehobelte Gurken hinzufügen und dünsten. Abschließend Sauerrahm, Dille, Essig, Salz und Pfeffer untermengen.
Verwendung: zu gekochtem Rindfleisch

- KOCHDAUER: ca. 15 Minuten

TOMATENSAUCE *(Paradeissauce)*

ZUTATEN FÜR ½ LITER

500 g Tomaten, fleischig, vollreif
20 g Butter
15 g Mehl, glatt
60 g Zwiebeln, feingeschnitten
3 dl Suppe oder Wasser
½ Lorbeerblatt
8 Pfefferkörner
Salz
Zucker
Suppenwürze
Essig oder Zitronensaft nach Wunsch
40 g Tomatenmark, doppeltkonzentriert

Tomaten in Spalten schneiden. Butter schmelzen, Zwiebeln glasig anlaufen lassen, Mehl beigeben. Kurz anschwitzen, mit Suppe oder Wasser aufgießen, glattrühren (Schneerute), Tomaten und – wenn gewünscht – Tomatenmark sowie Lorbeer und Pfefferkörner beigeben. Alles gemeinsam weichdünsten. Sauce durch feines Drahtsieb streichen, mit restlichen Gewürzen abschmecken. (Die Beigabe von Tomatenmark intensiviert Farbe und Geschmack.)

- KOCHDAUER: ca. 20 Minuten
- MEIN TIP: In den meisten Rezepten wird die Beigabe von Speckschwarten, Selchknochen, Karotten etc. empfohlen. Dies führt jedoch zu einer Geschmacksverfremdung. Die Sauce sollte lediglich intensiv nach Tomaten schmecken.

CHAMPIGNONSAUCE

ZUTATEN FÜR 4 PORTIONEN
300 g Champignons
30 g Zwiebeln
30 g Butterschmalz
1/8 l Sauerrahm
1/8 l Schlagobers
15 cl Suppe
10 g Mehl, glatt
1 EL Petersilie, gehackt
Salz
Pfeffer, weiß
Zitronensaft

Sehr fein geschnittene Zwiebeln in heißem Schmalz farblos anschwitzen. Blättrig geschnittene Champignons beigeben, andünsten lassen, salzen, pfeffern. Mit Suppe und Obers aufgießen, 3 Minuten dünsten. Sauerrahm mit Mehl abrühren, unter die Pilze mengen, kurz durchkochen, Petersilie und Zitronensaft beigeben. Würzen.
Verwendung: als Beilage zu Kalb- und Rindfleisch, Geflügel- oder Pfannengerichten

- KOCHDAUER: ca. 8 Minuten
- MEIN TIP: Gemeinsam mit Semmelknödeln gibt diese Sauce (bei doppelter Menge) eine herrliche Hauptmahlzeit ab.

SAUCE BOLOGNESE

ZUTATEN FÜR 4 PORTIONEN
300 g Rind-, Kalb- und Schweinefleisch, grob faschiert
2 EL Tomatenmark
50 g Frühstücksspeck (nicht unbedingt erforderlich)
100 g Zwiebeln
100 g Wurzelwerk (Sellerie, Karotte, gelbe Rübe), grob faschiert
5 EL Olivenöl
1/16 l Weißwein
Salz
Pfeffer, aus der Mühle
etwas Suppe

Frühstücksspeck und Zwiebeln gesondert kleinwürfelig schneiden. Speck in heißem Öl licht anrösten, Zwiebeln ebenfalls anschwitzen, Wurzelwerk beifügen, rösten. Faschiertes Fleisch beigeben, durchrösten, mit Wein ablöschen, Tomatenmark unterrühren. Mit wenig Suppe aufgießen, Gewürze einmengen, zugedeckt dünsten.
Verwendung: für Spaghetti und zum Füllen von Lasagne

- KOCHDAUER: ca. 20 Minuten
- MEIN TIP: Was die Würzung betrifft, so können Sie die Sauce ohne weiteres durch Beigabe von Oregano und/oder Knoblauch Ihrem Geschmack anpassen.

CURRYSAUCE

ZUTATEN FÜR 1/2 LITER
3 dl Geflügelfond, hell (s. S. 187)
2 dl Schlagobers
1/2 Apfel
100 g Zwiebeln
10 g Kokosraspeln
10 g Currypulver (je nach Qualität)
40 g Butter
15 g Mehl, glatt
etwas Mango-Chutney
Salz, Zitronensaft
Butterflocken, eiskalt

Butter schmelzen, feingeschnittene Zwiebeln anlaufen lassen, Mehl einrühren, kleingeschnittenen, entkernten Apfel beigeben, andünsten. Mit Curry bestreuen, durchrühren, mit Fond und Obers aufgießen. Glattrühren, aufkochen, Gewürze, Chutney und Kokosraspeln beigeben und gut durchkochen. Passieren und mit einigen eiskalten Butterflocken aufmixen.
Verwendung: für Portionsgerichte von Geflügel und Kalb

- KOCHDAUER: ca. 15 Minuten

ZUTATEN FÜR
4–6 PORTIONEN
400 g Tomaten, geschält, entkernt (oder Pelati aus der Dose)
80 g Zwiebeln, feingeschnitten
4 EL Olivenöl
Salz
Pfeffer, weiß
1 Lorbeerblatt

TOMATENSAUCE NACH NEAPOLITANISCHER ART

Olivenöl erhitzen, Zwiebeln licht anschwitzen. Tomaten beigeben, würzen, 5 Minuten kochen lassen, das Lorbeerblatt entfernen. Sauce pürieren oder mixen. Die Geschmacksnote kann nach Wunsch auch mit Knoblauch, Basilikum oder Oregano abgewandelt werden.
Verwendung: als Grundlage für viele italienische Nudel-, Fleisch- und Gemüsegerichte

- KOCHDAUER: 5 Minuten

ZUTATEN FÜR 4 PORTIONEN
2 Semmeln, altbacken
3/8 l Rindsuppe
10–15 g Kren, gerieben
Salz
Pfeffer

SEMMELKREN

Semmeln in dünne Scheiben schneiden (können auf Wunsch auch entrindet werden), mit heißer Suppe aufgießen und zum Kochen bringen. Nach einigen Minuten soll eine breiartige Masse entstehen. Mit der Schneerute verschlagen, würzen und geriebenen Kren einrühren.
Verwendung: zu Siedefleisch, Beinschinken oder Zunge

- KOCHDAUER: ca. 5 Minuten

ZUTATEN FÜR 4 PORTIONEN
1/4 l Schlagobers
1/4 l Milch
20 g Butter
20 g Mehl, glatt
15–20 g Kren, gerissen
Salz
Pfeffer, weiß, gemahlen
Prise Muskatnuß

WARMER OBERSKREN

Butter erhitzen, Mehl licht anschwitzen. Milch und Obers erhitzen. Die Mehleinmach damit aufgießen, mit der Schneerute ohne Knötchenbildung verrühren, 5 Minuten kochen lassen, eventuell passieren. Gewürze und Kren unterrühren.
Verwendung: zu Siedefleisch, Beinschinken und Zunge

- KOCHDAUER: ca. 7 Minuten

» *Das Hohelied der Eierspeis'* «

Apicius, der Verfasser des ersten Kochbuchs des Abendlandes, hat sie schon gekocht und mit einer Sauce aus Wein, Honig, Sardellenpaste, Liebstöckel, Pfeffer und eingeweichten Pinienkernen serviert. Die alten Chinesen vergruben Eier so lange im Erdreich, bis sie zu gelieren begannen und butterweich wurden (manche tun es, bei den angeblich „hundertjährigen Eiern", noch heute). Nur dem notorischen Vegetarier Pythagoras war die Eierspeis' suspekt, da er das Ei als Sinnbild der Erde sowie der vier Elemente und somit als etwas Unangreifbares, Heiliges betrachtete. Junggesellen und Schwerenöter mögen da anderer Meinung sein. Allerdings ist es auch vor allem ihre Schuld, wenn die Eierspeis' durch ständiges Beteuern, daß dies das einzige Gericht sei, das selbst sie zusammenbrächten, in den unverdienten Ruf der Simplizität gekommen ist. Tatsächlich widmen die größten Köche der Welt in ihren Kochbüchern dem Eierkochen meist höchst ausführliche Kapitel. Und ein perfekt zubereitetes Eiergericht ist nicht nur die Visitenkarte jedes Wiener Kaffeehauses, sondern auch jedes guten Küchenchefs. Freilich: Man kann es sich auch – relativ – einfach machen und über das Spiegelei ein paar weiße Trüffeln hobeln – wenn selbst dann nicht das Hohelied von der Eierspeis' erklingt, so muß der Koch schon ein arger Stümper gewesen sein.

WIENER EIERSPEISE

ZUTATEN FÜR 4 PORTIONEN
12 Eier
60 g Butter
Salz
Schnittlauch, geschnitten

Eier in eine Schüssel schlagen. Mit einer Gabel kurz verschlagen, das Eiweiß soll sich mit dem Dotter nicht völlig verbinden und in der Struktur noch erkennbar sein. Salzen. In einer Pfanne (Teflon) Butter aufschäumen, fast bräunen lassen, Eier eingießen, zart anstocken lassen, mit einer Gabel kreuzweise die Eier durcheinanderziehen, bis diese zu stocken beginnen. Auf Teller anrichten, mit Schnittlauch bestreuen.

- GARUNGSDAUER: ca. 2–3 Minuten

RÜHREIER

ZUTATEN FÜR 4 PORTIONEN
12 Eier
1 dl Schlagobers
50 g Butter
Salz
Schnittlauch

Eier und Obers gut verschlagen, salzen. Butter in Kasserolle zergehen lassen, Eiermasse einfließen lassen. Mit Kochlöffel ständig rühren, bis eine musähnliche Masse entsteht. Auf Teller anrichten, auf Wunsch mit Schnittlauch bestreuen.

- MEIN TIP: Rühren Sie die Eier über Dampf in einem Chromstahl-Schneekessel, so brennen diese nicht an.

EIEROMELETTE

ZUTATEN FÜR 4 PORTIONEN
12 Eier
60 g Butter
Salz
Petersilie oder Schnittlauch

Die Omeletten werden in getrennten Arbeitsgängen zubereitet. Eier gemeinsam mit Schneebesen gut verschlagen, salzen. 20 g Butter in flacher Pfanne erhitzen, ein Viertel der Masse einfließen lassen. Mit einer Gabel ständig rühren, die Pfanne leicht kreisförmig schwenken. Wenn die Eiermasse anstockt, die Pfanne am Stiel anheben, die Omelette mittels Palette zur Mitte zusammen schlagen, von der anderen Seite her ebenfalls zusammen schlagen. Die Omelette auf Teller oder Platte stürzen. Den Vorgang noch dreimal wiederholen. Mit Petersilie oder Schnittlauch bestreuen. Die Omelette sollte innen leicht cremig bleiben und außen möglichst faltenfrei und hell sein. Etwas beigegebenes Schlagobers macht sie lockerer. Omeletten kann man sehr variantenreich zubereiten und auf verschiedenste Weise füllen.
Variante I: Zutaten unter die rohe Eiermasse mengen (z. B. geriebenen Parmesan, Kräuter, kleingeschnittenen Schinken, Spaghetti mit Tomaten und Schinken vermischt).
Variante II: Zutaten werden vor dem Zusammenklappen auf die Omelette – spätere Innenseite – gegeben (z. B. Cremespinat, gebratene Hühnerleber, Pizzamischung).
Variante III: Die Omelette wird nach dem Stürzen oben durch Längsschnitt geöffnet, zu einem Spalt auseinandergezogen und gefüllt (z. B. mit kleingeschnittenen, geschälten, entkernten Tomaten, Erbsen, Blattspinat oder Spargelspitzen).

- GARUNGSDAUER: ca. 2 Minuten pro Omelette
- BEILAGENEMPFEHLUNG: Blattsalate

BAUERNOMELETTE

ZUTATEN FÜR 4 PORTIONEN
12 Eier
40 g Schmalz
40 g Butterschmalz
200 g Erdäpfel, speckig, gekocht
100 g Frühstücksspeck
80 g Zwiebeln
Salz
Petersilie, gehackt oder Schnittlauch

Eier gut mit Schneerute verschlagen, salzen. Erdäpfel, Speck und Zwiebeln gesondert in ca. 5 mm große Würfel schneiden. Schmalz in flacher Pfanne erhitzen, Speck anrösten, Zwiebeln beigeben, glasig werden lassen, Erdäpfel hinzufügen, braun rösten, salzen. (Die Omeletten in vier Gängen produzieren, möglichst zwei Pfannen verwenden.) Etwas Butterschmalz in flacher Omelettenpfanne erhitzen, ein Viertel der Eier einfließen lassen, ein Viertel der Erdäpfel-Speck-Masse beifügen. Mit einer Gabel rühren, die Pfanne dabei leicht kreisförmig schwingen. Pfanne am Stiel anheben, Omelette mittels Palette leicht einschlagen. Von der Gegenseite her ebenfalls einschlagen, auf Teller stürzen. Den Vorgang noch dreimal wiederholen. Die Omeletten sollen innen noch cremig sein. Mit Schnittlauch oder Petersilie bestreuen.

- GARUNGSDAUER: ca. 3 Minuten pro Omelette
- BEILAGENEMPFEHLUNG: Blattsalate

Gegenüberliegende Seite: Im Palatschinkenparadies Österreich konnte sich auch die flaumige Omelette durchsetzen, die freilich französischen Ursprungs ist.

Zubereiten von pochierten Eiern (verlorenen Eiern) und Eieromelette

1

◁ POCHIERTE EIER *(verlorene Eier): Essigwasser fast bis zum Sieden bringen. Eiskalte, frische Landeier gesondert in kleine Schälchen schlagen. Eier nach und nach in das Wasser gleiten lassen.*

Eier mit 2 Löffeln leicht anpressen, damit diese die Façon behalten. Die Eier bei ca. 90 °C etwa 5 Minuten ziehen lassen. ▷

2

3

◁ *Eier in mit Eiswürfeln versetztes kaltes Wasser umlegen.*

Sauberes Tuch auf die Handfläche auflegen, die Eier nacheinander darauflegen und die abstehenden Eiweißteile wegschneiden (façonnieren). Informationen über Eiereinkauf *s. Seite 56.* ▷

4

1

◁ EIEROMELETTE: *Eier leicht salzen, mit Schneebesen gut verschlagen. Butter in flacher Pfanne erhitzen. Eiermasse einfließen lassen, mit der Gabel ständig rühren.*

Wenn die Eiermasse anstockt, die Pfanne am Stiel anheben. Mit der Palette zur Mitte zusammenschlagen. Den Vorgang von der anderen Seite wiederholen. ▷

2

3

◁ *Omelette auf vorgewärmten Teller stürzen, wenn nötig façonnieren.*

Beliebig garnieren oder von oben füllen (Längsschnitt). ▷

4

POCHIERTE EIER (*Verlorene Eier*)

ZUTATEN FÜR 4 PORTIONEN

8 Eier, gut gekühlt und absolut frisch
1 l Wasser
¼ l Gärungsessig, 7,5%ig

Wasser und Essig in passendem Topf fast zum Sieden bringen. Eiskalte, frische Eier gesondert in kleine Schälchen schlagen. Eier nach und nach in das Wasser gleiten lassen. Mit 2 Löffeln das Eiweiß an den Eidotter pressen. Eier ca. 5 Minuten bei etwa 90 °C ziehen lassen, Eier sollen innen cremig sein, im eiskalten Wasser abspülen. Die abstehenden Eiweißteile wegschneiden (façonnieren). Warm sofort weiterverarbeiten, oder – sofern kalt verwendet – in eiskaltem Wasser abfrischen, aus dem Wasser heben, leicht salzen.
Verwendung: Pochierte Eier werden auf Toast zum Frühstück gereicht, eignen sich aber auch hervorragend als Vorspeise oder Suppeneinlage für klare, gebundene und kalte Suppen.

- GARUNGSDAUER: ca. 5 Minuten
- MEIN TIP: Frische Eier erkennt man an dem steifen Eiweißmantel, der den Dotter umgibt. Das Pochierwasser darf nicht gesalzen werden (Löcherbildung!) und sollte tief genug sein, damit sich das Eiweiß im Hinuntergleiten um den Dotter hüllt.

EIER IM GLAS (*Weiche Eier*)

ZUTATEN FÜR 4 PORTIONEN

8 Eier
Salz

Reichlich Wasser zum Kochen bringen – die Eier müssen mit Wasser bedeckt sein. Eier mit einem Eierpicker anstechen und vorsichtig einlegen. Je nach persönlichem Geschmack, aber auch nach Größe der Eier 2½–4 Minuten kochen, kurz im eiskalten Wasser abschrecken, damit sie sich leichter schälen lassen. Das weiche Ei wird im Eierbecher mit Salz serviert. Beim „Ei im Glas" öffnet man das Ei vorsichtig an einer Seite, schält bis zur Mitte und löst es mittels eines kleinen Löffels aus der Schale und serviert es im Stielglas. (Bestes Resultat – 4 Minuten Kochzeit.)

- MEIN TIP: Die Verwendung von eiskalten Eiern ist nicht zu empfehlen: Die Eier springen leichter auf (Schale platzt), und durch die Kälte wird eine gleichmäßige Garung von außen nach innen verzögert.

EIER „BÉNÉDICTINE"

ZUTATEN FÜR 4 PORTIONEN

4 Toastbrotscheiben
4 Eier, pochiert
4 Schinkenscheiben à 20 g
120 g Blattspinat, blanchiert
⅛ l Sauce hollandaise (s. S. 197)
80 g Schinkenstreifen
20 g Parmesan, gerieben
20 g Butter
Salz, Pfeffer, schwarz

Butter erhitzen, Blattspinat würzen. Toastbrot goldbraun toasten, mit Schinkenscheibe belegen, Blattspinat darauf gruppieren. Warme pochierte Eier daraufsetzen, in feuerfester Form gruppieren, mit Sauce überziehen, Schinkenstreifen darauf verteilen und mit Parmesan bestreuen. Bei extremer Oberhitze braun überbacken.

- GARUNGSDAUER: ca. 3 Minuten

Zubereiten von weißem Spargel

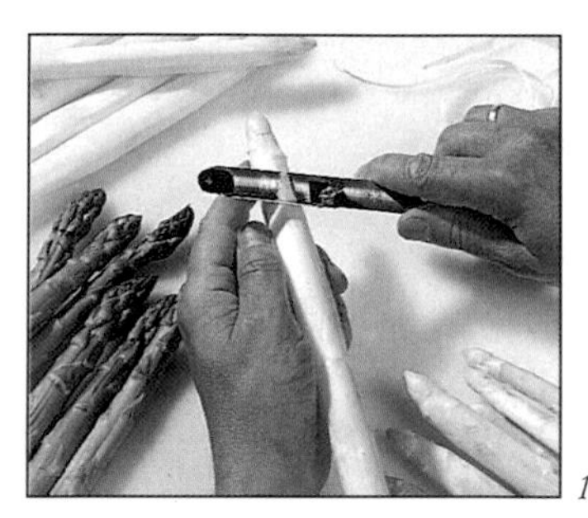

1

◁ *Spargel vom Kopf weg mit einem Spargelschäler (Sparschäler, siehe Warenkunde S. 32) sorgfältig rundum schälen (von oben nach unten).*

Die Hand stützend unter den Spargel halten, damit er nicht bricht, oder den Spargel flach auf eine umgedrehte Kasserolle legen und flach schälen. ▷

2

3

◁ *Die Spargelstangen nach Stärke ordnen und mit einem Messer kürzen (die holzigen Teile wegschneiden).*

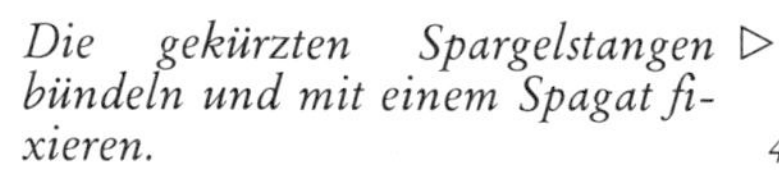

Die gekürzten Spargelstangen bündeln und mit einem Spagat fixieren. ▷

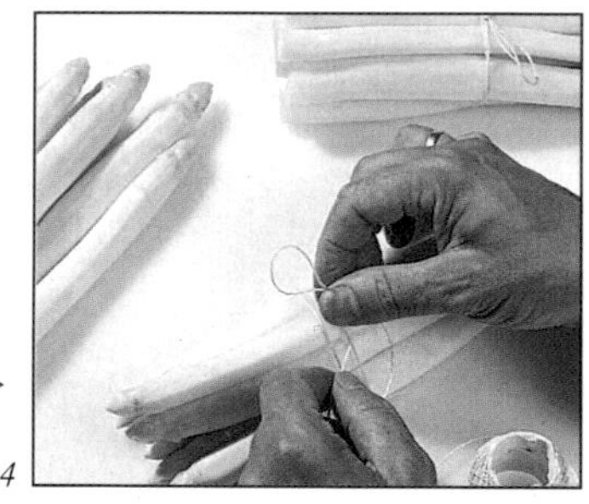

4

5

◁ METHODE I: *Reichlich Salzwasser zum Sieden bringen, Weißbrot und Prise Zucker beigeben. Den Spargel vorsichtig einlegen. Nasse, reine Serviette darauflegen, aufkochen, ziehen lassen.*

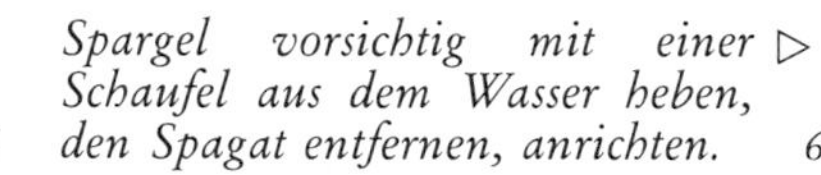

Spargel vorsichtig mit einer Schaufel aus dem Wasser heben, den Spagat entfernen, anrichten. ▷

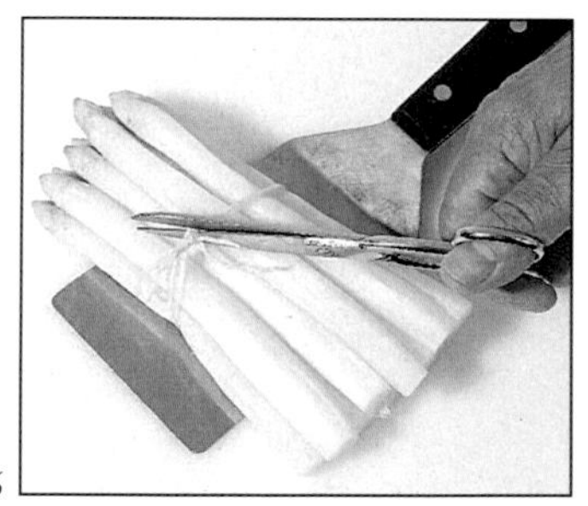

6

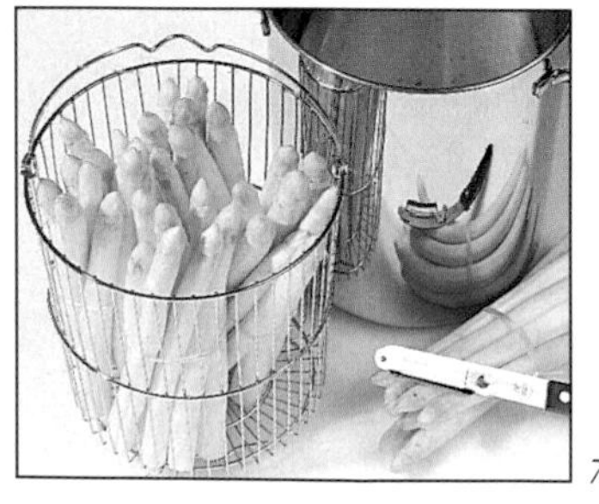

7

◁ METHODE II: *Den Spargel in den Korb eines Spargeltopfes stehend einordnen.*

Salzwasser zum Kochen bringen, Zucker und eventuell eine Semmel beigeben. Den Spargelkorb einhängen, mit Wasser zugedeckt aufkochen lassen. Nach halber Kochzeit Wasser auffüllen. ▷

8

» *Ihr letztes Wort war „Spargel"* «

Bei den Brillat-Savarins scheint die Liebe zur Feinschmeckerei in der Familie gelegen zu sein. Daß die Schwester des großen französischen Gastrosophen und Autors der „Physiologie des Geschmacks" trotz ihrer Vorliebe für leibliche Genüsse das beachtliche Alter von neunundneunzig Jahren erreichte (ihr berühmter Bruder wurde „nur" einundsiebzig), ringt nicht nur Achtung ab, sondern wirft auch die Frage auf: Wie hat die betagte Dame das geschafft?
Wie auch immer ihr Geheimnis gelautet haben mag: Einer der wichtigen Lebensverlängerer war offensichtlich Spargel, von dem sie große Mengen zu verzehren pflegte, und zwar bis ganz zuletzt. „Ich glaube, ich gehe hinüber ins Schattenreich", sagte sie angeblich, als sie ihre letzte Stunde nahen fühlte. „Beeilt euch bitte und bringt mir rasch eine zweite Portion Spargel!" Derselbe ward ebensoschnell herbeigebracht wie genossen. Worauf Madame wie entrückt lächelte, ihre Augen schloß – und verschied.

GEKOCHTER WEISSER SPARGEL

ZUTATEN FÜR 4 PORTIONEN
1 kg Spargel, weiß
(Solospargel, 1. Güteklasse)
2 Semmeln
Salz
Kristallzucker

Spargel vom Kopf weg sorgfältig schälen und holzige Teile wegschneiden. Reichlich Salzwasser zum Sieden bringen. Semmeln und Prise Zucker beigeben (das Brot nimmt die Bitterstoffe) und Spargel vorsichtig einlegen. Nasse, reine Serviette darauflegen, damit der Spargel vom Wasser bedeckt bleibt. Aufkochen, vom Herd nehmen, ziehen lassen.

- GARUNGSDAUER: richtet sich nach der Stärke des Spargels (im Regelfall ca. 20–30 Minuten)
- BEILAGENEMPFEHLUNG: bei warmem Spargel – Brösel mit flüssiger Butter, Sauce hollandaise, Sauce mousseline, Krensauce; bei kaltem Spargel – Krensauce, Sauce vinaigrette
- MEIN TIP: Entgegen anderslautenden Angaben habe ich die Erfahrung gemacht, daß der Spargel, auf diese Weise (oder im Spargeltopf) gekocht, kernig weich wird, also schön bißfest bleibt. Äußerst empfehlenswert ist auch jene Methode, den Spargel, nachdem er in das Wasser eingelegt wurde, mit einem Pergamentpapier zu bedecken und darauf 100 g weiche Butter zu legen. Die zerlaufende Butter schließt hermetisch ab und aromatisiert den Spargel hervorragend.

GRÜNER SPARGEL

ZUTATEN FÜR 4 PORTIONEN
800 g grüner Spargel
Salz

Grüner Spargel wird nicht geschält! Lediglich holzige Teile abtrennen. Salzwasser zum Sieden bringen, Spargel einlegen, einmal aufkochen und sofort aus dem Wasser heben. In Eiswasser abfrischen oder sofort heiß servieren.
Verwendung: Grüner Spargel wird warm oder kalt gereicht, dient aber in erster Linie als Garnitur für Vorspeisensalate, Fisch oder Fleisch.

- GARUNGSDAUER: ca. 3 Minuten
- BEILAGENEMPFEHLUNG: Beigaben und Saucen wie bei weißem Spargel

GRATINIERTER SPARGEL MIT SCHINKEN

ZUTATEN FÜR 4 PORTIONEN
800 g Solospargel
200 g Preß- oder Beinschinken, dünn geschnitten
200 g Butterkäse, dünn geschnitten
2 dl Sauce hollandaise (s. S. 197)

Spargel laut Grundrezept kochen (s. S. 207). Heiß aus dem Sud nehmen, auf Küchenkrepp legen, abtupfen. In Einzelportionen oder gemeinsam in Gratinierschüssel legen, bis zum Beginn der Spitzen mit Schinken- und Käsescheiben belegen, mit Sauce hollandaise (dickflüssige Konsistenz) bis zum Ansatz der Spitzen überziehen. Bei extremer Oberhitze goldbraun überbacken.

- GARUNGSDAUER: 3–5 Minuten
- BEILAGENEMPFEHLUNG: Petersilerdäpfel, Blatt- oder naturbelassene Gemüsesalate

GEFÜLLTE MELANZANI

ZUTATEN FÜR 4 PORTIONEN
4 Melanzani, à 150–200 g
150 g Faschiertes, gemischt, oder Lammfaschiertes
100 g Reis, gedünstet
2 EL Öl
50 g Zwiebeln
Salz
Pfeffer
Knoblauch, gepreßt
1 EL Petersilie, gehackt
80 g Hartkäse, gerieben, zum Bestreuen
Fett zum Bestreichen

Melanzani waschen, der Länge nach halbieren, Schnittfläche kreuzweise einschneiden. Melanzani mit Schnittfläche auf ein befettetes Backblech legen, im Backrohr braten, bis das Fruchtfleisch weich ist. Melanzani aushöhlen, Fruchtfleisch fein hacken, kleingeschnittene Zwiebeln in Öl rösten, überkühlen lassen. Faschiertes, Reis, Melanzanifruchtfleisch, Gewürze und Zwiebeln vermischen. Masse in die ausgehöhlten Melanzani füllen, mit Käse bestreuen und im vorgeheizten Backrohr garen.

- BACKROHRTEMPERATUR: ca. 220 °C
- GARUNGSDAUER: ca. 35 Minuten
- BEILAGENEMPFEHLUNG: Tomaten- oder Fleischsauce

Vorbereiten von Gemüse

Halbierte Zwiebel zum Wurzelansatz fein einschneiden.

2 horizontale Einschnitte machen, Zwiebel nicht durchschneiden.

Durch senkrechte, feine Schnitte wird die Zwiebel fein gewürfelt.

Tomaten kreuzweise einritzen. Stielansatz ausschneiden.

10–12 Sek. in siedendes Wasser legen, sofort in Eiswasser geben.

Die Haut mit Messerspitze abziehen (auch bei Steinobst).

Paprika um den Stiel einschneiden, Stiel und Kerne entfernen.

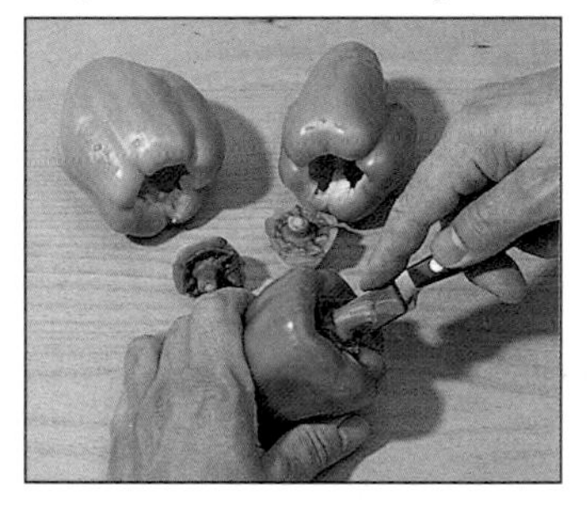

Fülle mittels Löffel in die Paprikaschoten einfüllen.

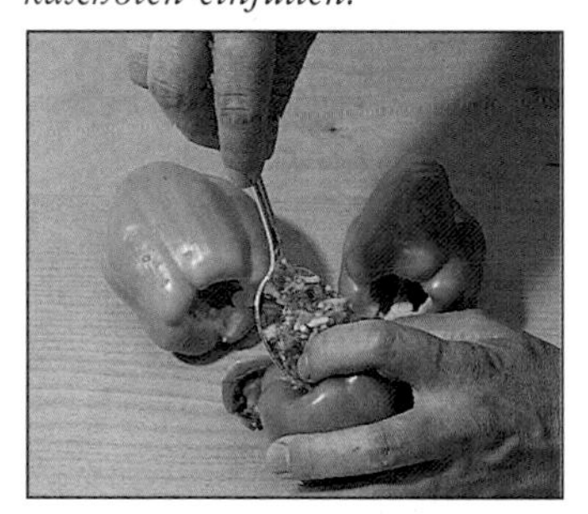

Paprika mit umgedrehtem Stiel durch Eindrücken verschließen.

Rotkraut (oder Weißkraut) von Außenblättern befreien.

Krautkopf halbieren, den Strunk herausschneiden.

Kraut fein hobeln, mit Zitrone einbeizen (Farberhaltung).

ZUTATEN FÜR 4 PORTIONEN
500 g Zucchini, mittlere Größe
100 g Butterkäse
60 g Rohschinken (oder Preßschinken)
Salz
Pfeffer, schwarz, aus der Mühle
Thymian
2 Eier
Mehl, glatt
Semmelbrösel
Öl zum Backen

GEBACKENE ZUCCHINI MIT SCHINKEN-KÄSE-FÜLLE

Zucchini waschen, Enden abschneiden, der Länge nach halbieren und mittels Pariser Ausstecher (oder kleinem Löffel) leicht aushöhlen, würzen. Käse reiben (oder in kleine Würfel schneiden), Rohschinken ebenfalls kleinwürfelig schneiden, beides vermengen, mit Pfeffer und Thymian würzen. In jeweils eine Zucchinihälfte pressen und erhaben einfüllen, mit der passenden Gegenseite verschließen. In Mehl, Ei und Semmelbröseln panieren, schwimmend im heißen Öl langsam beidseitig braun backen. Aus dem Öl heben, abtropfen lassen, im Ganzen oder geschnitten auftragen.
Verwendung: als Hauptspeise oder Garnitur zu Lamm oder Rindsfilet

- GARUNGSDAUER: ca. 6 Minuten
- BEILAGENEMPFEHLUNG: Sauce tartare, Cocktailsauce, Blatt- oder naturbelassene Gemüsesalate
- MEIN TIP: Versuchen Sie zur Abwechslung auch einmal folgende Variante: Zucchini in ca. 12 mm dicke Scheiben schneiden, aushöhlen, füllen, panieren, backen, halbieren. Auch als Cocktailbissen geeignet.

ZUTATEN FÜR 8 PORTIONEN
500 g Broccoli, gekocht
4 Eier
Salz
Pfeffer, aus der Mühle
Butter zum Ausstreichen

BROCCOLIPUDDING *(Flan)*

Gekochte Broccoli sehr fein pürieren. Nach und nach Eier mit Mixstab oder Standmixer untermengen, würzen. Dariolformen (kleine Förmchen) gut mit Butter ausstreichen und Masse ¾ hoch einfüllen. Förmchen in Wasserbad stellen, zugedeckt bei ca. 90 °C Wassertemperatur am Herd pochieren. Stürzen.

- GARUNGSDAUER: 15–20 Minuten

ZUTATEN FÜR 4 PORTIONEN
4 Tomaten, à ca. 90 g
120 g Blattspinat, gekocht
40 g Butter
30 g Hart- oder Butterkäse
Salz
Pfeffer, schwarz
Knoblauch, gepreßt
Olivenöl zum Ausstreichen

ÜBERBACKENE TOMATEN MIT SPINATFÜLLE

Tomaten halbieren, Kerngehäuse mittels kleinem Löffel vorsichtig entfernen, Stielansatz ausschneiden. Butter in Pfanne nußbraun erhitzen, gehackten Blattspinat darin erhitzen, Salz, Pfeffer, Knoblauch beigeben. Tomaten innen mit Salz und Pfeffer würzen, Spinatmasse einfüllen. Passende Form mit Öl ausstreichen, Tomaten einsetzen, mit geriebenem Käse bestreuen und im vorgeheizten Backrohr bei extremer Oberhitze überbacken.

- BACKROHRTEMPERATUR: 250 °C
- GARUNGSDAUER: ca. 5 Minuten

KARFIOL MIT BUTTER UND BRÖSELN

Karfiol von Blättern befreien, Strunk kürzen, ohne daß sich Röschen ablösen. 30 Minuten in kaltes Salzwasser legen. Mit kaltem Salzwasser bedecken, zum Kochen bringen, schwach wallend kernig kochen (Nadelprobe). Butter schmelzen, Brösel darin hellbraun rösten, salzen. Karfiol aus dem Sud heben, abtropfen lassen. Mit Butterbröseln übergießen.

- GARUNGSDAUER: ca. 12 Minuten
- MEIN TIP: Zwei hartgekochte, feingehackte Eier unter die Bröselbutter gemengt, machen das Gericht etwas attraktiver. Will man Karfiol gratinieren, so kocht man ihn vorerst (wie oben angeführt) und überbäckt ihn anschließend mit Sauce Mornay (s. S. 189).

ZUTATEN FÜR 4 PORTIONEN

2 Karfiolrosen, mittlere Größe
120 g Butter
80 g Semmelbrösel
Salz

KARFIOL ODER BROCCOLI IN BACKTEIG

Karfiol oder Broccoli in Salzwasser kochen, erkalten lassen, gut abtropfen. In größere Röschen teilen, Strunk jeweils kürzen. Öl erhitzen, Röschen durch den Teig ziehen und in Öl schwimmend braun backen. Aus dem Öl heben, auf Küchenkrepp legen und abtupfen.

- GARUNGSDAUER: ca. 4–6 Minuten
- BEILAGENEMPFEHLUNG: Sauce tartare

ZUTATEN FÜR 4 PORTIONEN

2 Karfiolrosen, klein, oder
400 g Broccoli, frisch oder tiefgekühlt
Salz
Backteig (s. S. 502)
Öl zum Backen

Sinnenfroher Vegetarismus: überbackene Tomaten mit Spinatfülle (s. Rezept S. 210)

Zubereiten von Artischocken und Artischockenböden „Romanaise“

1

◁ *Jeweils den Stiel am Ansatz abbrechen oder abschneiden. Außenblätter entfernen.*

Frucht oben um etwa ein Viertel kürzen. Unterseite mit Zitronensaft einreiben. ▷

2

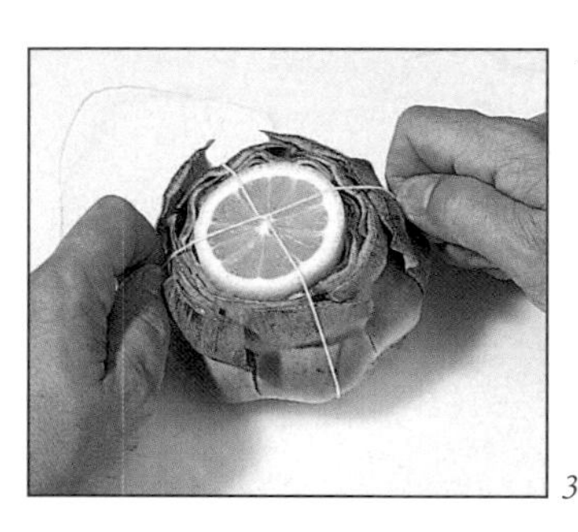

3

◁ *An der gekürzten Oberseite mit Zitronenscheiben belegen und kreuzweise mit Spagat binden.*

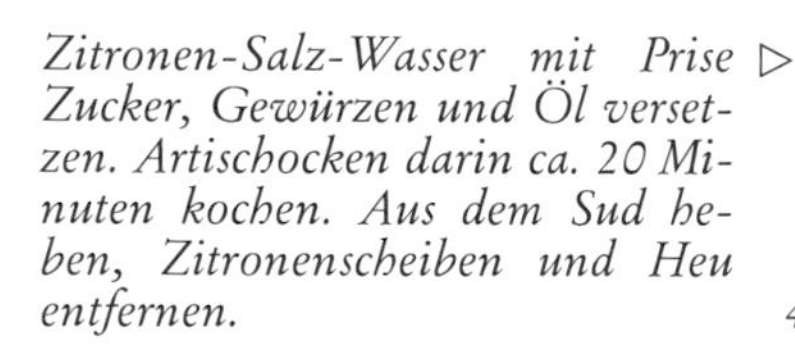

Zitronen-Salz-Wasser mit Prise Zucker, Gewürzen und Öl versetzen. Artischocken darin ca. 20 Minuten kochen. Aus dem Sud heben, Zitronenscheiben und Heu entfernen. ▷

4

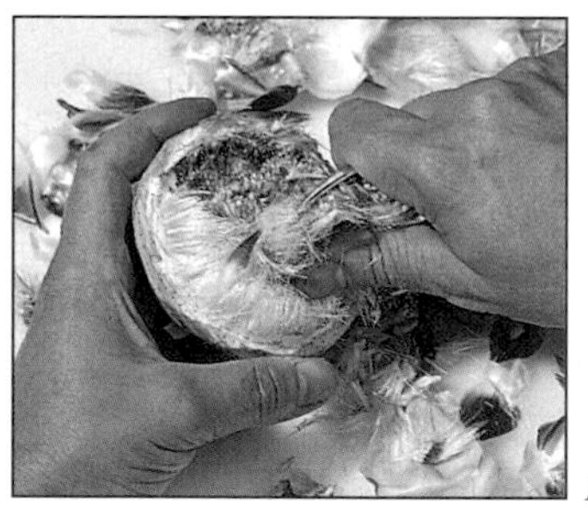

1

◁ ARTISCHOCKENBÖDEN „ROMANAISE“: *Von den Artischocken Stiel, Blätter und Heu entfernen.*

Die Artischockenböden rund zuschneiden und mit Zitronensaft einreiben. ▷

2

3

◁ *Artischockenböden im Sud ca. 15 Minuten (je nach Größe) kochen.*

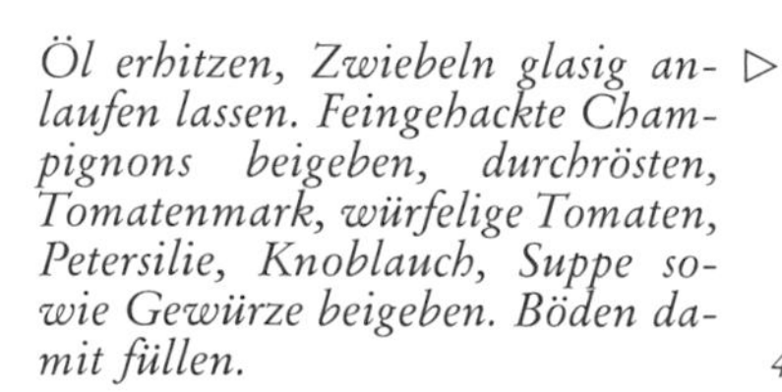

Öl erhitzen, Zwiebeln glasig anlaufen lassen. Feingehackte Champignons beigeben, durchrösten, Tomatenmark, würfelige Tomaten, Petersilie, Knoblauch, Suppe sowie Gewürze beigeben. Böden damit füllen. ▷

4

GEKOCHTE ARTISCHOCKEN

ZUTATEN FÜR 4 PORTIONEN

4 Artischocken
Salz
Zitronensaft
Prise Zucker
½ Lorbeerblatt
4 Pfefferkörner
2 EL Olivenöl
4 Zitronenscheiben, dünn

Jeweils Stiel abschneiden oder abbrechen. Außenblätter entfernen und Frucht oben um ein Viertel kürzen, Unterseite mit Zitronensaft einreiben und mit einer dünnen Zitronenscheibe bedecken. Kreuzweise mit Spagat binden. Salzwasser mit Prise Zucker, Zitronensaft, Gewürzen und Öl versetzen, Artischocken darin kochen. Aus dem Sud heben, Zitronenscheiben, Innenblätter und Heu (im Inneren der Frucht) entfernen. Warm oder kalt servieren.

- GARUNGSDAUER: ca. 20 Minuten
- BEILAGENEMPFEHLUNG: bei warmen Artischocken – Sauce hollandaise; bei kalten Artischocken – Sauce vinaigrette, Mayonnaisesauce

ARTISCHOCKENBÖDEN „ROMANAISE"

ZUTATEN FÜR 4 PORTIONEN

8 Artischocken
8 EL Olivenöl
160 g Zwiebeln
200 g Champignons
20 g Tomatenmark
120 g Tomaten, geschält, entkernt
2 Knoblauchzehen
⅛ l Rindsuppe
Salz
Zitronensaft
Oregano
Rosmarin
Petersilie, gehackt
ca. 1 l Wasser zum Kochen

Wasser, Salz, Zitronensaft und 3 EL Öl gemeinsam aufkochen. Von den Artischocken Stiel, Blätter und Heu entfernen. Die Böden rund schneiden, mit Zitronensaft einreiben und im Sud ca. 15 Minuten (je nach Größe) kochen. Zwiebeln und Champignons gesondert fein hacken. 5 EL Öl erhitzen, Zwiebeln glasig anlaufen lassen. Champignons beigeben, durchrösten, Tomatenmark, kleingewürfelte Tomaten, Petersilie, gepreßten Knoblauch, Suppe und Gewürze unterrühren. Artischockenböden aus dem Sud heben und mit der heißen Champignon-Tomaten-Farce füllen.
Verwendung: als Vorspeise oder Beilage zu Kalb-, Rind- und Lammfleischgerichten

- GARUNGSDAUER: ca. 25 Minuten

PIKANTE PALATSCHINKEN

» Gib den Palatschinken Saures! «

Die Palatschinke ist eines jener mitteleuropäischen Phänomene, wie sie in der Wiener Küche geballt vorkommen. Das Rezept stammt, auch wenn's niemand gerne zugibt, aus Frankreich und basiert auf einem Teig, der etwas molliger ist als jener der Crêpes und etwas dünnflüssiger als Omelettenteig. Der Name dafür kommt indessen aus dem Rumänischen und geht auf die lateinische Wurzel „placenta" zurück, was soviel wie Kuchen bedeutet. Aus der rumänischen „placinta" wurde in Ungarn eine gutnachbarschaftliche „palacsinta", die von den Böhmen zur „palacinka" umgetauft und von den Wienern schließlich als Palatschinke eingemeindet wurde. Bei den Palatschinken, sagt man gemeinhin, ist der Teig nicht so wichtig wie die Fülle, die zumeist süß ist und aus Marmelade, Topfen, Mohn oder Nüssen besteht. Saure Palatschinken, jene mit pikantem „Innenleben", haben in Österreich eine eher junge Tradition, die wohl abermals auf französische Crêpes-Einflüsse zurückgeht. Womit sich der multikulturelle Kreis der Wiener Küche wieder einmal perfekt geschlossen hätte.

GEBACKENE HIRNPALATSCHINKEN

ZUTATEN FÜR 4 PORTIONEN

6 Palatschinken (s. S. 502)
400 g Hirn, enthäutet (Kalb oder Schwein)
80 g Zwiebeln
4 EL Butterschmalz oder Öl
4 Eier
1 EL Petersilie, gehackt
Salz
Pfeffer, weiß, aus der Mühle
Mehl
2–3 Eier zum Panieren
Semmelbrösel
Öl zum Backen

Hirn fein hacken, Fett erhitzen, feingeschnittene Zwiebeln hellbraun rösten. Hirn beigeben, weiterrösten, bis das Hirn gar ist. Eier verschlagen, unter das Hirn rühren, Gewürze und Petersilie untermengen. Die Masse auf die Palatschinken aufteilen, verstreichen. Palatschinken einrollen und gut durchkühlen lassen. Erkaltete Palatschinken halbieren, in Mehl, Ei und Semmelbröseln panieren. In heißem Öl goldbraun backen. Aus dem Öl heben, mit Küchenkrepp abtupfen und anrichten.

- GARUNGSDAUER: ca. 6–8 Minuten
- BEILAGENEMPFEHLUNG: Blatt- und Gemüsesalate, Sauce tartare, Cocktailsauce

PALATSCHINKEN MIT PIZZAFÜLLE

ZUTATEN FÜR 4 PORTIONEN

8 Palatschinken (s. S. 502)
1 dl Pelati (geschälte Tomaten) aus der Dose
40 g Zwiebeln
3 EL Olivenöl
120 g Schinken

Öl erhitzen, feingeschnittene Zwiebeln glasig anlaufen lassen. Gehackte Pelati beigeben, mit Salz, Pfeffer und Oregano würzen. Reduzierend (nicht zugedeckt) kochen, mit Schnee-

Palatschinken müssen nicht immer nur süß sein. Auch mit einer Gemüse- oder Pizzafülle lassen sich verblüffende Effekte erzielen.

rute gut verrühren. Palatschinken mit der Tomatenmasse bestreichen, mit Mozzarellawürfeln, Schinkenstreifen, Oliven sowie Sardellen belegen, mit Parmesan und Oregano bestreuen. Einrollen. In gefettete Auflaufform geben, mit Alufolie bedecken und im vorgeheizten Backrohr backen. Mit Parmesan bestreuen.

- BACKROHRTEMPERATUR: 250 °C
- GARUNGSDAUER: ca. 5 Minuten
- BEILAGENEMPFEHLUNG: italienische Blattsalate

100 g Mozzarella
8 Sardellenstreifen
12 Oliven, schwarz, entkernt
40 g Parmesan, gerieben
Salz
Pfeffer, schwarz, aus der Mühle
Oregano
Fett zum Ausstreichen
Parmesan zum Bestreuen

SPINATPALATSCHINKEN

Tomaten und Zwiebeln gesondert kleinwürfelig schneiden. Butter schmelzen, Zwiebeln glasig anlaufen lassen. Tomaten beigeben, kurz andünsten, ausgedrückten Blattspinat beigeben, erhitzen, würzen, braune Butter untermengen. Heiße Palatschinken mit Spinatmasse füllen und mit Parmesan bestreuen.

ZUTATEN FÜR 4 PORTIONEN

8 Palatschinken (s. S. 502)
320 g Blattspinat, blanchiert
240 g Tomaten, geschält, entkernt
80 g Zwiebeln
50 g Butter
Salz
Pfeffer, schwarz, aus der Mühle
20 g Butter, nußbraun
4 EL Parmesan, gerieben

» Pasta austriaca «

Die österreichische Nudel hat es gegen die italienische Konkurrenz seit jeher schwer gehabt. Da mögen die Kärntner noch so stolz auf ihre Kasnudeln sein und die Tiroler ihre Schlipfkrapfen noch so unermüdlich preisen, ein paar Kilometer weiter südlich wird das alles in der Touristengunst (auch in jener von österreichischen Reisenden) von den niedlicheren und etwas weniger derb mundenden Verwandten namens Tortellini und Ravioli in den Schatten gestellt. Ähnliches gilt für die Altwiener Suppennudeln, die es vermutlich schon gab, bevor Marco Polo noch zu Kublai Khan aufbrach, denen aber letztlich von den Spaghetti und Tagliatelle auf höchst unfaire Weise die historische Show gestohlen wurde. Was bleibt, sind die Schinkenfleckerln. Ihnen vermochte noch soviel Italophilie nicht zu Leibe zu rücken. Und selbst die artverwandten Spaghetti carbonara haben es nicht geschafft, daß sich der Österreicher von seinem bis heute wohl liebsten Nudelgericht getrennt hätte. Als kleines Dankeschön hat er es auch im Volkslied, wenngleich mit der bangen Frage „Warum spielt bei den Schinkenfleckerln alleweil das Fleisch versteckerln?" besungen. Und was der Wiener erst einmal in Töne gesetzt hat, das vergißt er bekanntlich nie.

ZUTATEN FÜR 6 PORTIONEN

200 g Fleckerln, ungekocht
250 g Schinken oder gekochtes Selchfleisch
50 g Butter
50 g Mehl, glatt
¼ l Milch
¼ l Sauerrahm
4 Eidotter
4 Eiklar
1 Ei
Salz
Pfeffer, weiß
Muskatnuß
Butter zum Ausstreichen
20 g Semmelbrösel zum Bestreuen (oder Parmesan)

SCHINKENFLECKERLN I

Fleckerln in reichlich Salzwasser kernig kochen, abseihen, abschwemmen, abtropfen. Butter schmelzen, Mehl anschwitzen, mit heißer Milch aufgießen, mit Schneerute sehr gut verrühren und 3 Minuten kochen. Überkühlen lassen, Eidotter und Ei einrühren. Schinken kleinwürfelig schneiden, entweder etwas anrösten oder ungeröstet der Béchamelsauce beigeben. Fleckerln und Sauerrahm nacheinander einmengen. Schnee schlagen, unterheben, würzen. Gratinierschüssel ausbuttern, mit Bröseln (oder auch geriebenem Parmesan) bestreuen. Im vorgeheizten Backrohr backen.

- BACKROHRTEMPERATUR: 180 °C
- BACKDAUER: 45 Minuten
- BEILAGENEMPFEHLUNG: Häuptelsalat
- MEIN TIP: Bereits fertig gebackene Schinkenfleckerln lassen sich im Mikrowellenofen hervorragend wieder regenerieren. Aus Kostengründen könnte man den Schinken auch durch Rauchwurst ersetzen, wodurch das Gericht ein sehr würziges Aroma erhält.

Auch wenn bei den Schinkenfleckerln das Fleisch nicht „Versteckerln“ spielen sollte, so sind doch die Nudeln die eigentliche „Hauptspeis“.

SCHINKENFLECKERLN II

ZUTATEN FÜR 4 PORTIONEN

150 g Fleckerln, ungekocht
250 g Schinken oder gekochtes Selchfleisch
4 Eidotter
4 Eiklar
1 Ei
¼ l Sauerrahm
¼ l Schlagobers
60 g Brösel von entrindetem Weißbrot
Salz
Pfeffer, weiß
Butter zum Ausstreichen
Semmelbrösel zum Ausstreuen

Fleckerln in reichlich Salzwasser kochen, abseihen, kalt schwemmen. Schinken kleinwürfelig schneiden. Eidotter, Ei, Sauerrahm und Obers verrühren, würzen, mit Schinken und Fleckerln abrühren. Weißbrotbrösel einmengen. Eiklar zu Schnee schlagen, diesen unter die Schinkenfleckerln heben, nochmals würzen. Auflaufform mit Butter ausstreichen, mit Bröseln ausstreuen, Masse einfüllen und im vorgeheizten Backrohr goldbraun backen.

- BACKROHRTEMPERATUR: 200 °C
- BACKDAUER: 35 Minuten

HIRNSOUFFLÉ

ZUTATEN FÜR 8 VORSPEISENPORTIONEN

350 g Hirn, enthäutet
40 g Zwiebeln, gehackt
20 g Butterschmalz
10 g Butter
10 g Mehl, glatt
5 cl Milch
40 g Semmelbrösel
3 Eidotter
3 Eiklar
1 KL Petersilie, gehackt
Salz, Pfeffer, weiß
Butter zum Ausstreichen
Semmelbrösel zum Ausstreuen

Hirn fein hacken. Butterschmalz erhitzen, Zwiebeln glasig anschwitzen, Hirn beigeben, cremig rösten, würzen, Petersilie untermengen. Butter schmelzen, Mehl licht anschwitzen, mit heißer Milch aufgießen, sehr gut verrühren und 1 Minute kochen. Würzen, unter das Hirn mengen, Dotter einrühren. Eiklar mit Salz zu festem Schnee schlagen, unter die Hirnmasse heben. Semmelbrösel hinzufügen. 8 kleine Auflaufförmchen mit Butter ausstreichen, mit Semmelbröseln ausstreuen. Hirnmasse ¾ hoch in die Formen geben. Kasserolle einige Zentimeter mit 90 °C heißem Wasser füllen, Formen einsetzen, zudecken, am Herd 2 Minuten schwach wallend kochen, dann unter dem Siedepunkt pochieren, stürzen.

- GARUNGSDAUER: 18 Minuten

KÄSESOUFFLÉ

ZUTATEN FÜR 8 VORSPEISENPORTIONEN

25 g Butter
25 g Mehl
60 g Hartkäse, gerieben
4 Eidotter
4 Eiklar
⅛ l Milch
Salz
Muskatnuß, gerieben
Butter zum Ausstreichen
Semmelbrösel zum Ausstreuen

Butter schmelzen, Mehl einrühren, ohne Farbe anschwitzen, mit heißer Milch sehr gut verrühren und 2 Minuten kochen lassen, würzen. Erkalten lassen. Käse und Dotter einrühren. Eiklar mit Salz zu Schnee schlagen und unter die Masse heben. 8 kleine feuerfeste Förmchen mit Butter auspinseln, mit Bröseln ausstreuen. Masse bis knapp unter den Rand einfüllen. 80 °C heißes Wasser in flache Kasserolle geben (fingerhoch), Formen hineinstellen und im vorgeheizten Backrohr backen. Bei Tisch stürzen, sofort verzehren.

- BACKROHRTEMPERATUR: 220 °C
- BACKDAUER: ca. 15 Minuten
- BEILAGENEMPFEHLUNG: Blattsalate

NUDEL-BRIES-AUFLAUF

ZUTATEN FÜR 6 PORTIONEN

150 g Bandnudeln, Fleckerln oder Taglierini, ungekocht
200 g Kalbsbries, enthäutet
150 g Champignons
100 g Erbsen
30 g Butterschmalz
4 Eidotter
4 Eiklar
1 Ei
2 dl Schlagobers
2 dl Sauerrahm
60 g Semmelbrösel
Salz, Pfeffer, weiß
Butter zum Ausstreichen
Brösel zum Ausstreuen

Nudeln in reichlich Salzwasser kernig kochen, abseihen, abschwemmen. Bries in Wasser blanchieren, dabei mehrmals das Wasser wechseln. Bries in kleine Röschen teilen, mit Salz und Pfeffer würzen. Schmalz in Pfanne erhitzen, Bries braten, aus der Pfanne heben. Blättrig geschnittene Champignons im Restschmalz anbraten. Erbsen kochen, abseihen. Dotter, Ei, Sauerrahm und Obers verrühren. Bries, Champignons, Erbsen sowie Nudeln daruntermengen, Semmelbrösel einrühren und abschmecken. Eiklar mit Salz zu festem Schnee schlagen, unter die Nudelmasse mengen. Auflaufform mit Butter ausstreichen, mit Bröseln ausstreuen und Nudelmasse einfüllen. Im vorgeheizten Backrohr goldgelb backen.

- BACKROHRTEMPERATUR: 200 °C
- BACKDAUER: 35 Minuten
- BEILAGENEMPFEHLUNG: Blattsalate

ERDÄPFELAUFLAUF

ZUTATEN FÜR 4 PORTIONEN

400 g Erdäpfel, speckig, in der Schale gekocht
3 Tomaten
100 g Emmentaler, gerieben
3 Eier, hartgekocht
100 g Wurst (Dürre)
80 g Zwiebeln
3 EL Öl
⅛ l Béchamelsauce (s. S. 189)
1 Eidotter
Salz, Pfeffer, schwarz
Majoran
Butter zum Ausstreichen

Erdäpfel schälen, in dünne Scheiben schneiden, würzen. Eier und Tomaten gesondert in Scheiben schneiden, würzen. Wurst in kleine Würfel, Zwiebeln in feine Streifen schneiden. Béchamelsauce mit Eidotter verrühren. Zwiebeln in heißem Öl licht rösten, Erdäpfel beigeben, anbraten, würzen. Wurst gesondert in heißem Öl anbraten. Auflaufform mit Butter ausstreichen. Zuerst eine Schicht Erdäpfel, dann geriebenen Käse, anschließend Tomaten, Käse, Eier, Wurst, Käse und abschließend Erdäpfel einfüllen. Masse leicht anpressen, mit Béchamelsauce bestreichen, nochmals mit Käse bestreuen und im vorgeheizten Backrohr braun backen.

- BACKROHRTEMPERATUR: 220 °C
- BACKDAUER: ca. 25 Minuten

Bild s. gegenüberliegende Seite

ZUTATEN FÜR 4 PORTIONEN

90 g Polentagrieß
⅛ l Wasser
⅛ l Milch
20 g Butter
1 Mozzarella
150 g Schinkenwürfel
12 Spinatblätter, blanchiert
80 g Parmesan, gerieben
2 dl Pelati (geschälte Tomaten) aus der Dose, gehackt
50 g Zwiebeln
2 dl Béchamelsauce (s. S. 189)
etwas Öl
Muskatnuß
Salz
Pfeffer
Rosmarin
Oregano
einige Butterflocken
Butter zum Ausstreichen

POLENTAAUFLAUF

Milch, Wasser, Butter, Salz und Muskat zum Kochen bringen. Grieß einfließen lassen und so lange rühren, bis sich der Brei vom Geschirr löst. Auf eine flache, geölte Arbeitsfläche geben, 1 cm dick aufstreichen, erkalten lassen, in Vierecke teilen. Öl erhitzen, kleingeschnittene Zwiebeln anschwitzen, gehackte Pelati beigeben, würzen, dünsten, Schinken untermengen. Mozzarella in kleine Würfel schneiden. Eine Lage Polenta in gebutterte Auflaufform setzen, mit Spinatblättern belegen, Tomatenragout sowie Mozzarella daraufgeben und mit Parmesan bestreuen. Mit Béchamelsauce bedecken. Den Vorgang so lange schichtenweise wiederholen, bis alle Zutaten verbraucht sind. Letzte Schicht (Béchamel) mit Parmesan bestreuen, einige Butterflocken daraufsetzen und im vorgeheizten Backrohr goldbraun backen.

- BACKROHRTEMPERATUR: 230 °C
- BACKDAUER: ca. 15–20 Minuten
- BEILAGENEMPFEHLUNG: Blattsalate

ZUTATEN FÜR 4 PORTIONEN

400 g Melanzani, geschält
250 g Mozzarella
600 g Tomaten, frisch, oder
400 g Pelati aus der Dose
2 EL Basilikum, grob gehackt
4 EL Parmesan, gerieben
50 g Zwiebeln
2 EL Olivenöl
Öl zum Backen
Mehl zum Bestauben
Salz
Pfeffer, schwarz, aus der Mühle
Knoblauch, gepreßt

MELANZANIAUFLAUF

Melanzani in ca. 5 mm dicke Scheiben schneiden, beidseitig salzen, 20 Minuten stehen lassen, mit Küchenkrepp abtrocknen. Beidseitig mit Mehl bestauben. Schwimmend in reichlich Öl bräunen, aus der Pfanne heben, auf Küchenkrepp legen und abtupfen. Mozzarella in grobe Würfel schneiden. Zwiebeln fein schneiden, in Olivenöl glasig anlaufen lassen, geschälte, entkernte Tomaten grob hacken, beigeben, 10 Minuten kochen lassen. Mit der Schneerute verrühren und Salz, Pfeffer sowie Knoblauch beigeben. Gratinierform mit Melanzanischeiben auslegen, mit Tomatenragout bedecken, Mozzarellawürfel darauf gruppieren, mit Basilikum und Parmesan bestreuen. Diesen Vorgang 2–3mal wiederholen. Die Oberschicht besteht aus Tomatenragout und Käse. Im vorgeheizten Backrohr bei starker Hitze backen.

- BACKROHRTEMPERATUR: 230 °C
- BACKDAUER: ca. 15 Minuten

HECHTSTRUDEL

Fischfilet klein schneiden und gut gekühlt in einem Blitzschneider unter ständiger Beigabe von eiskaltem Obers zu einer glatten Farce verarbeiten. Die Farce eventuell passieren. Eiklar, Dille und Gewürze beigeben. Zwiebeln klein hacken, in heißem Schmalz glasig anschwitzen. Champignons waschen, fein hacken, mit Zwiebeln trocken rösten, würzen, Petersilie untermengen. Strudelteig ausziehen, Ränder abtrennen, mit Butter beträufeln. Pilzgemisch auf den Teig streichen. Farce mittels Spritzsack (ohne Tülle) auftragen, verstreichen. Strudel straff einrollen, Enden abdrehen. Auf gebuttertes Backblech legen, mit flüssiger Butter bestreichen. Im vorgeheizten Backrohr goldbraun backen.

- BACKROHRTEMPERATUR: 220 °C
- BACKDAUER: ca. 20 Minuten
- BEILAGENEMPFEHLUNG: Dillsauce oder Sauce von Krebsen, Hummer etc.
- MEIN TIP: Hechtstrudel läßt sich – ebenso wie andere Strudelspezialitäten – auch mit Butter- oder Blätterteig zubereiten. Der Vorteil dieser Variante ist, daß man den Strudel auch als kalte Vorspeise reichen kann. In diesem Fall empfehle ich, den Strudel mit einer Einlage von Lachs- oder Lachsforellenfilet aufzuwerten. Dazu passen Dillgurken mit Rahm.

ZUTATEN FÜR 4 PORTIONEN

300 g Hecht- oder Zanderfilet, ohne Haut
¼ l Schlagobers
1 Eiklar
70 g Zwiebeln oder Schalotten
160 g Champignons
1 EL Petersilie, gehackt
3 EL Butterschmalz oder Öl
1 EL Dillspitzen, gehackt
Salz
Pfeffer, weiß, aus der Mühle
Butter zum Bestreichen
Strudelteig (s. S. 501) oder tiefgekühlt

Hecht- oder Zanderfilet eignet sich perfekt als wohlschmekkende Farce für einen feinen Strudel.

KRAUTSTRUDEL

ZUTATEN FÜR 4 PORTIONEN

1¼ kg Weißkraut, ohne Strunk
80 g Zwiebeln, feingeschnitten
80 g Frühstücksspeck
4 EL Schmalz oder Öl
¼ l Rindsuppe
Salz
Pfeffer, schwarz, aus der Mühle
Kümmel, ganz
Kristallzucker
Strudelteig (s. S. 501) oder tiefgekühlt
Butter zum Bestreichen

Fett erhitzen, kleingeschnittenen Speck darin anrösten, Zwiebeln und Zucker beigeben, bräunen. Kraut fein hobeln, einsalzen, hinzufügen, mit Pfeffer und Kümmel würzen, mit Suppe untergießen. Ca. 30 Minuten kernig dünsten, überkühlen lassen. Strudelteig ausziehen. Teig mit flüssiger Butter einstreichen. Kraut auf die Hälfte des Teiges verteilen, straff einrollen, Enden verschließen. Strudel auf gebuttertes Backblech legen, nochmals mit Butter bestreichen, im vorgeheizten Backrohr goldbraun backen.
Verwendung: als Beilage zu Schweinskoteletts, Jungschweinskarree oder Schweinsjungfer

- BACKROHRTEMPERATUR: 220 °C
- BACKDAUER: ca. 15 Minuten

BLUNZENSTRUDEL

ZUTATEN FÜR 4 PORTIONEN

600 g Blutwurst
80 g Zwiebeln
100 g Semmelwürfel
2 Eier
⅛ l Milch oder Rindsuppe
2 EL Schmalz oder Öl
Strudelteig (s. S. 501) oder tiefgekühlt
Salz
Pfeffer, schwarz, aus der Mühle
Majoran
Knoblauch, gepreßt
Butter zum Einstreichen

Semmelwürfel in versprudelten Eiern und Milch (Rindsuppe) einweichen. Blutwurst enthäuten und das Brät klein schneiden. Zwiebeln klein schneiden, in heißem Fett anrösten, Brät beigeben, durchrösten. Eingeweichte Semmelwürfel und Gewürze beimengen, verrühren, würzen. Strudelteig dünn ausziehen, mit flüssiger Butter beträufeln, Ränder abschneiden. Die Hälfte des Teiges mit der Blutwurstmasse gleichmäßig bedecken, straff einrollen, Enden verschließen. Auf gebuttertes Backblech legen, mit Butter bestreichen und im vorgeheizten Backrohr knusprig backen.

- BACKROHRTEMPERATUR: 220 °C
- BACKDAUER: ca. 20 Minuten
- BEILAGENEMPFEHLUNG: Sauerkraut, warmer oder kalter Krautsalat

SPINAT-CHAMPIGNON-STRUDEL

ZUTATEN FÜR 4 PORTIONEN

400 g Blattspinat, frisch oder tiefgekühlt, blanchiert
400 g Champignons
60 g Zwiebeln, geschnitten
40 g Butter
Salz
Knoblauch
Pfeffer, schwarz, aus der Mühle
Butter zum Bestreichen
Strudelteig (s. S. 501) oder tiefgekühlt

Butter erhitzen, Zwiebeln licht anrösten. Champignons waschen, trocknen, in feine Scheiben schneiden, mit Zwiebeln kurz anrösten, würzen. Blattspinat würzen, mit den Pilzen vermischen. Strudelteig ausziehen, Ränder abschneiden, mit Butter beträufeln, ⅔ des Teiges mit Spinatmasse bedecken, Teig straff einrollen, Enden verschließen. Auf ein mit Butter bestrichenes Backblech legen, nochmals mit Butter bestreichen, im vorgeheizten Backrohr goldbraun backen.
Verwendung: als Beilage zu Kalbfleisch-, Lamm- und Schweinefleischgerichten

- BACKROHRTEMPERATUR: 220 °C
- BACKDAUER: ca. 15 Minuten

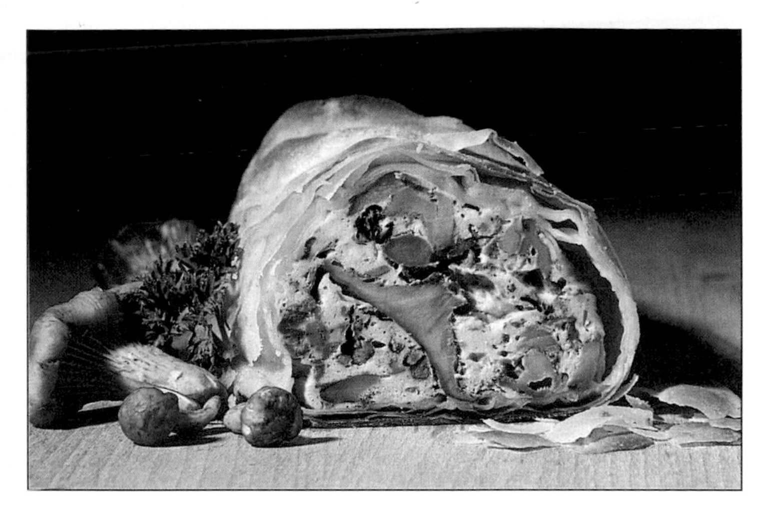

Es muß nicht immer Schwammerlsauce sein: Auch in der Strudelhülle duften Eierschwammerl würzig nach Waldböden.

SCHWAMMERLSTRUDEL

ZUTATEN FÜR 4 PORTIONEN

300 g Eierschwammerl
300 g Hühnerfarce (s. S. 149)
30 g Zwiebeln
30 g Butter
1 EL Petersilie, gehackt
Salz
Pfeffer, weiß, aus der Mühle
Strudelteig (s. S. 501) oder tiefgekühlt
Butter zum Bestreichen

Kleingeschnittene Zwiebeln in Butter glasig anlaufen lassen. Geputzte, gewaschene, geschnittene Eierschwammerl beigeben, rösten, würzen, erkalten lassen. (Allfällig auftretende Flüssigkeit abgießen.) Farce, Schwammerl und Petersilie vermengen. Strudelteig dünn ausziehen, Ränder abschneiden, mit Butter beträufeln. Farce auf ⅔ des Teiges aufstreichen, straff einrollen, Enden verschließen. Strudel auf gebuttertes Backblech legen, mit Butter bestreichen und im vorgeheizten Backrohr bei forcierter (starker) Hitze braun backen.
Verwendung: als Beilage zu Wild- und Kalbfleischgerichten oder als Vorspeise mit Pilzsauce

- BACKROHRTEMPERATUR: 220 °C
- BACKDAUER: ca. 15–20 Minuten

ERDÄPFELSTRUDEL

ZUTATEN FÜR 4 PORTIONEN

600 g Erdäpfel, in der Schale gekocht, geschält
60 g Speck
3 EL Schmalz oder Öl
60 g Zwiebeln
100 g Sauerrahm
2 Eidotter
2 Eiklar
Salz
Pfeffer, schwarz, aus der Mühle
Knoblauch
Strudelteig (s. S. 501) oder tiefgekühlt
Butter zum Bestreichen

Fett erhitzen, kleingeschnittenen Speck anrösten, kleingeschnittene Zwiebeln hinzufügen. Erdäpfel kleinwürfelig schneiden, beigeben, würzen. Erkalten lassen, Eidotter und Sauerrahm unterrühren. Eiklar zu Schnee schlagen, unter die Erdäpfelmasse heben. Strudelteig ausziehen, mit Butter beträufeln. Ränder abschneiden, ⅔ des Teiges mit Erdäpfelmasse bedecken, straff einrollen und Enden verschließen. Auf gebuttertes Backblech legen, mit flüssiger Butter bestreichen. Im vorgeheizten Backrohr knusprig braun backen.
Verwendung: als Beilage zu Schweinefleisch- und Lammgerichten sowie als Hauptgericht; mit grünem Salat oder Gemüsesalaten auftragen

- BACKROHRTEMPERATUR: 200 °C
- BACKDAUER: ca. 20 Minuten

ZUTATEN FÜR 14 PORTIONEN

Teig:
140 g Mehl, glatt
90 g Butter
2 cl Schlagobers
Salz
½ Ei

Belag:
130 g Lauch (das Weiße)
100 g Zwiebeln
100 g Frühstücksspeck
20 g Fett
Salz
Pfeffer

Eiguß:
2 Eier
1 dl Schlagobers
7 cl Milch
Salz
Muskatnuß

ZWIEBEL-LAUCH-KUCHEN

Teig: Mehl, Butter, versprudeltes Ei, Obers und Salz zu einem Mürbteig verkneten (nicht zu lange kneten, da sonst der Teig die Haftung verliert). Teig zugedeckt 30 Minuten kühl lagern. Teig auf ca. 29 cm Ø (größer als die Springform) ausrollen, die Form damit auslegen. (Der Kuchen wird nur ca. 2–3 cm hoch.)
Belag: Speck und Zwiebeln gesondert in kleine Würfel, Lauch in feine Streifen schneiden. Fett in einer Kasserolle erhitzen, Speck glasig anlaufen lassen, Zwiebeln und Lauch beigeben, 5 Minuten bei schwacher Hitze dämpfen, würzen, kalt stellen.
Fertigstellung: Eier, Milch, Obers, Salz und Muskat mit der Schneerute verrühren. Speck-Lauch-Gemisch in der ausgelegten Form verteilen, mit dem Eiguß übergießen und in das vorgeheizte Backrohr stellen (unterste Schiene). Backen, aus dem Rohr nehmen, 5 Minuten rasten lassen, aus der Springform lösen. Heiß oder lauwarm auftragen.

- BACKROHRTEMPERATUR: 220 °C
- BACKDAUER: ca. 25 Minuten
- MEIN TIP: Quiche Lorraine wird wie Zwiebel-Lauch-Kuchen erzeugt, allerdings mit abgeänderter Füllung: 150 g nudelig geschnittener, angebratener Frühstücksspeck, 100 g nudelig geschnittene, angebratene Zwiebeln, 120 g geriebener Hartkäse. Füllen und backen wie Zwiebel-Lauch-Kuchen.

ZUTATEN FÜR 10 STÜCK

200 g Blätter- oder Butterteig *(s. S. 414)*
130 g Schinken oder Geselchtes
2 EL Sauerrahm
1 Eidotter
1 KL Petersilie, gehackt
Eidotter zum Bestreichen
Salz
Pfeffer, weiß, aus der Mühle

SCHINKENKIPFERLN

Schinken oder Geselchtes sehr fein faschieren, mit Sauerrahm, Eidotter, Petersilie und Gewürzen vermengen. Teig messerrückendick ausrollen, in ca. 8 cm große Dreiecke schneiden. Mittels Löffel die Fülle in Nähe der Breitseite dressieren. Den Teig zur Spitze hin einrollen. Die Enden abwinkeln und somit zu Kipferl formen. Mit Eidotter bestreichen. Auf Backblech legen und im vortemperierten Backrohr goldbraun backen. Lauwarm servieren.

- BACKROHRTEMPERATUR: ca. 240 °C
- BACKDAUER: ca. 10 Minuten

ZIEGEN- ODER SCHAFKÄSE IN STRUDELTEIG

ZUTATEN FÜR 10 STÜCK

ca. 100 g Strudelteig (s. S. 501)
300 g Ziegen- oder Schafkäse
Rosmarin
Oregano
Olivenöl
Pfeffer, schwarz, aus der Mühle

Käse in kleine Stücke à 30 g schneiden. Teig in 10 Stücke teilen, mit Olivenöl einstreichen. Käse mit Rosmarin, Oregano und Pfeffer würzen, in den Teig einrollen, die Enden abdrücken. Teig außen mit Öl einstreichen, mit Rosmarin bestreuen und im vorgeheizten Backrohr braun backen.

- BACKROHRTEMPERATUR: ca. 240 °C
- BACKDAUER: ca. 12 Minuten

BLÄTTERTEIG-PIZZALETTEN

ZUTATEN FÜR 1 BLECH

360 g Blätterteig (s. S. 414)
oder tiefgekühlt
140 g Schinkenstreifen
60 g Salamistreifen
3 Artischocken, eingelegt
15 Oliven, schwarz, entkernt
2 dl Tomatensauce nach
neapolitanischer Art (s. S. 200)
160 g Mozzarella
60 g Hartkäse, gerieben
(Parmesan)
8 Sardellenfilets
Oregano

Blätterteig auf Blechgröße ausrollen, auf leicht gefettetes (oder mit Trennpapier ausgelegtes) Blech legen. Mit Tomatensauce bestreichen, mit Schinken- und Salamistreifen, Artischockenblättern und gehackten Sardellenfilets gleichmäßig bestreuen. Halbierte, entkernte Oliven, kleinwürfelig geschnittenen Mozzarella sowie Käse und Oregano ebenfalls darüberstreuen. Im vorgeheizten Backrohr goldbraun backen. Nach dem Backen einige Minuten leicht überkühlen lassen und in gefällige Stücke schneiden.

- BACKROHRTEMPERATUR: 240 °C
- BACKDAUER: 15–18 Minuten

Zwiebel-Lauch-Kuchen ist eine heimische Abart des berühmten Lothringer Käsekuchens, der sogenannten Quiche Lorraine (s. Rezept S. 224).

» Das teuerste Wasser der Welt «

Als „diebische und gefräßige Bettler" hat der Naturforscher Carl von Linné die kleinen Parasiten, die zu neunzig Prozent aus Wasser und auch sonst aus nicht viel Nahrhaftem (nur 35 kcal auf 100 g) bestehen, einmal bezeichnet. Doch man muß schon ein ziemlich trockener und verbiesterter Wissenschaftler sein, um ihm da recht zu geben. Denn zum Bettler wird – angesichts der exorbitanten Schwammerlpreise – allenfalls, wer den aromatischen Waldbewohnern allzuhäufig zuspricht. Nicht einmal die Reaktorkatastrophe von Tschernobyl vermochte der Beliebtheit der Pilze etwas anzuhaben. Und der österreichische Volkssport Schwammerlsuchen ließ sich selbst durch kletternde Becquerel-Werte nicht eindämmen. In manchen Bundesländern mußte das gewerbsmäßige Schwammerlsuchen daher sogar behördlich verboten werden. Dabei ist es keineswegs ungefährlich, da nur etwa 1200 der 5000 in Europa wild wachsenden Pilzarten genießbar sind. Allein: Die heimischen Schwammerlsucher kennen ihre Eierschwammerl, Herrenpilze, Parasole, Tintlinge, Totentrompeten oder Hallimasch selbst blind und trösten sich damit, daß das Schwammerlsuchen in Österreich nicht annähernd so viele Todesopfer fordert wie das nur halb so schmackhafte Fugu-Essen bei den Japanern.

STEINPILZE À LA CRÈME

ZUTATEN FÜR 4 PORTIONEN

800 g Steinpilze, geputzt, möglichst klein, wurmfrei
100 g Butter
120 g Zwiebeln, feingeschnitten
¼ l Schlagobers
8 cl Sauerrahm
Salz
Pfeffer, weiß, aus der Mühle
etwas Zitronensaft
1 KL Petersilie, gehackt

Steinpilze mehrmals waschen, abtrocknen. In feine Scheiben schneiden, Butter erhitzen, Zwiebeln farblos anschwitzen. Pilze beigeben, würzen, kurz andünsten, Schlagobers darübergießen, reduzierend (ohne zuzudecken) garen. Die Pilze sollen kernig bleiben, das Obers reduziert sich zu einer sämigen Sauce. Zitronensaft, Petersilie und Sauerrahm unterrühren. Nochmals nachwürzen, kurz aufkochen, anrichten.
Verwendung: als Vorspeise, Zwischengericht oder Beilage zu Kalbsmedaillons, Rehrücken oder Filets

- GARUNGSDAUER: ca. 5 Minuten
- BEILAGENEMPFEHLUNG: Servietten- oder Semmelknödel, Spiegeleier, Petersilerdäpfel
- MEIN TIP: Meist genügt es, die Pilze beim Stiel mittels Messer gründlich zu putzen und mit einem trockenen Tuch abzureiben.

Gegenüberliegende Seite: Pilze, die Könige der Wälder

STEINPILZE IN RAHMSAUCE

ZUTATEN FÜR 4 PORTIONEN
800 g Steinpilze, geputzt, klein, wurmlos
100 g Butter
120 g Zwiebeln, feingeschnitten
3/8 l Sauerrahm
1/8 l Schlagobers
15 g Mehl, glatt
2 EL Petersilie, gehackt
Salz
Pfeffer, weiß, aus der Mühle
Saft von 1/2 Zitrone

Pilze mehrmals gründlich waschen oder abwischen, in feine Scheiben schneiden. Butter schmelzen, Zwiebeln glasig anlaufen lassen, Pilze beigeben, salzen, pfeffern, kurz andünsten. Mit Obers angießen, dünsten. Sauerrahm mit Mehl gut verrühren (Schneerute), den Pilzen unterrühren, kurz durchkochen. Konsistenz eventuell mit zusätzlichem Obers korrigieren. Nochmals nachwürzen. Mit Petersilie und Zitronensaft vollenden.

- GARUNGSDAUER: ca. 5 Minuten
- BEILAGENEMPFEHLUNG: Semmel- oder Serviettenknödel, Petersilerdäpfel, Spiegeleier

EIERSCHWAMMERL À LA CRÈME

ZUTATEN FÜR 4 PORTIONEN
800 g Eierschwammerl, geputzt
60 g Butter
80 g Zwiebeln, feingeschnitten
200 g Sauerrahm
4 cl Schlagobers
10 g Mehl
2 EL Petersilie, gehackt
Saft von 1/2 Zitrone
Salz
Pfeffer, weiß, gemahlen

Schwammerl putzen, waschen, je nach Größe ganz belassen oder schneiden. Butter in Kasserolle erhitzen, Zwiebeln kurz darin anschwitzen, Schwammerl salzen, pfeffern, beigeben und durchrühren. Zugedeckt ca. 10 Minuten dünsten, danach überschüssige Flüssigkeit abgießen. Obers beigeben, nicht mehr zudecken, (reduzierend) kochen. Sauerrahm mit Mehl verrühren, unter die Schwammerl mengen, mit Petersilie, Zitronensaft, Salz und Pfeffer vollenden. Ca. 3 Minuten kochen lassen.
Verwendung: als Hauptgericht oder als Beilage zu Kalbsmedaillons, Reh etc.

- GARUNGSDAUER: ca. 15 Minuten
- BEILAGENEMPFEHLUNG: siehe Steinpilze

GERÖSTETE EIERSCHWAMMERL

ZUTATEN FÜR 4 PORTIONEN
800 g Eierschwammerl, geputzt
80 g Zwiebeln, feingeschnitten
1 EL Petersilie, gehackt
60 g Butterschmalz
4 Eier
Salz
Pfeffer, schwarz, aus der Mühle
einige Tropfen Zitronensaft

Schwammerl gründlichst waschen, trocknen, je nach Größe ganz belassen oder schneiden. Eier verschlagen, salzen. Schmalz in einer (oder zwei) Pfanne(n) erhitzen, Zwiebeln hell anschwitzen, Eierschwammerl beigeben, zügig durchrösten, eventuell austretende Flüssigkeit abschütten. Würzen, Petersilie beigeben, Eier untermengen. Zügig durchrösten, anrichten. Mit Petersilerdäpfeln auftragen.

- GARUNGSDAUER: ca. 5-8 Minuten
- MEIN TIP: Tritt während des Röstens zuviel Flüssigkeit aus, so sollte man diese – wie im Rezept angegeben – abgießen und abseihen. Die Flüssigkeit kann tiefgefroren und bei Bedarf zur Geschmacksverbesserung Suppen und Saucen beigegeben werden. Hervorragend schmecken geröstete Eierschwammerl, wenn man sie mit einem kleinen Steak auf Toast serviert.

SCHWAMMERLGULASCH

ZUTATEN FÜR 4 PORTIONEN

800 g Eierschwammerl, geputzt
60 g Fett
100 g Zwiebeln, feingeschnitten
1/16 l Sauerrahm
10 g Paprikapulver, edelsüß
1 KL Mehl, glatt
Salz
Pfeffer, weiß, gemahlen
1 KL Essig

Schwammerl waschen, je nach Größe ganz belassen oder schneiden. Fett in Kasserolle erhitzen, Zwiebeln goldbraun rösten, Paprikapulver beigeben, durchrühren, sofort mit Essig ablöschen. Eierschwammerl hinzufügen, salzen, pfeffern, durchrühren und zugedeckt ca. 10 Minuten weichdünsten. Sollten die Schwammerl zuviel Flüssigkeit ziehen, diese zum Teil abgießen. Sauerrahm mit Mehl verrühren, unter die Schwammerl mengen, nochmals 3 Minuten kochen lassen.

- GARUNGSDAUER: ca. 15 Minuten
- BEILAGENEMPFEHLUNG: Petersilerdäpfel, Semmel- oder Serviettenknödel

GEFÜLLTE GEBACKENE CHAMPIGNONKÖPFE

ZUTATEN FÜR 4 PORTIONEN

24 Champignons, mittlerer Größe
120 g Hirn (Kalb oder Schwein), enthäutet
30 g Zwiebeln
1 EL Petersilie, gehackt
1 Ei
30 g Butterschmalz
Salz
Pfeffer, weiß, aus der Mühle
Öl zum Backen
Mehl
Ei
Semmelbrösel zum Panieren

Pilze waschen, entstielen, Köpfe salzen. Zwiebeln und Champignonstiele gesondert fein hacken. Zwiebeln in Butterschmalz glasig rösten, gehackte Champignons beigeben, rösten. Hirn fein hacken, mitrösten, verschlagenes Ei einmengen. Die Masse rühren, bis sie absteift (fester wird). Petersilie und Gewürze untermengen. Kalt stellen. Champignonköpfe mit der Masse erhaben füllen, andrücken. In Mehl, verschlagenem Ei und Semmelbröseln panieren. In heißem Öl schwimmend goldbraun backen.

- GARUNGSDAUER: ca. 5 Minuten
- BEILAGENEMPFEHLUNG: Kräutersauce (Mayonnaisebasis)

DUXELLES *(Pilzfarce)*

ZUTATEN FÜR 4 ESSLÖFFEL

120 g Champignons, geputzt
70 g Schalotten oder Zwiebeln
1 EL Petersilie, gehackt
3 EL Pflanzenöl
Salz
Pfeffer, weiß, aus der Mühle

Öl in flacher Kasserolle erhitzen, feingehackte Schalotten (Zwiebeln) farblos anschwitzen, sehr fein gehackte Champignons beigeben und so lange rösten, bis die Flüssigkeit verdunstet ist. Mit Petersilie, Salz und Pfeffer abschmecken. *Verwendung:* als Einlage für Saucen, für Fisch- und Fleischgerichte (z. B. Lungenbraten Wellington); ist im fertigen Zustand einige Tage lagerfähig (Kühlschrank)

- GARUNGSDAUER: ca. 6 Minuten

Geröstete Knödel mit Ei

» Ein Marsch für Friedenszeiten «

Die Bezeichnung Grenadiermarsch stammt aus der Soldatensprache und verdankt ihre Herkunft vermutlich jener typisch militärischen Restlküche, die wohl auch darin ihren Niederschlag fand, daß es in so gut wie jedem k. u. k. Haushalt mindestens ein „Mannsbild" gab, das „gedient" und seine kulinarischen Erfahrungen vom Militär mit nach Hause gebracht hatte. Freilich setzt selbst ein Billiggericht wie der Grenadiermarsch mit Zutaten wie Speck und Wurst eine ausreichende Versorgungslage voraus. Es darf also angenommen werden, daß sich das martialische Gericht vor allem in Friedenszeiten auf dem Speisezettel fand. Und in der Tat wird man einen Grenadiermarsch im 1915 erschienenen und „vom k. k. Ministerium des Innern überprüften und genehmigten Österreichischen Kriegskochbuch" von Gisela Urban zunächst vergeblich suchen. Etwas verändert, und vor allem um den Speck gebracht, findet man ihn dort jedoch unter dem Titel „Soldatenkappen" wieder.

GRENADIERMARSCH

ZUTATEN FÜR 4 PORTIONEN

400 g Erdäpfel, speckig, in der Schale gekocht, geschält
300 g Fleckerln, gekocht
200 g Wurst oder Leberkäse
100 g Rauchspeck
80 g Zwiebeln
Salz
Pfeffer, schwarz, aus der Mühle
Majoran
1 TL Petersilie, gehackt
60 g Butterschmalz

Wurst und Speck würfelig, Zwiebeln in Scheiben, Erdäpfel in messerrückendicke Scheiben schneiden. Schmalz in einer Pfanne erhitzen, Speck und Wurst darin rösten, Zwiebeln beigeben, weiterrösten. Erdäpfel untermengen und unter Wenden bräunen. Teigwaren daruntermischen, würzen. Mit Petersilie bestreut servieren.

BEILAGENEMPFEHLUNG: Häuptel-, Vogerl- oder Endiviensalat

EIERNOCKERLN

ZUTATEN FÜR 4 PORTIONEN

800 g Nockerln *(s. S. 397)*
60 g Butterschmalz
8 Eier
Salz

Butterschmalz in passender Pfanne erhitzen. Nockerln unter oftmaligem Wenden erhitzen, salzen. Eier verschlagen, salzen, über die Nockerln gießen, anziehen lassen, durchrühren. Leicht bräunen und mit grünem Salat auftragen.

GERÖSTETE KNÖDEL MIT EI

ZUTATEN FÜR 4 PORTIONEN

800 g Semmel- oder Serviettenknödel *(s. S. 398, 400)*
8 Eier
60 g Butterschmalz
1 EL Schnittlauch, geschnitten
Salz

Knödel halbieren, in ca. 4 mm dicke Scheiben schneiden. Schmalz in passender Pfanne erhitzen. Knödel darin braun rösten. Eier verschlagen, salzen, darübergießen, anziehen lassen, wenden, bräunen. Anrichten, mit Schnittlauch bestreuen. Mit Häuptel- oder Gurkensalat auftragen.

GRAMMELSCHMARREN

Zutaten für 4 Portionen

600 g Erdäpfel, speckig, gekocht, geschält
70 g Grammeln
100 g Zwiebeln
60 g Schmalz
Salz

Erdäpfel in gröbere Scheiben, Zwiebeln feinwürfelig schneiden. Schmalz in Pfanne erhitzen, Zwiebeln darin anrösten, Erdäpfel beigeben, anrösten, öfter wenden. Mit der Backschaufel die Scheiben etwas zerkleinern. Heiße Grammeln unterrühren, weiterrösten und salzen.
Verwendung: Beilage zu Siedefleisch, Zunge oder mit Salat aufgetragen als einfache Mahlzeit

BOHNENGULASCH

Zutaten für 4 Portionen

800 g Bohnen, weiß, gekocht
200 g Zwiebeln
60 g Frühstücksspeck
4 EL Schmalz oder Öl
15 g Paprikapulver, edelsüß
1 Knoblauchzehe
200 g Wurst (Dürre, Extra)
¼ l Rindsuppe
Spritzer Essig, Salz
Pfeffer, schwarz, Majoran

Speck und Zwiebeln gesondert fein schneiden. Fett erhitzen, Speck anrösten, Zwiebeln beigeben, ebenfalls goldbraun rösten. Paprika einstreuen, kurz durchrühren und sofort mit Essig ablöschen. Mit Suppe aufgießen, Bohnen, Knoblauch und Gewürze unterrühren, 5 Minuten kochen. In Würfel oder Scheiben geschnittene Wurst beigeben und weitere 10 Minuten kochen lassen.

- GARUNGSDAUER: ca. 15 Minuten
- MEIN TIP: Wenn Sie eine mollige Konsistenz bevorzugen, so binden Sie das Bohnengulasch mit etwas Mehl.

TIROLER GRÖSTEL

Zutaten für 4 Portionen

700 g Erdäpfel, speckig, in der Schale gekocht, geschält
80 g Zwiebeln
300 g Rindfleisch, gekocht (Bratenreste)
1 TL Petersilie, gehackt
60 g Butterschmalz
Salz
Pfeffer, schwarz, aus der Mühle
Majoran

Erdäpfel in messerrückendicke Scheiben, Rindfleisch grobnudelig, Zwiebeln nudelig schneiden. Schmalz in einer Pfanne erhitzen, Zwiebeln darin lichtbraun rösten, Erdäpfel beigeben, unter Wenden rösten, mit Rindfleisch weiterrösten. (Je knuspriger das Gericht ist, um so köstlicher schmeckt es.) Würzen, anrichten, mit Petersilie bestreuen.

- BEILAGENEMPFEHLUNG: Endivien-, Häuptel-, Gurken- oder Krautsalat

BLUNZENGRÖSTEL

Zutaten für 4 Portionen

500 g Blutwurst
500 g Erdäpfel, speckig, in der Schale gekocht, geschält
100 g Zwiebeln
80 g Schweineschmalz
Salz
Pfeffer, schwarz, aus der Mühle
Majoran

Erdäpfel in messerrückendicke Scheiben, enthäutete Blutwurst in Scheiben und Zwiebeln feinwürfelig schneiden. Zwiebeln in wenig Schmalz licht anschwitzen. Erdäpfel beigeben, rösten, mit Salz, Pfeffer und Majoran würzen. Erdäpfel aus der Pfanne heben, warm stellen. Restliches Schmalz erhitzen, Blutwurst sehr knusprig braten, Erdäpfel wieder untermengen.

- BEILAGENEMPFEHLUNG: Krautsalat oder Sauerkraut

ERDÄPFELGULASCH

ZUTATEN FÜR 4 PORTIONEN
800 g Erdäpfel, mehlig, roh, geschält
20 g Paprikapulver, edelsüß
200 g Zwiebeln
4 EL Schmalz oder Öl
2 Knoblauchzehen, gepreßt
300 g Wurst (Dürre, Extra)
¼ l Suppe oder Wasser
1 TL Essig
Salz, Pfeffer, schwarz
Majoran

Zwiebeln fein, Wurst würfelig schneiden, Erdäpfel vierteln. Fett erhitzen, Zwiebeln darin goldbraun rösten. Paprikapulver beigeben, durchrühren, sofort mit Essig ablöschen. Mit Wasser oder Suppe aufgießen, Erdäpfel, Knoblauch und Gewürze beimengen und unter oftmaligem Rühren garen, bis der Saft durch die Kartoffelstärke cremig wird und die Erdäpfel weich sind. Wurst einige Minuten mitkochen.

- GARUNGSDAUER: ca. 20 Minuten

MAJORANERDÄPFEL

ZUTATEN FÜR 4 PORTIONEN
600 g Erdäpfel, speckig, in der Schale gekocht, geschält
2 EL Schmalz oder Öl
20 g Mehl, glatt
½ l Suppe
1 EL Essig
150 g Essiggurken
200 g Wurst (Dürre, Extra)
Salz
Pfeffer, weiß
Majoran
etwas Knoblauch

Erdäpfel, Gurken gesondert in messerrückendicke Scheiben, Wurst in Scheiben oder Würfel schneiden. Fett erhitzen, Mehl unterrühren, braun rösten, mit heißer Suppe aufgießen und gut (ohne Knötchenbildung) verrühren (Schneerute). 10 Minuten kochen lassen, Erdäpfel beigeben, abermals 10 Minuten kochen und Wurst sowie Gurken beimengen. Essig, Gewürze beifügen, einige Minuten weiterkochen.

- GARUNGSDAUER: ca. 20 Minuten
- MEIN TIP: Verfeinern Sie das Gericht noch mit 2 EL Sauerrahm.

HIRNPOFESEN

ZUTATEN FÜR 4 PORTIONEN
650 g Hirn (Kalb oder Schwein), enthäutet
100 g Zwiebeln
60 g Butterschmalz
16 Toastbrotscheiben
3 EL Milch
6 Eier
1 EL Petersilie, gehackt
Salz
Pfeffer, weiß, aus der Mühle
Öl zum Backen

Hirn grob hacken. Zwiebeln fein schneiden, in heißem Schmalz lichtbraun rösten. Hirn beigeben, würzen, durchrösten, bis die Masse gar ist. 3 (!) Eier einrühren, rösten, Petersilie beigeben, nachwürzen. 8 Toastscheiben gleichmäßig mit Hirnmasse bestreichen, je eine Brotscheibe daraufsetzen, leicht andrücken. Restliche Eier mit Milch und Salz verschlagen, Pofesen beidseitig darin tunken und schwimmend in heißem Öl beidseitig braun backen. Aus dem Öl heben, mit Küchenkrepp abtupfen.

- GARUNGSDAUER: ca. 5 Minuten
- BEILAGENEMPFEHLUNG: Blatt-, Gurken- oder Tomatensalat

FISOLENEINTOPF

ZUTATEN FÜR 4 PORTIONEN
1 kg Fisolen, geputzt, gekocht
20 g Butter
20 g Mehl, glatt
300 g Dürre oder Knackwurst
¼ l Rindsuppe
⅜ l Sauerrahm
Salz
Pfeffer, schwarz, aus der Mühle
Zitronensaft oder Essig
1 EL Dillspitzen, feingehackt

Butter schmelzen, Mehl darin anschwitzen, mit heißer Suppe aufgießen und gut verrühren. Einige Minuten kochen lassen. Geschnittene Fisolen und Wurst beimengen, einige Minuten kochen, Rahm unterrühren. Mit Salz, Pfeffer, Zitronensaft oder Essig und Dillspitzen abschmecken.

- GARUNGSDAUER: ca. 25 Minuten

Die Topfenhaluška ist zwar eine pannonische Nomadenspeise für harte Männer, sie erfreut sich aber auch bei „seßhafteren" Gemütern größter Beliebtheit.

LINSENEINTOPF

ZUTATEN FÜR 6 PORTIONEN

500 g Trockenlinsen oder Linsen aus der Dose (2 Dosen)
2 EL Öl
20 g Mehl, glatt
1 TL Tomatenmark
50 g Zwiebeln
50 g Frühstücksspeck
½ l Rindsuppe oder Linsensud
400 g Wurst (Dürre, Frankfurter, Knackwurst)
Salz
Pfeffer, schwarz, aus der Mühle
1 Thymianstrauß
½ Lorbeerblatt
Essig
Sardellenpaste

Getrocknete Linsen einige Stunden in kaltem Wasser einweichen, Wasser abschütten, mit ca. 2 Liter Salzwasser zum Kochen bringen, Thymian und Lorbeerblatt beigeben. Gemeinsam kernig kochen. Abseihen, Sud eventuell als Aufgußflüssigkeit bereithalten. Öl erhitzen, Mehl unter ständigem Rühren dunkelbraun rösten, Tomatenmark schnell einrühren, weiterrösten, mit heißem Sud oder Suppe aufgießen, sehr gut verrühren (Schneerute). Speck und Zwiebeln gesondert feinwürfelig schneiden. In dieser Reihenfolge rösten und gemeinsam mit den Linsen in die Einmach geben. Wurst würfelig oder in Scheiben schneiden, ebenfalls einmengen und einige Minuten gut durchkochen. Mit Salz, Pfeffer, Essig und Sardellenpaste pikant abschmecken.

- GARUNGSDAUER: ca. 15 Minuten
- MEIN TIP: Mit Suppe verdünnt kann das Gericht auch als Suppe gereicht werden.

TOPFENHALUŠKA

ZUTATEN FÜR 4 PORTIONEN

350 g Nudelteig II (s. S. 238) oder fertige breite Nudeln
250 g Topfen (Bröseltopfen), trocken
120 g Speck, geräuchert
1 dl Sauerrahm
Salz
Pfeffer, schwarz, aus der Mühle

Nudelteig in ungleich große Flecken reißen oder schneiden. In Salzwasser kochen, abseihen, kalt schwemmen. Speck in kleine Würfel schneiden, in Pfanne lichtbraun rösten. Speckwürfel aus der Pfanne heben, warm stellen. Teigflecken im verbliebenen Schmalz erwärmen, würzen und Rahm unterrühren. Topfen darüberbröseln, durchschwingen, würzen, anrichten. Mit heißen Speckwürfeln bestreuen.

- BEILAGENEMPFEHLUNG: Häuptelsalat

ZUTATEN FÜR 4 PORTIONEN
200 g Fleckerln
600 g Weißkraut
150 g Zwiebeln
60 g Kristallzucker
8 EL Öl oder Schmalz
Salz
Pfeffer, schwarz, aus der Mühle
etwas Suppe oder Wasser

KRAUTFLECKERLN

Fleckerln in reichlich Salzwasser kernig kochen, abseihen, mit kaltem Wasser schwemmen, abtropfen lassen. Öl oder Schmalz erhitzen, Zucker darin dunkel karamelisieren lassen, feingeschnittene Zwiebeln beigeben, durchrösten. Kraut in ca. 1 cm große Quadrate schneiden, ebenfalls mitrösten, mit etwas Suppe oder Wasser untergießen, mit Salz und Pfeffer würzen, kernig dünsten (ca. 30 Minuten), dabei trocken halten. Fleckerln nochmals erhitzen, salzen, pfeffern, mit dem Kraut vermengen.

- GARUNGSDAUER: ca. 40 Minuten
- BEILAGENEMPFEHLUNG: Häuptelsalat

ZUTATEN FÜR 4 PORTIONEN
½ kg Buchweizenmehl
100 g Selchspeck
100 g Schmalz
1,5 l Wasser
Salz

HEIDENSTERZ

Buchweizenmehl in kochendes Salzwasser einlaufen lassen, aber nicht verrühren! Dadurch bildet sich ein großer Knödel, der auf jeder Seite 15 Minuten gekocht werden muß (wenden!). In einer Pfanne Schmalz erhitzen, den Knödel hineingeben und mit zwei Gabeln in kleine Stücke reißen. Den Sterz im heißen Backrohr gut ausdünsten lassen. Kleinwürfeligen Speck anrösten (auslassen), samt dem gewonnenen Schmalz über den Sterz geben (abschmalzen).

- GARUNGSDAUER: ca. 50 Minuten
- MEIN TIP: Heidensterz ist die klassische Beilage zu Klachelsuppe, wobei man ihn separat in einer Schüssel reicht.

Der klassische steirische Heidensterz wird aus „Hoadn-" (= Buchweizen)mehl, der „Türken- oder Plentensterz" hingegen aus Maisgrieß zubereitet.

» Der Sterz als Sozialleistung «

Gewerkschafter von heute würden wohl nur milde darüber lächeln. Doch der Sterz, ob vom „Hoadn" (= Buchweizen) oder „Türken" (= Mais), hatte seinerzeit den Charakter einer Sozialleistung und ist in etwa unseren Essensmarken oder der verbilligten Kantinenverpflegung vergleichbar. Und wie auch heute der Entzug von „erworbenen Rechten" zunächst mit Ingrimm und sodann mit Streikdrohung beantwortet wird, so verhielt es sich auch früher am Bauernhof. Geriet der Sterz zu dünn oder blieb die Magd mit dem Sterzpfandl – Gott bewahre – einmal überhaupt aus, so begannen die Knechte mit dem „Sterzfordern", einer bäuerlichen Variante des proletarischen Bummelstreiks. Kurzum: „Ein Vaterunser lang" wurde die Arbeit eingestellt, und die Knechte begannen ein wildes Trommelkonzert mit Hacken und Dreschflegeln zu veranstalten, das den Gutsherrn dazu bewegen sollte, den „sozialen Frieden" wiederherzustellen. Wenn die Herrschaft zum Einlenken gewillt war, dauerte es meist nicht lange, bis der geforderte Sterz herbeigebracht wurde. Denn ein Sterz, so sagen die Steirer, braucht nicht länger zu kochen, als eine langsame Magd benötigt, um über den Stubenboden zu gehen.

TÜRKENSTERZ *(Plentensterz)*

ZUTATEN FÜR 4 PORTIONEN
½ l Wasser
200 g Maisgrieß (Polenta)
30 g Schweineschmalz
30 g Schweine- oder Grammelschmalz zum Abschmalzen
Salz

Salzwasser mit Schmalz aufkochen, Maisgrieß einfließen lassen, rühren, 3 Minuten kochen lassen. Restliches Schmalz erhitzen und über den Sterz verteilen. Im vorgeheizten Backrohr ausdünsten lassen. Abschließend mit einer Gabel auflockern.

- BACKROHRTEMPERATUR: 180 °C
- GARUNGSDAUER: ca. 25 Minuten
- MEIN TIP: Wer Türkensterz in der rustikalen Originalversion genießen will, serviert ihn in (!) oder zumindest mit Milchkaffee. Wem das zu „authentisch" schmeckt, sollte den Sterz hingegen als Hauptspeise mit Häuptelsalat (Kernöldressing) auftragen.

SCHINKEN-KÄSE-SPÄTZLE

ZUTATEN FÜR 4 PORTIONEN
600 g Spätzle (weiß oder Spinatspätzle, s. S. 397), gekocht
200 g Schinken
50 g Butterschmalz
120 g Hart- oder Butterkäse, gerieben
Salz
Petersilie, gehackt
Butter zum Ausstreichen

Butterschmalz erhitzen, in feine Streifen geschnittenen Schinken darin kurz anrösten. Spätzle beigeben und unter kräftigem Schwingen erwärmen. Salz sowie Petersilie untermengen. Spätzle in eine gebutterte Auflaufform einfüllen, dicht mit geriebenem Käse bestreuen und bei extremer Oberhitze bräunend überbacken.

- GARUNGSDAUER: 4–8 Minuten

SPECK-LAUCH-SPÄTZLE

ZUTATEN FÜR 4 PORTIONEN

600 g Spätzle (s. S. 397), gekocht
400 g Sauerrahm
120 g Lauch
120 g Frühstücksspeck
50 g Schmalz
Salz
Pfeffer, schwarz, aus der Mühle

Lauch in feine Scheiben, Speck in kleine Würfel schneiden. Speck in heißem Schmalz anrösten, Lauch beigeben, rösten, fertig gekochte Spätzle unterrühren, erwärmen. Rahm beimengen und gewürzt anrichten.

- GARUNGSDAUER: 4–8 Minuten
- BEILAGENEMPFEHLUNG: Blatt-, Tomaten- oder Gurkensalat
- MEIN TIP: Wer es deftiger bevorzugt, sollte die Spätzle in eine gebutterte Auflaufschüssel geben, mit 80 g geriebenem Käse bestreuen und anschließend im heißen Backrohr goldbraun überbacken.

ÜBERBACKENE SPINATNOCKEN

ZUTATEN FÜR 12 STÜCK

250 g Blattspinat, blanchiert
200 g Weißbrot, entrindet
⅛ l Milch
1 Ei
50 g Selchspeck, geschnitten
80 g Parmesan, gerieben
80 g Semmelbrösel
60 g Butter zum Begießen und Bestreichen
3 EL Parmesan, gerieben, zum Bestreuen
Salz
Muskatnuß, gerieben
Pfeffer, weiß, aus der Mühle

Speck rösten, kalt stellen. Spinat gut auspressen, Weißbrot zerkleinern, in Milch einweichen, ebenfalls gut auspressen. Diese Zutaten faschieren. Ei, Parmesan, Semmelbrösel und Gewürze einrühren, alles 10 Minuten anziehen lassen. Reichlich Salzwasser zum Kochen bringen. Mit nasser Innenhand und Suppenlöffel 12 Nocken formen, in das Wasser einlegen und 10 Minuten schwach wallend kochen. Aus dem Wasser heben, gut abtropfen lassen. Gratinierschüssel mit Butter ausstreichen, die Nocken nebeneinander einsetzen, mit geschmolzener Butter begießen und mit Parmesan bestreuen. Bei extremer Oberhitze im vorgeheizten Backrohr überbakken (gratinieren).

- GARUNGSDAUER: ca. 13 Minuten

HASCHEEKNÖDEL *(Fleischknödel)*

ZUTATEN FÜR 8 STÜCK

Erdäpfelknödelteig (s. S. 400)
250 g Rindfleisch (gekocht) oder Bratenreste
40 g Zwiebeln
2 EL Schmalz oder Öl
1 Ei
Salz
Pfeffer
Majoran
Knoblauch, gepreßt
Petersilie, gehackt

Fett erhitzen und feingeschnittene Zwiebeln darin goldgelb rösten. Fleisch grob faschieren, mit Zwiebeln, Ei, Petersilie und Gewürzen vermengen. 8 Kugeln formen (eventuell im Tiefkühlfach leicht anfrosten), Teig zu Rolle formen, in 8 Teile schneiden. Teigkugeln flach drücken oder mit Nudelholz anrollen, Hascheekugeln daraufsetzen, mit Teig umhüllen und verschließen. In siedendem Salzwasser 6 Minuten zart wallend kochen, 6 Minuten ziehen lassen.

- GARUNGSDAUER: 12 Minuten
- BEILAGENEMPFEHLUNG: Endivien-, Chinakohl- oder Krautsalat (warm oder kalt), Sauerkraut
- MEIN TIP: Für Blunzenknödel (Blutwurstknödel) verwendet man statt Bratenresten enthäutete geröstete Blutwurst, wobei sich in diesem Fall das Faschieren erübrigt.

» *Das Knödelhoroskop* «

Genießer, die erfahren möchten, wie wichtig die Knödel den Österreichern wirklich sind, brauchen nur zu ergründen, was für eine wesentliche Rolle diese im alpenländischen Aberglauben spielen. Denn wer die Zukunft erforschen will, der muß nämlich am Silvesterabend Knödel in eine Kasserolle einlegen. Es ist dabei ziemlich unbedeutend, ob es sich um Semmel-, Grammel-, Speck- oder sonstige Knödel handelt, Hauptsache, sie sind rund wie die Weltkugel, und es steckt ein kleines Zettelchen in jedem Knödel, auf das man all seine Hoffnungen, Ängste und Träume geschrieben hat. Nun legt man die Knödel ins kochende Wasser ein und wartet, bis der erste an die Oberfläche aufsteigt. Er enthält jene Prophezeiung, die sich – mit Gewißheit – im folgenden Jahr bewahrheiten wird. Berechnende Menschen verwenden das Knödelorakel übrigens auch zum Lottospielen. Sie füllen die Knödel mit Zahlenzettelchen und tippen dann die Reihenfolge, in der die „Lottoknödel“ an der Oberfläche erscheinen.

Grammelknödel

GRAMMELKNÖDEL

ZUTATEN FÜR 8 STÜCK
Erdäpfelknödelteig (*s. S. 400*)
200 g Grammeln
80 g Zwiebeln, geschnitten
3 EL Schmalz oder Öl
Salz
Pfeffer
Majoran
Knoblauch, gepreßt

Fett erhitzen, Zwiebeln darin goldbraun rösten. Grammeln etwas hacken, Zwiebeln und Gewürze daruntermengen. 8 Kugeln formen und diese eventuell im Tiefkühlfach anfrosten. Teig zu Rolle formen, in 8 Teile schneiden. Teigstücke flach drücken oder mit dem Nudelholz anrollen. Grammelkugeln daraufsetzen, mit Teig umhüllen. In siedendem Salzwasser 6 Minuten zart wallend kochen, 6 Minuten ziehen lassen.

- GARUNGSDAUER: 12 Minuten
- BEILAGENEMPFEHLUNG: Sauerkraut, kalter oder warmer Krautsalat

WURSTDAMPFKNÖDEL

ZUTATEN FÜR 6 STÜCK
200 g Semmelwürfel oder Knödelbrot
150 g Wurst (Dürre)
30 g Zwiebeln
2 Eier
2 dl Milch
30 g Schmalz
Petersilie, gehackt
Salz
Majoran

Wurst in ca. 6 mm große Würfel schneiden, in heißem Fett rösten, feingeschnittene Zwiebeln mitrösten. Eier und Milch verschlagen, salzen, unter die Semmelwürfel geben und durchmischen. Wurst, Zwiebeln, Petersilie und Majoran untermengen, 10 Minuten ziehen lassen. Aus der Masse größere Knödel formen, in einen Siebeinsatz geben, etwas Wasser untergießen und zugedeckt dämpfen.

- GARUNGSDAUER: 15 Minuten
- BEILAGENEMPFEHLUNG: Blatt-, Gurken-, Tomaten- und Krautsalat oder Sauerkraut

ZUTATEN FÜR 10 PORTIONEN
1 kg Mehl, glatt (Typ 480)
29 Eidotter
3 Eier
6 EL Olivenöl
Salz

NUDELTEIG I *(„Drei Husaren“)*

Alle Zutaten gemeinsam zu einem geschmeidigen Teig verkneten und ½ Stunde zugedeckt rasten lassen. Ausrollen und beliebig schneiden. Werden die Nudeln ungetrocknet, also frisch, gekocht, beträgt die Kochzeit je nach Stärke ca. 1–2 Minuten. Getrocknete Nudeln, die monatelang haltbar sind, müssen je nach Stärke 6–7 Minuten gekocht werden.

- MEIN TIP: Was die Mengenangabe der Eidotter betrifft, so handelt es sich um keinen Druckfehler. Das Rezept stimmt – und das Resultat sind hervorragende Nudeln (speziell Taglierini), vorausgesetzt, der Teig wird wirklich dünn ausgerollt. Dazu bedient man sich kleiner italienischer Teigroll- und Schneidemaschinen, die (auch preiswert) im Fachhandel zu erwerben sind.

ZUTATEN FÜR 8–10 PORTIONEN
½ kg Mehl, glatt (Typ 480)
½ kg Mehl, griffig
10 Eier
2 EL Olivenöl
Salz

NUDELTEIG II

Alle Zutaten gemeinsam zu einem geschmeidigen Teig verkneten. Weiterbehandlung wie Nudelteig „Drei Husaren“.

Färben von Nudeln: Das Färben von Nudelteig erfolgt durch Beigabe von Gemüsepüree, Safran, Sepiatinte etc., also auf natürliche Weise. Die Intensität der Färbung entsteht durch den Grad der Beigabenmenge.
Grün: Spinat (Babyspinat, tiefgekühlt)
Rot: Rote-Rüben-Saft oder Tomatenpüree
Gelb: Saft von Safranfäden
Schwarz: Sepiatinte
Braun: Kakaopulver
Außerdem kann man noch diverse Kräuter in den Teig einarbeiten.

- MEIN TIP: Dies ist ein sehr universelles und vielseitig einsetzbares Nudelrezept. Einerseits geeignet für Täschchen, Ravioli und Lasagneblätter, lassen sich andererseits daraus auch alle Formen geschnittener Nudeln erzeugen. Zum Trocknen verwendet man am besten engmaschige Trockengitter.

ZUTATEN FÜR 6 PORTIONEN
600 g Roggenmehl
3 Eier
2 Eidotter
1 EL Olivenöl
Salz
Wasser nach Bedarf

ROGGENMEHLNUDELN

Roggenmehl, Eier, Eidotter, Salz, Olivenöl und eventuell etwas Wasser zu einem geschmeidigen Teig verkneten. Zugedeckt eine halbe Stunde rasten lassen, dünn ausrollen und beliebig schneiden.

Herstellen von hausgemachten Nudeln

1

◁ *Mehl auf geeigneter Unterlage aufhäufen, Krater bilden, Eier, Öl und Salz in die Vertiefung geben, mit Gabel vermengen.*

Auf einer bemehlten Unterlage händisch, mit kreisenden Bewegungen und Druck mit dem Handballen, zu einem glatten Teig verarbeiten (oder Rührwerk verwenden). ▷

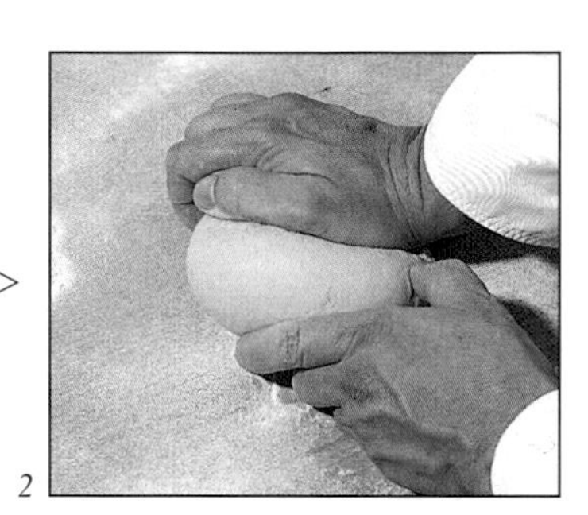

2

3

◁ *Auf bemehlter Unterlage (oder Tuch) zugedeckt (Klarsichtfolie oder sauberes Tuch) ca. ½ Stunde rasten lassen.*

Auf bemehlter Unterlage den Teig mit einem Nudelholz gleichmäßig dünn ausrollen. (Preiswerte Nudelmaschinen verfügen über eine mechanische Ausrollvorrichtung). ▷

4

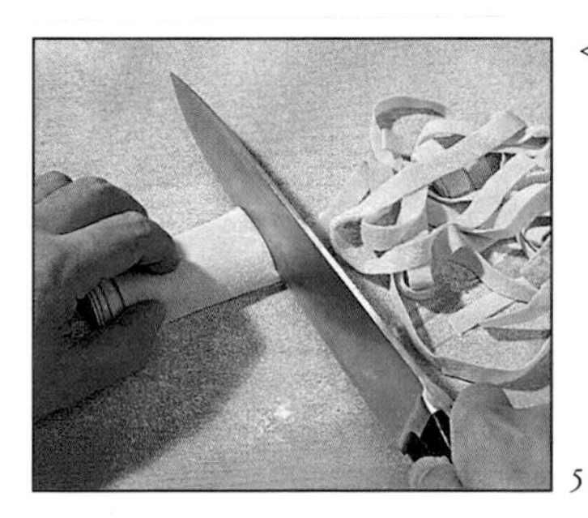

5

◁ *Schneiden von Bandnudeln: Ausgerollten, leicht angetrockneten Teig bemehlen, zu flacher Rolle einschlagen, mit Messer in beliebig breite Nudeln schneiden.*

Schneiden von Fleckerln: Ausgerollten, leicht angetrockneten Teig bemehlen, mehrere Bahnen übereinanderlegen, zu beliebig großen Fleckerln schneiden. ▷

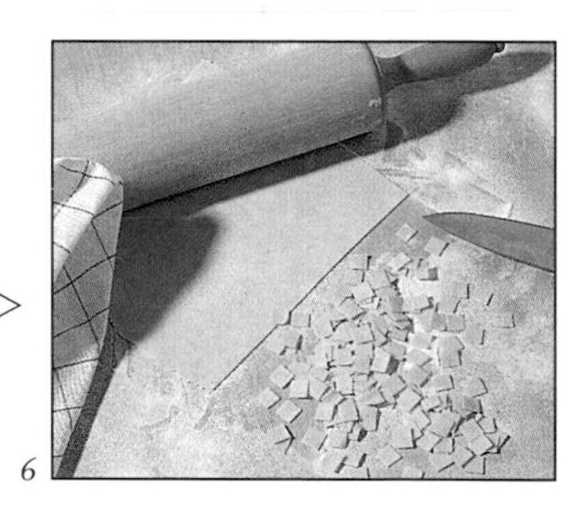

6

7

◁ *Nudelmaschinen walzen und schneiden den Teig ohne große Mühe. Auf dem Bild ist die Erzeugung von Fadennudeln (Taglierini) ersichtlich.*

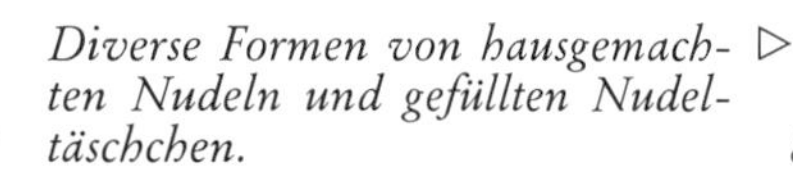

Diverse Formen von hausgemachten Nudeln und gefüllten Nudeltäschchen. ▷

8

Kärntner Kasnudeln

» *Wie man Männer einfängt* «

„A Madl, des net krendeln konn, des kriagt kan Monn", heißt es auf gut kärntnerisch. Wobei man unter Krendeln die Kunst versteht, eine Kärntner Kasnudel so zu verschließen, daß sie nicht nur dichthält, sondern auch ein kleines ornamentales Kunstwerk darstellt. Die Kasnudeln scheinen in Kärnten jedoch nicht nur, was die Ornamentik betrifft, ein veritabler Indikator für die Beziehungen zwischen den Geschlechtern zu sein. „Der Bua, der sei Dirndle beim Tanzen net halst, is grod wie die Bäuerin, dö die Nudeln net schmalzt", lautet eine alte Kärntner Volksweisheit. Und wenn sich die erotischen Bande zwischen Bauer und Bäuerin später einmal bereits etwas abgekühlt haben, so bleibt den Männern immer noch die Hitze der Kasnudeln, wenn die Bäuerin über den Hof ruft: „Kemt's lei bald, kemt's lei bald, de Nudl werd'n kalt, Nudl werd'n kalt!"

ZUTATEN FÜR
6–8 PORTIONEN

Nudelteig:
400 g Weizenmehl, glatt
½ Ei
ca. 1,5 dl Wasser
Salz
1 EL Olivenöl
Ei zum Bestreichen

Fülle:
500 g Topfen (Bröseltopfen)
130 g Semmelwürfel
70 g Butter
2 dl Milch
50 g Zwiebeln, feingehackt
100 g Erdäpfel, gekocht, geschält
2 EL Minzblätter, gehackt
2 EL Kerbel, gehackt
Salz
Pfeffer, weiß, aus der Mühle
80 g Butter zum Begießen oder
150 g Butter-Brösel

KÄRNTNER KASNUDELN

Mehl, Ei, Wasser, Öl und Salz zu einem glatten Nudelteig verkneten, 20 Minuten rasten lassen, dünn ausrollen. Zwiebeln in Butter licht rösten. Semmelwürfel und Topfen mit Milch begießen, leicht vermengen, Zwiebeln beigeben. Erdäpfel passieren, mit Gewürzen und Kräutern der Topfenmasse beigeben, durchrühren. Ca. 40 g schwere Kugeln formen. Die Kugeln in ausreichendem Abstand nebeneinander am unteren Ende auf den Teig legen, an den Rändern mit verschlagenem Ei bestreichen. Den Teig von unten nach oben darüberklappen, rundum fest anpressen. Mit einem runden Ausstecher ca. 6 cm große halbmondförmige Täschchen ausstechen. Ränder fest andrücken und wellenartig abdichten („krendeln"). In siedendem Wasser kochen, aus dem Wasser heben, abtropfen lassen und mit brauner Butter begießen oder mit Butter-Bröseln bestreuen.

- GARUNGSDAUER: ca. 15 Minuten
- BEILAGENEMPFEHLUNG: Blattsalate

ZUTATEN FÜR
6–8 PORTIONEN

Nudelteig II (s. S. 238) oder Kasnudel-Teig (siehe oben)
300 g Topfen
300 g Blattspinat, blanchiert
Salz
Pfeffer, schwarz, aus der Mühle
Knoblauch, gepreßt
30 g Parmesan, gerieben
60 g Butter zum Begießen

SCHLUTZKRAPFEN

Blattspinat fein hacken, mit Topfen, Knoblauch und Gewürzen vermengen. Teig dünn ausrollen, mit rundem Ausstecher Kreise mit 5 cm ∅ ausstechen. Fülle in die Mitte setzen, Rand mit Wasser bestreichen, zusammenfalten und mit Hilfe einer Gabel abdrücken. In siedendem Salzwasser kochen, aus dem Wasser heben, abtropfen lassen, anrichten. Mit brauner Butter begießen und mit Parmesan bestreuen.

- GARUNGSDAUER: ca. 4 Minuten

BLUNZENTASCHERLN

ZUTATEN FÜR 4 PORTIONEN

250 g Nudelteig II (s. S. 238)
oder Kasnudel-Teig (s. S. 240)
200 g Blunzenbrät
(vom Fleischhauer) oder
Blutwurstinneres (s. Tip)
1 Ei zum Bestreichen
30 g Butter

Nudelteig dünn ausrollen, in etwa 4 cm breite Streifen schneiden. Alle 4 cm ein Häufchen Blunzenbrät einsetzen, Ränder mit Ei bestreichen, Nudelteigstreifen darüberlegen, an den Rändern anpressen, abtrennen, mit einer Gabel rundum abdrücken. In siedendem Salzwasser kochen. Mit gebräunter Butter beträufeln oder darin schwenken.

- GARUNGSDAUER: 4 Minuten
- BEILAGENEMPFEHLUNG: Sauer- oder Weißkraut
- MEIN TIP: Man kann auch fertige Blutwurst verwenden. In diesem Fall enthäutete Blutwurst klein schneiden, in wenig Butterschmalz anrösten, Tascherln damit füllen.

TEIGTASCHERLN MIT HIRN-SPINAT-FÜLLE

ZUTATEN FÜR 16 STÜCK

250 g Nudelteig II (s. S. 238)
200 g Kalbs- oder
Schweinshirn, enthäutet
80 g Blattspinat, blanchiert
40 g Butter, braun
30 g Fett zum Anbraten
30 g Zwiebeln, feingeschnitten
Salz
Pfeffer, schwarz, aus der Mühle
Petersilie, gehackt
Parmesan nach Bedarf
Ei zum Bestreichen
Butter zum Begießen

Nudelteig dünn ausrollen, mit 6 cm großem runden Ausstecher Kreise ausstechen, die Ränder mit Ei oder Wasser bestreichen. Hirn und Blattspinat gesondert fein hacken. Fett erhitzen, Zwiebeln glasig anlaufen lassen, Hirn unterrühren, mit Salz und Pfeffer würzen. Gut durchrösten, Petersilie beigeben. Spinat in brauner Butter schwenken und mit dem Hirn vermengen. Auf dem Teig Häufchen von Hirnmasse plazieren, die Ränder zueinanderziehen, zusammendrücken, zackenartig verschließen. In reichlich Salzwasser kochen, aus dem Wasser heben, anrichten, mit brauner Butter übergießen. Eventuell mit geriebenem Parmesan bestreuen.

- GARUNGSDAUER: ca. 4 Minuten
- BEILAGENEMPFEHLUNG: Blattsalate mit Balsamicodressing

RAVIOLI MIT BRENNESSEL-RICOTTA-FÜLLE

ZUTATEN FÜR
6–8 PORTIONEN

Nudelteig II (s. S. 238) von
400 g Mehl
200 g Brennesselblätter,
blanchiert
400 g Ricotta (italienischer
Hüttenkäse)
50 g Parmesan, gerieben
1 Ei zum Bestreichen
Salz
Pfeffer, weiß, aus der Mühle
Muskatnuß, gerieben
⅛ l Schlagobers
Parmesan zum Bestreuen

Brennesseln fein hacken, Ricotta und Parmesan unterrühren, würzen. Teig dünn ausrollen, halbieren. Eine Hälfte mit Ei bestreichen und in Abständen kleine Häufchen aufdressieren. Zweite Teighälfte darüberklappen, in den Zwischenräumen fest an den Untergrund anpressen, Vierecke ausschneiden (Teigrad). In siedendem Salzwasser kochen, aus dem Salzwasser heben. Obers reduzierend (nicht zugedeckt) kochen, mit Salz und Muskat würzen; Ravioli darin wenden, mit Sauce anrichten und mit Parmesan bestreuen.

- GARUNGSDAUER: ca. 4 Minuten
- BEILAGENEMPFEHLUNG: Blattsalate

ZUTATEN FÜR 4 PORTIONEN

12 Lasagneblätter, grün
400 g Faschiertes vom Kalb
80 g Sellerieknolle, geschält
80 g Karotten, geschält
50 g Zwiebeln
5 EL Olivenöl
Salz
Pfeffer, weiß, aus der Mühle
⅛ l Weißwein, trocken
6 EL Béchamelsauce (s. S. 189)
3 EL Tomatensauce nach neapolitanischer Art (s. S. 200)
Butter zum Ausstreichen
Parmesan zum Bestreuen

LASAGNE VERDI AL FORNO

Lasagneblätter in Salzwasser kernig kochen, aus dem Wasser nehmen, abschwemmen, abtrocknen. Gemüse faschieren, Zwiebeln fein hacken. Öl erhitzen, Zwiebeln darin anschwitzen, Wurzeln beigeben, durchrösten, Faschiertes einrühren, einige Minuten weiterrösten. Würzen, mit Wein ablöschen und 20 Minuten dünsten lassen. ⅔ der Béchamelsauce und Tomatensauce untermengen. Gebutterte feuerfeste Form mit Lasagneblättern auslegen, abwechselnd Fleischsauce und Lasagneblätter aufschichten. Abschließend mit restlicher Béchamelsauce bestreichen, mit Parmesan bestreuen, ein paar Butterflocken daraufsetzen und im vorgeheizten Backrohr überbacken.

- BACKROHRTEMPERATUR: 220 °C
- BACKDAUER: ca. 20 Minuten
- BEILAGENEMPFEHLUNG: Blatt- und Gemüsesalate
- MEIN TIP: Man kann die Lasagne auch mit Sauce bolognese (s. S. 199) füllen, wobei die Lasagneblätter mit Béchamelsauce dünn bestrichen und danach mit Sauce bolognese bedeckt werden. Diesen Vorgang so lange wiederholen, bis das Material aufgebraucht ist. Den Abschluß bilden Béchamelsauce, Ragout und Käse.

ZUTATEN FÜR 4 PORTIONEN

300 g Nudelteig I oder II (s. S. 238)
300 g Lachsfilet, frisch, ohne Haut
1 dl Weißweinsauce (s. S. 191)
80 g Tomaten
1 EL Basilikum, gehackt
60 g Butter
Salz, Pfeffer, weiß
Kerbelblätter zum Garnieren

NUDELBLÄTTER MIT LACHS UND BASILIKUMSAUCE

Nudelteig dünn ausrollen, 12 Blätter 9 cm × 6 cm schneiden. In reichlich siedendem Salzwasser kochen, aus dem Wasser heben, kalt abspülen. Lachs in 8 dünne Scheiben schneiden (großflächig), mit Salz, Pfeffer würzen. Nudelblätter mit wenig Wasser und etwas Butter wieder erhitzen. Geschälte, entkernte Tomaten in Würfel schneiden, salzen, pfeffern, in heißer Butter andünsten. Weißweinsauce mit Basilikum vermischen, Lachsstücke in mit etwas Butter ausgestrichener Teflonpfanne an beiden Seiten kurz anziehen lassen. Der Lachs soll innen noch leicht rosa sein. Jeweils Nudelblatt, Lachs, Nudelblatt aufschichten (3 Lagen Nudelblatt, 2 Lagen Lachs). Mit heißer Basilikumsauce übergießen, oben ein Häufchen Tomatenwürfel und Kerbelblätter plazieren.

- GARUNGSDAUER: Nudelblätter: 1–2 Minuten; Lachs: ca. 90 Sekunden

Gegenüberliegende Seite: Nach anfänglicher Skepsis hat das österreichische Küchenimperium die italienische Pasta schlicht und einfach annektiert.

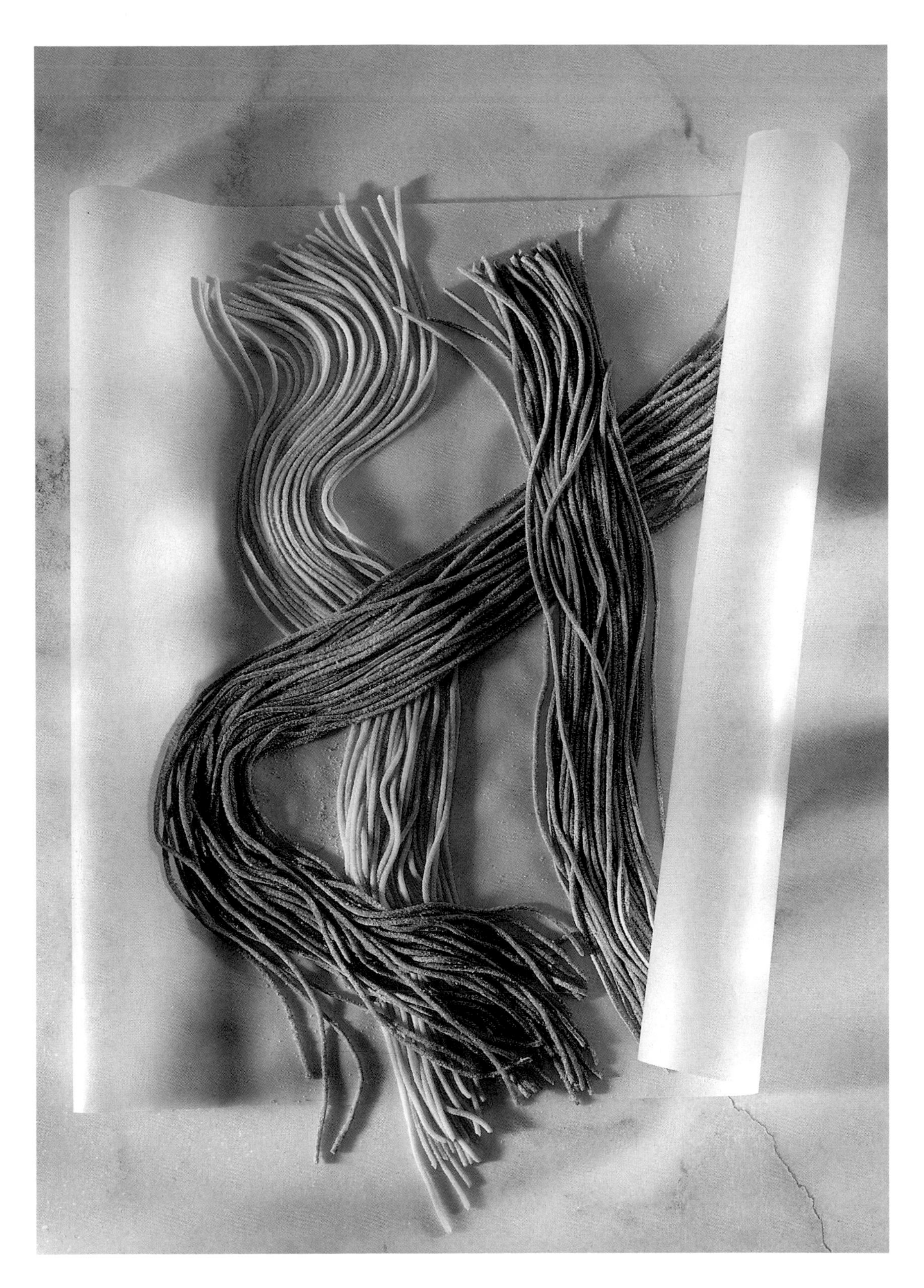

ZUTATEN FÜR 4 PORTIONEN
8 Nudelteigblätter, ca.
7 cm × 10 cm (Nudelteig II s. S. 238)
220 g Ricotta (italienischer Hüttenkäse)
150 g Schinken
1 EL Basilikum, gehackt
4 EL Parmesan, gerieben
1 dl Béchamelsauce (s. S. 189)
Butter zum Ausstreichen
Salz
Pfeffer, weiß

CANNELLONI MIT SCHINKEN-RICOTTA-FÜLLUNG

Nudelblätter in Salzwasser al dente (bißfest) kochen, abfrischen, abtrocknen. Kleingeschnittenen Schinken, Ricotta, Basilikum und 3 EL Parmesan gut vermischen, würzen. Teigblätter mit Fülle bestreichen, einrollen, in gebutterte Auflaufform einordnen. Mit Béchamelsauce übergießen, mit Parmesan bestreuen und im vorgeheizten Backrohr goldbraun überbacken.

- BACKROHRTEMPERATUR: ca. 230 °C
- BACKDAUER: ca. 15 Minuten

ZUTATEN FÜR 4 PORTIONEN
280 g Bandnudeln (Nudelteig I oder II, s. S. 238) oder Fertigware
¼ l Schlagobers
120 g Gorgonzola (Österzola)
80 g Walnüsse
Salz
Pfeffer, aus der Mühle

BANDNUDELN IN GORGONZOLASAUCE MIT WALNÜSSEN

Bandnudeln in reichlich Salzwasser kochen, abseihen, abschwemmen, abtropfen. Obers und passierten Gorgonzola vermischen und bis zu sämiger Konsistenz kochen. Bandnudeln und Walnüsse unter Erwärmen mit der Sauce vermengen; würzen.

- MEIN TIP: Das Gericht schmeckt sowohl als Hauptspeise als auch als Beilage, beispielsweise zu Kalbsmedaillons, hervorragend.

ZUTATEN FÜR 4 PORTIONEN
400 g Nudelteig II (s. S. 238)
6 EL Pesto (s. S. 103)
Parmesan zum Bestreuen

TAGLIERINI MIT PESTO

Nudelteig dünn ausrollen, mit der Maschine in dünne Bandnudeln schneiden (Taglierini). In 4 Liter Salzwasser kochen, abseihen. Mit Pesto vermischen und mit Parmesan bestreuen.

- GARUNGSDAUER: bei frischen Nudeln: 1–2 Minuten; bei selbstgemachter, getrockneter Teigware: ca. 6–7 Minuten

ZUTATEN FÜR 4 PORTIONEN
400 g Spaghetti
400 g Tomaten, geschält (oder Pelati aus der Dose)
1 EL Basilikum, gehackt
4 EL Olivenöl
Salz
Pfeffer, schwarz, aus der Mühle
4 cl Tomatensaft
Parmesan zum Bestreuen

SPAGHETTI MIT TOMATEN UND BASILIKUM

Tomaten in kleine Würfel schneiden, würzen, in 3 EL Olivenöl andünsten und Tomatensaft beigeben. Etwa 6 Minuten dünsten lassen. Spaghetti in Salzwasser al dente (bißfest) kochen, abseihen, abtropfen lassen, mit Tomatenragout vermengen. Basilikum und Pfeffer einrühren. Etwas kaltes Olivenöl darunterziehen, anrichten. Mit Parmesan bestreuen.

» Paradeiser aus dem Paradiesgartl «

Würde man heute eine Umfrage unter Österreichs Hausfrauen machen, ob in ihrer Küche häufiger gefüllte Paprika mit Paradeissauce (ein klassisches bodenständiges Gericht) oder Spaghetti bolognese auf den Tisch kämen, so würde die Antwort in den meisten Fällen wohl zugunsten letzterer ausfallen. Beiden gemeinsam ist nur eines: der Paradeiser, wie er in der Wiener Küche seit jeher heißt, auch wenn ihm die geläufigere und wohl auch schneller über die Lippen kommende Tomate allmählich unerbittliche Konkurrenz macht. Obwohl der Paradeiser etwas Archaisches an sich hat, ist er, kulinarhistorisch gesehen, ein Jüngling, gewissermaßen ein „Geschwisterl" der von Kolumbus eingeführten Erdäpfel. Gaumenberührung erlangte er jedoch noch viel später als die Erdknolle, weil man die roten Früchte fast dreihundert Jahre lang für giftig hielt und daher lieber im Ziergarten als im Kuchlgartl aufzog. Endgültige Bekanntschaft mit deutschsprachigen Zungen schlossen die Paradeiser offenbar erst durch ihre Aufnahme ins Grimm'sche Wörterbuch, wo es über die einstigen „goldöpffel" heißt: „Im Norden lange als giftig verschrien, findet sie seit der Revolution Eingang in die französische Küche, und hier wie im Deutschen drängt der Name Tomate den älteren pomme d'amour, Liebesapfel, allmählich zurück." Nur in Österreich ist von der Liebe wenigstens noch ein bißchen was geblieben: nämlich der Paradeiser aus dem Paradiesgartl.

SPAGHETTI MIT KNOBLAUCH, ÖL UND PFEFFERSCHOTE

ZUTATEN FÜR 4 PORTIONEN

430 g Spaghetti
4 Knoblauchzehen
1 Pfefferschote, rot (Peperoncino)
5 cl Olivenöl
1 EL Petersilie, gehackt
Salz
Pfeffer, aus der Mühle
etwas Olivenöl (kaltgepreßt) zum Beträufeln

Pfefferschote in Streifen, Knoblauch in Scheiben schneiden. Spaghetti in ca. 4 Liter Salzwasser al dente (bißfest) kochen, abseihen, abtropfen lassen. Öl nicht zu stark erhitzen, Knoblauch kurz anschwitzen, Pfefferschote beigeben. Spaghetti untermengen, Petersilie und Pfeffer einrühren, anrichten, mit etwas kaltem Olivenöl beträufeln.

SPAGHETTI ALL'ARRABBIATA

ZUTATEN FÜR 4 PORTIONEN

400 g Spaghetti
400 g Pelati aus der Dose (geschälte Tomaten)
60 g Zwiebeln
120 g Frühstücksspeck
60 g Pecorino, gerieben
1 Knoblauchzehe, gepreßt
20 g Butter
1 Pfefferschote, rot
Salz
2 EL Olivenöl, kaltgepreßt
Parmesan zum Bestreuen

Tomaten im Mixer pürieren. Speck in feine Streifen, Zwiebeln feinwürfelig schneiden. Butter erhitzen, Speck anrösten, Zwiebeln beigeben, weiterrösten. Pelatipüree, Knoblauch und Pfefferschote einrühren. 10 Minuten schwach wallend kochen, Pfefferschote entfernen, würzen. Spaghetti in ca. 4 Liter Salzwasser al dente (bißfest) kochen, abseihen, abtropfen lassen. Spaghetti heiß mit dem Ragout vermengen, Pecorino unterrühren, mit kaltem Olivenöl begießen. Anrichten und mit Parmesan bestreuen.

» *Pilze für Magnaten* «

Der lateinische Name „tuber magnatum" verrät schon eine der wichtigsten Eigenschaften der Knolle, die sich dahinter verbirgt. Die sogenannte „weiße Albatrüffel" ist – abgesehen von allem anderen, was sie sonst noch zu leisten vermag – sündteuer. Der „tuber melanosporum" stammt meist aus dem französischen Périgord und ist es nicht minder. Kilopreise bis zu 30.000 Schilling sind keine Seltenheit. Leistbarer sind da schon die Sommertrüffel namens „tuber aestivum", die findige Schwammerlsucher beispielsweise auch im Schneeberg- und Semmeringgebiet aufzustöbern wissen. Sie vermögen zwar bereits von Juni bis September einen Vorgeschmack auf den duftig-stinkigen Trüffelherbst (Alba) und -winter (Périgord) zu liefern, lassen aber letztlich dann doch jenes charakteristische, zwischen Lust und Ekel angesiedelte Odeur vermissen, das Trüffelgourmets dazu bringt, oft noch tiefer in die Taschen zu greifen, als Trüffelschweine zu schnüffeln vermögen.

SPAGHETTI CARBONARA

ZUTATEN FÜR 4 PORTIONEN
400 g Spaghetti
140 g Frühstücksspeck
80 g Parmesan, gerieben
5 EL Olivenöl
4 Eidotter
1 dl Schlagobers
Salz
Pfeffer, aus der Mühle

Spaghetti in ca. 4 Liter Salzwasser al dente (bißfest) kochen, abseihen, abtropfen lassen. In der Zwischenzeit kleinwürfelig geschnittenen Speck in Olivenöl anrösten, Eidotter, Obers und Parmesan vermischen. Spaghetti mit Speck vermengen, Eiermasse darunterrühren und cremig anstocken lassen. Mit Salz und Pfeffer würzen. Auf Wunsch kann auch etwas Knoblauch hinzugefügt werden.

SPAGHETTI BOLOGNESE

ZUTATEN FÜR 4 PORTIONEN
400 g Spaghetti
300 g Sauce bolognese (s. S. 199)
Parmesan, gerieben, zum Bestreuen

Spaghetti in ca. 4 Liter Salzwasser al dente (bißfest) kochen, abseihen, abtropfen lassen. Anrichten, Sauce über die Nudeln gießen, mit Parmesan bestreuen.

TRÜFFEL-TAGLIERINI

ZUTATEN FÜR 4 PORTIONEN
250 g Taglierini (sehr dünne Bandnudeln, Nudelteig I s. S. 238)
3 dl Schlagobers
Salz
Trüffeln (geputzt), weiß, nach Bedarf

Schlagobers reduzierend kochen, bis eine cremige Sauce entsteht, würzen. Nudeln in Salzwasser kernig kochen, abseihen, gut abtropfen lassen und in der Oberscreme wenden, abschmecken. Nudeln anrichten und Trüffeln nach Bedarf darüberhobeln.

- GARUNGSDAUER: bei frischen Nudeln 1–2 Minuten, bei getrockneter Ware ca. 6 Minuten
- MEIN TIP: Man kann an Stelle der Trüffeln auch Trüffelöl oder rohe Pilze verwenden. Auch mit Schinkenstreifen, Pinienkernen, Walnüssen oder Kräutern lassen sich Nudeln alla panna gut ergänzen.

Auch wenn man keinen Holzofen in der eigenen Wohnung hat, kann die Pizza „Casalinga" im gut vorgeheizten Backrohr perfekt gelingen.

PIZZA „CASALINGA"

ZUTATEN FÜR 4 PORTIONEN

Teig:
400 g Mehl, glatt
¼ l Wasser
2 EL Olivenöl
25 g Germ
Salz
1 TL Kristallzucker

Belag:
2 dl Tomatensauce (nach neapolitanischer Art, s. S. 200) oder passierte gesalzene Pelati aus der Dose
300 g Mozzarella
50 g Parmesan, gerieben
6 Artischockenherzen aus der Dose
120 g Preßschinken
100 g Champignonscheiben
2 Tomaten in Scheiben
2 EL Olivenöl
Salz
Pfeffer, schwarz, aus der Mühle
Oregano

Germ mit 5 cl lauwarmem Wasser verrühren, etwas Mehl und Zucker untermengen, so daß ein weicher Teig entsteht; diesen mit Mehl dicht bestauben und an einem warmen Ort zugedeckt rasten lassen, bis sich das Teigvolumen verdoppelt hat. Mehl, Vorteig, Wasser, Öl und Salz zu einem Teig verkneten und abermals zugedeckt gehen lassen. Den Teig vierteln, die Teigstücke auf schwach bemehlter Unterlage mit der Innenhand und kreisenden Bewegungen so lange bearbeiten, bis eine glatte Kugel entsteht. Den Teig nochmals zugedeckt rasten lassen und anschließend händisch auseinanderziehen, wodurch außen eine Wulst entsteht und der Teig innen zu einer glatten, dünnen Fläche wird. (Eventuell mit Nudelholz behelfen.) Der Teig soll eine Größe von etwa 20 cm Ø erhalten. Auf ein schwach geöltes Backblech legen, mit Tomatensauce bestreichen, mit Parmesan bestreuen; Mozzarellawürfel darauf verteilen, ebenso Schinkenstreifen, Artischockenstücke, Tomaten- und (rohe) Champignonscheiben. Den Belag salzen, pfeffern, mit Oregano bestreuen und mit etwas Olivenöl beträufeln. Das Backblech ganz unten in das vorgeheizte Backrohr schieben und backen.

- BACKROHRTEMPERATUR: 250 °C
- BACKDAUER: 10–12 Minuten
- MEIN TIP: Beim Belag können Sie Ihrer Phantasie freien Lauf lassen.

» *Ein Risotto ist kein Reisfleisch* «

Wie viele Köche und Köchinnen haben sich schon die Haare gerauft, wenn ein Gast den Risotto mit der Begründung zurückschickte: „Der ist noch nicht fertig, der Reis ist ja noch ganz feucht!“ Dabei ist es genau diese Feuchtigkeit, die das Wesen des Risotto ausmacht. Manche italienische Köche garen den Risotto sogar in zwei Etappen. Sie gießen ihn zuerst mit Wein auf, lassen denselben vollständig verdampfen und garen den Risotto (der im übrigen, im Gegensatz zum Reisfleisch, ausschließlich mit Rundkornreis zubereitet werden muß) erst dann, unter ständigem Rühren und Zugabe von heißer Rindsuppe, fertig, was in Italien immer „suppig“ heißt.
Doch da hat die alle Völker der Donaumonarchie in (nicht immer nur) liebevoller Umklammerung einschließende „Wiener Küche“ den italienischen Köchen einen Strich durch die Rechnung gemacht. Genauso, wie sie das ungarische Pörkölt ohne viel Federlesens in ein Gulasch verwandelte, das mit dem ungarischen Gulyas außer dem Paprika nicht viel zu tun hat, usurpierte sie den Risotto und leitete dessen Metamorphose zum Reisfleisch ein, bei dem sehr wohl alle Flüssigkeit aufgesogen sein muß. Erst die Italienreisewelle der letzten Jahrzehnte hat – allmählich, aber doch – zu einem Umdenken in breiten Bevölkerungskreisen geführt. Reisfleisch und Risotto haben eigentlich nur den Reis gemeinsam, genau wie Gulasch und Pörkölt den Paprika.

ZUTATEN FÜR 4 PORTIONEN
400 g Rundkornreis (Arborio)
80 g Zwiebeln
120 g Butter
⅛ l Weißwein, trocken
120 g Parmesan, gerieben
1¼ l Fond, hell (je nach Gattung – Geflügel, Fleisch, Fisch, Krusten- oder Schaltiere)
Salz
Pfeffer, weiß, aus der Mühle

RISOTTO *(Grundrezept)*

Feingeschnittene Zwiebeln in 60 g Butter licht anlaufen lassen, Reis beigeben, bei milder Hitze glasig rösten. Mit Wein aufgießen, völlig reduzieren (nicht zugedeckt kochen). Fond nach und nach zugießen, so daß der Reis immer bedeckt ist. Unter oftmaligem Rühren garen. Der Reis soll bißfest, seine Konsistenz cremig sein. Salzen, pfeffern, je 60 g Butterflocken und Parmesan unterrühren. Bei Tisch mit restlichem Parmesan bestreuen. (In manchen Gegenden Italiens werden zum Schluß rohe Eidotter eingerührt.)

- GARUNGSDAUER: ca. 15–20 Minuten
- MEIN TIP: Für Abwandlungen empfehlen sich folgende Zutaten, die erst in der Endphase hinzugefügt werden: Steinpilze oder Morcheln, Spargel, Radicchiostreifen, Sepiatinte, Tintenfische, Garnelen, Scampi, Meeresfrüchte, Venus-, Mies- oder Jakobsmuscheln, Safran oder Huhn.

WARME GERICHTE
FISCH

Nächste Doppelseite: Internationale Kühltransporte bringen heutzutage auch Meeresfische topfrisch zu Ihrem „binnenländischen“ Fischhändler.

Filetieren und Präparieren von Rundfischen

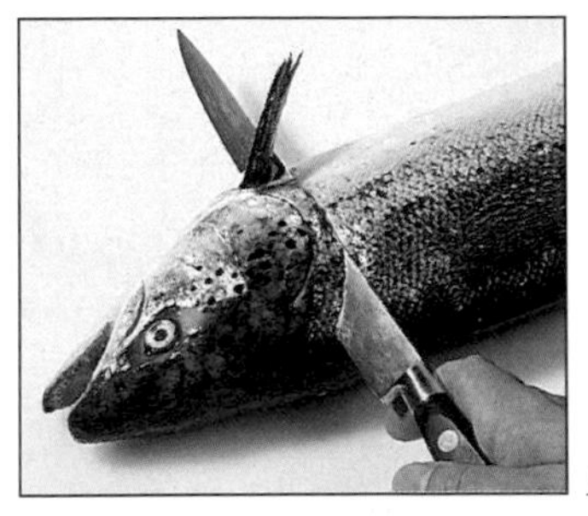

1

◁ *Kopf schräg hinter den Kiemen, von beiden Seiten zur Mitte geschnitten, abtrennen.*

Den Fisch mittels Längsschnitt entlang der Rückenkarkasse zu filetieren beginnen. ▷

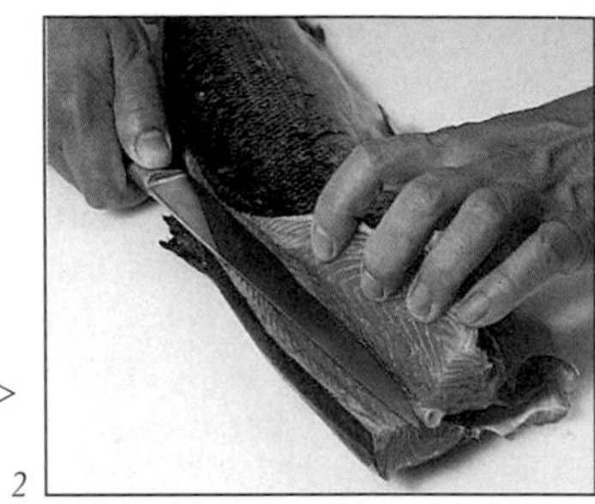

2

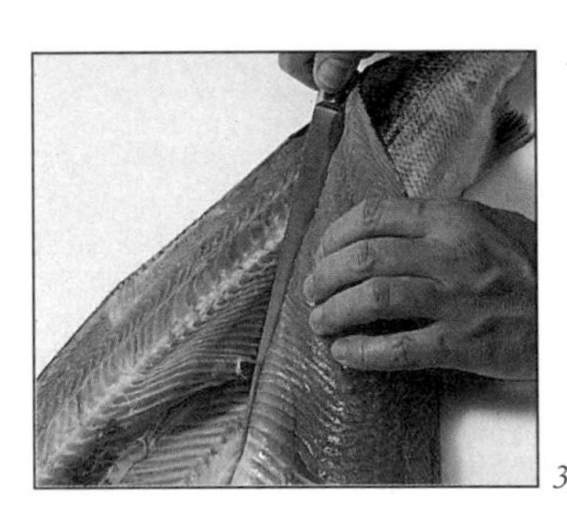

3

◁ *Die erste Hälfte völlig von der Karkasse abtrennen.*

Die zweite Hälfte mit der Hautseite nach unten flach auflegen. Die Karkasse vom Fischfilet – von der Kopfseite beginnend – heraustrennen. ▷

4

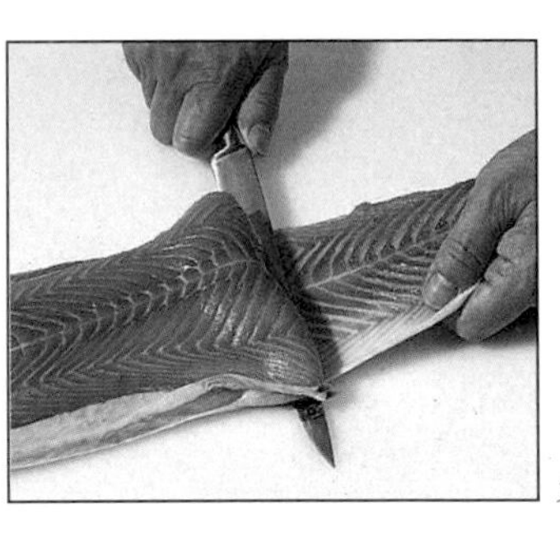

5

◁ *Filet mit Hautseite nach unten flach auflegen. Beim Schwanz beginnend das Filet von der Haut abziehen. Dies erfolgt mit flachgestelltem Filetmesser.*

Bauchlappen wegschneiden, das Filet faconnieren. ▷

6

7

◁ *Mit einer Fischpinzette die senkrechten Quergräten ziehen.* *Siehe Warenkunde Seite 33.*

Das Fischfilet in beliebig große Stücke schneiden. ▷

8

WURZELKARPFEN

ZUTATEN FÜR 4 PORTIONEN

1 kg Karpfenfilet
150 g Zwiebeln
200 g Karotten, Sellerie, gelbe Rüben
20 g Butter
Salz
8 Pfefferkörner
1 Lorbeerblatt
etwas Thymian
Essig
ca. 1 l Wasser
Petersilie, gehackt

Wasser, halbe Zwiebelmenge (grob geschnitten), Gewürze und Essig gemeinsam aufkochen. Karpfenstücke an der Hautseite mehrmals leicht einschneiden (ziselieren), in den Sud legen und knapp unter dem Siedepunkt ziehen lassen. Wurzelwerk schälen, in feine, ca. 5 cm lange Streifen sowie restliche Zwiebeln in Ringe schneiden. In Butter leicht andünsten, mit Karpfensud bedecken, knackig garen. Karpfen aus dem Sud heben, anrichten, Wurzelstreifen erhaben auf die Stücke gruppieren und mit gehackter Petersilie bestreuen.

- GARUNGSDAUER: ca. 15 Minuten
- BEILAGENEMPFEHLUNG: Salzerdäpfel

SERBISCHER KARPFEN

ZUTATEN FÜR 4 PORTIONEN

600 g Karpfen, filetiert
100 g Butterschmalz
Salz
Paprikapulver
Pfeffer, weiß
Knoblauch, gepreßt
etwas Mehl, glatt

Knoblauchbutter:
50 g Butter, handwarm
Salz
Pfeffer, weiß
2–3 Knoblauchzehen, gepreßt

Karpfen (ohne Hauptgräten) an der Hautseite in kurzen Abständen einschneiden. Mit Salz, Pfeffer, Knoblauch kräftig würzen, mit Paprikapulver einreiben, in Mehl wenden, Mehl abklopfen. Butterschmalz erhitzen, Karpfen mit Innenseite nach unten einlegen, langsam ca. 8 Minuten knusprig braten, wenden, fertigbraten. Karpfen anrichten, mit Knoblauchbutter belegen.
Knoblauchbutter: Handwarme Butter schaumig rühren, mit Knoblauch, Salz und Pfeffer kräftig würzen. Mittels Spritzsack portionsweise auf eine Folie dressiert kalt stellen.

- GARUNGSDAUER: ca. 15 Minuten
- BEILAGENEMPFEHLUNG: Petersilerdäpfel, Blatt-, Tomaten- oder Gurkensalat

GEBACKENER KARPFEN

ZUTATEN FÜR 4 PORTIONEN

800 g Karpfenfilet
2 Eier
Salz
etwas Mehl, glatt
Semmelbrösel zum Panieren
Öl zum Backen
Zitronenspalten und Petersilie zum Garnieren

Haut in kurzen Abständen einschneiden, Karpfen portionieren. Kräftig, auch in den Schnittstellen, salzen, in Mehl, verschlagenen Eiern und Semmelbröseln panieren. Schwimmend in heißem Öl beidseitig langsam goldbraun backen. Aus dem Fett heben, mit Krepp abtupfen. Garniert anrichten.

- GARUNGSDAUER: ca. 13 Minuten
- BEILAGENEMPFEHLUNG: Vogerlsalat und „Kipfler" (Erdäpfel)
- MEIN TIP: Nach demselben Rezept lassen sich auch zahlreiche andere Fischsorten, wie etwa Kabeljau, Dorsch, Zander oder Scholle, zubereiten.

Der Wurzelkarpfen ist ein beliebter Weihnachtsfestschmaus aus der altösterreichischen Küche (s. Rezept S. 253).

Zutaten für 4 Portionen

750 g Welsfilet (Waller)
2 dl Schlagobers
1 dl Weißwein, trocken
⅛ l Wasser
10 g Butter
10 g Mehl, glatt
2 EL Kren, frisch gerissen
50 g Zwiebeln
Salz
5 Pfefferkörner

WELS IN KRENSAUCE

Wasser, Salz, Weißwein, feingeschnittene Zwiebeln und Pfefferkörner gemeinsam 5 Minuten kochen. Welsfilet in 4 oder 8 Stücke teilen, in passendem Geschirr mit dem Sud übergießen. Bei ca. 80 °C etwa 15 Minuten (je nach Stärke des Fisches) ziehen lassen. Fisch aus dem Sud heben, Sud abseihen, beiseite stellen. Butter schmelzen, Mehl kurz anschwitzen, mit heißem Sud und Obers aufgießen, 10 Minuten kochen lassen, Kren unterrühren, passieren. Wels in der Sauce kurz erhitzen.

- GARUNGSDAUER: ca. 15 Minuten
- BEILAGENEMPFEHLUNG: Petersilerdäpfel, gekochte Wurzelstreifen
- MEIN TIP: Die Zubereitung mit Krensauce ist auch für Zander oder Karpfen passend. Man kann die Fische jedoch auch gebraten mit Krensauce servieren, wobei die Sauce in diesem Fall von einer Weißweinsauce (s. S. 191) abgeleitet wird.

Zutaten für 4 Portionen

600 g Zanderfilet (Fogosch)
80 g Zwiebeln
300 g Tomaten, entkernt
4 cl Weißwein, trocken
1 EL Basilikum, gehackt
Salz, Pfeffer, Rosmarin
1 Ei, etwas Mehl
30 g Butter
30 g Butterschmalz

ZANDERFILET AUF TOMATENRAGOUT

Zanderfilet an der Hautseite mehrmals kurz hintereinander zart einschneiden. In 4 oder 8 Stücke teilen, kräftig beidseitig salzen und pfeffern. In Mehl wenden, mit verschlagenem Ei zart bestreichen, mit Rosmarin bestreuen. Tomaten und Zwiebeln gesondert in kleine Würfel schneiden. Butter erhitzen, Zwiebeln licht anlaufen lassen, mit Weißwein ablöschen, einreduzieren (nicht zugedeckt kochen). Tomaten beigeben, mit Salz und Pfeffer würzen, kurz dünsten, Basilikum untermengen. Butterschmalz in flacher Pfanne erhitzen, Zander mit der Hautseite nach oben langsam braten, wenden, fertigbraten. Tomatenragout auf Teller anrichten, die Fischstücke darauflegen.

- GARUNGSDAUER: ca. 8 Minuten
- BEILAGENEMPFEHLUNG: Polentataler, Dampferdäpfel

Zanderfilet auf Tomatenragout

» *Forelle schlau* «

In seiner berühmten Fastenpredigt aus dem Jahre 1716 veranschaulichte der Barockprediger Paul Jacob Marperger, worum es in den Fastengeboten der heiligen Kirche ging. Nicht einmal Eier, Butter und Käse, verkündete er, dürfe man zur Fastenzeit essen. „Die Fische aber / ob man zwar meynen möchte / daß sie ein Fleisch an sich haben / darff man essen / denn es haben solche kein rechtes wahres Fleisch; wozu auch noch kommt / daß / wie Gott nach dem Fall unserer ersten Eltern die Erde / und was von solcher bewohnet wird / verfluchet / er die Wasser / und alles was in demselben lebet / ausgenommen / und wegen der Heil. Tauffe, zu der sie künfftig dienen solten / als heilig ausgesetzet."
In anderen Worten: Um Fische essen zu dürfen, war selbst und gerade den Gottesmännern früherer Zeiten keine Spitzfindigkeit zu ausgefallen. Um so mehr verwundert es, daß der Österreicher heute eher als Fischmuffel gilt. Denn zu Zeiten Pater Marpergers war der Wiener Fischmarkt sogar besonders reichlich sortiert. Es gab, wie der humanistische Dichter Wolfgang Schmeltzl schon um 1550 notierte, „der seltenen Fische große Zahl". Vor allem Hechte, Karpfen und Lachsforellen, aber auch Huchen, Fischottern, Krebse, Meerspinnen und Schildkröten bevölkerten die Einkaufskörbe der Hausfrauen ebenso wie ihre Kochbücher und Tafeln. Mit der Säkularisierung der Klöster durch Kaiser Josef II. und der zunehmenden Aufweichung des Fastengebotes kam dem Österreicher dann seine Fischliebe allmählich abhanden und er entwickelte sich zunehmend zum Fleischtiger. Vielleicht war die Liebe zu den Wasserbewohnern doch nicht ganz so echt, wie man meinen könnte. Es scheint, als hätte man hierzulande aus der Forelle blau eine Forelle schlau gemacht, bloß um den strengen Fastengeboten im katholischen Österreich, wo es zeitweise bis zu 200 Fasttage pro Jahr gab, ein Schnippchen zu schlagen. Daß man sicherheitshalber auch Rohrhühner und Duckanterl als Wasserbewohner und damit als Fische veranschlagte, macht das feuchtfröhliche Pharisäertum von anno dazumal gleich doppelt doppelbödig.

ZUTATEN FÜR 4 PORTIONEN
4 Forellen je 250 g, ausgenommen
1/8 l Weißwein- oder Apfelessig
Salz nach Bedarf

FORELLE BLAU

Forellen sofort nach dem Abschlagen mit Essig übergießen. Reichlich Salz-Essig-Wasser fast zum Kochen bringen (Fischwanne), Forellen einlegen und knapp unter dem Siedepunkt ziehen lassen. Einsatz der Fischwanne hochziehen, Forellen anrichten.

- GARUNGSDAUER: ca. 10–15 Minuten (je nach Größe)
- BEILAGENEMPFEHLUNG: flüssige Butter, Petersil- oder Dampferdäpfel, grüner Salat, Zitronenspalten
- MEIN TIP: Damit sich Forellen blau färben, muß die Forelle frisch getötet und die Schleimhaut unverletzt sein. Daher nicht zu oft und nur mit nassen Händen berühren. Ist die Forelle gar, so sind die Augen weiß. Risse am Körper sind Folgen der Muskelspannkraft und Zeichen der Frische. Den Fischsud immer überwürzen, denn die Haut absorbiert den Salzgehalt.

ZUTATEN FÜR 4 PORTIONEN
4 Forellen je 250 g, ausgenommen
160 g Hechtfarce (s. S. 149)
50 g Pinienkerne, geröstet
1 KL Dillspitzen, gehackt
Butter zum Bestreichen
Salz
Zitronensaft

GEFÜLLTE FORELLE IN DER FOLIE GEBRATEN

Forellen filetieren oder vom Fischhändler filetieren lassen. Kleine Gräten mit Pinzette ziehen, Filets mit Salz und Zitronensaft würzen. Innenfläche von je einem Filet mit Farce bestreichen, Gegenstücke aufsetzen. Jede „Forelle" straff in gebutterte Alufolie einschlagen, im vorgeheizten Backrohr am Blech garen, wobei sie gewendet werden müssen. „Forelle" aus der Folie drehen, die Haut abziehen, mit Garungssaft begießen, mit Pinienkernen und Dillspitzen bestreuen.

- BACKROHRTEMPERATUR: ca. 220 °C
- GARUNGSDAUER: ca. 20 Minuten
- BEILAGENEMPFEHLUNG: Petersilerdäpfel, Sauce hollandaise oder Weißweinsauce, Blattsalate

ZUTATEN FÜR 4 PORTIONEN
600 g Hechtfarce (s. S. 149)
Salzwasser zum Pochieren
Dill- oder Krebsensauce zum Garnieren

HECHTNOCKERLN

Hechtfarce mittels nasser Innenhand und in Wasser getauchtem Suppenlöffel zu Nockerln formen. Reichlich Salzwasser auf ca. 90 °C erhitzen. Nockerln einlegen, ziehen lassen, wenden. Aus dem Wasser heben, anrichten, mit Dill- oder Krebsensauce überziehen.

- GARUNGSDAUER: je nach Größe 8–10 Minuten
- MEIN TIP: Noch raffinierter schmeckt das Gericht, wenn Sie die Nockerln mit Sauce hollandaise überziehen und bei extremer Oberhitze überbacken. Sollen Hechtnockerln als kalte Vorspeise serviert werden, so läßt man sie erkalten und richtet sie auf Dillrahm an.

Zubereiten von gefüllter Forelle und Hechtnockerln

1

◁ GEFÜLLTE FORELLE: *Filetierte Forelle (oder andere Portionsfische) würzen, mit der Hautseite nach unten auf eine gebutterte Alufolie legen, die Innenfläche mit Farce bestreichen.*

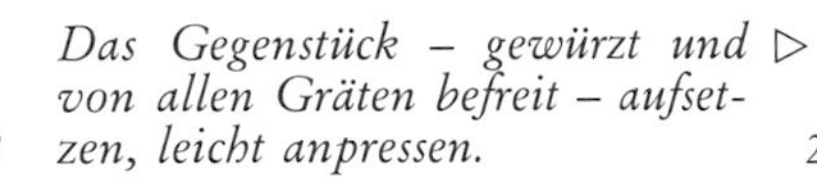

Das Gegenstück – gewürzt und von allen Gräten befreit – aufsetzen, leicht anpressen. ▷

2

3

◁ *Die Forelle straff in die Folie einschlagen, die Enden abdrehen. Auf ein Blech legen, im vorgeheizten Backrohr garen (oder in einem Fond pochieren).*

Die Forelle aus der Folie nehmen, die Haut vorsichtig abziehen, mit Garungssaft begießen. Mit gerösteten Pinienkernen und Dillspitzen bestreuen. ▷

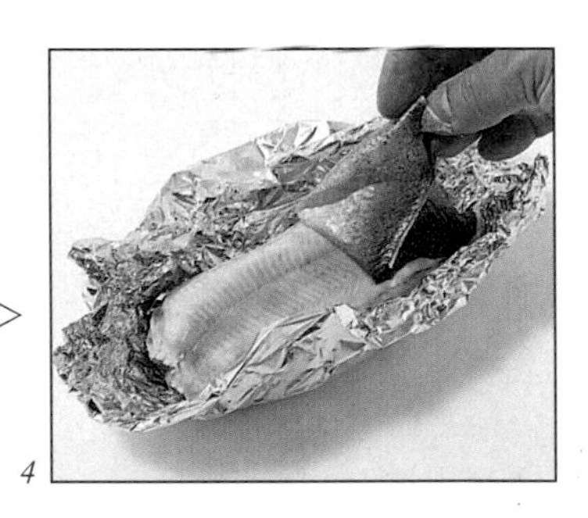

4

1

◁ HECHTNOCKERLN: *Gut gekühltes, würfelig geschnittenes Hechtfilet in einen Blitzschneider geben.*

Im Blitzschneider unter ständiger Beigabe von Obers (eventuell auch etwas Eiklar) zu einer homogenen, glatten Farce verarbeiten. Farce durch ein Sieb streichen, würzen. ▷

2

3

◁ *Hechtfarce mittels nasser Innenhand und in kaltes Wasser getauchtem Suppenlöffel zu Nockerln formen.*

Reichlich Salzwasser oder Fischfond auf ca. 90 °C erhitzen. Nockerln einlegen, ziehen lassen, wenden. Aus dem Wasser heben, anrichten, mit Sauce überziehen. ▷

4

ZUTATEN FÜR 4 PORTIONEN
4 Forellen, je 250–300 g, ausgenommen
60 g Butterschmalz
100 g Butter
2 EL Petersilie, gehackt
Saft von 1 Zitrone
Salz
etwas Mehl

GEBRATENE FORELLE *(Müllerin-Art)*

Forellen innen und außen salzen, in Mehl wenden, gut abstauben. In passender Pfanne Butterschmalz erhitzen, Forellen beidseitig knusprig braten, aus der Pfanne heben. Bratfett abgießen, Butter aufschäumen lassen und Zitronensaft beigeben. Forellen mit Petersilie bestreuen und mit Butter übergießen.

- GARUNGSDAUER: ca. 10–15 Minuten (je nach Größe)
- BEILAGENEMPFEHLUNG: Salzerdäpfel, Blattsalate
- MEIN TIP: Nach demselben Rezept lassen sich auch Reinanken oder Saiblinge zubereiten, wobei man diese noch mit in Butter gerösteten Mandeln bestreuen kann.

ZUTATEN FÜR 4 PORTIONEN
350 g Saiblingfilet oder
2 Saiblinge je 350–400 g
130 g Hechtfarce (s. S. 149)
70 g Duxelles (Champignonfarce, s. S. 229)
Strudelteig (Basisrezept, halbe Menge, s. S. 501) oder tiefgekühlt
Salz
Zitronensaft
Butter zum Bestreichen
2 EL Petersilie, gehackt

SAIBLING IM STRUDELBLATT GEBACKEN

Frische Saiblinge ausnehmen, filetieren oder vom Fischhändler filetieren lassen. Haut abziehen. Kleine Gräten mit Pinzette ziehen. Filets mit Salz und Zitronensaft würzen. Farce und Duxelles verrühren. Filets der Breite nach halbieren. Innenflächen der halbierten Saiblingfilets mit Farce bestreichen, Gegenstücke daraufsetzen. Teig ausziehen, in ca. 10 cm × 22 cm große Stücke teilen, mit Butter bestreichen, mit Petersilie bestreuen. Die gefüllten Fischstücke einzeln einschlagen, Enden fixieren, mit Butter bepinseln. Im vorgeheizten Backrohr goldbraun backen. Die Saiblinge halbieren und auftragen.

- BACKROHRTEMPERATUR: ca. 220 °C
- GARUNGSDAUER: ca. 18 Minuten
- MEIN TIP: Ergänzend kann man eine mit Kräutern versetzte Weißweinsauce dazureichen. Diese Zubereitung eignet sich auch für andere Portionsfische.

ZUTATEN FÜR 4 PORTIONEN
400 g Lachsfilet, ohne Haut
300 g Hechtfarce (s. S. 149)
150 g Duxelles (Champignonfarce, s. S. 229)
200 g Blätterteig, frisch oder tiefgekühlt
Salz
Pfeffer, weiß, aus der Mühle
1 Eidotter zum Bestreichen
Butter zum Bestreichen

LACHS MIT HECHTSOUFFLÉ IN BLÄTTERTEIG

Lachsfilet kräftig würzen. Blätterteig messerrückendick rechteckig ausrollen. Auf den Teig (unteres Ende der Längsseite) – der Größe des Lachsfilets entsprechend – etwas Hechtfarce dünn auftragen. Lachsfilet daraufpressen. Auf das Lachsfilet die Champignonfarce auftragen. Hechtfarce in Spritzsack mit glatter Tülle füllen und den Lachs mit gespritzten Längsstreifen völlig bedecken, verstreichen. Den kurzen Teil des Teiges hochziehen, an die Farce andrücken, mit Ei bestreichen. Restlichen Teig über den Lachs klappen, anpressen, Enden verschließen. Mit Eidotter bestreichen. Auf leicht befettetes Backblech oder Trennpapier legen. Im vorgeheizten Backrohr 10 Minuten bei starker, 8 Minuten bei verminderter Hitze backen. Einige Minuten warm ziehen lassen. Vorsichtig in ca. 14 mm starke Tranchen schneiden.

- BACKROHRTEMPERATUR: 1) 230 °C; 2) 150 °C
- GARUNGSDAUER: ca. 18 Minuten (Nadelprobe)
- BEILAGENEMPFEHLUNG: Weißweinsauce mit Kräutern kombiniert, Sauerampfer-, Hummer- oder Schnittlauchsauce; grüner Spargel, eventuell Dampferdäpfel

Lachs mit Hechtsoufflé in Blätterteig

LACHSFORELLE IM SALATBLATT GEDÄMPFT

ZUTATEN FÜR 4 PORTIONEN

1 Lachsforelle ca. 1 kg (oder 4 Filets)
200 g Hechtfarce (s. S. 149)
2 EL Estragonblätter, gehackt
1 Kochsalat
5 cl Weißwein
50 g Schalotten oder Zwiebeln
1 dl Fischfond oder Wasser
⅛ l Schlagobers
Salz
Pfeffer, weiß, aus der Mühle
Natron
40 g Butter zum Kochen und Montieren

Lachsforelle filetieren oder vom Fischhändler filetieren lassen. Haut abziehen. Filets in vier Stücke teilen, mit Salz und Pfeffer würzen. Kochsalat in einzelne Blätter teilen, waschen, in kochendes, mit Salz und Natron versetztes Wasser legen. Kurz blanchieren, herausheben und in Eiswasser legen. Blätter abtrocknen, mit Salz und Pfeffer würzen, Strünke wegschneiden. Farce mit Estragon vermischen. Jeweils 2–3 Blätter übereinanderlegen und großflächig mit Farce bestreichen. Forellenstücke in die Blätter einschlagen. Kleinwürfelig geschnittene Zwiebeln, Weißwein und Fischfond (Wasser) sowie Salz in flachem Geschirr zum Kochen bringen, 3 Minuten kochen. Fischstücke einsetzen, Butterstücke daraufgeben, zugedeckt unter einmaligem Wenden dämpfen. Fisch aus dem Sud nehmen, Obers in den Sud einrühren, reduzierend (nicht zugedeckt) auf gewünschte Konsistenz kochen. Eiskalte Butterstücke einrühren. Fisch anrichten, Sauce über die Fischstücke gießen.

- GARUNGSDAUER: ca. 20 Minuten
- BEILAGENEMPFEHLUNG: Dampf- oder Petersilerdäpfel

ZUTATEN FÜR 4 PORTIONEN
4 Seezungen je ca. 350 g, im Ganzen
60 g Butterschmalz
100 g Butter
2 EL Petersilie, gehackt
1 Ei
Saft von 1 Zitrone
Salz
Mehl

SEEZUNGE NACH MÜLLERIN-ART
(à la Meunière)

Seezungen von Kopf, Haut und Eingeweiden befreien (oder vom Fischhändler ausnehmen lassen). Mit Salz und Zitronensaft einreiben, in Mehl wenden, gut abstauben, mit verschlagenem Ei dünn einstreichen. In passender Pfanne (Teflonfischpfanne, oval) Butterschmalz erhitzen, Seezungen langsam darin bräunen, mit Hilfe einer Backschaufel vorsichtig wenden, fertig braten. Seezungen anrichten, Butter in Pfanne aufschäumen lassen, Zitronensaft beifügen, Seezungen mit Petersilie bestreuen, mit Butter übergießen.

- GARUNGSDAUER: ca. 10 Minuten
- BEILAGENEMPFEHLUNG: Dampferdäpfel, Blatt-, Gurken- oder Tomatensalat
- MEIN TIP: Wer über eine Teflonpfanne verfügt, kann den Eianstrich, der das Kleben an der Pfanne verhindert, weglassen. Seezungen können aber auch mit Sardellen, Pinienkernen oder Mandelsplittern gebraten werden. Diese Zubereitungsarten gelten in gleicher Weise für Forellen, Saibling, Aal, Rotzunge, Scholle etc.

ZUTATEN FÜR 4 PORTIONEN
3 Seezungen je 350 g (oder 12 Filets)
360 g Hechtfarce (s. S. 149)
1 EL Dillspitzen, gehackt
⅛ l Weißwein, trocken
etwas Wasser
60 g Schalotten oder Zwiebeln
Salz
Butter zum Ausstreichen

SEEZUNGENRÖLLCHEN

Seezungen enthäuten, Kopf abtrennen, filetieren. Filets mit Hautseite nach oben auf einer Folie nebeneinander auflegen. Beidseitig zart salzen. Fischfarce mit Dillspitzen verrühren. Filets gleichmäßig mit Fischfarce bestreichen, einzeln einrollen. Bratenpfanne mit Butter ausstreichen, geschnittene Schalotten einstreuen, Wein-Wasser-Salz-Gemisch zugießen. Seezungenröllchen in knappen Abständen einsetzen. Mit gebutterter Alufolie bedecken und im vorgeheizten Backrohr zart pochieren. Fertiggegart aus dem Fond heben. Fond zur Saucengewinnung verwenden (Weißweinsauce s. S. 191).

- BACKROHRTEMPERATUR: ca. 180 °C
- GARUNGSDAUER: ca. 18 Minuten
- BEILAGENEMPFEHLUNG: Weißwein- oder Hummersauce, Wild- oder Pinienreis, grüner Spargel, Tomatenragout
- MEIN TIP: Man kann die Filets auch eng nebeneinander auf eine gebutterte Alufolie legen, mit Farce bestreichen, einrollen, die Enden zudrehen und schwimmend in Fond oder Salzwasser pochieren.

Filetieren und Füllen von Seezungen

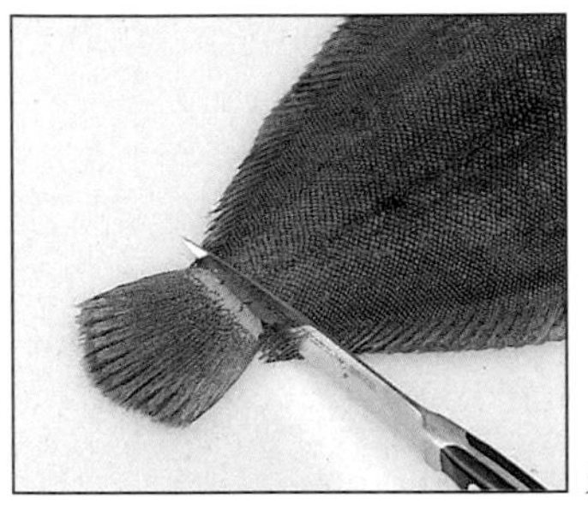
1

◁ *Seezunge (Sole) beim Schwanzansatz leicht einschneiden, mit einem kleinen Messer zum Körper hin etwas anschaben.*

Die Haut flach bis über den Kopf ziehen. Diesen Vorgang an der zweiten Seite wiederholen. ▷

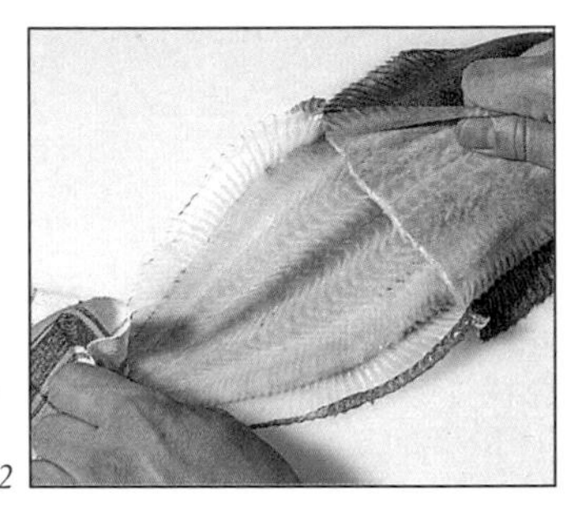
2

3

◁ *Die Innereien aus der Bauchhöhlung entfernen.*

Den Kopf schräg abtrennen, flossenähnliche Seitenteile mittels Schere abtrennen. Die Seezunge ist somit bratfertig. ▷

4

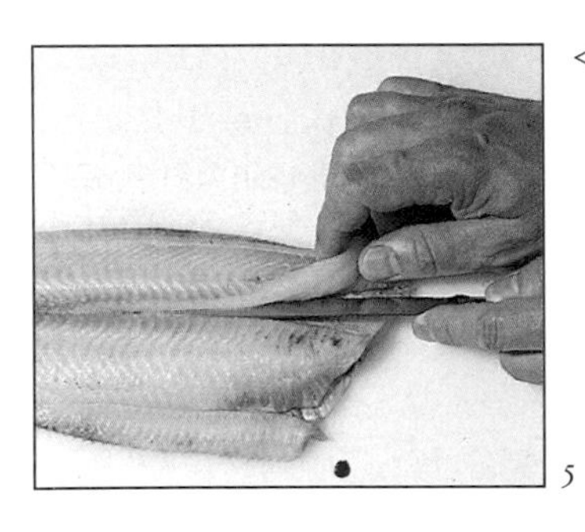
5

◁ *Wünscht man Filets, so schneidet man die Seezunge mit einem Filetmesser entlang des Rückgrats ein und löst die vier Filets entlang der Karkasse beidseitig ab.*

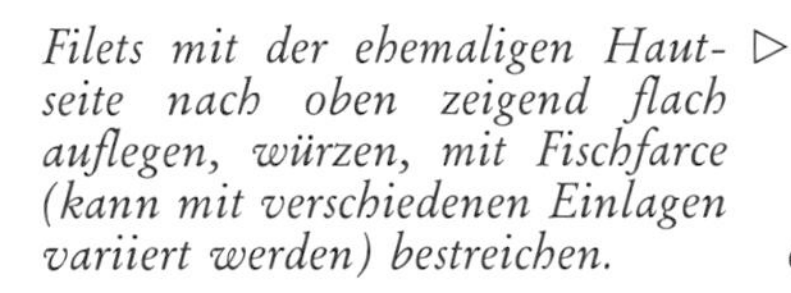

Filets mit der ehemaligen Hautseite nach oben zeigend flach auflegen, würzen, mit Fischfarce (kann mit verschiedenen Einlagen variiert werden) bestreichen. ▷

6

7

◁ *Die bestrichenen Filets zu Rollen formen. In ein passendes, mit Butter ausgestrichenes Geschirr gehackte Schalotten einstreuen, Fond eingießen, Röllchen einsetzen und pochieren.*

Röllchen aus dem Sud heben, eventuell halbieren, mit Sauce auftragen. ▷

8

Als „teuflisch gut" kann sich ein Seeteufel in Kräuterfarce entpuppen. Der Fisch galt einst wegen seiner Bißfestigkeit als „Hummer des armen Mannes", zählt aber heutzutage längst zu den Edelfischen.

ZUTATEN FÜR 4 PORTIONEN

400 g Seeteufelfilet (Mittelstück)
200 g Hechtfarce (s. S. 149)
1 EL Babyspinat, tiefgekühlt
2 EL Basilikum, Estragon, Kerbel, gehackt
1 Schweinsnetz
Salz
Pfeffer, weiß
20 g Butterschmalz

SEETEUFEL IN KRÄUTERFARCE

Schweinsnetz kalt wässern, abtrocknen und auf eine Größe von 30 cm × 20 cm zurechtschneiden. Farce mit Kräutern und Spinat vermengen. Seeteufel würzen. Farce bis knapp an den Rand dünn auf das Netz auftragen, Seeteufelstücke darauflegen und straff eindrehen. In heißem Butterschmalz rundum anbraten. Im vorgeheizten Backrohr anfangs bei starker, später bei reduzierter Hitze braten. Einige Minuten warm rasten lassen, Enden abschneiden und in 12 Tranchen schneiden.

- BACKROHRTEMPERATUR: ca. 220 °C fallend
- GARUNGSDAUER: ca. 25 Minuten
- BEILAGENEMPFEHLUNG: Weißwein-, Schalotten-, Hummer- oder Safransauce, Reis, Wildreis, grüner Spargel, gedünstete Tomaten

ZUTATEN FÜR 4 PORTIONEN

1 kg Tintenfische (Polpi)
3 EL Olivenöl
10 Kapern
2 Sardellenfilets
1½ EL Tomatenmark
¼ l Rotwein
etwas Wasser oder Suppe
Knoblauch, gepreßt
1 EL Petersilie, gehackt
Salz
Pfeffer, aus der Mühle

TINTENFISCHE IN ROTWEINSAUCE

Öl erhitzen, Knoblauch, gehackte Kapern, Tomatenmark und zerkleinerte Sardellen einrühren, anschwitzen. Petersilie beigeben, mit Rotwein ablöschen. Geputzte Tintenfische untermengen, würzen, mit Wasser oder Suppe bedecken, zugedeckt schwach wallend dünsten.

- GARUNGSDAUER: ca. 80 Minuten
- BEILAGENEMPFEHLUNG: Risotto oder Polenta

GOLDBARSCHFILET AUF BLATTSPINAT ÜBERBACKEN

ZUTATEN FÜR 4 PORTIONEN
600 g Goldbarschfilet (oder Kabeljau, Dorsch)
200 g Blattspinat, blanchiert
40 g Butter
40 g Butterschmalz
2 Tomaten, geschält, entkernt
60 g Zwiebeln
¼ l Sauce Mornay (s. S. 189)
1 Ei
2 EL Parmesan, gerieben
Salz
Zitronensaft
Pfeffer, schwarz, aus der Mühle
Mehl, glatt
Semmelbrösel
20 g Butter zum Überbacken

Fischfilet in vier Teile schneiden, mit Salz und Zitronensaft würzen, in Mehl wenden, mit verschlagenem Ei zart bestreichen. Butterschmalz erhitzen, Fischfilet beidseitig braun, aber nicht durchbraten, aus der Pfanne heben. Butter schmelzen, kleingeschnittene Zwiebeln hell anschwitzen. Kleinwürfelig geschnittene Tomaten beigeben, kurz andünsten. Ausgedrückten Blattspinat einrühren, mit Salz und Pfeffer würzen. Gratinierschüssel mit Butter ausstreichen, den Boden mit Blattspinat bedecken. Fischstücke nebeneinander darauflegen und mit Sauce überziehen. Mit Parmesan und wenig Semmelbröseln bestreuen, mit Butterflocken belegen. Bei extremer Oberhitze ca. 6–8 Minuten bräunen.

- GARUNGSDAUER: ca. 4 Minuten anbraten, ca. 6–8 Minuten bräunen
- BEILAGENEMPFEHLUNG: Dampf- oder Petersilerdäpfel, Blatt- oder Tomatensalat
- MEIN TIP: Diese Zubereitung eignet sich auch für andere Süß- und Salzwasserfische.

POCHIERTER STEINBUTT

ZUTATEN FÜR 4 PORTIONEN
1 Steinbutt, ca. 2 kg
2 l Court-bouillon (Fischsud, s. S. 187)

Kopf und Flossen wegschneiden, Eingeweide entfernen, gründlich kalt schwemmen. Steinbutt, je nach Größe, im Ganzen oder halbiert pochieren. Fischsud erhitzen, Steinbutt einlegen und knapp unter dem Siedepunkt (ca. 85 °C) ziehen lassen. Mit dem Sud zu Tisch bringen, aus dem Sud heben, Haut abziehen, Filets von der Karkasse ablösen.

- GARUNGSDAUER: ca. 15–20 Minuten, je nach Stärke des Fisches
- BEILAGENEMPFEHLUNG: Sauce hollandaise, zerlassene Butter, Dampferdäpfel, Blattspinat, grüner Spargel, geschmolzene Tomaten
- MEIN TIP: Diese Zubereitungsart gilt auch für Heilbutt.

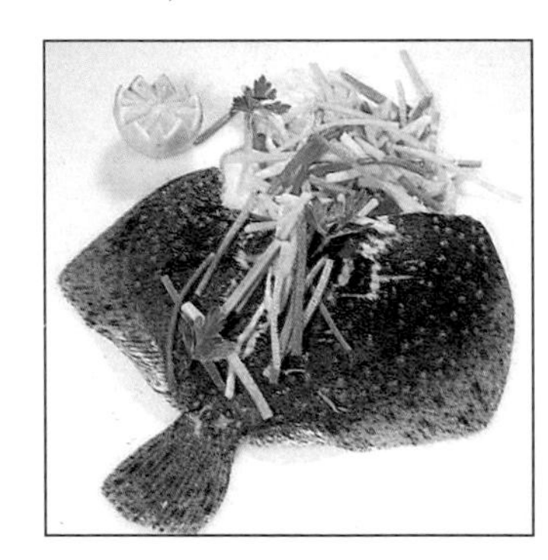

ZUTATEN FÜR 4 PORTIONEN
24 Weinbergschnecken
240 g Duxelles
(Champignonfarce, s. S. 229)
320 g Schneckenbutter
(s. S. 104)

WEINBERGSCHNECKEN „DREI HUSAREN"

Duxelles in die Vertiefungen der Schneckenpfannen einfüllen, Schnecken daraufsetzen, mit etwas Schneckensud begießen. Butter erhaben über die Schnecken auffüllen, glattstreichen und im vorgeheizten Backrohr backen, bis sich eine bräunende, feste Kruste gebildet hat.

- BACKROHRTEMPERATUR: 240 °C
- GARUNGSDAUER: 10 Minuten
- BEILAGENEMPFEHLUNG: Baguette (französisches Stangenbrot)

ZUTATEN FÜR 4 PORTIONEN
24 Weinbergschnecken mit Häuschen
120 g Butter
30 g Schalotten oder Zwiebeln
1 TL Petersilie, gehackt
1 Knoblauchzehe, gepreßt
Salz
Pfeffer, weiß, aus der Mühle
Zitronensaft
Spritzer Worcestershiresauce

WEINBERGSCHNECKEN IM HÄUSCHEN GEBACKEN

Handwarme Butter sehr schaumig rühren. Sehr fein geschnittene Schalotten (Zwiebeln) sowie alle Aromastoffe untermengen. Etwas Schneckensud in jedes Häuschen füllen, Schnecken in die Häuschen geben, mit Würzbutter zustreichen. Schneckenhäuschen mit der Öffnung nach oben in die Schneckenpfannen schlichten und im vorgeheizten Backrohr backen, bis die Butter aufschäumt.

- BACKROHRTEMPERATUR: 220 °C
- GARUNGSDAUER: 8–10 Minuten
- BEILAGENEMPFEHLUNG: Baguette (französisches Stangenbrot)
- MEIN TIP: Für Schnecken nach Burgunder Art werden die gehackten Schalotten in wenig Rotwein gedünstet und der schaumigen Butter beigemengt. Weitere Zubereitung wie oben.

» Feine Gerichte – schlechte Manieren «

Wann immer Gourmets scheinbar ihre Kinderstube vergessen, so ist das ein untrügliches Zeichen dafür, daß etwas Besonderes auf den Tisch kommt: Das gilt für Krebse und Hummer ebenso wie für Muscheln, Austern und Spargel, aber auch für Artischockenblätter. Ihnen allen gemeinsam ist, daß man sie getrost mit der bloßen Hand essen kann (und soll), ohne dafür scheele Blicke von den Tischgenossen befürchten zu müssen. Es ist übrigens kein Zufall, daß all diesen Gerichten auch eine gewisse aphrodisische Wirkung zugeschrieben wird, vielleicht, weil die Vorstellung von der Berührung einer Speise durch feingliedrige Ladyfingers etwas Erotisches an sich hat und zu weiteren Berührungen einlädt. Damit jedoch der Etikette auch dann Genüge getan werden kann, wenn jemand gar zu ausführlich an seinen Artischockenblättern oder Hummerscheren geleckt hat, wird – so erfordert es der gute Ton – anschließend eine Fingerschale mit lauwarmem Wasser und einer Zitronenscheibe gereicht. Merke: Waschen hat noch immer gegen das Laster geholfen.

GEKOCHTER HUMMER

ZUTATEN
1 Hummer 450 g–1 kg, lebend
Wasser
Dillstengel
Salz
Kümmel, nach Geschmack

Wasser mit sämtlichen Zutaten zum Kochen bringen. Hummer mit dem Kopf voran in das siedende Wasser gleiten lassen. Aufkochen, anschließend knapp unter dem Siedepunkt (bei 90 °C) ziehen lassen. Die Kochdauer richtet sich nach der Größe. Hummer aus dem Sud heben und auslösen.
Weiterverwendung: Man kann den Hummer mit flüssiger Butter, Hummersauce oder aufgeschlagener Buttersauce auftragen. Für „Hummer Thermidor“ wird der Hummer der Länge nach halbiert, das Schwanzfleisch wird in Scheiben geschnitten, in den Hummerkörper gefüllt und mit Sauce Mornay überzogen. Anschließend bei extremer Oberhitze im Backrohr gratinieren.

- GARUNGSDAUER: 450 g – 10 Minuten; 1 kg – 18 Minuten
- MEIN TIP: Bereits getötete oder tiefgefrorene Tiere sollten für diese Art der Zubereitung nicht verwendet werden. (Sie eignen sich nur für Suppen oder Saucen.)

ZUTATEN FÜR 4 PORTIONEN
2 kg Flußkrebse, möglichst groß
Dille
Salz
Kümmel

GEKOCHTE KREBSE

Salzwasser mit reichlich Dille oder Dillstengeln sowie Kümmel zum Kochen bringen. Lebende Krebse einlegen (sie sind in Sekundenbruchteilen getötet), Sud zur Seite ziehen, 3 Minuten ziehen lassen. Die Krebse werden bei Tisch ausgelöst, weshalb eine Fingerbowle gereicht werden sollte.

- GARUNGSDAUER: ca. 3 Minuten, je nach Größe
- MEIN TIP: Ein klassisches Wiener Gericht sind Krebsschwänze in Dillsauce, wofür die Schwänze ausgelöst und in 3 dl Dillsauce serviert werden. Dazu reicht man Reis. Die übriggebliebenen Karkassen (Krebskörper) und ausgelösten Schwänze sollten für Krebssuppe verwendet werden.

ZUTATEN FÜR 4 PORTIONEN
24 Scampischwänze oder Riesengarnelen, ohne Darm
150 g Tomaten, geschält, entkernt
60 g Schalotten oder Zwiebeln
5 cl Weißwein, trocken
5 cl Fischfond oder Suppe
3 Knoblauchzehen
5 EL Olivenöl
Salz
Pfeffer, weiß
Oregano
Petersilie, gehackt

SCAMPISCHWÄNZE „MARINARA"

Tomaten und Zwiebeln gesondert in kleine Würfel schneiden. Scampi mit Salz und Pfeffer würzen. Öl erhitzen, gepreßten Knoblauch hinzufügen, Scampi einlegen und beidseitig braten. Scampi aus der Pfanne heben, Zwiebeln anschwitzen, Tomaten untermengen, mit Weißwein ablöschen, reduzieren (nicht zugedeckt kochen). Fischfond oder Suppe eingießen, weiterreduzieren, mit Salz, Pfeffer und Oregano würzen. Scampi wieder beigeben, erhitzen, anrichten, mit gehackter Petersilie bestreuen.

- GARUNGSDAUER: ca. 6–8 Minuten
- BEILAGENEMPFEHLUNG: Reis, Blattsalate

ZUTATEN FÜR 4 PORTIONEN
600 g Riesengarnelen, ohne Schale (King Prawns, empfohlene Sortierung 8/12)
Backteig (s. S. 502)
Salz
Pfeffer, weiß, aus der Mühle
Öl zum Backen
Mehl
Zitronenspalten als Beigabe

RIESENGARNELENSCHWÄNZE IN BACKTEIG

Riesengarnelenschwänze entdarmen, würzen, in Mehl wenden (damit der Teig besser haftet) und einzeln durch den Teig ziehen. In heißem Öl schwimmend, unter einmaligem Wenden, goldbraun und knusprig backen. Auf ein Abtropfgitter legen, mit Krepp abtupfen und mit Zitrone garnieren.

- GARUNGSDAUER: ca. 4–6 Minuten
- BEILAGENEMPFEHLUNG: Cocktailsauce, Blattsalate
- MEIN TIP: Riesengarnelen werden mit oder ohne Schale angeboten, wobei erstere vorzuziehen sind. Diese Krustentiere kommen vorwiegend tiefgekühlt in den Handel. Legen Sie die Tiere vor Gebrauch flach auf ein Tablett und lassen Sie sie bei Raumtemperatur auftauen.

Auslösen von gekochten Krebsen

1

◁ *Den Schwanz mit einer leichten Drehung vom Körper trennen.*

Den Schwanzpanzer seitlich ablösen und vom Fleisch abheben. Damit es leichter geht, kann man den Panzer seitlich mit einer Schere abschneiden. ▷

2

3

◁ *Die Schwänze an der Oberseite in der Mitte mit leichtem Einschnitt öffnen.*

Den Darm mit den Fingerspitzen vorsichtig abziehen. ▷

4

5

◁ *Die Scheren oberhalb der Bizeps abtrennen (brechen).*

Den kleinen Teil des Greifers vorsichtig abbrechen, ohne das darunter befindliche Fleisch mitabzutrennen. ▷

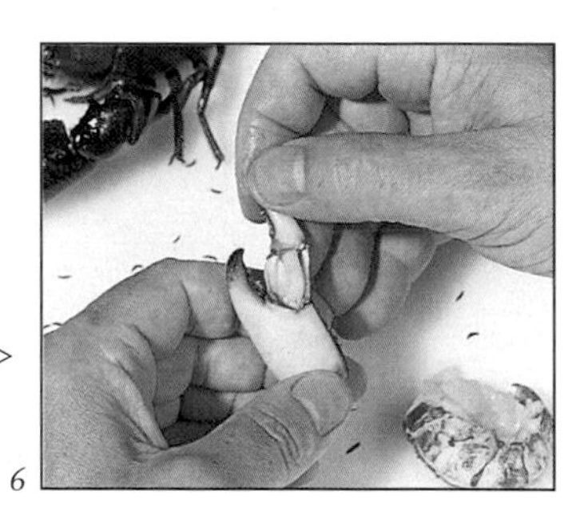

6

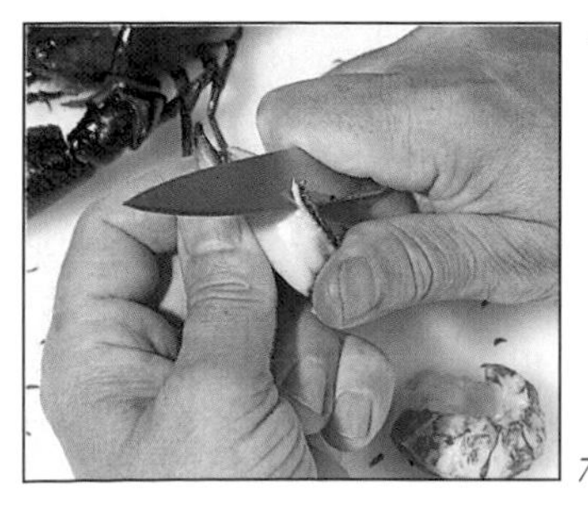

7

◁ *Mit einem kleinen, scharfen Messer den Grat vom verbliebenen Scherenteil abtrennen (man kann auch eine Schere verwenden).*

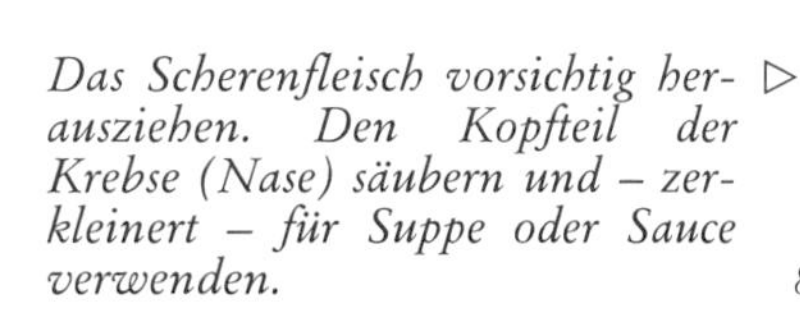

Das Scherenfleisch vorsichtig herausziehen. Den Kopfteil der Krebse (Nase) säubern und – zerkleinert – für Suppe oder Sauce verwenden. ▷

8

ZUTATEN FÜR 4 PORTIONEN

600 g Riesengarnelenschwänze, ohne Schale (King Prawns, empfohlene Sortierung 8/12 oder Jumbo)
350 g Zucchini
2 Paprikaschoten, rot
100 g Zwiebeln
150 g Tomaten, geschält, entkernt
5 cl Weißwein, trocken
6 cl Tomatensaft
7 EL Olivenöl
1 EL Petersilie, gehackt
2 dl Sauce hollandaise (s. S. 197)
1 Ei
Mehl zum Wenden
Salz
Pfeffer, weiß, aus der Mühle
Rosmarin
Knoblauch

RIESENGARNELEN AUF ZUCCHINIRAGOUT ÜBERBACKEN

Garnelenschwänze entdarmen, mittels Faltschnitt aufklappen, würzen, in Mehl wenden, mit Ei zart bestreichen und mit gepreßtem Knoblauch einreiben. Zucchinienden abschneiden, Paprika entkernen, Strunk entfernen. Zucchini, Zwiebeln, Tomaten sowie Paprika gesondert in ca. 1 cm große Würfel schneiden. 3 EL Olivenöl erhitzen, Zwiebeln anrösten, Paprika beigeben, mit Weißwein ablöschen, Tomatensaft zugießen, 3 Minuten dünsten. Zucchini untermengen, würzen (Salz, Pfeffer, Rosmarin, Knoblauch), 5 Minuten dünsten, Tomaten und Petersilie hinzufügen, kurz andünsten. Zucchiniragout auf vier kleine Gratinierschüsseln aufteilen, Garnelenschwänze in restlichem Öl beidseitig braten, auf das Ragout legen, einzeln mit Sauce hollandaise überziehen und bei extremer Oberhitze (Grill) im Backrohr kurz bräunen.

- GARUNGSDAUER: Garnelen ca. 5 Minuten, Ragout ca. 8–10 Minuten
- BEILAGENEMPFEHLUNG: Safran-, Kräuter- oder Butterreis

Um Austern wirklich zu schätzen, muß man angeblich schon ein paar Dutzend davon gegessen haben. Austern auf Mangold eignen sich perfekt als „Einstiegsdroge“ (s. Rezept S. 269).

GEBRATENE JAKOBSMUSCHELN

Unausgelöste Muscheln mit spitzem Messer öffnen, Muscheln herauslösen, Rogen abschneiden, zuparieren. Gut kalt wässern. Muschelfleisch abtrocknen, eventuell der Quere nach halbieren. Mit Salz und Pfeffer zart würzen, in Mehl wenden. Schmalz in flacher Pfanne (Teflon) schwach erhitzen. Muscheln einlegen, langsam braten, wenden, fertigbraten. Das Innere sollte einen zarten, nicht durchgebratenen Kern aufweisen. Rogen anschließend bei sehr lauer Temperatur braten.

- GARUNGSDAUER: ca. 4–5 Minuten
- BEILAGENEMPFEHLUNG: grüner Spargel, Reis, Wildreis
- MEIN TIP: Jakobsmuscheln vertragen keine extremen Temperaturen. Möglichst nur Frischware verarbeiten.

ZUTATEN FÜR 4 PORTIONEN

600 g Jakobsmuschelfleisch oder
16 Jakobsmuscheln, unausgelöst
40 g Butterschmalz
etwas Mehl zum Bestauben
Salz
Pfeffer, weiß

ÜBERBACKENE AUSTERN AUF MANGOLDBLÄTTERN

ZUTATEN FÜR 12 STÜCK

12 Austern (Fines de Claires)
300 g Mangold (oder Blattspinat)
30 g Butter
40 g Schalotten oder Zwiebeln
Salz
Pfeffer, schwarz, aus der Mühle

Für die Sauce:
Austernwasser
80 g Butter
2 Eidotter
2 EL Obers, geschlagen
Salz
Pfeffer, weiß
Worcestershiresauce
Zitronensaft

Mangold putzen, Stiele entfernen, waschen, in kochendem Wasser knackig blanchieren, in Eiswasser rasch abkühlen. Aus dem Wasser heben, auspressen und etwas zerkleinern. Austern öffnen. Austernwasser durch einen Filter laufen lassen und erhitzen. Austern entbarten, einige Sekunden im Austernwasser anziehen lassen, wenden, aus der Flüssigkeit heben. Austernwasser und Eidotter über Dampf schaumig schlagen, langsam lauwarm geschmolzene Butter einlaufen lassen. Weiterschlagen, bis die Sauce dick und cremig erscheint. Mit Salz, Pfeffer, Zitronensaft und Worcestershiresauce abschmecken. Butter schmelzen, feingehackte Schalotten (Zwiebeln) farblos anschwitzen, Mangold beigeben, durchschwenken, mit Salz und Pfeffer würzen. Mangold in die tiefen Teile der Austernschalen plazieren, jeweils eine Auster in eine Schale setzen. Sauce mit geschlagenem Obers abmischen und die Austern damit kräftig überziehen. Bei extremer Oberhitze rasch goldbraun überbacken.

- MEIN TIP: Für diese Zubereitung eignen sich auch andere Austernarten, wie etwa Belons oder Imperials. Da das Öffnen der Austern stets problematisch ist, schützen Sie die Hand, die die Auster hält, am besten mit einem Stichschutzhandschuh (im Fachhandel erhältlich).

Muscheln mit Lauch

» So mies sind sie gar nicht «

Als Elisabeth von Österreich 1570 zu ihrer Vermählung mit Karl IX. in Paris eintraf, wurde ihr zu Ehren ein Fest gegeben, bei dem 50 Pfund Walfisch, jede Menge Miesmuscheln und etwa 1000 Frösche verzehrt wurden. Die Miesmuscheln scheinen also alpenländische Gaumen damals durchaus bezaubert zu haben. Kulinarhistorisch geht die Liebe zu diesen wohl beliebtesten aller Schaltiere – alleine in Europa werden davon jährlich 300.000 Tonnen verspeist – wie so vieles auf die Antike zurück. Die Griechen fanden bei den „Mytilidae" einen (biologisch mittlerweile widerlegten) einwandfrei herausschmeckbaren Unterschied zwischen männlichen und weiblichen Miesmuscheln heraus. Plinius wies allerdings darauf hin, daß sie wohl nahr- und schmackhaft seien, aber im Hals kratzten und heiser machten. Wer allerdings glaubt, daß der wenig verführerische Name der Miesmuscheln von dieser Eigenschaft herrühre, der irrt. Die Etymologie weist eindeutig auf die Wurzel ahd. mios und mhd. mies hin, was soviel wie Moos bedeutet. Ein Name, den die Miesmuscheln wohl deshalb erhielten, weil sie wie Moos an den Steinen haften.

ZUTATEN FÜR 4 PORTIONEN

1½ kg Miesmuscheln
200 g Lauch (das Weiße)
⅛ l Weißwein, trocken
⅛ l Wasser oder Suppe
3 EL Olivenöl
Salz
Pfeffer, aus der Mühle
Knoblauch, gepreßt

MUSCHELN MIT LAUCH

Muscheln unter fließendem Wasser gründlich bürsten, Bart entfernen. Offene Muscheln wegwerfen – sie sind verdorben. Gut gewaschenen Lauch in Scheiben schneiden. Öl erhitzen, Lauch anschwitzen, mit Wein ablöschen, Knoblauch beigeben. Mit Wasser oder Suppe aufgießen, würzen, einige Minuten kochen, Muscheln einlegen und zugedeckt dämpfen.

- GARUNGSDAUER: ca. 3–5 Minuten, je nach Größe der Muscheln
- MEIN TIP: Man kann den Sud auch mit Mehlbutter binden.

Von der berühmten spanischen Paella inspiriert sind diese Muscheln und Krabben auf Paprikareis.

MUSCHELN UND KRABBEN AUF PAPRIKAREIS

ZUTATEN FÜR 4 PORTIONEN

12 Espagnolmuscheln (oder 24 Miesmuscheln)
16 Hummerkrabbenschwänze (Sortierung 8/12, King Prawns)
200 g Reis (parboiled)
100 g Paprikaschoten, rot
3 dl Suppe oder Wasser
50 g Zwiebeln
4 EL Olivenöl
1 Knoblauchzehe, gepreßt
Salz
Suppenwürze
einige Safranfäden

Hummerkrabben von den Schalen befreien (auslösen), Darm entfernen. Muscheln gut bürsten, Bart entfernen. Öl erhitzen, kleinwürfelig geschnittene Zwiebeln hell anschwitzen. Paprika halbieren, entkernen, in Streifen oder Stücke schneiden, den Zwiebeln beigeben, kurz andünsten. Knoblauch und Reis beifügen, durchrühren. Wasser oder Suppe zugießen, würzen, Safran einrühren. Zugedeckt einige Minuten kochen, im Backrohr dünsten. Nach fast vollendeter Garungsdauer gesalzene Hummerkrabben und Muscheln einsetzen und 10 Minuten bei geringer Hitze dünsten.

- BACKROHRTEMPERATUR: ca. 150 °C
- GARUNGSDAUER: ca. 30 Minuten
- BEILAGENEMPFEHLUNG: Blatt-, Gurken- oder Tomatensalat

ZUTATEN FÜR 4 PORTIONEN
16 Jakobsmuscheln
40 g Schalotten
4 cl Weißwein
2 cl Vermouth, trocken
1 dl Fischfond oder Wasser
1 dl Schlagobers
10 g Butter
Salz
Pfeffer, weiß
Zitronensaft
Safranfäden

JAKOBSMUSCHELN IN SAFRANSAUCE

Muscheln mit spitzem Messer öffnen. Muscheln vom Rogen trennen, diesen parieren (zuputzen). Muscheln der Quere nach halbieren. Schalotten fein schneiden. Schalotten, Vermouth, Weißwein und Fischfond oder Wasser in flachem Geschirr zum Kochen bringen, reduzierend kochen. Gewürzte Muscheln nebeneinander einlegen. (Muscheln sollen vom Sud gerade bedeckt sein.) Muscheln bei lauer Temperatur kurz pochieren, aus dem Fond heben. Obers zugießen, Safranfäden beifügen. Forciert reduzierend (nicht zugedeckt) kochen, bis die Sauce mollig ist; Butter einmixen und mit Zitronensaft pikant abschmecken. Muscheln in die Sauce legen, wenden, aber nicht kochen.

- GARUNGSDAUER: ca. 2 Minuten
- BEILAGENEMPFEHLUNG: Butter- oder Wildreis, grüner Spargel, Wurzelstreifen

WARME GERICHTE FLEISCH

Nächste Doppelseite: Neben dem klassischen Tafelspitz (s. Rezept S. 276) eignen sich auch andere Rindfleischsorten wie z. B. das hier abgebildete Schulterscherzel dazu, nach Altwiener Art gekocht zu werden.

Rindslungenbraten in Blätterteig (s. Rezept S. 280)

» Des Kaisers Freude «

Die starke kulinarische Legendenbildung rund um die Wiener Küche hat dazu geführt, daß man die Person Kaiser Franz Josephs vor allem mit Kaiserschmarren und Kaisersemmeln assoziiert und darüber vergißt, daß der alte Kaiser in erster Linie ein Rindfleischtiger war. In einer behördlich für Berufsschulen genehmigten Servierkunde des Jahres 1912 steht beispielsweise zu lesen: „Nie fehlt an der Privattafel Sr. Majestät ein gutes Stück gesottenen Rindfleisches, das zu seinen Lieblingsgerichten zählt."
Unter diesen Umständen mutet es nahezu als grobe Geschichtsfälschung an, daß man heute unter „Kaiserschnitzel" ein Kalbsschnitzel und unter „Kaiserfleisch" nicht Rindfleisch, sondern ein Stück Schweinebauch versteht, das der Kaiser keineswegs so goutierte wie ein Beinfleisch oder einen Tafelspitz.

GEKOCHTER TAFELSPITZ

ZUTATEN FÜR 8–10 PORTIONEN
1 Tafelspitz ca. 2½–3 kg
300 g Wurzelwerk (Sellerie, gelbe Rüben, Karotten, Petersilwurzel)
200 g Zwiebeln in der Schale
½ Lauch
15 Pfefferkörner
Salz
etwas Liebstöckel
ca. 4,5 l Wasser
1 kg Rindsknochen
Meersalz aus der Mühle
4 EL Schnittlauch, geschnitten

Zwiebeln halbieren, in Pfanne an der Schnittfläche sehr dunkel, fast schwarz braten. Wurzelwerk waschen, schälen. Tafelspitz und Knochen warm waschen. Wasser zum Kochen bringen, Tafelspitz, Knochen und Pfefferkörner in das Wasser geben, schwach wallend kochen. 1 Stunde vor Garungsende Wurzelwerk, Lauch, Liebstöckel und Zwiebeln beigeben. Schaum ständig abschöpfen. Fertig gegartes Fleisch aus der Suppe heben. Suppe würzen, durch ein feines Sieb oder Tuch (Etamin) seihen. Fleisch in fingerdicke Tranchen schneiden (gegen den Faserlauf), mit Suppe begießen. Mit Meersalz und Schnittlauch bestreuen. Empfehlenswert ist auch, Rindermarkscheiben kurz in heißer Suppe zu pochieren und mit Salz und Pfeffer gewürzt auf (oder mit) gebähtem Schwarzbrot als Beilage zu reichen.

- GARUNGSDAUER: 3–4 Stunden
- BEILAGENEMPFEHLUNG: Dillkürbis, Dillfisolen, Wiener Kohl, Cremespinat, Kochsalat mit Erbsen, eingemachter Kohlrabi, Tomatensauce, Apfel-, Semmel- oder Oberskren, Schnittlauchsauce, Erdäpfelschmarren, Stürz-, Röst- oder Bouillonerdäpfel
- MEIN TIP: Auf dieselbe Art lassen sich Hieferscherzel, Hieferschwanzel, mageres oder fettes Meisel, Kruspelspitz, weißes, schwarzes oder Schulterscherzel, Kavalierspitz, Tafelstück oder Beinfleisch zubereiten. Im Restaurant „Hietzinger Bräu" servieren wir das Siedefleisch (mit Markscheiben) in der Suppe.

GEDÜNSTETER RINDSBRATEN MIT GEMÜSE GESPICKT

ZUTATEN FÜR 4 PORTIONEN

1 kg Rindfleisch (Tafelstück, Tafelspitz oder Schulter), pariert (zugeputzt)
200 g Karotten, Lauch und gelbe Rüben zum Spicken, geschält
80 g Zwiebeln
100 g Wurzelwerk (Karotte, Petersilwurzel, Sellerieknolle), geschält
4 EL Öl
20 g Mehl
10 g Tomatenmark
1/8 l Sauerrahm
6 dl Suppe, mild, oder Wasser
Salz
Pfeffer, schwarz, aus der Mühle
1/2 Lorbeerblatt
Pfefferkörner
Thymianzweig

Rindfleisch mit dünnem, langem Messer (oder mit Lardiereisen) in 3-cm-Abständen in Faserrichtung durchbohren. Karotten und gelbe Rüben der Länge nach halbieren oder vierteln (je nach Stärke). Karotten, Rüben und Lauch in die Öffnungen drücken. Fleisch mit Salz und Pfeffer kräftig würzen. In passendem Bratentopf Öl erhitzen, Fleisch von allen Seiten rasant bräunen, aus dem Topf nehmen. Zwiebeln und Wurzelwerk in grobe Würfel schneiden, im verbliebenen Fett braun rösten, Tomatenmark einrühren, dunkel rösten. Mit Wasser oder Suppe aufgießen, aufkochen. Fleisch und restliche Gewürze beigeben und zugedeckt, am besten im Backrohr, dünsten. Nach vollendeter Garung Fleisch aus der Sauce heben. Sauerrahm und Mehl glatt verrühren, in die Sauce einrühren, aufkochen und durch ein feines Sieb passieren. Sauce auf Teller gießen, Fleisch tranchieren, die Tranchen auf die Sauce legen, damit das gespickte Fleisch dekorativ zur Geltung kommt.

- BACKROHRTEMPERATUR: 220 °C
- GARUNGSDAUER: ca. 2 1/2 Stunden
- BEILAGENEMPFEHLUNG: Servietten- oder Semmelknödel, Erdäpfelnudeln, Teigwaren, überbackene Erdäpfel

So soll er „idealtypisch“ aussehen: der Altwiener Tafelspitz mit seinen klassischen Beilagen, der Saftigkeit halber in der Rindsuppe mit Markscheiben serviert (s. Rezept S. 276).

BEIRIED „DREI HUSAREN"

ZUTATEN FÜR 4 PORTIONEN
1 kg Beiried, pariert (zugeputzt)
60 g Spickspeck
80 g Zwiebeln
100 g Wurzelwerk (Karotte, Petersilwurzel, Sellerieknolle)
4 EL Öl
15 g Mehl
10 g Tomatenmark
6 dl Suppe, mild, oder Wasser
Pfeffer, schwarz, aus der Mühle
1 Lorbeerblatt
Thymianzweig
Pfefferkörner
Salz
⅛ l Rotwein
1 TL Stärkemehl
4 EL Sauce hollandaise (s. S. 197)
100 g Tomaten, geschält, entkernt
Petersilie, gehackt
10 g Butter

Beiried in Faserrichtung mit Speckstreifen spicken, mit Salz und Pfeffer kräftig würzen. Geschältes Wurzelwerk und Zwiebeln in grobe Würfel schneiden. In passendem Bratentopf Öl erhitzen, Fleisch an allen Seiten rasant bräunen, aus dem Topf nehmen. Zwiebeln, Wurzelwerk im verbliebenen Fett bräunen, Mehl beigeben, rösten. Tomatenmark einrühren, dunkel rösten, mit Suppe oder Wasser aufgießen, aufkochen, Fleisch und restliche Gewürze beigeben. Zugedeckt – am besten im Backrohr – dünsten. Fertig gegartes Fleisch aus der Sauce heben. Rotwein und Stärkemehl glatt verrühren, in die Sauce rühren, aufkochen, durch ein feines Sieb passieren. Tomaten in kleine Würfel schneiden, Butter erhitzen, Tomatenwürfel darin kurz andünsten, mit Salz und Pfeffer würzen. Beiried in Scheiben (Tranchen) schneiden, mit Sauce überziehen, je einen Löffel Sauce hollandaise darübergeben, und auf diese die Tomatenwürfel verteilen. Mit Petersilie bestreuen.

- BACKROHRTEMPERATUR: 220 °C
- GARUNGSDAUER: ca. 2½–3 Stunden
- BEILAGENEMPFEHLUNG: In den „Drei Husaren" werden Krautfleckerln gereicht. Alternative: Serviettenoder Semmelknödel, Teigwaren, Schupfnudeln

GEBEIZTER RINDSBRATEN

ZUTATEN FÜR 4 PORTIONEN
1 kg Rindsgustostück
Öl zum Anbraten

Marinade:
¼ l Weinessig
¾ l Wasser
1 TL Salz
150 g Suppengrün (Karotte, Lauch, Sellerie, gelbe Rübe)
100 g Zwiebeln
8 Pfefferkörner
2 Lorbeerblätter
2 Gewürznelken
6 Wacholderbeeren

Für die Sauce:
¼ l Sauerrahm
1 dl Rotwein
20 g Mehl, glatt
Salz
Prise Zucker
80 g Rosinen

Zwiebeln und geschältes Suppengrün grobwürfelig schneiden. Alle Zutaten der Marinade gemeinsam aufkochen und überkühlt über das Fleisch (bedeckend) gießen. Im Kühlschrank 2–3 Tage marinieren lassen. Fleisch aus der Marinade heben, mit Krepp abtupfen. In heißem Öl allseitig bräunen. Mit ½ l Marinade und Rotwein ablöschen, würzen, zugedeckt garen. Fallweise etwas Wasser zugießen. Braten aus der Sauce heben. Sauerrahm mit Mehl glattrühren, etwas Wasser beigeben, unter die Sauce rühren. Durchkochen, Sauce passieren (mixen). Rosinen mit der Sauce aufkochen. Fleisch tranchieren, mit Sauce übergießen.

- GARUNGSDAUER ca. 2½ Stunden
- BEILAGENEMPFEHLUNG: Erdäpfelknödel, Schupfnudeln, Serviettenknödel
- MEIN TIP: Das Beizen von Rindfleisch oder Wild ist unberechtigterweise etwas aus der Mode gekommen. Gerade dieser vorbereitende Zubereitungsprozeß gibt dem Braten eine sehr pikante und eigenständige Geschmacksnote.

» Die Kunst des Tranchierens «

Man muß nicht unbedingt, wie es dem sagenhaften König Artus nachgesagt wurde, einen Pfau für seine Tafelrunde in fünfhundert gleich große Stücke zerteilen können. Das richtige Tranchieren eines großen Bratenstücks gehört indessen heute sehr wohl zum verbreiteten kulinarischen Bildungsgut. Dabei ist die Kunst des Trancheurs wesentlich jünger als jene des Rôtisseurs. Noch am Hofe Cesare Borgias war es dem Vernehmen nach üblich, die Fasane mit bloßen Händen zu zerreißen. Erst 1581 erschien das erste Tranchier-Fachbuch „Il Trinciante", dem bald auch einschlägige Fachliteratur in französischer und deutscher Sprache folgte. Der französische Gastrosoph und Restaurantkritiker der ersten Stunde, Grimod de la Reynière, fällte dann schließlich das end- und wohl bis heute gültige Urteil über alle, die des perfekten Tranchierens nicht mächtig sind: „Ein Gastgeber, der nicht vorschneiden kann, gleicht dem Besitzer einer schönen Bibliothek, der das Lesen nicht erlernt hat: das eine ist so schmählich wie das andere."

Englisches Roastbeef

ENGLISCHES ROASTBEEF

ZUTATEN FÜR 8 PORTIONEN

1¾ kg Beiried, abgelegen, pariert (zugeputzt)
4 EL Öl
1 EL Mustardpowder, angerührt, oder Estragonsenf
Salz
Pfeffer, schwarz, aus der Mühle
Suppe oder Wasser
40 g Butterstückchen, kalt

Dicke Rückensehne ablösen, schwächere Sehne in kurzen Abständen einschneiden oder völlig entfernen. Roastbeef mit Salz, Pfeffer kräftig würzen. Innenseite (wo ursprünglich die Knochen waren) mit Senf einreiben und einige Zeit beizen lassen. Öl in Bratenpfanne erhitzen. Roastbeef beidseitig rasant bräunen, in das vorgeheizte Backrohr schieben und bei mäßiger Hitze sehr langsam braten, dabei öfter mit Bratensatz übergießen. Nach 30 Minuten Hitze nochmals reduzieren. Fertiges Roastbeef aus der Pfanne heben, Bratensatz mit Suppe oder Wasser ablöschen, durchkochen, mit kalten Butterstückchen aufschlagen, abseihen. Roastbeef in dünne Scheiben schneiden, Saft gesondert reichen.

- BACKROHRTEMPERATUR: ca. 180 °C fallend
- GARUNGSDAUER: Richtzeit ca. 60–90 Minuten
- BEILAGENEMPFEHLUNG: Brat- oder Zwiebelerdäpfel, Erdäpfelgratin, gefüllte Tomaten, Kohlsprossen, Fisolen, Broccoli, grüner Spargel
- MEIN TIP: Problemlos ist das Braten, wenn Sie ein Bratenthermometer verwenden. Zu rasant gebratenes Roastbeef bekommt einen dicken, grauen Rand und wird nicht so weich wie langsam gebratenes. Das fertig gebratene Fleisch 15 Minuten an warmem Ort rasten lassen. Eine interessante Brat-Alternative stellt die Methode der Niedertemperaturgarung dar (s. S. 41), wobei die Kerntemperatur etwa 58–65 °C betragen sollte.

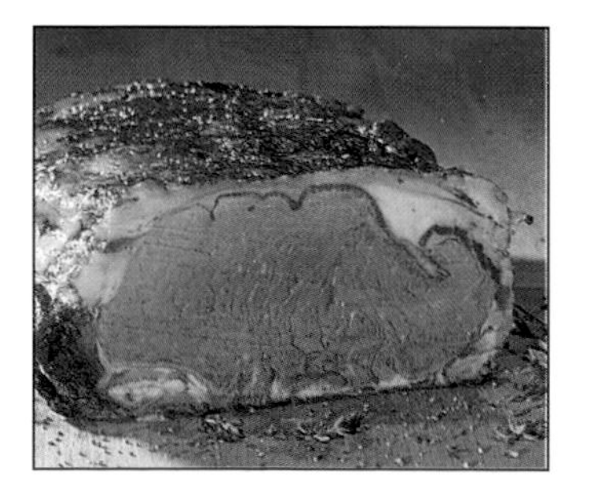

Zutaten für 6 Portionen
1¼ kg Rindslungenbraten, pariert (zugeputzt)
200 g Spickspeck
3 EL Öl
40 g Butter, kalt
Salz
Pfeffer, schwarz, aus der Mühle
2 dl Fond, braun, oder Suppe

GESPICKTER RINDSLUNGENBRATEN

Lungenbraten mit dünnen Speckstreifen mittels Spicknadel längs der Faser spicken. Fleisch mit Salz und Pfeffer würzen. Lungenbraten in heißem Fett allseitig rasant bräunen. In viereckiger Bratenpfanne oder auf Backblech in das vorgeheizte Backrohr geben. Während des Bratens mit dem Bratensatz öfter begießen. Mit Fingerdruck den Garungsprozeß überwachen; Nadelprobe machen oder Bratenthermometer verwenden. Fleisch aus der Wanne heben, 20 Minuten warm rasten lassen, überschüssiges Fett aus der Pfanne gießen. Bratenrückstand mit Fond oder Suppe lösen, durchkochen, kalte Butterstücke einrühren, abseihen. Fleisch tranchieren.

- BACKROHRTEMPERATUR: 200 °C fallend
- GARUNGSDAUER: 50 Minuten (ca. 30 Minuten braten, 20 Minuten warm rasten)
- BEILAGENEMPFEHLUNG: siehe Filet Wellington
- MEIN TIP: Wie alle warmen Zubereitungsarten von Rindslungenbraten eignet sich auch diese zur Herstellung eines köstlichen kalten Gerichtes, wozu man Saucen (etwa Cocktailsauce oder Sauce tartare), Mixed pickles oder gefülltes Gemüse (Tomaten, Fenchel) reicht.

Zutaten für 6 Portionen
800 g Rindslungenbratenmittelstück (Rindsfilet), pariert (zugeputzt)
4 EL Öl zum Anbraten
250 g Butterteig (Blätterteig, s. S. 414), oder tiefgekühlt
160 g Duxelles (Champignonfarce, s. S. 229)
1 Schweinsnetz
Salz
Pfeffer, schwarz, aus der Mühle
Eier oder Eidotter zum Bestreichen

RINDSLUNGENBRATEN IN BLÄTTERTEIG *(Filet Wellington)*

Lungenbraten mit Salz und Pfeffer würzen. Öl in flacher Pfanne erhitzen, Lungenbraten auf allen Seiten kräftig braun anbraten. Aus der Pfanne heben, völlig erkalten lassen. Blätterteig 3 mm dick ausrollen, gewässertes, abgetrocknetes Netz auf den Teig legen, Duxelles ca. ½ cm hoch aufstreichen, den Lungenbraten daraufsetzen und straff einrollen. Die mit Ei bestrichenen Enden verschließen. Mit der Nahtstelle nach unten auf Backblech (Trennpapier) setzen. Mit verschlagenem Ei bestreichen und im vorgeheizten Backrohr ca. 30–40 Minuten backen (je nach Stärke des Lungenbratens). Bei zu starker Färbung mit Alufolie abdecken. Warm nochmals 20 Minuten rasten lassen! Das Gericht warm oder erkaltet servieren.

- BACKROHRTEMPERATUR: 220 °C fallend
- GARUNGSDAUER: 1 Stunde (ca. 40 Minuten backen, 20 Minuten warm rasten)
- BEILAGENEMPFEHLUNG: Natursaft, Madeirasauce, engl. Gemüse wie Fisolen, Karotten, Kohlsprossen, gefüllte Tomaten, Kohlrabi, Blattspinat, Erdäpfelgratin

Zubereiten von Rindslungenbraten in Blätterteig

1

◁ *Parierten, gewürzten Lungenbraten in wenig heißem Öl auf allen Seiten anbraten. Aus der Pfanne heben, völlig erkalten lassen.*

Blätterteig 3 mm dick gleichmäßig ausrollen. ▷

2

3

◁ *Kalte Duxelles mit etwas neutraler Geflügelfarce vermengen. Es genügt aber auch, Duxelles pur zu verwenden.*

Gewässertes, abgetrocknetes Netz (nicht unbedingt erforderlich) auf den Teig legen. Duxelles ca. ½ cm dick gleichmäßig aufstreichen. ▷

4

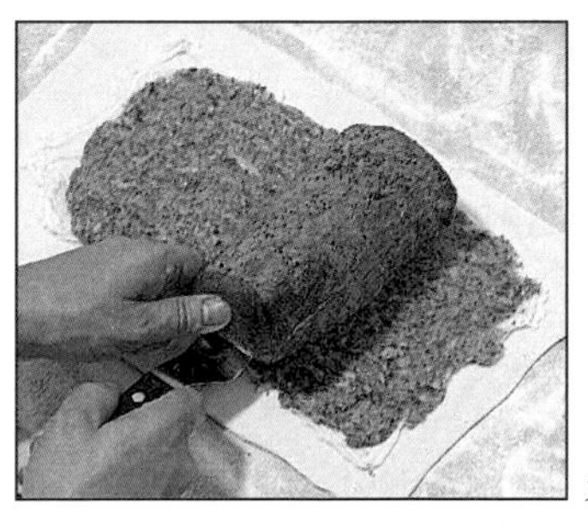

5

◁ *Den Lungenbraten daraufsetzen.*

Den Lungenbraten straff einrollen, die mit Ei bestrichenen Enden und Teigabschlüsse verschließend an- oder abpressen. ▷

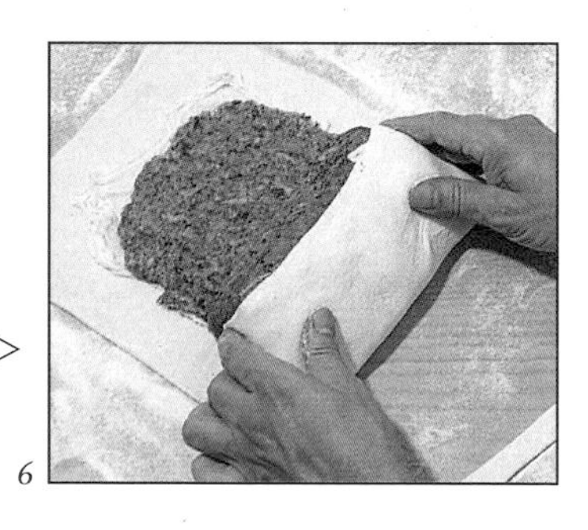

6

7

◁ *Den Lungenbraten mit der Nahtstelle nach unten auf ein mit Trennpapier belegtes Backblech legen. Mit Ei bestreichen, eventuell verzierende Teigstreifen aufsetzen, nochmals mit Ei abstreichen.*

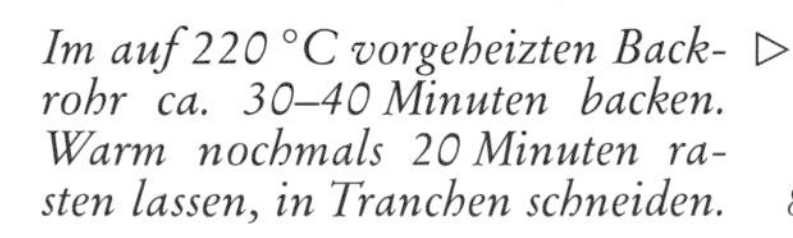

Im auf 220 °C vorgeheizten Backrohr ca. 30–40 Minuten backen. Warm nochmals 20 Minuten rasten lassen, in Tranchen schneiden. ▷

8

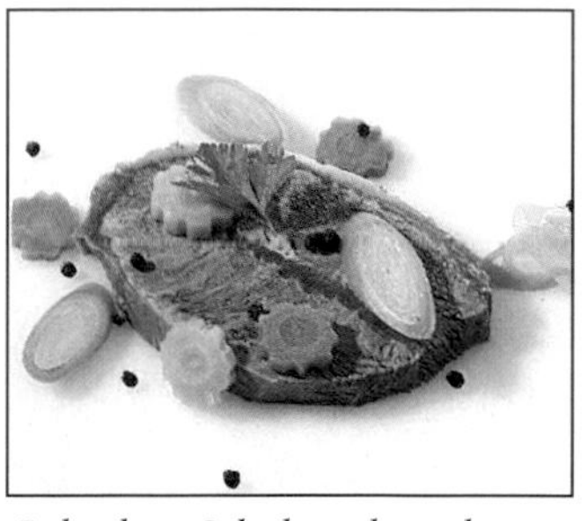

Gekochtes Schulterscherzel, zuzubereiten wie gekochter Tafelspitz (s. Rezept S. 276)

» Das alte und « das neue Rindfleischparadies

Bis vor gar nicht so langer Zeit gehörte es zum guten Ton, jede Abhandlung über das Rindfleisch mit einem nostalgischen Abgesang an das legendäre Wiener Rindfleischparadies, das während des Zweiten Weltkrieges im Bombenhagel untergegangene Hotel Meissl & Schadn auf dem Neuen Markt zu beginnen. Berühmt wurde es vor allem durch seine Rindfleischkarte mit 24 Sorten. In die Geschichte ist es indessen eingegangen, weil hier der Sozialdemokrat Friedrich Adler den Ministerpräsidenten Karl Graf Stürgkh, durchaus zum allgemeinen Erschrecken der umsitzenden Rindfleischtiger, erschoß.

Seit Mitte der achtziger Jahre ist dieser nostalgische Rückblick nicht mehr unbedingt notwendig. Denn es gibt in Wien – offenbar um einem jahrzehntelang währenden dringenden Notstand abzuhelfen – endlich wieder ein neues Rindfleischparadies. Im „Hietzinger Bräu" im dreizehnten Wiener Gemeindebezirk haben sich die 24 Rindfleischgerichte des Vorbilds auf ein Dutzend reduziert, das gleichwohl äußerst respektabel ist und sogar eine besonders saftige mit Semmelkren überbackene Fledermaus anbietet. Für alle, die's nicht wissen: Die Fledermaus ist hier keineswegs ein gieriger Blutsauger, sondern der am Schlußknochen liegende Fleischmuskel beim Rind.

ZUTATEN FÜR 6 PORTIONEN

800 g Rindslungenbratenmittelstück (Rindsfilet), pariert (zugeputzt)
4 EL Öl zum Anbraten
160 g Duxelles (Champignonfarce, s. S. 229)
6–8 Kohlblätter
1 Schweinsnetz
Salz
Pfeffer, schwarz, aus der Mühle
40 g Butter, kalt
2 dl Suppe oder Wasser

RINDSLUNGENBRATEN COLBERT

Lungenbraten mit Salz und Pfeffer würzen. Öl in flacher Pfanne erhitzen, Lungenbraten an allen Seiten kräftig braun anbraten, aus der Pfanne heben, völlig erkalten lassen. Überschüssiges Fett aus der Pfanne abgießen, Bratensatz mit Suppe oder Wasser löschen, reduzieren, kalte Butterflocken einrühren, abseihen. Kohlblätter in siedendem Salzwasser überkochen, in kaltem Wasser abfrischen, abtrocknen, Strunk ausschneiden, mit Salz und Pfeffer würzen. Netz kalt wässern, abtrocknen, auf eine Folie legen, mit Kohlblättern bedecken. Farce gleichmäßig auf die Kohlblätter auftragen, Lungenbraten darauflegen, straff einrollen, Folie entfernen, mit Spagat fixieren und auf ein schwach gefettetes Backblech legen. Lungenbraten ins vorgeheizte Backrohr schieben, mit Bratensatz öfter begießen. Nadelprobe machen oder Bratenthermometer einsetzen. Abschließend 20 Minuten warm ziehen lassen. Spagat lösen, Fleisch in Tranchen schneiden. Mit dem Saft auftragen.

- BACKROHRTEMPERATUR: 220 °C
- GARUNGSDAUER: 1 Stunde (40 Minuten braten, 20 Minuten warm rasten)
- BEILAGENEMPFEHLUNG: siehe Filet Wellington
- MEIN TIP: Anstelle der Kohlblätter können auch marinierte Weinblätter (im Fachhandel erhältlich) verwendet werden, die allerdings vorher einige Stunden in Wasser eingeweicht werden müssen. Duxelles (für beide Varianten) mit etwas neutraler Farce (Geflügel etc.) vermischen; so läßt sich das Fleisch besser portionieren. Dasselbe gilt für Filet Wellington.

Rindslungenbraten mit Markfülle

RINDSLUNGENBRATEN MIT MARKFÜLLE

ZUTATEN FÜR 4 PORTIONEN

600 g Rindslungenbratenmittelstück (Rindsfilet), pariert (zugeputzt)
100 g Rindermark, ausgelöst (gleichmäßige Mittelknochenbolzen)
8 Spinatblätter, blanchiert
Salz
Pfeffer, schwarz, aus der Mühle
Öl zum Anbraten
1 dl Wasser, Suppe oder brauner Fond zum Aufgießen
20 g Butter, kalt
etwas Rotwein
30 g Zwiebeln oder Schalotten, feingeschnitten

Mit einem spitzen, dünnen Messer den Lungenbraten der Länge nach durchstechen und einen kleinen, gleichmäßigen Hohlraum schneiden. Die Öffnung soll genau in der Mitte sein. Das Rindermark an den Enden glattschneiden, kräftig mit Salz und Pfeffer würzen.
Spinatblätter flach auflegen, ebenfalls würzen. Die Markstücke aneinandergereiht darin einrollen. Alufolie zart mit Öl bestreichen, die Markrolle straff darin einrollen, die Enden pressend zusammendrehen und 2–3 Stunden tiefkühlen. Mark aus der Folie drehen, den Markbolzen in die Öffnung des Lungenbratens stecken. Den Lungenbraten außen mit Salz und Pfeffer würzen. In flacher Pfanne mit wenig heißem Öl an allen Seiten anbraten. In das vorgeheizte Backrohr stellen und bei fallender Hitze braten. (Das Fleisch soll innen rosa erscheinen.) Lungenbraten aus der Pfanne heben, 15 Minuten warm ruhen lassen. Überschüssiges Fett abgießen, Zwiebeln licht anrösten, mit Rotwein ablöschen, reduzieren (nicht zugedeckt kochen), mit Wasser, Suppe oder Fond aufgießen, reduzierend durchkochen, abseihen, mit kalten Butterstücken montieren (einrühren). Lungenbraten in Scheiben schneiden.

- BACKROHRTEMPERATUR: 10 Minuten 220 °C, dann 100 °C
- GARUNGSDAUER: insgesamt ca. 1 Stunde
- BEILAGENEMPFEHLUNG: wie bei anderen Lungenbratenzubereitungen

Braten von Beefsteak mit Markkruste

1

◁ GARSTUFEN: *Blau (bleu, rare): außen braune Kruste, innen fast roh.*

Englisch (saignant, medium rare): innen rosa bis blutigroter Kern. ▷

2

3

◁ *Halb englisch (à point, medium): Fleisch ist innen zart rosa.*

Durchgebraten (bien cuit, well done): ganz durchgebraten. ▷

4

1

◁ BEEFSTEAK MIT MARKKRUSTE: *Parierte, gewürzte Rindssteaks zur gewünschten Garung braten.*

Schaumige Butter, Dotter, Mehl, Petersilie, Gewürze und Weißbrotbrösel vermengen. ▷

2

3

◁ *Steaks mit heißer Duxelles, warmen Markscheiben sowie Kruste belegen.*

Bei extremer Oberhitze knusprig braun überbacken. ▷

4

BEEFSTEAK

ZUTATEN FÜR 4 PORTIONEN

4 Steaks vom Rindslungenbraten (Mittelstück), pariert (geputzt), abgelegen, à ca. 180 g, ca. 3 cm hoch (eventuell mit Spagat umwickeln, damit die Steaks ihre Façon behalten)
4 EL Öl
Salz
Pfeffer, schwarz, aus der Mühle
1 dl Fond, braun, oder Suppe
30 g Butter, kalt

Steaks beidseitig würzen. Öl in Pfanne erhitzen, Steaks einlegen, langsam bräunen, wenden, fertigbraten. Aus der Pfanne heben, überschüssiges Fett abgießen, Bratrückstand mit Fond oder Suppe ablöschen, reduzierend (nicht zugedeckt) kochen. Abseihen, kalte Butter mit kreisender Bewegung mit der Pfanne einmontieren (einrühren). Steaks anrichten, Saft gesondert reichen oder das Steak damit umgießen.
Das Steak nur einmal wenden, es verliert sonst die schöne Farbe und kann Wasser ziehen. Fleisch nicht mit Gabel anstechen!

- GARUNGSDAUER: richtet sich nach dem Garungswunsch: medium, rare etc. (siehe schematische Darstellung)
- BEILAGENEMPFEHLUNG: Kräuterbutter, Sauce béarnaise, engl. Gemüse, Grill- oder gefüllte Tomaten, gefüllte Zucchini, gefüllte Kohlrabi, gedämpfter Kochsalat, Erdäpfelgratin, Pommes frites, Braterdäpfel, Zwiebelerdäpfel
- MEIN TIP: Wenn die Steaks sehr dick sind, ist es empfehlenswert, sie an der Seite rundum anzubraten. Rumpsteaks lassen sich genauso zubereiten, man verwendet dafür jedoch Scheiben vom Beiried und verringert die Garungszeit.

BEEFSTEAK MIT MARKKRUSTE

ZUTATEN FÜR 4 PORTIONEN

600 g Rindsfilet (Lungenbraten), abgelegen, pariert (zugeputzt)
3 EL Öl
120 g Rindermarkscheiben
100 g Duxelles (Champignonfarce, s. S. 229)
Salz
Pfeffer, schwarz, aus der Mühle

Kruste:
70 g Butter
60 g Weißbrotbrösel, ohne Rinde (Mie de pain)
1 KL Petersilie, gehackt
1 Eidotter
etwas Mehl
Salz
Pfeffer, weiß
Thymian

Rindsfilet in 4 Teile schneiden, würzen, in wenig heißem Öl beidseitig braun braten (nur einmal wenden). Garung erfolgt nach Wunsch (rare, medium etc.). Aus der Pfanne heben, mit heißer Duxelles bedecken, warme Markscheiben darauflegen. Krustenmasse vierteilen, zu flachen Fladen formen und diese auf die Markscheiben legen. Bei extremer Oberhitze (Grill) im Backrohr braun überkrusten.
Kruste: Handweiche Butter schaumig rühren, Eidotter, wenig Mehl, Petersilie und Gewürze untermengen, Weißbrotbrösel einkneten.

- GARUNGSDAUER: richtet sich nach gewünschtem Garungsgrad und Stärke des Fleisches
- BEILAGENEMPFEHLUNG: Rotwein- oder Schalottensauce, Zwiebelerdäpfel, Erdäpfellaibchen, engl. Gemüse
- MEIN TIP: Statt mit Markscheiben können Rindsfiletstücke auch mit geröstetem Hirn, Blattspinat, Mangold oder Weinbergschnecken belegt werden. Als Gratiniersauce verwendet man eine würzige Sauce béarnaise. Überbacken wird stets mit extremer Oberhitze im Backrohr oder mit einem Spezialgerät (Salamander).

Zwei, die einander lieben: das saftige Stück vom Rindsfilet und der knusprige Blätterteig. Ein ideales Gericht, wenn Sie anspruchsvolle Gäste erwarten.

ZUTATEN FÜR 4 PORTIONEN
4 Steaks vom Rindslungenbraten (Filet), pariert (zugeputzt), à 130 g
400 g Blätterteig (s. S. 414) oder tiefgekühlt
120 g Duxelles (Champignonfarce, s. S. 229)
3 EL Öl
Salz
Pfeffer, schwarz, aus der Mühle
1 Ei, verschlagen

RINDSFILET IN BLÄTTERTEIG

Steaks salzen und pfeffern. Öl in flacher Pfanne erhitzen, Steaks sehr kräftig an beiden Seiten anbraten. Aus der Pfanne heben, auf ein Gitter legen, erkalten lassen. Teig ca. 2–3 mm dick ausrollen, vierteln. Steaks mit Duxelles bestreichen, auf die Teigstücke legen, Teig einschlagen, Enden verschließen und mit Ei bestreichen. Auf Trennpapier und Backblech legen, im vorgeheizten Backrohr zuerst 10 Minuten kräftig anbacken, danach bei stark reduzierter Hitze warm ziehen lassen. Steaks im Ganzen oder halbiert auftragen, dazu Saft (s. Beefsteak) reichen.

- BACKROHRTEMPERATUR: anfangs 250 °C, dann stark reduziert (offenes Backrohr)
- GARUNGSDAUER: ca. 18 Minuten
- BEILAGENEMPFEHLUNG: siehe Filet Wellington
- MEIN TIP: Gourmets werden folgende Abwandlung bevorzugen: Ein Stück Gänseleber auf das Steak legen, mit Duxelles bedecken, dann in den Teig schlagen und wie oben beschrieben backen.

ZUTATEN FÜR 4 PORTIONEN
4 Steaks vom Rindslungenbraten (Filet), pariert (zugeputzt), à 180 g
4 EL Öl
20 g Butter, kalt
Spritzer Cognac

PFEFFERSTEAK

Steaks beidseitig mit Salz und Pfeffer würzen. Öl in flacher Pfanne erhitzen, Steaks anbraten, nach ca. 2–3 Minuten wenden, je nach gewünschtem Garungsgrad fertigbraten. Steaks aus der Pfanne heben. Überschüssiges Fett abgießen, Bratensatz mit Cognac löschen, mit Fond oder Suppe aufgießen, aufkochen, Obers beigeben. Reduzierend (nicht zugedeckt) kochen, abseihen. Gut geschwemmten grünen Pfeffer hinzufügen. In die kochende Sauce eiskalte Butterstücke einrühren, Steaks mit Sauce überziehen.

- GARUNGSDAUER: richtet sich nach dem gewünschten Garungsgrad und der Stärke des Fleisches
- BEILAGENEMPFEHLUNG: Erdäpfelkroketten, Spritzerdäpfel, Erdäpfelgratin, Fisolen, Kohlsprossen, gefüllte Tomaten, Fenchel

2 EL Pfeffer, grün
4 cl Schlagobers
Salz
Pfeffer, schwarz, aus der Mühle
4 cl Fond, braun, oder Suppe

BŒUF STROGANOFF

Zutaten für 4 Portionen
600 g Lungenbratenspitzen vom Rind (Filet), pariert (zugeputzt)
120 g Champignons
80 g Zwiebeln
100 g Gewürzgurken
1 dl Sauerrahm
10 g Mehl, glatt
6 EL Öl
Salz
Pfeffer, schwarz, aus der Mühle
etwas Paprikapulver
2 dl Fond, braun, oder Suppe
Zitronensaft

Lungenbraten in ca. 1 cm dicke Streifen schneiden. Zwiebeln fein hacken, Champignons in Scheiben, Gurken in feine Streifen schneiden. Fleisch mit Salz und Pfeffer würzen. Öl in flacher Pfanne erhitzen. Fleisch rasant an allen Seiten ca. 2–3 Minuten bräunen, es darf jedoch nicht durchgebraten sein, aus der Pfanne heben und warm stellen. Zwiebeln im verbliebenen Fett anschwitzen, Champignons mit Salz und Zitronensaft würzen, beigeben, durchrösten. Mit Fond oder Suppe ablöschen, aufkochen. Sauerrahm und Paprika mit Mehl glatt verrühren, zügig in die Sauce einmengen, Gurken beigeben, kurz durchkochen. Filetspitzen untermengen, nicht nochmals aufkochen, servieren.

- GARUNGSDAUER: ca. 10 Minuten
- BEILAGENEMPFEHLUNG: Reis, Spätzle, Erdäpfelkroketten, Erdäpfelpüree, Rote-Rüben- oder Blattsalat

Rußlands bedeutendster Beitrag zur internationalen Küche ist neben der Borschtsch-Suppe das legendäre Bœuf Stroganoff.

FONDUE

ZUTATEN FÜR 4 PORTIONEN
800 g–1 kg Filet von Rind, Kalb oder Schwein (Lungenbraten), abgelegen
Öl zum Backen
diverse Saucen
Salz
Pfeffer aus der Mühle

Gut pariertes (zugeputztes) Filet in ca. 2 cm große Würfel schneiden. Pfeffern, salzen oder nach dem Backen salzen. Reichlich Öl in Spezial-Fonduekessel auf Spirituskocher erhitzen (oder am Herd erhitzen, dann erst in Kessel geben und weitererwärmen). Fleisch auf Fonduegabeln stecken, in das heiße Fett halten, dabei Garungsgrad nach eigenen Wünschen wählen. Nicht zu viele Stücke in das Öl hängen, da dieses sonst abkühlt und an Backkraft verliert. Gabeln aus dem Fett heben, Fleisch von der Gabel ziehen und mit Saucen und Beilagen verzehren.

- BEILAGENEMPFEHLUNG: in erster Linie Mayonnaise- oder Joghurtsaucen, Mangochutney, Salate, überbackene Erdäpfel
- MEIN TIP: Kalorienärmer ist es, die Fleischwürfel anstatt in Öl in fettfreie kochende Suppe zu halten.

ENTRECÔTE MIT MARKSAUCE

ZUTATEN FÜR 4 PORTIONEN
4 Entrecôtes (Beiried) à 180 g
100 g Schalotten (oder Zwiebeln)
120 g Rindermark
1 dl Rotwein, herb
2 dl Grundsauce, braun, vom Rind (s. S. 193)
3 EL Öl zum Braten
Salz
Pfeffer, schwarz, aus der Mühle

Schalotten feinwürfelig schneiden, mit Rotwein kochen, bis die Flüssigkeit auf ein Drittel reduziert ist. Mit Sauce auffüllen, durchkochen. Mark in 3 mm große Würfel schneiden, in die Sauce einrühren, nicht kochen. Entrecôtes beidseitig salzen und pfeffern, in heißem Öl langsam braten, wenden (siehe Beefsteak, s. S. 285). Entrecôtes anrichten, mit Sauce übergießen. Zuzüglich beigegebener grüner Pfeffer verfeinert das Gericht.

- GARUNGSDAUER: ca. 5 Minuten
- BEILAGENEMPFEHLUNG: Erdäpfelkroketten, Fenchel, gefüllte Tomaten, Kohlsprossen, Fisolen
- MEIN TIP: Hat man keine Grundsauce zur Verfügung, muß man den Bratrückstand mit Mehl bestauben, durchrösten und mit Zwiebel-Rotwein-Reduktion sowie etwas Suppe oder Wasser aufgießen. Abschließend kalte Butter einmontieren (einrühren).

ZWIEBELROSTBRATEN

ZUTATEN FÜR 4 PORTIONEN
700 g Rostbratenried oder Beiried
500 g Zwiebeln
60 g Fett
20 g Butter, kalt
1,5 dl Wasser, Suppe oder brauner Fond zum Aufgießen
Salz
Pfeffer, schwarz, aus der Mühle
Mehl zum Stauben
Öl zum Backen

Zwiebeln in feine Ringe schneiden (Maschine oder Hobel), in reichlich heißem Öl unter ständigem Rühren (Gabel) hellbraun backen, mit Schaum- oder Gitterlöffel herausheben, mit Löffel das Öl von den Zwiebeln abdrücken, auf Kreppapier locker aufbreiten. Man muß beachten, daß die Zwiebeln, nachdem sie aus dem Fett genommen werden, noch nachbräunen. Rostbratenried in vier Scheiben schneiden, Ränder einschneiden, zart plattieren (dünn klopfen), beidseitig mit Salz und Pfeffer würzen. Eine Seite mit Mehl bestauben, anpressen. In flacher Pfanne Fett erhitzen, Rostbraten mit Mehlseite nach unten einlegen, braun braten, wenden, ebenfalls bräunen. Rostbraten aus der Pfanne nehmen, überschüssiges Fett abgießen. Bratrückstand mit Wasser, Suppe oder braunem Fond ablöschen, gut durchkochen, Butterstücke unterrühren, Saft eventuell seihen. Rostbraten nochmals in den Saft legen und warm einige Minuten ziehen lassen. Rostbraten anrichten, mit Saft übergießen, obenauf knusprige, leicht gesalzene Röstzwiebeln drapieren.

Zwiebelrostbraten

- GARUNGSDAUER: ca. 3 Minuten
- BEILAGENEMPFEHLUNG: Braterdäpfel, Salzgurke
- MEIN TIP: Kenner bevorzugen die Rostbratenried, wer jedoch lieber mageres Fleisch hat, wähle Beiried oder Rindslungenbraten (Filetrostbraten).

GEDÜNSTETER ZWIEBELROSTBRATEN

Zutaten für 4 Portionen

800 g Rostbratenried oder Beiried
200 g Zwiebeln
8 EL Öl
1 KL Mehl
4 dl Suppe oder Wasser
Salz
Pfeffer
Estragonsenf

Rostbratenried in 4 Scheiben schneiden, plattieren (klopfen), Ränder einschneiden. Salzen, pfeffern, an einer Seite mit Senf bestreichen und gut einreiben. Zwiebeln in feine Streifen schneiden. Öl erhitzen, Rostbraten mit Senfseite nach unten einlegen, braun anbraten, wenden, aus der Kasserolle heben. Im verbliebenen Fett Zwiebeln bräunen, mit Mehl bestauben, durchrösten. Mit Suppe oder Wasser aufgießen, würzen, Rostbraten zugedeckt weichdünsten.

- GARUNGSDAUER: ca. 1½ Stunden
- BEILAGENEMPFEHLUNG: Schupfnudeln

VANILLEROSTBRATEN

Zutaten für 4 Portionen

700 g Rostbratenried oder Beiried
60 g Fett
20 g Butter, eiskalt
3 Knoblauchzehen, gepreßt
1,5 dl Wasser, Suppe oder brauner Fond
Salz
Pfeffer, schwarz, aus der Mühle
Mehl zum Stauben

Rostbratenried in 4 Scheiben schneiden, dünn plattieren (klopfen), beidseitig mit Salz und Pfeffer würzen, mit der Hälfte des Knoblauchs einreiben. Eine Seite mit Mehl bestauben, anpressen. In flacher Pfanne Fett erhitzen, Rostbraten mit der Mehlseite nach unten einlegen, beidseitig unter einmaligem Wenden braun braten. Rostbraten aus der Pfanne heben, überschüssiges Fett abgießen, Bratrückstand mit Wasser, Suppe oder braunem Fond ablöschen, gut durchkochen, restlichen Knoblauch beigeben, Butterstücke einrühren. Rostbraten nochmals in den Saft einlegen und warm einige Minuten ziehen lassen, anrichten.

- GARUNGSDAUER: ca. 3 Minuten
- BEILAGENEMPFEHLUNG: Braterdäpfel
- MEIN TIP: Feinschmecker, die absolut mageres Fleisch durchzogenerem vorziehen, sollten zwischen Beiried oder Filet (Lungenbraten) wählen.

» Die Vanille des kleinen Mannes «

„Knoblauch hat sogar die Macht, Tote aufzuwecken", schrieb Sir John Harington bereits 1609 in seinem Werk „The Englishman's Doctor" und bezog sich damit keineswegs nur auf die vampyrologische Dimension des Themas. Faktum ist, daß Knoblauch in ganz Europa, vor allem aber in Süd- und Osteuropa ein für jedermann zugänglicher Würzstoff war, der nicht viel oder gar nichts kostete. Darin mag wohl auch ein Grund dafür liegen, warum er in eleganteren Haushalten bis heute mit einer gewissen Verächtlichkeit behandelt wird. Dort pflegte man die Speisen seit jeher mit teuren Gewürzen aus Übersee zu verfeinern, wobei sich die Vanilleschote, ähnlich wie der Safran, eines besonders kostspieligen und exklusiven Rufs erfreute. Da sich ein Arbeiterhaushalt jedoch kaum eine Vanilleschote zum Kochen hätte leisten können, ersetzte man sie, ohne über die geschmackliche Vergleichbarkeit auch nur nachzudenken, kurzerhand durch Knoblauch, der auf diese Weise zum schmückenden Beinamen „Vanille des kleinen Mannes" kam. Und Hand aufs Herz – wer würde nicht auch heute noch einen „Vanillerostbraten" einem ordinären „Knofelrostbraten" vorziehen, selbst wenn beides ein und dasselbe ist?

ZUTATEN FÜR 4 PORTIONEN
700 g Rostbratenried oder Beiried
6 EL Öl
80 g Frühstücksspeck
100 g Zwiebeln
2 Paprikaschoten, rot
1 Paprikaschote, grün
3 Pfefferoni
100 g Preßschinken
5 cl Weißwein
1 EL Petersilie, gehackt
Salz
Pfeffer, schwarz, aus der Mühle
Knoblauch, gepreßt
Mehl zum Stauben
Suppe oder Wasser zum Untergießen

ZIGEUNERROSTBRATEN

Rostbratenried in 4 Scheiben schneiden, plattieren (klopfen), Ränder einschneiden. Salzen, pfeffern, eine Seite mit Mehl bestauben, abschütteln. Paprikaschoten, Zwiebeln, Speck und Schinken gesondert in feine Streifen schneiden. Speck in 3 EL heißem Öl rösten, Zwiebeln beigeben, glasig anschwitzen. Paprikaschoten hinzufügen, mit Wein ablöschen, Salz, Pfeffer, Knoblauch sowie gehackte Pfefferoni beimengen, etwas Suppe untergießen und 5 Minuten zugedeckt dünsten. Abschließend Schinken leicht anrösten und untermengen. Restliches Fett in flacher Pfanne erhitzen, Rostbraten mit bemehlter Seite nach unten einlegen, rasch bräunen, wenden, fertigbraten. Rostbraten aus der Pfanne heben, überschüssiges Fett abgießen, eine Messerspitze Mehl beigeben, bräunen, mit etwas Suppe aufgießen, durchkochen. Rostbraten einlegen, wenden, ziehen lassen. Rostbraten anrichten, Paprikagemüse obenauf drapieren und mit gehackter Petersilie bestreuen.

- GARUNGSDAUER: Rostbraten ca. 3 Minuten, Paprikagemüse ca. 8 Minuten
- BEILAGENEMPFEHLUNG: Petersilerdäpfel, Tarhonya
- MEIN TIP: Auf gleiche Weise kann man Schweinskoteletts oder Schweinsschnitzel zubereiten.

GIRARDI-ROSTBRATEN

ZUTATEN FÜR 4 PORTIONEN

800 g Rostbratenried oder Beiried
4 EL Öl
100 g Zwiebeln
100 g Champignons
6 Kapern
20 g Mehl, glatt
⅛ l Sauerrahm
4 dl Wasser oder Suppe
Salz
Pfeffer, schwarz, aus der Mühle
etwas Zitronenschale, gerieben
Petersilie, gehackt
1 Ei, hart gekocht
Mehl zum Bestauben

Rostbratenried in 4 Scheiben schneiden, plattieren (klopfen), Ränder einschneiden, salzen, pfeffern, eine Seite mit Mehl bestauben. Öl erhitzen, Rostbraten mit Mehlseite nach unten einlegen und beidseitig braun anbraten. Aus der Kasserolle heben, Zwiebeln fein hacken, im verbliebenen Öl anschwitzen, mit Suppe oder Wasser aufgießen, aufkochen. Rostbraten einlegen, gehackte Kapern und Zitronenschale beigeben, zugedeckt dünsten. Champignons waschen, fein hacken, knapp vor Ende der Garung einmengen, kurz durchkochen. Rostbraten aus der Sauce heben. Sauerrahm und Mehl glatt verrühren, in die Sauce gut einrühren, durchkochen. Säuerlich pikant abschmecken. Rostbraten wieder einlegen. Angerichtete Rostbraten mit gehacktem Ei und Petersilie bestreuen.

- GARUNGSDAUER: ca. 1½ Stunden
- BEILAGENEMPFEHLUNG: Serviettenknödel, Kroketten, Teigwaren, Häuptel-, Tomaten- oder Gurkensalat
- MEIN TIP: Dieses Gericht läßt sich auch im voraus herstellen. Der Rostbraten ist, mit Sauce bedeckt und kühl gelagert, problemlos einige Tage ohne Qualitätsverlust haltbar.

ESTERHÁZY-ROSTBRATEN

ZUTATEN FÜR 4 PORTIONEN

800 g Rostbratenried oder Beiried
200 g Wurzeln (Karotten, Sellerie, gelbe Rüben)
4 EL Öl
20 g Butter
100 g Zwiebeln
8 Kapern
⅛ l Sauerrahm
4 dl Suppe oder Wasser
20 g Mehl, glatt
Salz
Pfeffer, schwarz, aus der Mühle
Estragonsenf
Zitronenschale, gerieben
Petersilie, gehackt

Rostbratenried in 4 Scheiben schneiden, dünnklopfen, Ränder einschneiden. Salzen, pfeffern, mit Senf bestreichen. In heißem Fett beidseitig braun anbraten, aus der Kasserolle heben. Nudelig geschnittene Zwiebeln licht rösten, mit Wasser oder Suppe aufgießen, verrühren, aufkochen und Rostbraten einlegen. Gehackte Kapern und Zitronenschale hinzufügen. Zugedeckt am Herd, im Rohr oder im Schnellkochtopf dünsten. Geschälte Wurzeln in feine, lange Streifen schneiden (ca. 2 mm), in heißer Butter andünsten und 10 Minuten vor Garungsende zu den Rostbraten geben. Gemeinsam weichdünsten. Fleisch aus der Sauce heben; Sauerrahm mit Mehl verrühren, unter die Sauce mengen, einige Minuten verkochen lassen. Mit Wurzelsauce bedecken und mit Petersilie bestreuen.

- GARUNGSDAUER: ca. 1½ Stunden
- BEILAGENEMPFEHLUNG: Erdäpfelkroketten, Tarhonya, Serviettenknödel, Häuptel-, Tomaten- oder Gurkensalat
- MEIN TIP: Man kann die Wurzelstreifen auch gesondert in Suppe oder Salzwasser kochen, in Butter schwenken und auf die angerichteten Rostbraten verteilen.

ZUTATEN FÜR 4 PORTIONEN

600 g Rostbratenried oder Rindsfilet (Lungenbraten)
80 g Champignons
80 g Zwiebeln
160 g Paprikaschoten, grün und rot
3 EL Öl
Salz
Pfeffer
Knoblauch
Petersilie, gehackt
etwas Weißwein
⅛ l Suppe oder Wasser
50 g Butter zum Bestreichen und Montieren des Saftes
Mehl zum Bestauben

ROSTBRATEN IN DER FOLIE

Fleisch in 4 Teile schneiden und plattieren (klopfen). Salzen, pfeffern, mit gepreßtem Knoblauch bestreichen, eine Seite in Mehl wenden und dieses anpressen. In flacher Pfanne Öl erhitzen; Rostbraten mit bemehlter Seite nach unten schnell bräunend braten, wenden, zweite Seite bräunen, aus der Pfanne heben. Bratrückstand mit Suppe oder Wasser lösen, aufkochen und kalte Butter einrühren. Gewaschene Champignons in Scheiben, Zwiebeln sowie Paprika in dünne Streifen schneiden, miteinander vermischen, mit Salz, Knoblauch und Pfeffer würzen. 4 Alufolien (ca. 20 cm × 20 cm groß) mit Butter bestreichen. Je einen Rostbraten in die Mitte setzen, Paprikagemisch erhaben daraufhäufen, mit Weißwein bespritzen und mit Petersilie bestreuen. Die Folien verschließen, auf ein Backblech setzen und im vorgeheizten Backrohr 20 Minuten garen (Hitze dabei reduzieren). Rostbraten in der Folie zu Tisch bringen, dort öffnen, aus der Folie heben und mit Saft umgießen.

- BACKROHRTEMPERATUR: 220 °C fallend
- GARUNGSDAUER: 35 Minuten
- BEILAGENEMPFEHLUNG: Petersilerdäpfel
- MEIN TIP: Fleisch oder Fisch in der Folie zu braten erweist sich in vielerlei Hinsicht als ideale Garungsmethode. Zum einen ist sie speziell für Diätgerichte geeignet; zum anderen ist sie ideal, wenn Sie mehrere Gäste erwarten, da die Gerichte schon im voraus vorbereitet werden können.

Es gibt verschiedene Arten, Rindsrouladen perfekt zuzubereiten. Die Fleischqualität spielt in jedem Fall die wichtigste Rolle (s. Rezept S. 293).

RINDSROULADEN I

ZUTATEN FÜR 4 PORTIONEN

4 Rindsschnitzel (Ortschwanzel, Schale) à 160 g
50 g Karotte
50 g gelbe Rübe
80 g Frühstücksspeck
50 g Essiggurken
100 g Zwiebeln
8 Kapern
4 EL Öl
20 g Mehl, glatt
⅛ l Sauerrahm
4 dl Wasser oder Suppe
Salz
Pfeffer, schwarz, aus der Mühle
Estragonsenf
Mehl zum Bestauben

Rindsschnitzel klopfen, Ränder einschneiden, salzen, pfeffern, mit Senf bestreichen. Wurzeln schälen und ebenso wie Speck und Gurken in 4 mm dicke Streifen schneiden. Diese auf die Rindsschnitzel legen, zu Rouladen einrollen, mit Zahnstochern, Spagat oder Rouladenklammern fixieren. Rouladen mit Mehl bestauben. Öl erhitzen, Rouladen allseitig braun anbraten, aus der Kasserolle heben. Nudelig geschnittene Zwiebeln licht anrösten, Mehl einmengen, rösten, mit Suppe oder Wasser aufgießen, glattrühren. Rouladen sowie gehackte Kapern beigeben, zugedeckt am Herd, im Rohr oder im Schnellkochtopf dünsten. Rouladen aus der Sauce heben, Sauerrahm und, wenn nötig, noch etwas Mehl einrühren, aufkochen, passieren. Mit Senf abschmecken. Rouladen von Zahnstochern (Spagat/Klammern) befreien.

- GARUNGSDAUER: ca. 1½ Stunden
- BEILAGENEMPFEHLUNG: Erdäpfelpüree, Teigwaren, Häuptel-, Gurken- oder Tomatensalat
- MEIN TIP: Durch die Verwendung von Crème fraîche statt Sauerrahm (in diesem Fall weniger Mehl) wird die Sauce noch schmackhafter.

RINDSROULADEN II

ZUTATEN FÜR 4 PORTIONEN

4 Rindsschnitzel (Ortschwanzel, Schale) à 160 g
200 g Faschiertes, gemischt
½ Semmel
4 EL Öl
150 g Zwiebeln
1 KL Petersilie, gehackt
50 g Frühstücksspeck
8 Kapern
⅛ l Sauerrahm
4 dl Suppe oder Wasser
20 g Mehl, glatt
Salz
Estragonsenf
Sardellenpaste
Pfeffer, schwarz, aus der Mühle
Majoran
Knoblauch, gepreßt
Mehl zum Bestauben

Rindsschnitzel dünn plattieren (klopfen), salzen, pfeffern, mit Senf und Sardellenpaste bestreichen. 50 g Zwiebeln und Speck gesondert kleinwürfelig schneiden. Speck in etwas Öl anrösten, Zwiebeln beigeben, licht rösten und erkalten lassen. Faschiertes, eingeweichte, ausgedrückte und faschierte Semmel sowie Zwiebeln, Speck, Petersilie, Salz, Pfeffer, Knoblauch und Majoran vermengen. Masse auf die Rindsschnitzel verteilen, flach und gleichmäßig verstreichen. Schnitzel straff einrollen, mit Zahnstochern, Spagat oder Rouladenklammern fixieren. Rouladen in erhitztem Öl allseitig anbraten, aus der Kasserolle heben. Im verbliebenen Fett die restlichen feinnudelig geschnittenen Zwiebeln licht rösten, Mehl untermengen, mit Wasser oder Suppe aufgießen, glattrühren. Rouladen, gehackte Kapern, Sardellenpaste und etwas Senf beigeben. Zugedeckt am Herd, im Backrohr oder Schnellkochtopf dünsten. Rouladen aus der Sauce heben. Sauerrahm einrühren, eventuell nach Bedarf noch etwas Mehl beifügen, aufkochen, passieren. Rouladen von Zahnstochern (Spagat etc.) befreien.

- GARUNGSDAUER: ca. 1½ Stunden
- BEILAGENEMPFEHLUNG: Erdäpfelpüree, Teigwaren, Häuptel-, Tomaten- oder Gurkensalat

Das klassische Wiener Fiakergulasch ist ein Rindsgulasch, das mit Essiggurken, Spiegelei und Frankfurter Würstchen garniert wird.

» *Rinderhirtenfleisch à la viennoise* «

Auch wenn die Wiener Küche zweifellos so etwas wie ein Dieb im Kochtopf der altösterreichischen Satellitenstaaten ist, darf das „Gulasch" (genauer gesagt: das Wiener Saftgulasch) als typisch wienerisches Gericht bezeichnet werden. Mit dem ungarischen „Gulyas", von dem es sich im wesentlichen nur den Namen und den Paprika geborgt hat, hat es nämlich nicht sehr viel zu tun. Unter „Gulyas" versteht man in Ungarn von heute nämlich in etwa das, was in Österreich meist als Gulaschsuppe angeboten wird.
Doch die lange Gulaschgeschichte ist noch ein wenig verzwickter. Ihr Ursprung liegt in jenem „gulyás hús", das in der deutschen Übersetzung soviel wie Rinderhirtenfleisch bedeutet und in einem großen Suppenkessel mit im Ganzen gedünsteten Paprikaschoten, Erdäpfeln, ungebräunten Zwiebeln und Paradeisern zubereitet wurde. Dieses Rezept war es auch, das um die Mitte des 19. Jahrhunderts über Preßburg nach Wien „importiert" wurde, dort aber schnell zum Modegericht „Gollasch" mutierte, für dessen Herstellung man ausschließlich Paprikapulver verwendete. Das „Wiener Saftgulasch" war unterm Doppeladler ein solcher Erfolg, daß die Ungarn es wieder zurückimportierten, es aber, um Verwechslungen mit dem „gulyás" gar nicht erst aufkommen zu lassen, sicherheitshalber „pörkölt" nannten. Womit das Gulasch bis heute eines der schönsten Beispiele dafür geblieben ist, wie einander zwei Küchen in multikultureller Wechselwirkung aufs wohlschmekkendste zu inspirieren vermögen.

ZUTATEN FÜR 4 PORTIONEN

900 g Rindswadschinken, pariert (zugeputzt)
900 g Zwiebeln
1 dl Öl
1 EL Tomatenmark
½ l Wasser
3–4 EL Paprikapulver, edelsüß
2 Knoblauchzehen, gepreßt
Salz
Kümmelpulver
Majoran
Zitronenschale, feingehackt
Essig

RINDSGULASCH (*Wiener Saftgulasch*)

Zwiebeln fein schneiden, in heißem Öl braun rösten, Paprikapulver untermengen, kurz durchrühren, mit Spritzer Essig und etwas Wasser ablöschen. Etwa ½ l Wasser beigeben, Zwiebeln weichdünsten und passieren. Fleisch in dicke Scheiben schneiden. Zwiebeln in passendem Topf gemeinsam mit Fleischstücken, Tomatenmark, gepreßtem Knoblauch und anderen Gewürzen zugedeckt am Herd oder im Backrohr schwach wallend dünsten. Die Flüssigkeit bei Bedarf mit Wasser korrigieren. Das Fleisch soll kernig weich sein, da es im heißen Saft noch nachgart. Das Wiener Saftgulasch sollte am Schluß etwas rotes Fett, den sogenannten Spiegel, an der Oberfläche aufweisen.

- GARUNGSDAUER: ca. 2–3 Stunden
- BEILAGENEMPFEHLUNG: Salzerdäpfel, Semmel- oder Serviettenknödel
- MEIN TIP: Um einen molligeren Saft zu bekommen, kann das Gulasch leicht mit glattem Mehl gestaubt wer-

den. Dazu verteilt man das Mehl auf der Oberfläche des Gerichtes und rührt es dann rasch unter. Hier besteht die Gefahr der Knotenbildung, weshalb eine gewisse Routine vonnöten ist. Unkomplizierter ist es, Mehl mit kaltem Wasser knotenfrei zu versprudeln und dann in den kochenden Saft zu rühren.

KAPERNRINDSSCHNITZEL

ZUTATEN FÜR 4 PORTIONEN

4 Rindsschnitzel (Ortschwanzel, Schale) à 180 g
150 g Wurzelwerk
80 g Zwiebeln
1 EL Tomatenmark
6 cl Rotwein
20 g Kapern
Saft und Schale von ½ Zitrone
⅛ l Sauerrahm
3 dl Suppe oder Wasser
5 Pfefferkörner
4 EL Öl
Salz
Estragonsenf
Pfeffer, schwarz, aus der Mühle
Sardellenpaste

Rindsschnitzel leicht plattieren (klopfen), Ränder einschneiden, salzen, pfeffern, mit Senf bestreichen. Öl erhitzen, Rindsschnitzel beidseitig rasch braun anbraten, aus dem Fett heben. Zwiebeln und geschältes Wurzelwerk in ca. 1 cm große Würfel schneiden, im verbliebenen Öl anrösten, Tomatenmark beigeben, durchrösten. Mit Wein aufgießen, Suppe oder Wasser und Pfefferkörner beifügen, aufkochen lassen, geriebene Schale und Saft der Zitrone untermengen. Schnitzel einlegen, leicht salzen und zugedeckt weichdünsten. Flüssigkeit nach Bedarf ergänzen. Fleisch herausheben, verrührten Rahm untermengen, Sauce passieren, mixen. Gehackte Kapern und Sardellenpaste beigeben. Rindsschnitzel in die Sauce legen und ziehen lassen.

- GARUNGSDAUER: ca. 1½ Stunden
- BEILAGENEMPFEHLUNG: Teigwaren, Serviettenknödel
- MEIN TIP: Dünsten Sie die Schnitzel zugedeckt im Backrohr. Aroma und Saftigkeit bleiben so voll erhalten. Wer den natürlichen Geschmack liebt, verzichte auf die Beigabe von Wein und Tomatenmark.

SCHWÄBISCHER RAHMTOPF

ZUTATEN FÜR 4 PORTIONEN

900 g Rindfleisch (Schulter)
100 g Zwiebeln
4 EL Öl
100 g Essiggurken
10 Kapern
3 Sardellenfilets oder -ringerl
Schale von ½ Zitrone
1 EL Petersilie, gehackt
20 g Mehl, glatt
⅛ l Sauerrahm
4 dl Suppe oder Wasser
Salz
Pfeffer
1 Lorbeerblatt
Majoran, Prise Zucker
Spritzer Essig
Estragonsenf

Rindfleisch blättrig (kleine Scheibchen), Zwiebeln kleinwürfelig schneiden. Gurken, Kapern und Sardellen fein hacken. Fett erhitzen, Fleisch mit Salz, Pfeffer und Majoran würzen, braun anrösten, aus dem Fett heben. Zwiebeln im verbliebenen Fett licht anrösten, Fleisch beigeben, durchrühren, mit Suppe oder Wasser aufgießen. Kapern, Essiggurken, Sardellen, Petersilie, geriebene Zitronenschale und Lorbeerblatt unterrühren, zugedeckt weichdünsten. Sauerrahm mit Mehl glatt verrühren, zügig unter die Sauce mischen. Aufkochen, mit Zucker, Essig und Senf pikant abschmecken. Lorbeerblatt entfernen.

- GARUNGSDAUER: ca. 80 Minuten
- BEILAGENEMPFEHLUNG: Nockerln, Spiralen, Hörnchen, Erdäpfelpüree

GEDÜNSTETER OCHSENSCHLEPP

Ochsenschlepp bei den Gelenken durchschneiden. Öl erhitzen, Ochsenschlepp salzen, pfeffern und auf beiden Seiten sehr braun anbraten. Aus der Kasserolle heben. Geschältes Wurzelwerk in grobe Würfel schneiden, ebenso die Zwiebeln; im verbliebenen Öl braun rösten, Tomatenmark beigeben, weiterrösten. Mit Rotwein ablöschen, reduzieren (nicht zugedeckt kochen) lassen. Mit Suppe oder Wasser auffüllen, Ochsenschleppscheiben und restliche Gewürze beigeben.
Zugedeckt auf dem Herd oder im Backrohr dünsten lassen. Wenn nötig, verdampfende Flüssigkeit ergänzen. Wenn das Fleisch weich ist (es läßt sich dann leicht vom Knochen lösen), aus der Sauce heben. Rotwein und Stärke verrühren, zügig unter die Sauce mengen. Sauce einige Minuten kochen, dann durch sehr feines Sieb passieren (Wurzeln nicht durch das Sieb drücken), abschmecken. Die Ochsenschwanzscheiben nochmals darin erwärmen.

- GARUNGSDAUER: 3–3½ Stunden
- BEILAGENEMPFEHLUNG: Teigwaren, Semmel- oder Serviettenknödel, Erdäpfelkroketten, glacierte Karotten, Kohlrabi, Kohlsprossen, Champignons, Schalotten
- MEIN TIP: Dies ist nur ein Grundrezept; man kann den Ochsenschlepp auch ebenso in Rahmsauce, Kapernsauce oder wie Esterházy-Rostbraten gedünstet auftragen.

Zutaten für 4 Portionen

2 kg Ochsenschlepp (dicker Teil), in Scheiben geschnitten
80 g Zwiebeln
120 g Wurzelwerk (Karotte, Sellerie, Petersilwurzel)
70 g Tomatenmark
⅛ l Rotwein
1 l Suppe oder Wasser
5 EL Öl
1 Lorbeerblatt
1 Thymiansträußchen
Salz
Pfeffer, schwarz, gemahlen
8 Pfefferkörner
1 KL Stärkemehl
4 cl Rotwein zum Binden der Sauce

ZWIEBELRAGOUT

Lorbeerblatt, Thymian und Pfefferkörner in ein Leinentüchlein einbinden. Rindfleisch in Würfel schneiden. Mit Salz und Pfeffer würzen. Öl in Kasserolle erhitzen, Fleisch darin braun anbraten, aus der Kasserolle heben. Zwiebeln in Scheiben schneiden, im verbliebenen Fett braun rösten. Tomatenmark beigeben, rösten, Mehl einstauben, mit Rotwein ablöschen und Suppe oder Wasser zugießen. Gewürze untermengen. Fleisch beigeben und zugedeckt langsam (eventuell im Backrohr) dünsten. Gewürzsäckchen entfernen.

- GARUNGSDAUER: ca. 1½ Stunden
- BEILAGENEMPFEHLUNG: Serviettenknödel, Schupfnudeln, Nockerln, Teigwaren, Erdäpfelnockerln
- MEIN TIP: Das Zwiebelfleisch kann auch ohne Rotwein und Tomatenmark zubereitet werden.

Zutaten für 4 Portionen

900 g Rindfleisch von der Schulter
300 g Zwiebeln
6 EL Öl
20 g Mehl
1 EL Tomatenmark
⅛ l Rotwein
4 dl Suppe oder Wasser
Salz
Pfeffer
1 Lorbeerblatt
Thymian
6 Pfefferkörner

Gegenüberliegende Seite: Gedünsteter Ochsenschlepp. Der dicke Teil des Ochsenschlepps gilt unter Rindfleischgourmets als ganz besonderes Gustostückerl.

Zubereiten von gefüllter Kalbsbrust und gerolltem Kalbsnierenbraten

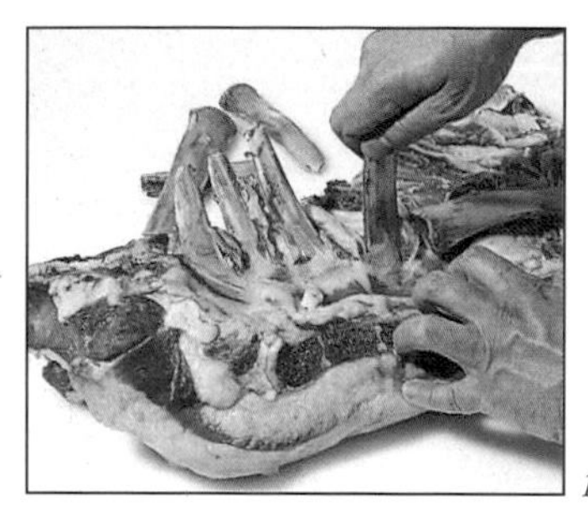

1

◁ GEFÜLLTE KALBSBRUST: *Brust von den Rippen befreien oder dieses bereits vom Fleischhauer besorgen lassen.*

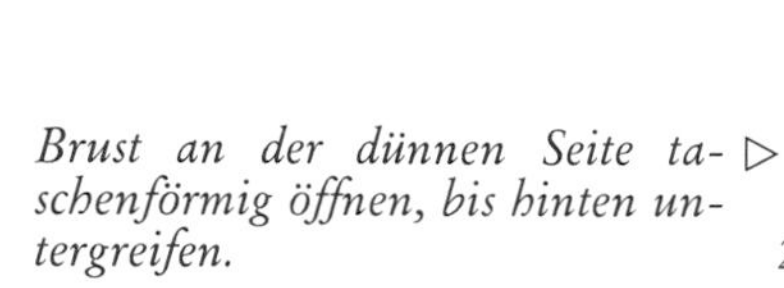

Brust an der dünnen Seite taschenförmig öffnen, bis hinten untergreifen. ▷

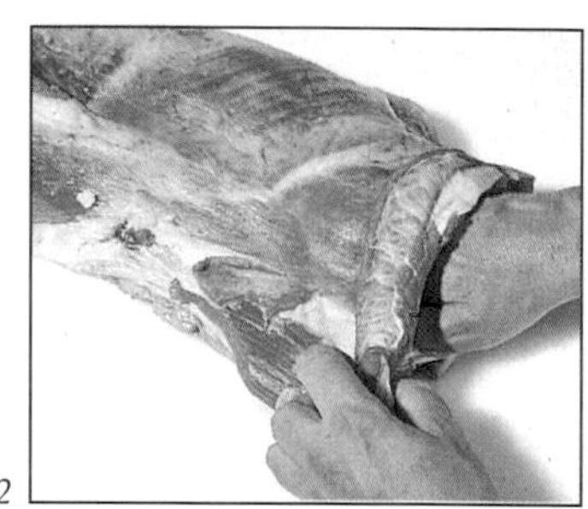

2

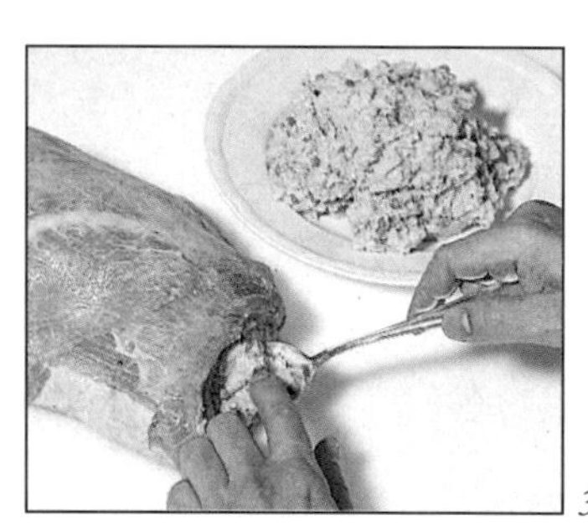

3

◁ *Fülle mittels Löffel einfüllen, nach hinten streifen.*

Brust vorne vernähen und gewürzt auf gehackten Knochen braten. ▷

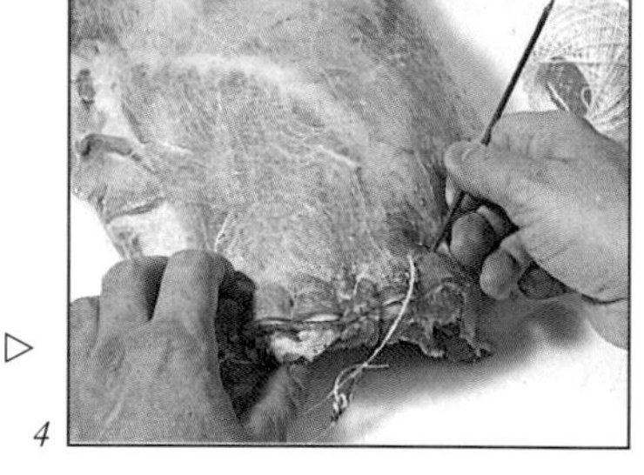

4

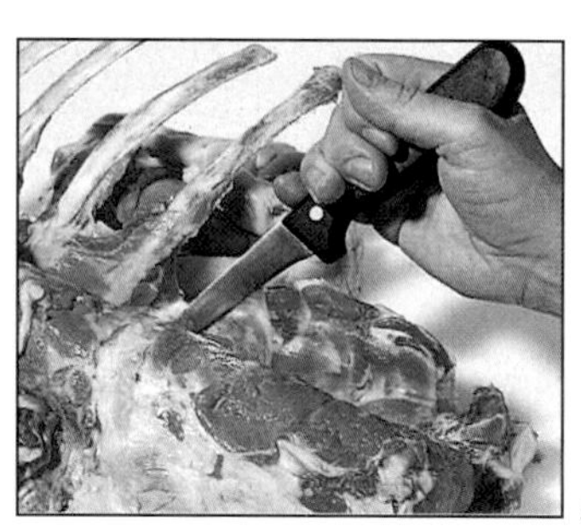

1

◁ GEROLLTER KALBSNIERENBRATEN: *Kalbsnierenbraten von allen Knochen befreien (auslösen).*

Nieren vierteln, würzen, auf die gewürzte Innenseite legen. ▷

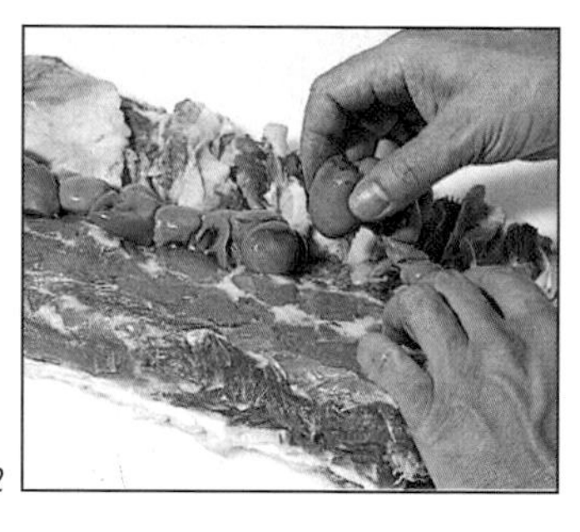

2

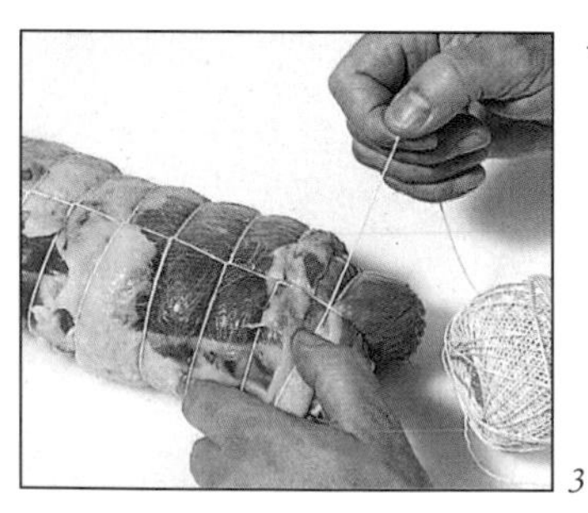

3

◁ *Das Fleisch mit der Nierenfüllung einrollen, mit Spagat straff binden und nochmals würzen.*

Auf das Knochenbeet legen, mit Fett bestreichen (begießen) und braten. ▷

4

KALBSNIERENBRATEN IM GANZEN

ZUTATEN FÜR 6 PORTIONEN
2 kg Kalbsnierenbraten (mit Knochen)
5 EL Öl
1 KL Mehl, glatt
30 g Butter zum Montieren
Salz
Pfeffer, schwarz, aus der Mühle
ca. 4 dl Wasser

Niere vom Nierenbraten ablösen, parieren (zuputzen). Nierenbraten aushacken oder vom Fleischhauer bratfertig vorbereiten lassen. Rückgratknochen fein hacken. Etwas Öl in Bratenpfanne verteilen, Knochen einschichten. Kalbsnierenbraten beidseitig salzen, mit Öl einstreichen. Mit der Außenseite nach unten einlegen, Niere unausgelöst (im Fettmantel) mit Salz und Pfeffer würzen, dem Nierenbraten beilegen. Bei anfangs forcierter (starker) Hitze braten, öfter mit sich bildendem Bratrückstand übergießen. Fallweise etwas Wasser untergießen. Nach halber Bratzeit wenden, öfter übergießen. Die Niere benötigt eine wesentlich kürzere Garungsdauer – daher vorher herausheben, warm stellen. Mit der Nadel Garungsprobe vollziehen – klarer Saft muß austreten. Nierenbraten aus der Pfanne heben, Knochen weiterrösten, bis alle Flüssigkeit verdunstet ist. Mehl einstreuen, weiterrösten, mit Wasser aufgießen, reduzierend kochen. Saft abseihen, aufkochen, kalte Butterstücke einrühren. Fleisch in Tranchen schneiden, je eine Nierenscheibe zum Bratenstück reichen.

- BACKROHRTEMPERATUR: ca. 220 °C fallend
- GARUNGSDAUER: ca. 2 Stunden
- BEILAGENEMPFEHLUNG: Reis, Risipisi, Erbsen, Champignons, Erbsenschoten, glacierte Karotten

GEROLLTER KALBSNIERENBRATEN

ZUTATEN FÜR 6 PORTIONEN
1½ kg Kalbsnierenbraten, ausgelöst, die Knochen feingehackt
1 Kalbsniere
Salz
Pfeffer, weiß, aus der Mühle
4 EL Öl
½ TL Mehl, glatt
30 g Butter, kalt
4 dl Wasser

Beim Nierenbraten müssen die Fleisch- und Hautteile, die die Rippenknochen bedecken, ungekürzt erhalten bleiben. Niere von allzu großer Fettbehaftung befreien (wegschneiden), vierteln. Fleisch und Niere an allen Seiten kräftig würzen. Nieren entlang der Rückenrose (Innenseite) einordnen, Braten straff einrollen, mit Spagat binden (wie Rollschinken) oder vom Fleischhauer rollen lassen. Weiterer Vorgang wie bei Kalbsfricandeau oder Kalbsnierenbraten im Ganzen gebraten (s. S. 301).

- BACKROHRTEMPERATUR: ca. 220 °C fallend
- GARUNGSDAUER: ca. 1½–2 Stunden
- BEILAGENEMPFEHLUNG: Reis, Petersilerdäpfel, Risipisi, Erbsen, Karotten, Kohlsprossen, gefüllte Tomaten oder Kohlrabi

» *Ein Essen für* « *gebeugte junge Witwen*

Wenn das Rindfleisch, wie Joseph Wechsberg einmal meinte, „die Seele der Wiener Küche" ist, so mag das Kalbfleisch getrost als deren Rückgrat gelten. Denn es ist nachgerade unmöglich, ohne Kalbfleisch auch nur halbwegs wienerisch zu kochen. Man braucht gar nicht nur an das Wiener Schnitzel zu denken, das nach allgemeiner Übereinkunft aus Kalbfleisch gemacht sein muß. Man überlege bloß, was eine Wiener Küche ohne gefüllte Kalbsbrust, Kalbsnierenbraten, Kalbsvögerl, Cordon bleu und Butterschnitzerl noch auszeichnen und unverwechselbar machen würde.

Das haben wohl auch schon die Verfasser des 1894 erschienenen „Appetit-Lexikons" erkannt, die allerdings dem 6–7 kg schweren Kalbsziemer, dem mit der Niere verbundenen Rippenstück, eindeutig den Vorzug gaben. „Angesichts dieser pompösen und dabei soliden Schönheit fängt der stumpfste Appetit Feuer, fühlt die genußentfremdetste Zunge ein menschliches Rühren und löst sich der herbste Schmerz in sanftes, aus Hoffnung und Wehmut gepaartes Sehnen, so daß ein besseres Gericht für betrübte Erben, gebeugte junge Witwen und schmerzgebrochene Freunde gar nicht denkbar ist."

Der Kalbsnierenbraten dünkte die Appetit-(Buch-)Macher indessen zwar „aristokratischer", jedoch auch „etwas fettig und fade", während sie die Kalbsbrust zwar für „weniger aristokratisch", dafür aber für „die goldene Mittelstraße zwischen dem Nierenbraten und dem Rippenstück" hielten. Dies vor allem dann, wenn sie „mit weißem Spargel, rothen Krebsschwänzen und grünen Erbsen gefüllt" war und „mit Champignonsauce angerichtet in Kenneraugen eine Schüssel ersten Ranges" abgab.

ZUTATEN FÜR 10 PORTIONEN

3½ kg Kalbsbrust, ohne Rippen, untergriffen
Kalbsknochen von der Brust, feingehackt
400 g Weißbrot, entrindet
½ l Milch
120 g Butter
7 Eier
100 g Brösel von entrindetem Weißbrot
20 g Petersilie, gehackt
Salz
Pfeffer, weiß
Muskatnuß, gerieben
Öl zum Braten
Mehl zum Stauben

GEFÜLLTE KALBSBRUST I

Brust vom Fleischhauer zum Füllen vorbereiten lassen. Brot in Milch einweichen, gut ausdrücken, passieren. Butter schaumig rühren, verschlagene Eier langsam unter die Butter mengen. Passiertes Weißbrot, Brösel, Petersilie und Gewürze zugeben. Masse in die taschenförmige Öffnung der Brust einfüllen, dabei stets nach hinten drücken. Öffnung mit Spagat vernähen.

In passende Pfanne gehackte Knochen und etwas Öl geben. Brust kräftig salzen, mit Öl bestreichen und mit der schönen Seite nach oben auf die Knochenunterlage legen, langsam braten. Während des Bratens öfter etwas Wasser eingießen. Braten ständig übergießen (bei zu starker Bräunung mit Alufolie bedecken). Fertigen Braten aus der Pfanne heben. Knochen rösten, mit wenig Mehl bestauben, rösten, mit Wasser ablöschen. Einige Minuten auf richtige Konsistenz kochen, abseihen. Brust in fingerbreite Tranchen schneiden (eventuell mit dem Elektromesser).

- BACKROHRTEMPERATUR: 200 °C fallend
- GARUNGSDAUER: 3–4 Stunden
- BEILAGENEMPFEHLUNG: Petersilerdäpfel, Häuptel-, Gurken- oder Tomatensalat
- MEIN TIP: Die Fülle wird durch Hinzufügen von Erbsen oder Champignons noch schmackhafter.

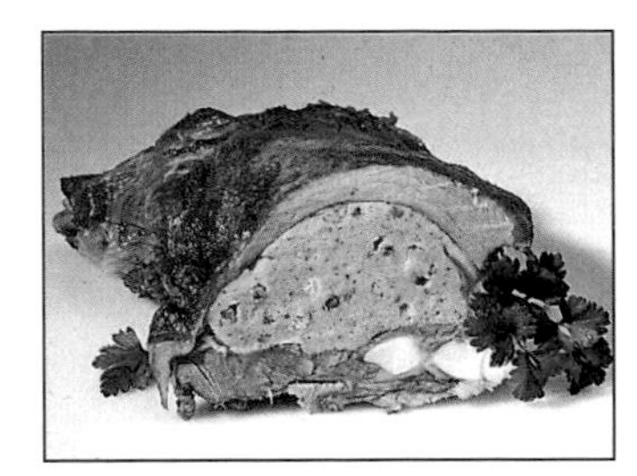

Gefüllte Kalbsbrust

GEFÜLLTE KALBSBRUST II

ZUTATEN FÜR 10 PORTIONEN

3½ kg Kalbsbrust, ohne Rippen, untergriffen
½ kg Kalbsknochen
400 g Semmelwürfel
150 g Zwiebeln
20 g Petersilie, gehackt
6 Eier
¼ l Milch
100 g Butter, flüssig
Salz, Pfeffer, Muskatnuß
Öl zum Braten
Mehl zum Stauben

Kleingeschnittene Zwiebeln in heißem Öl glasig anschwitzen. Eier und Milch verschlagen, Semmelwürfel in Eiermilch einweichen. Butter, Zwiebeln, Petersilie und Gewürze beigeben. Masse in die Brust füllen, Öffnung mit Spagat vernähen. Weitere Zubereitung, Backrohrtemperatur und Garungsdauer siehe Kalbsbrust I (s. S. 300).

- MEIN TIP: Zur Abwechslung kann man Kalbsbrust auch mit Risotto oder Nudelauflaufmasse füllen.

GLACIERTES KALBSFRICANDEAU *(Kalbsnuß)*

ZUTATEN FÜR 6 PORTIONEN

1½ kg Kalbsfricandeau oder Kalbsnuß (Schlußbraten)
4 EL Öl
Salz
Pfeffer, weiß, aus der Mühle
500 g feingehackte Kalbsknochen (wenn möglich)
3 dl Wasser zum Ablöschen
½ TL Mehl, glatt

Deckhäute nicht entfernen, da das Fleisch sonst austrocknet und nicht glacierfähig ist. Knochen in viereckige Bratenpfanne flächendeckend einordnen. Fleisch beidseitig kräftig würzen, mit der schönen Seite nach unten auf die Knochen legen, mit Öl übergießen. Im vorgeheizten Backrohr unter ständigem Begießen braten. Fallweise etwas Wasser unter das Fleisch gießen, jedoch niemals darüber. Nach ca. 45 Minuten wenden. Der Saft bräunt sich im Laufe des Bratvorgangs, wird glasig, und der ständig übergossene Braten erhält durch die Struktur der feinen Häute eine glasig glänzende Farbe. Fertigen Braten aus der Pfanne heben. Mehl über die Knochen stauben, durchrösten, mit Wasser ablöschen. Bodensatz mit einer Backschaufel lösen, reduzierend kochen, abseihen. Den Braten in fingerdicke Tranchen schneiden. Anrichten, mit Saft umkränzen.

- BACKROHRTEMPERATUR: ca. 220 °C fallend
- GARUNGSDAUER: 1½–2½ Stunden
- BEILAGENEMPFEHLUNG: Reis, zarte Gemüse

ZUTATEN FÜR
3–4 PORTIONEN

1 hintere Kalbsstelze (eventuell 2 kleinere Stelzen)
120 g Spickspeck
4 EL Öl
Salz
Pfeffer, weiß, aus der Mühle
½ TL Mehl, glatt

GESPICKTE KALBSSTELZE

Speck in ca. 4 mm dicke Streifen schneiden. Mittels Spicknadel die Stelze in Richtung des Faserlaufs spicken. Die Stelze, deren feine Deckhäute nicht entfernt werden dürfen, kräftig würzen (einreiben). Ohne Knochenunterlage wie Kalbsfricandeau braten (s. S. 301). Nach vollendeter Garung Fleisch vom Knochen lösen, aufschneiden. Safterzeugung wie Kalbsfricandeau.

- BACKROHRTEMPERATUR: ca. 220 °C fallend
- GARUNGSDAUER: ca. 2 Stunden
- BEILAGENEMPFEHLUNG: siehe Kalbsfricandeau

ZUTATEN FÜR 4 PORTIONEN

1½ kg hintere Kalbsstelze, in 4 cm dicke Scheiben geschnitten
300 g Wurzelwerk
1 dl Olivenöl
1 dl Pelati aus der Dose (geschälte Tomaten), grob gehackt
1 dl Weißwein, trocken
4 dl Suppe, mild
Salz, Pfeffer
1 Lorbeerblatt
Knoblauch
1 EL Petersilie, gehackt
Thymian, Basilikum
Zitronenschale, gehackt

OSSO BUCO

Stelzenteile salzen, pfeffern, in wenig Olivenöl allseitig anbraten. Öl in Kasserolle erhitzen, grob faschiertes Wurzelgemüse darin anschwitzen, mit Wein ablöschen, reduzierend (nicht zugedeckt) kochen. Tomaten und Gewürze beigeben, mit Suppe aufgießen. Kalbsstücke einsetzen und zugedeckt, am besten im Backrohr bei ca. 180 °C, dünsten. Lorbeerblatt entfernen, Kalbsstücke anrichten, mit Sauce übergießen, mit Petersilie bestreuen.

- GARUNGSDAUER: ca. 1 Stunde
- BEILAGENEMPFEHLUNG: Risotto oder Polenta

ZUTATEN FÜR 4 PORTIONEN

1 kg Kalbsvögerl
120 g Spickspeck
4 EL Öl
¼ l Suppe oder Wasser
120 g Champignons
20 g Butter
Maizena oder Mehl zur Bindung
Petersilie, gehackt
Salz

CHAMPIGNONKALBSVÖGERL

Vögerl parieren (zuputzen), aber nicht die Deckhäute abziehen, entlang der Muskelstränge in Stücke trennen und in Richtung der Faser mit dünnen Speckstreifen mittels Spicknadel spicken. Fleisch würzen, in heißem Öl allseitig anbraten. Fett abgießen, Bratrückstand mit Suppe oder Wasser ablöschen. Vögerl in andere Kasserolle legen, Flüssigkeit zugießen und zugedeckt, unter fallweiser Zugabe von Flüssigkeit, dünsten. Vögerl aus dem Saft heben, eine Messerspitze Maizena oder etwas Mehl mit wenig kaltem Wasser vermengen, in den Saft einrühren, seihen, aufkochen. Champignons waschen, dünn schneiden, würzen, im Saft mitdünsten oder in heißer Butter kurz anbraten. Vögerl tranchieren, mit Saft übergießen und Champignons obenauf drapieren. Mit Petersilie bestreuen.

- GARUNGSDAUER: ca. 1½ Stunden
- BEILAGENEMPFEHLUNG: Reis, Risipisi

Gegenüberliegende Seite: Die sonntägliche gefüllte Kalbsbrust wird nicht ganz zu Unrecht als „Hohe Schule der Hausfrauenehre“ bezeichnet (s. Rezept S. 300).

ZUTATEN FÜR 4 PORTIONEN
1 kg Kalbsvögerl oder -schulter
200 g Zwiebeln
4 EL Öl
4 dl Wasser
⅛ l Sauerrahm
20 g Paprikapulver, edelsüß
20 g Mehl
Salz, Zitronensaft und -schale

KALBSGULASCH

Ausgelöstes Kalbfleisch in etwa 3 bis 4 cm große Würfel, Zwiebeln kleinwürfelig schneiden. Öl erhitzen, Zwiebeln hellbraun rösten, Paprikapulver beigeben, schnell durchrühren, sofort mit etwas kaltem Wasser ablöschen (Bittergeschmack). Kalbfleisch untermengen, andünsten, salzen. Mit Wasser aufgießen, wenig Zitronenschale und -saft beigeben. Fleisch zugedeckt kernig weichdünsten (am besten im Backrohr). Fleisch aus dem Saft heben, Sauerrahm und Mehl sehr gut versprudeln und in den kochenden Saft zügig einrühren. Einige Minuten verkochen lassen, würzen, passieren (mixen). Fleisch wieder in den Saft geben, nochmals erwärmen.

- GARUNGSDAUER: ca. 1½ Stunden
- BEILAGENEMPFEHLUNG: Nockerln
- MEIN TIP: Kalbsgulasch kann auf Vorrat produziert werden, da es bei guter Kühlung problemlos eine Woche lagerfähig ist.

ZUTATEN FÜR 4 PORTIONEN
1 kg Kalbsvögerl oder -schulter, ausgelöst
200 g Zwiebeln
80 g Selchspeck
6 EL Schmalz oder Öl
20 g Paprikapulver, edelsüß
1 Knoblauchzehe, gepreßt
1 TL Essig
1 EL Tomatenmark
4 dl Suppe oder Wasser
Salz
Zitronenschale
1 TL Maisstärke
Sauerrahm und Paprikastreifen als Garnitur

KALBSPÖRKÖLT

Speck und Zwiebeln gesondert in feine Würfel schneiden. Kalbfleisch in grobe Würfel teilen. Fett in Kasserolle erhitzen, Speck anrösten, Zwiebeln beigeben, goldbraun rösten. Paprikapulver einstreuen, durchrühren, mit Essig ablöschen. Tomatenmark, etwas Zitronenschale und Knoblauch hinzufügen. Fleisch würzen, untermengen, ankochen lassen, mit Suppe oder Wasser aufgießen, aufkochen und zugedeckt (Backrohr) dünsten. Maisstärke mit 2 cl kaltem Wasser anrühren, zügig unter die Sauce mengen, aufkochen, anrichten. Mit Sauerrahm und geschnittenen Paprikaschoten garnieren.

- GARUNGSDAUER: ca. 1½ Stunden
- BEILAGENEMPFEHLUNG: Nockerln, Tarhonya
- MEIN TIP: Für dieses Gericht eignet sich auch Schweinefleisch bestens.

ZUTATEN FÜR 4 PORTIONEN
800 g Kalbsschulter, ausgelöst
150 g Karotten, gelbe Rüben, Sellerieknolle
50 g Erbsen
½ Karfiolrose, klein
100 g Champignons
20 g Butter
20 g Mehl
⅛ l Schlagobers
Salz, Pfefferkörner, Zitronensaft
Muskatnuß, Petersilie

EINGEMACHTES KALBFLEISCH
(Kalbsfrikassee)

Kalbfleisch in ca. 3 cm große Würfel schneiden, mit kaltem Wasser knapp bedecken, geschältes Wurzelwerk, wenig Salz und Pfefferkörner beigeben. Zugedeckt schwach wallend kochen, bis die Wurzeln weich sind. Wurzeln in 1 cm große Würfel schneiden. Fleisch weich kochen, aus dem Sud heben. Karfiolröschen, Erbsen, geviertelte Champignons im Sud weich kochen, abseihen. Butter schmelzen, Mehl anschwitzen, mit 3 dl Sud (Fond) aufgießen, sehr gut verrühren, Obers zugießen. Kurz durchkochen, mixen oder passieren. Fleisch und Gemüse in die Sauce geben, würzen, anrichten, mit gehackter Petersilie bestreuen.

- GARUNGSDAUER: ca. 1½ Stunden
- BEILAGENEMPFEHLUNG: Butterreis, Blattsalat, Bröselknöderl
- MEIN TIP: Das Gericht kann insofern abgewandelt werden, als man noch zusätzlich andere Gemüsesorten (etwa Spargel oder Kohlrabi) hinzufügt oder aber mit Hilfe von Eidotter und Schlagobers die Sauce legiert (nicht mehr kochen!). Nach demselben Rezept bereiten Sie eingemachtes Kaninchen zu.

Eingemachtes Kalbfleisch

GEDÜNSTETE RAHMKALBSVÖGERL

ZUTATEN FÜR 4 PORTIONEN
1 kg Kalbsvögerl
4 EL Öl
3 dl Suppe oder Wasser
⅛ l Sauerrahm
20 g Mehl, glatt
Zitronenschale, gerieben
Zitronensaft
Salz
Mehl zum Wenden

Vögerl parieren (zuputzen), aber nicht die Deckhäute abziehen; entlang der Muskelstränge in Stücke trennen. Fleisch salzen, in Mehl wälzen. Öl in Kasserolle erhitzen, Vögerl darin allseitig anbraten, mit Suppe oder Wasser aufgießen, leicht salzen und zugedeckt dünsten (Flüssigkeit nach Bedarf ergänzen). Sauerrahm mit Mehl abrühren, Vögerl aus dem Saft heben. Mehl-Sauerrahm-Gemisch einrühren, Zitronenschale beigeben, durchkochen, passieren, etwas Zitronensaft zugießen. Kalbsvögerl einlegen, ziehen lassen, servieren.

- GARUNGSDAUER: ca. 1½ Stunden
- BEILAGENEMPFEHLUNG: Bandnudeln, Spätzle
- MEIN TIP: Die Sauce läßt sich mit Champignons, Kapern und Kräutern noch verfeinern.

REISFLEISCH

ZUTATEN FÜR 4 PORTIONEN
600 g Kalbsschulter, ausgelöst
150 g Langkornreis
80 g Zwiebeln, geschnitten
5 EL Öl
20 g Paprikapulver, edelsüß
1¼ l Suppe oder Wasser
Salz
Pfeffer, weiß
Knoblauch, gepreßt
10 g Mehl
1/16 l Sauerrahm
Mehl zum Stauben
Käse, gerieben

Fleisch in ca. 2 cm große Würfel schneiden, salzen, pfeffern und mit Mehl bestauben. Öl erhitzen, Fleisch darin allseitig anbraten, aus der Kasserolle heben. Zwiebeln im verbliebenen Fett glasig anschwitzen, mit Paprika bestauben, durchrühren, sofort mit Suppe ablöschen. Fleisch und Knoblauch beigeben, zugedeckt dünsten lassen. Nach 50 Minuten ¼ l Saft abschöpfen, dem Fleisch Reis untermengen, durchrühren und weitere 25 Minuten, am besten im Backrohr, dünsten lassen. Sauerrahm mit Mehl verrühren, in den Saft mengen und aufkochen lassen. Reisfleisch in eine nasse Suppentasse (oder Schöpfer) pressen, auf Teller stürzen und mit Saft umgießen. Mit geriebenem Käse bestreuen.

- GARUNGSDAUER: ca. 80 Minuten
- BEILAGENEMPFEHLUNG: Blatt- und Gemüsesalate

» Gold gab ich für Brösel «

Gewiß wird jeder, der jemals ein echtes „costoletta milanese" bei „Alfredo" in Mailand und ein Wiener Schnitzel beim „Figlmüller" in der Wollzeile gegessen hat, bemerken, daß es sich dabei sehr wohl um verschiedene Gerichte handelt. Eine gewisse Verwandtschaft ist jedoch unleugbar, und die liegt vor allem in der goldgelben Panier.
Gerade was diese betrifft, brauchen die Mailänder jedoch keine Krokodilstränen darüber zu vergießen, daß Feldmarschall Radetzky der strategischen Landnahme auch eine kulinarische folgen ließ. Denn der knusprige „Goldmantel" rund ums Kalbfleisch (und es muß beim Wiener Schnitzel immer Kalbfleisch sein) wurde keinesfalls in Mailand, ja nicht einmal in Italien erfunden.
Die Spuren führen vielmehr nach Byzanz, ins alte Konstantinopel, wo in der aristokratischen Oberschicht die Mode aufkam, Fleisch mit Goldplättchen zu panieren, um damit seinen Wohlstand deutlich sichtbar zur Schau zu tragen. Die Venezianer, Erzrivalen der Byzantiner, übernahmen diese Sitte, die sich sehr schnell über Padua, Vicenza und Ferrara bis hin nach Mailand ausbreitete, allerdings bald den spätmittelalterlichen Hungersnöten und Wirtschaftskrisen zum Opfer fiel. Man machte also aus der Not eine Tugend und ersetzte das gleißende Blattgold durch die viel billigeren goldgelben Brösel. Und die sind es wohl auch gewesen, die den Feldmarschall Radetzky so blendeten, daß er kurzerhand das „Wiener Schnitzel" erfand.

ZUTATEN FÜR 4 PORTIONEN

600 g Kalbsfricandeau oder Schale (Kaiserteil), pariert (zugeputzt)
2 Eier
Salz
Mehl, glatt
Semmelbrösel
Öl oder Butterschmalz

Garnierung:
Zitronenspalten
Krauspetersilie

WIENER SCHNITZEL

Kalbfleisch je nach Produktwahl mit Einfach- bzw. Klappschnitt portionieren (4 Schnitzel). Ränder leicht einschneiden, Schnitzel mit Klarsichtfolie bedecken und zart plattieren (klopfen). Die Stärke der Schnitzel ist individuell auf den persönlichen Geschmack abgestimmt, mißt jedoch im Normalfall ca. 6 mm. Schnitzel beidseitig gleichmäßig salzen, Eier mit Gabel verschlagen (nicht mixen). Schnitzel in Mehl beidseitig wenden, durch Eier ziehen und danach in Semmelbröseln wenden (Brösel zart andrücken). Schnitzel leicht abschütteln. Reichlich Fett (Tiefe etwa 2–3 cm) in passender Pfanne erhitzen. Schnitzel in heißes Fett einlegen. Unter wiederholtem Schwingen der Pfanne die Schnitzel bräunen, mittels Fleischgabel vorsichtig wenden, fertigbacken und mit Backschaufel aus der Pfanne heben. Schnitzel abtropfen lassen, mit Küchenkrepp das überschüssige Fett abtupfen.

- GARUNGSDAUER: ca. 3–5 Minuten, je nach Stärke
- BEILAGENEMPFEHLUNG: Erdäpfel-, Gurken-, Tomaten-, Mayonnaise- oder Blattsalat, Petersilerdäpfel

Gegenüberliegende Seite: Das echte Wiener Schnitzel muß immer ein Kalbsschnitzel sein. Und auch, wenn die Brösel heute nicht mehr, wie einst in Konstantinopel und Mailand, aus Blattgold sind, so müssen sie doch goldbraun glänzen.

ZUTATEN FÜR 4 PORTIONEN
600 g Kalbsschale oder -fricandeau, pariert (zugeputzt)
2 Eier
Salz
Fett zum Backen
Mehl zum Stauben

Garnierung:
Krauspetersilie
Zitronenspalten

PARISER SCHNITZEL

Schnitzel (4 Stück) per Faltschnitt (oder bei Schale auch in einem Stück) portionieren, an den Rändern leicht einschneiden. Schnitzel mit Klarsichtfolie bedecken und zart mit dem Fleischklopfer plattieren (klopfen). Schnitzel beidseitig salzen, in Mehl wenden, überschüssiges Mehl abschütteln. Eier verschlagen, aber nicht mixen, da die Konsistenz der Eier sonst zu dünn werden würde. Schnitzel in Ei wenden. Fett in flacher Pfanne erhitzen (ca. 180 °C), Schnitzel – ohne abzutropfen – in das Fett einlegen (2 Pfannen). Die Pfanne leicht schwingen. Nach genügender Bräunung die Schnitzel wenden, andere Seite bräunen, Schnitzel vorsichtig aus dem Fett heben (Backschaufel). Schnitzel mit Küchenkrepp abtupfen.

- GARUNGSDAUER: ca. 3–5 Minuten
- BEILAGENEMPFEHLUNG: Petersilerdäpfel, Salate
- MEIN TIP: Die Schnitzel sollten sofort nach dem Backen serviert werden. Daher ist es angebracht, bei 4 Portionen 2 Pfannen gleichzeitig zu verwenden. Als Variante können die Schnitzel auch mit Käse und Schinken gefüllt werden.

ZUTATEN FÜR 4 PORTIONEN
600 g Kalbsschale oder -fricandeau, pariert (zugeputzt)
3 EL Öl oder Butterschmalz
30 g Butter, kalt
Mehl
Salz
1,5–2 dl Wasser, brauner Fond oder Suppe

Garnierung:
Zitronenspalten

NATURSCHNITZEL

Schnitzel per Faltschnitt (oder bei Schale auch in einem Stück) portionieren (4 Schnitzel), an den Rändern leicht einschneiden. Mit Klarsichtfolie bedecken und zart mit dem Fleischklopfer plattieren (klopfen). Die Innenseite des Faltschnittes ist die „schöne" Seite. Schnitzel beidseitig salzen und mit der „schönen" Seite in Mehl tauchen, abschütteln, mit der Hand andrücken. In flacher Schnitzelpfanne Fett erhitzen, Schnitzel mit der bemehlten Seite nach unten einlegen. Goldbraun braten, wenden, auf dieser Seite ebenfalls bräunen. Schnitzel aus der Pfanne heben, überschüssiges Fett abgießen. Mit Wasser, Suppe oder braunem Fond aufgießen, etwas kochend reduzieren. Schnitzel mit der „schönen" Seite nach unten einlegen, kalte Butterflocken beigeben. Den Saft nun aromatisieren und „montieren", indem man die Pfanne kreisartig schwenkt, jedoch den Saft nicht mehr aufkochen läßt. 2–3 Minuten warm ruhen lassen. Die Schnitzel mehrmals wenden, anrichten, mit Saft übergießen.

- GARUNGSDAUER: ca. 6 Minuten
- BEILAGENEMPFEHLUNG: Reis, Risipisi, Erbsen, Karotten, engl. Gemüse
- MEIN TIP: Besonders gut und schön werden die Schnitzel, wenn man diese noch einige Minuten warm im Saft liegen läßt.

» Die gute Küchenfee «

In vielen Wiener Beisln weiß man nicht einmal mehr, wie man es richtig schreibt. Ein „Gordon bleu" findet sich fast häufiger auf den Speisekarten als das orthographisch richtige „Cordon bleu", auf deutsch genaugenommen: blaues Band. Die Übersetzung ist jedoch etwas irreführend, da das Cordon bleu ganz und gar nichts Blaues an sich hat, nicht einmal einen Blauschimmelkäse, mit dem es gefüllt wäre. Als nächster Verwandter des Wiener Schnitzels muß auch das Cordon bleu unbedingt aus Kalbfleisch gemacht und in Schmalz oder – noch besser – in Butterschmalz herausgebacken sein. Wir verdanken es übrigens keinem Koch, sondern einer guten Küchenfee, das nämlich ist die wahre Bedeutung von Cordon bleu im Französischen.

Cordon bleu

CORDON BLEU

ZUTATEN FÜR 4 PORTIONEN

4 Kalbsschnitzel (Schale) à 150 g
80 g Preßschinken
120 g Käse (Edamer, Emmentaler, Butterkäse)
2 Eier
Mehl
Semmelbrösel
Fett zum Backen
Salz

Schnitzel plattieren, Ränder leicht einschneiden, salzen. Schinken in 4, Käse in 8 dünne Scheiben schneiden. Schnitzel zur Hälfte mit je einer Käsescheibe belegen (auf der rechten Seite, aber nicht bis zum Rand). Schinkenscheibe darauflegen und nochmals mit Käse bedecken. Die frei gebliebene Schnitzelhälfte darüberklappen. Die Ränder nun mit dem Plattiereisen (Schnitzelklopfer) zart klopfend verschließen. Vorsichtig wie Wiener Schnitzel panieren. Fett (ca. 3 cm tief) erhitzen, Cordon bleu einlegen und auf jeder Seite ca. 3 Minuten goldbraun backen. Mit Backschaufel aus dem Fett heben, mit Küchenkrepp abtupfen.

- GARUNGSDAUER: ca. 6 Minuten
- BEILAGENEMPFEHLUNG: Erdäpfel-, Gurken-, Tomaten-, Mayonnaise- oder Blattsalat, Petersilerdäpfel

KAISERSCHNITZEL

ZUTATEN FÜR 4 PORTIONEN

4 Kalbsschnitzel (Schale) à 150 g
3 EL Öl oder Butterschmalz
20 g Kapern, gehackt
8 cl Schlagobers
8 cl Suppe oder brauner Kalbsfond
3 EL Sauerrahm
Salz
Zitronensaft
Petersilie, gehackt
Zitronenschale, gerieben
1 TL Mehl, glatt
Mehl zum Bestauben

Schnitzel plattieren, Ränder einschneiden, salzen, eine Seite in Mehl tauchen. Gut abschütteln. Fett in flacher Pfanne erhitzen, Schnitzel mit bemehlter Seite nach unten einlegen, beidseitig braun braten, aus der Pfanne heben. Mehl einstauben, durchrühren, mit Suppe oder Fond ablöschen. Obers beigeben, einige Minuten kochen, seihen. Kapern, Zitronenschale und -saft sowie gehackte Petersilie untermengen, Schnitzel in die Sauce legen. Sauerrahm einrühren und unter mehrmaligem Wenden einige Minuten warm ziehen lassen.

- GARUNGSDAUER: ca. 6 Minuten
- BEILAGENEMPFEHLUNG: Erbsen- oder Schinkenreis, Blattsalat

Zu feinen, von der italienischen Küche inspirierten Kalbsrouladen eignet sich als Beilage am besten ein duftig-goldgelber Safranrisotto.

ZUTATEN FÜR 4 PORTIONEN
4 Kalbsschnitzel (Schale) à 150 g
4 Rohschinkenscheiben (San Daniele)
4 Mozzarellascheiben à 30 g
4 Salbeiblätter
3 EL Olivenöl
Marsala (Dessertwein)
20 g Butter, kalt
Suppe oder Kalbsfond
Salz
Pfeffer, weiß
Rosmarin
Mehl zum Bestauben

KALBSROULADEN

Schnitzel plattieren (klopfen), Ränder einschneiden, beidseitig salzen. Mit Rohschinken und Salbeiblättern belegen. Mozzarella mit Rosmarin, Salz und Pfeffer würzen, auf die Schnitzel legen, diese straff einrollen. Mit Mehl bestauben und mit Zahnstochern fixieren. In flacher Pfanne Rouladen im erhitzten Öl allseitig anbraten, Pfanne in das vorgeheizte Backrohr stellen, fertiggaren. Rouladen aus der Pfanne heben, warm stellen. Überschüssiges Fett abgießen, Bratrückstand rösten, mit Spritzer Marsala ablöschen, mit etwas Suppe oder Fond aufgießen. Durchkochen, passieren und siedenden Fond mit eiskalten Butterstücken binden (einrühren). Rouladen im Saft wenden, Zahnstocher entfernen, anrichten.

- GARUNGSDAUER: ca. 10 Minuten
- BEILAGENEMPFEHLUNG: Safranrisotto, Erbsenreis

ZUTATEN FÜR 4 PORTIONEN
8 Kalbsfilets (von kleiner Nuß, Kalbslungenbraten oder Kalbsfricandeau) à 70 g
3 Eier
8 EL Öl oder Butterschmalz
80 g Parmesan, gerieben
Salz
Mehl zum Eintauchen

PARMESANKALBSFILETS

Kalbsfilets zart plattieren (klopfen), Ränder einschneiden, beidseitig salzen und in Mehl wenden. Eier und Parmesan gut verschlagen. Kalbsfilets darin wenden, wobei viel Ei und Parmesan haften bleiben sollen. Fett in flacher Pfanne erhitzen, Filets einlegen, Pfanne schwenken, damit das Ei nicht haften bleibt. Wenden, andere Seite bräunen, aus der Pfanne heben und mit Küchenkrepp abtupfen.

- GARUNGSDAUER: ca. 4–6 Minuten
- BEILAGENEMPFEHLUNG: Petersilerdäpfel, Blatt- und Gemüsesalate

KALBSKOTELETT MIT KÄSE ÜBERBACKEN

ZUTATEN FÜR 4 PORTIONEN
4 Kalbskoteletts à 250 g, pariert (zugeputzt)
4 Rohschinkenscheiben (Parma oder San Daniele)
100 g Butterkäse (4 Scheiben)
1 dl Sauce hollandaise (s. S. 197)
80 g Duxelles (s. S. 229)
4 EL Öl oder Butterschmalz
30 g Butter, kalt
Mehl zum Bestauben
⅛ l Wasser, Suppe oder brauner Kalbsfond
Salz
1 KL Basilikum, gehackt
80 g Tomatenwürfel
Vermouth

Koteletts an den Rändern einschneiden, salzen, eine Seite mit Mehl bestauben. Fett in flacher Pfanne erhitzen, Koteletts mit Mehlseite nach unten einlegen, auf beiden Seiten braun braten, warm nachziehen lassen. (Die Koteletts sollen innen zart rosa bleiben.) Die Koteletts auf ein gebuttertes Backblech setzen, mit warmer Duxelles bestreichen und mit Schinken und Käse belegen. Den Käse kurz bei extremer Oberhitze anschmelzen lassen. Mit Sauce hollandaise überziehen, abermals bei extremer Oberhitze überbacken. Bratensatz mit Wasser, Suppe oder Fond ablöschen, etwas reduzierend kochen, Tomaten und Basilikum beigeben, aufkochen. Eiskalte Butterstücke mit schwingenden Bewegungen einrühren. Wenn die gewünschte Konsistenz erreicht ist, mit einem Spritzer Vermouth vollenden. Die Koteletts auf dem Saft angerichtet servieren.

- GARUNGSDAUER: ca. 10 Minuten
- BEILAGENEMPFEHLUNG: Blattspinat, Spinatstrudel, Erbsen, Erbsenschoten, Karotten, Spargel, Polenta, Petersilerdäpfel
- MEIN TIP: Für dieses sehr schmackhafte und saftige Gericht kann man auch gekochten Schinken (Bein- oder Preßschinken) verwenden. Auch Käsereste lassen sich hier gut verwerten, indem man sie gerieben auf die Koteletts streut.

Ein Spritzer Vermouth verleiht der Sauce zum überbackenen Kalbskotelett den allerletzten Schliff.

Das klassische Zürcher Geschnetzelte ist seiner Schweizer Heimat längst entwachsen und Teil der internationalen Küche geworden.

ZUTATEN FÜR 4 PORTIONEN

600 g Kalbsfilet, pariert (zugeputzt)
120 g Steinpilze oder Champignons
50 g Zwiebeln
30 g Butter
4 EL Butterschmalz oder Öl
⅛ l Schlagobers
2 EL Sauerrahm
10 g Mehl, glatt
⅛ l Suppe oder brauner Kalbsfond
Salz
Pfeffer, weiß
Zitronensaft
Petersilie, gehackt
Mehl zum Bestauben

ZÜRCHER GESCHNETZELTES

(Geschnetzeltes Kalbfleisch mit Pilzen)

Kalbsfilet in feine Scheiben schneiden, mit Salz und Pfeffer würzen, mit Mehl bestauben und leicht abmischen. Butter in Pfanne erhitzen, kleingeschnittene Zwiebeln glasig anlaufen lassen. Pilze dünnblättrig schneiden, würzen, den Zwiebeln beigeben und kurz andünsten lassen. Mit Obers aufgießen, reduzierend (nicht zugedeckt) kochen. Pfanne mit Butterschmalz erhitzen, Fleisch möglichst flach einordnen, anbraten, wenden, Fleisch aus der Pfanne heben. Bratensatz mit Suppe oder Fond ablöschen, reduzieren. Zitronensaft beigeben. Sauerrahm mit Mehl abrühren, unter den kochenden Saft mengen. Fleisch, Pilze, Saft und Petersilie vermischen, einige Minuten ziehen lassen.

- GARUNGSDAUER: ca. 10 Minuten
- BEILAGENEMPFEHLUNG: Rösti, Nudeln, Kroketten, Erbsen, Erbsenschoten, Broccoli
- MEIN TIP: Dieses Gericht schmeckt auch mit Schweinslungenbraten oder ausgelöster Hühner- bzw. Truthahnbrust zubereitet vorzüglich.

KALBSNUSS NACH FLORENTINER ART

ZUTATEN FÜR 4 PORTIONEN

600 g Kalbsnuß oder kleine Nuß (Schlußbraten), Mittelstücke
3 EL Öl
160 g Blattspinat, blanchiert
1 dl Sauce hollandaise (s. S. 197)
20 g Butter für den Blattspinat
30 g Butter zum Montieren
1/8 l Wasser, Suppe oder brauner Fond
Salz
Pfeffer, weiß
Muskatnuß
Mehl

Kalbsnuß in fingerdicke Schnitten teilen, Ränder einschneiden – nicht plattieren (klopfen)! Beidseitig salzen, eine Seite in Mehl tauchen, dieses mit der Hand anpressen. Öl in flacher Pfanne erhitzen, Kalbsnußscheiben mit der Mehlseite nach unten einlegen, braun braten, wenden, zweite Seite ebenfalls bräunen. Blanchierten Blattspinat in gebräunter Butter schwenken, salzen, pfeffern, mit Muskatnuß vollenden. Fleisch aus der Pfanne heben, den Blattspinat darauf verteilen, leicht anpressen. Überschüssiges Fett aus der Pfanne abgießen, mit Wasser, Suppe oder braunem Fond ablöschen, kochend reduzieren, kalte Butterstücke mit kreisenden Bewegungen einrühren (montieren). Saft abseihen. Kalbsnußstücke auf ein Backblech legen, mit Sauce hollandaise überziehen und bei extremer Oberhitze im vorgeheizten Backrohr überbacken. Anrichten, mit Saft umgießen.

- GARUNGSDAUER: ca. 10 Minuten
- BEILAGENEMPFEHLUNG: Petersilerdäpfel, gefüllte Tomaten, Kirschtomaten, Karotten
- MEIN TIP: Da das Fleisch relativ dick geschnitten ist, darf der Bratvorgang nicht zu sehr forciert werden. Also Hitze reduzieren. Am besten läßt man das Fleisch einige Minuten im Backrohr ziehen.

Nächste Doppelseite: „Außen cross und knusprig, innen zart und saftig“ – das gilt nicht nur für das Jungschweinskarree (s. Rezept S. 319), sondern für jeden guten Braten.

ZUTATEN FÜR
6–8 PORTIONEN

2 kg Schweinskarree, Rückgrat ausgehackt
5 EL Schweineschmalz oder Öl
Salz
Kümmel
Knoblauch, gepreßt
400 g Karreeknochen, gehackt
1 KL Mehl, glatt

GLACIERTES SCHWEINSKARREE
(Schweinsbraten)

Schweinskarree mit Salz, Knoblauch und Kümmel kräftig einreiben. Schmalz oder Öl in Bratenpfanne erhitzen, Knochen beigeben. Karree mit Außenseite nach unten auf die Knochen legen und ins Backrohr schieben. Von Zeit zu Zeit etwas Wasser untergießen. Braten öfter mit Bratensaft übergießen, nach halber Bratzeit wenden. Oberseite knusprig braun braten. Karree aus der Pfanne heben, warm stellen. Knochen rösten, bis das Wasser verdunstet ist. Etwas Mehl einstreuen, rösten, mit Wasser aufgießen. So lange kochen, bis richtige Konsistenz erreicht ist. Saft abseihen, Braten tranchieren.

- BACKROHRTEMPERATUR: 220 °C fallend
- GARUNGSDAUER: ca. 2 Stunden
- BEILAGENEMPFEHLUNG: Reis, Semmel- oder Serviettenknödel, Sauerkraut, warmer Krautsalat, Gurkensalat
- MEIN TIP: Schopfbraten, gerollte Schweinsschulter oder geräuchertes Karree wird auf die gleiche Weise gebraten.

ZUTATEN FÜR 6 PORTIONEN

800 g Schweinsrückenfilet, ausgelöst
80 g Faschiertes, gemischt
100 g Äpfel, geschält, entkernt (wenn möglich Boskop)
100 g Dörrzwetschken, ohne Stein
80 g Ochsenzunge, geräuchert, gekocht, geschält
¼ Semmel, eingeweicht
1 Ei
Salz
Pfeffer, schwarz, aus der Mühle
Majoran
3 EL Schweineschmalz oder Öl

SCHWEINSRÜCKENFILET MIT DÖRRZWETSCHKENFÜLLE

Schweinsrückenfilet in der Mitte mit einem dünnen Messer fast durchstechen und zu einer geräumigen Tasche erweitern. Fleisch innen und außen salzen. Faschiertes, eingeweichte, faschierte Semmel, Ei sowie alle Gewürze vermischen. Äpfel und Zunge in grobe Würfel schneiden. Zwetschken, Zunge, Äpfel und Faschiertes vermengen, in die Öffnung des Filets füllen. Fleisch an der Öffnung vernähen (Spagat). Gefüllten Braten mit Fett bestreichen, in Bratenpfanne in das vorgeheizte Backrohr stellen. Öfter übergießen, einmal wenden. Aus der Pfanne heben. Den Bratensatz mit etwas Wasser lösen, reduzierend kochen, seihen. Fleisch tranchieren.

- BACKROHRTEMPERATUR: 220 °C fallend
- GARUNGSDAUER: ca. 70 Minuten
- BEILAGENEMPFEHLUNG: Reis, englisches Gemüse, Spritzerdäpfel
- MEIN TIP: Die Fülle kann wahlweise variiert werden, indem man etwa Pistazien oder Pinienkerne untermengt. Auch Kletzen (Dörrbirnen) wären eine passende Einlage. Kann zum kalten Buffet gereicht werden.

» Herrlich vom kümmel- und « knoblauchgesättigten Safte umspült

Wenn es so etwas wie ein österreichisches Nationalgericht gibt, so ist es der Schweinsbraten. Man ißt ihn mit Knödeln und Sauerkraut, und er zählt in Stadt und Land zu den unumgänglichen Standards jeglicher wohlgedeckten sonntäglichen Tafel, wo er nur ab und an vom Brat- und Backhuhn oder seinem einzigen wirklich ernstzunehmenden Rivalen, dem Wiener Schnitzel, verdrängt wird.

Während das Wiener Schnitzel von der österreichischen Literatur bis dato reichlich stiefmütterlich behandelt wurde, hat der Schweinsbraten indessen seinen Barden gefunden, der noch dazu das Versmaß der Homerschen Epen gewählt hat, um die richtigen, das heißt Gusto machenden, Worte zu finden. Es war Anton Wildgans, der dem Schweinsbraten als österreichischem Kulinarheiligtum in seinem Epos „Kirbisch" ein literarisches Denkmal gesetzt hat, dem sich – selbst wenn man eine weniger altertümelnde Sprache wählte – auch heute nichts Wesentliches hinzufügen läßt:

Brutzelnd, brätelnd und braun vom prasselnden Brande des Bratherds, / Prangte die prächtige Schnitte, verbrämt mit der breitesten Borte / Schwellenden Rückenfetts von der helleren Farbe des Bernsteins. / Riesig ragte die Rippe, umrillt von der weißen Manschette, / Über den Rand des Ovals, indessen das knusprig gebratne / Fleisch, das unter der Kruste die zarteste Faserung aufwies, / Herrlich vom kümmel- und knoblauchgesättigten Safte umspült war.

Gebratenes Schweinsbrüstel, zuzubereiten wie das Jungschweinskarree (s. Rezept S. 319)

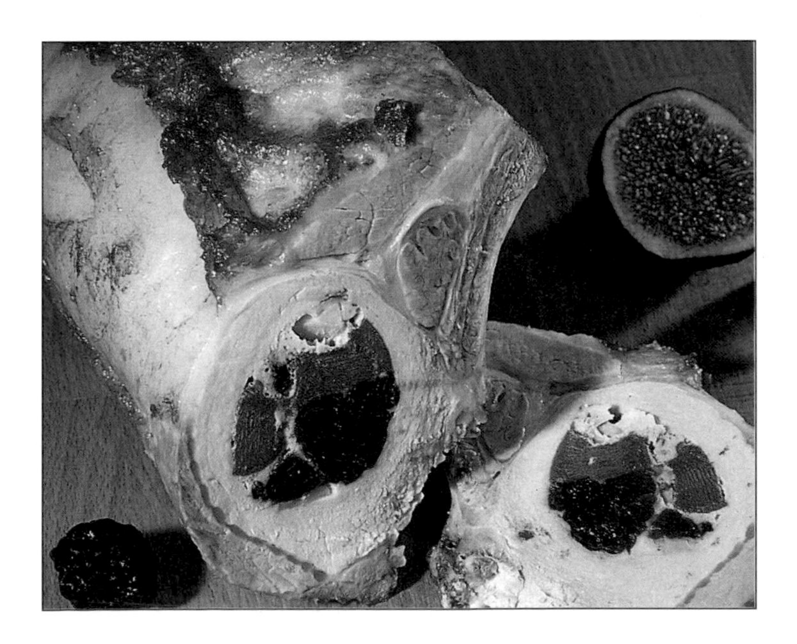

Die Dörrzwetschkenfülle findet im deftig-saftigen Schweinsrükken eine harmonische Geschmacksergänzung (s. Rezept S. 316).

ZUTATEN FÜR 4 PORTIONEN
2 hintere Stelzen
Salz
Kümmel
Knoblauch, gepreßt
3 EL Schweineschmalz oder Öl
½ kg Schweinsknochen, nach Möglichkeit

GEBRATENE SCHWEINSSTELZE

Salz-Kümmel-Wasser aufkochen, gewaschene Stelzen einlegen und ca. 30 Minuten kochen. Stelzen aus dem Sud heben. Schwarten quer zur Fleischfaser einschneiden (schröpfen). Pfanne mit Schmalz ausstreichen, eventuell kleingehackte Schweinsknochen einlegen. Stelzen mit Salz, Kümmel und gepreßtem Knoblauch kräftig einreiben, in der Pfanne unter wiederholtem Begießen und einmaligem Wenden braten.

- BACKROHRTEMPERATUR: 220 °C fallend
- GARUNGSDAUER: ca. 2–2½ Stunden
- BEILAGENEMPFEHLUNG: Sauerkraut, warmer Krautsalat, Servietten- oder Semmelknödel
- MEIN TIP: Ausgezeichnet geraten Stelzen am Spieß gebraten, wobei auch hier das Ankochen und Schröpfen notwendig ist.

ZUTATEN
Spanferkel, ab 10 kg aufwärts (oder Spanferkelteile)
Salz
Bier
Speckschwarte zum Bestreichen

SPANFERKEL

Spanferkel waschen, gut abreiben (trocknen), innen salzen. Spanferkel entlang des Rückgrats mit Spieß durchbohren, Vorder- und Hinterfüße fixieren. Schwanz und Ohren in Alufolie drehen. Bauchlappen mit Holzspänen aufspreizen. Während des Bratens Haut öfter mit in Bier getauchter Speckschwarte bestreichen. Hitze nicht zu sehr forcieren, damit die Haut keine Blasen wirft. Nach Erreichen der vollen Färbung Spanferkel mit Nadel anstechen – es sollten sich wasserklare Tropfen bilden. Beim Tranchieren die knusprige Haut mit Schere durchtrennen, dann schneiden.

- GARUNGSDAUER: ca. 2½–4 Stunden, je nach Größe
- BEILAGENEMPFEHLUNG: warmer Krautsalat, Serviettenknödel
- MEIN TIP: Spanferkel werden grundsätzlich entweder am Spieß über offenem Feuer (Glut) oder im Backrohr gebraten. Da kein Haushalt über ein Backrohr dieser Größenordnung verfügt, ist es empfehlenswert, Spanferkelteile zu kaufen und zu braten. Dafür Schlegel oder Rücken an der Fleischseite salzen, langsam bei eingehängter Backrohrtüre braten, da die Haut sonst Blasen wirft. Öfter mit Bier bestreichen. Beim Braten der Spanferkelteile ist es empfehlenswert, ein Beet von kleingehackten Schweinsknochen in die Bratenpfanne einzulegen. So wird der Braten saftiger. Backrohrtemperatur: 220 °C fallend. Garungsdauer: je nach Größe 1½–2½ Stunden

JUNGSCHWEINSKARREE

ZUTATEN FÜR
6–8 PORTIONEN

2 kg Jungschweinskarree, mit Schwarte und Rippen, Rückgrat ausgehackt
½ kg Schweinsknochen, kleingehackt
Salz
Kümmel
Knoblauch, gepreßt
Mehl zum Stauben

In geeigneter Bratenpfanne fingerhoch Wasser eingießen und zum Kochen bringen. Karree mit der Schwarte nach unten einlegen, 20 Minuten kochen lassen, Karree aus der Pfanne nehmen. In halbzentimetergroßen Abständen die Schwarte einschneiden (schröpfen). Das Fleisch darf dabei nicht eingeschnitten werden; Schnittrichtung gegen die Fleischfaser. Karree kräftig mit Salz, Kümmel und Knoblauch einreiben. Knochen in die Bratenpfanne einstreuen, etwas Wasser untergießen. Karree mit der Schwarte nach oben einlegen und ins vorgeheizte Backrohr schieben. Nicht begießen, solange das Wasser nicht verdunstet ist. Dann den Braten mit eigenem Fett übergießen.
Gegarten Braten aus der Pfanne heben, warm rasten lassen. Überschüssiges Fett abgießen. Knochen rösten, mit Mehl bestauben, bräunen, mit Wasser ablöschen, gut durchkochen, reduzierend kochen, seihen. Karree in Tranchen schneiden. Saft beigeben oder separat reichen.

- BACKROHRTEMPERATUR: ca. 220 °C fallend
- GARUNGSDAUER: ca. 1½–2 Stunden
- BEILAGENEMPFEHLUNG: warmer Krautsalat, Sauerkraut, Waldviertler Knödel, Serviettenknödel, Reis
- MEIN TIP: Das abgegossene gestockte Bratenfett ergibt einen köstlichen Aufstrich.

GLACIERTER BEINSCHINKEN

ZUTATEN FÜR 8 PORTIONEN

3½ kg Beinschinken (Spanferkel), gegart (!)
2 EL Kristallzucker oder
3 EL Ahornsirup

Schwarte des Schinkens vorsichtig ablösen. Fettschicht darf nicht verletzt werden! Schlußknochen auslösen oder bereits vom Fleischhauer auslösen lassen. Oberseite mit Zucker bestreuen oder mit Sirup bestreichen. Schinken auf Gitterrost legen, unterhalb die Fettauffangtasse (mit Wasser gefüllt) bereitstellen. Beides in das sehr stark erhitzte Backrohr einsetzen. Die Färbung entsteht in der ersten halben Stunde. Hitze auf 90 °C reduzieren, nicht übergießen. Schinken bei Tisch tranchieren.

- BACKROHRTEMPERATUR: 250 °C, nach ca. 20 Minuten 90 °C
- GARUNGSDAUER: ca. 2½ Stunden
- BEILAGENEMPFEHLUNG: Erdäpfelpüree, Selleriepüree, Zuckererbsen, Erbsenschoten, Broccoli, Madeirasauce, Blattsalate
- MEIN TIP: Wird der Schinken an der Oberseite mit Gewürznelken in kurzen Abständen gespickt, so sieht das Gericht noch attraktiver aus und schmeckt hervorragend.

Frohe Ostern! – Mit diesem glacierten Beinschinken ist der Erfolg Ihres Ostersonntagmenüs so gut wie sicher (s. Rezept S. 319).

ZUTATEN FÜR 8–10 PORTIONEN

1 Spanferkel- oder Jungschweinsschinken, ca. 3½ kg
3½ kg Mischbrotteig (beim Bäcker erhältlich)
Wasser zum Bestreichen

BEINSCHINKEN IN BROTTEIG

Schinken von Schwarte und Schlußknochen befreien. Teig ausrollen und Schinken darin einwickeln (einschlagen). Der Verschluß des Teiges soll an der Unterseite sein. Mit kaltem Wasser bestreichen. Im vorgeheizten Backrohr backen; öfter mit Wasser bestreichen. Temperatur laufend reduzieren, die letzte Stunde nur mehr warm ziehen lassen. Kruste mit Sägemesser anritzen, mit glattem Messer tranchieren.

- BACKROHRTEMPERATUR: 240 °C fallend
- GARUNGSDAUER: ca. 3½ Stunden
- BEILAGENEMPFEHLUNG: Sauerkraut
- MEIN TIP: Dieses typische Ostergericht kann auch – mit Kren und harten Eiern garniert – als kalte Speise gereicht werden. Ist kein Beinschinken erhältlich, so kann Teilsames (oder Rollschinken) verwendet werden.

ZUTATEN FÜR 4 PORTIONEN

1 kg Geselchtes (Rollschinken oder geselchte Schlegelteile)

GEKOCHTER ROLLSCHINKEN
(Geselchtes)

Wasser zum Kochen bringen, geselchtes Schweinefleisch in das siedende Wasser geben. Zart wallend kochen oder knapp an der Siedegrenze ziehen lassen.

- GARUNGSDAUER: ca. 2½ Stunden, je nach Größe
- BEILAGENEMPFEHLUNG: Sauerkraut, Erdäpfel-, Servietten- oder Semmelknödel
- MEIN TIP: Diese Zubereitung gilt für alle geräucherten Teile wie Selchripperln, Selchzunge etc.

SCHWEINSJUNGFER IN KOHL

ZUTATEN FÜR 4 PORTIONEN

400 g Schweinsjungfer (Lungenbraten), pariert (zugeputzt), Mittelstücke
100 g Schweinefleisch (Fleischabschnitte), sehnenfrei
½ Weißbrotscheibe
1 Ei
150 g Duxelles (s. S. 229)
8 Kohlblätter
Salz
Pfeffer, schwarz, aus der Mühle
Knoblauch, gepreßt
Schweinsnetz
Öl zum Braten

Fleisch salzen, pfeffern, mit Knoblauch einreiben. In wenig heißem Öl allseitig braun anbraten, auf Rost legen und überkühlen lassen. Fleischabschnitte mit eingeweichtem Weißbrot fein faschieren oder im Blitzschneider zu Farce verarbeiten. Duxelles, Ei und Faschiertes gut abrühren. Kohlblätter in siedendem Salzwasser kurz knackig überkochen und sofort in kaltes Wasser legen, abfrischen, abtrocknen, dicke Adern herausschneiden. Kräftig salzen und pfeffern. Gewässertes Netz trocken auflegen, in passende Stücke teilen und jeweils im Zentrum ganz wenig Farce aufstreichen. Kohlblätter auflegen, mit Farce bedecken. Schweinsjungfern daraufgeben, straff einrollen, Enden abdrehen (schneiden). Außen zart würzen. Wenig Öl in flacher Pfanne erhitzen, Jungfern allseitig braun anbraten, im vorgeheizten Backrohr unter wiederholtem Wenden fertigbraten. Das Fleisch soll innen zartrosa bleiben. Aus der Pfanne heben, einige Minuten warm rasten lassen, aufschneiden. Bratensatz mit Wasser lösen, reduzierend kochen, abseihen.

- BACKROHRTEMPERATUR: ca. 220 °C fallend
- GARUNGSDAUER: ca. 35 Minuten
- BEILAGENEMPFEHLUNG: Zwiebel- oder Petersilerdäpfel, Reis, engl. Gemüse

SCHWEINSKOTELETT MIT BIER-KÜMMEL-SAUCE

ZUTATEN FÜR 4 PORTIONEN

4 Schweinskoteletts à 220 g
3 EL Schweineschmalz oder Öl
6 cl Bier
1 KL Mehl, glatt
15 cl Suppe oder brauner Fond
Salz
Knoblauch, gepreßt
Kümmel, ungemahlen
30 g Butter zum Montieren
Mehl zum Bestauben

Koteletts an den Rändern leicht einschneiden, zart plattieren (klopfen), salzen, mit gepreßtem Knoblauch einreiben, mit Kümmel kräftig bestreuen. Einseitig in Mehl tauchen, gut abschütteln. Fett in Pfanne erhitzen, Koteletts mit der bemehlten Seite nach unten einlegen, braun braten, wenden, Hitze reduzieren. Koteletts aus der Pfanne heben, Mehl einstauben, kurz bräunen, mit Bier ablöschen, verrühren. Bratensatz lösen, Fond oder Suppe zugießen, etwas Kümmel einstreuen, durchkochen, abseihen. Kalte Butterstücke mit schwingender Bewegung einrühren (montieren). Koteletts in die Sauce einlegen, mehrmals wenden, nicht kochen! Einige Minuten lauwarm ruhen lassen. Anrichten, mit Sauce überziehen.

- GARUNGSDAUER: ca. 5 Minuten, 3 Minuten rasten
- BEILAGENEMPFEHLUNG: Zwiebelerdäpfel, Kohlsprossen, Hopfensprossen, Fisolen, Bohnen
- MEIN TIP: Die Schweinskoteletts werden aromatischer, wenn man sie vorher einige Stunden mit Kümmel, Knoblauch und etwas Öl mariniert. Dies gilt auch, wenn man sie am Rost brät.

» *Du sollst mein Glücksschwein sein* «

Auch wenn die Wiener Rindfleischküche legendär und das Kalb ein unentbehrlicher Bestandteil all dessen ist, was sonntags so zwischen Neusiedler See und Bodensee in den Töpfen schmurgelt – des Österreichers liebstes Tier ist und bleibt das Schwein. Mit einem Pro-Kopf-Verbrauch von ca. 45 kg Schweinefleisch im Jahr führt Österreich alle einschlägigen Ernährungsstatistiken an. Etwa sechzig Prozent des gesamtösterreichischen Fleischbedarfs werden mit Schweinefleisch gedeckt. Wen wundert's angesichts solcher Zahlen, daß das Schwein auch im Volks(aber)glauben tief verwurzelt ist? So geht etwa die Mär, daß Kopfschmerzen sofort verschwinden, wenn man morgens auf nüchternen Magen Schweinefleisch ißt. Eine Frau, die einen treulosen Mann wiederhaben will, sollte sich nackt in ein Bachbett legen, nachdem sie sich zuvor mit Schweinefett und Schweineborsten eingerieben hat. Ein Mädchen wiederum, das ein Schweinsherz mit Nadeln spickt und kocht, wird – so sagt man – bald heiraten.
Im urbanen Bereich sind solche „Schweinereien" allerdings längst in Vergessenheit geraten. Lediglich zu Silvester beißen viele, um sich Glück und Segen fürs neue Jahr zu sichern, noch in einen Saurüssel. Und selbst der darf mittlerweile aus Marzipan sein.

SCHWEINSROULADEN

ZUTATEN FÜR 4 PORTIONEN
2 Schweinsjungfern (Lungenbraten)
60 g Schweinefleisch (Fleischabschnitte)
60 g Hühnerbrust, ausgelöst, ohne Haut
8 cl Schlagobers
50 g Pinienkerne
40 g Preßschinken
Salz
Pfeffer, weiß
Knoblauch, gepreßt
Schweinsnetz
2 EL Öl zum Braten

Lungenbraten der Länge nach einschneiden, aufklappen, mit Klarsichtfolie bedecken und zart plattieren (klopfen). Salzen, pfeffern, mit Knoblauch bestreichen. Fleischabschnitte und Hühnerbrust klein schneiden. Kalt und unter ständiger Beigabe von eiskaltem Obers im Blitzschneider zu Farce verarbeiten. Würzen, Pinienkerne und kleingeschnittenen Schinken untermengen. Lungenbraten mit Farce bestreichen, der Breite nach straff einrollen. Netz – gewässert und getrocknet – auf notwendige Größe zuschneiden. Rouladen darin straff einrollen, Enden fixieren, mit Spagat binden. In wenig heißem Öl in flacher Pfanne allseitig anbraten. Im vorgeheizten Backrohr unter wiederholtem Begießen braten. Spagat entfernen. 5 Minuten warm rasten lassen, tranchieren.

- BACKROHRTEMPERATUR: ca. 230 °C fallend
- GARUNGSDAUER: ca. 25–35 Minuten
- BEILAGENEMPFEHLUNG: Reis, Letscho

BAUERNKOTELETT

ZUTATEN FÜR 4 PORTIONEN
4 Schweinskoteletts à 220 g
300 g Erdäpfel, speckig, roh
80 g Zwiebeln
100 g Champignons

Schweinskoteletts zart plattieren (klopfen), Ränder leicht einschneiden, würzen, in Mehl wenden. 3 EL Fett in Pfanne erhitzen, Schweinskoteletts beidseitig braun anbraten, mit

Suppe ablöschen. In Kasserolle geben, zugedeckt dünsten (ca. 30 Minuten). Speck, Zwiebeln und Erdäpfel gesondert in grobe Würfel schneiden. Champignons sechsteln. Restliches Fett erhitzen, Speck anrösten, Zwiebeln beigeben, glasig anschwitzen. Erdäpfel und Champignons untermengen, würzen, durchschwingen. Zu den Schweinskoteletts geben. Flüssigkeit korrigieren. Zusammen noch etwa 13 Minuten dünsten. Anrichten, mit gehackter Petersilie bestreuen.

- GARUNGSDAUER: ca. 45 Minuten
- BEILAGENEMPFEHLUNG: Blatt- oder Gurkensalat

100 g Frühstücksspeck
Salz
Kümmel
Knoblauch
¼ l Suppe
5 EL Schweineschmalz oder Öl
Mehl zum Bestauben
Petersilie, gehackt

SPARERIBS

Alle Zutaten der Marinade vermischen, Ripperl 24 Stunden in der Marinade beizen lassen. Ripperl aus der Marinade heben, auf ein Gitter legen, dieses in Bratenpfanne setzen und in das vorgeheizte Backrohr schieben. Braten, dabei ständig mit Marinade bestreichen. Wasser in Bratenpfanne einfließen lassen, damit die abtropfende Flüssigkeit nicht verbrennt. Die Ripperl sollen dunkelbraun glaciert werden.

- BACKROHRTEMPERATUR: ca. 200–220 °C
- GARUNGSDAUER: ca. 40 Minuten
- BEILAGENEMPFEHLUNG: Folienerdäpfel, Mais, Paprika- oder Gurkensalat

ZUTATEN FÜR 4 PORTIONEN
1½ kg Schweinsripperl, ungeschnitten, Unterseite von der Haut befreit

Marinade:
250 g Ketchup
10 g Chilisauce
15 g Knoblauch, gepreßt
5 g Ginger-Pulver
50 g Hoi-Sin-Sauce
20 g Salz

Ebenso deftig wie kräftig mundet das Bauernkotelett, dessen „Geheimnis" in der g'schmakkigen Zugabe von Speck, Erdäpfeln und Champignons besteht (s. Rezept S. 322).

ZUTATEN FÜR 4 PORTIONEN

600 g Schweinslungenbraten oder Schlegelteile (8 Filets)
160 g Butterkäse (8 Scheiben)
120 g Schinken (8 Scheiben)
2 EL Butterschmalz oder Öl
30 g Butter zum Montieren
Mehl, glatt
1,5 dl Suppe, Wasser oder brauner Fond
Salz
Kümmel
Butter zum Bestreichen

SCHWEINSFILET MIT BUTTERKÄSE ÜBERBACKEN

Fleisch zart und nicht zu dünn plattieren (klopfen). Salzen, mit einer Seite in Mehl tauchen, gut abschütteln. Fett erhitzen, Fleisch mit der bemehlten Seite nach unten einlegen, braun braten, wenden, ebenfalls bräunen, aber nicht durchbraten. Fleisch auf ein gebuttertes Backblech legen. Auf jedes Filet je eine Schinkenscheibe legen, mit Käse bedecken, mit Kümmel bestreuen. Bei extremer Oberhitze überbacken, bis der Käse schmilzt. Bratensatz mit Mehl bestauben, kurz bräunend durchrösten, mit Wasser, Suppe oder Fond aufgießen, durchkochen, seihen. Kalte Butterstücke einrühren. Saft auf Teller oder Platte gießen, Filets daraufsetzen.

- GARUNGSDAUER: inkl. Überbacken ca. 8 Minuten
- BEILAGENEMPFEHLUNG: Blattspinat, Spinatstrudel, Kohlsprossen, Bäcker- oder Zwiebelerdäpfel, Erdäpfellaibchen
- MEIN TIP: Der Schinken-Käse-Belag paßt auch hervorragend zu Kalbsfilets, die allerdings nicht mit Kümmel gewürzt werden.

ZUTATEN FÜR 4 PORTIONEN

¾ kg Schweinsschulter, ausgelöst
4 EL Schweineschmalz oder Öl
80 g Zwiebeln
15 g Paprikapulver, edelsüß
½ kg Sauerkraut (gewässert)
Salz
Pfeffer, schwarz
Knoblauch, gepreßt
Kümmel
Lorbeerblatt
10 g Mehl, glatt
⅛ l Sauerrahm
¾ l Suppe oder Wasser

SZEGEDINER GULASCH

Schweinsschulter in ca. 3 cm große Würfel schneiden. Kleingeschnittene Zwiebeln in Schmalz (Öl) anlaufen lassen, Paprika einstreuen, sofort mit etwas Wasser ablöschen. Fleisch salzen, beigeben, Wasser oder Suppe untergießen. Zugedeckt 45 Minuten dünsten. Sauerkraut, Kümmel, Pfeffer, Lorbeerblatt sowie Knoblauch hinzufügen, gemeinsam garen. Nach Bedarf Flüssigkeit ergänzen. Mehl mit Sauerrahm versprudeln, zügig unter das Krautfleisch rühren. Lorbeerblatt entfernen.

- GARUNGSDAUER: 80–90 Minuten
- BEILAGENEMPFEHLUNG: Salz- oder Kümmelerdäpfel

STEIRISCHES WURZELFLEISCH
(Krenfleisch)

ZUTATEN FÜR 4 PORTIONEN

1 kg Schweinefleisch (Bauchfleisch oder Schulter), ohne Knochen
300 g Wurzelwerk (Karotten, gelbe Rüben, Sellerieknolle)
100 g Zwiebeln
1 Lorbeerblatt
10 Pfefferkörner
2 Knoblauchzehen
Thymianstrauß
½ l Wasser
Salz
Essig
Krenwurzel zum Reiben
Petersilie, gehackt

Schweinefleisch waschen, in grobe Stücke (Würfel) teilen. Gewürze in ein Leinensäckchen einbinden. Wurzelwerk schälen, in grobe Streifen, Zwiebeln in halbierte Scheiben schneiden. Fleisch mit Gewürzen, Essig und Wasser in passendem Topf zustellen. Wenn das Fleisch fast gegart ist, Wurzelwerk und Zwiebeln beigeben. Flüssigkeit bei Bedarf ergänzen. Gemeinsam weichkochen. Gewürzsäckchen entfernen. Das Gericht in einer Schüssel mit etwas Suppe auftragen. Mit gerissenem Kren und Petersilie bestreuen.

- GARUNGSDAUER: 80–90 Minuten
- BEILAGENEMPFEHLUNG: Salz- oder Kümmelerdäpfel
- MEIN TIP: Geviertelte speckige Erdäpfel, die während der letzten 20 Minuten mitgekocht werden, machen das Gericht noch nahrhafter.

LAMMKEULE MIT KRÄUTERN GEBRATEN

ZUTATEN FÜR 4 PORTIONEN
1 Lammkeule
4 EL Olivenöl
Salz
Pfeffer, schwarz, aus der Mühle
Thymian
Knoblauch
Rosmarin
¼ l Suppe oder brauner Lammfond

Keule leicht parieren (zuputzen), Schlußknochen auslösen. Keule mit Öl einstreichen, mit frischen oder getrockneten Kräutern einreiben. Einige Stunden ziehen lassen, salzen, pfeffern. Keule in Bratenpfanne geben, etwas Wasser untergießen, ungeschälten, zerdrückten Knoblauch beigeben. Bei forcierter (starker) Hitze im vorgeheizten Backrohr braten. Öfter begießen, nach 30 Minuten wenden, bräunen, Hitze reduzieren. Fleisch soll innen rosa bleiben (Nadelprobe). Keule aus der Pfanne heben, Bratensatz kurz rösten, mit Suppe oder Fond aufgießen, reduzierend auf gewünschte Konsistenz kochen, seihen. Fleisch in Tranchen schneiden.

- BACKROHRTEMPERATUR: 220 °C fallend
- GARUNGSDAUER: ca. 1 Stunde
- BEILAGENEMPFEHLUNG: Gratin- oder Zwiebelerdäpfel, Fisolen, Fenchel, gefüllte Tomaten oder Kohlrabi, Kohlsprossen
- MEIN TIP: Wird die Keule vor dem Braten ausgelöst und gebunden, so läßt sie sich leichter tranchieren.

LAMMKARREE IN KRÄUTERKRUSTE

ZUTATEN FÜR 4 PORTIONEN
1 kg Lammkarree, ohne Rückgrat
3 EL Olivenöl
Salz
Pfeffer, schwarz, aus der Mühle
Thymian
Rosmarin
Estragonsenf oder angerührtes engl. Senfpulver

Kruste:
70 g Butter
60 g Weißbrot, ohne Rinde gerieben
1 Eidotter
1 EL Kräuter, gemischt, gehackt (Estragon, Thymian, Minze, Petersilie)
Salz
Pfeffer, weiß
Knoblauch

Zugeputztes Lammkarree kräftig würzen, beidseitig in wenig heißem Öl anbraten. In das vorgeheizte Backrohr stellen. Einmal wenden, öfter begießen. Gegartes Karree aus dem Rohr nehmen, 5 Minuten warm rasten lassen. Bratenrückstand mit Wasser lösen, reduzierend kochen, seihen. Rücken dünn mit Senf bestreichen und Kruste daraufpressen. Bei extremer Oberhitze kurz knusprig überbacken. Karree vorsichtig tranchieren.

Kruste: Butter schaumig rühren, Dotter, Gewürze und Kräuter untermengen. Brösel einkneten. Händisch einen langen, rechteckigen Fladen formen.

- BACKROHRTEMPERATUR: 220 °C fallend
- GARUNGSDAUER: inkl. Gratinieren ca. 25–30 Minuten
- BEILAGENEMPFEHLUNG: Lammsaft, Gratin- oder Zwiebelerdäpfel, Ratatouille, gebratene oder gefüllte Melanzani, Fisolen, Tomaten, Fenchel, Kohlsprossen, Lauchkuchen

Die Harmonie von zartem Lammfleisch und einer Kruste aus südlichen Kräutern mit dezentem Senfgeschmack garantiert optimalen Erfolg auch auf Ihrer häuslichen Tafel (s. Rezept S. 326).

» Napoleon und die Lammkeule «

Napoleon, der alles mögliche, nur sicherlich kein Schafskopf war, hatte mit den Lämmern kein Glück. Kurz vor der Völkerschlacht von Leipzig verzehrte er, weil's ihm gar so gut mundete, drei Tage hintereinander mit Knoblauch gewürzte Lammkeule – und holte sich prompt eine so üble Magenverstimmung, daß ihn mit der nötigen Konzentration zum Schlachtenlenken auch das Kriegsglück verließ und er die Schlacht verlor. An der Vorliebe von Napoleons Landsleuten für Lammfleisch hat das nichts geändert. In Deutschland und Österreich hat sich das Lammfleisch dennoch bis heute nicht wirklich durchgesetzt – obwohl es uns, genau genommen, vor Frankreichs Hegemoniestreben bewahrt hat. Wer weiß, ob wir Österreicher nicht sonst schon längst Franzosen wären?

LAMMKOTELETTS IN ERDÄPFELKRUSTE

ZUTATEN FÜR 4 PORTIONEN

12 Lammkoteletts à 60 g, pariert (zugeputzt)
350 g Erdäpfel, speckig, roh, geschält
2 Eier
Salz
Knoblauch, gepreßt
Thymian
Pfeffer, schwarz, aus der Mühle
Rosmarin
Öl zum Backen
Mehl

Lammkoteletts an den Rändern einschneiden, kräftig würzen, in Mehl wenden, durch verschlagenes Ei ziehen. Erdäpfel in feinste Streifen schneiden, gut ausdrücken, mit Salz, Knoblauch und Pfeffer würzen. Erdäpfelstreifen auf beiden Seiten an das Fleisch pressen. Öl 5 mm tief in eine Pfanne (Teflon) eingießen, erhitzen, Koteletts vorsichtig einlegen, langsam braten. Wenden, fertigbraten. Die Erdäpfelkruste soll knusprig und braun, das Fleisch innen rosa sein.

- GARUNGSDAUER: ca. 10 Minuten
- BEILAGENEMPFEHLUNG: Ratatouille, Kohlsprossen, Fenchel, Fisolen, Broccoli

Zutaten für 4 Portionen
1 kg Lammschulter, ausgelöst
4 EL Olivenöl
300 g Karotten, geschält
200 g Schalotten (oder Zwiebeln)
150 g Frühstücksspeck
400 g Erdäpfel, speckig, roh, geschält
Salz
Pfeffer
Knoblauch
Thymian
Rosmarin
Suppe oder Wasser zum Untergießen

GESCHMORTE LAMMSCHULTER

Lammschulter kräftig mit Gewürzen einreiben, mit Spagat straff binden. Öl in viereckiger Bratenpfanne erhitzen, Schulter einlegen, in das vorgeheizte Backrohr schieben und unter ständigem Übergießen braten. Von Zeit zu Zeit etwas Suppe oder Wasser untergießen. Schalotten schälen, Karotten in grobe Würfel, Speck in 5 mm große Würfel schneiden. Erdäpfel vierteln oder achteln. Den Braten wenden, glacierend braten, wenden. Nach etwa 55 Minuten Speck beigeben, braten, Schalotten, Karotten und Erdäpfel hinzufügen und gut mischen. Alles gemeinsam mit der Schulter fertiggaren, dabei ständig Suppe oder Wasser untergießen. Spagat entfernen, Schulter aufschneiden. Fleisch mit Gemüse, Erdäpfeln und Saft auftragen.

- BACKROHRTEMPERATUR: ca. 200 °C
- GARUNGSDAUER: ca. 1½ Stunden

Zutaten für 4 Portionen
400 g Lammrückenfilet, pariert (zugeputzt)
150 g Lammfleischabschnitte
5 cl Schlagobers
1 EL Spinat, passiert (tiefgekühlt)
Salz
Pfeffer, schwarz, aus der Mühle
Thymian
Knoblauch, gepreßt
Estragonkraut, gehackt
Schweinsnetz
Öl zum Anbraten

LAMMNÜSSCHEN IM NETZ

Lammrückenfilet in 8 gleichmäßige Teile schneiden, mit Salz und Pfeffer würzen. Wenig Öl in flacher Pfanne erhitzen, Lamm allseitig rasant anbraten, aus Pfanne heben, auf Gitter abtropfen und erkalten lassen. Lammfleischabschnitte im Blitzschneider unter ständiger Beigabe von eiskaltem Obers zu einer geschmeidigen Farce verarbeiten. Farce eventuell passieren. Gewürze, Spinat und Kräuter einmengen. Netz gut in kaltem Wasser wässern, abtrocknen und in 8 Quadrate à 12 cm × 12 cm schneiden. Farce jeweils fast bis an den Rand 5 mm dick auftragen, Lammstücke einzeln aufsetzen, in das Netz einschlagen, Enden abdrehen. Die Stücke in wenig heißem Öl in flacher Pfanne allseitig bräunen, im vorgeheizten Backrohr braun braten. 5 Minuten warm rasten lassen. Die Nüßchen sollen innen noch rosa sein. Nüßchen halbieren, anrichten.

- BACKROHRTEMPERATUR: 220 °C fallend
- GARUNGSDAUER: 15–20 Minuten
- BEILAGENEMPFEHLUNG: Ratatouille, Erdäpfelgratin, Fenchel, Fisolen, Kohlsprossen, Melanzani

Zutaten für 4 Portionen
¾ kg Lammschulter, ausgelöst
300 g Wurzelwerk, geschält (Sellerie, gelbe Rüben, Karotten)
100 g Zwiebeln

IRISCHER LAMMEINTOPF
(Irish Stew)

Fleisch wie für Gulasch in Würfel schneiden. Mit Wasser bedecken, salzen. Pfefferkörner, Thymian, Lorbeer und Knoblauch in ein kleines Stück Leinen einbinden, beigeben.

Das Irish Stew ist eines der ältesten und einfachsten Bauerngerichte der grünen Insel und erfreut sich dennoch auch bei Gourmets allergrößter Beliebtheit.

Zugedeckt halbweich kochen. Zwiebeln in Scheiben schneiden, beifügen. Wurzelwerk in dickere schräge Scheiben schneiden (Chartreusemesser), ebenfalls zugeben, ca. 10 Minuten kochen. Von Außenblättern befreiten Kohl in vier Teile schneiden, Erdäpfel der Länge nach vierteln, beides in den Topf gruppieren. Flüssigkeit eventuell ergänzen. Zugedeckt garen, bis alle Zutaten weich sind. Sud mit Suppenwürze abschmecken, Leinensäckchen entfernen. Im Topf oder in einer Schüssel auftragen.

- GARUNGSDAUER: ca. 1½ Stunden

300 g Erdäpfel, speckig, roh, geschält
½ Kohlkopf
Salz
6 Pfefferkörner
1 Lorbeerblatt
Thymian
2 Knoblauchzehen
Suppenwürze

LAMMRAGOUT MIT WEISSEN BOHNEN

Fleisch wie für Gulasch in Würfel schneiden, mit Salz, Pfeffer und Thymian würzen. Öl in Kasserolle erhitzen, Fleisch allseitig braun anbraten, aus der Pfanne heben. Kleinwürfelig geschnittenen Speck beigeben, rösten, kleingeschnittene Zwiebeln hinzufügen, glasig sautieren, Tomatenmark mitrösten, mit Rotwein ablöschen. Fleisch und restliche Gewürze beigeben, mit Mehl bestauben, durchrühren, mit Suppe bedecken. Zugedeckt dünsten. Knapp vor Garungsende gekochte Bohnen beigeben und mitdünsten. Anrichten, mit gehackter Petersilie bestreuen.

- GARUNGSDAUER: ca. 80 Minuten
- BEILAGENEMPFEHLUNG: Dampferdäpfel, Minzschupfnudeln

ZUTATEN FÜR 4 PORTIONEN
900 g Lammschulter, ausgelöst
300 g Bohnen, weiß, gekocht
80 g Frühstücksspeck
100 g Zwiebeln
1 EL Tomatenmark
4 EL Olivenöl
Salz
Pfeffer, schwarz, aus der Mühle
Knoblauch, gepreßt
Rosmarin
Thymian
½ Lorbeerblatt
⅛ l Rotwein
Suppe zum Untergießen
10 g Mehl, glatt
Petersilie, gehackt

ZUTATEN FÜR 4 PORTIONEN
2 kg Kitz
3 Eier
Mehl, glatt
Semmelbrösel
Salz
Rosmarin nach Bedarf
2 Zitronen
Krauspetersilie
Öl

GEBACKENES KITZ

Keulen und Schulter werden teilweise oder ganz ausgelöst, der Rücken wird halbiert. Hirn und Leber werden ebenfalls verwendet. Die Teile werden in größere Stücke geschnitten. Mit Salz kräftig würzen, eventuell etwas Rosmarin als Würze verwenden. In Mehl, verschlagenem Ei und Semmelbröseln panieren. In heißem Öl langsam braun backen. Aus dem Fett heben, eventuell in heißer Butter schwenken. Gut mit Küchenkrepp abtrocknen. Mit Zitronenhälften und Krauspetersilie garnieren.

- GARUNGSDAUER: ca. 15 Minuten, je nach Größe der Stücke
- BEILAGENEMPFEHLUNG: Vogerl-, Erdäpfel-, Rapunzel- oder Blattsalat, Petersilerdäpfel
- MEIN TIP: Bei dieser traditionellen Osterspeise sollten alle Teile, d. h. Schlegel, Schulter, Karree und Brust sowie Teile der Innereien, verwendet werden. Nach demselben Rezept bereitet man auch gebackenes Kaninchen zu.

GLACIERTE KALBSLEBERFILETS

ZUTATEN FÜR 4 PORTIONEN

600 g Kalbsleber (hoher Teil), enthäutet, ohne Nervenstränge
4 EL Butterschmalz oder Öl
40 g Butter, kalt
Salz
Pfeffer, schwarz, aus der Mühle
Mehl, glatt
8 cl Wasser, Suppe oder brauner Kalbsfond

Leber in ca. 6 mm dicke Filets schneiden, mit Salz und Pfeffer würzen. Beidseitig in Mehl wenden. Schmalz oder Öl in flacher Pfanne erhitzen, Leberfilets einlegen, rasch bräunen, wenden, ebenfalls bräunen, aus der Pfanne heben, warm stellen. Überschüssiges Fett abschütten, mit Flüssigkeit aufgießen, reduzierend kochen, kalte Butterstücke einrühren. Leberfilets wieder einlegen, mehrmals wenden, jedoch nicht mehr kochen! Anrichten.
Wie durchgebraten die Leber sein soll, hängt vom individuellen Geschmack ab. Am besten schmeckt sie mit einem durchgehenden zartrosa Kern.

- GARUNGSDAUER: ca. 4 Minuten
- BEILAGENEMPFEHLUNG: Reis (Curry-, Safran-, Kräuter- oder Letschoreis), Erdäpfelpüree
- MEIN TIP: Kalbsleberfilets kann man sehr variantenreich servieren: etwa auf gebratenen Apfelscheiben, mit gerösteten Zwiebeln, mit gebratenen Bananen, Tomaten oder mit gebratenem Speck und Maisdukaten.

GERÖSTETE LEBER

ZUTATEN FÜR 4 PORTIONEN

700 g Kalbs- oder Schweinsleber, ohne Haut und Nervenstränge
120 g Zwiebeln
8 EL Öl
Salz
Pfeffer, schwarz, gemahlen
Majoran
Essig
eventuell Mehl zum Stauben
¼ l Suppe oder brauner Fond

Leber in messerrückendicke, ca. 4 cm lange Scheiben schneiden, kräftig würzen. Zwiebeln feinwürfelig oder in Scheiben schneiden. 4 EL Öl erhitzen, Zwiebeln lichtbraun rösten. (Wenn molliger Saft gewünscht wird, leicht mit Mehl stauben, durchrühren.) Mit Suppe oder Fond aufgießen, 4 Minuten kochen lassen. In Bratpfanne restliches Öl erhitzen, Leber beigeben, unter Rühren zart braun rösten.
Die Leber soll innen zartrosa bleiben. Leber zum Zwiebelansatz geben, heiß, aber nicht kochend durchrühren. Mit Essig pikant abschmecken. Um noch molligeren Saft zu erhalten, kann man dem Gericht noch ca. 30 g kalte Butterstücke schwenkend untermengen oder versprudelten Sauerrahm unterrühren.

- GARUNGSDAUER: ca. 8 Minuten
- BEILAGENEMPFEHLUNG: Reis
- MEIN TIP: Geröstete Kalbs- oder Schweinsnieren (Saure Nierndln) werden nach derselben Art zubereitet, wobei die Nieren vorher kalt gewässert werden müssen. Salzen Sie Innereien immer erst im letzten Moment oder nach dem Rösten. Verfeinern kann man das Gericht, indem man geschlagenes Obers, Sauerrahm oder Crème fraîche unterrührt.

Präparieren von Innereien

Bries in kaltem Wasser gut auswässern.

In aromatisiertem Wasser auf 90 °C erhitzen, pochieren.

Wiederholt Wasser wechseln, kalt abfrischen, Häute abziehen.

Hirn in reichlich kaltes Wasser legen, Hirnhaut ablösen.

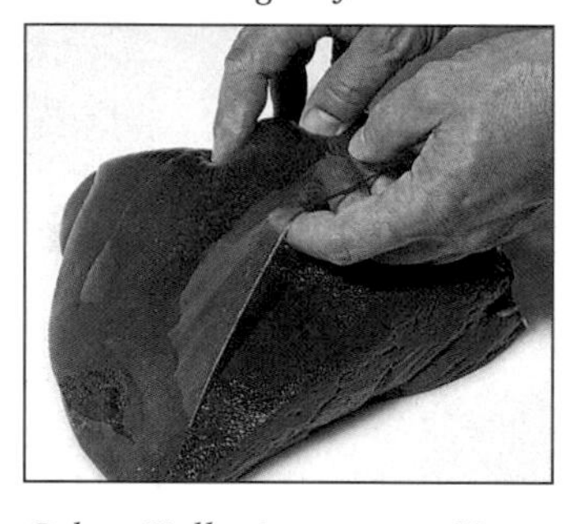

Die dünne Deckhaut der Kalbsleber vorsichtig entfernen.

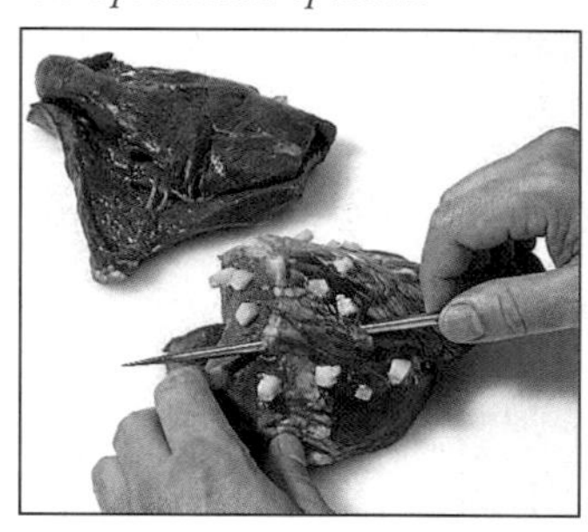

Kalbsherz mit Speckstreifen mittels Spicknadel spicken.

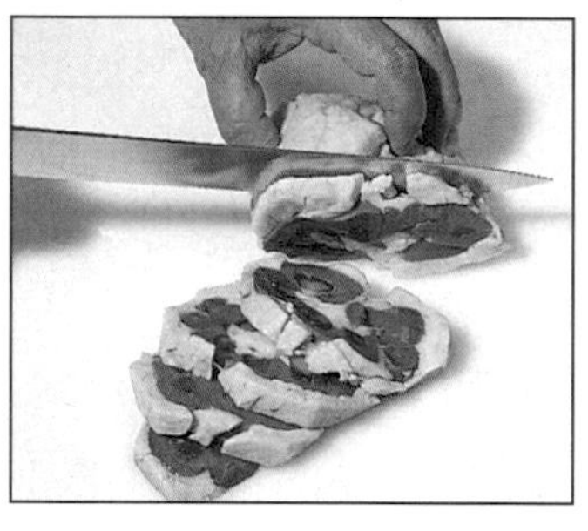

Kalbsniere für Spieße (Pfannengerichte) in Scheiben schneiden.

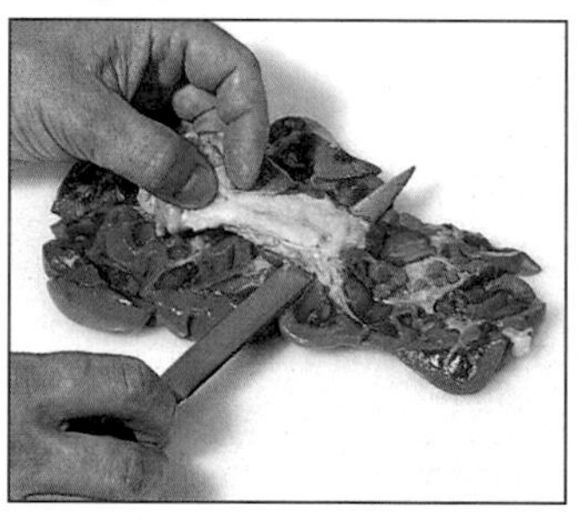

Oder Kalbsniere vom Harnstrang befreien.

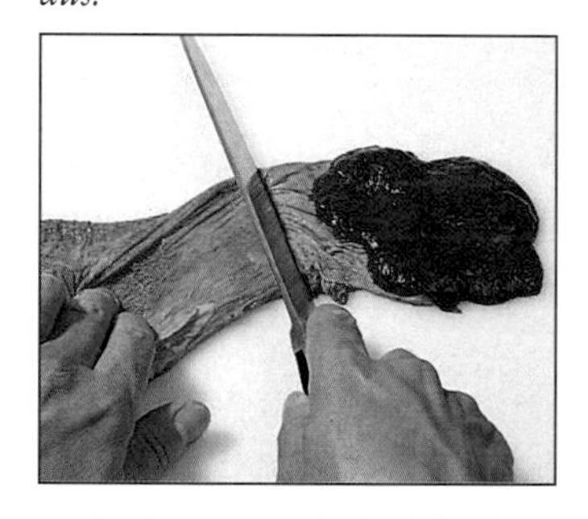

So streift man eine Kalbsmilz aus.

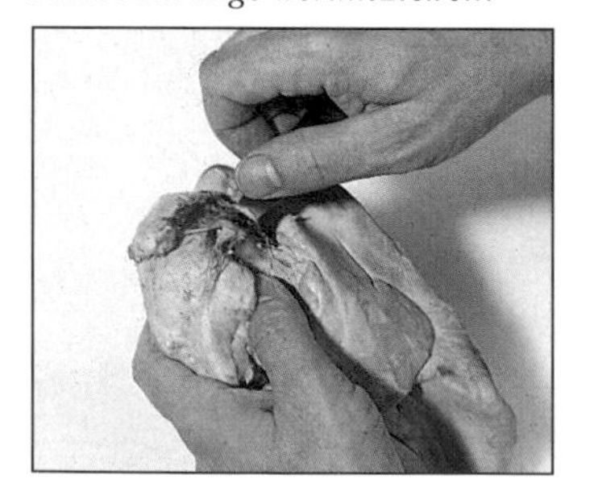

Bei Gänseleber mit Messer die Nervenstränge herausziehen.

Gekochte Kutteln in gleichmäßige feine Streifen schneiden.

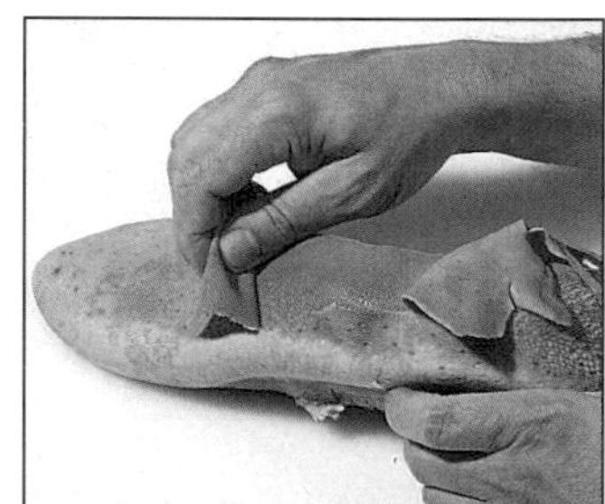

Gekochte Zunge kalt abfrischen, die Haut abziehen.

GEBACKENES HIRN

ZUTATEN FÜR 4 PORTIONEN

700 g Kalbs- oder Schweinshirn, enthäutet
2 Eier
Mehl
Semmelbrösel
Salz
Pfeffer, weiß, aus der Mühle
Öl zum Backen

Garnierung:
Zitronenspalten
Krauspetersilie

Hirn rundum mit Salz und Pfeffer kräftig würzen. In 5 cm große Stücke teilen oder im Ganzen belassen. In Mehl wälzen, durch verschlagenes Ei ziehen, in Bröseln wälzen und in heißem Öl schwimmend beidseitig goldbraun und knusprig backen. (Nadelprobe – Nadel muß rein bleiben!) Mit Zitronenspalten und Krauspetersilie garniert anrichten.

- GARUNGSDAUER: ca. 12 Minuten, je nach Größe der Stücke
- BEILAGENEMPFEHLUNG: Sauce tartare, naturbelassene Blatt- und Gemüsesalate, Erdäpfel- oder Mayonnaisesalat
- MEIN TIP: Gebackenes Bries bereitet man ebenso zu, wobei das Bries allerdings vorher kurz blanchiert (überkocht) werden sollte und eine kürzere Backzeit benötigt.

GERÖSTETES HIRN MIT EI

ZUTATEN FÜR 4 PORTIONEN

700 g Kalbs- oder Schweinshirn, enthäutet
60 g Butterschmalz
60 g Zwiebeln, feingeschnitten
4 Eiklar
4 Eidotter
1 EL Petersilie, gehackt
Salz
Pfeffer, weiß, aus der Mühle

Hirn grob hacken, mit Salz und Pfeffer würzen. Schmalz erhitzen, Zwiebeln hellbraun rösten, Hirn beigeben. Weiterrösten, aber ohne viel zu rühren, wenden (am besten im heißen Backrohr bei 220 °C rösten). Nach vollendeter Garung und Braunfärbung gesalzenes Eiklar unterrühren, rösten, Petersilie untermengen. In tieferen Tellern oder Schüsseln anrichten. In der Mitte eine kleine Grube bilden, jeweils ein Eidotter einsetzen, mit Petersilie bestreuen. Die Dotter werden dann bei Tisch eingerührt.

- GARUNGSDAUER: ca. 10 Minuten
- BEILAGENEMPFEHLUNG: Petersilerdäpfel, Blatt-, Tomaten- oder Gurkensalat
- MEIN TIP: Man kann Eidotter und -klar jedoch auch gemeinsam einrühren und rösten. Allerdings kann auf die Eierzugabe auch gänzlich verzichtet werden, wodurch sich der Rohgewichtsanteil an Hirn um etwa 200 g erhöht. Geröstetes Hirn kann man auch auf getoastete Weiß- oder Schwarzbrotscheiben streichen und mit einem Spiegelei belegen. Eine andere schmackhafte Variante sind Kräuterpalatschinken, die mit Blattspinat und geröstetem Hirn gefüllt und mit Sauce hollandaise überzogen gebacken werden.

ZUTATEN FÜR 4 PORTIONEN

½ kg Kalbs- oder Schweinshirn, enthäutet
220 g Blattspinat, blanchiert
30 g Butter
40 g Butterschmalz
50 g Zwiebeln, feingeschnitten
⅛ l Sauce hollandaise (s. S. 197)
Salz, Pfeffer, weiß
Muskatnuß

KALBSHIRN AUF BLATTSPINAT ÜBERBACKEN

Butterschmalz erhitzen, Zwiebeln darin leicht bräunen, mit Salz und Pfeffer gewürztes Hirn beigeben, anbraten, wenden. In das vorgeheizte Backrohr geben und 8 Minuten garen. Blattspinat in gebräunter Butter wenden, mit Salz, Pfeffer und Muskatnuß würzen. Den Blattspinat auf den Boden einer Auflaufschüssel oder gleich auf 4 feuerfeste Teller verteilen, Hirn darauf plazieren, mit Sauce hollandaise abdekkend überziehen und bei extremer Oberhitze im Backrohr überbacken.

- BACKROHRTEMPERATUR: 220 °C
- GARUNGSDAUER: ca. 10 Minuten
- BEILAGENEMPFEHLUNG: Petersilerdäpfel, Tomaten

ZUTATEN FÜR 4 PORTIONEN

800 g Kalbsherz
100 g Spickspeck
80 g Zwiebeln
100 g Wurzelwerk (Karotte, Petersilwurzel, Sellerie)
4 EL Öl
1 KL Tomatenmark
5 dl Suppe oder brauner Kalbsfond
1 dl Sauerrahm
10 g Mehl
Zitronenzeste (Schale)
Salz
6 Pfefferkörner
Pfeffer, weiß, gemahlen
½ Lorbeerblatt
Petersilie, gehackt

GESPICKTES RAHMHERZ

Herz halbieren, gut waschen, abtrocknen (Küchenkrepp). Speck in dünne Streifen schneiden, das Herz spicken, mit Pfeffer und Salz würzen. Öl in Kasserolle erhitzen, Herz an allen Seiten forciert (kräftig) braun anbraten. Wurzelwerk schälen, waschen und ebenso wie Zwiebeln in 1 cm große Würfel schneiden. Herz aus der Kasserolle heben, Zwiebeln und Wurzelwerk rösten. Tomatenmark beigeben, weiterrösten und mit Suppe oder Fond aufgießen. Lorbeerblatt, Pfefferkörner sowie etwas Zitronenzeste untermengen. Herz wieder in die Kasserolle geben. Zugedeckt am Herd oder im Backrohr dünsten. Flüssigkeit nach Bedarf ergänzen. Wenn das Herz weich ist, aus der Kasserolle heben. Sauerrahm mit Mehl vermengen und zügig mit der Schneerute unter die Sauce rühren. Einmal aufkochen, säuerlich pikant abschmecken. Sauce fein passieren, Herz in gefällige Stücke schneiden und in der Sauce ziehen lassen. Mit Petersilie bestreuen.

- GARUNGSDAUER: ca. 1¾ Stunden
- BEILAGENEMPFEHLUNG: Bandnudeln
- MEIN TIP: Die Sauce läßt sich mit etwas gehackten Kapern, Obers und Zitronensaft noch verfeinern.

ZUTATEN FÜR 4–6 PORTIONEN

½ Kalbskopf, ohne Hirn (ca. 3 kg)
6 l Wasser
200 g Wurzelwerk (Karotte, Sellerie, Petersilwurzel)

GEKOCHTER KALBSKOPF

Kalbskopf reinigen und einige Stunden in kaltem Wasser auswässern. Mit Wasser bedecken, Essig, Gewürze, Zwiebeln, geschältes Wurzelwerk und Lauch beigeben. Aufkochen lassen, Schaum stets abschöpfen, bei Bedarf Wasser ergänzen. Wenn sich das Kalbskopffleisch bis an den Knochen leicht

Zum Herzerweichen betörend mundet dieses gespickte Kalbsherz, wenn es entsprechend lange gegart und optimal gewürzt wurde (s. Rezept S. 334).

durchdrücken läßt, ist es gar. Kalbskopf aus dem Sud heben, in kaltes Wasser legen, Fleisch vom Kopfknochen lösen. Haut der Zunge mit den Fingern abziehen. Zuparieren (zuputzen) und in beliebig große Stücke schneiden. Den Sud stark reduzierend kochen, abseihen und dann die geschnittenen Kopfstücke darin aufkochen. Kalt gestellt (die Flüssigkeit wird zu Gelee) kann man den Kopf einige Tage bei guter Kühlung problemlos lagern. 3 kg Kalbskopf ergeben ca. 1 kg gekochten Kalbskopf ohne Knochen.

1 Lauch
150 g Zwiebeln, halbiert
1/16 l Essig
Salz
1 Lorbeerblatt
8 Pfefferkörner
1 Thymianstrauß

- GARUNGSDAUER: ca. 2 Stunden
- MEIN TIP: Wird der Kalbskopf sofort, also heiß serviert, so wird er mit – im Sud – knackig gekochtem Wurzelwerk angerichtet und obenauf mit gerissenem Kren und gehackter Petersilie bestreut.

GEBACKENER KALBSKOPF

ZUTATEN FÜR 4 PORTIONEN
800 g Kalbskopf, gekocht (s. S. 334)
2 Eier
Mehl
Semmelbrösel
Öl zum Backen
Salz
Pfeffer, schwarz, gemahlen

Kalbskopfstücke (keine Zunge) im Sud erwärmen, aus der Flüssigkeit heben, abtropfen lassen, mit Salz und Pfeffer würzen, in Mehl, Ei und Bröseln panieren (wie Wiener Schnitzel). Schwimmend in heißem Öl knusprig braun backen. Aus dem Öl heben, mit Küchenkrepp abtupfen. Man kann zur Geschmacksverbesserung die Stücke noch in etwas geschmolzener Butter wenden.

- GARUNGSDAUER: ca. 4 Minuten
- BEILAGENEMPFEHLUNG: Sauce tartare, Blattsalate, Mayonnaise-, Erdäpfel-, Gurken- oder Tomatensalat

» „Eahm failts am Beuschl“ «

Die Redewendung aus dem oberösterreichischen Dialekt ist eine etwas altertümliche Bezeichnung dafür, daß jemand an Lungenschwindsucht laboriert. Womit wir bereits bei einem der grundlegenden sprachlichen Mißverständnisse der Wiener Küche angelangt wären. Das Wort „Beuschl“ unterstellt nämlich, es handle sich dabei um ein alleine aus Lunge (auch „Lingerl“ genannt) komponiertes Gericht. In Wahrheit finden sich in diesem uralten, wohl der jüdischen Küche entstammenden Rezept auch andere Eingeweide des Oberleibes, neben der Lunge also auch das Herz, die Milz und die „Lichteln“. Das Beuschel der Schlachttiere wird grundsätzlich kleingeschnitten. Fügt man noch Kronfleisch, Bries und Leber hinzu und schneidet es ragoutartig, so wird ein „Bruckfleisch“ daraus – ein Gericht aus jenen Fleischstücken also, die auf der „Schlachtbrücke“ nach dem Ausnehmen der Tiere übrigbleiben. Über die richtige Zubereitungsweise des Beuschels ließen sich halbe Dissertationen verfassen. Und über die richtige Mehl-, Essig- und Gewürzzugabe haben sich schon ganze Generationen von Müttern und Schwiegertöchtern miteinander überworfen. Das Wiener Beuschel jedoch hat das alles bis heute überlebt und erfreut sich – nachdem wir mittlerweile auch schon die mehllosen und crème-fraîche-seligen Nouvelle-Cuisine-Varianten erfolgreich überstanden zu haben scheinen – ungebrochener Beliebtheit.

Ein perfektes Kalbsbeuschel gilt als „Hausfrauenprobe“. Wenn Sie es nach dem nebenstehenden Rezept zubereiten, so kann gar nichts schiefgehen (s. Rezept S. 337).

KALBSBEUSCHEL

Beuschel ohne Luft- und Speiseröhre gut in kaltem Wasser wässern. Die Lunge mehrmals mit der Messerspitze anstechen, damit der Sud eindringen kann. Lunge und Herz mit Wasser, Wurzelwerk, halber Zwiebel und Gewürzen zustellen. Zugedeckt langsam kochen, nach halber Kochzeit die Lunge wenden. Lunge aus dem Sud heben, im kalten Wasser abkühlen. Das Herz benötigt eine längere Garungszeit, ebenfalls im Wasser überkühlen. Den Sud seihen, reduzierend kochen. Gut durchgekühlte Lunge und Herz zuerst in dünne Blätter, dann in feine Streifen schneiden. Zwiebeln, Kapern und Gurken sehr fein hacken. Öl erhitzen, Mehl darin dunkelbraun rösten, das Feingehackte beigeben, etwas rösten, mit Sud aufgießen.
Mit einer Schneerute glattrühren, ca. eine halbe Stunde zu einer molligen Sauce verkochen, Beuschelstreifen, Essig, Rahm und Restgewürze beigeben. Heiß ca. 20 Minuten ziehen lassen. Anrichten und mit etwas Gulaschsaft beträufeln.

- GARUNGSDAUER: ca. 1½ Stunden
- BEILAGENEMPFEHLUNG: Servietten- oder Semmelknödel
- MEIN TIP: Mit Beuschelsud verdünnt, kann man es auch als Beuschelsuppe auftragen.

ZUTATEN FÜR 4 PORTIONEN

900 g Kalbslunge
½ Kalbsherz
½ Zwiebel
150 g Wurzelwerk (Sellerie, Karotte, gelbe Rübe)
1 Lorbeerblatt
5 Pfefferkörner
Thymiansträußchen
Salz
2 l Wasser

Für die Sauce:
4 EL Öl
30 g Mehl, glatt
40 g Zwiebeln
60 g Essiggurken
20 g Kapern
1 cl Essig 7,5%ig
10 g Sardellenpaste
3 EL Sauerrahm
Senf
Salz
Pfeffer, weiß
Majoran
Zitronensaft
Zitronenschale, gerieben
Gulaschsaft (sofern vorhanden)

KALBSBRIES MIT KAPERNSAUCE

Bries in kleine Röschen teilen. Kräftig mit Salz und Pfeffer würzen, mit Mehl leicht bestäuben. Butterschmalz erhitzen, Bries rundum zart bräunend braten, innen saftig halten. Aus der Pfanne heben, etwas Butter beigeben, bräunen. Gehackte Kapern in die Pfanne geben, kurz anschwitzen, mit Suppe oder Fond aufgießen, reduzierend kochen, kalte Butterstücke einrühren. Bries anrichten, mit Kapernsaft übergießen und mit Petersilie bestreuen.

- GARUNGSDAUER: ca. 4 Minuten, je nach Größe der Röschen
- BEILAGENEMPFEHLUNG: Nudeln, Erdäpfel, Reis, engl. Gemüse
- MEIN TIP: Je nach Geschmack kann man den Saft auch mit etwas Zitronensaft pikant abschmecken.

ZUTATEN FÜR 4 PORTIONEN

500 g Kalbsbries, blanchiert
12 Kapern
3 EL Butterschmalz
Salz
Pfeffer, weiß
8 cl Suppe oder brauner Kalbsfond
30 g Butter, kalt
Petersilie
Mehl, glatt
Butter zum Anbraten

ZUTATEN FÜR 4 PORTIONEN
2–3 Kalbsnieren, je nach Größe
2 EL Öl
Salz
Pfeffer, schwarz, aus der Mühle
20 g Butter, kalt
Mehl, glatt
1 dl Wasser oder Suppe

KALBSNIERE IM GANZEN GEBRATEN

Nieren waschen, mit Küchenkrepp abtrocknen. Die Fettschicht reduzierend parieren (etwas zuputzen), aber nicht entfernen. Nieren kräftig würzen, in passender flacher Pfanne Öl erhitzen. Nieren allseitig anbraten, in das vorgeheizte Backrohr einschieben, öfter wenden und begießen. Nieren aus der Pfanne heben, Fett abgießen. Messerspitze Mehl einstauben, anrösten, mit etwas Wasser ablöschen. Bis zur gewünschten Konsistenz kochen und kalte Butterflocken einmontieren (einrühren).

- BACKROHRTEMPERATUR: 15 Minuten 220 °C, dann 20 Minuten 160 °C
- GARUNGSDAUER: ca. 35 Minuten, je nach Größe
- BEILAGENEMPFEHLUNG: Reis, Letschogemüse, Ratatouille, Erbsen

ZUTATEN FÜR 4 PORTIONEN
2 Kalbsnieren
200 g Kalbfleisch (Fleischabschnitte)
20 g Weißbrot
40 g Zwiebeln oder Schalotten
2 EL Öl
1 Ei
4–6 Kohlblätter
1 EL Petersilie, gehackt
Salz
Pfeffer
Majoran
etwas Natron
1 dl Suppe oder brauner Fond
30 g Butter zum Montieren
Schweinsnetz
Mehl

GEFÜLLTE NIERE IN KOHL GEWICKELT

Nieren vom Fett befreien (händisch abziehen) und mittels Längsschnitt aufklappen. Harnstränge herausschneiden, würzen. Kalbfleisch mit eingeweichtem Weißbrot faschieren. Feingeschnittene Zwiebeln in Öl licht anrösten, überkühlen. Faschiertes, Ei, Gewürze, Petersilie und Zwiebeln gut vermengen. Kohlblätter in mit Natron versetztem kochenden Salzwasser blanchieren (kernig kochen), in Eiswasser abfrischen, abtrocknen, Rippen ausschneiden, salzen und pfeffern. Kohlblätter auf Folie in Länge der beiden Nieren auflegen. Mit Farce bestreichen, Nieren darauflegen, nochmals mit Farce bedecken, einrollen. Netz kalt wässern, abtrocknen, in notwendiger Größe aufbreiten, zart mit Farce bestreichen, Niere straff darin einrollen, mit Spagat binden. In mit Öl ausgestrichener Bratenpfanne in das vorgeheizte Rohr schieben. Forciert (kräftig) braten, nach Bräunung wenden, Temperatur drosseln. Niere aus der Pfanne nehmen. Bratrückstand mit etwas Mehl stauben, bräunen, mit Fond oder Suppe aufgießen, reduzierend kochen, seihen. Kalte Butterstücke einrühren. Spagat entfernen, Niere aufschneiden, Saft untergießen.

- BACKROHRTEMPERATUR: 220 °C fallend
- GARUNGSDAUER: ca. 35 Minuten
- BEILAGENEMPFEHLUNG: Zwiebelerdäpfel, Erdäpfelpüree, engl. Gemüse
- MEIN TIP: An Stelle von Kohlblättern können auch marinierte Weinblätter verwendet werden; der Fülle kann man Pinienkerne oder Nüsse beigeben.

» *Kleine Tommerlkunde* «

Sie heißen manchmal auch „eing'setzte Nigl", „Backerl" oder schlicht und einfach „Schmarren", die typisch österreichischen Bauernmehlspeisen, die da aus Cerealien wie Weizen, Heiden- oder Maismehl, eventuell auch Eiern und einer geschmacksgebenden Flüssigkeit zubereitet werden. Wobei letztere höchst unterschiedlicher Natur sein kann. Saure Milch eignet sich ebenso wie Schlagobers oder Mineralwasser. Eine ganz besondere Form des Tommerls ist das mit frischem Blut gebundene Bluttommerl. Tommerl ist ein beliebter Ausdruck im bäuerlichen Sprachgebrauch. Als „Öltomerl" bezeichnete man im Oberösterreichischen einen Eisenständer für das Ölpfandl, „Tomerl" sagten die Kinder auch zum „Thomasnigl", einer Art von Krampus, der im Ennstal in der Thomasnacht umging. „Tommerltanz" ist wiederum der Name eines altsteirischen Tanzes, bei dem man die Oberkleider ablegte. Und schließlich machte man – ebenfalls in der Steiermark – das gefürchtete „donum gratuitum", eine spezielle Steuerabgabe aus dem 18. Jahrhundert, kurzerhand zum „Tomerl, drah di um". Bereits 1768 scheint das Tommerl jedoch auch in einem Kochbuch auf, und zwar als „Krebsen Tomerl". Und 1846 wird das Tommerl erstmals als „Nationalspeise der Steirer" erwähnt.

BLUTTOMMERL UND FÜLLE FÜR BLUTWÜRSTE

ZUTATEN FÜR 12–15 PORTIONEN

¼ Schweinskopf ohne Göderl
½ kg Schweinsripperl
1 kg Schweinsschopf
150 g Spickspeck
130 g Weißbrotwürfel (Semmelwürfel)
150 g Zwiebeln
½ Lauch
200 g Wurzelwerk
1 EL Blutwurstgewürz (im Fachhandel erhältlich)
1 l Schweineblut, frisch
Salz
Pfeffer
Knoblauch
Majoran
Pfefferkörner
Lorbeerblatt
Suppenwürze, gekörnt
1 TL Rosenpaprika
Schmalz

Kopf, Schopf und Ripperl zusammen mit Lauch, Wurzelwerk, Salz, Pfefferkörnern und Lorbeer in genügend Wasser (bedeckt) weichkochen. Aus dem Sud heben. Speckwürfel in etwas Schmalz anbraten, feingeschnittene Zwiebeln beigeben, weiterrösten, Semmelwürfel untermengen. Schopf, Ripperl und Kopf von Knochen befreien (auslösen), Fleisch kleinwürfelig (wie Semmelwürfel) schneiden. Etwas Schweinssud einrühren, bis die Masse dickflüssig ist. Gerührtes Blut mit allen Zutaten und Gewürzen vermengen. Masse in gefettete Wanne füllen. In Wasserbad stellen, im Backrohr langsam stocken lassen oder die Masse in Därme füllen, abbinden, in Wasser blanchieren und abfrischen.
Braten des Tommerls:
Völlig erkaltetes Tommerl in Stücke schneiden, diese in wenig Schmalz an allen Seiten langsam knusprig braten.

- BACKROHRTEMPERATUR: 180 °C
- GARUNGSDAUER: 40 Minuten; Kochen von Schopf etc. 2–2½ Stunden
- BEILAGENEMPFEHLUNG: Sauerkraut, Erdäpfelschmarren

ZUTATEN FÜR 4 PORTIONEN
400 g Kalbs- oder Schweinsnieren, fettfrei, ohne Harnstränge und Häute, kalt gewässert und abgetrocknet
400 g Kalbs- oder Schweinshirn, enthäutet
6 EL Butterschmalz
60 g Zwiebeln, feingehackt
1 EL Petersilie, gehackt
Salz
Pfeffer, weiß, aus der Mühle
Majoran

NIERNDLN MIT HIRN

Nieren in feine Scheiben schneiden, mit Salz, Pfeffer und Majoran würzen. Hirn grob hacken, mit Salz und Pfeffer würzen. Pfanne mit 4 EL Butterschmalz erhitzen, Zwiebeln hellbraun rösten. Hirn beigeben, am besten im (auf 220 °C erhitzten) Backrohr rösten. Pfanne mit 2 EL Butterschmalz erhitzen, Nieren beigeben, unter oftmaligem Rühren rasch rösten, zu dem fertiggerösteten Hirn beigeben, locker durchmischen, anrichten, mit gehackter Petersilie bestreuen.

- GARUNGSDAUER: ca. 12 Minuten
- BEILAGENEMPFEHLUNG: Petersilerdäpfel, gemischter Salat, Blatt-, Tomaten- oder Gurkensalat

ZUTATEN FÜR 4 PORTIONEN
1 Rindsräucher- oder Pökelzunge
Salzwasser

GEKOCHTE RINDSRÄUCHER-ODER PÖKELZUNGE

Salzwasser zum Sieden bringen, Zunge einlegen, schwach wallend weichkochen (anstechen). Die Zunge aus dem Sud heben, in kaltes Wasser legen, etwas überkühlen lassen, mit den Fingern die Haut abziehen. An der dicken Unterseite mit einem Messer zuparieren (façonnieren), nochmals in den Sud legen, erhitzen, herausheben und in Scheiben schneiden.

- GARUNGSDAUER: 2½–3 Stunden
- MEIN TIP: Zu warmer Zunge passen die gleichen Beilagen wie zu gekochtem Rindfleisch, darüber hinaus kann man jedoch auch Madeirasauce, Erdäpfel- oder Erbsenpüree reichen.

Ob warm oder kalt gegessen - die gekochte Rinderzunge gehört zum klassischen Inventar der typischen Altwiener Küche.

» *Hundefutter für Gourmets?* «

Ob Kutteln nun ein elaborierter Leckerbissen für besonders feinzüngige Gourmets oder doch eher eine Art Hundefutter seien, darüber herrscht unter Genießern ein schon uralter Streit. Fest steht jedenfalls, daß Kutteln trotz ihres Rufes als typisches Armeleuteessen seit jeher auch an fürstlichen Tafeln genossen wurden.
Paolo Santonino beispielsweise, Sekretär des Bischofs von Caorle und im übrigen ein bemerkenswerter Chronist der Alltagskultur seiner Epoche, berichtete schon Ende des 15. Jahrhunderts darüber, daß seinem Herrn bei einer Inspektionstour durch die Steiermark nach dem Gottesdienst als besonderer Leckerbissen „Kuttelfleck vom älteren Kalb, in Wein gekocht, gut gerichtet und mit Safran gewürzt“ aufgetischt wurde. Gefüllte Kalbsmägen wurden auch bei einem Taufbankett am Hofe Franz I. aus dem Hause Medici gereicht. Wie sich im Florenz der Renaissance die Kutteln (ital. „trippa“) überhaupt als ein unentbehrlicher Bestandteil der damaligen „Spitzengastronomie“ erwiesen. In Florenz wurden die Trippa sogar als „Baustoff“ für atemberaubende gastronomische Gebäude verwendet, unter anderem für eine Nachbildung des Florentiner Baptisteriums, das von Wurst- und Parmesansäulen gestützt wurde, die auf einem Sulzfundament ruhten.
Mittlerweile haben sich die Kutteln längst wieder als „einfaches, klassisches Gericht“ etabliert. Was allerdings noch kaum einen Küchenchef daran gehindert hat, sie auch in Champagner oder – wie hier – in edlem Weißwein zuzubereiten.

Kutteln in Weißweinsauce

KUTTELN IN WEISSWEINSAUCE

ZUTATEN FÜR 4 PORTIONEN

1½ kg Kutteln, roh (ergibt ca. 700 g geputzte, gekochte Kutteln)
150 g Wurzelwerk, gemischt
½ Zwiebel
Salz
Lorbeerblatt, Pfefferkörner
Thymian
50 g Zwiebeln
⅛ l Weißwein
4 cl Vermouth
4 cl Sherry, dry
5 dl Schlagobers, davon 1 dl geschlagen
2 Tomaten
Pfeffer, weiß
Petersilie, gehackt
Estragon, gehackt
Saft von ½ Zitrone
Zucker

Kutteln putzen (oder bereits vom Fleischhauer putzen lassen), gut kalt waschen. Lorbeer, Pfefferkörner und Thymian in ein Leinensäckchen binden. Kutteln, mit reichlich Wasser bedeckt, gemeinsam mit Gewürzen, halber Zwiebel und Wurzelwerk 4 Stunden kochen. Einige Male das Wasser wechseln. Kutteln in feine Streifen schneiden. Alkoholika und kleingeschnittene Zwiebeln ankochen, reduzieren (nicht zugedeckt kochen), Obers beigeben, abermals reduzieren. Kutteln untermengen. Die Flüssigkeit muß so lange kochend reduziert werden, bis eine sämige Sauce entsteht. Zum Schluß geschälte, entkernte, feingewürfelte Tomaten, Gewürze und Kräuter einrühren. Nochmals aufkochen, geschlagenes Obers unterrühren.

- GARUNGSDAUER: ca. 5 Stunden
- BEILAGENEMPFEHLUNG: Petersil- oder Kerbelerdäpfel, Briochesoufflé

ZUTATEN FÜR 6 PORTIONEN
1 kg Rind- und Schweinefleisch, gemischt
2 Semmeln oder 4 Scheiben Weißbrot
90 g Zwiebeln, feingeschnitten
4 EL Butterschmalz oder Öl
2 Eier
Salz
Pfeffer, schwarz, aus der Mühle
Majoran
Knoblauch, gepreßt
60 g Semmelbrösel
Petersilie, gehackt

FASCHIERTES *(Grundmasse)*

Das Fleisch faschieren oder beim Fleischhauer faschieren lassen. Semmeln oder Weißbrot in Wasser einweichen, auspressen, ebenfalls faschieren. Zwiebeln in Fett anrösten, erkalten lassen. Faschiertes, Weißbrot, Eier, Zwiebeln, Knoblauch, Petersilie und Gewürze verrühren, Semmelbrösel untermengen. Faschiertes muß sofort verarbeitet und gegart werden. Nicht roh lagern!

- MEIN TIP: Wenn das Faschierte zu trocken erscheint, etwas kaltes Wasser einkneten. Die Masse darf nicht zu lange geknetet werden, da sie sonst hart und zäh wird.

ZUTATEN FÜR 4 PORTIONEN
½ kg Kalbfleisch, mager (ohne Flachsen)
1 Semmel oder 2 Scheiben Weißbrot
1 Ei
1/16 l Schlagobers
Salz
Muskatnuß, gerieben
Petersilie, gehackt
3 EL Butterschmalz
20 g Butter, kalt
8 cl Wasser, Suppe oder brauner Kalbsfond

FASCHIERTES BUTTERSCHNITZEL

Kalbfleisch faschieren, Semmel oder Weißbrot in Wasser einweichen, auspressen, faschieren oder durch ein Sieb drücken. Faschiertes, Semmel, Ei, Schlagobers, Petersilie und Gewürze gut vermengen. 4 ovale Laibchen formen, mit Messer Karomuster eindrücken. Mit dieser Seite zuerst in flacher Pfanne in heißem Butterschmalz langsam braun braten, wenden. Butterschnitzel aus der Pfanne heben, Bratrückstand mit Wasser, Suppe oder braunem Kalbsfond ablöschen, reduzierend kochen, kalte Butterstücke einrühren, seihen. Butterschnitzel anrichten, mit Saft übergießen. (Faschiertes Butterschnitzel gilt als Schonkost, deshalb auch das Fehlen von Zwiebel, Knoblauch, Pfeffer und Majoran.)

- GARUNGSDAUER: ca. 8–10 Minuten, je nach Stärke
- BEILAGENEMPFEHLUNG: Erdäpfelpüree, Erbsen, Reis, Karotten
- MEIN TIP: In den „Drei Husaren“ untermengen wir der rohen Masse 2 EL lippenwarme Sauce hollandaise. Dadurch werden die Butterschnitzel besonders saftig und schmackhaft.

ZUTATEN FÜR 4 PORTIONEN
600 g Faschiertes (Grundmasse, s. oben)
3 Eier, hartgekocht
3 Essiggurken
Fett zum Braten
8 cl Wasser, Suppe oder brauner Fond
30 g Butter zum Montieren

STEPHANIE-BRATEN

Faschiertes zu einem Striezel verarbeiten. In Längsrichtung mit der Hand eine grubenähnliche Vertiefung bilden. Harte Eier schälen, an den Enden abkappen. Eier und Gurken übereinander in die Furche legen, die Öffnung mit Faschiertem verschließen. Mit der nassen Hand oftmals ganz glattstreichen. (Dadurch bekommt der Striezel Halt und reißt beim Braten nicht auf.) Viereckige Bratenform mit Fett ausstreichen, Striezel einlegen und im vorgeheizten Backrohr

Außen ein knusprig gebratenes Schweinsnetz und innen der pikante Geschmack gekochter Eier: So gerät auch Faschiertes, hier als Stephanie-Braten, zum Festschmaus.

bei oftmaligem Übergießen braun braten. Striezel aus der Pfanne heben, überschüssiges Fett abgießen, Bratrückstand mit Wasser, Suppe oder Fond ablöschen, reduzierend kochen, kalte Butter stückweise einrühren (montieren), seihen. Striezel in Scheiben schneiden, mit Saft servieren.

- BACKROHRTEMPERATUR: 220 °C
- GARUNGSDAUER: ca. 35 Minuten
- BEILAGENEMPFEHLUNG: Erdäpfelpüree, Petersilerdäpfel, Blattsalate, naturbelassene Gemüsesalate
- MEIN TIP: Hüllen Sie den Striezel in ein Schweinsnetz (Netzbraten); dann bricht das Faschierte garantiert nicht auf und bleibt saftig. Der Braten, der übrigens auch kalt hervorragend schmeckt, kann natürlich auch ohne Eier und Gurken zubereitet werden.

FASCHIERTE LAIBCHEN

ZUTATEN FÜR 4 PORTIONEN

700 g Faschiertes (Grundmasse, s. S. 342)
8 cl Wasser, Suppe oder brauner Fond
Fett zum Braten
30 g Butter zum Montieren
Semmelbrösel

Faschiertes in 4 oder 8 Stücke teilen, mit nasser Hand zuerst zu Kugeln, dann Laibchen formen. Mit Messer glattstreichen, façonnieren, in Semmelbröseln wenden. Fett in flacher Pfanne erhitzen, Laibchen einlegen, beidseitig langsam braun braten. Laibchen aus der Pfanne heben. Überschüssiges Fett abgießen, mit Wasser, Suppe oder Fond ablöschen, reduzierend kochen, kalte Butterstücke einrühren, seihen.

- GARUNGSDAUER: ca. 8 Minuten
- BEILAGENEMPFEHLUNG: Erdäpfelpüree, Röstzwiebeln, Essiggurken, Letschogemüse, Kohl, Kochsalat
- MEIN TIP: Die Laibchen können auch kalt mit Erdäpfelsalat gereicht werden.

ZUTATEN FÜR 4 PORTIONEN
8 Paprikaschoten, grün
½ kg Schweinefleisch (fett) und Rindfleisch, faschiert
200 g Reis, gekocht
60 g Zwiebeln, sehr fein geschnitten
3 EL Öl
1 Knoblauchzehe, gepreßt
1 EL Petersilie, gehackt
Salz
Pfeffer, schwarz, aus der Mühle
Majoran
ca. 1¼ l Tomatensauce (s. S. 198)

GEFÜLLTE PAPRIKA IN TOMATENSAUCE

Paprikaschoten rund um den Stiel einschneiden, diesen herausziehen, beiseite legen, weiße Samenkörner auswaschen. Faschiertes mit Reis und etwas Wasser abmengen. Zwiebeln in Fett rösten, überkühlen lassen, mit den Gewürzen, Knoblauch und Petersilie gemeinsam mit Faschiertem vermischen. Masse in Paprika einfüllen, Stiel verkehrt als Verschluß in die Öffnung drücken.
Methode I:
Tomatensauce in Kasserolle oder Bratenpfanne erhitzen, Paprika einlegen und, bei mäßiger Hitze schwach wallend, zugedeckt dünsten (Backrohr oder Herd).
Methode II:
Passendes Geschirr ausfetten, Paprika einsetzen, mit Fett bestreichen. Im Backrohr halbfertig braten, mit heißer Tomatensauce übergießen und fertigdünsten.

- BACKROHRTEMPERATUR: 180 °C
- GARUNGSDAUER: 40–50 Minuten
- BEILAGENEMPFEHLUNG: Salzerdäpfel
- MEIN TIP: Die hellen Paprikaschoten eignen sich für diese Speise am besten. Man kann der Fülle auch eine eingeweichte, passierte Semmel beigeben.

ZUTATEN FÜR 4 PORTIONEN
1 Weißkrautkopf
600 g Faschiertes (Grundmasse, s. S. 342)
8 Scheiben vom Frühstücksspeck
¼ l Suppe
¼ l Sauerrahm
Salz
Pfeffer, schwarz
Fett zum Ausstreichen

KRAUTWICKEL

Krautkopf von Außenblättern und Strunk befreien. In reichlich siedendem Wasser kochen, bis sich die Blätter ablösen lassen, Blätter in kaltem Wasser abfrischen. Restliches Kraut feinnudelig schneiden und in gefettete feuerfeste Form geben. Krautblätter flach ausbreiten, Rippen plattieren (glätten), mit Salz und Pfeffer würzen. Faschiertes zu 8 Rollen formen, auf die Krautblätter legen, eine Längsdrehung rollen, Enden umbiegen, weiterrollen. Auf das Kraut gruppieren, mit Speckscheiben belegen, Suppe untergießen und im vorgeheizten Backrohr dünsten. Nach 25 Minuten mit Sauerrahm übergießen, ca. 10 Minuten fertiggaren.

- BACKROHRTEMPERATUR: ca. 200 °C
- GARUNGSDAUER: ca. 40 Minuten
- BEILAGENEMPFEHLUNG: Kümmelerdäpfel
- MEIN TIP: In Spezialgeschäften erhält man gesäuerte Krautköpfe, die – nach demselben Rezept zubereitet – ein köstlich-pikantes Gericht ergeben (Sarma). Verwenden Sie statt der Krautblätter zur Abwechslung einmal auch frische, blanchierte oder eingelegte Weinblätter. Der Fülle gibt man in diesem Fall etwas gedünsteten Reis bei, die Speckscheiben werden weggelassen.

Gegenüberliegende Seite: Mit gefüllten Krautwickeln nach unserem Rezept können Sie Ihre Lieben mit Sicherheit „einwickeln“.

ZUTATEN FÜR 4 PORTIONEN
350 g Schweinsschulter, ausgelöst
350 g Lammschulter, ausgelöst
Salz
Pfeffer, schwarz
Knoblauch
Paprikapulver
Öl

ĆEVAPČIĆI

Fleisch fein faschieren, Gewürze beigeben, durchkneten und etwas kaltes Wasser zugeben. Die Bindung erfolgt durch langes Kneten und Beigabe von Wasser. Würstchen in Länge von ca. 6 cm × 2 cm formen oder mittels Spritzsack ohne Tülle aufdressieren und teilen. Am geölten Rost beidseitig bräunend grillen oder in der Pfanne in wenig heißem Olivenöl braten.

- GARUNGSDAUER: ca. 6–8 Minuten
- BEILAGENEMPFEHLUNG: Ragout aus geschnittenen Zwiebeln und Senf, gebackene Erdäpfel, Tomaten, Gurken, Paprikaragout

ZUTATEN FÜR 4 PORTIONEN
600 g Faschiertes (Grundmasse, s. S. 342)
Olivenöl zum Anbraten
½ l Tomatensauce (s. S. 198)

POLPETTI

Faschiertes zu ca. 50 g schweren Kugeln formen, Öl in flacher Pfanne erhitzen, Kugeln darin rundum braun anbraten. In passende Form oder Kasserolle geben, mit heißer Tomatensauce übergießen und zugedeckt am Herd oder im Backrohr dünsten.

- BACKROHRTEMPERATUR: 220 °C
- GARUNGSDAUER: ca. 18 Minuten
- BEILAGENEMPFEHLUNG: Erdäpfelpüree, Teigwaren
- MEIN TIP: Für „Meatballs“ formen Sie 25 g schwere Bällchen, wälzen sie in Semmelbröseln und backen sie in Öl knusprig; auf Zahnstocher spießen und mit Cocktailsauce oder Senf servieren.

Der nächste Griechenlandurlaub mag noch in weiter Ferne liegen, der Duft einer typischen Moussaka rückt ihn selbst im Winter in allernächste Nähe (s. Rezept S. 347).

» Keine netten Crêpes «

Köche mit einer leicht frankophilen Ader wissen davon ein Lied zu singen. Wie oft schon haben sie folgende Reklamation mitanhören müssen? – „Wir haben Omeletten bestellt und Würstchen bekommen!"
Mit den französischen „Crêpes" aus hauchdünnem Palatschinkenteig haben die „Crépinettes" außer dem ähnlich klingenden Namen freilich nur die ebenfalls hauchdünne Hülle gemeinsam, die allerdings keineswegs aus Eierteig, sondern für gewöhnlich aus Schweinsnetz oder Wurstdarm besteht.

Schweinscrépinetten

SCHWEINSCRÉPINETTEN
(Netzwürstchen)

ZUTATEN FÜR 4 PORTIONEN
400 g Schweinefleisch (Fleischabschnitte), durchzogen
200 g Schweinsleber
1 Semmel, eingeweicht
1 Ei
50 g Zwiebeln
4 EL Öl
Salz
Pfeffer, schwarz
Knoblauch, gepreßt
Koriander
Majoran
1 Schweinsnetz

Schweinefleisch, Leber, eingeweichte und ausgedrückte Semmel sowie kleingeschnittene geröstete Zwiebeln sehr fein faschieren. Mit Gewürzen und Ei vermengen, gut durchrühren. Würstchen (3 cm × 6 cm groß) formen, Schweinsnetz (gewässert, abgetrocknet) in 6 cm × 12 cm große Stücke teilen, geformtes Faschiertes straff darin einrollen. Am Rost oder in der Pfanne in wenig heißem Öl beidseitig braten.

- GARUNGSDAUER: 6–8 Minuten
- BEILAGENEMPFEHLUNG: Erdäpfelpüree, gebackene Zwiebeln, Sauerkraut mit Apfelspalten
- MEIN TIP: Verfeinern Sie die Farce auch einmal mit Pinienkernen, Pistazien und Cognac.

MOUSSAKA

ZUTATEN FÜR 4 PORTIONEN
700 g Melanzani, geschält
500 g Faschiertes vom Lamm (Schulter)
4 dl Oliven- oder Pflanzenöl
80 g Zwiebeln
200 g Tomaten, geschält, entkernt
2 EL Tomatenmark
Salz
Pfeffer, aus der Mühle
Oregano
Zimt
Knoblauch, gepreßt
¼ l Béchamelsauce (s. S. 189)
2 Eidotter
Mehl zum Wenden

Melanzani in ca. 1 cm dicke Scheiben schneiden, salzen, ziehen lassen, mit Krepp abtrocknen. In Mehl wenden, gut abklopfen. Etwas Öl erhitzen, Melanzani schwimmend beidseitig bräunen, auf Gitter heben, abtropfen lassen. Kleingeschnittene Zwiebeln in Öl anrösten, Faschiertes beigeben, durchrösten, sehr klein geschnittene Tomaten, Tomatenmark und Gewürze untermengen, 10 Minuten dünsten. Die Hälfte der Melanzanischeiben in eine Auflaufform überlappend einordnen. Fleischsauce darübergießen, glattstreichen, nochmals mit Melanzanischeiben bedecken. Béchamelsauce mit Eidotter verrühren, abschließend über das Gericht streichen. Im vorgeheizten Backrohr goldbraun backen. In der Gratinierschüssel auftragen.

- BACKROHRTEMPERATUR: 220 °C
- GARUNGSDAUER: ca. 35 Minuten
- MEIN TIP: Statt Melanzani kann man auch Zucchini oder Erdäpfelscheiben verwenden.

BRATHUHN *(gebratene Poularde)*

ZUTATEN FÜR 4 PORTIONEN
2 Brathühner à 1½ kg oder
1 Poularde, 1¾–2 kg, bratfertig
40 g Butterschmalz
Salz
Rosmarin, nach Bedarf
Mehl, glatt
Öl zum Bestreichen

Huhn innen und außen salzen, gut einreiben, innen nach Wunsch etwas Rosmarin streuen, mit Öl bestreichen. Fett in passender Pfanne erhitzen, Huhn mit Brust seitlich nach unten einlegen, in das vorgeheizte Backrohr stellen. Häufig übergießen, aber keine Flüssigkeit zugießen; wenn beide Brusthälften gebräunt sind, wenden. Das Huhn ist gegart, wenn man es anhebt und aus dem Inneren nur mehr klare Flüssigkeit austritt. Brathuhn aus der Pfanne heben, Großteil des Fettes abschütten. Mehl im Bratrückstand bräunen, mit Wasser ablöschen und die Flüssigkeit zur gewünschten Konsistenz kochen, abseihen. Brathuhn vierteln, Poularde in acht Teile tranchieren.

- BACKROHRTEMPERATUR: 220 °C
- GARUNGSDAUER: 55–70 Minuten, je nach Größe
- BEILAGENEMPFEHLUNG: Reis, Risipisi, Erbsen, Erbsenschoten, Champignons
- MEIN TIP: Reiben Sie zwecks besserer Farbgebung das Huhn ganz zart mit Paprikapulver ein.

SUPPENHUHN MIT HAUSMACHER-NUDELN

ZUTATEN FÜR 4 PORTIONEN
1 Huhn, ca. 1¾ kg
160 g Karotten, geschält
140 g gelbe Rüben, geschält
160 g Erbsen
80 g Suppennudeln, hausgemacht (Nudelteig s. S. 238)
1 Lauch
Salz
6 Pfefferkörner
Suppenwürze
Petersilstengel
4 EL Schnittlauch, geschnitten
ca. 1¾ l Wasser

Huhn kochfertig vorbereiten oder bereits bratfertig kaufen. Lauwarm waschen, in passenden Topf legen, mit Wasser bedecken und schwach wallend kochen. Innereien, Karotten, gelbe Rüben, Lauch, Petersilstengel, Pfefferkörner sowie Suppenwürze eine halbe Stunde vor Garungsende beigeben, schwach salzen, weichkochen. Karotten, gelbe Rüben und Innereien kleinwürfelig schneiden. Erbsen gesondert in Salzwasser kochen, abseihen. Nudelteig dünn ausrollen, mit Maschine oder händisch zu feinen Nudeln schneiden. In siedendem Salzwasser 1–2 Minuten kochen, abseihen, schwemmen. Huhn aus der Suppe heben, in 4 oder 8 Teile schneiden. Suppe seihen, Gemüse, Hühnerteile, Nudeln und Innereien in die Suppe geben. Mit Schnittlauch bestreuen, auftragen.

- GARUNGSDAUER: ca. 50 Minuten
- MEIN TIP: Für dieses Gericht verwendete man früher „Suppenhühner", womit man ältere, schwere Hühner mit kompaktem Fleisch und ausgeprägtem Geschmack bezeichnete. Auch heute aus Geschmacks- und Kostengründen eine gute Alternative.

Gegenüberliegende Seite: „Ach, ich armes Suppenhuhn muß die ganze Arbeit tun", heißt es im Volksmund. Für die Hausfrau ist ein saftiges Suppenhuhn dafür gar nicht soviel Arbeit.

» *Das Huhn ist eine Messe wert* «

Der Minnesänger Heinrich von Neustadt hat die Wiener schon im 14. Jahrhundert bei ihren hendlseligen Eßgewohnheiten beobachtet. Bevor sie zur Messe gehen, fand er heraus, trinken die Wiener eine Karaffe Wein und essen ein halbes Brathuhn dazu, „damit sie sich in Kopf und Magen wohler fühlen." In der gegenreformatorisch geprägten Barockzeit sind die Sitten dann etwas strenger geworden. Da bewahrte man sich vor der Kommunion vorschriftsgemäß einen nüchternen Magen, um das Brathendl dann anschließend mit um so mehr Genuß – und vielleicht mit zwei statt nur einer Karaffe Wein – zu verzehren.

GEFÜLLTES BRATHUHN

ZUTATEN FÜR 4 PORTIONEN

2 Brathühner à 1½ kg, nicht ausgenommen
100 g Weißbrot, entrindet
3 Eidotter
30 g Butter
15 g Brösel von entrindetem Weißbrot oder
10 g Semmelbrösel
Salz
Muskatnuß, gerieben
1 KL Petersilie, gehackt
10 g Butterschmalz
Suppe oder Wasser

Weißbrot in Wasser einweichen, ausdrücken, durch ein Sieb streichen. Butter schaumig rühren, passiertes Brot, Petersilie, Gewürze und Weißbrotbrösel einmengen. Eidotter unterrühren. Brathuhn ausnehmen, Hals auf der rückwärtigen Seite öffnen, Hals und Kopf ohne Haut abtrennen. (Die Haut muß lang bleiben, um die gefüllte Brust schließen zu können.) Mit Fingerspitzen vorsichtig einen Hohlraum zwischen Brustfleisch und Haut schaffen. Fülle mittels Spritzsack mit glatter Tülle oder Löffel unter die Brusthaut füllen. Haut über die Halsöffnung nach hinten ziehen, am Rücken straffgezogen vernähen. Innen und außen würzen, wie Brathuhn braten (s. S. 349)

- BACKROHRTEMPERATUR: ca. 200 °C
- GARUNGSDAUER: ca. 1 Stunde
- BEILAGENEMPFEHLUNG: Reis, Zuckererbsen, Spargel
- MEIN TIP: Beim Tranchieren die Brusthaut mit Schere durchtrennen, danach jedoch mit dem Messer und nicht mit der Geflügelschere tranchieren.

EINMACHHUHN *(Frikasseehuhn)*

ZUTATEN FÜR 4 PORTIONEN

2 Hühner à ca. 1½ kg, bratfertig
300 g Karotten, gelbe Rüben, Sellerieknolle
100 g Erbsen
160 g Karfiolröschen
200 g Champignons
30 g Butter
30 g Mehl, glatt
¼ l Schlagobers
Salz
Pfefferkörner

Hühner in passendem Topf mit Wasser knapp bedecken. Geschältes Wurzelwerk, wenig Salz und Pfefferkörner beigeben, gemeinsam kochen, bis Wurzeln weich sind, aus dem Sud heben. Wurzeln in ca. 1 cm große Würfel schneiden. Huhn weichkochen, aus der Suppe heben, in kaltem Wasser abfrischen. Erbsen, Karfiolröschen sowie geviertelte Champignons im Sud weichkochen, abseihen. Butter schmelzen, Mehl anschwitzen, mit ⅜ l Sud aufgießen, Obers beigeben, sehr gut verrühren, durchkochen, passieren.
Huhn vierteln, von Haut-, Brust- und Schlußknochen be-

Frikassee olé: Ein Einmachhuhn nach klassischer altösterreichischer Art beweist, daß es keineswegs nur teurer Zutaten bedarf, um einen veritablen Festschmaus auf den Tisch zu zaubern.

freien, Hühnerstücke nochmals halbieren. Huhn und Gemüse in die Sauce geben, erhitzen, würzen. Anrichten, mit gehackter Petersilie bestreuen.

Muskatnuß, gerieben
Zitronensaft
Petersilie, gehackt

- GARUNGSDAUER: ca. 55 Minuten
- BEILAGENEMPFEHLUNG: Bröselknöderl, Reis, Blattsalate
- MEIN TIP: Man kann das Einmachhuhn auch legieren, indem man Obers und Dotter unter die Sauce rührt, allerdings nicht mehr aufkocht.

PAPRIKAHUHN

ZUTATEN FÜR 4 PORTIONEN
2 Junghühner à ca. 1½ kg, bratfertig
250 g Zwiebeln, feingeschnitten
1 dl Öl
40 g Paprikapulver, edelsüß
6 dl Wasser oder Suppe
¼ l Sauerrahm
40 g Mehl, glatt
1 TL Tomatenmark
⅛ l Schlagobers (nicht unbedingt erforderlich)
Salz
Zitronenschale
Zitronensaft

Die Hühner vierteln, waschen, Rückgrat und Hals wegschneiden, jedoch mitdünsten oder für Suppe verwenden. Hühnerstücke salzen, in heißem Öl, ohne Farbe nehmen zu lassen, anbraten, herausheben. Im Fettrückstand Zwiebeln lichtbraun rösten, Paprikapulver einrühren, sofort mit Wasser oder Suppe aufgießen. Tomatenmark, Zitronenschale und Salz untermengen. Huhn zugeben, zugedeckt weichdünsten lassen, dabei Flüssigkeit eventuell korrigieren. Hühnerstücke herausnehmen, Mehl und Sauerrahm mit Schneerute gut verrühren, zügig in die Sauce einmengen, 5 Minuten kochen lassen, Obers einrühren. Sauce passieren, mit etwas Zitronensaft pikant abschmecken. Hühnerstücke nochmals in die Sauce geben und auftragen.

- GARUNGSDAUER: ca. 45 Minuten
- BEILAGENEMPFEHLUNG: Nockerln
- MEIN TIP: Die Haut kann auch nach vollendeter Garung abgezogen, das Fleisch im Saft nochmals erhitzt werden.

Blattsalate sind eine köstliche Ergänzung zum Backhuhn

» *Haut oder nicht Haut – Schlafrock muß sein* «

Seit es Backhühner gibt, tobt um dieses Gericht auch ein zumeist mit erbitterter Ernsthaftigkeit geführter Expertenstreit. Soll man diesem „Huhn im Schlafrock", wie die Speise in alten Kochbüchern auch öfters genannt wird, vor dem Panieren die Haut abziehen oder nicht? In der feinen, aber auch in jeder nur einigermaßen ernährungsbewußten Küche wird man die Antwort darauf nicht lange suchen müssen. Ohne Haut mundet das Backhendl meist zarter, weniger ordinär und hat zudem weniger Kalorien, da das meiste Hühnerfett in und unter der Haut nistet.
Andererseits ist das Backhendl mit Haut zweifellos das ältere, das authentischere und das speziell am Land auch heute noch wesentlich gebräuchlichere Rezept. Wie immer man sein Backhendl jedoch zubereitet, in jedem Fall trägt man, so wußten schon Habs und Rosner in ihrem 1894 erschienenen Appetit-Lexikon zu berichten, zur Kultur unseres Landes bei. „Die Backhendl", steht dort zu lesen, „sind nicht nur eine Wiener Spezialität, sondern eine Tatsache der österreichischen Kulturgeschichte, die dem ganzen Land zur Ehre gereicht."

ZUTATEN FÜR 4 PORTIONEN
2 Junghühner à ca. 1½ kg, bratfertig
3 Eier
Mehl, glatt
Semmelbrösel
Salz
Öl zum Backen
2 Zitronen
1 Handvoll Petersilie, ohne Stengel

BACKHUHN

Hühner vierteln, Rückgrat und Hals wegschneiden. Haut entfernen (oder Haut nach Belieben belassen). Innenseite der Keule zum Knochen einschneiden (bäckt besser durch), Hühner kräftig salzen. In Mehl, verschlagenem Ei und Semmelbröseln panieren. In tiefem Fett beidseitig langsam goldbraun backen. Aus dem Fett heben, eventuell in heißer Butter wenden, mit Küchenkrepp abtrocknen. Petersilie im heißen verbliebenen Fett knusprig backen, aus dem Fett heben, abtropfen, salzen. Backhühner anrichten, Petersilie obenauf drapieren, mit Zitronenspalten garnieren. (Die Petersilie dient nicht nur als Dekoration, sondern sollte mitgegessen werden.)
Alternative: Backhuhn völlig auslösen und wie Schnitzel backen.

- GARUNGSDAUER: ca. 13 Minuten
- BEILAGENEMPFEHLUNG: Petersilerdäpfel, Blattsalate, Mayonnaise-, Erdäpfel-, Gurken- oder Tomatensalat
- MEIN TIP: Es empfiehlt sich, eventuell besonders begehrte Stücke (Brust, Keule) gesondert dazuzukaufen.

GEFÜLLTE HÜHNERBRUST IN BLÄTTERTEIG

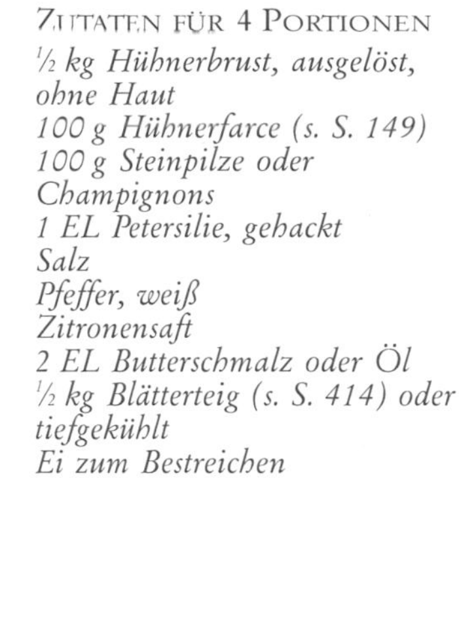

Zutaten für 4 Portionen

½ kg Hühnerbrust, ausgelöst, ohne Haut
100 g Hühnerfarce (s. S. 149)
100 g Steinpilze oder Champignons
1 EL Petersilie, gehackt
Salz
Pfeffer, weiß
Zitronensaft
2 EL Butterschmalz oder Öl
½ kg Blätterteig (s. S. 414) oder tiefgekühlt
Ei zum Bestreichen

Hühnerbrust mit Faltschnitt aufklappen, mit Klarsichtfolie bedecken, zart plattieren (klopfen), beidseitig salzen. Gereinigte, gewaschene Pilze in Scheiben schneiden, salzen, pfeffern, mit Zitronensaft beträufeln, in heißem Butterschmalz kurz anbraten. Abtropfen und überkühlen lassen, mit Petersilie unter die Farce geben. Die Farce auf die Innenseiten der 4 Brüste verteilen, Brüste zusammenklappen, Enden fest andrücken. Blätterteig ca. 2–3 mm dick ausrollen, in 4 Stücke teilen, gut von Mehlresten befreien. Die Brüste in den Teig einrollen, Enden mit Ei bestreichen, fest andrücken. Teig außen mit Ei bestreichen, auf mit Trennpapier belegtes Backblech legen. Im vorgeheizten Backrohr braun backen. 5 Minuten an einem warmen Ort rasten lassen, in dicke Scheiben schneiden.

- BACKROHRTEMPERATUR: 220 °C fallend
- GARUNGSDAUER: ca. 25 Minuten
- BEILAGENEMPFEHLUNG: Spargel, Erbsen, Erbsenschoten, Broccoli
- MEIN TIP: Die Füllung kann individuell variiert werden, etwa durch Gänseleberstücke, Lauch, Pistazien, Pignoli und Walnüsse.

Feine Pilze müssen bei dieser gefüllten Hühnerbrust sein. Gänseleberstückchen, Lauch, Pistazien und Pignoli können sein. Das Ergebnis läßt sich auf jeden Fall schmecken.

ZUTATEN FÜR 4 PORTIONEN
4 Poulardenbügerl (Masthuhnkeulen)
160 g Erdäpfel, speckig, gekocht, geschält
100 g Zuckererbsen
100 g Champignons, geviertelt
100 g Frühstücksspeck
100 g Zwiebeln
8 EL Öl
Salz
Rosmarin

POULARDENBÜGERL NACH GROSSMUTTER-ART

Hühnerbügerl salzen, in 3 EL Öl an der Hautseite anbraten, wenden, in das vorgeheizte Backrohr stellen und 30 Minuten unter wiederholtem Begießen braten. Erdäpfel, Zwiebeln sowie Speck gesondert in ca. 1 cm große Würfel schneiden. Erbsen in siedendem Salzwasser knackig kochen, abseihen, abkühlen. Hühner aus der Pfanne heben, restliches Öl eingießen, erhitzen. Speck glasig anbraten, Zwiebeln beigeben, weiterbraten. Erdäpfel und Champignons untermengen, im Rohr schmoren. Salzen, mit Rosmarin bestreuen, Erbsen hinzufügen, Hühnerbügerl darauflegen und noch weitere 15 Minuten im Rohr schmoren. In der Pfanne auftragen.

- BACKROHRTEMPERATUR: 220 °C fallend
- GARUNGSDAUER: ca. 45 Minuten

ZUTATEN
1 Ente (für 2–3 Personen) oder 1 Gans (für 4–6 Personen), bratfertig
1 EL Fett (Gänseschmalz, Öl oder Butterschmalz)
2–3 Äpfel
Salz
Pfeffer, weiß
Majoran
Mehl zum Stauben

GEBRATENE ENTE ODER GANS

Kopf, Hals und Flügelspitzen abtrennen. Leber kann für Füllungen verwendet werden, Hals, Flügel und Magen für Geflügelsuppe. Geflügel von eventuell noch anhaftenden Kielen befreien, innere Fettpolster abziehen. Geflügel innen mit Salz, Pfeffer und Majoran ausreiben, nach Belieben Hohlraum mit Äpfeln füllen. Außen salzen und passende Bratenpfanne bereitstellen.

Methode I:
Öl in Pfanne erhitzen. Geflügel an den Brustseiten anbraten, auf den Rücken legen. Unter wiederholtem Begießen knusprig braten.
Gans oberhalb der Bügerl mit einer Gabel einstechen, damit überschüssiges Fett abfließen kann.

Methode II:
In Pfanne fingerhoch Wasser eingießen. Geflügel mit Brust nach unten einlegen, während des Bratens ständig übergießen. (Das Wasser verdunstet, Fett tritt aus. Die Haut wird knusprig und glasig braun.)
In beiden Fällen am Schluß Fett abschöpfen, Bratenrückstand mit Mehl stauben oder natur belassen, mit wenig Wasser aufgießen, durchkochen, abseihen. Geflügel tranchieren.

- GARUNGSDAUER: Barbarieente ca. 50–60 Minuten
  Ente ca. 1¾ Stunden
  Gans 2½ Stunden aufwärts
- BEILAGENEMPFEHLUNG: Weinkraut, Champagnerkraut, Rotkraut, Waldviertler- oder Serviettenknödel, warmer Krautsalat

GEBRATENE BARBARIEENTENBRUST

Zutaten für 4 Portionen

800 g Barbarieentenbrust, ausgelöst
2 EL Öl zum Anbraten
Salz
Pfeffer, schwarz, aus der Mühle

Brust kräftig würzen. In flacher Pfanne Öl erhitzen, Brüste beidseitig anbraten, in das vorgeheizte Rohr stellen und rasant anbraten. Hitze reduzieren, nach ca. 10 Minuten an einem warmen Ort rasten lassen. Aus Bratensatz oder Entenknochen auf übliche Art Saft erzeugen. Brust – innen zartrosa – in dünne Tranchen schneiden.

- BACKROHRTEMPERATUR: 230 °C fallend
- GARUNGSDAUER: ca. 20 Minuten
- BEILAGENEMPFEHLUNG: Maronierdäpfel, Kohlsprossen, Orangenfilets, Rotkraut, Schwammerlstrudel
- MEIN TIP: Barbarieentenbrust kann kalt oder warm gereicht werden. Kalt harmoniert sie hervorragend mit pochierten Apfelscheiben und Gänselebermousse.

GEBRATENER TRUTHAHN

Zutaten für 6 Portionen

1 Truthahn, ca. 3–3½ kg
Salz
Pfeffer, weiß
4 EL Öl
¼ l Wasser oder Suppe
Mehl
20 g Butter zum Montieren
Rosmarin, nach Belieben

Öl in Bratenpfanne erhitzen. Truthahn innen und außen kräftig würzen, binden. An den Brustseiten zuerst anbraten, dann auf den Rücken legen. Unter ständigem Begießen (mit Bratfett) langsam braten. Sollte der Braten zu stark bräunen, mit Alufolie abdecken. Der Truthahn ist fertig gegart, wenn beim Anheben desselben nur mehr klarer Saft austritt. Truthahn aus der Pfanne heben, überschüssiges Fett abgießen, Bratensatz mit Mehl bestauben, rösten, mit Suppe oder Wasser aufgießen, durchkochen, abseihen. Aufkochen, kalte Butterstücke einrühren (montieren), Truthahn tranchieren.

- BACKROHRTEMPERATUR: ca. 180 °C
- GARUNGSDAUER: ca. 2½ Stunden
- BEILAGENEMPFEHLUNG: glacierte Kastanien, Butterreis, Bratäpfel, Kohlsprossen, glacierte Karotten, Schalotten und Chipolatawürstchen (kleine Bratwürstchen)

TRUTHAHNSCHNITZERL MIT MANDELN GEBRATEN

Zutaten für 4 Portionen

8 Schnitzerl von der Truthahnbrust à 70 g
3 Eier
120 g Mandelspäne
80 g Butterschmalz
Salz
Mehl

Schnitzerl zart plattieren (klopfen), beidseitig salzen und in Mehl wenden. Eier verschlagen, leicht salzen, Schnitzerl darin wenden. Mandeln auf Folie schütten, Schnitzerl darin wälzen. Butterschmalz in flacher Pfanne erhitzen, Schnitzerl einlegen, langsam bräunen, wenden, fertigbraten. Aus der Pfanne heben, mit Küchenkrepp abtupfen.

- GARUNGSDAUER: ca. 5 Minuten
- BEILAGENEMPFEHLUNG: Curryreis, Safranreis, in Butter gebratene Früchte, z. B. Bananenscheiben

» Das große Geflügelmassacre «

Kaum eine Aussage hatte für die europäischen Ernährungsgewohnheiten solche spürbaren Folgen wie jene des hl. Benedikt in Kapitel 39, 11 seiner Ordensregel: „Auf den Genuß des Fleisches von vierfüßigen Tieren aber sollen alle vollständig verzichten, mit Ausnahme der ganz schwachen Kranken." In anderen Worten: Da Fleisch die Fleischeslust fördert, sollte man sich dessen besser enthalten.
Was aber war Fleisch, wenn der heilige Ordensgründer sich doch ausschließlich auf die Vierfüßer bezog? Der Spielraum, den er dem Appetit seiner Mitbrüder ließ, war beträchtlich. Schloß der Heilige doch Enten, Gänse, Hühner, Straußen, Eulen, Kraniche, Wachteln, Truthähne, Reiher, Tauben, Drosseln oder Pfaue ausdrücklich vom Fleischverbot aus, da es sich ausschließlich um Zweibeiner handelte.
Die Last der benediktinischen Toleranz trug, so scheint's, im letzten Jahrtausend vorwiegend das Federvieh. „Und Montags am heiligen Tage begann die Geflügelmassacre, die große Metzelei unter alten und jungen Poulards und Enten und Indians", beschrieb Friedrich Schlögl in seinem Sittenbild „Wiener Blut" die Weihnachtsfeiertage des Jahres 1873. Irgendwie dürfte sich die vom hl. Benedikt in die Welt gesetzte Fama, daß das Essen von Enten, Gänsen und Hühnern letztlich doch gottgefälliger sei als jenes von Rindern, Schweinen oder Schafen, bis heute in unseren Köpfen festgesetzt zu haben. Könnte man sich etwa statt einer Weihnachtsgans einen Weihnachtsochsen oder statt dem „Martinigansl" ein Martinsschwein vorstellen? – Eben.

ZUTATEN FÜR 4 PORTIONEN
500 g Truthahnbrust, ausgelöst, ohne Haut
100 g Truthahnbrustabschnitte für die Farce
8 cl Schlagobers
150 g Stangensellerie, geschält
80 g Walnüsse
1 Schweinsnetz
Salz
Pastetengewürz
Öl zum Anbraten

TRUTHAHNBRUST MIT SELLERIE-NUSS-FÜLLE

Brust mittels Längsschnitt aufklappen, leicht plattieren (klopfen), beidseitig salzen. Truthahnbrustabschnitte unter ständiger Beigabe von eiskaltem Obers im Blitzschneider zu cremiger Farce verarbeiten, salzen, Pastetengewürz beigeben. Sellerie in feine Scheiben schneiden, salzen, 10 Minuten ziehen lassen. Öl erhitzen, Sellerie andünsten, auf ein Sieb schütten, erkalten lassen. Nüsse grob hacken. Sellerie und Nüsse unter die Farce mengen, diese erhaben auf die Innenseite der Brust auftragen, Brust zusammenklappen. In gewässertes und getrocknetes Schweinsnetz eindrehen. Wenig Öl in flacher Pfanne erhitzen, Brust beidseitig anbraten. In das vorgeheizte Backrohr stellen und rasant anbraten, nach 10 Minuten Hitze drastisch reduzieren. Nach vollendetem Bratprozeß Brust an einem warmen Ort 10 Minuten ziehen lassen.

- BACKROHRTEMPERATUR: 220 °C fallend
- GARUNGSDAUER: ca. 40–50 Minuten
- BEILAGENEMPFEHLUNG: Maronierdäpfel, Erdäpfelkroketten, Reis, Kohlsprossen, Rotkraut, Kastanien, Bratapfel

GANS MIT MARONIFÜLLE

Zutaten für 4 Portionen

1 Gans (jung), ca. 3½ kg, bratfertig
300 g Semmelwürfel (Knödelbrot)
350 g Maroni
150 g Gänseleber (von der Gans)
¼ l Milch
4 Eier
80 g Zwiebeln
50 g Butter
1 EL Petersilblätter, gehackt
100 g Stangensellerie, geschält
Salz
Majoran
Muskatnuß, gerieben
Pfeffer, schwarz

Maroni an der bauchigen Seite einschneiden, auf ein Backblech legen, im vorgeheizten Backrohr ca. 20 Minuten bakken, noch warm schälen. Milch mit Eiern verrühren, über die Semmelwürfel gießen, vermischen, ansaugen lassen. Butter schmelzen, kleingeschnittene Zwiebeln darin anschwitzen. Gänseleber in kleine Würfel schneiden, mit Salz und Pfeffer würzen, kurz in heißer Butter anbraten. Sellerie in feine Scheiben schneiden, salzen. Maroni, Sellerie, Zwiebeln, Gänseleber sowie Petersilie unter die Semmelmasse mengen, mit Salz, Muskatnuß und Majoran würzen. Die Masse 10 Minuten ziehen lassen. Die Gans innen und außen salzen, innen mit Majoran ausreiben, Masse in den Brustraum füllen, pressen, damit die Masse eine kompakte Einheit wird. Die Gans bei Hals- und Bauchöffnung mit Spagat vernähen. In passende Bratenpfanne (viereckig) fingerhoch Wasser eingießen. Gans mit Brustseite nach unten einlegen, öfter begießen, nach halber Bratdauer wenden, Flüssigkeit ergänzen. In der Endphase soll die Flüssigkeit verdampft sein, die Haut ist braun und knusprig. Gans aus der Pfanne heben, warm rasten lassen.
Überschüssiges Fett aus der Pfanne gießen, eventuell etwas Mehl einstauben oder natur belassen. Mit Wasser ablöschen, Bratensatz lösen, reduzierend auf gewünschte Konsistenz kochen, abseihen. Die Gans längs halbieren, die Fülle vorsichtig aus dem Innenraum holen und in gefällige Scheiben schneiden. Brust-, Rippen- und Schlußknochen entfernen. Gans achteln, mit der Fülle servieren, Saft gesondert reichen.

- BACKROHRTEMPERATUR: ca. 180–200 °C
- GARUNGSDAUER: ca. 2½ Stunden
- BEILAGENEMPFEHLUNG: Rot-, Wein- oder Champagnerkraut
- MEIN TIP: Noch schmackhafter wird die Fülle, wenn Sie auch Apfel- oder Dörrpflaumenstücke und Walnüsse einmengen.

ZUTATEN FÜR 4 PORTIONEN

400 g Gänsestopfleber, nicht zu fett, Güteklasse 3a
2 EL Butterschmalz
Salz
Pfeffer, weiß, aus der Mühle
6 cl Suppe oder brauner Geflügelfond
20 g Butter zum Montieren
Mehl

GEBRATENE GÄNSELEBER

Haut der Leber mit Messerspitze abziehen, Nervenstränge – sofern möglich – ausschneiden. Leber in ca. 8–10 mm dicke Scheiben schneiden. Beidseitig salzen, pfeffern, in Mehl wenden, gut abstauben, leicht andrücken. Butterschmalz in Pfanne (Teflon) schwach erhitzen, Gänseleber beidseitig braun braten, vom Feuer nehmen, an einem warmen Ort langsam nachziehen lassen. Gänseleber aus der Pfanne heben. Überschüssiges Fett abgießen, Bratrückstand bräunen, mit Fond oder Suppe aufgießen, reduzierend kochen, abseihen, kalte Butterstücke einrühren (montieren). Gänseleber anrichten, mit Saft übergießen oder Saft gesondert reichen.

- GARUNGSDAUER: ca. 4 Minuten
- MEIN TIP: Gänseleber ist ein äußerst sensibles Produkt. Zum Braten eignet sich eher fettarme Leber, z. B. Güteklasse 3a, da sich fette Gänsestopfleber beim Braten meistens zersetzt. Gänseleber harmoniert besonders gut mit Madeirasauce, gebratenen Apfelscheiben, Apfelgratin, gebratenen Mangoscheiben, grünem Spargel, Erdäpfelpüree, Linsen, Pignolireis oder als Beigabe zu kleinen gebratenen Rindssteaks oder Kalbsfilet. Hühnerleber läßt sich ebenso zubereiten, wobei diese Leber vor dem Braten mehrmals mit einer Gabel angestochen werden sollte, da die Haut sonst platzt und somit zu schmerzhaften Verletzungen führen kann.

ZUTATEN FÜR 4 PORTIONEN

½ kg Hühnerbrust, ausgelöst, ohne Haut
200 g Gänseleber, Güteklasse 3 a oder 3 b
2 EL Petersilie, gehackt
Salz
Pfeffer, weiß
160 g Duxelles (s. S. 229)
2 Eier
Mehl
Semmelbrösel
Öl zum Backen

GEBACKENE HÜHNERBRUST MIT GÄNSELEBERFÜLLUNG

Hühnerbrüste, je nach Größe, mittels Faltschnitt aufklappen. Zart plattieren (klopfen), beidseitig salzen, Innenseite nach oben wenden. Diese mit Duxelles ganzflächig dünn bestreichen, mit Petersilie bestreuen. Gänseleber enthäuten, Nervenstränge entfernen, Leber in längliche Stücke teilen, mit Salz und Pfeffer würzen und auf die Bruststücke verteilen. Diese jeweils straff einrollen, die offenen Stellen mit Farce abstreichen, zudrücken. In Mehl, Ei und Bröseln (wie Backhuhn) panieren, nochmals in Ei und Bröseln wälzen. Fest andrücken. Es entsteht eine 5–6 cm dicke Rolle. Langsam in tiefem, bedeckendem Öl backen, dabei ständig wenden. Aus dem Ölbad heben, mit Küchenkrepp abtrocknen. Ohne Druck mit einem scharfen Messer in ca. 2 cm dicke Scheiben schneiden. (Am besten ritzt man die Schnittstellen jeweils mit einem scharfen Sägemesser an.) Heiß servieren.

- GARUNGSDAUER: ca. 25 Minuten
- BEILAGENEMPFEHLUNG: Blattsalate

» Kein Wild für Kaiserjäger «

Wem die Jagdbeute denn nun eigentlich zustünde, ist eine alte, bis heute weltweit noch keineswegs endgültig geklärte Rechtsfrage. Während in den romanischen Ländern seit jeher die Überzeugung des römischen Rechts herrscht, daß das Jagdrecht „res nullius" und damit ein Grundrecht jedes Bürgers sei (eine Überzeugung, der in Italien heute noch zahlreich mit Hilfe von Leimruten gefangene Singvögel zum Opfer fallen), legte das germanische Recht klar fest, daß das Jagdrecht zur jeweiligen Grundherrschaft gehöre. Das erlegte Tier fiel also damit automatisch dem Grundherrn zu, der Jäger erhielt für seine guten Dienste ursprünglich lediglich Speis und Trank sowie das sogenannte „Furslach", wie man das Haupt und den Vorderbug bis zur dritten Rippe des erlegten Tiers bezeichnete. Heute ist daraus das „kleine Jägerrecht" geworden, das dem Waidmann für sein Ränzel nur das sogenannte „Geräusch", nämlich Herz, Lunge, Leber und Niere (und damit, wie manche Gourmets nicht ganz zu Unrecht meinen, das Allerbeste am Wild) beläßt.
Bei den Jagdgesellschaften selbst spielte Wildfleisch traditionell kaum eine Rolle. Kaiser Franz Joseph etwa pflegte vor seinen Nachmittagsjagden eine Art zweites Frühstück einzunehmen, das aus gekochtem Rindfleisch mit Gemüse, Geselchtem mit Knödeln oder Blutwurst mit Sauerkraut und Apfelradeln als Dessert bestand. Was auffällt: Wildbret war keines dabei.

BEIZE FÜR GEDÜNSTETE WILDGERICHTE

ZUTATEN
1 l Wasser
⅛ l Rotwein
⅛ l Weinessig
250 g Wurzelwerk, geschält (Petersilwurzel, Karotten, Sellerieknolle, gelbe Rüben)
100 g Zwiebeln
2 Lorbeerblätter
8 Wacholderbeeren
10 Pfefferkörner
Thymian
Scheiben von 1 Orange und ½ Zitrone

Variante I (rohe Beize):
Wasser, Rotwein und Essig vermischen. Zwiebeln und Wurzelwerk in grobe Würfel schneiden, mit den Gewürzen sowie den Orangen- und Zitronenscheiben der Marinade beigeben. Wildstücke mit dieser Beize bedecken und 2–3 Tage beizen lassen. Fleisch aus der Beize heben, abtrocknen; beim Dünsten des Fleisches einen Teil der Beize zugießen.
Variante II (gekochte Beize):
Alle Zutaten gemeinsam aufkochen, 5 Minuten kochen lassen, kalt stellen. Nach dem Erkalten über die Wildstücke gießen. (Weitere Behandlung wie bei roher Beize.)

- MEIN TIP: Der Beize niemals Salz beigeben, da sich sonst das Fleisch rot verfärbt!

Nächste Doppelseite: Die kulinarischen Freuden des Herbstes

Spickspeck macht den Rehrükken erst so richtig saftig. Das gilt auch, wenn man ihn erkalten läßt und als Höhepunkt eines kalten Buffets serviert.

ZUTATEN FÜR 8 PORTIONEN

1 Rehrücken, ca. 2½ kg
100 g Spickspeck
4 EL Öl
Prise Mehl, glatt
20 g Butter, kalt
Salz
Pfeffer, schwarz, aus der Mühle
Wasser, Suppe oder Wildfond

GESPICKTER REHRÜCKEN

Rehrücken sauber von Häuten befreien. Speck in 4 mm starke Streifen schneiden, Rehrücken schräg spicken, mit Salz und Pfeffer kräftig einreiben. Öl in viereckiger Pfanne erhitzen, Rehrücken mit der Fleischseite nach unten einlegen, rasch Farbe gebend anbraten, wenden. Im vorgeheizten Backrohr unter oftmaligem Begießen 10 Minuten kräftig braten, Hitze stark reduzieren, Backrohr öffnen oder den Rehrücken für einige Minuten aus dem Rohr nehmen. Etwas Suppe oder Wasser untergießen und weiterbraten, ständig übergießen. Das Fleisch sollte zartrosa sein. Den Rehrücken aus der Pfanne heben, an einem warmen Ort rasten lassen. Bratensatz völlig einreduzieren (einkochen lassen), Mehl einstauben, durchrösten, mit etwas Suppe oder Wasser aufgießen, durchkochen, durch feines Sieb seihen, aufkochen, kalte Butter einrühren. Die Filets des Rehrückens abtrennen und gegen die Spickrichtung in gleichmäßige Tranchen schneiden. Wieder auf dem Knochengerüst (Karkasse) in ursprüngliche Façon bringen. Saft gesondert reichen.

- BACKROHRTEMPERATUR: 10 Minuten bei 230 °C, ca. 25 Minuten bei 100 °C
- BEILAGENEMPFEHLUNG: Rotkraut, Maroni, Kohlsprossen, Pilze, gefüllte Äpfel, Preiselbeeren, Erdäpfelkroketten, Mandelerdäpfel
- MEIN TIP: Entgegen anderslautenden Empfehlungen rate ich, den Spickspeck nicht in Eiswasser zu legen, da er sonst leicht reißt oder bricht. Erkalteter Rehrücken eignet sich hervorragend als Glanzpunkt eines kalten Buffets.

Rehnüsschen in Pilzfarce gebraten

Zutaten für 4 Portionen
400 g Rehrücken, ausgelöst, pariert (zugeputzt)
60 g Rehfleisch (Fleischabschnitte) ohne Häute und Sehnen
60 g Hühnerbrust, ausgelöst, ohne Haut
7 cl Schlagobers
100 g Steinpilze
Schweinsnetz
Salz
Pfeffer, schwarz, aus der Mühle
Pastetengewürz (s. S. 147)
1 KL Petersilie, gehackt
Öl zum Anbraten

Rehrückenfilet in 8 Stücke teilen, leicht plattieren (klopfen), mit Salz und Pfeffer würzen. Öl in Pfanne erhitzen. Rehnüßchen beidseitig kräftig anbraten, auf ein Gitter legen, abkühlen lassen. Kleingeschnittene Hühnerbrust und die Rehabschnitte im Blitzschneider unter Zugabe von eiskaltem Obers zu feiner Farce verarbeiten, würzen, Petersilie einmengen. Steinpilze reinigen, in feine Würfel schneiden, in Öl schnell anbraten, würzen, kalt stellen. Unter die Farce mengen. Netz (gut gewässert und getrocknet) in 8 Stücke à 12 cm × 8 cm schneiden.
Ins Zentrum des Netzes eine kleine Schicht Farce streichen, Nüßchen daraufsetzen, oben und an allen Seiten abermals mit Farce bestreichen, in das Netz einhüllen. In flacher Pfanne die Nüßchen von allen Seiten anbraten, in das vorgeheizte Backrohr stellen, langsam braten, halbieren. Sauce aus Rehkarkassen erzeugen (Knochen rösten, stauben, rösten, aufgießen, abseihen). Nüßchen ca. 5 Minuten ziehen lassen, halbieren, mit Sauce anrichten.

- BACKROHRTEMPERATUR: 220 °C fallend
- GARUNGSDAUER: ca. 15–20 Minuten, 5 Minuten warm rasten lassen
- BEILAGENEMPFEHLUNG: Maronierdäpfel, Erdäpfelkroketten, gefüllte Morcheln, Steinpilze, Rotkraut, gefüllter Apfel oder Birne, Schwammerlstrudel

Küßchen für Nüßchen: Gäste, die die gebratenen Rehnüßchen in Pilzfarce gekostet haben, werden mit Komplimenten gewiß nicht sparen.

Zutaten für 4 Portionen

1 kg Rehschlegel, ausgelöst
120 g Wurzelwerk (Karotte, Sellerieknolle, Petersilwurzel)
80 g Zwiebeln
200 g Maroni
2 EL Preiselbeeren
5 EL Öl
1 TL Tomatenmark
20 g Mehl, glatt
50 g Rauchspeck oder ein Stück Schwarte
⅛ l Rotwein
½ Orange
8 dl Suppe, Wildfond oder Wasser
Salz
Pfeffer, schwarz, aus der Mühle
8 Pfefferkörner
½ Lorbeerblatt
Thymiansträußchen
6 Wacholderbeeren

GEDÜNSTETER REHSCHLEGEL MIT MARONI

Ausgelösten Rehschlegel mit Spagat straff binden, mit Salz und Pfeffer kräftig würzen. Maroni an der Oberseite einschneiden, auf Backblech setzen, im Rohr braten (20 Minuten), bis sie sich schälen lassen. Maroni schälen. Öl in Brattopf erhitzen, Rehschlegel an allen Seiten rasant anbraten, aus der Pfanne heben. Im selben Fett Speck anrösten, Zwiebeln und geschältes Wurzelwerk in grobe Würfel schneiden, ebenfalls rösten, Tomatenmark beigeben, kräftig weiterrösten. Mit Wasser, Suppe oder Fond ablöschen, aufkochen. Fleisch, Preiselbeeren, restliche Gewürze und gut gewaschene sowie geviertelte Orange hinzufügen. Zugedeckt (am besten im Backrohr) dünsten. Fleisch aus der Sauce heben, Bindfaden lösen. Mehl und Rotwein verrühren, in die Sauce sehr gut einrühren, verkochen. Sauce durch ein feines Sieb seihen, Maroni einmengen und ca. 15 Minuten kochen. Fleisch tranchieren, mit Sauce begießen, Maroni obenauf legen.

- BACKROHRTEMPERATUR: 180 °C
- GARUNGSDAUER: ca. 2½–3 Stunden
- BEILAGENEMPFEHLUNG: Servietten- oder Semmelknödel, Preiselbeeren, Erdäpfelkroketten, Mandelerdäpfel, Kohlsprossen
- MEIN TIP: Man kann den Rehschlegel auch beizen (s. S. 359), wobei in diesem Fall ein Teil der Beize mitgedünstet wird.

Zutaten für 4 Portionen

8 Rehschnitzerl von der Schale à 70 g (oder vom ausgelösten Rehrücken)
3 EL Butterschmalz
4 Wacholderbeeren, zerdrückt
2 cl Gin
⅛ l Suppe, brauner Wildfond oder Wasser
⅛ l Schlagobers
Salz
Pfeffer, schwarz, aus der Mühle
Mehl zum Stauben
20 g Butter zum Montieren

REHSCHNITZERL MIT WACHOLDERSAUCE

Rehschnitzerl leicht plattieren (klopfen), salzen, pfeffern, mit einer Seite in Mehl tauchen. Schmalz in flacher Pfanne erhitzen, Schnitzerl mit der Mehlseite nach unten einlegen. Beidseitig rasch bräunen, aus dem Fett heben, warm stellen. Bratensatz leicht mit Mehl stauben, mit Obers und Fond (Suppe oder Wasser) aufgießen, Wacholderbeeren und Gin beigeben. Reduzierend auf cremige Konsistenz kochen, Sauce passieren, Rehschnitzerl einlegen, eiskalte Butterflocken einrühren (einmontieren).

- GARUNGSDAUER: ca. 3 Minuten
- BEILAGENEMPFEHLUNG: Preiselbeeren, Pilze, Kroketten, Maronierdäpfel, Schupfnudeln, Bandnudeln, Serviettenknödel, Rotkraut, Kohlsprossen, gefüllte Birne oder Apfel, glacierte Maroni, gefüllte Morcheln

REHRAHMTOPF MIT GRÜNEM PFEFFER

Zutaten für 4 Portionen
800 g Rehschulter, ausgelöst, pariert (zugeputzt)
5 EL Öl
100 g Wurzelwerk (Karotte, Sellerieknolle, Petersilwurzel)
80 g Zwiebeln
20 g Mehl, glatt
2 EL Preiselbeeren
⅛ l Rotwein
2 EL Pfeffer, grün
½ Orange
⅛ l Sauerrahm
Salz
Pfeffer, schwarz, aus der Mühle
8 Pfefferkörner
4 Wacholderbeeren
½ Lorbeerblatt
6 dl Suppe oder Wasser

Rehschulter in ca. 3 cm große Würfel schneiden, mit Salz und Pfeffer würzen. Geschältes Wurzelwerk und Zwiebeln in grobe Würfel schneiden. Rehwürfel in heißem Öl rasant bräunen, aus dem Bratentopf heben. Wurzelwerk und Zwiebeln ebenfalls bräunen, mit Rotwein ablöschen, Suppe oder Wasser zugießen, aufkochen. Fleisch, Preiselbeeren, restliche Gewürze (außer grünen Pfeffer) sowie gut gewaschene und geviertelte Orange beigeben. Zugedeckt weichdünsten (am besten im Rohr). Fleisch aus der Sauce nehmen (umstechen), Rahm und Mehl verrühren, in die Sauce gut einrühren, kurz aufkochen, fein passieren. Fleisch und grünen Pfeffer der Sauce untermengen.

- BACKROHRTEMPERATUR: 200 °C
- GARUNGSDAUER: ca. 80 Minuten, je nach Alter des Tieres
- BEILAGENEMPFEHLUNG: Nudeln, Erdäpfelkroketten, Servietten- oder Semmelknödel, Preiselbeeren
- MEIN TIP: Die Sauce gewinnt noch zusätzlich an Aroma, wenn Sie ihr Eierschwammerl oder Champignons beigeben.

REHGESCHNETZELTES MIT PILZEN

Zutaten für 4 Portionen
600 g Rehfilet (Lungenbraten) oder Nuß, pariert (zugeputzt)
180 g Steinpilze, Eierschwammerl, Champignons oder Morcheln
50 g Zwiebeln
60 g Butterschmalz
⅛ l Rotwein, herb
1 dl Suppe oder Wildfond
⅛ l Schlagobers
4 EL Sauerrahm
1 KL Mehl, glatt
2 EL Preiselbeermarmelade, passiert
Salz
Pfeffer, schwarz, aus der Mühle
Petersilie, gehackt

Rehfleisch in feine Streifen schneiden, salzen, pfeffern. Schmalz in einer (oder zwei) flachen Pfanne(n) erhitzen, Fleisch einlegen, kurz durchrösten (schwingen), aus Pfanne heben. Kleingeschnittene Zwiebeln darin anschwitzen, blättrig geschnittene (geputzte) Pilze (Morcheln ganz lassen) beigeben, kurz anrösten. Beides aus der Pfanne heben. Mit Rotwein ablöschen, reduzieren (einkochen lassen), mit Suppe oder Fond aufgießen, aufkochen, Obers zugießen und bis zu sämiger Konsistenz kochen. Preiselbeeren einrühren. Rahm mit Mehl vermengen, unter die Sauce rühren, 2 Minuten kochen. Rehfleisch, Pilze, Zwiebeln sowie Petersilie wieder untermengen, würzen.

- GARUNGSDAUER: ca. 15 Minuten
- BEILAGENEMPFEHLUNG: Butter- oder Schupfnudeln, Servietten- oder Semmelknödel, Preiselbeeren, Briocheauflauf
- MEIN TIP: Ebenso kann man Hirschlungenbraten, Keulen und Rückenstücke vom Feldhasen zubereiten.

Zubereiten von gebeiztem Hirschschlegel

1 ◁ *Hirschschlegelteile mit Speck mittels Spicknadel spicken.*

Aus Wurzelwerk, Zwiebeln, allen Gewürzen, Rotwein usw. Beize kochen. ▷ 2

3 ◁ *Hirschschlegel mit kalter Beize übergießen und 3 Tage beizen.*

Schlegel aus der Beize heben, abtrocknen, würzen und rundum anbraten. ▷ 4

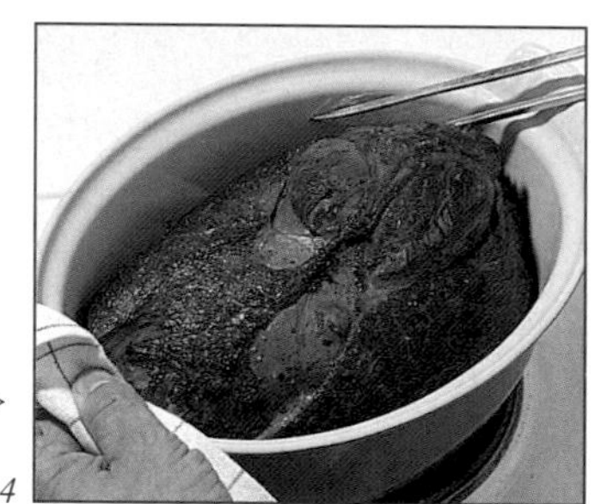

5 ◁ *Fleisch herausnehmen, Tomatenmark rösten, mit Wein löschen, Beize, Fond und Preiselbeeren beigeben.*

Zugedeckt dünsten. ▷ 6

7 ◁ *Fleisch aus der Sauce heben, Sauce mit dem Sauerrahm-Mehl-Gemisch binden, 5 Minuten kochen und abschließend passieren.*

Fleisch in Tranchen schneiden und mit Sauce begießen. ▷ 8

GEBEIZTER HIRSCHSCHLEGEL

Hirschschlegel nach Bedarf spicken und wie beschrieben beizen (s. S. 359). Fleisch aus der Beize heben, abtrocknen, würzen. Öl in Kasserolle erhitzen, Schlegel an allen Seiten braun anbraten, aus der Kasserolle heben. Tomatenmark beifügen, rösten, mit Rotwein ablöschen und Wasser, Suppe oder Wildfond sowie 3 dl Beize samt Wurzeln und Gewürzen beigeben. Preiselbeeren einrühren, Fleisch beigeben. Alles zugedeckt dünsten (am besten im Rohr). Wenn das Fleisch weich ist, aus dem Topf heben. Sauerrahm und Mehl vermengen, in die Sauce gut einrühren, 5 Minuten durchkochen, passieren. Fleisch tranchieren, mit Sauce begießen.

- BACKROHRTEMPERATUR: 180 °C
- GARUNGSDAUER: ca. 3 Stunden
- BEILAGENEMPFEHLUNG: wie zu gedünstetem Rehschlegel (s. S. 364)

ZUTATEN FÜR 4 PORTIONEN

1 kg Hirschschlegel, pariert (zugeputzt)
2 EL Preiselbeeren
4 EL Öl
20 g Mehl, glatt
1 EL Tomatenmark
⅛ l Rotwein
⅛ l Sauerrahm
5 dl Suppe, Wasser oder Wildfond
Salz
Pfeffer, schwarz, aus der Mühle
Zutaten für die Beize (s. S. 359)

HIRSCHKALBSSTEAK MIT BIRNENSAUCE

Rückenrose in 4 Teile schneiden, zart plattieren (klopfen), mit Salz und Pfeffer würzen, eine Seite mit Mehl bestauben, zart anpressen. Flache Pfanne mit Öl erhitzen, Steaks mit der bemehlten Seite nach unten einlegen, bräunen, wenden, nach Bräunung Hitze reduzieren. Steaks je nach Wunsch (medium etc.) braten, aus der Pfanne heben. Überschüssiges Fett abgießen, Bratensatz mit Williams Christ löschen, mit Wasser oder Fond aufgießen, Bratensatz lösen, Obers beifügen, reduzierend (nicht zugedeckt) kochen, seihen. 30 g kalte Butterstücke einrühren, bis die Sauce bindet. Birne in ganz kleine Würfel schneiden, in restlicher Butter kurz andünsten, unter die Sauce mengen. Steaks anrichten, mit Birnensauce bedecken, rosa Pfeffer darüberstreuen.

- GARUNGSDAUER: ca. 5–8 Minuten, je nach Garungswunsch
- BEILAGENEMPFEHLUNG: Erdäpfelkroketten, Mandelerdäpfel, glacierte Maroni, Kohlsprossen, Pilzstrudel, Broccoliflan, Preiselbeeren
- MEIN TIP: Rehmedaillons bereiten Sie nach derselben Art zu, wobei auf die jeweilige Garungszeit nach individuellem Wunsch zu achten ist.

ZUTATEN FÜR 4 PORTIONEN

¾ kg Rose vom Hirschkalbsrücken, pariert (zugeputzt)
2 EL Öl zum Braten
120 g Birne, geschält, entkernt
4 cl Schlagobers
20 g Butter
Spritzer Williams Christ
Salz
Pfeffer, schwarz, aus der Mühle
30 g Butterstücke, kalt
3 cl Wasser oder brauner Wildfond
1 KL Pfeffer, rosa, geschrotet
Mehl zum Bestauben

ZUTATEN FÜR 4 PORTIONEN
800 g Hirschschulter, ausgelöst, pariert (zugeputzt)
150 g Speck, geräuchert
250 g Zwiebeln
6 EL Butterschmalz oder Öl
2 EL Paprikapulver, edelsüß
4 dl Wasser
1/8 l Sauerrahm
20 g Mehl, glatt
Salz

HIRSCHGULASCH

Fleisch in ca. 3 cm große Würfel, Speck und Zwiebeln gesondert in kleine Würfel schneiden. Schmalz erhitzen, Speck leicht anrösten, Zwiebeln beigeben, hellbraun rösten. Fleisch hinzufügen, mit Paprika bestreuen, durchrühren, mit Wasser untergießen, salzen. Zugedeckt dünsten, dabei Flüssigkeit eventuell ergänzen. Nach vollendeter Garung Fleisch aus dem Saft heben. Mehl mit Sauerrahm vermengen, in die Sauce gut einrühren, 10 Minuten kochen. Fleisch der Sauce wieder beigeben.

- GARUNGSDAUER: 2–2½ Stunden, je nach Alter des Tieres
- BEILAGENEMPFEHLUNG: Nockerln, Spätzle, Servietten- oder Semmelknödel
- MEIN TIP: Rehgulasch bereiten Sie nach demselben Rezept zu.

GESPICKTER HASENLAUF IN WACHOLDERRAHMSAUCE

ZUTATEN FÜR 4 PORTIONEN

3 Hasenläufe
60 g Spickspeck
6 EL Öl
120 g Zwiebeln
130 g Wurzelwerk (Sellerie, Lauch, Karotte, gelbe Rübe)
5 cl Rotwein
60 g Preiselbeerkompott, passiert
10 g Estragonsenf
½ l Wasser, Suppe oder brauner Wildfond
⅛ l Sauerrahm
10 g Mehl, glatt
5 Wacholderbeeren
Pfefferkörner
1 Lorbeerblatt
Salz
Pfeffer, schwarz, aus der Mühle
Mehl zum Wenden

Hasenläufe von Häuten befreien, Schlußbein auslösen. Speck in 3 mm starke und 5 cm lange Streifen schneiden, Läufe in Faserrichtung damit in kurzen Abständen spicken. Mit Salz und Pfeffer würzen, in Mehl wenden. Öl in Kasserolle erhitzen, Läufe an allen Seiten braun anbraten, aus dem Topf heben. Zwiebeln und Wurzeln in grobe Würfel schneiden, im verbliebenen Fett braun anbraten, mit Rotwein ablöschen. Gewürze, Senf und Preiselbeerkompott beigeben, Läufe einlegen, mit Wasser, Suppe oder Fond aufgießen, alles gemeinsam weichdünsten. Sauce samt Wurzeln passieren. Sauerrahm mit Mehl glattrühren, unter die Sauce mengen, kurz durchkochen. Läufe in Ober- und Unterkeule teilen, in der Sauce erwärmen.

- GARUNGSDAUER: ca. 2–2½ Stunden
- BEILAGENEMPFEHLUNG: Bandnudeln, Kroketten, Servietten- oder Semmelknödel, Preiselbeeren, Kohlsprossen
- MEIN TIP: Nach klassischer Art wird der Hasenlauf vorher gebeizt (s. S. 359). Gespickten Hasenrücken bereiten Sie nach demselben Rezept zu.

Ein Hasenrücken kann auch entzücken. Vor allem dann, wenn er mit einer sämigen Wodkasauce serviert wird (s. Rezept S. 370).

HASENJUNGES

ZUTATEN FÜR 4 PORTIONEN

1¼ kg Hasenjunges (Schulter, Hals, Brustfleisch, Leber, Lunge und Herz)
150 g Wurzelwerk (Karotte, Sellerieknolle, gelbe Rübe)
70 g Zwiebeln, gehackt
2 EL Öl
20 g Mehl, glatt
1 EL Tomatenmark
2 EL Preiselbeeren
20 g Kristallzucker
⅛ l Rotwein
1 KL Estragonsenf
¼ Orange
1 Lorbeerblatt
6 Pfefferkörner
6 Wacholderbeeren
⅛ l Hasenblut (wenn möglich)
Salz

Das Fleisch gründlich waschen, große Stücke (Schulter) zerteilen, mit Wasser bedecken, geschnittenes Wurzelwerk und Zwiebeln sowie die Gewürze beigeben. Zugedeckt langsam gar kochen. Da die einzelnen Stücke unterschiedliche Garungszeiten haben, weiche Stücke aus dem Sud heben. Herz und Lunge in Scheiben schneiden, Brust und Schulter zerteilen. Öl erhitzen, Zucker darin karamelisieren, Mehl beigeben, braun rösten. Tomatenmark einrühren, weiterrösten. Hasensud abseihen, Einbrenn damit aufgießen, mit der Schneerute verrühren. Senf, Rotwein, Preiselbeeren und Orange beigeben, 10 Minuten kochen, passieren. Hasenblut mit der Schneerute in die nicht mehr kochende Sauce zügig einrühren. Hasenjunges in die Sauce einlegen, aber nicht mehr kochen, da sonst die Sauce gerinnt.

- GARUNGSDAUER: ca. 1 Stunde
- BEILAGENEMPFEHLUNG: Semmel- oder Serviettenknödel, Preiselbeeren

HASENRÜCKENFILET MIT WODKASAUCE

ZUTATEN FÜR 4 PORTIONEN

2–3 Hasenrücken
80 g Wurzelwerk (Karotte, Sellerie, gelbe Rübe)
50 g Zwiebeln, gehackt
¼ Orange
1 TL Preiselbeeren
1/16 l Rotwein
½ TL Tomatenmark
3 cl Wodka
6 EL Öl
½ Lorbeerblatt
2 Wacholderbeeren
4 Pfefferkörner
30 g Butter, kalt
Salz
Pfeffer, schwarz, aus der Mühle
Mehl zum Stauben

Rückenfilets und Lungenbraten von den Karkassen (Knochen) ablösen und feinsäuberlich enthäuten, Knochen nußklein hacken. 3 EL Öl in flacher Kasserolle erhitzen, Knochen braun rösten, würfelig geschnittenes Wurzelwerk und Zwiebeln beigeben, weiterrösten, Tomatenmark beifügen, rösten, mit Rotwein ablöschen, ca. ½ l Wasser zugießen, alle Gewürze (außer Salz), Orange und Preiselbeeren beigeben. Fond reduzierend (nicht zugedeckt) ca. 2 Stunden kochen, fallweise Flüssigkeit ergänzen, aufsteigenden Schaum abschöpfen. Fond abseihen (feines Sieb), die verbliebene Flüssigkeit sollte ca. 1,5–2 dl betragen, salzen. Hasenfilets beidseitig salzen und pfeffern, leicht mit Mehl bestauben, anpressen. Restliches Öl in flacher Pfanne erhitzen, Filets einlegen, langsam bräunen, wenden, ebenfalls zart bräunen, aus der Pfanne heben. An einem warmen Ort ziehen lassen (sie sollen innen zartrosa sein). Verbliebenes Öl abgießen, Pfanne nochmals erhitzen, Wodka einfließen lassen, mit Fond ablöschen, aufkochen, kalte Butterstücke einrühren, abseihen. Filets in Scheiben schneiden, mit dem Saft auftragen.

- GARUNGSDAUER: ca. 5 Minuten
- BEILAGENEMPFEHLUNG: Erdäpfelbällchen (Maronibällchen), Erdäpfelkroketten, Mandelerdäpfel, Kohlsprossen, Rotkraut, glacierte Apfelstücke, glacierte Maroni, Preiselbeeren

» Der Thronfolger « und die weiße Gams

Einer der erfolgreichsten und treffsichersten Schützen der europäischen Jagdgeschichte war Thronfolger Erzherzog Franz Ferdinand. 1911 erlegte er einmal bei einer einzigen Hubertusjagd bei Prag 1200 Stück Wild. In 36 aktiven Jägerjahren brachte er knappe 280.000 Tiere zur Strecke, was dem Siebenfachen Kaiser Franz Josephs entspricht, der „nur" 37.800 Abschüsse schaffte, unter denen sich auch zahlreiche Rebhühner, Fasane und Feldhasen befanden. 1913 erlegte der Thronfolger in Begleitung seiner Frau irrtümlich auch eine weiße Gams. Irrtümlich deswegen, weil auch ihm und seiner Ehefrau der alte Jägeraberglaube bekannt war, daß der Erleger einer weißen Gams binnen Jahresfrist sterben müsse. Ein knappes Jahr später fielen dann tatsächlich die Schüsse von Sarajewo . . .

KANINCHENKEULE MIT KOHLFÜLLE

ZUTATEN FÜR 4 PORTIONEN

3 Kaninchenkeulen
150 g Kaninchenfleisch, pariert (zugeputzt)
150 g Kohlblätter, ohne Rippen
7 cl Schlagobers
¼ l Suppe
30 g Butterschmalz
20 g Butter
Salz
Pfeffer, weiß, aus der Mühle
Schweinsnetz, gewässert
20 g Butter zum Montieren

Kaninchenfleisch klein schneiden, im Blitzschneider unter Zugabe von eiskaltem Obers zu einer sämigen Farce verarbeiten, würzen. Kohlblätter in feine Streifen schneiden, in Butter andämpfen, mit etwas Suppe begießen, knackig kochen, Restsuppe abgießen, Kohl würzen. Erkalteten Kohl unter die Farce mengen. Keulen auslösen, beidseitig würzen, Farce einfüllen, Keulen schließen und in abgetrocknetes Netz hüllen. Schmalz erhitzen, Keulen anbraten, im vorgeheizten Backrohr zuerst forciert (kräftig), dann mit verminderter Hitze braten, einige Minuten warm rasten lassen. Überschüssiges Schmalz abgießen, Bratensatz mit Suppe löschen, reduzierend kochen, seihen, eiskalte Butterstücke einrühren (montieren). Keulen tranchieren.

- BACKROHRTEMPERATUR: 220 °C fallend
- GARUNGSDAUER: ca. 35 Minuten
- BEILAGENEMPFEHLUNG: engl. Gemüse, Petersilerdäpfel

FRISCHLINGSKARREE MIT PUMPERNICKELKRUSTE

ZUTATEN FÜR 6 PORTIONEN

1½ kg Frischlingskarree (vom jungen Wildschwein)
4 EL Öl
10 Pumpernickelscheiben
1 EL Estragonsenf oder angerührtes Senfpulver
40 g Butter
Salz
Pfeffer, schwarz, gemahlen
Rosmarin
20 g Butter zum Montieren
Bier zum Ablöschen
Suppe, brauner Fond oder Wasser

Rückgrat des Karrees aushacken, die Knochen nußgroß zerkleinern. Knochen in eine gefettete Bratenpfanne geben, gewürztes Karree mit der Außenseite nach unten auf die Knochen legen, mit Öl bepinseln. Im vorgeheizten Backrohr bei anfangs stärkerer, dann reduzierter Hitze unter oftmaligem Begießen braten. Bei Bedarf etwas Wasser untergießen. Karree nach ca. 45 Minuten wenden, weiterbraten, öfter übergießen. Fertigen Braten aus der Pfanne heben, warm stellen. Knochen weiterrösten, bis die Flüssigkeit verdampft ist. Überschüssiges Fett abgießen, Bratensatz mit etwas Bier ablöschen, etwas Wasser, Suppe oder braunen Fond zugießen. Bratensatz lösen, 15 Minuten kochen lassen, seihen, aufkochen, kalte Butterstücke einrühren. Senf auf die Außenseite des Rückens streichen. Pumpernickel in feinste Würfel schneiden, diese auf den Rücken streuen, anpressen, mit flüssiger Butter beträufeln und mit der Kruste nach oben bei extremer Oberhitze knusprig überbacken. Karree vorsichtig tranchieren.

- BACKROHRTEMPERATUR: 220 °C fallend
- GARUNGSDAUER: ca. 1½ Stunden
- BEILAGENEMPFEHLUNG: Kohl- und Hopfensprossen, glacierte Schalotten und Rübchen, Zwiebelerdäpfel

FRISCHLINGSRAGOUT MIT HAGEBUTTENSAUCE

ZUTATEN FÜR 4 PORTIONEN

800 g Wildschweinsschulter, ausgelöst, pariert (zugeputzt)
4 EL Öl
120 g Wurzelwerk
80 g Schalotten oder Zwiebeln
1 TL Tomatenmark
Salz
Pfeffer, gemahlen
6 Pfefferkörner
1 Lorbeerblatt
Rosmarin
4 Wacholderbeeren
20 g Mehl
⅛ l Rotwein
3 EL Hagebuttenmarmelade
Wasser, Suppe oder Fond
Mehl zum Stauben

Gewürze in ein Leinensäckchen binden. Schulter in ca. 3 cm große Würfel schneiden, salzen, pfeffern, mit Mehl bestreuen und mischen. Öl in passender Kasserolle erhitzen, Fleisch von allen Seiten braun braten, Tomatenmark einrühren, durchrösten. Mit Wasser, Suppe oder Fond bedecken, Gewürzsäckchen beigeben. Wurzelwerk schälen, in Streifen schneiden, Schalotten schälen. Nach 50 Minuten Wurzelwerk und Schalotten untermengen. Nach der Garung Gewürze entfernen, Sauce abgießen, aufkochen. Rotwein, Mehl und Hagebuttenmarmelade verrühren und mit Schneerute unter die Sauce mengen. Sauce 5 Minuten kochen, auf Wurzeln und Ragout gießen, nochmals aufkochen, abschmecken.

- GARUNGSDAUER: ca. 80 Minuten
- BEILAGENEMPFEHLUNG: Servietten- oder Semmelknödel, Kroketten, Mandelbällchen

» *Die hohe Schule des Hautgout* «

„Die Menschen ernähren sich, wie die Gesellschaft es sie gelehrt hat", schreibt der belgische Soziologe Leo Moulin in seinem Buch „Die Liturgie der Tafel". „Sie mögen, was die Mutter sie zu mögen gelehrt hat."
In gewissem Sinne gilt das auch für die geschmackliche Entscheidung, ob jemand seine Rehe, Hasen und Fasane mit „Hautgout", d. h. einem gewissen Fäulnisgeruch, bevorzugt oder sein Wildbret lieber geruchsfrei genießen möchte.
Es ist schwer vorstellbar, daß jemand Wild mit Hautgout liebt, wenn er nicht gewisse Kindheitsgerüche in seinem Geschmacksgedächtnis gespeichert hat, etwa jenen vom Vater erlegten Hasen, der in der Speisekammer noch im Fellkleid abhing, oder das Odeur der Fasane, die erst nach einer gewissen Reifezeit im Federkleid von der Mutter gerupft wurden. Alle unsere heutigen Ernährungsgewohnheiten sind dem Hautgout in jeder Weise entgegengesetzt. Und auch das Beizen, das ursprünglich nur der längeren Lagerfähigkeit des Wildbrets und nicht der Geschmacksgebung diente, ist im Zeitalter der Kühlschränke und Vakuummaschinen allmählich aus der Mode gekommen. Dennoch gibt es auch heute genügend Genießer, die Wild, das nicht etwas „wildelt", rundweg ablehnen. Ihr Argument ist freilich so uneinleuchtend wieder nicht. Wenn ein Filet vom Rehrücken sich einmal kaum noch von einem Filet mignon unterscheidet, warum dann nicht lieber gleich zum Rindfleisch greifen und das Wild unbehelligt im Wald lassen, wo es hingehört?

FASAN IM GANZEN GEBRATEN

ZUTATEN FÜR 4 PORTIONEN
2 Fasane, einjährig (gerupft und ausgenommen)
150 g Spickspeck
Salz
Pfeffer, weiß, aus der Mühle
4 EL Öl
20 g Butter, kalt
Wasser oder Suppe
Mehl zum Stauben

Die Brust schräg spicken, innen und außen kräftig würzen, mit Öl einreiben. Öl in passender Pfanne erhitzen, Fasane mit Brustseite nach unten einlegen, im vorgeheizten Backrohr anbraten. Wenn beide Brustseiten gebräunt sind, wenden. Unter ständigem Begießen (fallweise etwas Flüssigkeit zusetzen) allseitig braun und knusprig fertigbraten. Fasane aus der Pfanne heben, überschüssiges Fett abgießen. Mehl einstauben, bräunen und mit etwas Suppe oder Wasser aufgießen. Auf sämige Konsistenz kochen, kalte Butterstücke einrühren, abseihen. Fasane tranchieren.

- BACKROHRTEMPERATUR: 220 °C
- GARUNGSDAUER: ca. 45–55 Minuten
- BEILAGENEMPFEHLUNG: Rotkraut, Maroni, glacierte Weintrauben, Erdäpfelkroketten, Mandelbällchen

ZUTATEN FÜR 4 PORTIONEN
4/2 Fasanenbrüste, ausgelöst, ohne Haut
120 g Hühnerbrust, ausgelöst
1 dl Schlagobers
180 g Gänseleber, fettarm
30 g Pistazienkerne
Salz
Pastetengewürz (s. S. 147)
Pfeffer, weiß, aus der Mühle
Cognac
2 Schweinsnetze
4 EL Öl
Fasanenkarkassen (Knochen) zur Safterzeugung
Butter zum Montieren

FASANENBRUST MIT GÄNSELEBERFÜLLE

Brüste mittels Längsschnitt aufklappen, mit Folie bedecken, zart plattieren (klopfen), beidseitig würzen. Hühnerbrust in kleine Stücke schneiden, im Blitzschneider unter ständiger Beigabe von eiskaltem Obers zu einer sämigen Farce verarbeiten, diese durch ein Sieb streichen. Mit Salz, Pfeffer, Pastetengewürz, Spritzer Cognac und gehackten Pistazien abmischen. Farce auf die Brüste verteilen und aufstreichen. Gänseleber in vier längliche Stücke teilen. Mit Salz und Pfeffer würzen, auf die bestrichenen Brüste legen, zusammenklappen, in gewässertes, getrocknetes Schweinsnetz eindrehen. Die Enden façonnieren, anpressen und außen nochmals würzen. Öl in flacher Pfanne erhitzen, Fasanenbrüste allseitig bräunen, in das vorgeheizte Backrohr geben, öfter wenden und begießen. Die letzten 10 Minuten bei stark reduzierter Hitze braten. Aus der Pfanne heben, überschüssiges Netz abtrennen. In ca. 2 cm dicke Scheiben schneiden. Aus Fasanenkarkassen Saft erzeugen (rösten, stauben, rösten, aufgießen, seihen), kalte Butter einmontieren (einrühren).

- BACKROHRTEMPERATUR: 220 °C fallend
- GARUNGSDAUER: ca. 25 Minuten
- BEILAGENEMPFEHLUNG: Linsen, Schupfnudeln, Rotkraut, Reis, Erdäpfelpüree, Kohlsprossen, Erdäpfelkroketten, Preisel- und Moosbeeren

ZUTATEN FÜR 4 PORTIONEN
4 Rebhühner
4 Spickspeckscheiben à 8 cm × 10 cm
3 EL Öl
Salz
Pfeffer, weiß, aus der Mühle
Butter zum Montieren
Suppe oder Fond zum Aufgießen

REBHUHN IM SPECKKLEID

Gerupfte, ausgenommene Rebhühner innen und außen mit Salz und Pfeffer würzen. Brüste jeweils mit einer Scheibe Speck einhüllen, mit Spagat fixieren. Öl in Pfanne erhitzen, Rebhühner mit Brust seitlich nach unten einlegen, allseitig anbraten. In das vorgeheizte Backrohr geben und ca. 18 Minuten kräftig braten, Speck abheben, warm stellen. Rebhühner nun an den Brüsten ca. 7 Minuten bräunen, aus der Pfanne heben, warm stellen, überschüssiges Fett abgießen, Bratensatz mit etwas Suppe oder Fond lösen, durchkochen, seihen, kochenden Saft mit eingerührter, eiskalter Butter binden. Rebhühner vierteln, anrichten, mit Speck belegen.

- BACKROHRTEMPERATUR: 220 °C
- GARUNGSDAUER: ca. 25 Minuten
- BEILAGENEMPFEHLUNG: Linsen, Rotkraut, Maronierdäpfel, Kohl, Erdäpfelkroketten, Preiselbeeren

Gegenüberliegende Seite: Kombinieren Sie das edle Weidwerk mit großer Kochkunst: Fasanenbrust mit Gänseleberfülle.

Zutaten für 6 Portionen
6 Wachteln
200 g Hühnerfarce (s. S. 149)
150 g Toastbrot, entrindet
1 Ei
50 g Pistazien, gehackt
60 g Gänse- oder Entenleber
Salz
Pfeffer, schwarz, aus der Mühle
30 g Butter, kalt
2 EL Öl
Schlagobers zum Befeuchten des Brotes
1 KL Petersilie, gehackt
Mehl zum Stauben
Suppe oder Wasser zum Aufgießen

GEFÜLLTE WACHTEL

Wachteln am Rückgrat öffnen, Knochengerüst (Karkasse) herauslösen – siehe Galantine (s. S. 150). Keulen ganz belassen. Brot in kleine Würfel schneiden, mit Obers befeuchten. Hühnerfarce mit Pistazien, Petersilie und Ei vermischen, Brotwürfel daruntermengen. Würfelig geschnittene Gänse- oder Entenleber salzen, pfeffern, mit Mehl leicht bestauben und in wenig mäßig heißem Öl kurz anbraten; abgekühlt unter die Masse mengen. Wachteln mit Salz und Pfeffer würzen. Fülle in sechs Teile portionieren und jeweils auf das Wachtelinnere erhaben auftragen. Die Schnittstellen wieder zusammenfügen – Körper ist vollständig gefüllt. Wachtelhinterseite mit Zwirn vernähen, alle Öffnungen schließen. Wachteln in wenig heißem Fett in flacher Pfanne zart anbraten. Auf den Rücken legen und im vorgeheizten Backrohr unter oftmaligem Begießen braten. Wachteln aus der Pfanne heben, überschüssiges Fett abgießen. Bratensatz mit etwas Suppe oder Wasser löschen, durchkochen, seihen. Reduzierend kochen, kalte Butterstücke einrühren. Zwirn entfernen, Wachteln halbieren, anrichten.

- BACKROHRTEMPERATUR: 230 °C
- GARUNGSDAUER: ca. 18 Minuten
- BEILAGENEMPFEHLUNG: Linsen, Schupfnudeln, Kohlsprossen, Spritzerdäpfel, Erbsenschoten, grüner Spargel, Broccoli

WARME GERICHTE
GEMÜSEBEILAGEN

Nächste Doppelseite: Ein wohlsortierter Gemüsekorb in der Küche ist nicht nur appetitlich anzusehen, sondern auch eine Inspiration für allerhand köstliche und gesunde Gerichte.

ZUTATEN FÜR 4 PORTIONEN
1 kg Spinat, frisch
4 l Wasser
Salz
Natron
50 g Butter
Pfeffer, schwarz, gemahlen
Knoblauch, gepreßt

BLATTSPINAT

In großer Schüssel (oder Waschbecken) mit kaltem Wasser entstielten Spinat gut waschen, aus dem Wasser heben. Vorgang je nach Verschmutzung (Erde) einige Male (verbunden mit Wasserwechsel und Reinigung des Gefäßes) wiederholen. Wasser zum Kochen bringen, Salz, Natron und Spinat beigeben. Spinat ständig unter die Wasseroberfläche drücken, nach ca. 3–5 Minuten mit Schaum- oder Gitterlöffel aus dem Wasser heben und in reichlich Eiswasser (Eiswürfel) geben, durchrühren, eventuell kaltes Wasser nachgießen. Blattspinat abseihen, gut ausdrücken. Butter bräunen, Blattspinat beigeben, Salz, Pfeffer und Knoblauch untermengen.

- GARUNGSDAUER: 3–5 Minuten
- MEIN TIP: Gewürzter Blattspinat schmeckt auch in kaltem Zustand, beispielsweise als Spinatsalat, hervorragend!

ZUTATEN FÜR 4 PORTIONEN
800 g Blattspinat, roh
20 g Butter
20 g Mehl
3 dl Rindsuppe
Salz
Pfeffer, schwarz, gemahlen
Knoblauch, gepreßt
30 g Butter, braun

CREMESPINAT

Spinat kochen (siehe oben). Gut ausdrücken, fein faschieren. Butter schmelzen, Mehl kurz anschwitzen, mit heißer Suppe aufgießen, sehr gut verrühren und 5 Minuten kochen lassen. Wenn nötig (Knoten), passieren. Spinat und Einmach vermengen, aufkochen. Achtung: Verletzungsgefahr durch Spritzer! Salz, Pfeffer, Knoblauch sowie braune Butter einrühren. Konsistenz – wenn nötig – mit Suppe korrigieren.

- GARUNGSDAUER: 10–15 Minuten

ZUTATEN FÜR 4 PORTIONEN
800 g Kochsalat
100 g Wurzelwerk, geschält (gelbe Rübe, Karotte, Lauch, Sellerie)
60 g Frühstücksspeck
¼ l Rindsuppe, fett
Natron
Salz
Pfeffer, schwarz, aus der Mühle

GEDÜNSTETER KOCHSALAT

Kochsalat von unschönen Außenblättern befreien. In reichlich kochendes, mit Natron versetztes Salzwasser geben, ca. 4 Minuten kochen. Aus dem Wasser heben, in Eiswasser abkühlen, herausheben, abtropfen, leicht pressen. Kochsalat der Länge nach halbieren, Strunk herausschneiden, leicht plattieren (klopfen), würzen. In der Mitte einschneiden und zu einem Bündel falten. Wurzelwerk und Speck ganz klein schneiden, passende Auflaufform damit ausstreuen, Kochsalat einsetzen, mit Suppe begießen und im vorgeheizten Backrohr weichdünsten.
Verwendung: als Beilage zu Rindsfilet, Entrecôte, Kalbfleisch und Lammgerichten

- BACKROHRTEMPERATUR: 200 °C
- GARUNGSDAUER: ca. 25 Minuten

KOCHSALAT MIT ERBSEN

ZUTATEN FÜR 4 PORTIONEN

800 g Kochsalat
100 g Erbsen, frisch oder tiefgekühlt
20 g Butter
20 g Mehl, glatt
¼ l Rindsuppe
Salz
Pfeffer
30 g Butter, braun

Kochsalat putzen, waschen, in siedendem Salzwasser kernig kochen. Sofort in Eiswasser legen, eiskalt spülen. Aus dem Wasser heben, gut ausdrücken, fein hacken. Butter schmelzen, Mehl darin anschwitzen, mit Suppe aufgießen und sehr gut verrühren (Schneerute). Einige Minuten kochen. Erbsen in siedendem Salzwasser kochen, abseihen, mit dem Kochsalat unter die Einmach mengen. Butter bräunen, unter den Kochsalat mischen. Mit Salz und schwarzem Pfeffer würzen.
Verwendung: als Beilage zu gekochtem Rindfleisch, Zunge, Faschiertem, Augsburger oder Leberkäse

- GARUNGSDAUER: ca. 10 Minuten

KOHLRABI IN RAHMSAUCE
(Kohlrabi à la crème)

ZUTATEN FÜR 4 PORTIONEN

800 g Kohlrabi, geschält
20 g Mehl, glatt
20 g Butter
2 dl Kohlrabisud
1 dl Sauerrahm
1 TL Petersilie, gehackt
Salz
Pfeffer, weiß, aus der Mühle
Zitronensaft

Kohlrabi (ohne holzige Teile) halbieren und in dünne Spalten schneiden. In Salzwasser kernig kochen, aus dem Sud heben, Sud beiseite stellen. Butter schmelzen, Mehl, ohne Farbe zu geben, anschwitzen, mit Kohlrabisud aufgießen, sehr gut verrühren (Schneerute). Sauerrahm unterrühren, kurz aufkochen, Kohlrabi untermengen. Gewürze, Petersilie sowie etwas Zitronensaft beigeben, eventuell mit etwas gekörnter Suppenwürze vollenden.
Verwendung: als Beilage zu gekochtem Rindfleisch, Pökelzunge oder Faschiertem

- GARUNGSDAUER: ca. 10 Minuten

GEFÜLLTE KOHLRABI

ZUTATEN FÜR 4 PORTIONEN

2 Kohlrabi à ca. 200 g
10 g Butter
30 g Zwiebeln
20 g Frühstücksspeck
30 g Wurzelwerk, geschält (Karotte, Sellerie, Lauch)
⅛ l Rindsuppe
Salz
Pfeffer, weiß, aus der Mühle
1 TL Petersilie, gehackt

Kohlrabi schälen, holzige Teile wegschneiden, halbieren. In Salzwasser kernig kochen. Mittels rundem Ausstecher in Größe der gewünschten Höhlung 2 cm tief anstechen und aushöhlen. Das Ausgehöhlte fein hacken. Zwiebeln, Speck und Wurzelwerk gesondert in möglichst kleine Würfel schneiden. Butter erhitzen, Speck anrösten, Zwiebeln beigeben, anschwitzen. Wurzelwerk untermengen, kurz andünsten, gehackte Kohlrabi zugeben, mit etwas Suppe untergießen, andünsten und würzen. Masse in Kohlrabi einfüllen. Feuerfeste Form mit Suppe ausgießen, Kohlrabi einsetzen und zugedeckt im vorgeheizten Backrohr dünsten. Mit Petersilie bestreuen.
Verwendung: als Beilage zu Lammkoteletts, Rindsfilets oder Steaks

- BACKROHRTEMPERATUR: 220 °C
- GARUNGSDAUER: ca. 25 Minuten

KOHLSPROSSEN MIT BUTTER

ZUTATEN FÜR 4 PORTIONEN

600 g Kohlsprossen, frisch oder tiefgekühlt
40 g Butter
Salz
Pfeffer, schwarz, aus der Mühle
Knoblauch, gepreßt
Natron

Außenblätter entfernen, Strunk kürzen, Kohlsprossen an der Unterseite (Strunk) kreuzförmig einschneiden. Kohlsprossen in mit Natron versetztem, siedendem Salzwasser leicht wallend garen, aus dem Wasser heben – wenn nicht sofort weiterverwendet, in Eiswasser abkühlen. Butter in passender Pfanne bräunen, Kohlsprossen beigeben, mit Salz, Pfeffer und Knoblauch würzen. Unter ständigem Schwingen der Pfanne nochmals erhitzen.
Verwendung: als Beilage zu Schweinefleisch, Rindsfilets, Steaks oder Lammgerichten

- GARUNGSDAUER: hängt von der Größe ab
- MEIN TIP: Etwas deftiger, dafür noch schmackhafter geraten Kohlsprossen, wenn sie abschließend mit 4 EL Butterbröseln „abgeschmalzen" werden.

WIENER KOHL

ZUTATEN FÜR 6 PORTIONEN

800 g Kohl, geputzt
20 g Butter
20 g Mehl, glatt
60 g Frühstücksspeck
¼ l Rindsuppe
1 Knoblauchzehe, gepreßt
Salz
Pfeffer, schwarz, aus der Mühle

Kohl von Außenblättern und Strunk befreien, feinnudelig schneiden. Kohl in siedendem Salzwasser kochen, abseihen, abpressen. Butter schmelzen, Mehl beigeben, anschwitzen, mit heißer Suppe aufgießen und sehr gut verrühren (Schneerute). Einige Minuten kochen lassen, Kohl untermengen. Speck kleinwürfelig schneiden, anrösten, dem Kohl beigeben. Mit Knoblauch, Salz und Pfeffer vollenden, nochmals kurz aufkochen.
Verwendung: als Beilage zu gekochtem Rindfleisch, Zunge, Faschiertem, Bratwurst, Augsburger oder Leberkäse

- GARUNGSDAUER: ca. 4–6 Minuten

DILLKÜRBIS

ZUTATEN FÜR 4 PORTIONEN

½ kg Kürbis, geschält, entkernt (= ca. 1 kg ungeschält)
80 g Zwiebeln
30 g Butter
1 EL Paprikapulver, edelsüß
1 dl Sauerrahm
20 g Mehl, glatt
1 KL Dillspitzen, gehackt
1 dl Rindsuppe
Essig oder Zitronensaft
Salz
Pfeffer, weiß, aus der Mühle

Halbierten Kürbis nochmals in drei Längsteile schneiden. Diese wiederum messerrückendick schneiden, einsalzen, ½ Stunde ziehen lassen, leicht abpressen. Zwiebeln fein schneiden, in heißer Butter licht anschwitzen. Kürbis beigeben, mit Suppe untergießen und zugedeckt ca. 8 Minuten dünsten. Paprika, Pfeffer und Dille einmengen. Sauerrahm mit Mehl vermischen, in den Kürbis einrühren, nochmals kurz aufkochen lassen. Mit etwas Zitronensaft oder Essig pikant abschmecken.
Verwendung: als Beilage zu gekochtem Rindfleisch, Faschiertem oder Augsburger

- GARUNGSDAUER: ca. 10 Minuten
- MEIN TIP: Für Kürbiskraut hobelt man den Kürbis in feine Streifen, wodurch sich die Garungszeit verringert.

» *Fisolen zum Einschlafen?* «

Daß manche Gemüsegerichte völlig zu Unrecht als langweilig gelten, hat seinen Grund keineswegs in geschmacklichen Eigenschaften. Das Wörtchen Dill beispielsweise stammt vom altnordischen Wort „dilla" ab, was soviel wie einlullen bedeutet. Tatsächlich glaubte man jahrhundertelang, daß dieses vielleicht älteste Kräutlein der Welt – seine Existenz wurde schon um 3000 v. Chr. auf einer ägyptischen Papyrusrolle beschrieben – ein probates Schlafmittel sei. Später galt es dann, ganz im Gegenteil, als Appetitmacher. Vor allem glaubte man jedoch auch, es halte Hexen und den bösen Blick fern. Gourmets haben übrigens seit jeher ein zwiespältiges Verhältnis zur Dille entwickelt. Einerseits schätzen sie diese in Marinaden wie etwa jener des Graved laxes, andererseits wissen sie um die starke Geschmacksdominanz der gefiederten Blätter mit dem leichten Anisaroma, die so manches Gericht um seinen Eigengeschmack bringen können. Nicht jedoch die Fisolen, die mit Dille eine nachgerade ideale Symbiose eingehen und alles andere als einschläfernd wirken.

BUTTERFISOLEN

ZUTATEN FÜR 4 PORTIONEN

600 g Fisolen, geputzt, ohne Fäden
40 g Butter
Salz
Pfeffer, schwarz, aus der Mühle
Natron

Fisolen ganz belassen, in mit Natron versetztem, siedendem Salzwasser kernig weichkochen, abseihen, eventuell abfrischen (Eiswasser). Butter in passender Pfanne nußbraun erhitzen, Fisolen beigeben, durchschwingen, würzen.
Variante I: Statt in Butter werden die Fisolen in gerösteten Speckwürfeln geschwenkt.
Variante II: Fisolen abschließend mit Butterbröseln „abschmalzen".
Verwendung: als Beilage zu Steaks, Rindsfilet, Schweins- oder Lammkoteletts

● GARUNGSDAUER: ca. 6 Minuten

DILLFISOLEN

ZUTATEN FÜR 6 PORTIONEN

1 kg Fisolen, geputzt, ohne Fäden und Enden
20 g Butter
20 g Mehl, glatt
2 dl Rindsuppe
¼ l Sauerrahm
10 g Dillspitzen, gehackt
Salz
Pfeffer, schwarz, aus der Mühle
Zitronensaft oder Essig
Natron

Fisolen in Rauten schneiden. In mit Natron versetztem, siedendem Salzwasser kochen, abseihen und eventuell abfrischen. Butter schmelzen, Mehl beigeben, anschwitzen, mit heißer Suppe aufgießen, glattrühren (Schneerute). Einige Minuten durchkochen, Rahm beigeben, aber nicht mehr kochen. Fisolen in die Einmach mengen, mit Salz, Pfeffer, Zitronensaft oder Essig und Dille vollenden. Nochmals aufkochen.
Verwendung: als Beilage zu gekochtem Rindfleisch, Zunge, Faschiertem, Augsburger oder Leberkäse

● GARUNGSDAUER: ca. 6 Minuten

EINGEMACHTES MISCHGEMÜSE

ZUTATEN FÜR 4 PORTIONEN
200 g Karotten, geschält
200 g Kohlrabi, geschält
100 g Erbsen
100 g Fisolen, geputzt
100 g Karfiolröschen
20 g Mehl, glatt
20 g Butter
¼ l Gemüsesud
2 dl Sauer- oder Schlagrahm
1 TL Petersilie, gehackt
Salz
Pfeffer, weiß, aus der Mühle
Suppenwürze (eventuell)

Karotten und Kohlrabi in ca. 6 mm große Würfel, Fisolen in Rauten oder kleine Stücke schneiden. Gemüse waschen, mit Salzwasser bedecken und zum Kochen bringen. Kernig kochen, abseihen. Butter schmelzen, Mehl anschwitzen, mit Gemüsesud aufgießen und sehr gut verrühren (Schneerute). 5 Minuten kochen lassen, Rahm einrühren, Petersilie beigeben. Gemüse untermengen, nochmals aufkochen und abschmecken.
Verwendung: als Beilage zu Siedefleisch, Kalbfleisch- und Geflügelgerichten

- GARUNGSDAUER: ca. 10 Minuten

LETSCHO

ZUTATEN FÜR 4 PORTIONEN
400 g Paprikaschoten, entkernt
200 g Zwiebeln
250 g Tomaten, geschält, entkernt
6 EL Öl
2 Knoblauchzehen, gepreßt
⅛ l Suppe
Salz
Pfeffer, aus der Mühle
1 EL Petersilie, gehackt

Paprikaschoten und Zwiebeln in Streifen oder grobe Würfel schneiden, Tomaten sechsteln. Öl erhitzen, Zwiebeln glasig anlaufen lassen, Paprikaschoten beigeben, kurz andünsten, mit Knoblauch, Salz und Pfeffer würzen. Mit Suppe begießen und zugedeckt dünsten. Nach 8 Minuten gewürzte Tomaten zugeben. Kurz zart weiterdünsten, abschmecken, mit Petersilie bestreuen.
Verwendung: als Beilage zu Schweinefleischgerichten, Lamm- oder Grillspezialitäten, aber auch für kaltes Buffet

- GARUNGSDAUER: 10 Minuten
- MEIN TIP: Mitgedünsteter, angerösteter Speck und ein Spritzer Weißwein ergeben eine andere Geschmacksnote.

Viele bunte Paprika, Tomaten und der gewisse Knoblauchduft sind die unumgänglichen Ingredienzien des klassischen Letscho.

Fleischtiger, die zu gedünstetem Fenchel womöglich eine skeptische Miene machen, seien getröstet: Das deliziöse Gemüsegericht wird mit etwas Speck und Rindsuppe zubereitet.

GEDÜNSTETER FENCHEL

ZUTATEN FÜR 4 PORTIONEN

400 g Fenchelknolle, geputzt
100 g Wurzelwerk (Karotte, Sellerie, gelbe Rübe), geschält
50 g Frühstücksspeck
7 dl Rindsuppe
1 TL Petersilie, gehackt

Von Fenchelknolle äußere Randschicht, Strunk und Stiele entfernen, waschen, halbieren und in längliche Scheiben schneiden. Boden einer feuerfesten Form mit kleinwürfelig geschnittenem Wurzelwerk und Speck bestreuen. Fenchel einschichten, mit Suppe bedecken und im vorgeheizten Backrohr garen. Aus der verbliebenen Suppe heben, mit Petersilie bestreuen.
Verwendung: als herbe Beilage zu Grillgerichten, Rindsfilet, Roastbeef oder Lamm

- BACKROHRTEMPERATUR: 220 °C
- GARUNGSDAUER: 45 Minuten

ERBSEN MIT SCHINKEN GEDÜNSTET

ZUTATEN FÜR 4 PORTIONEN

500 g Erbsen
40 g Preßschinken
50 g Zwiebeln
1 EL Kristallzucker
4 cl Weißwein
1 TL Petersilie, gehackt
30 g Butter
Salz
Natron

Schinken und Zwiebeln fein schneiden. Erbsen in siedendem, mit Natron versetztem Salzwasser sehr kernig garen. Abseihen, eventuell abfrischen (Eiswasser). Butter schmelzen, Zwiebeln darin anlaufen lassen, Zucker beigeben, glasig schmelzen, mit Weißwein ablöschen. Einige Minuten dünsten. Schinken einrühren, Erbsen und Petersilie untermengen, erhitzend andünsten, abschmecken.
Verwendung: als Beilage für Kalbfleisch, Schweinsfilet, Hühner-, Rindfleisch- oder Truthahngerichte

- GARUNGSDAUER: ca. 8–10 Minuten

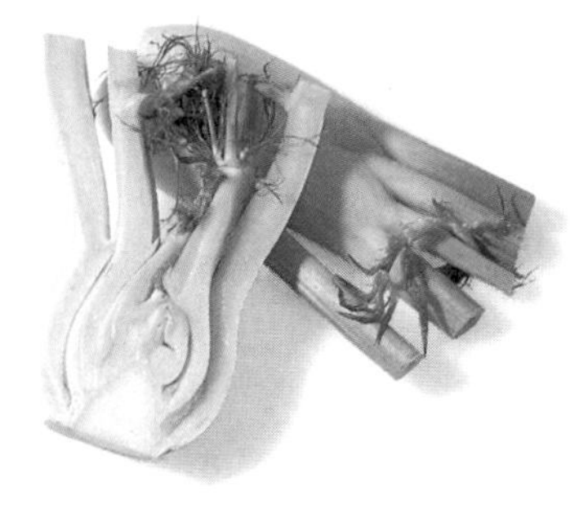

» Der Marathonmann «

Bei den alten Römern muß Fenchel eine Funktion gehabt haben wie bei uns Chips und Popcorn. Sie knabberten, ob bei den Spielen im Colosseum oder nach dem Gelage im heimischen Triclinium, unentwegt daran. Und weil man davon unglaubliche Mengen vertilgen konnte, ohne jemals satt und dick zu werden, nannten sie ihr „feniculum" kurzerhand auch „marathon" oder „maraino", was soviel wie Schlankmacher bedeutet. Fenchel galt im alten Rom als Lebenselixier schlechthin, das überdies über die angenehme Eigenschaft verfügte, das Sehvermögen und die Manneskraft aufrechtzuerhalten oder zu verbessern. In die Fußstapfen der alten Römer traten übrigens auch die englischen Puritaner unter Oliver Cromwell, die sich während ihrer bekannt langweiligen Gottesdienste die Zeit vertrieben, indem sie Fenchelsamen kauten, was denselben auch den wenig schmeichelhaften Namen „session-seed" (Sitzungssamen) einbrachte.

SAUERKRAUT *(Gabelkraut)*

ZUTATEN FÜR 4 PORTIONEN

600 g Sauerkraut
100 g Zwiebeln
50 g Frühstücksspeck
4 dl Rind- oder Selchsuppe
5 EL Schmalz oder Öl
Salz
1 Lorbeerblatt
5 Pfefferkörner
4 Wacholderbeeren

Sauerkraut je nach Notwendigkeit kalt wässern. Zwiebeln und Speck gesondert in kleine Würfel schneiden. Fett erhitzen, Speck anlaufen lassen, Zwiebeln darin glasig anschwitzen. Mit Suppe aufgießen, Sauerkraut beigeben. Gemeinsam mit Gewürzen (und eventuell einer Speckschwarte) zugedeckt weichdünsten. Gewürze entfernen, abschmecken.

- GARUNGSDAUER: 45 Minuten
- MEIN TIP: Wenn Sie das Sauerkraut gebunden bevorzugen, so mengen Sie 1–2 rohe, gerissene Erdäpfel ein und lassen das Kraut noch weitere 5 Minuten kochen. Man kann auch Paprikapulver mitdünsten und abschließend Sauerrahm einrühren.

WEINKRAUT

ZUTATEN FÜR 4 PORTIONEN

600 g Weißkraut, ohne Außenblätter und Strunk
50 g Zwiebeln
150 g Äpfel, säuerlich, entkernt
5 EL Butterschmalz oder Öl
1/8 l Weißwein
Kristallzucker

Marinade:
1/8 l Weißwein
1/2 EL Zitronensaft
Salz
Kristallzucker

Kraut und Zwiebeln gesondert in feine Streifen schneiden. Kraut einsalzen, mit Zucker, Wein und Zitronensaft marinieren, 1 Stunde ziehen lassen. Zwiebeln in Fett farblos anschwitzen, etwas Zucker beigeben, glacieren, mit Wein ablöschen und Kraut samt Marinade einmengen. Zugedeckt weichdünsten. Geschabte Äpfel einrühren, fertigdünsten.
Verwendung: als Beilage zu Ente, Gans, Wildente, Schweinefleisch oder Spanferkel

- GARUNGSDAUER: ca. 60 Minuten
- MEIN TIP: Für Champagnerkraut verwenden Sie statt Wein Sekt. Möchten Sie dem Kraut eine exotische Nuance verleihen, so mengen Sie geschnittene Hawaiiananas unter.

ROTKRAUT

ZUTATEN FÜR 4 PORTIONEN
600 g Rotkraut, ohne Außenblätter und Strunk
1 EL Preiselbeeren
150 g Äpfel, geschält, entkernt
2 dl Rotwein
3 EL Öl
80 g Zwiebeln, feingeschnitten
20 g Kristallzucker
Orangen- und Zitronensaft
Salz

Rotkraut fein hobeln, mit Zitronen- und Orangensaft sowie Salz kräftig verkneten, einige Stunden rasten lassen. Öl erhitzen, Zwiebeln – ohne Farbe zu geben – anschwitzen, Zucker beigeben, kurz rösten, mit Wein ablöschen. Rotkraut untermengen und zugedeckt dünsten. (Falls nötig etwas Wasser oder Suppe zugießen.) Knapp vor vollendeter Garung mit gerissenen Äpfeln und Preiselbeeren vermischen, zugedeckt fertigdünsten.
Verwendung: als Beilage zu Wildgerichten

- GARUNGSDAUER: ca. 80 Minuten
- MEIN TIP: Rotkraut läßt sich mit etwas Phantasie äußerst vielfältig geschmacklich abändern. So ergeben etwa Ananasstücke und -saft, geschälte, mitgedünstete Maroni, Birnenstücke oder geschälte Weintrauben eine jeweils neue Geschmacksnuance. Auch was die Würzung betrifft, ist die Bandbreite groß. Von Zimt angefangen, über Essig, Lorbeerblatt bis zu Gewürznelken ist alles, je nach Geschmack, empfehlenswert. Eine eventuell gewünschte Bindung erzielt man mit Hilfe von Mehl oder Maisstärke. Rotkraut ist bei kühler Lagerung ca. 1 Woche haltbar.

MELANZANIGEMÜSE

ZUTATEN FÜR 4 PORTIONEN
500 g Melanzani
100 g Zwiebeln
100 g Tomaten, geschält, entkernt
8 EL Olivenöl
4 cl Weißwein
Salz
Pfeffer, schwarz, aus der Mühle
Basilikum, gehackt
Knoblauch, gepreßt

Gewaschene, getrocknete Melanzani samt Schale in ca. 1 cm große Würfel schneiden, salzen, ziehen lassen. Zwiebeln klein schneiden, in heißem Öl anschwitzen, Melanzani beigeben, würzen, mit Weißwein angießen und zugedeckt dünsten. Falls notwendig, etwas Rindsuppe oder Wasser untergießen. Nach ca. 8 Minuten kleingeschnittene Tomaten untermengen. Nochmals würzen, mit Basilikum vollenden.
Verwendung: als Beilage zu Lammkarree, Schweinskoteletts, Steaks

- GARUNGSDAUER: ca. 10 Minuten

TOMATENCONCASSÉE

ZUTATEN FÜR 4 PORTIONEN
400 g Tomaten, geschält, entkernt
3 EL Butter oder Olivenöl
Salz
Pfeffer, schwarz, aus der Mühle
Petersilie, gehackt

Tomaten in kleine Würfel schneiden. Butter (Öl) erhitzen, Tomatenwürfel unter ständigem Schwenken der Pfanne darin erhitzen, würzen, mit Petersilie vollenden.
Verwendung: paßt – mit gehacktem Basilikum vermengt – besonders gut zu Kalb-, Rindfleisch- und Fischgerichten

- GARUNGSDAUER: ca. 3 Minuten

Je bunter, desto provencalischer: Die Ratatouille ist ein typischer Vertreter der Sonnenküche rund um Nizza, die sich auch im „hohen Norden" Österreichs allergrößter Beliebtheit erfreut.

ZUTATEN FÜR 4 PORTIONEN
180 g Zucchini
180 g Melanzani
180 g Paprikaschoten (grün, gelb, rot), entstielt, entkernt
100 g Tomaten, entkernt (eventuell geschält)
⅛ l Tomatensaft
2 Knoblauchzehen, gepreßt
80 g Zwiebeln
8 EL Olivenöl
Salz
Pfeffer, schwarz
Oregano
Thymian

RATATOUILLE

Gemüse waschen, trocknen, Paprika, Melanzani, Zucchini, Zwiebeln und Tomaten gesondert in ca. 1 cm große Würfel schneiden. Öl erhitzen, Zwiebeln farblos glasig werden lassen, Paprika beigeben, 3 Minuten dünsten, Melanzani und Zucchini untermengen, mit Tomatensaft begießen und würzen. Etwa 8 Minuten dünsten, Tomaten hinzufügen, noch einmal aufkochen.
Verwendung: als Beilage zu Fisch- oder Grillgerichten

- GARUNGSDAUER: ca. 12 Minuten
- MEIN TIP: Wird Ratatouille als (hervorragende) kalte Beilage gereicht, so sollte sie lauwarm und mit Olivenöl beträufelt serviert werden.

ZUTATEN FÜR 4 PORTIONEN
600 g Karotten, geschält
40 g Butter
Salz
Mineralwasser
1 EL Kristallzucker (gehäuft)
1 TL Petersilie, gehackt

GLACIERTE KAROTTEN

Karotten in 6 mm × 4 cm große Stücke schneiden. Butter schmelzen, Kristallzucker darin glasig werden lassen. Mit Mineralwasser ablöschen, Zucker auflösen, Karotten beigeben, ankochen. Salz und ständig etwas Wasser einrühren, dabei die Karotten schwenken. Die Flüssigkeit muß immer auf ein Minimum beschränkt sein. Wenn die Karotten knackig gegart sind, sollte die Flüssigkeit völlig verdunstet sein. Mit Petersilie vollenden.
Verwendung: als Beilage zu Kalbsbraten, Kalbsfilets, Hühner- oder Truthahngerichten

- GARUNGSDAUER: ca. 15 Minuten

LINSEN MIT SPECK

ZUTATEN FÜR 4 PORTIONEN

250 g Tellerlinsen, getrocknet (oder eine 1-kg-Dose gekochter Linsen)
4 EL Öl
30 g Mehl, glatt
30 g Zwiebeln, feingeschnitten
120 g Frühstücksspeck
15 g Kapern, gehackt
1 KL Tomatenmark
½ l Suppe oder Linsensud
Salz
Pfeffer, schwarz
Kuttelkraut
Majoran
1 Lorbeerblatt
Essig
Sardellenpaste

Getrocknete Linsen in reichlich kaltem Wasser einige Stunden weichen. Wasser abschütten, Linsen mit frischem Wasser, Salz, Lorbeerblatt und Kuttelkraut zustellen, weichkochen. Öl erhitzen, Mehl beigeben, dunkelbraun rösten (Einbrenn). Zwiebeln beigeben, rösten, Tomatenmark einrühren, rösten, mit Suppe oder Linsensud aufgießen, glattrühren. 10 Minuten durchkochen lassen, Linsen untermengen, 5 Minuten kochen lassen, mit Salz, Essig, Majoran, Pfeffer, Kapern und Sardellenpaste pikant abschmecken. Speck in kleine Würfel schneiden, knusprig anrösten und mit dem verbliebenen Schmalz auf den Linsen anrichten oder untermengen.
Verwendung: als ausgezeichnete Beilage zu Wild, Wildgeflügel, Gänseleber oder Wurst

- GARUNGSDAUER: ca. 25 Minuten, je nach Linsenart
- MEIN TIP: Kalorienbewußte werden entweder die Mehlbindung oder den Speck weglassen.

ERBSENPÜREE

ZUTATEN FÜR 6 PORTIONEN

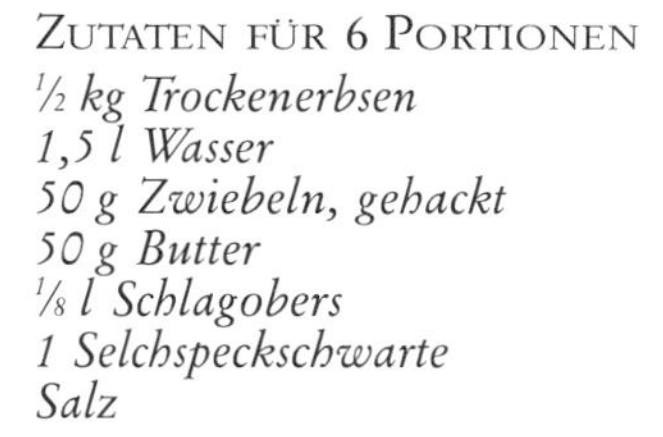
½ kg Trockenerbsen
1,5 l Wasser
50 g Zwiebeln, gehackt
50 g Butter
⅛ l Schlagobers
1 Selchspeckschwarte
Salz

Getrocknete Erbsen ca. 12 Stunden in reichlich kaltem Wasser einweichen. Wasser abschütten. Erbsen mit frischem Wasser, Zwiebeln und Speckschwarte zum Kochen bringen, weichkochen, abseihen, Speckschwarte entfernen. Erbsen passieren, Butter und Obers einrühren, salzen.
Verwendung: als Beilage zu Zunge, Selchfleisch, Selchripperln oder Würsten

- GARUNGSDAUER: ca. 30 Minuten

Ein italienisches Gericht aus der steirischen Türkei

Angehörige der Kriegsgeneration sehen meistens rot, wenn sie der dottergelben Farbe der Polenta ansichtig werden. Allzulange wurden sie mit dem nahrhaften Maismehlbrei traktiert, als daß sie ihm in Wohlstandszeiten noch etwas abgewinnen könnten. Bei jüngeren Generationen hingegen hat die Polenta ihr ramponiertes Image voll wiederhergestellt. Polenta gilt heute als Inbegriff von freudvoller Italianitá, auch wenn sie im Grunde alles, nur kein italienisches Gericht ist. Lange Zeit war der Mais selbst in Italien nur als „granoturca" bekannt. Mit derselben Berechtigung wie die Italiener könnten daher auch die Steirer die Polenta für sich reklamieren. Nur heißt sie dort seit jeher – unter korrekter Wahrung des Copyrights – „Türkensterz".

POLENTATALER

ZUTATEN FÜR 6 PORTIONEN

180 g Maisgrieß
¼ l Wasser
¼ l Milch
40 g Butter
2 Eidotter
20 g Parmesan, gerieben
Salz
Muskatnuß
Butterschmalz zum Braten
Öl zum Befetten

Milch, Wasser und Butter zum Kochen bringen, Maisgrieß einlaufen lassen und unter ständigem Rühren (Kochlöffel) gut durchkochen, bis der Grieß weich erscheint. Eidotter, Salz, Muskatnuß sowie Parmesan einrühren. Die Masse auf ein zart geöltes Backblech drücken (ca. 1,5 cm hoch) und erkalten lassen. Mittels rundem Ausstecher ca. 5 cm große Taler ausstechen. Butterschmalz in Pfanne erhitzen, Taler darin beidseitig knusprig braun braten.
Verwendung: als Beilage zu Fisch-, Fleisch- und Ragoutgerichten

DINKELPUFFER

ZUTATEN FÜR 4 PORTIONEN

1 Tasse Dinkel
2 Tassen Wasser
2 EL Wurzelwerk, kleingeschnitten (Karotte, gelbe Rübe, Lauch)
1 EL Zwiebeln, gehackt
1 EL Kräuter, gehackt
1 Ei
Salz, Pfeffer
Butterschmalz zum Braten

Dinkel 12 Stunden in kaltem Wasser einweichen. Getreide einmal in Salzwasser aufkochen und zugedeckt (wie Reis) quellen lassen. Zwiebeln und Wurzelwerk in Butterschmalz anschwitzen. Dinkel, Zwiebeln und Wurzeln faschieren. Ei, Gewürze und Kräuter unter die Masse mengen (falls die Masse zu weich ist, etwas Semmelbrösel zugeben). Schmalz in Pfanne (Teflon) erhitzen, mittels Löffel Masse in die Pfanne geben und zu flachen Puffern formen. Beidseitig braun braten.

Echter russischer Caviar harmoniert am besten mit den klassischen Buchweizenblinis, die sich freilich auch perfekt als Beilage zu Lachs und anderen Räucherfischen eignen.

BUCHWEIZENBLINIS

ZUTATEN FÜR 4 PORTIONEN

130 g Buchweizenmehl
120 g Weizenmehl, glatt
3 g Germ
1 Ei
2 Eidotter
2 Eiklar
¼ l Milch
20 g Butter
Salz
Butterschmalz zum Backen

Beide Mehlsorten vermischen, Germ dazubröckeln, zerlassene Butter sowie lauwarme Milch einrühren. Ei und Eidotter untermengen, glattrühren. Eiklar und etwas Salz zu Schnee schlagen, unter den Teig ziehen, diesen ½ Stunde bei Raumtemperatur gehen lassen. In passender Pfanne Butterschmalz erhitzen, mit einem Löffel Teig in Plätzchenform in die Pfanne einsetzen und beidseitig knusprig braun backen. Aus der Pfanne heben.
Verwendung: als Beilage zu Fischen, etwa Lachs mit Krensauce. Außerdem gelten Blinis als klassische Beilage zu echtem Caviar, wozu außerdem noch Sauerrahm gereicht wird.

GRATINIERTE GRIESSDUKATEN

ZUTATEN FÜR 4 PORTIONEN

½ l Milch
150 g Weizengrieß
50 g Butter
2 Eier
2 EL Parmesan, gerieben
Salz
Muskatnuß
Butter (oder Butterschmalz) zum Braten und Befetten

Milch und Butter zum Kochen bringen, Salz und Muskatnuß beigeben. Grieß einfließen lassen, sehr gut vermengen. Masse so lange rühren, bis diese steif anzieht. Eier rasch einrühren. Masse auf ein schwach befettetes Blech ca. 1 cm hoch flach auftragen, andrücken und erkalten lassen. Mittels rundem Ausstecher Dukaten ausstechen. Butter in flacher Pfanne erhitzen, Grießdukaten darin beidseitig scharf anbraten. Schindelartig in gebutterte flache Gratinierschüssel formieren, mit Parmesan bestreuen und bei extremer Oberhitze überbacken.

- BACKROHRTEMPERATUR: 250 °C
- GARUNGSDAUER: ca. 8–10 Minuten
- BEILAGENEMPFEHLUNG: Blattsalate

» Dieser Reis ist eine Sauce «

Wer dächte, wenn er das Wörtchen Curry hört, nicht an das gleichnamige gelbe Pulver mit dem unnachahmlichen exotisch-würzigen Geschmack, das sich längst auch an unseren Tafeln durchgesetzt hat. Curryreis ißt man heute keineswegs nur zu indischen Gerichten, sondern etwa auch zu Kalbsnierenbraten oder Fisch. Bei alledem ist freilich in Vergessenheit geraten, daß Curry alles andere als ein Gewürz ist, ja nicht einmal – wie viele meinen – eine raffinierte Gewürzmischung, die unter anderem Kreuzkümmel und Gelbwurz enthält. Letztere haben die Engländer nach Europa gebracht und nach einem indischen Wort benannt, das in den Küchen zwischen Bombay und Delhi häufig zu hören ist: kari. Das bedeutet freilich keinesfalls Gewürz, sondern schlicht und einfach Sauce.

GEDÜNSTETER REIS

ZUTATEN FÜR 4 PORTIONEN
160 g Reis (parboiled)
4 dl Wasser (Suppe)
30 g Butter oder Öl
60 g Zwiebeln, feingeschnitten
Salz
2 Gewürznelken

Butter schmelzen, Zwiebeln glasig anlaufen lassen, Reis beigeben, kurz durchrühren, mit heißem Wasser oder Suppe aufgießen. Kräftig salzen (überwürzen), Nelken beigeben und zugedeckt aufkochen lassen; in das vorgeheizte Backrohr stellen und dünsten. Nelken entfernen.

- BACKROHRTEMPERATUR: 160 °C
- GARUNGSDAUER: ca. 30 Minuten
- MEIN TIP: Für Milchreis lassen Sie 120 g Reis (keinen parboiled!) in 1½ l kochender Milch, versetzt mit 40 g Butter und etwas Salz, cremig garen und vollenden mit brauner Butter, geriebener Schokolade oder Zimt.

CURRYREIS

ZUTATEN FÜR 4 PORTIONEN
160 g Reis (parboiled)
4 dl Wasser oder Hühnersuppe
30 g Butter oder Sesamöl
60 g Zwiebeln, gehackt
1 EL Currypulver
Salz

Butter (oder Sesamöl) erhitzen, Zwiebeln glasig anlaufen lassen, Reis beigeben, durchrühren. Curry einmengen und mit heißem Wasser oder Hühnersuppe aufgießen. Kräftig salzen. Zugedeckt aufkochen lassen und im vorgeheizten Backrohr dünsten. Fertigen Reis auflockern.
Verwendung: als Beilage zu Fisch (Seeteufel, Steinbutt, Krabben) oder Lamm- und Kalbfleisch, Huhn und Truthahn

- BACKROHRTEMPERATUR: 160 °C
- GARUNGSDAUER: 30 Minuten
- MEIN TIP: Curryreis läßt sich gut mit Kokosraspeln, Rosinen, Apfelstückchen oder gerösteten Mandelstifteln kombinieren.

Gegenüberliegende Seite: Reis ist keineswegs nur in der orientalischen Küche ein idealer Begleiter zu zahlreichen Gerichten.

Wien wurde von Herzmanovsky-Orlando einmal als die „Mongolendrüse Europas“ bezeichnet. Wen wundert es daher, daß hier auch der Letschoreis längst als „typisch wienerisch“ gilt?

ZUTATEN FÜR 4 PORTIONEN
200 g Reis (parboiled)
3 dl Wasser oder Suppe
100 g Paprikaschoten
60 g Tomaten, geschält, entkernt
50 g Zwiebeln
4 EL Öl
1 Knoblauchzehe, gepreßt
Salz
Suppenwürze
1 EL Petersilie, gehackt

LETSCHOREIS

Zwiebeln kleinwürfelig, Paprika in feine Streifen, Tomaten in sechs Teile schneiden. Öl erhitzen, Zwiebeln glasig anlaufen lassen, Paprika beigeben, kurz andünsten, Reis untermengen. Mit Suppe oder Wasser aufgießen, würzen (überwürzen) und zugedeckt im vorgeheizten Backrohr dünsten. Wenn der Reis gar ist, gesalzene Tomaten beigeben, 5 Minuten weiterdünsten. Mit Petersilie vollenden.
Verwendung: als Beilage zu Garnelen, Hummerkrabben, gebratenen Fischen, aber auch zu Schweinefleisch und Lamm

- BACKROHRTEMPERATUR: 160 °C
- GARUNGSDAUER: 30 Minuten

ZUTATEN FÜR 4 PORTIONEN
120 g Reis (parboiled)
160 g Erbsen, frisch oder tiefgekühlt
3 dl Wasser oder Suppe
20 g Butter oder Olivenöl
40 g Zwiebeln, feingehackt
1 TL Petersilie, feingehackt
Salz

RISIPISI

Butter schmelzen, Zwiebeln glasig anlaufen lassen, Reis beigeben, kurz durchrühren und mit heißem Wasser oder Suppe aufgießen. Kräftig salzen (überwürzen), zugedeckt aufkochen lassen und in das vorgeheizte Backrohr stellen. Nach 10 Minuten die Erbsen beigeben, weiterdünsten. Fertigen Reis auflockern, Petersilie unterheben.
Verwendung: als Beilage zu Brathuhn, Kalbsfilets, Naturschnitzel oder Kalbsbraten

- BACKROHRTEMPERATUR: 160 °C
- GARUNGSDAUER: ca. 30 Minuten
- MEIN TIP: Etwas geriebener Parmesan macht das Risipisi noch schmackhafter.

SAFRANREIS

Zutaten für 4 Portionen

160 g Reis (parboiled)
4 dl Hühnersuppe oder Wasser
30 g Butter oder Öl
Salz
½ Briefchen Safranfäden

Butter schmelzen, Reis glasig anlaufen lassen, mit Suppe oder Wasser aufgießen, salzen, Safran beigeben. Zugedeckt aufkochen und im vorgeheizten Backrohr dünsten. Reis auflockern.

- BACKROHRTEMPERATUR: 160 °C
- GARUNGSDAUER: 30 Minuten
- MEIN TIP: Safranreis läßt sich besonders gut mit gegarten Muscheln, Riesengarnelen und Geflügelstücken kombinieren. Gegen Ende des Dünstprozesses die erwähnten Produkte auf den Reis auflegen, leicht eindrücken, fertigdünsten.

WILDREIS

Zutaten für 4 Portionen

200 g Wildreis
3 l Salzwasser
20 g Butter

Wasser aufkochen, Reis einfließen lassen und unter oftmaligem Rühren kochen lassen. Heiß spülen, abtropfen lassen. Mit geschmolzener Butter abmengen, eventuell nachsalzen.
Verwendung: als ideale Beilage zu Fisch und Krustentieren sowie zu Kalbfleisch und Geflügelgerichten

- GARUNGSDAUER: 1¾ Stunden

Zubereiten von Nockerln und Tarhonya

1

◁ NOCKERLN: *Mehl, Eier, Eidotter, Milch, Öl oder flüssige Butter und Salz mittels Kochlöffel zu einem glatten Teig verrühren.*

Reichlich Salzwasser zum Kochen bringen. Teig mittels Nockerlsieb und Teigkarte in das Wasser einkochen, mit Kochlöffel umrühren (verhindert Knotenbildung). ▷

2

3

◁ *Nockerln aufkochen, abseihen oder mit einem Schaumlöffel aus dem Wasser heben, mit heißem Wasser abschwemmen, abtropfen lassen.*

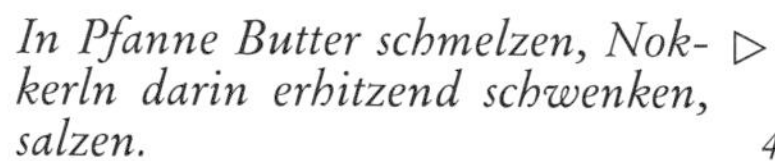

In Pfanne Butter schmelzen, Nokkerln darin erhitzend schwenken, salzen. ▷

4

1

◁ TARHONYA: *Schmalz erhitzen, kleingeschnittenen Speck anrösten, ebenso geschnittene Zwiebeln beigeben, licht anschwitzen.*

Tarhonya untermengen und leicht anschwitzen. ▷

2

3

◁ *Mit heißem Wasser oder Suppe aufgießen, Gewürze beifügen, zugedeckt ankochen lassen, im vorgeheizten Backrohr (wie Reis) fertigdünsten.*

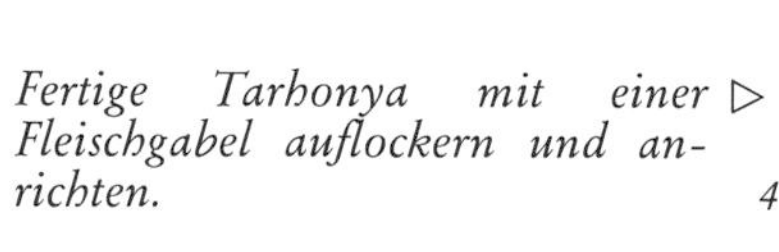

Fertige Tarhonya mit einer Fleischgabel auflockern und anrichten. ▷

4

NOCKERLN *(Spätzle)*

ZUTATEN FÜR 6 PORTIONEN
500 g Mehl, glatt (wenn möglich Typ 480)
3 Eier
3 Eidotter
2 dl Milch
1 EL Öl oder flüssige Butter
Salz
Butter zum Schwenken

Alle Zutaten mittels Kochlöffel zu einem glatten Teig verrühren. Reichlich Salzwasser zum Kochen bringen. Teig mittels Nockerlsieb oder Teigkarte (für Spätzle mittels Presse) in das Wasser einkochen, stets mit Kochlöffel umrühren, damit keine Klumpen entstehen. Nockerln aufkochen, abseihen, heiß abschwemmen. Butter schmelzen, Nockerln darin schwenken, salzen.
Verwendung: als Beilage zu Kalbsgulasch, Pörkölt, Ragout, Geschnetzeltem, Rindsbraten oder Rouladen

- GARUNGSDAUER: ca. 3 Minuten

RAHMNOCKERLN

ZUTATEN FÜR 4 PORTIONEN
125 g Mehl, glatt (Typ 480)
125 g Mehl, griffig
2 Eidotter
1 Ei
15 cl Sauerrahm
Salz, Butter zum Schwenken

Alle Zutaten zu einem glatten Teig verrühren und in siedendem Salzwasser zu Nockerln kochen (siehe oben). Butter schmelzen, Nockerln darin schwenken, salzen.

SPINATSPÄTZLE

ZUTATEN FÜR 4 PORTIONEN
125 g Mehl, glatt (Typ 480)
125 g Mehl, griffig
70 g Sauerrahm
75 g Spinat, gekocht, fein passiert
2 Eidotter
1 Ei
Salz
30 g Butter zum Schwenken

Mehl, Ei, Eidotter, Sauerrahm, Spinat und Salz zu einem glatten Teig verrühren. Mit der Spätzlepresse in kochendes Salzwasser pressen. Einmal aufkochen, abseihen, heiß abschwemmen, abtropfen und in heißer Butter schwenken.
Verwendung: als Beilage zu Ragouts oder Kalbfleischgerichten

- GARUNGSDAUER: ca. 3 Minuten

TARHONYA

ZUTATEN FÜR 4 PORTIONEN
200 g Tarhonya
50 g Speck
50 g Zwiebeln
1 KL Paprikapulver
½ l Suppe oder Wasser
Salz
Knoblauch, gepreßt
2 EL Schmalz oder Öl

Speck und Zwiebeln gesondert feinwürfelig schneiden. Schmalz erhitzen, Speck anrösten, Zwiebeln beigeben, licht rösten. Tarhonya untermengen, ebenfalls leicht anschwitzen und mit heißem Wasser oder Suppe aufgießen. Gewürze beigeben, zugedeckt ankochen lassen, im vorgeheizten Backrohr (wie Reis) fertigdünsten.
Verwendung: als Beilage zu Paprikahuhn, Paprikaschnitzel und Letschogerichten

- BACKROHRTEMPERATUR: 170 °C
- GARUNGSDAUER: 20 Minuten

Die Mondseer Urknödel

Die kulinarische Archäologie datiert ihre ersten „Knödelfunde" (zumindest aber Teigfunde) aus den jungsteinzeitlichen Pfahlbaudörfern, die zwischen 2500 und 1800 v. Chr. am Mondsee angelegt wurden. Zwischen Gefäßen für Weizen und Hirse, Reibsteinen und Flachbeilen fand man auch Reste von Teig, die darauf schließen lassen, daß sie einst Obst oder Fleisch umhüllt haben könnten. Auch Haselnüsse und geriebenen Mohn kannte man damals bereits. Die Grundausstattung für jene Institution, die das Volkslied später mit den Worten „Heut is' Knödeltag" besingen sollte, war also bereits vor knapp 4000 Jahren vorhanden.

SEMMELKNÖDEL I

ZUTATEN FÜR 6 STÜCK
250 g Semmelwürfel
60 g Butter
60 g Zwiebeln
2 dl Milch
40 g Mehl, griffig
3 Eier
Salz
Petersilie, gehackt

Butter schmelzen, kleingeschnittene Zwiebeln darin hell rösten. Eier und Milch gut verschlagen, salzen, über die Semmelwürfel gießen. Alle Zutaten vermengen, einige Minuten anziehen lassen, Mehl unterheben. Mit nassen Händen 6 Knödel formen und in reichlich Salzwasser schwach wallend kochen.
Verwendung: als Beilage zu Bauernschmaus, Schweinsbraten, Selchfleisch, Beuschel, gedünstetem Wild, Ragouts und für geröstete Knödel mit Ei

- GARUNGSDAUER: 12 Minuten

SEMMELKNÖDEL II *(ohne Mehl)*

ZUTATEN FÜR 5 STÜCK
180 g Knödelbrot (Semmelwürfel), getrocknet
3 Eier
16 cl Milch
60 g Butter
60 g Zwiebeln
1 EL Petersilie, gehackt
Salz

Butter erhitzen, feinwürfelig geschnittene Zwiebeln darin anschwitzen und mit Knödelbrot vermischen. Eier verschlagen, ebenfalls mit Brotwürfeln vermengen, Milch (sehr heiß!) unter die Masse mischen, kräftig durchrühren, würzen und Petersilie beigeben. Reichlich Salzwasser zum Sieden bringen. Aus der Masse mit nasser Hand Knödel formen, kräftig pressend drehen, bis sich durch die Nässe der Hand eine leicht cremige, glatte Oberfläche bildet. Knödel aufkochen, ziehen lassen. Aus dem Wasser heben und anrichten.
Verwendung: als Beilage wie Semmelknödel I

- GARUNGSDAUER: 12–15 Minuten
- MEIN TIP: Semmelknödel, die übrigens auch über Dampf gegart werden können, eignen sich auch hervorragend als Hauptgericht, wenn sie geschnitten, geröstet und abschließend mit Ei vermengt werden.

Zubereiten von Semmel- und Serviettenknödeln

1

◁ SEMMELKNÖDEL: *In Butter geröstete Zwiebeln, Eier, Petersilie, Salz und Milch unter die Semmelwürfel mengen. Einige Minuten anziehen lassen.*

Das griffige Mehl untermengen. ▷ 2

3

◁ *Mit nassen Händen aus der Masse Knödel formen.*

In reichlich Salzwasser einkochen und schwach wallend ca. 12 Minuten kochen. ▷ 4

1

◁ SERVIETTENKNÖDEL: *Die Eier, Milch und Salz vermengen. Geschnittene Zwiebeln in Butter rösten, Semmelwürfel, Eigemisch, Zwiebeln und Petersilie vermengen, 1 Stunde rasten lassen.*

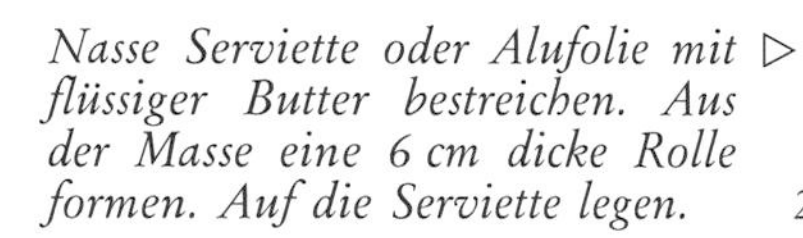

Nasse Serviette oder Alufolie mit flüssiger Butter bestreichen. Aus der Masse eine 6 cm dicke Rolle formen. Auf die Serviette legen. ▷ 2

3

◁ *Die Rolle in die Serviette straff einrollen. Die Enden mit Spagat abbinden, in der Mitte ebenfalls abbinden. (Bei Folie die Enden abdrehen).*

In reichlich kochendes Wasser einlegen und schwach wallend ca. 40 Minuten kochen. Aus dem Wasser heben, Serviette entfernen, Knödel in Scheiben schneiden. ▷ 4

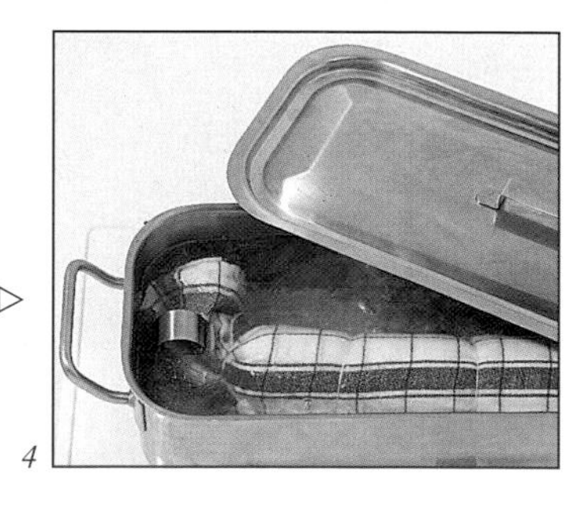

Zutaten für 6 Portionen
250 g Semmelwürfel
2 Eier
3 dl Milch
70 g Butter
60 g Zwiebeln
Salz
Petersilie, gehackt
Butter zum Bestreichen

SERVIETTENKNÖDEL

Eier, Milch und Salz verschlagen. Zwiebeln sehr fein schneiden, in heißer Butter glasig anschwitzen. Semmelwürfel, Eiergemisch, Zwiebeln und Petersilie gut vermengen und 1 Stunde rasten lassen. Nasse Serviette oder Alufolie mit flüssiger Butter bestreichen. Aus der Masse eine ca. 6 cm dicke Rolle formen, diese in die Serviette straff einrollen. Die Enden mit Spagat abbinden, in der Mitte ebenfalls abbinden. (Bei Alufolie die Enden abdrehen.) In reichlich siedendes Salzwasser einlegen und schwach wallend kochen. Aus dem Wasser heben, Spagat lösen, Serviette entfernen. Knödel in ca. 1 cm dicke Scheiben schneiden und diese mit flüssiger Butter bestreichen.
Verwendung: als Beilage zu gedünsteten Gerichten, Ragouts, Wildgerichten oder Beuschel

- GARUNGSDAUER: ca. 40 Minuten
- MEIN TIP: Noch feiner werden Serviettenknödel, wenn man entrindetes Weißbrot verwendet und das Eiklar zu Schnee schlägt.

Zutaten für 6 Stück
600 g Erdäpfel, mehlig, roh, geschält
300 g Erdäpfel, am Vortag in der Schale gekocht
20 g Grieß
Salz

WALDVIERTLER KNÖDEL

Rohe Erdäpfel in Wasser reiben, in Leinentuch sehr gut auspressen. Gekochte, kalte, geschälte und passierte Erdäpfel, Salz, Grieß und die am Boden abgesetzte Stärke (ganz trokken) untermengen. Mit nassen Händen Knödel formen und in leicht wallendem Salzwasser kochen. Sofort servieren.
Verwendung: als Beilage zu Schweinsbraten, Spanferkel, Ente und Gans

- GARUNGSDAUER: ca. 20 Minuten
- MEIN TIP: Die Masse bindet noch besser, wenn etwas Maisstärke beigefügt wird.

Zutaten für 4–6 Stück
½ kg Erdäpfel, mehlig, in der Schale am Vortag gekocht, geschält
200 g Weizenmehl, griffig
50 g Weizengrieß
2 Eier
Salz

ERDÄPFELKNÖDEL

Erdäpfel fein faschieren, passieren, mit allen Zutaten verkneten. 30 Minuten rasten lassen, mit bemehlter Hand Knödel formen. In leicht wallendem Salzwasser kochen, 5 Minuten ziehen lassen. Mittels Lochschöpfer aus dem Wasser heben.
Verwendung: als Beilage zu Schweinsbraten, Ente und Gans

- GARUNGSDAUER: 10 Minuten kochen, 5 Minuten ziehen
- MEIN TIP: Für gefüllte Knödel, etwa Obstknödel, verwenden Sie dasselbe Rezept.

Im „Knödelparadies Österreich“ kann die „Weltkugel“ aus Teig schon auf eine annähernd 4000jährige Geschichte zurückblicken – hier abgebildet die Waldviertler Knödel.

GRIESSKNÖDEL

ZUTATEN FÜR 6 PORTIONEN
= 12 STÜCK

250 g Grieß
100 g Butter
½ l Milch
3 Eier
Salz
Muskatnuß, gerieben

Milch, Butter und Salz aufkochen, 200 g Grieß einfließen lassen, dabei ständig rühren, bis sich die Masse vom Geschirr löst. Eier sowie restliche 50 g Grieß einmengen, mit Muskatnuß würzen. Masse erkalten lassen, 12 Knödel formen. In siedendem Salzwasser kochen, 10 Minuten ziehen lassen.

- GARUNGSDAUER: 15 Minuten
- MEIN TIP: Mit Hilfe dieses Rezeptes können Sie sowohl Grießknödel als Beilage (oder Suppeneinlage) als auch eine hervorragende Süßspeise herstellen: Wälzen Sie dafür die fertigen Knödel in Butterbröseln und servieren Sie sie gezuckert gemeinsam mit Zwetschkenröster.

ERDÄPFEL

Antoine Parmentier und die Mönche von Seitenstetten

Der französische Apotheker Antoine Auguste Parmentier (1737–1814), nach dem auch das klassische Rezept der Parmentier-Kartoffeln benannt ist, gilt in der Kulinargeschichte als der eigentliche „Vater der Erdäpfel". Und sein Landsmann Grimod de la Reynière behauptete sogar, Parmentier sei der Homer, Vergil und Cicero der Kartoffel.
In der Tat: Unermüdlich pilgerte Parmentier zu seinem Landesherrn, König Ludwig XVI., um ihn von der Bedeutung der mit Kolumbus aus Amerika nach Europa eingeführten und seither im Status von Zierpflanzen befindlichen Knollen als Volksnahrungsmittel zu überzeugen. Daß ihm das auch gelang, zeigte die bald darauf einsetzende Erdäpfelmanie in Frankreich, die so weit ging, daß Königin Marie Antoinette auf einem Ball des Jahres 1788 ihr Dekolleté, ebenso wie ihre Hofdamen, mit einer Kartoffelblüte dekorierte.
Bei aller Wertschätzung des französischen Erdäpfelpioniers muß jedoch gesagt werden, daß die Mönche von Seitenstetten bereits 1620 Erdäpfel im Klostergarten anbauten und sie auch, gekocht und geschält, mit Öl, Pfeffer und Salz zu essen pflegten. Damit blieben sie freilich zugegebenermaßen allein auf weiter Flur. Allerdings hat auch Kaiserin Maria Theresia bereits 48 Jahre bevor sich ihre unglückliche Tochter den Busen mit einer Erdäpfelblüte schmückte, den Startschuß zum offiziellen österreichischen Erdäpfelanbau in der Waldviertler Ortschaft Pyrhabruck erteilt. Der geniale „Erdäpfelhomer", Monsieur Parmentier, war damals genau drei Jahre alt.

ZUTATEN FÜR 4 PORTIONEN
800 g Erdäpfel, in der Schale
oder
½ kg Erdäpfel, roh geschält

KOCHEN VON ERDÄPFELN

Erdäpfel sehr gut waschen, mehrmals Wasser wechseln. In klarem, kaltem Wasser zustellen und zugedeckt schwach wallend kochen. Nadelprobe machen – Erdäpfel müssen sich durch und durch gleichmäßig weich anfühlen. Abseihen. Erdäpfel sehr heiß schälen.

- GARUNGSDAUER: ca. 20–25 Minuten
- MEIN TIP: Für Salzerdäpfel werden die Erdäpfel roh geschält, je nach Größe geviertelt oder in kleinere Teile geschnitten, gewaschen und in Salzwasser gekocht (oder in einem Sieb oder Druckkochtopf gedämpft). Petersilerdäpfel werden nach dem Kochen in geschmolzener Butter und Petersilie gewälzt.

ZWIEBELERDÄPFEL

ZUTATEN FÜR 4 PORTIONEN

600 g Erdäpfel, speckig, gekocht, geschält
180 g Zwiebeln
8 EL Öl oder Schmalz
Salz
Pfeffer, schwarz, aus der Mühle
1 EL Petersilie, gehackt

Erdäpfel in messerrückendicke Scheiben, Zwiebeln in feine Streifen schneiden. 4 EL Fett erhitzen, Zwiebeln glasig (mit leichter Bräunung) rösten. In einer Pfanne (Teflon) restliches Fett erhitzen. Erdäpfel salzen, in die Pfanne geben und unter Schwingen der Pfanne bräunen. Zwiebeln daruntermengen, kurz nochmals durchrösten, würzen. Anrichten, mit Petersilie bestreuen.
Verwendung: als Beilage zu Lamm, Steaks, Schweinskoteletts, Grillgerichten und gebratenen Fischen wie Zander etc.

● MEIN TIP: Würzen Sie mit etwas Majoran.

BOUILLONERDÄPFEL

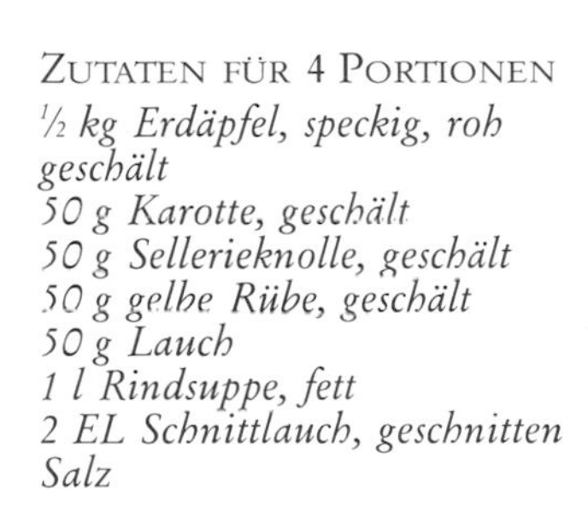

ZUTATEN FÜR 4 PORTIONEN

½ kg Erdäpfel, speckig, roh geschält
50 g Karotte, geschält
50 g Sellerieknolle, geschält
50 g gelbe Rübe, geschält
50 g Lauch
1 l Rindsuppe, fett
2 EL Schnittlauch, geschnitten
Salz

Erdäpfel in ca. 12 mm große Würfel, Karotte, Sellerie und gelbe Rübe in ca. 2 mm große Würfel schneiden. Lauch in Streifen schneiden. Gemeinsam mit der Suppe bedeckt zustellen, aufkochen, schwach salzen. Erdäpfel kernig kochen, abschmecken, mit reduzierter (eingekochter) Bouillon auftragen. Mit Schnittlauch bestreuen.
Verwendung: als Beilage zu Siedefleisch, Pökelfleisch, Zunge oder Bollito misto

● GARUNGSDAUER: ca. 10 Minuten

Bouillonerdäpfel eignen sich als perfekte Beilage zu Siedefleisch, Pökelfleisch, Zunge und Bollito misto.

Zubereiten und Verarbeiten von Erdäpfelkrokettenmasse

1

◁ *Erdäpfel vierteln, in Salzwasser kernig kochen, abseihen.*

Auf ein Backblech geben. Im heißen Backrohr ca. 15 Minuten ganz trocken ausdampfen lassen. ▷

2

3

◁ *Durch ein Sieb drücken oder durch eine „Flotte Lotte" passieren.*

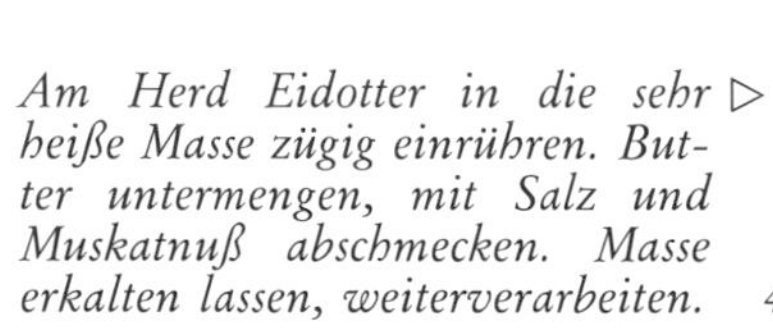

Am Herd Eidotter in die sehr heiße Masse zügig einrühren. Butter untermengen, mit Salz und Muskatnuß abschmecken. Masse erkalten lassen, weiterverarbeiten. ▷

4

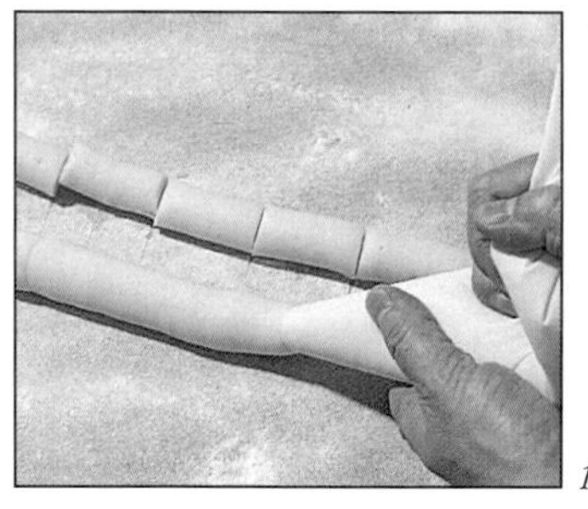

1

◁ VERARBEITUNG: *Mit einem Spritzsack ohne Tülle auf bemehlte Unterlage spritzen, in Stücke schneiden, panieren, in heißem Öl backen (Kroketten).*

Masse mittels Spritzsack mit Sterntülle auf Trennpapier aufspritzen, mit verschlagenem Ei bestreichen und auf Backblech im heißen Backrohr braun backen. ▷

2

3

◁ *Aus der Masse Kugeln formen, in Mehl wälzen, durch verschlagenes Ei ziehen, in gehobelten Mandeln rollen. Schwimmend in heißem Öl knusprig braun backen.*

Aus der Masse kleine Birnen formen, panieren, den Stiel mittels Spaghettistück imitieren, am bauchigen Unterteil Gewürznelken einfügen, in heißem Öl backen. ▷

4

Erdäpfelkrokettenmasse

Zutaten für 4 Portionen
600 g Erdäpfel, mehlig, roh geschält
2 Eidotter
20 g Butter
Salz
Muskatnuß

Erdäpfel vierteln, in Salzwasser kernig kochen, abseihen. Im heißen Backrohr mindestens 15 Minuten ganz trocken ausdampfen lassen, durch ein Sieb passieren. Am Herd Eidotter in die sehr heiße Masse zügig einrühren. Butter untermengen, mit Salz und Muskatnuß abschmecken. Masse völlig erkalten lassen und zur Weiterverarbeitung bereitstellen.
Variante I: Erdäpfelkroketten (aus der Masse werden Kroketten geformt, die in Mehl, verschlagenem Ei und Bröseln paniert und in Fett schwimmend herausgebacken werden)
Variante II: Maronierdäpfel (aus Maronipüree werden kleine Kugeln geformt, die von Krokettenmasse umhüllt, anschließend paniert und in Fett herausgebacken werden)
Variante III: Mandelerdäpfel (aus der Masse werden kleine Kugeln geformt, die in Mehl, verschlagenem Ei und gehobelten Mandeln paniert und in Fett herausgebacken werden)

- GARUNGSDAUER: ca. 15 Minuten

Erdäpfelgratin
(Pommes dauphinoises)

Zutaten für 4 Portionen
½ kg Erdäpfel, speckig, roh geschält
⅛ l Schlagobers
⅛ l Milch
50 g Hartkäse, gerieben
Salz
Muskatnuß, gerieben
Knoblauch, gepreßt
Butter zum Ausstreichen

Erdäpfel in ca. 2 mm starke, gleichmäßige Scheiben schneiden. Milch und Obers vermischen, würzen, aufkochen, Erdäpfel beifügen und unter oftmaligem Umrühren kernig kochen. Passende Auflaufform mit Butter ausstreichen, Erdäpfelmasse einfüllen, mit Käse bestreuen und im vorgeheizten Backrohr backen.
Verwendung: als Beilage zu Lamm- und Grillgerichten, Roastbeef oder Rindsfilet

- BACKROHRTEMPERATUR: 230 °C
- GARUNGSDAUER: ca. 6 Minuten ankochen, Backdauer ca. 15 Minuten

Grossmutters Erdäpfel

Zutaten für 4 Portionen
400 g Erdäpfel, speckig, gekocht, geschält
100 g Champignons
150 g Zwiebeln
100 g Frühstücksspeck
80 g Erbsen, gekocht
8 EL Öl oder Schmalz
1 EL Petersilie, gehackt
Salz
Majoran

Champignons waschen, sechsteln oder vierteln. Speck in ½ cm große, Zwiebeln in 1 cm große Würfel, Erdäpfel kleinwürfelig schneiden, salzen. In 2 Pfannen je die Hälfte des Fettes erhitzen. In einer Pfanne Speck anrösten, Zwiebeln beigeben, glasig werden lassen, Champignons hinzufügen, mitrösten. Gekochte Erbsen untermengen, salzen. In der zweiten Pfanne Erdäpfel braun braten, mit Zwiebel-Gemisch vermengen. Mit Majoran und Petersilie vollenden.
Verwendung: als Beilage zu Grillgerichten oder Huhn

ZUTATEN FÜR
4–6 PORTIONEN
1 kg Erdäpfel, speckig, roh geschält
4 Eier
8 EL Schmalz oder Öl
Salz
Knoblauch, gepreßt

ERDÄPFELPUFFER

Erdäpfel mit Krenreißer oder Küchenmaschine in ca. 2 l kaltes Wasser reißen, ½ Stunde stehen lassen (nicht unbedingt erforderlich), in ein feines Sieb schütten und gut ausdrücken. Am Boden des Wassers bildet sich ein Stärkerückstand, der den Erdäpfeln untergemengt wird. Erdäpfel, Eier, Salz und Knoblauch gut verrühren. Fett in flacher Pfanne erhitzen, Erdäpfelmasse in beliebiger Größe (ca. 7 mm hoch) beidseitig braun und knusprig braten.
Verwendung: Erdäpfelpuffer können als selbständiges Gericht (mit Salaten) oder als Beilage zu Lamm, Rindsfilet etc. gereicht werden.

- GARUNGSDAUER: ca. 5 Minuten
- MEIN TIP: Unter Feinschmeckern gelten Erdäpfelpuffer mit echtem Caviar und Sauerrahm als wahre Delikatesse.

ZUTATEN FÜR 4 PORTIONEN
800 g Erdäpfel, mehlig, roh geschält
90 g Butter
2 dl Milch
Salz
Muskatnuß
Zwiebeln, geröstet

ERDÄPFELPÜREE

Erdäpfel vierteln, mit Salzwasser bedecken und zugedeckt kernig kochen. Erdäpfel abseihen, heiß ausdampfen lassen, sofort durch ein feines Sieb passieren, handwarme Butter einrühren, dann heiße Milch nach und nach darunterziehen. Mit Salz und ganz wenig Muskatnuß würzen. Püree anrichten, obenauf geröstete Zwiebeln drapieren.
Verwendung: gilt als klassische Beilage zu Faschiertem und Geselchtem, aber auch zu Zunge, Natur- oder Rahmschnitzel und Gänseleber

- GARUNGSDAUER: ca. 15 Minuten
- MEIN TIP: Wenn Sie die Buttermenge erhöhen oder teilweise mit Schlagobers aufgießen, wird das Püree noch schmackhafter. Feinschmecker mengen etwas Trüffelöl unter das Püree, das dem Gericht eine einzigartige aromatische Geschmacksnuance verleiht.

ZUTATEN FÜR 4 PORTIONEN
160 g Erdäpfel, mehlig, in der Schale gekocht
20 g Butter
2 Eier
Salz
Muskatnuß
Öl oder Butterschmalz

ERDÄPFELDUKATEN

Gekochte Erdäpfel sehr heiß schälen, passieren. In heißem Zustand alle Zutaten einrühren. Fett in flacher Pfanne erhitzen, mit Löffel ca. 3–4 cm große Plätzchen eingießen und beidseitig knusprig backen.
Verwendung: als Beilage zu à-la-minute-gebratenen Portionsgerichten wie etwa Kalbsmedaillons oder Rehfilets

- GARUNGSDAUER: ca. 5 Minuten

FOLIENERDÄPFEL

ZUTATEN FÜR 4 PORTIONEN
8 Erdäpfel, groß, mehlig, ungeschält
8 EL Sauerrahm
2 EL Schnittlauch, geschnitten
Salz

Erdäpfel gut waschen (bürsten), schwemmen, in Alufolie eindrehen. Auf ein Backblech (oder Rost) setzen und im vorgeheizten Backrohr backen. Oberseite der Erdäpfel länglich einschneiden, durch Druck auf die Enden Einschnitt erweitern, salzen. Sauerrahm in Einschnitt füllen, mit Schnittlauch bestreuen.
Verwendung: als Beilage zu Steaks und Grillgerichten

- BACKROHRTEMPERATUR: ca. 220 °C
- GARUNGSDAUER: 40–60 Minuten, je nach Größe
- MEIN TIP: Wenn Sie eine Grillparty veranstalten, so können Sie die Erdäpfel auch in die heiße, nicht glühende Holzkohlenasche eingraben und solcherart garen.

SCHUPFNUDELN

ZUTATEN FÜR 4 PORTIONEN
220 g Erdäpfel, mehlig, gekocht, geschält
100 g Mehl, griffig (Typ W 480, wenn möglich)
30 g Weizengrieß
20 g Butter
1 Ei
Salz
Butterschmalz zum Schwenken
Mehl zum Bestauben

Erkaltete Erdäpfel sehr fein faschieren oder passieren. Alle Zutaten zu einem geschmeidigen Teig verarbeiten, aus diesem eine dicke Rolle formen und auf bemehltem Brett in kleine Stücke schneiden. Teigstücke gut bemehlen und durch Vor- und Rückwärtsbewegungen der Handflächen mit schwachem Druck zu Schupfnudeln formen. In reichlich siedendem Wasser 2 Minuten kochen, abseihen, kalt spülen, in Butterschmalz unter ständigem Schwingen der Pfanne leicht bräunen.

- GARUNGSDAUER: 2 Minuten
- MEIN TIP: Schupfnudeln lassen sich äußerst vielseitig kombinieren und variieren. Nach dem Basisrezept zubereitet, passen sie hervorragend zu gedünstetem Fleisch (Ragout); mit Kräutern (etwa Minze) verfeinert, harmonieren sie gut mit Lammgerichten. Mit Butter und Bröseln serviert, ergeben Schupfnudeln eine ausreichende Hauptmahlzeit. Für süße Mohn- oder Butternudeln wälzt man die Schupfnudeln in Mohn bzw. Butterbröseln und serviert sie mit Staubzucker bestreut.

BRATERDÄPFEL

ZUTATEN FÜR 4 PORTIONEN
600 g Erdäpfel, speckig, in der Schale gekocht, geschält
5 EL Öl
Salz
Mehl, glatt

Erdäpfel vierteln oder halbieren (je nach Größe), salzen, mit Mehl bestauben, abschütteln. Öl in passender Pfanne erhitzen und Erdäpfel darin rundum knusprig braun braten.
Verwendung: als Beilage zu Rostbraten, Grillgerichten oder Steaks

ZUTATEN FÜR 4 PORTIONEN
250 g Erdäpfel, in der Schale gekocht, geschält
100 g Mehl, griffig
25 g Weizengrieß
1 Ei
20 g Butter
Salz
Muskatnuß
Butter zum Bestreichen

Fülle:
80 g Blattspinat, gekocht
20 g Frühstücksspeck
1 EL Zwiebeln, feingeschnitten
Salz
Pfeffer, schwarz, aus der Mühle
Knoblauch, nach Bedarf

ERDÄPFELROULADE

Erkaltete, geschälte Erdäpfel fein faschieren, mit Salz, handweicher Butter, Ei, Mehl, Muskatnuß und Grieß verkneten. Auf bemehlter Unterlage zu einem 1 cm dicken Rechteck ausrollen. Blattspinat gut ausdrücken, fein hacken. Würfelig geschnittenen Speck und Zwiebeln rösten, erkaltet unter den Spinat mengen, würzen. Fülle gleichmäßig auf den Teig auftragen, straff einrollen. In gebuttertes Leinentuch (zart naß oder Folie) einrollen, Enden mit Spagat abbinden, in reichlich Salzwasser kochen. Aus dem Wasser heben, aus dem Tuch rollen, in gefällige Scheiben schneiden und mit flüssiger Butter bestreichen.
Verwendung: als Beilage zu Schweinsbraten, Rindfleisch und Ragoutgerichten

- GARUNGSDAUER: ca. 30 Minuten, je nach Stärke der Roulade
- MEIN TIP: Die Fülle kann beliebig abgewandelt werden, etwa durch ein Lauch-Schinken-Gemisch oder Grammeln.

ZUTATEN FÜR 4 PORTIONEN
600 g Erdäpfel, mehlig, roh geschält
2 Eidotter
1 Ei
40 g Butter
Salz
Muskatnuß, gerieben
Ei zum Bestreichen
Butter zum Bestreichen

SPRITZERDÄPFEL

Erdäpfel vierteln, in Salzwasser kernig weich kochen, abseihen. Gut ausdampfen lassen, heiß durch ein feines Sieb passieren. Ei und Eidotter untermengen, Butter und Gewürze einrühren. Backblech mit Butter bestreichen (oder Trennpapier verwenden), Masse mit Spritzsack (Sterntülle) kreisend zu einem Krapferl aufspritzen. Erkalten lassen, mit verschlagenem Ei bestreichen und im vorgeheizten Backrohr goldbraun backen.
Verwendung: als Beilage zu Kalbfleisch, Geflügel und Wildgerichten

- BACKROHRTEMPERATUR: 250 °C
- BACKDAUER: ca. 10 Minuten
- GARUNGSDAUER: ca. 15 Minuten
- MEIN TIP: Für Briocheerdäpfel werden aus derselben Masse ca. 3,5 cm große Kugeln geformt. Die Kugeln werden auf ein Backblech gesetzt, mit Ei bestrichen, oben mit einem Kreuzschnitt eingekerbt und wie Spritzerdäpfel gebacken.

Die Erdäpfelroulade ist ein probater Begleiter zu zahlreichen Gerichten der Wiener Küche (s. Rezept S. 408).

RÖSTERDÄPFEL

ZUTATEN FÜR 4 PORTIONEN
600 g Erdäpfel, speckig, gekocht, geschält
100 g Zwiebeln, feingeschnitten
7 EL Öl oder Schmalz
Salz
Petersilie, gehackt

Erkaltete Erdäpfel (am besten mit speziellem Erdäpfelreißer) reiben. Fett erhitzen, Zwiebeln darin leicht bräunen. Erdäpfel salzen, gut vermengen, den Zwiebeln beigeben, durchrühren. Unter oftmaligem Wenden knusprig bräunen. Anrichten und mit Petersilie bestreuen.
Verwendung: als Beilage zu Siedefleisch und Wiener Gemüse, aber auch zu Hausmannskost (Augsburger, Leberkäse, Bratwurst, Faschiertem)

- MEIN TIP: Stürzerdäpfel werden ähnlich erzeugt, allerdings werden in diesem Fall die geriebenen, mit Salz und Zwiebeln vermengten Erdäpfel in eine gefettete (Teflon-) Pfanne gepreßt, gebräunt, im Ganzen gewendet und nach Bräunung der anderen Seite gestürzt, wodurch eine braune Kruste entsteht.

Zutaten für 4 Portionen
450 g Erdäpfel, speckig, roh geschält
Salz
Öl zum Backen

STROHERDÄPFEL

Erdäpfel mit Hobel oder Schneidemaschine in hauchdünne Scheiben hobeln (schneiden). Diese in sehr feine Streifen schneiden, mit Küchenkrepp abreiben. In passender Pfanne genügend Öl erhitzen, Erdäpfelstreifen darin bräunen, dabei ständig mit einer Gabel rühren. Nach gleichmäßiger Bräunung aus dem Öl heben, gut auf Küchenkrepp abtropfen lassen und mit Salz bestreuen.

Zutaten für 4 Portionen
350 g Erdäpfelteig *(s. S. 502)*
80 g Schinken
50 g Lauch
30 g Butterschmalz
1 Ei, verschlagen
Öl zum Backen

ERDÄPFELKRAPFEN

Teig mit griffigem Mehl bestauben, ca. 5 mm dick ausrollen, 16 Taler mittels rundem Ausstecher ausstechen. Schmalz erhitzen, kleingeschnittenen Lauch anschwitzen, kleingeschnittenen Schinken beigeben. Masse auf 8 Taler aufdressieren. Mit Ei rundum bestreichen, zweiten Taler (wie Krapfen) daraufsetzen, leicht anpressen. Schwimmend im heißen Öl beidseitig goldbraun backen. Aus dem Öl heben, abtupfen.
Verwendung: als Beilage zu gedünsteten Gerichten, Kalbsfilets oder Rindssteaks

- GARUNGSDAUER: ca. 5 Minuten

DIE GUTE KÜCHE

SÜSSE GERICHTE

Nächste Doppelseite: Lassen Sie sich in den Altwiener Mehlspeishimmel entführen, zu dessen kulinarischen Gefilden selbstverständlich auch das Strudelparadies gehört (Rezept für den Kirschenstrudel s. S. 516).

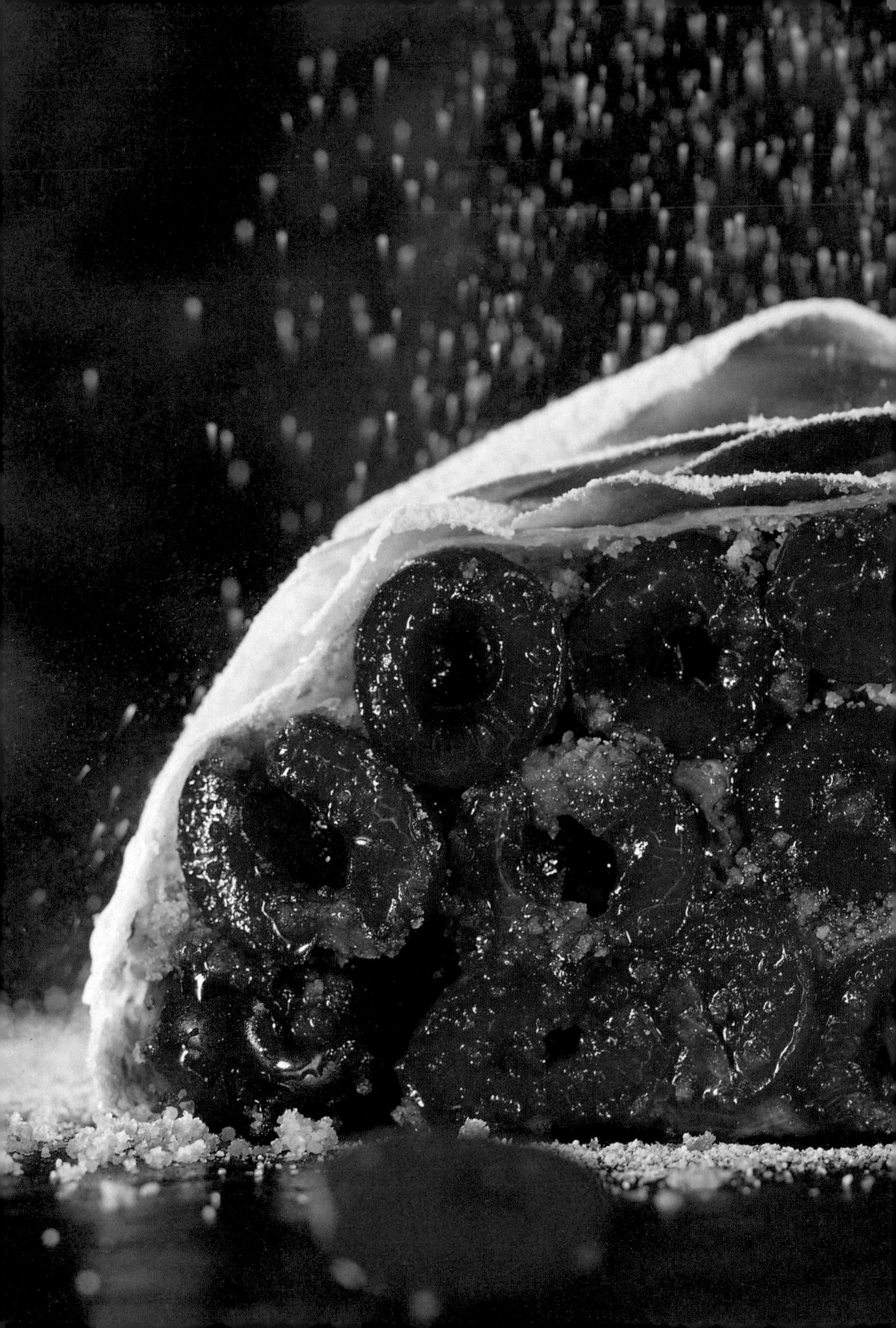

Germteig

Die Pointen der Wiener Küche

„Was Grillparzer in seinen Dramen, Strauß in seinen Walzern, Makart in seinen Gemälden der Welt nur vorgaukeln: tiefes Gefühl, helle Lust am lieben Leben und herzinniges Behagen am Schönen – das alles und noch etwas mehr legt die Wiener Mehlspeis-Köchin in eine einzige Schüssel Dalkerln, in einen Aepfel-Strudel, in eine Schüssel Zwetschken-Knödel, Topfen-Tascherl oder auch in einen einfachen Kaiser-Schmarren." So bezeichnen Habs und Rosner, die beiden Autoren des berühmten „Appetit-Lexikons" aus dem Jahre 1894 die Wiener Mehlspeisen. Wo all die süße Pracht ihren Ursprung genommen hat, darüber scheiden sich allerdings die Geister. Die wie in allen Kulinaria auch hier besonders üppig wuchernde Legendenbildung weiß etwa von einer byzantinischen Prinzessin zu berichten, die von einem Babenbergerherzog heimgeführt wurde und ihre geliebten Leckereien aus Konstantinopel in Wien nicht missen wollte. (In der Tat haben manche typisch wienerischen Desserts wie etwa der Strudel ihren Ursprung in Konstantinopel). Es gibt allerdings auch die These, daß der Wiener Mehlspeishimmel sich erst über die Stadt am Donaustrom zu wölben begann, als der in Spanien aufgewachsene Habsburgerkaiser Ferdinand I. einen ganzen Troß burgundischer „Zuggermacher" in seinem Hofstaat mit sich führte, den er anläßlich der Kaiserkrönung nach Wien verlegte. Wie intensiv die Liebe des österreichischen Herrscherhauses zu allem Süßen war, läßt sich übrigens allein daran ablesen, daß es in der Hofburg bis heute eine eigene „Zuckerbäckerstiege" gibt.

ZUTATEN

Vorteig:
½ kg Mehl, glatt
2 dl Wasser
1 Ei
½ EL Salz
1 EL Rum
100 g Butter

Butterziegel:
400 g Butter, kalt
200 g Mehl, glatt

BUTTERTEIG (*Blätterteig*)

Für den Vorteig Mehl, Wasser, Ei, Salz, Butter und Rum zu einem glatten Teig verarbeiten; Kugel formen, oben kreuzförmig einschneiden und zugedeckt 2 Stunden rasten lassen. Für den Butterziegel zerkleinerte, kalte Butter homogen mit Mehl verarbeiten, flachen Ziegel formen und kalt stellen. Vorteig vierlappig ausrollen (Teig soll in der Mitte dicker sein). Butterziegel in die Mitte legen; die vier Teiglappen straff darüberspannen. Mittels Nudelholz den Butterziegel nach allen vier Richtungen jeweils von der Mitte zum Rand klopfen. Überschüssiges Mehl abkehren; 1 Stunde in feuchtem Tuch eingeschlagen kühl rasten lassen (Forts. S. 416).

Herstellen von Butter- oder Blätterteig

1

◁ *Für den Vorteig Mehl, Wasser, Ei, Salz, Butter und Rum zu einem glatten Teig verarbeiten; zu einer Kugel formen.*

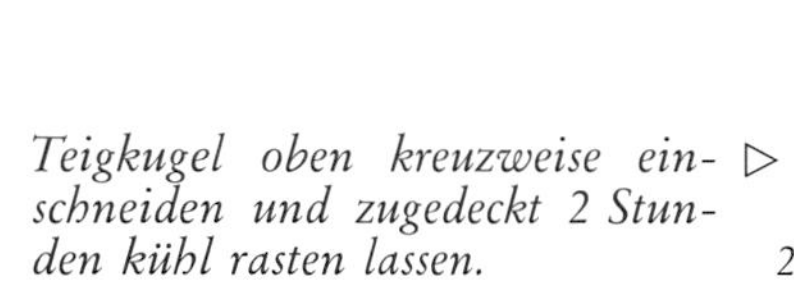

Teigkugel oben kreuzweise einschneiden und zugedeckt 2 Stunden kühl rasten lassen. ▷

2

3

◁ *Für den Butterziegel zerkleinerte, kalte Butter homogen mit Mehl verarbeiten, flachen Ziegel formen, im Kühlschrank anziehen lassen.*

Vorteig vierlappig auf bemehlter Unterlage ausrollen, Butter zentriert darauflegen, die Teiglappen darüberspannen. Mit Nudelholz zur Mitte klopfen. ▷

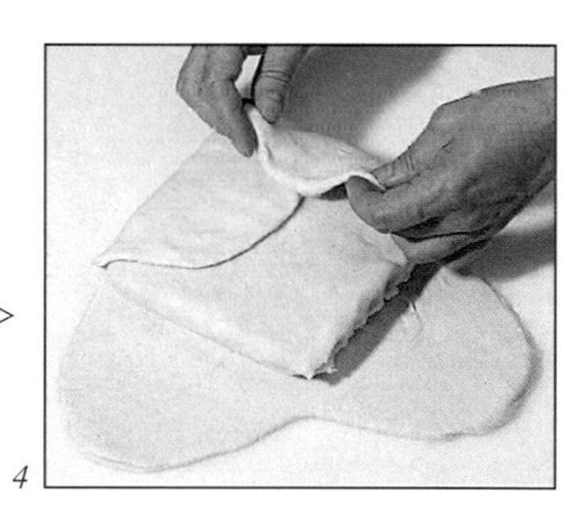

4

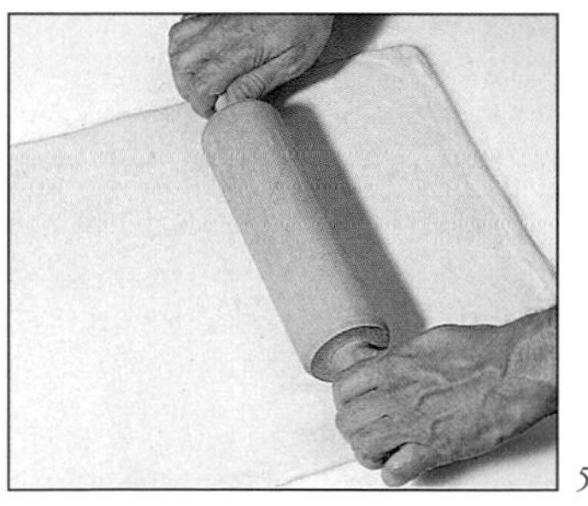

5

◁ *Nach einstündiger Rastzeit in feuchtem Tuch (Kühlschrank) Teigstück auf bemehlter Unterlage fingerdick ausrollen. Dreiteilung andeuten, abkehren.*

Von links zum rechten Drittel falten, abkehren, rechtes Drittel darüberschlagen, anpressen. Mit feuchtem Tuch bedeckt ½ Stunde im Kühlschrank rasten lassen. ▷

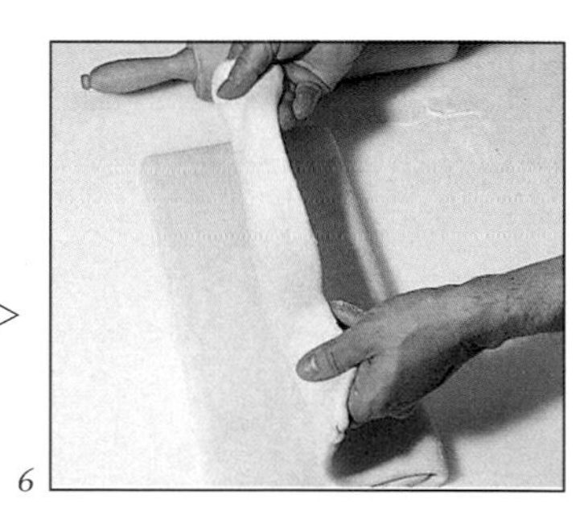

6

7

◁ *Teig wieder fingerdick ausrollen, abkehren, Vierteilung andeuten.*

Die Vierteln rechts und links zur Mitte falten, abkehren, die linke Hälfte über die rechte falten, anpressen. Feucht einschlagen, kühl lagern. Tour 1 und 2 (Bild 6, 7, 8) nochmals tätigen. ▷

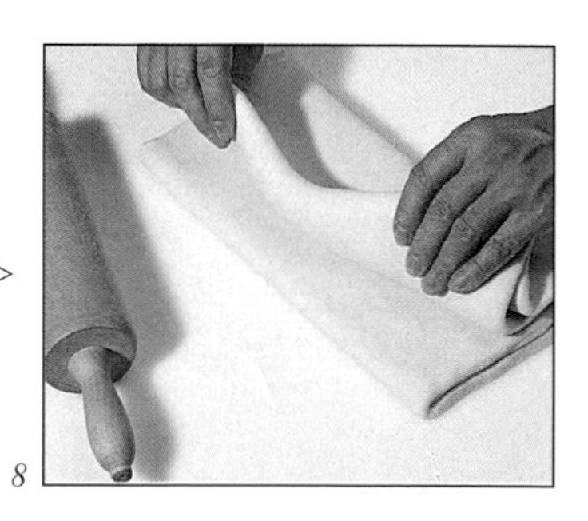

8

Die 4 Touren:
I. Teigstück auf bemehlter Unterlage fingerdick ausrollen; Dreiteilung andeuten, abkehren. Von links zum rechten Drittel falten, abkehren, das rechte Drittel darüberschlagen und anpressen. Mit feuchtem Tuch bedeckt ½ Stunde im Kühlschrank rasten lassen.
II. Teig wieder fingerdick ausrollen, abkehren, Vierteilung andeuten. Die Vierteln rechts und links zur Mitte falten, abkehren, die linke Hälfte über die rechte falten, anpressen. Feucht eingeschlagen im Kühlschrank lagern.
Tour III ist wie Tour I, Tour IV wie Tour II, dabei Rastzeiten einhalten!
Blätterteig wird auf dieselbe Weise produziert, nur wird dazu weniger empfindliches Ziehfett verwendet.

PLUNDERTEIG (*Germbutterteig*)

ZUTATEN
Germteig:
400 g Mehl, glatt
100 g Butter
60 g Kristallzucker
40 g Germ
⅛ l Milch
1/16 l Wasser
1 Ei
2 Eidotter
1 EL Vanillezucker
Schale von 1 Zitrone, gerieben
Prise Salz

Butterziegel:
200 g Butter
60 g Mehl, glatt

Für den Germteig gesiebtes Mehl, zerkleinerte Butter, Zitronenschale, Salz, Vanille- und Kristallzucker in einer Schüssel grob vermengen.
Germ in lauwarmer Milch auflösen; gemeinsam mit Dotter und Ei zur Mehlmasse geben. Alles zu einem glatten, nicht zu festen Teig verkneten. Bei Bedarf etwas kaltes Wasser beigeben. Teig zu Kugel formen, zugedeckt 20 Minuten rasten lassen.
Für den Butterziegel kalte Butter in dünne Scheiben schneiden, mit Mehl verkneten. Zu einem daumendicken (ca. 10 cm × 15 cm großen) Ziegel formen; kalt stellen.
Germteig auf bemehlter Arbeitsfläche rechteckig ausrollen (ca. 15 cm × 20 cm), wobei der Teig in der Mitte dicker sein soll. Butterziegel in die Mitte legen; den Germteig von allen Seiten darüberklappen – der Butterziegel muß völlig eingehüllt sein. Mittels Nudelholz ein ca. 20 cm × 30 cm großes Rechteck ausrollen. Mehl gründlich entfernen.
Das linke Drittel über das mittlere Drittel falten, abkehren, anpressen, darüber das rechte Drittel klappen und anpressen (einfache Tour). Mit feuchtem Tuch bedeckt ca. 20 Minuten im Kühlschrank rasten lassen.
Diesen Arbeitsvorgang (einfache Tour) mit den Rastzeiten noch zweimal wiederholen.

MÜRBTEIG

ZUTATEN
½ kg Mehl, glatt
200 g Staubzucker
230 g Butter
2 Eier
1 EL Vanillezucker
Schale von ½ Zitrone, gerieben
Prise Salz

Alle Zutaten in einer Rührschüssel rasch verkneten. Der Teig ist sehr wärmeempfindlich, weshalb er nicht lange bearbeitet werden darf, da er sonst „brandig“ wird, d. h. er verliert die Bindung. ¾ Stunden im Kühlschrank rasten lassen.

Je besser er aufgeht, desto fröhlicher gehen auch die Gesichter der Gäste auf: Ein feinporiger Germteig zählt zu den wichtigsten „Geheimnissen" der Wiener Mehlspeisküche. Zu Kipferln, Kugeln oder Schnecken geformt, mit Eigelb bestrichen und Hagelzucker bestreut, ergibt er köstliches Kleingebäck.

GERMTEIG

ZUTATEN
½ kg Mehl, glatt
40 g Germ
75 g Staubzucker
75 g Butter
ca. ¼ l Milch
Spritzer Rum
3 Eidotter
2 Eier
Prise Salz
1 EL Vanillezucker
Schale von 1 Zitrone, gerieben

Germ in der Hälfte der – lauwarmen – Milchmenge auflösen. Mit etwas Mehl zu einem weichen Dampfl verarbeiten. Oberfläche mit etwas Mehl bestauben; das Dampfl zugedeckt an einem warmen Ort gehen lassen, bis die Oberfläche des Teiges grobe Risse aufweist. In der Zwischenzeit restliches Mehl in eine Schüssel sieben. Erwärmte Butter, lauwarme Restmilch, Rum sowie restliche Zutaten beigeben; mit Dampfl zu einem geschmeidigen Teig schlagen, bis dieser Blasen wirft. Zugedeckt an einem warmen Ort ½ Stunde rasten lassen.

- MEIN TIP: Für manche Gebäcksorten ist es angebracht, den Teig nochmals aufzuarbeiten (zusammenstoßen, schlagen, nochmals gehen lassen), da der Teig feinporiger wird (siehe auch S. 430).

GERÜHRTER GERMTEIG

ZUTATEN
400 g Mehl, glatt
160 g Butter
140 g Zucker
35 g Germ
Prise Salz
2 dl Milch
1 Ei
2 Eidotter
Vanillezucker
Schale von 1 Zitrone, gerieben
Spritzer Rum

Lauwarme Milch, zerbröselte Germ und etwas Mehl zu einem Dampfl verrühren, mit Mehl bestreuen und an einem warmen Ort zugedeckt gehen lassen, bis das Dampfl grobe Risse aufweist. Handwarme Butter mit Zucker, Salz, Vanillezucker, Rum und geriebener Zitronenschale schaumig rühren. Ei sowie Eidotter nach und nach einrühren; Dampfl, Restmehl und Butterabtrieb zu einem Teig verarbeiten, so lange kneten, bis der Teig glatt erscheint. (Gerührter Germteig soll nicht zu stark bearbeitet werden, da er sonst zäh wird.) Nochmals aufgehen lassen. Nach Bedarf in Rum eingeweichte Rosinen in den Teig mischen.

FEINER GERMTEIG

ZUTATEN
400 g Mehl, glatt
100 g Mehl, griffig
50 g Germ
50 g Staubzucker
75 g Butter
Prise Salz
¼ l Milch
Spritzer Rum
1 Ei
3 Eidotter
1 EL Vanillezucker
Schale von 1 Zitrone, gerieben

Germ in ⅛ l lauwarmer Milch auflösen, mit 50 g Mehl glatt verrühren, noch etwas Mehl darübergeben, zugedeckt an einem warmen Ort gehen lassen. Butter erwärmen, mit restlichen Zutaten (außer Mehl und Milch) über Dampf cremig schlagen; danach auf „Lippentemperatur" abkühlen (kaltschlagen), Restmehl, Restmilch, Buttermasse und Dampfl vermengen; so lange abschlagen, bis sich der Teig vom Rand löst und der Teig glatt erscheint. Der „feine" Germteig soll nicht zu lange bearbeitet werden, da er sonst zäh wird. Teig zugedeckt gehen lassen und verarbeiten (eventuell gewünschte Rosinen erst am Schluß einwirken).

- MEIN TIP: Feiner Germteig eignet sich hervorragend für Germteigstrudel, Potitzen, Buchteln oder Gugelhupf.

BRANDTEIG

ZUTATEN
¼ l Wasser
50 g Butter
140 g Mehl, glatt
3 Eier
Prise Salz

Wasser, Butter und Salz aufkochen, Mehl einrühren; so lange rühren, bis sich der Teig von Geschirr und Kochlöffel löst. Eier verschlagen und langsam in den heißen Teig einrühren.

- BACKROHRTEMPERATUR: 220 °C
- BACKDAUER: Kleingebäck 15 Minuten, größeres Gebäck 25 Minuten

HIPPENTEIG

ZUTATEN FÜR 12 STÜCK
100 g Butter, handwarm
100 g Mehl, glatt
100 g Staubzucker
60 g Eiklar
1 TL Vanillezucker

Alle Zutaten vermengen und glattrühren. Aus dünnem Karton Schablonen, etwa Sterne (ca. 9 cm groß) ausschneiden. Schablone auf Trennpapier legen. In den Hohlraum Hippenmasse dünn auftragen. Schablone wegziehen, Arbeitsvorgang laufend wiederholen. Hippen goldbraun backen; vom Trennpapier heben. Noch heiß in kleine Schüsseln legen und erkalten lassen.

- BACKROHRTEMPERATUR: 220 °C
- BACKDAUER: ca. 5 Minuten
- MEIN TIP: Falls die Hippen nach dem Erkalten nicht gefüllt werden (etwa mit Eis oder Mousse), so sollten sie in Dosen oder bei geringer Luftfeuchtigkeit gelagert werden.

KALTE BISKUITMASSE

Eidotter, Vanillezucker und geriebene Zitronenschale schaumig rühren. Eiklar unter ständiger Beigabe von Kristallzukker zu festem Schnee schlagen, Salz beigeben. Schnee unter die Dottermasse heben und das versiebte Mehl vorsichtig einrühren. Masse nach Belieben weiterverarbeiten.

- BACKROHRTEMPERATUR: 200 °C
- BACKDAUER: für Torten ca. 30 Minuten
- MEIN TIP: Verwenden Sie diese Biskuitmasse für Rouladen, Schnitten oder Portionsbäckerei.

ZUTATEN

100 g Kristallzucker
115 g Mehl, glatt
5 Eiklar
6 Eidotter
1 EL Vanillezucker
Zitronenschale
Prise Salz

WARME BISKUITMASSE

Eier, Kristallzucker, Vanillezucker, geriebene Zitronenschale sowie Salz über Dampf zuerst warm und dann kalt schaumig schlagen. Mehl mit Stärkemehl versieben, unter die Masse rühren. Beliebig weiterverarbeiten.

- BACKROHRTEMPERATUR: 200 °C
- BACKDAUER: für Torten ca. 30 Minuten
- MEIN TIP: Warme Biskuitmasse eignet sich hervorragend für Tortenböden, Torten oder Schnitten.

ZUTATEN

110 g Kristallzucker
85 g Mehl
40 g Stärkemehl
5 Eier
1 EL Vanillezucker
Zitronenschale
Prise Salz

LEICHTE SANDMASSE

Eier, Eidotter, Kristallzucker, Salz, Vanillezucker und geriebene Zitronenschale über Dampf warm, anschließend kalt schaumig schlagen. Mehl und Stärke versieben, unter die Eimasse heben, flüssige Butter einrühren. Beliebig verarbeiten.

- BACKROHRTEMPERATUR: 180 °C
- BACKDAUER: ca. 30 Minuten

ZUTATEN

140 g Kristallzucker
100 g Mehl, glatt
40 g Stärkemehl
80 g Butter, flüssig
4 Eier
8 Eidotter
1 EL Vanillezucker
Zitronenschale
Prise Salz

SCHWERE SANDMASSE

Handwarme Butter, Staub- und Vanillezucker sowie geriebene Zitronenschale schaumig rühren; Eidotter nach und nach einrühren. Eiklar und Salz unter ständiger Zugabe von Zucker steif aufschlagen, Schnee unter die Buttermasse mengen und Mehl vorsichtig einrühren. Beliebig verarbeiten.

- BACKROHRTEMPERATUR: 180 °C
- BACKDAUER: 50–60 Minuten

ZUTATEN

280 g Butter
140 g Staubzucker
140 g Kristallzucker
280 g Mehl
7 Eidotter
7 Eiklar
etwas Zitronenschale
1 EL Vanillezucker
Prise Salz

Mit einer feinen Sandmasse wird jeder Früchtekuchen erst so richtig zum Genuß.

ZUTATEN
175 g Butter
85 g Staubzucker
85 g Kristallzucker
175 g Mehl, glatt
7 Eidotter
7 Eiklar
1 EL Vanillezucker
Prise Salz
etwas Zitronenschale
eventuell 1 Messerspitze Backpulver

SANDMASSE FÜR FRÜCHTEKUCHEN

Handwarme Butter mit Staub- und Vanillezucker sowie geriebener Zitronenschale schaumig rühren, Eidotter nach und nach einrühren. Eiklar und Salz unter ständiger Zugabe von Kristallzucker zu festem Schnee schlagen. Schnee unter den Dotterabtrieb mengen, Mehl (eventuell mit Backpulver versiebt) vorsichtig einrühren. Masse beliebig weiterverarbeiten.

- BACKROHRTEMPERATUR: 180 °C
- BACKDAUER: ca. 40 Minuten

ZUTATEN FÜR 1 TORTE ODER KUCHEN
8 Eidotter
8 Eiklar
⅛ l Pflanzenöl
120 g Staubzucker
120 g Kristallzucker
140 g Mehl
70 g Kakao
Butter zum Ausstreichen
Mehl zum Stauben

KAKAO-ÖL-MASSE

Eidotter mit Staubzucker schaumig rühren, Öl langsam einrühren (wie bei Mayonnaise); Eiklar unter ständiger Beigabe von Kristallzucker zu festem Schnee schlagen. Schnee unter die Dottermasse mengen. Mehl mit Kakao versieben und vorsichtig unter die Masse rühren. In gebutterte, bemehlte Kuchen- oder Tortenform füllen, backen.

- BACKROHRTEMPERATUR: 180 °C
- BACKDAUER: ca. 50 Minuten

WINDMASSE

ZUTATEN
6 Eiklar
210 g Kristallzucker
210 g Staubzucker

Eiklar schaumig schlagen, nach und nach den Kristallzucker einschlagen. Den Schnee steif ausschlagen, gesiebten Staubzucker mit Kochlöffel vorsichtig einrühren. Die Masse mittels Spritzsack auf ein Trennpapier dressieren und dieses auf ein erhitztes Backblech ziehen, bei eingehängter Backrohrtüre eher trocknen als backen.

- BACKROHRTEMPERATUR: ca. 60–80 °C
- BACKDAUER: 8–10 Stunden; danach einige Tage in einem warmen Raum nachtrocknen
- MEIN TIP: Windbäckerei stets trocken lagern, da sie durch zu hohe Luftfeuchtigkeit weich und zäh wird.

ZUCKERPRÄPARATIONEN

LÄUTERZUCKER

ZUTATEN
1 l Wasser
1 kg Kristallzucker

Wasser und Zucker aufkochen, mit einem Teesieb den Schaum abheben; erkalten lassen.

- MEIN TIP: Überschüssiger Läuterzucker kann – in Flaschen gefüllt – auch über längere Zeit gelagert werden und erst zu einem späteren Zeitpunkt, etwa für Mixgetränke oder Kompotte, verwendet werden.

KARAMELZUCKER

ZUTATEN
250 g Staubzucker

Den gesiebten Zucker in einer Pfanne oder Stielkasserolle am Herd schmelzen. Bis zur gewünschten Bräunung weiterrühren; sofort verwenden.
Verwendung: zum Glacieren von Schnitten, Torten (Dobostorte) oder Crème Caramel

GRILLAGE (*Krokant*)

ZUTATEN
250 g Staubzucker
250 g Haselnüsse, geröstet (oder Mandeln)
etwas Öl

Zucker schmelzen, zu Karamel bräunen, Nüsse beigeben, durchrühren und auf ein zart geöltes Blech gießen. Nach dem Erkalten reiben.
Verwendung: für Cremen, Füllcremen, Parfaits etc.

ZITRONENGLASUR

ZUTATEN
300 g Staubzucker
Eiklar
Zitronensaft nach Bedarf

Staubzucker sieben, mit Eiklar und Zitronensaft dickbreiig anrühren und im Wasserbad etwas erwärmen; weiterverarbeiten, wobei die Glasur auch am Backgut mitgebacken werden kann (div. Lebkuchen).

- MEIN TIP: Für eine Rumglasur ersetzen Sie den Zitronensaft durch Inländerrum.

SACHERGLASUR

ZUTATEN
300 g Staubzucker
250 g Kochschokolade
120 g Wasser

Zucker, Schokolade und Wasser unter ständigem Rühren zum Kochen bringen. Mit nassem Pinsel die Zuckerkristalle vom Gefäßrand waschen. Lösung zum „kurzen Faden" kochen (104 °C). Gefäß in kaltes Wasser stellen. Mit Kochlöffel (bauchige Rückseite) die Glasur am Gefäßrand reiben (tablieren), bis die Glasur eine dickliche Konsistenz aufweist. Torte oder Gebäckstücke glacieren. Die Glasur kann durch Erwärmen und Tablieren wieder aufbereitet werden.

PUNSCHGLASUR

ZUTATEN
250 g Staubzucker
Orangensaft
etwas Rum
Eiklar nach Bedarf
Lebensmittelfarbe, rosa

Zucker mit Orangensaft, Rum, Eiklar und Farbe zu einer dickflüssigen Masse verrühren.

SPRITZGLASUR

ZUTATEN
200 g Staubzucker
Eiklar nach Bedarf
etwas Zitronensaft

Alle Zutaten zu einer dicklichen Masse verrühren. Die Masse darf nicht fließen, soll aber noch spritzfähig sein. Die fertige Masse in ein Papierstanitzel füllen, Spitze abschneiden und weiterverwenden.
Verwendung: zum Beschriften und Dekorieren von Backwaren. Man kann die Ornamente, Bögen, Ringe etc. auch auf – mit Wachs eingestrichene – Glasplatten auftragen, trocknen lassen, die Platten kurz über Dampf halten und die Dekorstücke abheben.

SCHOKOLADESPRITZGLASUR

ZUTATEN
100 g Schokolade
etwas Läuterzucker (s. S. 421)

Temperierte Schokolade mit etwas Läuterzucker glattrühren, abkühlen bis zur Spritzfähigkeit. Glasur in Papierstanitzel füllen, Spitze abschneiden, Ornamente oder Beschriftung durchführen. Die Schokolade darf beim Spritzen nicht zerfließen.

FÜLLCREMEN FÜR TORTEN UND SCHNITTEN

BUTTERCREME

ZUTATEN FÜR 1 TORTE

½ l Milch
250 g Kristallzucker
90 g Puddingpulver
300 g Butter

Zwei Drittel der Milch mit Kristallzucker aufkochen. Puddingpulver mit kalter Restmilch verrühren, in die kochende Milch einrühren, kurz kochen und erkalten lassen. Pudding passieren. Handwarme Butter schaumig rühren, Pudding beigeben und kurz glattrühren (zu langes Rühren läßt die Creme zusammenfallen!).

- MEIN TIP: Die Creme ist geschmacklich durch Beigabe von Aromaten und Geschmacksträgern, etwa von Mocca, Likören, Nüssen etc. abwandelbar.

PARISER CREME

ZUTATEN FÜR 1 TORTE

4 dl Schlagobers
400 g Schokolade

Obers aufkochen, kleingeschnittene Schokolade beigeben, unter ständigem Rühren zum Kochen bringen. Erkalten lassen. Creme leicht erwärmen, schaumig rühren, zügig verarbeiten.

OBERSCREME

ZUTATEN FÜR 1 TORTE

½ l Milch
200 g Kristallzucker
60 g Vanillepuddingpulver
3 dl Schlagobers
5 Blatt Gelatine

Zwei Drittel der Milch mit Kristallzucker aufkochen, Puddingpulver mit kalter Restmilch verrühren, in die kochende Milch einrühren, kurz durchkochen und erkalten lassen. Pudding passieren. Gelatine in kaltem Wasser einweichen. Geschlagenes Obers unter den Pudding mengen, Gelatine mit einigen Tropfen Wasser warm schmelzen; kalt, aber noch flüssig rasch unter die Creme mengen. Beliebig mit Aromaten oder Likören vermischen.

VANILLECREME *(Vanillepudding)*

ZUTATEN

½ l Milch
200 g Kristallzucker
60 g Vanillepuddingpulver
1 EL Vanillezucker

Zwei Drittel der Milch mit Kristall- und Vanillezucker aufkochen. Ein Drittel der Milch kalt mit Puddingpulver anrühren, zügig in die kochende Milch einrühren, nochmals aufwallen lassen. Auf ein Backblech gießen und mit Klarsichtfolie abdecken (verhindert Hautbildung). Creme kalt stellen und bei Bedarf passieren. Die Creme wird hauptsächlich für Tortenbuttercremen etc. verwendet.

SCHOKOOBERSCREME

ZUTATEN FÜR 1 TORTE

½ l Schlagobers
130 g Tunkmasse
50 g Vanillecreme (siehe oben)

Schlagobers schlagen. Tunkmasse lippenwarm schmelzen, mit passiertem Pudding vermengen. Diese Masse zügig unter das Schlagobers rühren.

KALTE SAUCEN

ZUTATEN FÜR 6 PORTIONEN

250 g Erdbeeren, frisch (oder tiefgekühlt)
50 g Staubzucker
1 EL Grand Marnier
Saft von 1/2 Zitrone

ERDBEERSAUCE

Erdbeeren durch ein Sieb streichen. Erdbeerpüree mit restlichen Zutaten vermengen. Mit Standmixer oder Mixstab zu cremiger Konsistenz mixen.

- MEIN TIP: Für Himbeersauce verwenden Sie dasselbe Rezept, vermengen jedoch die Himbeeren statt mit Grand Marnier mit Himbeergeist und verzichten auf die Zugabe von Zitrone.

ZUTATEN FÜR 6 PORTIONEN

1/2 l Milch
150 g Kristallzucker
30 g Puddingpulver
2 Vanilleschoten oder
4 g Vanillezucker
1/16 l Schlagobers
1 EL Rum

VANILLESAUCE

Milch, Kristallzucker und Vanilleschoten (Vanillezucker) aufkochen. Puddingpulver mit Obers verrühren. Unter ständigem Rühren in die Milch einfließen lassen. Nochmals aufkochen. Rum untermengen.

- MEIN TIP: Wünscht man die Sauce fülliger, so kann man etwas leicht geschlagenes Obers unter die Sauce rühren.

ZUTATEN FÜR 6 PORTIONEN

1/8 l Schlagobers
130 g Bitterschokolade
100 g Milchschokolade

SCHOKOLADESAUCE

Obers aufkochen, Schokolade beigeben, langsam schmelzen. Nochmals aufkochen.

ZUTATEN FÜR 6 PORTIONEN

300 g Marillen, frisch (oder tiefgekühlt)
100 g Kristallzucker
1/8 l Wasser
2 EL Marillenbrand

MARILLENSAUCE

Marillen waschen, entkernen, zerkleinern, mit Kristallzucker abmischen; einige Stunden stehen und Saft ziehen lassen. Marillen mit Wasser breiig verkochen, durch ein feines Sieb streichen, etwas abkühlen lassen und den Marillenbrand untermengen.

ZUTATEN

1/4 l Weingeist 90%ig
200 g Waldmeisterkraut
1 dl Wasser
150 g Kristallzucker

WALDMEISTERESSENZ

Läuterzucker aus Wasser und Zucker erzeugen (s. S. 421). Frisches, noch nicht blühendes Waldmeisterkraut (April–Mai) in ein 1-l-Einsiedeglas füllen. Mit Weingeist und Läuterzucker auffüllen. Zugedeckt 3–4 Monate ziehen lassen. Abseihen, in verschraubbare Flaschen füllen; kühl und dunkel lagern. (Die Essenz hält sich jahrelang!)

- MEIN TIP: Waldmeister ist durch sein unvergleichliches, feines Aroma ein hervorragender Geschmacksträger für Bowlen, Eis, Parfaits, Cremen, aber auch für Wildgerichte.

» *Verzuckerte Trachten und vergoldete Kandeln* «

Den geistlichen Herren, welchen die Aufgabe zufiel, die vom rechten Glauben abgefallenen Österreicher im Zuge der Gegenreformation wieder auf gut-katholische Bahnen zu lenken, mißfiel die sprichwörtliche Naschhaftigkeit vor allem der Wiener Bevölkerung beträchtlich. So wurde denn beispielsweise der Prediger Abraham a Sancta Clara nimmer müde, die „süßen Speisen, verzuckerten Trachten, kristallenen Sulzen, schleckrigen Possen und Bissen in vergoldeten Kandeln" zu geißeln. Die Wiener hörten ihm zwar zu, strömten dann aber gleich nach der Predigt wieder in die umliegenden Konditoreien, um weiter zu sündigen. Kein Wunder, galt doch Süßes immer noch als weniger sündhaft als Fleischliches, das, so die Fastenordnung Maria Theresias aus dem Jahre 1758, an Fasttagen nur Offizieren und – Protestanten vorbehalten war.

Topfengolatschen

TOPFENGOLATSCHEN

ZUTATEN FÜR 9 STÜCK
400 g Butterteig (s. S. 414)
25 g Butter
50 g Staubzucker
10 g Puddingpulver
125 g Topfen, 20%, passiert
50 g Rosinen
Schale von ½ Zitrone, gerieben
½ TL Vanillezucker
Prise Salz

Ei zum Bestreichen
Fett zum Bestreichen
Staubzucker zum Bestreuen

Handwarme Butter und Staubzucker schaumig rühren. Alle Zutaten untermengen. Butterteig 36 cm × 36 cm groß ausrollen, in 12 cm große Quadrate schneiden. Jeweils in die Mitte die Fülle einsetzen, die Ränder mit Ei bestreichen; die Teigecken übereinanderschlagen und festdrücken. Golatschen auf befettetes Backblech setzen, im vorgeheizten Backrohr goldbraun backen. Nach dem Erkalten mit Staubzucker bestreuen.

- BACKROHRTEMPERATUR: 220 °C
- BACKDAUER: ca. 20 Minuten

MARILLENSANDWICH

ZUTATEN FÜR 9 STÜCK
300 g Butterteig (s. S. 414)
18 Marillen, vollreif
150 g Fondant (Zitronenglasur, s. S. 422)
Zimt
Ei zum Bestreichen
Butter zum Befetten

Butterteig 30 cm × 18 cm groß ausrollen, in 10 cm × 6 cm breite Streifen schneiden. Diese auf befettetes Backblech legen, mit Ei bestreichen. Marillen waschen, trocknen, halbieren, entkernen, vierteln. 8 Viertel auf ein Teigblatt legen, mit Zimt bestreuen. Im vorgeheizten Backrohr goldbraun backen, erkalten lassen. Fondant erwärmen, mit etwas Wasser verdünnen und damit die Marillensandwiches bestreichen.

- BACKROHRTEMPERATUR: 220 °C
- BACKDAUER: ca. 20 Minuten

Zutaten für 10 Portionen
400 g Plunderteig (s. S. 416)
1 Biskuitstreifen
40 cm × 10 cm (s. S. 419)

Fülle:
250 g Topfen, 10%, passiert
50 g Butter, handwarm
80 g Staubzucker
30 g Vanillepuddingpulver
2 Eidotter
½ EL Vanillezucker
Zitronenschale
Prise Salz
1 kg Marillen, reif

Ei zum Bestreichen
Butter zum Befetten
Staubzucker zum Bestreuen

WACHAUER MARILLENSTRUDEL

Butter, Staubzucker, Puddingpulver, Vanillezucker, geriebene Zitronenschale und Salz schaumig rühren; Dotter beigeben, den Topfen untermengen. Plunderteig in 40 cm Länge und 35 cm Breite ausrollen, mit Ei bestreichen, Biskuitstreifen in die Mitte legen. Den Teig (vom Biskuitstreifen aus links und rechts) in 2 cm breite Streifen schneiden. Topfenfülle auf Biskuit streichen; Marillen halbieren, entkernen und jalousieartig auf die Fülle legen. Teigstreifen einmal von links, einmal von rechts über die Marillen schlagen, so daß ein zopfartiges Muster entsteht. Backblech mit Trennpapier belegen oder fetten. Strudel auf das Blech legen, mit verschlagenem Ei bestreichen und 20 Minuten an einem warmen Ort gehen lassen. Im vorgeheizten Backrohr backen. Nach dem Erkalten mit Staubzucker bestreuen, portionieren.

- BACKROHRTEMPERATUR: 170 °C
- BACKDAUER: 45–50 Minuten
- MEIN TIP: An Stelle der Marillen lassen sich auch Pfirsiche hervorragend als Strudelfülle verarbeiten. Abgesehen davon ergeben sich aus einer Apfel-Mohn-Fülle, einer Birnen-Nuß-Fülle oder einer Orangen-Dörrpflaumen-Fülle äußerst interessante geschmackliche Varianten.

Plunderteiggebäck (s. Rezept S. 416) läßt sich auf die verschiedensten Weisen formen, füllen, belegen. Lassen Sie Ihrer Phantasie freien Lauf.

SCHMERSTRUDEL

Nicht nur im klassischen Strudelteig, auch in Blätter- oder Plunderteig (s. Rezepte S. 414 und 416) schmeckt der Apfelstrudel köstlich.

Zuerst werden zwei Teige zubereitet. Für Teig I Schmer mit 160 g Mehl abarbeiten, daraus einen 2 cm hohen und 15 cm × 20 cm großen Ziegel formen. 1 Stunde kühl rasten lassen.

Für Teig II 300 g Mehl mit Sauerrahm, Salz, Wasser, Ei, Eidotter und Rum verkneten. Kugel formen, in feuchtes Tuch hüllen, 1 Stunde rasten lassen. Teig II ausrollen, Schmerziegel darauflegen, mit überlappendem Teig vollständig einhüllen. Mehl stets sorgfältig entfernen, damit Haftung gewährleistet ist. Teig rasten lassen. Teig zu einem Rechteck, 30 cm × 50 cm groß, ausrollen. Mehl abkehren, linkes Teigdrittel über das mittlere Drittel falten, verbleibendes Drittel darüberschlagen. Halbe Stunde kühl rasten lassen. Diesen Arbeitsvorgang noch zweimal mit Rastzeiten (!) wiederholen. Einige Stunden im Kühlschrank rasten lassen. Teig in zwei Teile trennen und jeweils zu Platten mit 20 cm × 45 cm rollen. Von diesen Platten schneidet man zwei 1 cm breite Streifen ab und legt diese beiseite.

Jeweils zwei Drittel der Teigplatten mit Marmelade bestreichen, unbestrichene Teigdrittel darüberklappen, mit verschlagenem Ei bestreichen und nochmals darüberklappen, so daß ein flacher Strudel entsteht. Strudel mit dem Teigschluß nach oben auf trockenes Backblech legen, mit Ei bestreichen. Zurückbehaltene Teigstreifen zopfförmig auf den Strudel legen, ebenfalls mit Ei bestreichen. Strudel im vorgeheizten Backrohr goldbraun backen, überkühlen, vom Blech lösen, mit Zucker bestreuen.

- BACKROHRTEMPERATUR: 220 °C
- BACKDAUER: ca. 30 Minuten

ZUTATEN FÜR 12 PORTIONEN

350 g Schmer, fein faschiert (rohes Schweinebauchfett)
160 g Mehl, glatt
300 g Mehl, glatt
Prise Salz
1 Ei
2 Eidotter
⅛ l Sauerrahm
2 cl Rum
1/16 l Wasser
1 Ei zum Bestreichen
100 g Ribiselmarmelade
Staubzucker zum Bestreuen

ZIMTSCHNECKEN

Walnüsse, Kristallzucker, Zimt und Rosinen vermengen. Plunderteig 30 cm × 30 cm groß ausrollen. Mit Butter bestreichen, das Walnußgemisch auf dem Teig gleichmäßig verteilen, zu einer Stange rollen. Stange in 2 cm breite Scheiben schneiden, jeweils das Teigende unter der Schnittfläche fixieren und auf ein mit Trennpapier belegtes Backblech legen. Den Teig um die Hälfte aufgehen lassen, Ei mit etwas Wasser verschlagen, dünn auf die Schnecken auftragen, im vorgeheizten Backrohr backen. Nach dem Backen mit heißer Marillenmarmelade bestreichen und mit Fondant (oder Zitronenglasur) dünn glacieren.

- BACKROHRTEMPERATUR: 180 °C
- BACKDAUER: 25–30 Minuten

ZUTATEN FÜR 15 STÜCK

300 g Plunderteig (s. S. 416)
200 g Walnüsse, grob gerieben
80 g Kristallzucker
1 TL Zimt
50 g Rosinen
60 g Butter zum Bestreichen
100 g Marillenmarmelade
100 g Fondant, weiß (oder Zitronenglasur, s. S. 422)
1 Ei zum Bestreichen

ZUTATEN FÜR 9 STÜCK
400 g Plunderteig (s. S. 416)
350 g Powidl
1 EL Rum
Prise Zimt
1 Ei zum Bestreichen
Staubzucker zum Bestreuen

POWIDLGOLATSCHEN

Powidl, Rum und Zimt verrühren, in Dressiersack füllen. Plunderteig 36 cm × 36 cm groß ausrollen. In 9 Quadrate schneiden. In die Mitte der Teigstücke die Powidlmasse aufdressieren. Teigränder mit verschlagenem Ei bestreichen, Teigecken zueinanderschlagen und zusammendrücken. Golatschen mit verschlagenem Ei bestreichen, auf mit Trennpapier belegtes Backblech legen; an einem warmen Ort ca. 20 Minuten gehen lassen, im vorgeheizten Backrohr braun backen. Nach dem Erkalten mit Staubzucker bestreuen.

- BACKROHRTEMPERATUR: 180 °C
- BACKDAUER: 25–30 Minuten

ZUTATEN FÜR 10 PORTIONEN
300 g Plunderteig (s. S. 416)
250 g Mohn, gemahlen
50 g Kristallzucker
⅛ l Milch
1 EL Honig
30 g Rosinen
Zitronenschale
1 EL Vanillezucker
2 EL Rum
Zimt
Prise Salz
80 g Marillenmarmelade
80 g Fondant, weiß (oder Zitronenglasur, s. S. 422)
1 Ei zum Bestreichen
Butter zum Ausfetten
Mehl zum Stauben

MOHNKRANZ

Milch, Kristallzucker, Honig, geriebene Zitronenschale, Zimt, Vanillezucker und Salz aufkochen; Mohn und Rosinen beigeben, quellend kochen, Rum einrühren, kalt stellen. Teig 25 cm × 25 cm groß ausrollen, Mohnfülle auf die Teigfläche auftragen. Teigenden mit verschlagenem Ei bestreichen und zusammenrollen. Die Teigrolle der Länge nach halbieren und mit den Schnittflächen nach oben zu einem Zopf schlingen. Kranzform (25 cm ∅) buttern und mit Mehl ausstauben, den Zopf einlegen, mit Ei bestreichen, 20 Minuten an einem warmen Ort gehen lassen. Im vorgeheizten Backrohr braun backen. Heiß auf ein Kuchengitter geben, mit heißer Marillenmarmelade bestreichen. Mit lippenwarmem Fondant oder Zitronenglasur glacieren.

- BACKROHRTEMPERATUR: 170 °C
- BACKDAUER: ca. 45 Minuten

» *Gugel, hupf!* «

Niemand wird behaupten, daß Gugelhupfessen eine über die Maßen gottgefällige Angelegenheit sei. Und dennoch: Seinen Namen verdankt dieser getreue Eckehart aller österreichischen Kaffeekränzchen dem als besonders asketisch bekannten Orden der Kapuziner. Die Kapuze der Ordenskutte hieß nämlich früher Gugel. Was wäre somit näher gelegen, als den kapuzenförmigen Kuchen nach jenem geistlichen Vorbild zu benennen, dem er, wenn auch nur im metaphorischen Sinn, entsprungen ist. Dies um so mehr, als der in seinem ganzen Wesen barock geprägte Österreicher stets nach einem Grund suchte, weltliche Genüsse zumindest notdürftig geistlich zu verbrämen. So schlug also die Geburtsstunde des Gugelhupfs im Nacken frommer Gottesmänner, und der Gugelhupf ist eine gewisse Zweideutigkeit auch später nicht losgeworden.
Katharina Schratt beispielsweise, die mondäne Diseuse und kaiserliche Geliebte, ließ in der kaiserlichen Sommerresidenz Bad Ischl fürs Déjeuner mit Seiner Majestät stets dessen Lieblingsspeise, einen Gugelhupf, frisch aus der Konditorei Zauner anliefern. Da der Kaiser nach dem frühmorgendlichen Tête-à-tête mit seiner kulturbeflissenen Freundin gerne auf die Jagd ging und dabei über den Steinkogel nach Offensee mußte, hatten die diskret-indiskreten Bad Ischler bald eine griffige Wendung parat, wenn sie sahen, wie der Monarch klammheimlich das Haus der Burgschauspielerin verließ: „Jetzt hat der Kaiser grad wieder sein' Steinkogler Gugelhupf verspeist!"

GERÜHRTER GERMGUGELHUPF

ZUTATEN
300 g Mehl, glatt
150 g Butter
100 g Feinkristallzucker
35 g Germ
100 g Rosinen
ca. ⅛ l Milch
1 Ei
4 Eidotter
1 Päckchen Vanillezucker
Spritzer Rum
Schale von ½ Zitrone
Prise Salz
Fett und Mehl zum Vorbereiten der Form
Staubzucker zum Bestreuen

Form mit Butter ausstreichen, mit Mehl ausstauben. Rosinen mit Rum vermengen. Für das Dampfl Germ in lauwarmer Milch auflösen, etwas Mehl darunterrühren, mit Mehl bestauben und zugedeckt an einem warmen Ort gehen lassen, bis sich grobe Risse zeigen. Handwarme Butter mit Zucker, Vanillezucker, Salz und Zitronenschale schaumig rühren. Ei sowie Eidotter nach und nach einrühren. Das Dampfl mit Restmehl und Abtrieb zu glattem Teig verarbeiten. (Nicht zu lange!) Zuletzt die Rosinen untermengen. Masse in die Form füllen, glattstreichen. Zugedeckt an einem warmen Ort ca. 30 Minuten gehen lassen. Gugelhupf im vorgeheizten Backrohr backen (Nadelprobe). Auf ein Kuchengitter stürzen, erkalten lassen, mit Staubzucker bestreuen.

- BACKROHRTEMPERATUR: 190 °C
- BACKDAUER: 50–60 Minuten

Zubereiten von Germteig

1

◁ *Alle Zutaten bereitstellen und für das Dampfl das Backrohr lauwarm temperieren.*

Germ in der Hälfte der lauwarmen Milch lösen. Mit etwas Mehl zu weichem Dampfl verarbeiten. Mit Mehl bestauben, zugedeckt warm rasten lassen. ▷

2

3

◁ *Lau erwärmte Butter, laue Restmilch, Zucker, Rum, Eier, Eidotter und Aromastoffe vermischen.*

Das Dampfl ist fertig „gegangen", wenn sich das Volumen vergrößert hat und sich an der Oberfläche grobe Risse zeigen. ▷

4

5

◁ *In einer Schüssel versiebtes Mehl mit Eier-Butter-Milchgemisch und Dampfl zu geschmeidigem Teig schlagen, bis sich der Teig von der Schüssel löst und Blasen wirft.*

Teig zugedeckt ½ Stunde warm rasten lassen, bis sich das Volumen etwa um ⅓ vermehrt hat, eventuell nochmals zusammenstoßen, rasten lassen (der Teig wird feinporiger). ▷

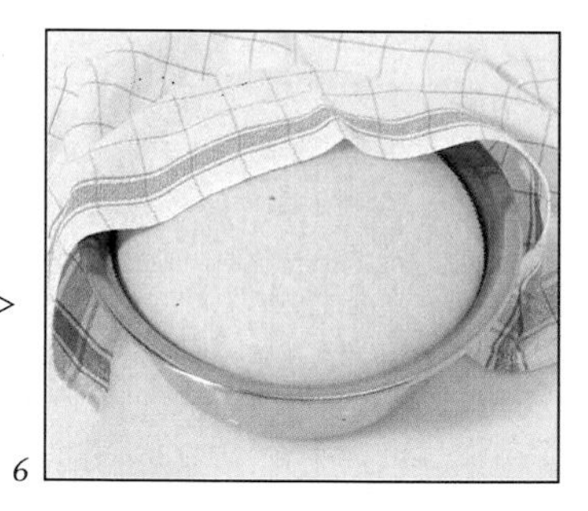

6

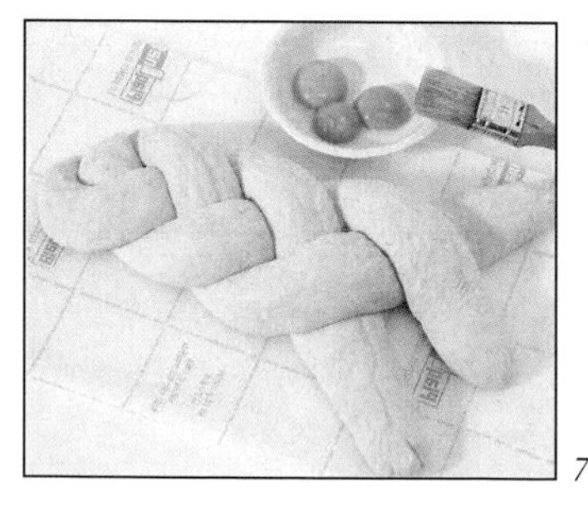

7

◁ *Teig je nach Verwendungszweck weiterverarbeiten – wie hier zu einem Germteigzopf – nochmals zugedeckt warm rasten lassen.*

Teig mit verschlagenem Ei bepinseln, mit Hagelzucker oder Mandelsplittern bestreuen, auf mit Trennpapier belegtem Backblech backen. ▷

8

MOHNGUGELHUPF

Germ in der Hälfte der lauwarmen Milch auflösen. Mit etwas Mehl zu weichem Dampfl verarbeiten. Oberfläche mit Mehl bestauben. An einem warmen Ort zugedeckt gehen lassen, bis der Teig grobe Risse zeigt. Das restliche Mehl in eine Schüssel sieben und mit der erwärmten Butter, der lauwarmen Milch, dem Vorteig (Dampfl) und den restlichen Zutaten so lange schlagen, bis der Teig geschmeidig und glatt erscheint. Teig an einem warmen Ort zugedeckt ½ Stunde gehen lassen. Mohn, Honig, Rum, Zucker und Aromastoffe mit so viel heißer Milch verrühren, daß eine streichfähige Masse entsteht. Zuletzt Rosinen einmengen.
Teig auf bemehlter Arbeitsfläche ca. 4 mm dünn ausrollen, mit Mohnfülle bestreichen, einrollen, Rolle halbieren. Halbe Rolle in gefettete, bemehlte Gugelhupfform legen, mit verdünntem, versprudeltem Ei bestreichen. Die zweite Hälfte darauflegen, Teigenden gut zusammendrücken und zugedeckt aufgehen lassen (bis „zwei Finger breit" unter den Rand der Form). Im vorgeheizten Backrohr backen. Gugelhupf in der Form überkühlen lassen, stürzen und vollständig erkalten lassen. Mit Zuckerglasur überziehen, mit Mohn bestreuen.

- BACKROHRTEMPERATUR: 190 °C
- BACKDAUER: ca. 1 Stunde

Zutaten

Teig:
½ kg Mehl, glatt
100 g Butter
100 g Feinkristallzucker
40 g Germ
2 dl Milch
2 Eidotter
Schale von ½ Zitrone

Fülle:
150 g Mohn, gerieben
70 g Rosinen
3 EL Honig
1 EL Staubzucker, gesiebt
2 cl Rum
Prise Zimt
Schale von ½ Zitrone
Milch nach Bedarf

Zitronenglasur (s. S. 422) von 1 Zitrone
Mohn zum Bestreuen
Fett und Mehl zum Vorbereiten der Form
1 Ei, mit etwas Wasser verdünnt, zum Bestreichen

MOHNSTRUDEL

Milch, Kristall- und Vanillezucker, Butter, Honig, Zimt und Zitronenschale aufkochen, Mohn und Rosinen beigeben, quellend kochen, Rum einrühren, kalt stellen. Germ in warmer Milch auflösen, mit etwas Mehl verrühren, Mehl darüberstreuen, zugedeckt an einem warmen Ort gehen lassen (Dampfl). Handwarme Butter, Staubzucker, Prise Salz und Zitronenschale schaumig rühren. Eidotter untermengen. Restliches Mehl mit Dampfl und Butterabtrieb zu glattem Teig abschlagen; daraus Kugel formen und zugedeckt an einem warmen Ort gehen lassen. Teig auf bemehlter Unterlage 25 cm × 25 cm groß ausrollen, Mohnfülle auftragen, Teigenden mit verschlagenem Ei bestreichen, zusammenrollen. Mit Teigschluß nach unten auf ein mit Trennpapier belegtes Backblech legen. Mit Ei bestreichen, nochmals 20 Minuten gehen lassen und im vorgeheizten Backrohr backen. Nach dem Erkalten mit Staubzucker bestreuen.

- BACKROHRTEMPERATUR: 180 °C
- BACKDAUER: ca. 40 Minuten
- MEIN TIP: Man kann den Strudel (ähnlich einer Potitze) auch in einer gefetteten Backform backen.

Zutaten für 10 Portionen

Teig:
250 g Mehl, glatt
75 g Butter
50 g Staubzucker
20 g Germ
2 Eidotter
Prise Salz
1 dl Milch
Zitronenschale

Mohnfülle:
100 g Mohn, gemahlen
40 g Kristallzucker
25 g Butter
40 g Rosinen
1 EL Honig
Zimt
Zitronenschale
1 TL Vanillezucker
2 EL Rum
⅛ l Milch

Ei zum Bestreichen
Staubzucker zum Bestreuen

ZUTATEN FÜR 12 PORTIONEN

250 g Mehl, glatt
50 g Staubzucker
50 g Butter
20 g Germ
1 Ei
1 dl Milch
2 Eidotter
1 EL Vanillezucker
Zitronenschale, Salz

Fülle:
300 g Walnüsse, fein gerieben
80 g Kristallzucker
1/8 l Milch
1 EL Honig
1 EL Vanillezucker
Zitronenschale
2 EL Rum
50 g Rosinen
Zimt
100 g Ribiselmarmelade

Butter zum Ausstreichen
Staubzucker zum Bestreuen

NUSSPOTITZE

Milch, Honig, Zimt, Vanille- und Kristallzucker sowie Zitronenschale aufkochen, Nüsse einrühren, quellend kochen, Rosinen und Rum untermengen. Masse erkalten lassen. Germ in lauwarmer Milch auflösen, mit etwas Mehl verrühren, Mehl darüberstreuen, zugedeckt an einem warmen Ort gehen lassen, bis das Dampfl Risse aufweist. Butter erwärmen, mit restlichen Zutaten (außer Mehl) über Dampf warmschlagen. Mehl, Dampfl und Buttermasse zu einem Teig verkneten, zugedeckt warm rasten lassen. Den Teig 30 cm × 30 cm groß ausrollen, mit Ribiselmarmelade bestreichen. Nußfülle auf den Teig verteilen, Teig von beiden Seiten zur Mitte rollen (Doppelrolle), in gebutterte Kastenform legen, nochmals gehen lassen, im vorgeheizten Backrohr backen. Einige Minuten überkühlen lassen, stürzen und mit Staubzucker bestreuen.

- BACKROHRTEMPERATUR: 180 °C
- BACKDAUER: ca. 1 Stunde

ZUTATEN FÜR 8 PORTIONEN

250 g Mehl, glatt
20 g Germ
40 g Staubzucker
40 g Butter
1/8 l Milch
2 Eidotter
1 Ei
Prise Salz
Zitronenschale
1 EL Vanillezucker

Bienenstichmasse:
125 g Butter
150 g Mandeln, gehackt
3 EL Honig
40 g Kristallzucker

Creme:
1/4 l Milch
80 g Kristallzucker
40 g Vanillepuddingpulver
2 EL Vanillezucker
1/4 l Schlagobers
2 EL Sahnesteif

Butter zum Ausstreichen

Gegenüberliegende Seite, von oben nach unten: Pfirsichkuchen, Topfengolatsche, Gugelhupf, Buchteln, Krapfen *(s. Rezepte S. 443, 425, 429, 434, 436).*

BIENENSTICH

Germ in lauwarmer Milch auflösen, mit 50 g Mehl glattrühren, mit Mehl bestauben und zugedeckt an einem warmen Ort gehen lassen (Dampfl). Butter schmelzen, mit den restlichen Zutaten (außer Mehl) über Dampf warmschlagen. Dampfl, Mehl und Buttermasse so lange abschlagen, bis sich der Teig vom Schüsselrand löst und glatt erscheint. Teig zugedeckt warm gehen lassen.
Für die Bienenstichmasse alle Zutaten in einer Kasserolle unter ständigem Rühren zum Kochen bringen, zwei Minuten kochen und überkühlen lassen. Germteig zu einem Ziegel von 32 cm × 8 cm formen, auf gefettetes Backblech legen, mit einer Gabel mehrmals einstechen und Honigmasse auftragen. Sobald der bestrichene Teig nochmals um ein Drittel aufgegangen ist, im vorgeheizten Backrohr backen.
Für die Creme Vanille- und Kristallzucker mit zwei Drittel der Milch aufkochen. Kalte Restmilch mit Puddingpulver anrühren, unter die kochende Milch mengen, kurz kochen, kalt stellen, passieren. Geschlagenes Obers zuerst mit Sahnesteif, dann mit Pudding vermengen. Gebackenen Teig horizontal durchschneiden, mit Creme bestreichen, 1 Stunde gut durchkühlen lassen. Deckblatt in 8 Teile schneiden, diese auf den mit Fülle bestrichenen Teig legen, erst dann gänzlich durchschneiden.

- BACKROHRTEMPERATUR: 220 °C
- BACKDAUER: ca. 30 Minuten

POWIDLBUCHTELN

ZUTATEN FÜR 12 STÜCK

Teig:
½ kg Mehl, glatt
40 g Germ
80 g Staubzucker
80 g Butter
2 dl Milch
Prise Salz
1 EL Vanillezucker
Zitronenschale
4 Eidotter
2 Eier

Fülle:
400 g Powidl
1 EL Rum
Prise Zimt

Butter zum Bestreichen
Staubzucker zum Bestreuen

Germ in warmer Milch auflösen, 50 g Mehl beigeben, glattrühren, mit Mehl bestauben, zugedeckt an einem warmen Ort gehen lassen (Dampfl). Butter schmelzen. Alle Zutaten mit Küchenmaschine oder mit Kochlöffel zu einem glatten Teig verarbeiten, bis sich der Teig vom Rand löst. Teig 20 Minuten zugedeckt rasten lassen, zu einer Rolle formen, in 12 Teile schneiden. Teigstücke flachdrücken. Powidl mit Rum sowie Zimt abmischen und in die Mitte der Teigstücke geben. Teigränder nach oben ziehend miteinander verbinden. Passende Form mit Butter ausstreichen, Buchteln seitlich mit flüssiger Butter bestreichen. Mit dem Teigzusammenschluß nach unten Buchtel neben Buchtel in die Form setzen. Buchteln oben mit Butter bestreichen und zugedeckt nochmals gehen lassen, bis sich die Masse um die Hälfte vermehrt hat. Im vorgeheizten Backrohr hellbraun backen. In der Form auskühlen lassen, mit Staubzucker bestreuen und anschließend in Stücke teilen.

- BACKROHRTEMPERATUR: 190 °C
- BACKDAUER: ca. 30 Minuten
- MEIN TIP: Füllen Sie zur Abwechslung die Buchteln auch mit anderer Marmelade.

DUKATENBUCHTELN

ZUTATEN FÜR 6 PORTIONEN

250 g Mehl, glatt
20 g Germ
50 g Kristallzucker
60 g Butter
⅛ l Milch
1 Eidotter
1 Ei
Prise Salz
1 EL Vanillezucker
Zitronenschale
100 g Butter, flüssig, zum Tunken
Staubzucker zum Bestreuen
Butter zum Ausstreichen

Germ in warmer Milch auflösen, mit etwas Mehl glatt verrühren, Mehl darüberstreuen und zugedeckt an einem warmen Ort gehen lassen. Butter erwärmen, restliche Zutaten beigeben, gut vermengen. Buttergemisch mit Dampfl händisch (Kochlöffel) oder im Rührwerk so lange abschlagen, bis sich der Teig vom Schüsselrand löst.

Teig zugedeckt 20 Minuten rasten lassen. Teig in Stücke zu je 120 g teilen, diese zu Stangen rollen und jede Stange in 12 Teile schneiden. Teigstücke zu Kugeln formen, die Teigenden nach unten ziehen, so daß eine glatte Oberfläche entsteht. Teigstücke in flüssige Butter tunken, mit der glatten Fläche nach oben in die Pfanne schlichten. Buchteln nochmals an einem warmen Ort ½ Stunde gehen lassen, in das vorgeheizte Backrohr schieben. Nach halber Backzeit nochmals mit Butter bestreichen und fertigbacken. Mit Staubzukker bestreuen.

- BACKROHRTEMPERATUR: 180 °C
- BACKDAUER: ca. 20 Minuten
- MEIN TIP: Reichen Sie dazu Vanillesauce (Kanarimilch).

» Das Märchen von der Cäcilie Krapf «

Der Wiener Faschingskrapfen sei, so erzählt die Mär, eine Erfindung der Altwiener Hofratsköchin Cäcilie Krapf, genannt Frau Cilly. Ein Blick ins etymologische Lexikon bestätigt jedoch, daß es den Krapfen schon gab, als in ganz Europa noch niemand wußte, was ein Hofrat ist. Das berühmte Schmalzgebäck trug bereits zur Zeit Karls des Großen den Namen „crapho", was soviel wie Haken oder Kralle bedeutete, eine Form, die bei manchen Krapfenspezialitäten mit etwas Phantasie auch heute noch erkennbar ist. (Verwandt ist das Wort auch mit Krampf, das von „krumm" stammt). Doch selbst wenn bereits die alten Römer dem Vernehmen nach bei ihren ausschweifenden Frühlingsbacchanalien ein dem Krapfen verwandtes Gebildbrot buken, so haben die Wiener doch im Laufe der Jahrhunderte den Krapfen gewissermaßen usurpiert. Davon zeugen schon die berühmten Eipeldauer-Briefe aus dem Jahr 1804, in denen es heißt: „Wenn ich's aber auch vergessen wollt', daß wir noch im lustigen Fasching sind, so würden mich schon d'Krapfen dran erinnern." Damals füllten übrigens Krapfeninserate die „Wiener Zeitung" so spaltenweise wie heute die Insolvenzen und Konkurse.
Beträchtlich früher, nämlich in einer Kochordnung des Jahres 1486, sind jedoch bereits die „Krapfenpacherinnen" erwähnt, die „in Irrn Ladnen weder Herbergn noch an offenn pleczn nichtz kochen auch kainen visch pachen noch fail haben zu verkauffen noch kein gastung nicht habn haimlich noch offenlich in kein weis, damit vereterey und andere uebel, so daraus kommen, vermitten bleiben."
Wie bei allen Traditionsgerichten gibt es auch beim Krapfen verschiedene Schulen der Zubereitung, deren Anhänger sich allesamt im Besitz der „einzig wahren Lehre" wissen. Die Streitfrage lautet zunächst, ob die Marmelade in den Krapfen gespritzt werden muß oder ob man lieber zwei von Marmelade zusammengehaltene Krapfenhälften ausbäckt. Beim Backfett setzt sich der Krapfenhader dann fort: Nur Butterschmalz darf es sein, sagen die einen. Andere schwören auf reine Butter, die rustikalere Schule greift zu Schweineschmalz.
Was aber hat nun Cäcilie Krapf mit dem Wiener Faschingskrapfen zu tun? – Ihre „Erfindung" waren die aus den uralten Krapfenrezepten abgeleiteten „Cillykugeln", das eigentliche Vorbild für unsere heutigen Faschingskrapfen, mit denen sie zu Beginn des 19. Jahrhunderts die Hofbälle auf die süßeste Weise zu verzaubern wußte, und zwar mit so durchschlagendem Erfolg, daß allein im Kongreßjahr 1815 an die zehn Millionen Krapfen bei offiziellen Empfängen und Bällen verspeist wurden.

Butterschmalz, Schmalz oder Öl – das ist in der Geschichte des Faschingskrapfens immer wieder die Frage gewesen. Für die Hausfrau scheint Öl in jedem Fall die unkomplizierteste Variation zu sein.

ZUTATEN FÜR 18 STÜCK
320 g Mehl, glatt
30 g Germ
75 g Butter
35 g Staubzucker
5 EL Milch
Spritzer Rum
1 EL Vanillezucker
3 Eidotter
1 Ei
Prise Salz
Zitronenschale
Öl zum Backen
Mehl zum Bestauben
Marillenmarmelade, passiert, zum Füllen
Staubzucker zum Bestreuen

FASCHINGSKRAPFEN

Germ in 2 EL warmer Milch auflösen, mit 50 g Mehl glattrühren, mit Mehl bestauben, an einem warmen Ort gehen lassen (Dampfl). Butter schmelzen, alle Zutaten außer Mehl einrühren. Restliches Mehl mit Dampfl und Buttergemisch so lange abschlagen, bis sich der Teig vom Rand löst. Teig in 18 Teile schneiden, zu Kugeln formen, durch kreisende Bewegungen mit der Handinnenfläche bearbeiten (schleifen). Krapfen auf bemehltes Tuch legen, mit Mehl bestauben und nochmals zugedeckt an einem warmen Ort gehen lassen (ca. 45 Minuten). Reichlich Öl erhitzen, Krapfen einlegen, zugedeckt anbacken, umdrehen und offen fertig backen. Aus dem Fett heben, auf Glacierrost legen, überkühlen lassen. Passierte Marillenmarmelade mittels Dressiersack und Krapfenfülltülle (im Fachhandel erhältlich) in die Krapfen einspritzen. Krapfen mit Staubzucker bestreuen.

● BACKDAUER: ca. 6–7 Minuten

ZUTATEN FÜR 9 STÜCK
160 g Mehl, glatt
15 g Germ
35 g Butter
20 g Staubzucker
2 EL Milch
Spritzer Rum
½ EL Vanillezucker
2 Eidotter
1 Ei
Prise Salz
Zitronenschale

BAYRISCHE KÜCHLEIN

Germ in warmer Milch auflösen, mit 30 g Mehl glattrühren, mit Mehl bestauben und zugedeckt an einem warmen Ort gehen lassen (Dampfl). Butter schmelzen, alle Zutaten außer Mehl einrühren. Restliches Mehl, Dampfl und Buttergemisch in der Rührmaschine (Knethaken) oder mit der Hand (Kochlöffel) kneten (abschlagen), bis sich der Teig vom Rand löst und geschmeidig erscheint. Teig in 9 Teile schneiden, zu Kugeln formen, durch kreisende Bewegungen mit der Hand auf bemehlter Unterlage bearbeiten (schleifen) und etwas flachdrücken. Küchlein auf bemehltes Tuch legen, leicht mit Mehl bestauben und zugedeckt an einem warmen Ort gehen lassen, bis sich das Teigvolumen um die Hälfte vermehrt hat. Reichlich Öl erhitzen. In die Küchlein mit dem Daumen in der Mitte eine Mulde drücken, mit dem Loch nach unten in das Öl einlegen, zugedeckt anbacken, umdrehen und offen fertig backen. Aus dem Fett heben, auf Glacierrost legen, überkühlen lassen. In die Vertiefung abgerührte Marillenmarmelade füllen, mit Staubzucker bestreuen.

Mehl zum Bestauben
Öl zum Backen
Marillenmarmelade, passiert, zum Füllen
Staubzucker zum Bestreuen

- BACKDAUER: ca. 6–7 Minuten

GEBACKENE MÄUSE

Zutaten für 18 Stück

200 g Mehl, glatt
50 g Mehl, griffig
25 g Germ
25 g Staubzucker
40 g Butter
¼ l Milch
4 Eidotter
1 EL Vanillezucker
Spritzer Rum
Prise Salz
Zitronenschale
Fett zum Backen
Staubzucker zum Bestreuen

Germ in warmer Milch auflösen, mit 50 g Mehl glattrühren, mit Mehl bestauben, an einem warmen Ort gehen lassen (Dampfl). Butter schmelzen, alle Zutaten außer Mehl einrühren. Dampfl, Mehl und Buttergemisch im Rührwerk oder händisch (Kochlöffel) kneten, bis sich der Teig vom Rand löst und Blasen wirft. Mit Suppenlöffel 18 große Nocken ausstechen, auf ein gestaubtes Tuch legen und zugedeckt an einem warmen Ort gehen lassen. Reichlich Fett in einer tiefen Pfanne erhitzen, Mäuse einlegen, zugedeckt anbacken, wenden, offen fertig backen. Aus dem Fett heben, auf Glacierrost legen, überkühlen lassen, mit Staubzucker bestreuen.

- BACKDAUER: ca. 5 Minuten
- MEIN TIP: Gebackene Mäuse reicht man entweder heiß mit Kompott oder Vanillesauce als Nachtisch oder kalt als Jausengebäck zu Kaffee und Tee.

Nicht nur die klassischen Faschingskrapfen, sondern ungezählte Krapfen aller Arten (hier z. B. links Gebackene Mäuse, rechts Bayrische Küchlein) zählen zum Einmaleins der österreichischen Patisserie.

ZUTATEN FÜR 20 PORTIONEN
250 g Mehl, glatt
20 g Germ
40 g Staubzucker
40 g Butter
⅛ l Milch
2 Eidotter
1 Ei
Prise Salz
1 EL Vanillezucker
Zitronenschale
1½ kg Zwetschken für den Belag
Zimt zum Bestreuen
Butter zum Bestreichen
Staubzucker zum Bestreuen

ZWETSCHKENFLECK

Germ in warmer Milch auflösen, mit 50 g Mehl glattrühren, mit Mehl bestauben, an einem warmen Ort gehen lassen (Dampfl). Butter schmelzen, alle Zutaten außer Mehl beigeben. Alle Zutaten inklusive Mehl in der Rührmaschine (Knethaken) oder mit dem Kochlöffel zu einem glatten Teig verarbeiten und zugedeckt rasten lassen. Zwetschken waschen, bis zur Hälfte einschneiden, Kern entfernen, die noch zusammenhängenden Zwetschken der Breite nach bis zur Hälfte einschneiden. Teig auf bemehlter Unterlage in Blechgröße ausrollen, auf gefettetes Backblech legen. Zwetschken eng aneinander, mit den Zipfeln nach oben auf den Teig legen. Nochmals warm rasten lassen. Mit Zimt bestreuen und im vorgeheizten Backrohr backen. Mit Staubzucker bestreuen.

- BACKROHRTEMPERATUR: 180 °C
- BACKDAUER: ca. 35–40 Minuten
- MEIN TIP: Feinspitze bestreichen den heißen Fleck mit einer mit Slibowitz angerührten Marillenmarmelade.

ZUTATEN FÜR 3 STÜCK
½ kg Mehl, griffig
170 g Staubzucker
150 g Butter
40 g Germ
¼ l Milch
1 EL Vanillezucker
6 Eidotter
Prise Salz
Eidotter zum Bestreichen

OSTERPINZEN

Germ in 1 dl warmer Milch auflösen, mit etwas Mehl zu einem Brei anrühren, mit Mehl bestauben und zugedeckt an einem warmen Ort gehen lassen (Dampfl), bis sich Sprünge zeigen. Mit restlichen Zutaten inklusive zerlassener Butter zu einem glatten Teig verarbeiten (Rührmaschine oder händisch). Teig zugedeckt 20 Minuten rasten lassen, zusammenstoßen, nochmals aufgehen lassen. Aus dem Teig drei Kugeln formen, mit dem Teigschluß nach unten auf ein mit Trennpapier belegtes Backblech legen, nochmals gehen lassen, mit Eidotter bestreichen, trocknen lassen. Mit Schere oder Messer drei symmetrische Einschnitte machen. Im vorgeheizten Backrohr braun backen.

- BACKROHRTEMPERATUR: 190 °C
- BACKDAUER: ca. 50 Minuten

ZUTATEN FÜR 2 STOLLEN
¾ kg Mehl, glatt
300 g Butter
135 g Staubzucker
2 dl Milch
55 g Germ
2 Eidotter
1 EL Vanillezucker

CHRISTSTOLLEN

Germ in warmer Milch auflösen, mit 250 g Mehl abrühren, mit Mehl bestauben, an einem warmen Ort gehen lassen (Dampfl). Alle Zutaten außer Früchten und Haselnüssen mit Rührwerk gut verarbeiten. (Ca. 9 Minuten im Schnellgang abwirken.) Früchte und Nüsse in den Teig einarbeiten. Teig rechteckig ausrollen, mit flüssiger Butter bestreichen, mit etwas Zimt zart bestreuen, der Länge nach übereinanderklappen, aber so, daß der Oberteil etwas kleiner ist. Stollen auf mit Trennpapier belegtes Backblech legen, nochmals gehen lassen und im vorgeheizten Backrohr backen. Nach dem Backen sofort mit flüssigem Butterschmalz vollständig tränken und in Staubzucker wälzen.

- BACKROHRTEMPERATUR: 140 °C
- BACKDAUER: 50 Minuten

1 KL Zimt
1 EL Rum
Kardamom
Salz
140 g Aranzini
140 g Zitronat
230 g Rosinen
50 g Haselnüsse, gehackt
Butter zum Bestreichen
300 g Butterschmalz zum Tunken
Staubzucker zum Wälzen

ERDÄPFELBROT

ZUTATEN FÜR 2 LAIBE

½ kg Mehl, glatt
200 g Erdäpfel, mehlig
200 g Butter
40 g Germ
60 g Staubzucker
10 g Salz
1,5 dl Milch
Spritzer Rum
2 Eier
60 g Rosinen
Zitronenschale
1 Ei zum Bestreichen

Erdäpfel waschen, schälen, vierteln, mit kaltem Salzwasser bedecken. Kochen, abseihen, gut ausdampfen, heiß passieren und erkalten lassen. Germ in Milch auflösen, mit 50 g Mehl glatt verrühren, etwas Mehl darübergeben, zugedeckt an einem warmen Ort rasten lassen (Dampfl). Butter erwärmen, Eier, Staubzucker, Rum, Salz sowie Zitronenschale einrühren. Buttermasse mit Erdäpfeln, Dampfl und Mehl vermengen. Mit Rührwerk oder Kochlöffel so lange schlagen, bis sich der Teig vom Rand löst. Rosinen beigeben und ½ Stunde zugedeckt an einem warmen Ort rasten lassen. Teig in zwei Teile schneiden, zu zwei Laiben verarbeiten (mit der Handfläche den Teigrand nach innen schlagen, bis sich eine Kugel bildet und die Teigoberfläche glatt ist). Auf ein mit Trennpapier belegtes Backblech legen und ca. 1 Stunde zugedeckt gehen lassen. Mit Ei bestreichen und backen. Nach dem Backen auf einem Kuchengitter auskühlen lassen.

- BACKROHRTEMPERATUR: 180 °C
- BACKDAUER: 45 Minuten

FRÜCHTEBROT (*Kletzenbrot*)

ZUTATEN FÜR 2 WECKEN

250 g Dörrzwetschken, entkernt
170 g Kletzen (Dörrbirnen)
170 g Feigen, getrocknet
40 g Pinienkerne
80 g Wal- und Haselnüsse
130 g Rosinen
80 g Zitronat und Aranzini
1 dl Rum
1 KL Zimt, gemahlen
Schale von 1 Zitrone, gerieben
Schale von 1 Orange, gerieben
Ei zum Bestreichen, Mandelspäne

Teig:
350 g Roggenmehl
30 g Germ
Prise Salz
1 dl Wasser, lauwarm

Alle Früchte grob schneiden, Nüsse hacken, mit Rum einige Stunden ziehen lassen. Germ in lauwarmem Wasser lösen, etwas Mehl daruntermischen, mit Mehl bestreuen, zugedeckt warm gehen lassen (Dampfl). Dampfl mit Roggenmehl und Salz zu glattem Teig kneten. Früchte (nach Belieben mit Rum) beigeben, würzen und zwei Wecken formen. Nochmals gehen lassen. Wecken mit verschlagenem Ei bestreichen, eventuell mit Mandelspänen bestreuen.

- BACKROHRTEMPERATUR: 180 °C
- BACKDAUER: ca. 1 Stunde
- MEIN TIP: Im Originalrezept enthält das Kletzenbrot lediglich Kletzen (900 g) und keinerlei andere Früchte.

Zutaten für 8 Stück

250 g Mehl, glatt
70 g Butter
50 g Staubzucker
20 g Germ
2 Eidotter
1,5 dl Milch
Zitronenschale
1 EL Vanillezucker
Prise Salz

Zum Tränken:
3 dl Wasser
100 g Kristallzucker
1 Orange
1 Zitrone
Zimtrinde
5 Gewürznelken
⅛ l Rum

Butter zum Ausstreichen
Mehl zum Stauben

SAVARIN

Germ in lauwarmer Milch auflösen, mit 50 g Mehl abrühren, restliches Mehl darüberstreuen, zugedeckt an einem warmen Ort gehen lassen (Dampfl). Butter erwärmen, mit den restlichen Zutaten glattrühren, mit Dampfl (im Rührwerk oder mit Kochlöffel) gut verarbeiten. Der Teig muß dressierfähig sein, eventuell noch etwas Milch beigeben. 8 kleine Savarinformen (Ringformen mit 9 cm Ø) mit Butter ausstreichen, mit Mehl ausstauben. Teig mittels Dressiersack und glatter Tülle (Nr. 5) in die Formen ca. ¾ hoch einfüllen. ¼ Stunde gehen lassen und im vortemperierten Backrohr backen. Nach dem Backen die Ringe auf ein Glaciergitter stürzen und auskühlen lassen. Wasser, Kristallzucker, halbierte Orange und Zitrone, Zimtrinde sowie Gewürznelken aufkochen, 10 Minuten kochen, erkalten lassen, abseihen und Rum beigeben. Savarinringe in die Flüssigkeit tauchen und beliebig mit Fruchtsalaten, Eis oder geschlagenem Obers garnieren.

- BACKROHRTEMPERATUR: 190 °C
- BACKDAUER: 15–20 Minuten

Zutaten für 10 Portionen

Teig:
½ kg Mehl, glatt
35 g Germ
100 g Butter
1 Ei
2 Eidotter
¼ l Milch
Prise Salz
40 g Zucker

Fülle:
150 g Butter
250 g Zucker
2 EL Zimt
250 g Rosinen
120 g Walnüsse, gehackt

Butterschmalz zum Ausstreichen

KÄRNTNER REINDLING (*Reinling*)

Eine passende Rein mit Butterschmalz ausstreichen. Germ mit ¹⁄₁₆ l lauwarmer Milch vermengen, 50 g Mehl darunterrühren. Dampfl mit Mehl dicht bestauben, an einem warmen Ort zugedeckt gehen lassen, bis sich der Teig verdoppelt hat und grobe Risse sichtbar werden (Dampfl). Flüssige Butter, Mehl, Ei und Eidotter, Salz, Zucker und restliche Milch mit dem Dampfl vermischen und zu einem Teig verkneten. Den Teig in der Maschine kneten oder mit dem Kochlöffel abschlagen, bis der Teig glatt erscheint und sich von der Schüssel löst. Teig nochmals zugedeckt gehen lassen, zusammenstoßen, wieder gehen lassen. Teig ca. 25 cm × 40 cm groß ausrollen, mit flüssiger Butter bestreichen, mit Zucker, Zimt, Rosinen und gehackten Nüssen bestreuen. Den Teig der Länge nach einrollen und schneckenartig in die Form rollen. Reindling in das kalte Backrohr stellen und auf 180 °C temperieren. Goldbraun backen, in der Form erkalten lassen, stürzen und schneiden.

- BACKROHRTEMPERATUR: auf 180 °C steigend
- BACKDAUER: ca. 50 Minuten

GUGELHUPF

ZUTATEN
300 g Butter
150 g Staubzucker
150 g Kristallzucker
3 Eier
4 Eidotter
4 Eiklar
240 g Mehl, glatt
60 g Rosinen
Vanillezucker
Zitronenschale, gerieben
Butter zum Ausstreichen
Mehl zum Ausstauben
Puderzucker zum Bestreuen

Weiche Butter mit Staubzucker schaumig rühren, die ganzen, nicht zu kalten Eier verschlagen und langsam unter den Abtrieb mengen. Eidotter, Vanillezucker sowie Zitronenschale einrühren, Rosinen beifügen. Eiklar mit Kristallzucker zu festem Schnee schlagen, unter den Butter-Eier-Abtrieb ziehen und Mehl langsam unterheben. Gugelhupfform mit Butter ausstreichen, mit Mehl ausstauben, Masse in die Form füllen und im vorgeheizten Backrohr backen (Nadelprobe machen). Lauwarm stürzen, mit Puderzucker bestreuen.

- BACKROHRTEMPERATUR: 180 °C
- BACKDAUER: ca. 1 Stunde
- MEIN TIP: Für Marmorgugelhupf färbt man ⅓ der Teigmasse mit 30 g Kakao und füllt den neutralen Teig abwechselnd mit dem gefärbten in die Form.

MARMORKUCHEN

ZUTATEN FÜR 12 PORTIONEN
100 g Butter, handwarm
65 g Staubzucker
65 g Kristallzucker
170 g Mehl, glatt
5 g Backpulver
15 g Kakao
6 EL Milch
4 Eidotter
4 Eiklar
1 EL Vanillezucker
Zitronenschale
Prise Salz
Fett zum Ausstreichen
Mehl zum Ausstauben
Puderzucker zum Bestreuen

Butter mit Staub- und Vanillezucker sowie Zitronenschale schaumig rühren. Eidotter nach und nach einrühren. Eiklar mit Kristallzucker und Salz zu steifem Schnee schlagen, unter den Abtrieb heben. Das mit Backpulver versiebte Mehl abwechselnd mit Milch untermengen, ⅓ der Masse mit Kakao abrühren. Kastenform mit Fett ausstreichen, mit Mehl ausstauben. Halbe Menge der weißen Teigmasse in die Form füllen, dunkle Masse darübergeben und mit dem Rest der weißen Masse auffüllen. Eine Gabel zweimal kreisförmig durch die Masse ziehen – dadurch entsteht das charakteristische Marmormuster. Im vorgeheizten Backrohr backen, eventuell nach Braunfärbung mit Alufolie abdecken. Lauwarm auf Kuchengitter stürzen, mit Zucker bestreuen.

- BACKROHRTEMPERATUR: 180 °C
- BACKDAUER: 50–60 Minuten

ANISKUCHEN

ZUTATEN FÜR 8 PORTIONEN
110 g Butter
110 g Staubzucker
120 g Mehl, glatt
10 g Anis
2 Eier
Zitronenschale
Vanillezucker, Prise Salz
Butter zum Ausstreichen
Mehl zum Ausstauben

Handwarme Butter mit Staub- und Vanillezucker schaumig rühren, Zitronenschale und Prise Salz beigeben. Eier langsam einmengen, Mehl und Anis vorsichtig unterheben. Masse in gebutterte, bemehlte Rehrückenform füllen und im vorgeheizten Backrohr backen. Überkühlen lassen, stürzen.

- BACKROHRTEMPERATUR: ca. 175 °C
- BACKDAUER: ca. 55 Minuten

ZUTATEN FÜR 12 PORTIONEN
250 g Butter
250 g Staubzucker
5 Eier
300 g Mehl, glatt
50 g Mandeln, gerieben
Vanillezucker
Zitronenschale, gerieben
Prise Salz
Butter zum Ausstreichen
Mehl zum Ausstauben

TEEKUCHEN

Eier leicht temperiert verschlagen. Handwarme Butter mit Staubzucker schaumig rühren, Eier nach und nach untermengen; Mehl, Mandeln, Vanillezucker, Prise Salz und Zitronenschale einrühren. Kastenform mit Butter ausstreichen, mit Mehl ausstauben oder mit Trennpapier auslegen. Masse in die Form einfüllen und im vorgeheizten Backrohr backen.

- BACKROHRTEMPERATUR: 200 °C
- BACKDAUER: ca. 1 Stunde

ZUTATEN FÜR 12 PORTIONEN
200 g Staubzucker
200 g Butter
250 g Mehl, griffig
4 Eier
1 EL Vanillezucker
½ EL Backpulver
Saft von 1 Zitrone
Schale von 1 Zitrone, gerieben
Marillenmarmelade, passiert
Butter zum Ausstreichen
Mehl zum Ausstauben

Glasur:
150 g Schokolade
150 g Kristallzucker
⅛ l Wasser

ZITRONENKUCHEN

Eier, Staub- und Vanillezucker sowie Zitronenschale schaumig rühren. Butter schmelzen, lauwarm unter ständigem Rühren in die Masse einmengen. Mehl mit Backpulver versieben und abwechselnd mit Zitronensaft unter den Abtrieb heben. Kastenform mit Butter ausstreichen, mit Mehl ausstauben. Masse einfüllen und im vorgeheizten Backrohr backen. Kuchen überkühlen lassen, stürzen, dünn mit Marmelade bestreichen, auf Glaciergitter mit temperierter Schokoladeglasur überziehen.
Schokoladeglasur: Schokolade, Zucker und Wasser so lange kochen, bis sich aus einem Tropfen der Glasur zwischen zwei Fingern ein kurzer Faden ziehen läßt (Fadenprobe). Unter ständigem Rühren abkühlen und lippenwarm über den Kuchen gießen.

- BACKROHRTEMPERATUR: ca. 200 °C
- BACKDAUER: ca. 45 Minuten

ZUTATEN FÜR 14 PORTIONEN
7 Eiklar
7 Eidotter
330 g Butter
130 g Kristallzucker
130 g Staubzucker
360 g Mehl, glatt
200 g Früchte, kandiert
100 g Walnüsse, grob gehackt
50 g Rosinen
Zitronenschale
1 EL Vanillezucker
Prise Salz
Butter zum Ausstreichen
Mehl zum Bestauben
Staubzucker zum Bestreuen

BISCHOFSBROT (*Englischkuchen*)

Handwarme Butter mit Staubzucker schaumig rühren, Eidotter nach und nach beigeben. Mehl mit Früchten, Nüssen und Rosinen vermengen. Eiklar mit Kristallzucker, Vanillezucker und Salz zu festem Schnee schlagen. Butterabtrieb, Mehl, Früchte und Zitronenschale unter den Schnee mengen, alles gut verrühren, bis die Masse kompakt erscheint. Bischofsbrotwanne ausbuttern, mit Mehl ausstauben und die Masse erhaben einfüllen. Im vorgeheizten Backrohr backen, überkühlen lassen, stürzen und mit Staubzucker bestreuen. Kalt aufschneiden.

- BACKROHRTEMPERATUR: 170 °C
- BACKDAUER: ca. 1½ Stunden

Die typische Wiener Kaffeejause ist ohne Gugelhupf (links ein Marmorgugelhupf mit Sacherglasur) oder Bischofsbrot (rechts) kaum vorstellbar (s. Rezepte S. 441, 442).

TOPFENSTOLLEN

ZUTATEN FÜR 24 SCHEIBEN
½ kg Mehl, glatt
150 g Butter
200 g Staubzucker
100 g Mandeln, gehackt
250 g Topfen, 10%, passiert
1 Päckchen Backpulver
90 g Zitronat und Aranzini
50 g Rosinen
2 EL Rum
2 Eier, Zitronenschale
Butter zum Bestreichen
Staubzucker zum Bestreuen

Mehl mit Backpulver versieben, mit Butter abbröseln (verreiben), mit allen anderen Zutaten vermengen und zu einem Teig verkneten. Zu einem Stollen verarbeiten.
Auf mit Trennpapier belegtes Backblech legen, im vorgeheizten Backrohr hellbraun backen.
Noch warm mit flüssiger Butter bestreichen und dick mit Staubzucker bestreuen.

- BACKROHRTEMPERATUR: 170 °C
- BACKDAUER: ca. 70 Minuten

PFIRSICHKUCHEN

ZUTATEN FÜR 6 PORTIONEN
½ kg Pfirsiche, vollreif
110 g Butter
60 g Staubzucker
60 g Kristallzucker
3 Eiklar
3 Eidotter
110 g Mehl, glatt
20 g Stärkemehl
1 EL Vanillezucker
Schale von 1 Zitrone, gerieben
Prise Salz
Butter zum Ausstreichen
Mehl zum Ausstauben
Staubzucker zum Bestreuen
5 Backoblaten, nach Bedarf

Pfirsiche einige Sekunden in siedendem Wasser überbrühen, sofort in kaltes Wasser legen, die Haut abziehen. (Dieser Vorgang ist nicht unbedingt erforderlich.) Pfirsiche halbieren, entkernen, in große Spalten schneiden. Handwarme Butter mit Staubzucker, Zitronenschale sowie Stärkemehl schaumig rühren. Eidotter nach und nach beigeben. Eiklar, Kristallzucker, Salz und Vanillezucker zu steifem Schnee schlagen. Butterabtrieb unter den Eischnee heben, das versiebte Mehl untermengen. Masse in gefettete, bemehlte Backform füllen, eventuell mit Oblaten belegen. Pfirsiche gleichmäßig auf die Masse verteilen und im vorgeheizten Backrohr braun backen. Nach dem Backen überkühlen lassen, in Stücke teilen und mit Zucker bestreuen.

- BACKROHRTEMPERATUR: 180 °C
- BACKDAUER: ca. 50 Minuten

ZUTATEN FÜR 12 PORTIONEN

5 Eier
140 g Speisestärke
140 g Mehl, glatt
150 g Staubzucker
¼ l Eierlikör
200 g Butter
Prise Backpulver
Prise Vanillezucker
Butter zum Ausstreichen
Mehl zum Stauben
Staubzucker zum Bestreuen

EIERLIKÖRKUCHEN

Mehl, Stärke und Prise Backpulver gemeinsam versieben. Handwarme Butter mit Staub- und Vanillezucker schaumig rühren. Jeweils ein Ei abwechselnd mit Eierlikör und Mehl dem Abtrieb beifügen, dabei immer abwarten, bis die Masse bindet (keine kalten Eier verwenden – eventuell diese vorher glatt versprudeln). Masse in gebutterte und bemehlte Kranzkuchenform füllen und im vorgeheizten Backrohr goldbraun backen. Kuchen eventuell während des Backens mit Papier abdecken, in der Form überkühlen lassen, auf ein Glaciergitter stürzen, mit Zucker bestreuen.

- BACKROHRTEMPERATUR: 180 °C
- BACKDAUER: 55–65 Minuten

ZUTATEN FÜR 12 PORTIONEN

700 g Kirschen, entkernt
180 g Kristallzucker
200 g Topfen, passiert
180 g Staubzucker
8 Eidotter
200 g Biskotten, gerieben
8 Eiklar
Prise Vanillezucker
etwas Zitronenschale, gerieben
Prise Salz

Teig:
280 g Mehl, glatt
180 g Butter
120 g Staubzucker
2 Eidotter

Fett zum Bestreichen

KIRSCHENKUCHEN

Für den Teig Butter, Mehl, Zucker und Dotter rasch zu einem Teig verkneten. Den Teig etwas kühl rasten lassen, in Größe der Backform ausrollen. Die befettete Form damit belegen. Bei 170 °C ca. 6 Minuten farblos anbacken. Den Teig mit den entkernten Früchten belegen. Staubzucker und Dotter schaumig rühren, Topfen, Aromastoffe sowie Salz untermengen, geriebene Biskotten unterheben. Eiklar unter ständiger Beigabe von Kristallzucker zu festem Schnee schlagen, unter die Masse ziehen. Die Kirschen mit der Topfenmasse bestreichen. Den Kuchen im vorgeheizten Backrohr goldbraun backen.

- BACKROHRTEMPERATUR: 180 °C
- BACKDAUER: ca. 45 Minuten

ZUTATEN FÜR 9 PORTIONEN

5 Eidotter
5 Eiklar
180 g Butter
90 g Staubzucker
70 g Kristallzucker
180 g Mehl, glatt
1 EL Vanillezucker
1 KL Backpulver
1 kg Zwetschken oder Marillen
Butter zum Ausstreichen

ZWETSCHKEN- ODER MARILLENKUCHEN

Handwarme Butter mit Staub- und Vanillezucker schaumig rühren. Nach und nach Eidotter einmengen, Mehl mit Backpulver versieben. Eiklar mit Kristallzucker zu festem Schnee schlagen. Schnee unter den Butterabtrieb mengen und Mehl vorsichtig unterheben. Teig in die gebutterte Form füllen. Gewaschene Früchte entkernen, halbieren und mit der Hautseite nach unten auf den Teig setzen. Im vorgeheizten Backrohr goldbraun backen. Überkühlen lassen und portionieren.

- BACKROHRTEMPERATUR: 170 °C
- BACKDAUER: ca. 45 Minuten

DREI-HUSAREN-TORTE

Handwarme Butter mit Staubzucker schaumig rühren, nach und nach Eidotter untermengen. Auf Lippentemperatur erwärmte Schokolade einrühren. Eiklar mit Kristallzucker zu festem Schnee schlagen, Schnee unter den Abtrieb mengen, Mehl vorsichtig unterheben. Auf Backpapier vier Kreise à 24 cm Ø zeichnen. Masse auf diese Kreise verteilen, gleichmäßig aufstreichen und einzeln backen. Erkalten lassen, vom Papier nehmen. Mittels Tortenring (24 cm Ø) oder kleinem Messer nachschneiden (façonnieren).
Für die Fülle Schokolade lippenwarm erwärmen, kalten Pudding passieren, mit Schokolade verrühren und geschlagenes Obers untermengen. Das erste Tortenblatt mit Schokomasse ca. 5 cm dick bestreichen, zweites Blatt aufsetzen, wieder mit Schokoobers bestreichen. Nach dem vierten Blatt die Torte seitlich und oben mit Schokomasse abstreichen. Torte seitlich mit Schokospänen einstreuen. Marzipan auf mit Staubzucker bestreuter Unterlage messerrückendick ausrollen, mit Tortenring (24 cm Ø) ausstechen und auf die Torte legen. Einige Stunden gut kühlen.

- BACKROHRTEMPERATUR: ca. 230 °C
- BACKDAUER: ca. 5 Minuten pro Blatt

ZUTATEN FÜR 14 STÜCK

130 g Butter
110 g Staubzucker
110 g Kristallzucker
6 Eidotter
6 Eiklar
130 g Schokolade (Kochschokolade)
130 g Mehl, glatt

Fülle:
100 g Kochschokolade
½ l Schlagobers
50 g Vanillepudding, gekocht

Deckblatt:
220 g Marzipan, angewirkt (mit Staubzucker durchgeknetet)
Schokospäne zum Dekorieren
Staubzucker zum Bestreuen

Die Drei-Husaren-Torte ist, wie der Name bereits ahnen läßt, eine der Renommiermehlspeisen des gleichnamigen Wiener Nobelrestaurants.

Nächste Doppelseite: Über die Frage, ob die Marillenmarmelade nur unter die Glasur der Sachertorte oder in deren Inneres gehört, sind regelrechte Tortenkriege entbrannt. Das süße Endprodukt mundet auf jeden Fall köstlich (s. Rezept S. 448).

ZUTATEN FÜR 14 STÜCK
240 g Butter
120 g Staubzucker
120 g Kristallzucker
240 g Schokolade
12 Eidotter
12 Eiklar
180 g Semmelbrösel
200 g Marillenmarmelade zum Bestreichen
Sacherglasur (s. S. 422)

SACHERTORTE I

Handwarme Butter, Eidotter und Staubzucker schaumig rühren, auf Lippentemperatur erwärmte Schokolade beigeben. Eiklar mit Kristallzucker zu festem Schnee schlagen. Eischnee unter den Abtrieb mengen, Semmelbrösel vorsichtig unterheben. Tortenring mit Back- oder Trennpapier einschlagen oder Springform verwenden, Masse in die Form füllen, dabei Masse leicht nach außen streichen, wodurch eine Mulde entsteht. Im vorgeheizten Backrohr backen, Rohr ausschalten und Masse noch 10 Minuten ziehen lassen. Torte erkalten lassen, Papier abziehen. Torte horizontal in der Mitte durchschneiden, mit Marmelade füllen und wieder zusammensetzen. Torte oben und an der Seite mit Marmelade hauchdünn bestreichen, mit temperierter Sacherglasur auf Glacierrost glacieren. Stocken lassen, portionieren.

- BACKROHRTEMPERATUR: 180 °C
- BACKDAUER: ca. 1 Stunde

ZUTATEN FÜR 14 STÜCK
130 g Butter
110 g Staubzucker
6 Eidotter
6 Eiklar
130 g Schokolade
130 g Mehl
110 g Kristallzucker
150 g Marillenmarmelade
Butter zum Ausstreichen
Mehl zum Ausstauben
Sacherglasur (s. S. 422)

SACHERTORTE II

Handwarme Butter und Staubzucker schaumig rühren, nach und nach Eidotter einrühren. Schokolade im Backrohr lippenwarm schmelzen, in den Abtrieb einmengen. Eiklar mit Kristallzucker zu festem Schnee schlagen, ebenfalls unter den Abtrieb heben. Mehl vorsichtig untermengen. In gebutterte, bemehlte Tortenform füllen, Masse nach außen streichen, wodurch eine Mulde entsteht. Im vortemperierten Backrohr backen. Torte erkalten lassen, aus der Form lösen, horizontal einmal durchschneiden. Mit passierter Marmelade dünn füllen, zusammensetzen, seitlich und oben mit Marmelade zart bestreichen. Mit Sacherglasur auf Glaciergitter glacieren.

- BACKROHRTEMPERATUR: 180 °C
- BACKDAUER: ca. 1 Stunde

» *Der Herzog von Malakoff . . .* «

. . . ist keineswegs der König des Schlaraffenlandes, obwohl die kalorienreichen Zutaten der gleichnamigen Torte dies durchaus nahelegen würden. In Wahrheit handelte es sich um einen französischen Maréchal namens Jean J. Pélissier (1794–1864), der im französischen Krimkrieg einen der spektakulärsten Erfolge erzielte und dafür mit dem Herzogstitel geadelt wurde. Da man auch in Militärkreisen die Feste zu feiern pflegte, wie sie fallen, wurde aus diesem Anlaß auch eine Torte kreiert, deren Besonderheit es war, daß sie nicht gebacken werden mußte. Für kulinarisch Uneingeweihte: Die Malakofftorte sollte man niemals mit einem Molotow-Cocktail verwechseln, denn das könnte fatale Folgen haben.

Malakofftorte

MALAKOFFTORTE

ZUTATEN FÜR 14 STÜCK

Biskottenmasse für ca. 60 Stück (oder fertige Biskotten verwenden):
8 Eidotter
8 Eiklar
70 g Staubzucker
80 g Kristallzucker
190 g Mehl, glatt
Prise Salz
150 g Staubzucker zum Bestreuen

Creme:
½ l Milch
150 g Kristallzucker
50 g Vanillepuddingpulver
½ l Schlagobers
6 Blatt Gelatine
2 EL Vanillezucker

Tränkflüssigkeit:
⅛ l Läuterzucker (s. S. 421)
⅛ l Rum

Garnierung:
3 dl Schlagobers
14 Biskotten
60 g Mandeln, gehobelt, geröstet
Cocktailkirschen, nach Bedarf

Für die Biskotten Dotter mit Staubzucker schaumig rühren. Eiklar, Kristallzucker und Salz zu festem Schnee schlagen. Dotterabtrieb unter den Schnee mengen, versiebtes Mehl vorsichtig unterheben. Backblech mit Trennpapier belegen. Masse mittels Dressiersack (glatte Tülle Nr. 8) biskottenförmig auf das Papier aufdressieren, mit Staubzucker bestreuen und im vorgeheizten Backrohr hellbraun backen.
Zwei Drittel der Milch mit Kristall- und Vanillezucker aufkochen. Restliche Milch mit Puddingpulver glattrühren, in die kochende Milch einmengen, nochmals kurz durchkochen, kalt stellen. Gelatine in kaltem Wasser einweichen. Pudding passieren, Gelatine mit ein paar Tropfen Wasser erwärmen und beides vermischen. Geschlagenes Obers unter die Puddingmasse mengen. Tortenreifen mit Alufolie einschlagen oder Springform verwenden. Biskotten den Boden bedeckend einordnen, mit Rumgemisch tränken, mit Creme bestreichen. Diesen Vorgang wiederholen, bis die Form gefüllt ist, 3 Stunden im Kühlschrank anziehen lassen. Torte aus der Form lösen, mit geschlagenem Obers am Rand und an der Oberfläche bestreichen. Den Tortenrand halbhoch mit Mandeln bestreuen, am Rand mit geschlagenem Obers bespritzen (14 Rosetten). Mit Biskotten und Cocktailkirschen belegen.

- BACKROHRTEMPERATUR: 200 °C
- BACKDAUER: ca. 10–15 Minuten

ZUTATEN FÜR 14 STÜCK
Teig:
225 g Butter
45 g Staubzucker
150 g Kristallzucker
150 g Mehl, glatt
8 Eidotter
8 Eiklar
1 EL Vanillezucker
Prise Salz

Fülle:
4 dl Milch
15 g Kristallzucker
60 g Vanillepuddingpulver
250 g Butter
1 EL Rum

Pariser Creme:
1 dl Schlagobers
100 g Kochschokolade

Glasur: 200 g Kristallzucker

Garnierung:
Schokospäne

Öl zum Bestreichen der Arbeitsplatte

DOBOSTORTE

Für den Teig handwarme Butter mit Staubzucker schaumig rühren, Eidotter nach und nach einmengen. Eiklar mit Kristall- und Vanillezucker sowie Salz zu festem Schnee schlagen, unter den Butterabtrieb ziehen, Mehl vorsichtig unterheben. Auf Back- oder Trennpapier Tortenreifen auflegen, 8 Kreise zeichnen. Teigmasse gleichmäßig auf diese Kreise aufstreichen. Die Blätter einzeln backen. Scheiben erkalten lassen, vom Papier lösen, mit Reifen oder Messer nochmals nachstechen (façonnieren). Das schönste Blatt zum Glacieren bereitlegen. ⅔ der Milch mit Kristallzucker aufkochen, kalte restliche Milch mit Puddingpulver abrühren und unter die kochende Milch mengen; 2 Minuten kochen, erkalten lassen. Für die Creme Schlagobers aufkochen, zerkleinerte Schokolade einrühren, 2 Minuten kochen, kalt stellen. Kalten Pudding passieren. Handwarme Butter schaumig rühren, Pariser Creme und Rum untermengen, Pudding beigeben, glattrühren. Die 7 Teigblätter mit Creme übereinanderschichtend füllen. Torte mit restlicher Creme seitlich und oben glatt bestreichen, 3–4 Stunden im Kühlschrank anziehen lassen. Das schönste Blatt auf eine geölte Arbeitsfläche legen, langes, dünnes Messer ebenfalls ölen. Kristallzucker hellbraun zu Karamel schmelzen. Das Tortenblatt damit glacieren, mit geöltem Messer schnell abstreichen. Deckblatt sofort in 14 Teile schneiden. Die glacierten Ecken auf die Torte legen, Rand mit Schokospänen einstreuen.

- BACKROHRTEMPERATUR: 220 °C
- BACKDAUER: 6 Minuten pro Blatt

ZUTATEN FÜR 14 STÜCK
240 g Butter
130 g Staubzucker
9 Eidotter
9 Eiklar
130 g Kristallzucker
1 EL Vanillezucker
215 g Mohn, gemahlen
130 g Mandeln, fein gerieben
50 g Semmelbrösel
Zitronenschale, gerieben
Prise Salz
1 TL Backpulver
Prise Zimt
Prise Nelkenpulver
Butter zum Ausstreichen
Mehl zum Ausstauben
Staubzucker zum Bestreuen

MOHNTORTE

Handwarme Butter mit Staubzucker und Zitronenschale schaumig rühren, Eidotter nach und nach beigeben. Mohn, Mandeln, Semmelbrösel, Zimt, Prise Nelkenpulver und Backpulver miteinander abmischen. Eiklar, Kristallzucker, Vanillezucker und Salz zu festem Schnee schlagen. Butterabtrieb mit Eischnee vermengen, Mohngemisch unterheben. Tortenform buttern, mit Mehl ausstauben, Masse einfüllen und im vortemperierten Backrohr backen. Torte erkalten lassen, aus der Form lösen, mit Staubzucker bestreuen.

- BACKROHRTEMPERATUR: 180 °C
- BACKDAUER: 60–70 Minuten
- MEIN TIP: Statt mit Staubzucker bestreut kann die Torte auch zart mit Marillenmarmelade bestrichen und anschließend mit Sacher- oder Zitronenglasur überzogen werden. Dazu reicht man Schlagobers.

Black and White à la viennoise: Die dunkle Mohntorte (links) und die weiße Topfentorte (rechts) finden gleichermaßen ihre Verehrer.

TOPFEN-OBERS-TORTE

ZUTATEN FÜR 14 STÜCK

Biskuit von 3–4 Eiern (s. S. 419)
250 g Topfen, 10%, passiert
¼ l Schlagobers
⅛ l Sauerrahm
150 g Staubzucker
Saft und Schale von 1 Zitrone
1 EL Vanillezucker
3 Blatt Gelatine
Staubzucker zum Bestreuen
Schlagobers und Erdbeeren zum Garnieren

Biskuit in Tortenform backen oder 2 Ringe à 24 cm Ø auf Trennpapier aufzeichnen, Masse aufstreichen und einzeln backen. Torte nach dem Erkalten herausschneiden. Topfen mit Sauerrahm, Staubzucker, Zitronensaft und -schale sowie Vanillezucker vermischen. Gelatine in kaltem Wasser einweichen, mit einigen Tropfen Wasser warm schmelzen und lauwarm unter die Topfenmasse rühren. Geschlagenes Obers unterziehen. Tortenring mit Pergamentpapier auskleiden, Biskuit horizontal durchschneiden, einen Boden einlegen, mit Topfenmasse auffüllen, Deckblatt darauflegen und leicht anpressen. Einige Stunden im Kühlschrank kühlen. Torte aus der Form lösen, Pergamentstreifen abziehen. Mit Staubzucker bestreuen, Rosetten aus Schlagobers spritzen und eventuell mit halben Erdbeeren belegen.

- BACKROHRTEMPERATUR: 200 °C
- BACKDAUER: 30 Minuten in der Tortenform oder 10 Minuten auf Trennpapier einzeln gebacken
- MEIN TIP: Die Topfenmasse kann mit Beerenmark, Beeren oder beliebigen Fruchtstücken geschmacklich abgewandelt werden.

Linzer Torte

» *Des Vogels Höhenflug* «

1822 erst war der Weihenzeller Zuckerbäcker Johann Konrad Vogel nach Linz gezogen, um eine dort ansässige Zuckerbäkkerstochter zu heiraten. Bereits fünf Jahre später finden sich im berühmten, 1827 erschienenen „Linzer Kochbuch" gleich zwei Rezepte jener Linzer Torte, als deren Erfinder Vogel gilt. „Stosse ein Pfund Mandeln klein", heißt es darin beispielsweise, „mit frischem Wasser benäßet, damit sie nicht öhlicht werden. Hernach stosse 3 Vierting geriebenen Zucker darunter, vermenge dieses mit Limonieschälerl und ein wenig Limoniesaft, mit einem kleinen Eyer, süssem Butter und 2 Löffelvoll schönes Mehl; alles dieses stosse darunter, streiche es dann auf und backe es."
Vermutlich ist dem Bäcker Vogel – nach dem in der Linzer Innenstadt noch heute eine Straße benannt ist – jedoch keineswegs das Kunststück gelungen, die Linzer Torte zu erfinden, sondern lediglich jenes, diese seit jeher reichlich trockene Angelegenheit unter dem Mürbteiggitter einigermaßen saftig zu gestalten. Dafür gebührt ihm zweifellos Lob von jener Art, wie es Johann Konrad Vogel auch der deutsche Dramatiker Ernst von Wildenbruch zollte, der da meinte: „Was sind aller Dichter Worte gegen eine Linzer Torte?"

ZUTATEN FÜR 14 STÜCK
240 g Butter
300 g Staubzucker
150 g Haselnüsse, fein gerieben
200 g Biskuit- oder Semmelbrösel
200 g Mehl, glatt
6 Eier
Zitronenschale, gerieben
1 EL Vanillezucker
Prise Zimt
Prise Nelkenpulver
Prise Salz
Oblaten
300 g Ribiselmarmelade
Butter zum Ausstreichen
Mehl zum Ausstreuen
Staubzucker zum Bestreuen

LINZER TORTE

Handwarme Butter mit Staubzucker, Salz, Zitronenschale, Vanillezucker, Zimt und Nelken gemeinsam schaumig rühren. Verschlagene Eier nach und nach beigeben. Mehl, Haselnüsse und Brösel untermengen. Tortenreifen oder Springform buttern und stauben, ⅔ der Masse einfüllen, glattstreichen, mit Oblaten belegen und diese mit Ribiselmarmelade bestreichen. Restliche Masse in Dressiersack füllen (glatte Tülle Nr. 6) und über die Marmelade ein Gitter spritzen. Im vorgeheizten Backrohr backen, erkalten lassen, aus der Form lösen, mit Staubzucker bestreuen.

- BACKROHRTEMPERATUR: 170 °C
- BACKDAUER: 45 Minuten
- MEIN TIP: Haben Sie keine Ribiselmarmelade zur Hand, so verwenden Sie Preiselbeeren.

PANAMATORTE

Eidotter mit Staubzucker und Rum schaumig rühren, lauwarm geschmolzene Schokolade einrühren. Eiklar, Kristallzucker, Vanillezucker und Salz zu festem Schnee schlagen. Mehl mit Mandeln vermischen. Schokoabtrieb und Eischnee vermengen, Mehl-Mandel-Gemisch unterheben. Tortenform ausfetten, bemehlen, Masse einfüllen und im vorgeheizten Backrohr backen. Erkalten lassen, aus der Form lösen, zweimal horizontal durchschneiden.
Für die Creme Schokolade schmelzen, kalten Pudding passieren, mit Nougat und Rum verrühren, Schokolade untermengen, mit geschlagenem Obers mischen. Torte schichtenweise mit Creme füllen, seitlich und an der Oberfläche ebenfalls mit Creme bestreichen, kalt stellen. Schlagobers schlagen, mittels Spritzsack auf den Tortenrand in Form von Rosetten aufspritzen, gehobelte Schokolade auf die Rosetten streuen.

- BACKROHRTEMPERATUR: 180 °C
- BACKDAUER: ca. 55 Minuten
- MEIN TIP: Man kann die Torte auch mit Schokolade-Butter-Creme füllen.

ZUTATEN FÜR 14 STÜCK
5 Eiklar
5 Eidotter
20 g Staubzucker
100 g Kristallzucker
60 g Schokolade
35 g Mehl, glatt
125 g Mandeln, braun, gerieben
1 EL Vanillezucker
1 EL Rum
Prise Salz

Fülle:
100 g Kochschokolade
60 g Nougat
2 EL Rum
60 g Vanillepudding
½ l Schlagobers

Schokospäne zum Bestreuen
⅛ l Schlagobers zum Garnieren
80 g Schokolade, gehobelt
Butter zum Ausstreichen
Mehl zum Ausstreuen

FÄCHERTORTE

Tortenform mit ⅔ des messerrückendick ausgerollten Teiges auskleiden. Im vorgeheizten Backrohr kurz anbacken. Mohn-, Nuß- und Apfelfülle nacheinander einfüllen und glattstreichen. Aus Restteig dünne Rollen formen, diese wie bei Linzer Torte gitterartig auf die Apfelfülle legen, mit Ei bestreichen. Im vorgeheizten Backrohr backen. Kalt aus der Form lösen, mit Staubzucker bestreuen.

Mohnfülle: Milch, Kristallzucker und Honig aufkochen, restliche Zutaten einrühren, aufquellen lassen, kalt stellen.

Apfelfülle: Äpfel schälen, entkernen, in feine Scheiben schneiden, mit Zucker, Vanillezucker, Rum und Zimt marinieren, Rosinen untermengen.

Nußfülle: Milch, Honig und Kristallzucker aufkochen, Nüsse sowie Rum einrühren, Masse aufquellen lassen, kalt stellen.

- BACKROHRTEMPERATUR: 190 °C
- BACKDAUER: ca. 45 Minuten

ZUTATEN FÜR 14 STÜCK
½ kg Mürbteig (s. S. 416)

Mohnfülle:
150 g Mohn, gemahlen
1 EL Honig
30 g Kristallzucker
1/16 l Milch
1 EL Vanillezucker
Zitronenschale, gerieben
2 EL Rum

Apfelfülle:
1 kg Äpfel
60 g Kristallzucker
1 EL Vanillezucker
1 EL Rum
50 g Rosinen
Zimt

Nußfülle:
150 g Walnüsse, fein gerieben
1 EL Honig
30 g Kristallzucker
1/16 l Milch
1 EL Rum
Ei zum Bestreichen
Staubzucker zum Bestreuen

Füllen von Schwarzwälder Kirschtorte

1

◁ *Erste Schokobiskuitscheibe flach auflegen oder in einen Tortenreifen geben. Mit Pariser Creme einen Außenring, Mittelring und einen Punkt in die Mitte spritzen.*

Die Zwischenräume vorsichtig mit der Weichselmasse auffüllen. ▷

2

3

◁ *Die zweite Biskuitscheibe aufsetzen und etwas andrücken, damit sich die Schichten verbinden.*

Kirschenmarmelade auf die zweite Scheibe auftragen, Creme einfüllen, glattstreichen. ▷

4

5

◁ *Dritten Boden aufsetzen, leicht anpressen und ca. 3 Stunden kalt stellen. Seite mit geschlagenem Obers einstreichen.*

Torte an der Oberfläche mit geschlagenem Obers gut einstreichen. ▷

6

7

◁ *Rand und je nach Wunsch auch die Oberfläche mit Schokospänen einstreuen.*

Mit Schlagobers am Außenrand Rosetten spritzen, diese mit Cocktailkirschen belegen. ▷

8

SCHWARZWÄLDER KIRSCHTORTE

Für den Teig Schokolade schmelzen. Handwarme Butter mit Staubzucker schaumig rühren, Schokolade untermengen, Dotter einrühren. Eiklar, Kristallzucker, Salz und Vanillezucker zu festem Schnee schlagen. Schnee unter den Butterabtrieb heben, Mehl vorsichtig untermengen. Masse in gebutterte, bemehlte Tortenform füllen, im vorgeheizten Backrohr backen, erkalten lassen, aus der Form nehmen, horizontal zweimal in gleichmäßigen Abständen durchschneiden.
Für Pariser Creme Schlagobers aufkochen, kleingeschnittene Schokolade beigeben, 2 Minuten unter ständigem Rühren kochen, kalt stellen.
Ein Drittel des Kompottsaftes mit Puddingpulver kalt verrühren, restlichen Saft aufkochen, Puddingmasse einrühren, aufkochen, Weichseln untermengen, kalt stellen. Pariser Creme sehr schaumig rühren, in Dressiersack (glatte Tülle Nr. 10) füllen. Erste Biskuitscheibe flach auflegen oder in Tortenreifen legen, mit Pariser Creme einen Außenring, einen Mittelring und einen Punkt in die Mitte spritzen. Die Zwischenräume mit Weichselmasse füllen. Zweite Biskuitscheibe einsetzen, etwas andrücken.
Für die Fülle kalten Pudding passieren, mit Kirschwasser verrühren, eingeweichte Gelatine mit einigen Tropfen Wasser heiß schmelzen und unter den Pudding rühren. Pudding mit geschlagenem Obers vermengen. Kirschenmarmelade auf den zweiten Boden aufstreichen, Creme einfüllen, glattstreichen. Dritten Boden einsetzen, anpressen, 3 Stunden kalt stellen. Torte aus der Form lösen. Mit geschlagenem Obers zuerst die Seite, dann die Oberfläche gut einstreichen. Rand mit Schokospänen einstreuen. Mit Schlagobers am Außenrand 14 Rosetten spritzen, diese mit Cocktailkirschen belegen.

- BACKROHRTEMPERATUR: ca. 180 °C
- BACKDAUER: ca. 40 Minuten

ZUTATEN FÜR 14 STÜCK

Teig:
120 g Butter
120 g Kochschokolade
90 g Staubzucker
90 g Kristallzucker
120 g Mehl, glatt
6 Eiklar
6 Eidotter
1 EL Vanillezucker
Prise Salz

Weichselmasse:
1/8 l Weichselkompottsaft
300 g Kompottweichseln, entkernt
20 g Vanillepuddingpulver

Pariser Creme:
1,5 dl Schlagobers
150 g Kochschokolade

Fülle:
250 g Vanillepudding (fertig)
3 dl Schlagobers
4 Blatt Gelatine
1/16 l Kirschwasser

60 g Kirschenmarmelade zum Bestreichen
3 dl Schlagobers zum Garnieren
Schokospäne zum Bestreuen
14 Cocktailkirschen als Dekor
Butter zum Ausstreichen
Mehl zum Stauben

ZUTATEN FÜR 14 STÜCK
120 g Butter
3 Eidotter
3 Eiklar
120 g Staubzucker
100 g Mandeln, fein gerieben
130 g Kristallzucker
250 g Mehl, glatt
250 g Karotten, geschält
1 gestrichener EL Backpulver
1 EL Rum
Zitronenschale, gerieben
Prise Salz
Butter zum Ausstreichen
Mehl zum Ausstauben
Zitronenglasur (s. S. 422)
Marillenmarmelade zum Bestreichen
Mandelspäne

KAROTTENTORTE

Handwarme Butter mit Staubzucker, Rum und Zitronenschale schaumig rühren. Eidotter untermengen. Karotten fein reißen. Eiklar, Kristallzucker und Salz zu festem Schnee schlagen. Schnee unter den Butterabtrieb ziehen, Mehl mit Backpulver versieben, Karotten, Mandeln sowie Mehlgemisch unter die Masse heben. Masse in gebutterte, gestaubte Tortenform füllen, glattstreichen, im vorgeheizten Backrohr backen. Nach dem Backen auskühlen lassen, aus der Form lösen, Torte wenden, mit Marillenmarmelade einstreichen, mit temperierter Zitronenglasur überziehen, seitlich mit Mandelspänen einstreuen.

- BACKROHRTEMPERATUR: 180 °C
- BACKDAUER: ca. 50 Minuten
- MEIN TIP: Die Torte kann auch mit Karotten, aus orangefarbigem Marzipan geformt, dekoriert werden.

ZUTATEN FÜR 14 STÜCK
500 g Mürbteig (s. S. 416)
1 kg Äpfel
100 g Kristallzucker
2 EL Vanillezucker
Saft von 1 Zitrone
1 TL Zimt
2 EL Rum
100 g Rosinen
1 Ei zum Bestreichen
Staubzucker zum Bestreuen

APFELTORTE

Äpfel schälen, entkernen, in feine Scheiben schneiden. Mit Rosinen, Kristallzucker, Vanillezucker, Zitronensaft und Zimt in einer Kasserolle kernig dünsten, Rum beigeben. Kalt stellen. ⅔ des Mürbteiges dünn ausrollen, Tortenform damit auslegen, mit einer Gabel mehrmals einstechen. Leicht anbacken, Apfelmasse einfüllen, glattstreichen. Aus Restteig dünne Rollen formen, als Gitter (wie bei Linzer Torte) über die Apfelfülle legen, mit Ei bestreichen. Im vorgeheizten Backrohr backen. Überkühlen lassen, aus der Form nehmen, mit Zucker bestreuen.

- BACKROHRTEMPERATUR: 190 °C
- BACKDAUER: ca. 45 Minuten

ZUTATEN FÜR 14 STÜCK
80 g Butter
80 g Kochschokolade
60 g Staubzucker
4 Eiklar
4 Eidotter
60 g Kristallzucker
80 g Mehl, glatt
1 EL Vanillezucker
Prise Salz

Fülle:
120 g Erdbeeren, frisch oder tiefgekühlt
60 g Staubzucker
⅛ l Schlagobers

ERDBEERTORTE

Schokolade schmelzen. Butter mit Staubzucker schaumig rühren, Dotter einrühren, Schokolade untermengen. Eiklar, Salz, Kristall- und Vanillezucker zu festem Schnee schlagen. Schnee und Abtrieb vermengen, Mehl vorsichtig einrühren. Auf Trennpapier mittels Tortenreifen 2 Ringe zeichnen. Masse darauf gleichmäßig auftragen, Papier auf Backblech ziehen, im vorgeheizten Backrohr backen. Erkalten lassen. Scheiben mit Tortenreifen nachstechen (façonnieren). Gelatine in kaltem Wasser einweichen. Erdbeeren mixen oder passieren, mit Staubzucker verrühren. Schlagobers schlagen. Gelatine mit einigen Tropfen Wasser erwärmen, unter das Erdbeermark mischen. Erdbeermark unter das geschlagene

Obers mengen. Tortenboden mit 100 g Erdbeermarmelade bestreichen, mit Erdbeercreme auffüllen, glattstreichen. Zweiten Tortenboden einsetzen, leicht anpressen, mit restlicher Erdbeermarmelade bestreichen, mit gewaschenen Erdbeeren belegen. Tortengelee nach Beschreibung herstellen, über die Erdbeeren gießen und erstarren lassen. Tortenring entfernen, Tortenrand mit etwas Erdbeermarmelade einstreichen, mit Mandeln bestreuen.

- BACKROHRTEMPERATUR: 200 °C
- BACKDAUER: 20 Minuten

4 Blatt Gelatine

600 g Erdbeeren, frisch, zum Belegen
1 Päckchen Tortengelee
200 g Erdbeermarmelade
60 g Mandeln, gehobelt, geröstet

JOGHURTTORTE

Biskuittorte horizontal halbieren. Joghurt mit Rum, Vanille- und Staubzucker verrühren, Gelatine in kaltem Wasser einweichen, in Zitronensaft erwärmen und auflösen, überkühlen lassen. Gelatine und Zitronensaft unter das Joghurt rühren, geschlagenes Obers einmengen. Tortenring mit Pergamentpapierstreifen auskleiden, Biskuitboden einsetzen, Joghurtmasse einfüllen, Deckbiskuit darauflegen, leicht anpressen, einige Stunden im Kühlschrank kühlen. Torte aus der Form nehmen, Pergamentstreifen abziehen. Torte mit 14 Schlagobersrosetten bespritzen, mit Staubzucker bestreuen, Erdbeerhälften auf die Rosetten setzen.

ZUTATEN FÜR 14 STÜCK
Biskuit von 4 Eiern (s. S. 419), in Tortenform gebacken
500 g Joghurt (2 Becher)
¼ l Schlagobers
150 g Staubzucker
Saft von 2 Zitronen
5 Blatt Gelatine
2 EL Rum
1 EL Vanillezucker
Schlagobers zum Garnieren
7 Erdbeeren, halbiert
Staubzucker zum Bestreuen

GEBACKENE TOPFENTORTE

Mürbteig 3 mm dick ausrollen, in Größe der Torte ausschneiden, Tortenformboden damit belegen. Innenrand der Form mit Wasser bestreichen, mit Teig auskleiden, Rand mit Boden verbinden (andrücken). Tortenaußenrand mit Eidotter bestreichen, einen etwa 7 cm breiten Papierstreifen um die Form winden, um ein Auslaufen der Masse zu verhindern. Handwarme Butter mit Staubzucker, Vanillezucker und Zitronenschale schaumig rühren. Eidotter, Topfen und Stärkemehl beigeben, gut verrühren. Eiklar, Kristallzucker und Salz zu festem Schnee schlagen, unter die Topfenmasse heben. Masse in die vorbereitete Tortenform füllen, im vorgeheizten Rohr sehr vorsichtig backen. Die Temperatur darf 160 °C nicht überschreiten! Nach 40 Minuten Backzeit mit Alufolie oder Papier abdecken, bei eingehängter Backrohrtüre fertig backen. Erkaltet aus der Form nehmen, mit Staubzucker bestreuen.

- BACKROHRTEMPERATUR: 160 °C
- BACKDAUER: ca. 70 Minuten

ZUTATEN FÜR 14 STÜCK
250 g Mürbteig (s. S. 416)
¾ kg Topfen, 10% (passiert)
225 g Butter
125 g Staubzucker
100 g Kristallzucker
60 g Stärkemehl
8 Eidotter
8 Eiklar
Salz
Zitronenschale, gerieben
1 EL Vanillezucker
1 Eidotter zum Bestreichen
Staubzucker zum Bestreuen

Esterházy-Torte

» *Verbrechen aus Backwerk* «

„Kirbisch", das berühmte, in seinen Hexametern an Homers „Ilias" gemahnende Epos von Anton Wildgans, hat nicht nur dem Schweinsbraten, sondern auch der Torte ein literarisches Denkmal gesetzt, das freilich keineswegs gewisser kritischer, um nicht zu sagen kulinar-masochistischer Untertöne entbehrt. Denn wie könnte man die folgenden Verse anders interpretieren?
Dieser Duft nach Kaffee und Gebacknem aus Weißmehl und Mandeln, / Mußte die amtliche Nase in jenen Tagen erbosen. / Aber die Torten erst selber! O diese mit frevler Verachtung / Aller Hungergesetze aus lauter sträflichen Sachen / Hergestellten Gebilde: Sie waren Verbrechen aus Backwerk! / Duftend lagen sie da, aus den Formen genommen, auf Blechen / Bräunlich und gleichsam noch nakkend die einen, aber die anderen / Schon mit der blanken Glasur überzogen gesponnenen Zuckers / Und gefüllt mit einer Creme aus Obers, Dottern und Mokka.

ZUTATEN FÜR 14 STÜCK
Tortenböden:
200 g Eiklar
100 g Kristallzucker
200 g Mandeln oder Haselnüsse, gerieben
1 EL Vanillezucker
Prise Salz

Creme:
1 l Milch
160 g Kristallzucker
60 g Puddingpulver
250 g Butter
2 EL Rum

Glasur:
200 g Fondant
30 g Schokolade

50 g Mandeln, geröstet, gehobelt
Marillenmarmelade zum Bestreichen

ESTERHÁZY-TORTE

Für die Creme ⅔ der Milch mit Zucker aufkochen, restliche Milch mit Puddingpulver kalt vermischen, in die kochende Milch einrühren, nochmals aufkochen, kalt stellen, passieren. Auf Trennpapier 6 Kreise à 24 cm Ø zeichnen. Eiklar mit Zucker aufschlagen, Vanillezucker und Salz einmengen, Nüsse vorsichtig einrühren. Masse auf die 6 Kreise aufteilen und zügig hintereinander backen. Tortenböden noch heiß mit dem Tortenreifen abstechen (façonnieren). Handwarme Butter sehr schaumig rühren, den passierten Pudding und Rum einmengen, glatt verrühren. Tortenböden mit Creme schichtenweise bestreichen und übereinandersetzen. Rand rundum bestreichen, aber nicht Deckblatt. Torte im Kühlschrank durchkühlen lassen. Deckblatt mit passierter, erwärmter Marillenmarmelade dünn bestreichen. Schokolade erweichen (wenn zu dick, mit Öl verdünnen), dabei nicht über 30 °C erhitzen. Schokolade in ein Papierstanitzel mit kleiner Öffnung füllen, Fondant lippenwarm im Wasserbad auflösen, mit glattem Messer auf das Deckblatt aufstreichen. Schokolade spiralenförmig auf die Glasur spritzen, mit kleinem Messer von der Mitte aus 8mal nach außen, 8mal nach innen ziehen. (So entsteht das charakteristische Esterházy-Muster). Überlaufenden Fondant abschneiden, Torte an der Seite mit Mandeln einstreuen.

- BACKROHRTEMPERATUR: 200 °C
- BACKDAUER: ca. 10 Minuten

Der Zutaten sind viele, der Geschmack ist letztlich nur einer. Und ein Schuß Rum verhilft der Nußtorte zu zusätzlichem Ruhm.

NUSSTORTE

ZUTATEN FÜR 14 STÜCK

6 Eier
150 g Kristallzucker
155 g Mehl, glatt
75 g Walnüsse, fein gerieben
4 EL Öl
Zitronenschale, gerieben
Prise Salz

Fülle:
300 g Butter
½ l Milch
250 g Kristallzucker
60 g Vanillepuddingpulver
1 EL Vanillezucker
80 g Walnüsse, fein gerieben
1 El Rum

150 g Läuterzucker (s. S. 421) und 3 EL Rum zum Tränken, vermischt
200 g Ribiselmarmelade
14 Walnußhälften
Butter zum Ausstreichen
Mehl zum Bestauben

Eier mit Kristallzucker, Zitronenschale und Salz über Dampf schaumig schlagen, danach mit Mixer (Schneerute) oder in der Rührmaschine schaumig kaltschlagen. Mehl und Nüsse vermischen und mit dem Öl unter die Eimasse mengen. In die gebutterte, mit Mehl ausgestaubte Tortenform füllen. Im vorgeheizten Backrohr backen, auskühlen lassen, aus der Form lösen.

Zwei Drittel der Milch, Kristall- und Vanillezucker aufkochen. Restliche Milch mit Puddingpulver verrühren, in die kochende Milch einmengen, nochmals einkochen lassen, kalt stellen, passieren. Handwarme Butter schaumig rühren, Pudding, Nüsse sowie Rum beigeben, durchrühren. Torte zweimal horizontal durchschneiden, Tortenboden mit Rum-Läuterzucker-Gemisch tränken. Ribiselmarmelade aufstreichen, mit ⅓ der Creme füllen. Zweiten Tortenboden einlegen, abermals tränken, Marmelade und Creme auftragen. Deckblatt darauflegen. Torte oben und auf der Seite mit Creme einstreichen. Restliche Creme in Dressiersack (mit glatter Tülle Nr. 6) füllen, 14 Rosetten auf den Tortenrand spritzen, diese mit Walnußhälften belegen. Einige Stunden kühlen.

- BACKROHRTEMPERATUR: 180 °C
- BACKDAUER: ca. 50 Minuten

ZUTATEN FÜR 10 PORTIONEN
Masse I:
250 g Eiklar
180 g Kristallzucker
1 TL Vanillezucker
Prise Salz
Masse II:
2 Eier
3 Eidotter
55 g Staubzucker
Zitronenschale, gerieben
55 g Mehl, glatt
Masse III:
¼ l Schlagobers, geschlagen
20 g Staubzucker
3 EL Mocca, stark
1 EL Sahnesteif
Staubzucker zum Bestreuen

KARDINALSCHNITTEN

Zwei Trennpapierstreifen, 15 cm × 40 cm groß, auf ein Backblech legen. Für Masse I Salz, Eiklar, Kristall- und Vanillezucker zu Schnee schlagen. Für Masse II ganze Eier, Dotter, Staubzucker und Zitronenschale schaumig rühren, Mehl untermengen. Eischnee in Dressiersack (Tülle Nr. 12) füllen. Auf zwei Streifen Trennpapier je drei Streifen à 2 cm mit jeweils 2 cm Zwischenraum spritzen. Dottermasse ebenfalls in Dressiersack füllen und in die Zwischenräume einspritzen, mit Staubzucker anzuckern. Im vorgeheizten Backrohr backen. Auskühlen lassen, umdrehen, Papier abziehen. Geschlagenes Obers mit Staubzucker, Mocca und Sahnesteif glattrühren. Creme auf eine Schichte streichen, zweite Schichte auf die Creme legen, anzuckern, in Portionen schneiden.
Die Kardinalschnitten können auch mit Erdbeer- oder Marillenmarmelade bestrichen werden.

- BACKROHRTEMPERATUR: 200 °C
- BACKDAUER: ca. 20 Minuten
- MEIN TIP: Es ist empfehlenswert, den Oberteil bereits in Schnittenbreite vorgeschnitten auf den mit Creme bestrichenen Unterteil zu legen.

ZUTATEN FÜR 10 PORTIONEN
400 g Mürbteig (s. S. 416)
300 g Ribiseln, entstielt, frisch (oder Preiselbeeren)
Vanillepudding:
½ l Milch
100 g Kristallzucker
50 g Puddingpulver
1 EL Vanillezucker
Schneehaube:
125 g Eiklar
85 g Kristallzucker
125 g Staubzucker
Salz

RIBISELSCHNITTEN

Mürbteig zu einem Streifen von 7 cm × 35 cm ausrollen (zuschneiden). Die Ränder mit Wasser bestreichen. Restteig zu ½ cm dicken Rolle formen, den Teigstreifen damit umgrenzen, gut festdrücken. Im vorgeheizten Backrohr auf einem Backblech bei 200 °C hell anbacken (6 Minuten).
Zwei Drittel der Milch mit Kristall- und Vanillezucker aufkochen, Puddingpulver mit restlicher Milch abmischen, in die kochende Milch mit Schneerute einrühren. Aufwallen lassen. Vanillepudding in den Mürbteig vorsichtig einfüllen, erkalten lassen.
Eiklar mit Kristallzucker und Salz aufschlagen, löffelweise Staubzucker einmengen, bis die Masse glänzt. Den gefüllten Boden mit etwas Eischaum bestreichen, Ribiseln darauf verteilen. Restlichen Schnee in Dressiersack (Sterntülle Nr. 10) füllen und gleichmäßige Bahnen über die Ribiseln spritzen. Im vorgeheizten Backrohr 8 Minuten bei 250 °C backen.

- BACKROHRTEMPERATUR: 200 °C und 250 °C
- BACKDAUER: insgesamt ca. 14 Minuten

CREMESCHNITTEN

ZUTATEN FÜR 10 PORTIONEN
400 g Butterteig (s. S. 414)
2 Eier
60 g Kristallzucker
20 g Vanillezucker
½ l Schlagobers
6 Blatt Gelatine
Staubzucker zum Bestreuen oder Fondant zum Glacieren

Butterteig auf eine Fläche von 20 cm × 35 cm ausrollen. Mit Gabel einstechen, auf Backblech braun backen. Nach dem Erkalten die Ränder begradigen, der Länge nach halbieren. Gelatine in kaltem Wasser einweichen, mit einigen Tropfen Wasser erwärmen. Eier, Kristall- und Vanillezucker über Dampf schaumig schlagen, im Rührwerk kaltschlagen. Gelöste Gelatine einrühren, geschlagenes Obers unterheben. Creme knapp vor dem Anstocken auf einen Teigfleck erhaben aufstreichen, zweiten Teigfleck aufsetzen, einige Stunden im Kühlschrank durchkühlen. Mit Zucker bestreuen oder mit Fondant glacieren. In Portionsstücke schneiden.

- BACKROHRTEMPERATUR: 220 °C
- BACKDAUER: ca. 12 Minuten
- MEIN TIP: Es ist empfehlenswert, das Deckblatt bereits in Stücke zu schneiden und diese auf die Creme zu legen. Dies erleichtert nachher das Schneiden.

APFELSCHNITTEN

ZUTATEN FÜR 6 PORTIONEN
450 g Mürbteig (s. S. 416)
600 g Äpfel, säuerlich, geschält, entkernt
150 g Staubzucker
30 g Vanillezucker
50 g Rosinen
½ EL Zimt
1 EL Rum
Saft von 1 Zitrone
1 Ei zum Bestreichen
Staubzucker zum Bestreuen

Äpfel in dünne Scheiben schneiden, mit Staubzucker, Vanillezucker, Zimt, Rum, Zitronensaft und Rosinen vermengen. In einer Pfanne oder Kasserolle unter wiederholtem Rühren kernig dünsten, erkalten lassen. ⅓ des Mürbteiges auf 35 cm × 10 cm Größe ausrollen, auf Backblech legen, mit Ei bestreichen. Aus Mürbteig zwei 35 cm lange Rollen formen, diese an den äußeren Rändern aufsetzen, etwas andrücken. Den Teig einige Minuten hell anbacken, Äpfel darauf gruppieren. Aus Restteig ein Gitter über die Äpfel legen, mit Ei bestreichen und im vorgeheizten Backrohr backen. Überkühlt in 5 cm breite Streifen schneiden. Mit Staubzucker bestreuen.

- BACKROHRTEMPERATUR: 190 °C
- BACKDAUER: ca. 25 Minuten
- MEIN TIP: Kann auch in Tortenform gebacken werden.

OBSTSCHNITTEN

ZUTATEN FÜR 10 PORTIONEN
Biskuitboden:
5 Eier
120 g Kristallzucker
120 g Mehl, glatt
40 g Butter
Zitronenschale, gerieben
1 EL Vanillezucker
30 g Stärkemehl

Eier mit Kristallzucker, Zitronenschale und Vanillezucker über Dampf warm und im Rührwerk kalt schlagen. Mehl und Stärke versieben, in die Eiermasse einmengen, lauwarme Butter darunterrühren. Mit Backpapier belegtes Backblech mit der Masse bestreichen (27 cm × 35 cm) und im vorgeheizten Backrohr backen, erkalten lassen. Biskuit der Länge nach in drei 8 cm breite Bahnen schneiden. Vanillecreme und

Die Schnitte wird manchmal zu Unrecht als kleinere Schwester der Torte bezeichnet. Von oben nach unten: Cremeschnitten, Kardinalschnitten, Obstschnitten (s. Rezepte S. 460 und 461).

Fülle:
100 g Vanillecreme (s. S. 423)
1 dl Schlagobers
1 TL Sahnesteif

Marmelade zum Bestreichen
2 Päckchen Tortengelee
400 g Früchte, frisch (oder Kompott)

geschlagenes Obers mit Sahnesteif abrühren. Biskuitboden mit Creme bestreichen, zweiten Biskuitboden darauflegen, wieder mit Creme bestreichen, mit restlichem Biskuit bedekken. Anschließend einige Stunden im Kühlschrank durchkühlen, mit Marmelade dünn bestreichen, mit Früchten (trockenen Kompottfrüchten) nach freier Wahl belegen. Tortengelee laut Angabe vorbereiten, Früchte mittels Pinsel damit bestreichen. Gut durchkühlen lassen, portionieren.

- BACKROHRTEMPERATUR: 200 °C
- BACKDAUER: ca. 15 Minuten

LINZER SCHNITTEN

ZUTATEN FÜR 20 PORTIONEN
300 g Mehl, glatt
220 g Butter
180 g Staubzucker
240 g Mandeln, ungeschält, gerieben (oder Nüsse)
4 Eidotter
Prise Zimt
Prise Nelkenpulver
Prise Backpulver
Schale von ½ Zitrone, gerieben

1 Eidotter zum Bestreichen
200 g Ribiselmarmelade
Backoblaten, weiß, im Ganzen
Mandeln, gehobelt (zum Bestreuen)

Mandeln auf Arbeitsfläche geben, Mehl, Staubzucker und Backpulver darübersieben. In der Mitte eine Mulde machen, Butter in Flocken rundum verteilen, mit den Eidottern in der Mitte und den restlichen Zutaten zu einem Teig kneten. Zugedeckt eine Stunde rasten lassen. Die Hälfte des Teiges auf eine Größe von 35 cm × 25 cm ausrollen, auf mit Trennpapier belegtes Backblech legen, den Teig zur Gänze mit Oblaten bedecken, mit Ribiselmarmelade bestreichen. Aus Restteig Röllchen formen und gitterartig auf die Marmelade legen. Teiggitter mit Eidotter bestreichen, mit gehobelten Mandeln bestreuen. Kuchen im vorgeheizten Backrohr backen, am Blech erkalten lassen. Schnitten möglichst erst nach einem Tag Ruhe schneiden.

- BACKROHRTEMPERATUR: 180 °C
- BACKDAUER: ca. 40 Minuten

PUNSCHSCHNITTEN

ZUTATEN FÜR 10 PORTIONEN

Biskuit:
10 Eier
225 g Kristallzucker
170 g Mehl, glatt
80 g Starkemehl
1 EL Vanillezucker
Zitronenschale, gerieben
Prise Salz
100 g Butter, flüssig

Fülle:
1,5 dl Rum
300 g Marillenmarmelade
50 g Kakao
Zitronen- und Orangensaft
Orangenschale, gerieben

Belag:
400 g Marzipan, rosa
80 g Marillenmarmelade zum Bestreichen

Eier, Kristallzucker, Zitronenschale, Vanillezucker und Salz über Dampf warm aufschlagen, anschließend kaltschlagen (Schneerute oder Rührwerk). Stärke und Mehl unter die Masse heben, geschmolzene, kühle Butter vorsichtig einrühren. Masse auf zwei mit Trennpapier belegte Bleche fingerdick aufstreichen, im vorgeheizten Backrohr backen. Überkühlen lassen, vom Papier trennen und daraus zwei Streifen je 8 cm × 30 cm groß schneiden. Restliches Biskuit mit Marmelade, Rum, etwas Orangen- und Zitronensaft, Kakao und Schale gut abrühren. Ersten Biskuitstreifen mit Marmelade dünn bestreichen, Punschmasse erhaben auftragen, mit Marmelade bestreichen, zweiten Biskuitstreifen darauflegen, 2 Stunden kühlen. Punschschnitte zur Gänze mit Marmelade einstreichen. Marzipan messerrückendick ausrollen und die Seiten sowie die Oberfläche der Schnitten damit bedecken, portionieren.

- BACKROHRTEMPERATUR: 190 °C
- BACKDAUER: 12 Minuten
- MEIN TIP: Man kann die Schnitten auch mit Punschglasur überziehen. Punschtorte wird auf gleiche Weise hergestellt.

PREISELBEERSCHNITTEN MIT SCHNEEHAUBE

ZUTATEN FÜR 12 PORTIONEN

Teig:
300 g Mehl, glatt
300 g Haselnüsse, gemahlen
150 g Feinkristallzucker
4 Eidotter
250 g Butter

Eiweißmasse:
5 Eiklar
150 g Staubzucker
150 g Haselnüsse, gemahlen
1 gestrichener KL Zimt
Prise Nelkenpulver
Zitronenschale, gerieben
ca. 950 g Preiselbeermarmelade, unpassiert, zum Bestreichen
Butter zum Befetten

Mehl, Haselnüsse, Kristallzucker, Eidotter und Butter zu einem glatten Teig verkneten, 30 Minuten kalt rasten lassen. Teig zwischen zwei Blatt Pergamentpapier in Blechgröße ausrollen. Obenliegendes Papier entfernen, Teig auf leicht gefettetes Backblech stürzen, Papier entfernen. Mit Preiselbeermarmelade bestreichen.
Eiklar und Staubzucker über Dampf schaumig schlagen, dann kalt zu festem Schnee schlagen, Haselnüsse und Aromastoffe vorsichtig untermengen. Eiweißmasse über die Preiselbeeren streichen. Im vorgeheizten Backrohr backen. Gut auskühlen lassen, in kleine Schnitten schneiden, vorsichtig vom Blech lösen, da die Schnitten sehr weich sind. Eventuell in Papierkapseln setzen.

- BACKROHRTEMPERATUR: 180 °C
- BACKDAUER: 30 Minuten

ZUTATEN FÜR 10 PORTIONEN
4 Eiklar
4 Eidotter
65 g Kristallzucker
30 g Mehl, glatt
35 g Stärkemehl
1 TL Vanillezucker
Prise Salz
200 g Marillenmarmelade, passiert
Staub- und Kristallzucker zum Bestreuen

BISKUITROULADE

Mehl mit Stärkemehl versieben. Eiklar, Kristall- und Vanillezucker sowie Salz zu steifem Schnee schlagen. Eidotter untermengen, Mehl vorsichtig unter den Schnee ziehen. Masse auf mit Trennpapier belegtem Backblech gleichmäßig rechteckig, fingerhoch aufstreichen. Im vorgeheizten Backrohr lichtbraun backen. Biskuit aus dem Rohr nehmen, auf ein mit Kristallzucker bestreutes Trennpapier mit der Oberfläche nach unten stürzen. Papier vorsichtig abziehen. Biskuit mit Marmelade bestreichen, straff einrollen. In Papier gedreht auskühlen lassen, Papier entfernen. Mit Staubzucker bestreuen, in Scheiben schneiden.

- BACKROHRTEMPERATUR: 220 °C
- BACKDAUER: ca. 10 Minuten
- MEIN TIP: Biskuitroulade läßt sich durch zahlreiche andere Füllungen (Mocca-, Schokolade-, Kastanien- oder Zitronencreme), aber auch durch Glasuren sowie durch Einschlagen in Marzipan äußerst vielfältig variieren.

ZUTATEN FÜR 8 PORTIONEN
½ kg Maronipüree
100 g Butter
100 g Staubzucker
1 EL Rum

Fülle:
150 g Butter
100 g Staubzucker
50 g Kakao
4 Eier
1 EL Vanillezucker
Kakao zum Bestauben

MARONIROULADE

Für die Maronimasse handwarme Butter mit Staubzucker schaumig rühren, Maronipüree sowie Rum untermengen, 2 Stunden kalt stellen. Eier, Vanille- und Staubzucker sowie Kakao über Dampf schaumig schlagen, kaltrühren. Weiche Butter schaumig rühren, mit dem Schaum vermengen. Nasses Tuch ausbreiten, als Rolle geformte Maronimasse daraufgeben, zweites nasses Tuch darüberlegen und mit dem Nudelholz 25 cm × 25 cm groß auswalken (Klarsichtfolie in Ermangelung geeigneter Tücher verwenden). Oberes Tuch (Folie) abheben, Maronimasse mit ⅔ der Creme bestreichen, einrollen, mit restlicher Creme bestreichen, mit Kakao bestauben. Kalt stellen, portionieren.

- MEIN TIP: Wenn Sie auf das vorgefertigte Maronipüree verzichten wollen, so müssen Sie frische Maroni an der bauchigen Seite einschneiden, mit Wasser bedecken, weichkochen, schälen und passieren.

ZUTATEN FÜR 10 PORTIONEN
Biskuitmasse (s. S. 419)
150 g Topfen, 10%, passiert
50 g Joghurt
Saft von 1 Zitrone

ERDBEER-TOPFEN-ROULADE

Biskuit backen (s. S. 419). Gelatine in kaltem Wasser einweichen. Eiklar, Kristallzucker und Salz zu festem Schnee schlagen. Topfen, Joghurt und Vanillezucker verrühren. Gelatine

Eine feine Roulade darf bei keinem Kaffeepläuschchen in der Konditorei – oder auch zu Hause – fehlen. V. l. n. r.: Moccaroulade, Maroniroulade, Biskuitroulade.

mit Zitronensaft erwärmen (schmelzen), unter die Topfenmasse mengen, nacheinander geschlagenes Obers und Eischnee unterziehen. Creme auf Biskuit streichen. Gewaschene, geviertelte Erdbeeren darauf verteilen, im Kühlschrank anstocken lassen. Wenn die Creme halbfest erscheint, Roulade einrollen und nochmals 2 Stunden im Kühlschrank anstocken lassen. Roulade mit Marillenmarmelade bestreichen, in Mandeln wälzen, portionieren.

- BACKROHRTEMPERATUR: 220 °C
- BACKDAUER: 10 Minuten

4 Eiklar
100 g Kristallzucker
2 Blatt Gelatine
⅛ l Schlagobers
250 g Erdbeeren
1 TL Vanillezucker
Prise Salz
Marillenmarmelade zum Bestreichen
250 g Mandeln, gehobelt, geröstet

MOCCAROULADE

ZUTATEN FÜR 10 PORTIONEN
Biskuitmasse (s. S. 419)
¼ l Milch
150 g Kristallzucker
2 dl Schlagobers
100 g Kaffeebohnen
20 g Vanillecremepulver
2½ Blatt Gelatine
1/16 l Mocca, sehr stark
Haselnüsse, geröstet, zum Wälzen
Schokokaffeebohnen als Dekor
Schlagobers zum Garnieren

Kaffeebohnen in Milch 2 Tage einweichen, Milch abseihen (Kaffeebohnen werden nicht mehr verwendet). Biskuit backen (s. S. 419). Gelatine in kaltem Wasser einweichen, ⅔ der Milch mit Kristallzucker aufkochen, restliche Milch mit Cremepulver vermengen, anschließend in die kochende Milch einrühren. Nochmals aufwallen lassen, kalt stellen. Den Pudding passieren. Gelatine mit einigen Tropfen Wasser erwärmen (schmelzen), Pudding mit kaltem Mocca abrühren, aufgelöste Gelatine und geschlagenes Obers unterziehen, ⅔ der Creme auf das Biskuit streichen, anstocken lassen, einrollen. Mit restlicher Creme bestreichen und 3 Stunden im Kühlschrank durchkühlen lassen. Roulade in gerösteten Haselnüssen wälzen, Obersrosetten spritzen und mit Schokoladekaffeebohnen dekorieren.

- BACKROHRTEMPERATUR: 220 °C
- BACKDAUER: 10 Minuten

ISCHLER KRAPFERL

ZUTATEN FÜR 15 STÜCK
140 g Mehl, glatt
140 g Butter
90 g Mandeln, gerieben
70 g Staubzucker
Prise Salz

Fülle:
150 g Butter
40 g Staubzucker
60 g Schokolade
2 cl Rum

Ribiselmarmelade, passiert, zum Bestreichen
Milchtunkmasse zum Glacieren
Pistazien, gehackt, zum Bestreuen

Mehl, Butter, Mandeln, Staubzucker und Salz rasch zu einem glatten Teig verkneten. Zugedeckt zwei Stunden im Kühlschrank rasten lassen. Teig auf bemehlter Unterlage ca. 4 mm dick ausrollen, mit einem runden Ausstecher (6 cm Ø) Kreise ausstechen, diese auf ein Backblech legen. Im vorgeheizten Backrohr hellgelb backen, vom Blech heben und erkalten lassen.
Handwarme Butter mit Staubzucker schaumig rühren, lippenwarm geschmolzene Schokolade sowie Rum einrühren. Die Creme in Dressiersack (glatte Tülle Nr. 12) füllen, die Hälfte der Krapferl mit Ribiselmarmelade bestreichen, Buttercreme daraufdressieren, Oberteile aufsetzen. Mit temperierter Milchtunkmasse glacieren, mit gehackten Pistazien bestreuen.

- BACKROHRTEMPERATUR: 200 °C
- BACKDAUER: ca. 10 Minuten

KASTANIENTÖRTCHEN

ZUTATEN FÜR 8 STÜCK
400 g Mürbteig (s. S. 416)

Kastanienmasse:
400 g Kastanien
1 EL Rum
1 EL Vanillezucker

Kastanienmasse wie bei Kastanienreis (s. S. 477) erzeugen. 8 Tortelettenformen (kleine Förmchen mit 5 cm Ø) mit dünn ausgerolltem Mürbteig auskleiden. Mit Gabel einste-

Portionsbäckerei – das mag vielleicht ein etwas prosaischer Name für süße Köstlichkeiten wie Ischler Krapferl (rechts), Kastanientörtchen (Mitte) oder Brandteigkrapfen (links) sein. Der feine Geschmack ist um so überzeugender.

chen, im vorgeheizten Backrohr backen. Nach dem Erkalten die Törtchen mit temperierter Tunkmasse mittels Pinsel ausstreichen, aus der Form heben.
Ein Drittel der Kastanienmasse mit Staub- und Vanillezucker vermischen, geschlagenes Obers darunterziehen. Mit Dressiersack (glatte Tülle Nr. 8) in die Törtchen pyramidenförmig aufdressieren. Restliche Masse mittels „Krenreißer" oder Kastanienpresse über die Törtchen drücken. Obersrosetten daraufspritzen, mit Kirschen oder Weichseln garnieren.

- BACKROHRTEMPERATUR: 200 °C
- BACKDAUER: 12–15 Minuten

65 g Staubzucker
oder 250 g Kastanienreis

Fülle:
¼ l Schlagobers
50 g Staubzucker
1 TL Vanillezucker

80 g Tunkmasse, dunkel
8 Kompottkirschen oder Weichseln zum Garnieren
1 dl Schlagobers zum Garnieren

ERDBEER-BAISER-SCHNITTEN

ZUTATEN FÜR 12 STÜCK
⅛ l Eiklar (etwa 3 Eier)
200 g Feinkristallzucker
75 g Staubzucker
20 g Speisestärke

Fülle:
300 g Erdbeeren
¼ l Schlagobers
60 g Feinkristallzucker
1 Päckchen Vanillezucker
4 cl Weinbrand
½ Päckchen Tortengelee, klar

Eiklar steif schlagen, nach und nach 200 g Feinkristallzucker einrühren, weiterschlagen. Stärke und Staubzucker über den Schnee sieben, vorsichtig unterziehen. Masse in Dressiersack (mit glatter Tülle Nr. 12) füllen. Backblech mit Trennpapier belegen, ein Rechteck über die Länge des Blechs in ca. 7 cm Breite zeichnen. Mit der Baisermasse aneinandergrenzende Balken spritzen. Den Rand nochmals mit einer Lage einkreisen, so daß ein Hohlraum entsteht. Masse im ganz leicht temperierten Backrohr trocknen lassen.
Erdbeeren waschen, putzen, halbieren. Erkalteten, festen Baiserboden vom Trennpapier lösen. Schlagobers mit 60 g Zucker und Vanillezucker steif schlagen, Weinbrand untermengen. Obers gleichmäßig auf den Baiserboden verteilen und mit Erdbeeren belegen. Tortengelee nach Anleitung erzeugen, über die Beeren gießen, stocken lassen. Mit in heißes Wasser getauchtem Messer portionieren.

- BACKROHRTEMPERATUR: ca. 60 °C
- BACKDAUER: ca. 12 Stunden

BRANDTEIGKRAPFEN

ZUTATEN FÜR 8 STÜCK
Brandteig (s. S. 418)

Fülle:
300 g Vanillepudding (s. S. 423)
4 dl Schlagobers
1 EL Vanillezucker
1 EL Sahnesteif
1 Eidotter zum Bestreichen
Staubzucker zum Bestreuen

Brandteig laut Rezept und angegebener Menge herstellen (s. S. 418), in Dressiersack (Sterntülle Nr. 8) füllen. Auf ein Backblech 8 Krapfen dressieren, mit Eidotter bestreichen und im vorgeheizten Backrohr backen.
Gekochten, kalten Pudding passieren, mit Vanillezucker glattrühren, gemeinsam mit Sahnesteif unter das geschlagene Obers mengen. Krapfen horizontal halbieren, Creme mittels Spritzsack (Sterntülle Nr. 10) auf die Unterteile spritzen, Deckel aufsetzen, mit Staubzucker bestreuen.

- BACKROHRTEMPERATUR: 180 °C
- BACKDAUER: 12–15 Minuten

Zubereiten von Bayrischer Creme

1

◁ *Vor Beginn des Kochprozesses alle Zutaten auswiegen und bereitstellen.*

Dünnblattgelatine in genügend kaltem Wasser einweichen. ▷

2

3

◁ *Eidotter und Staubzucker mit einem Schneebesen schaumig rühren.*

Milch und Vanillezucker erhitzen, aber nicht kochen, unter die Dottermasse ziehen. ▷

4

5

◁ *Gelatine darin auflösen, kalt stellen. Eiklar und Zucker zu steifem Schnee schlagen.*

Vor dem Anstocken der Creme Eischnee und geschlagenes Obers unterheben. ▷

6

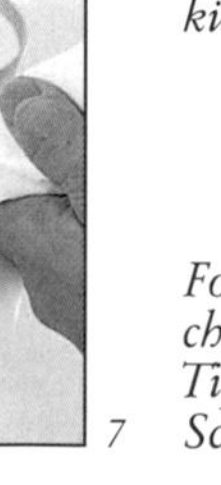

7

◁ *Creme in kalte Dariolformen füllen, 3–4 Stunden im Kühlschrank kühlen.*

Formen kurz in heißes Wasser tauchen, auf Teller stürzen, garnieren. Tip: Man kann die Creme auch in Schüsseln oder Schalen füllen. ▷

8

CREMEN

BAYRISCHE CREME

Zutaten für 6 Portionen
1/8 l Milch
1/8 l Schlagobers
20 g Kristallzucker
40 g Staubzucker
3 Blatt Gelatine
2 Eidotter
2 Eiklar
2 EL Vanillezucker

Garnierung:
Schlagobers, Biskotten, Früchte

Gelatine in kaltem Wasser einweichen. Eidotter mit Staubzucker schaumig rühren. Milch und Vanillezucker erhitzen, aber nicht kochen, unter die Dottermasse mengen, Gelatine darin auflösen, kalt stellen. Eiklar und Kristallzucker zu steifem Schnee schlagen. Vor dem Anstocken der Creme Eischnee und geschlagenes Obers unterheben. Creme in kalte Dariolformen (kleine Auflaufförmchen) füllen, 3–4 Stunden im Kühlschrank kühlen. Kurz in heißes Wasser tauchen, auf Teller stürzen. Beliebig garnieren.

- MEIN TIP: Man kann die Creme auch in Schüsseln oder Gläser füllen. Man erspart sich dadurch das problematische Stürzen.

OBERS-EIER-CREME

Zutaten für 6 Portionen
1/2 l Schlagobers
120 g Staubzucker
4 Blatt Gelatine
6 Eidotter
2 EL Vanillezucker oder Eierlikör

Garnierung:
Schlagobers, Früchte, Beeren

Gelatine in kaltem Wasser einweichen. Eidotter, Staub- und Vanillezucker schaumig rühren (eventuell Likör beigeben). Gelatine mit einigen Tropfen Wasser erhitzen (schmelzen), überkühlt unter die Dottermasse mengen, geschlagenes Obers unterziehen. In Schüsseln oder Schalen füllen, 3–4 Stunden im Kühlschrank kühlen. Nach dem Erkalten beliebig garnieren.

- MEIN TIP: Als passende Beigabe eignen sich selbstgebackene Hippenrollen, Mandelbögen oder Biskotten. Man kann auch die Schalen mit kleiner, dünn geschnittener Biskuitroulade auslegen.

DIPLOMATENCREME

Zutaten für 6 Portionen
1/8 l Milch
30 g Staubzucker
20 g Kristallzucker
2 dl Schlagobers
2 Eidotter
2 Eiklar
2 1/2 Blatt Gelatine
1 EL Vanillezucker
Prise Salz
6 Biskotten (oder Biskuit)
1 Orange
6 Erdbeeren
1 Banane, klein
2 EL Grand Marnier
120 g Erdbeersauce (s. S. 424)

Garnierung:
Schlagobers, Früchte und Biskotten

Orange filetieren, gemeinsam mit Banane und Erdbeeren (alles klein geschnitten) mit Grand Marnier marinieren, 2 Stunden ziehen lassen. Gelatine in kaltem Wasser einweichen, Eidotter und Staubzucker schaumig rühren. Milch mit Vanillezucker erhitzen, aber nicht kochen, Dottermasse und Gelatine beigeben, glattrühren, kalt stellen. Eiklar, Kristallzucker und Salz zu festem Schnee schlagen. Vor dem Anstocken Eischnee und geschlagenes Obers unter die Dottermasse rühren. Biskotten klein schneiden, in Schalen oder Gläser geben, mit Erdbeersauce übergießen, die Hälfte der Creme einfüllen, marinierte Früchte darüber anrichten, mit der restlichen Creme bedecken; 3–4 Stunden im Kühlschrank kühlen, beliebig garnieren.

KROKANTCREME

ZUTATEN FÜR 6 PORTIONEN
2 Eier
80 g Kristallzucker
40 g Nougat, ungesüßt
3/8 l Schlagobers
1 EL Vanillezucker
1 EL Rum
Prise Salz
2 Blatt Gelatine

Krokant:
50 g Kristallzucker
50 g Mandeln, geschält, geröstet

Sauce:
300 g Erdbeeren
150 g Erdbeersauce (s. S. 424)
1 EL Grand Marnier
Öl zum Bestreichen

Für den Krokant Kristallzucker in einer flachen Pfanne schmelzen, karamelisieren, Mandeln beigeben, kurz rösten, auf ein geöltes Blech schütten und erkalten lassen. Fein reiben. Gelatine in kaltem Wasser einweichen. Eier, Kristallzukker, Vanillezucker und Salz über Dampf warm und schaumig schlagen (Mixer oder Schneerute), anschließend kalt schlagen. Gelatine in wenig Wasser erwärmen (auflösen), mit Rum, Krokant sowie Nougat in die Eiermasse einrühren. Erkaltet, aber noch nicht stockend, unter das geschlagene Obers mengen. In kalte Portionsförmchen füllen und 3–4 Stunden im Kühlschrank anziehen lassen. Nach dem Erkalten Formen in warmes Wasser tauchen und auf Teller stürzen. Für die Sauce gewaschene, geputzte Erdbeeren in Würfel schneiden, mit Erdbeersauce und Grand Marnier vermengen. Creme mit Sauce garnieren.

● MEIN TIP: Die Creme kann auch in Schalen oder Gläsern angerichtet werden.

TOPFENCREME

ZUTATEN FÜR 6 PORTIONEN
250 g Topfen, 20%, sehr fein passiert
1/8 l Milch
1/4 l Schlagobers
2 Blatt Gelatine
60 g Kristallzucker
60 g Staubzucker
2 Eidotter
1 EL Rum
1 EL Vanillezucker
Saft von 1 Zitrone
Schale von 1/2 Zitrone
Prise Salz

Garnierung:
Früchte, Fruchtsaucen, Minzblätter

Gelatine in kaltem Wasser einweichen. Eidotter mit Staubzucker, Zitronensaft und -schale schaumig rühren. Milch mit Kristallzucker, Vanillezucker und Salz erhitzen, aber nicht kochen; Gelatine, Dottermasse und Rum beigeben, glattrühren, erkalten lassen. Vor dem Abstocken mit Topfen glattrühren, geschlagenes Obers unterheben. Masse in Schalen oder Gläser füllen und 3–4 Stunden im Kühlschrank kalt stellen. Beliebig garnieren.

● MEIN TIP: Optisch und geschmacklich läßt sich diese Creme variieren, indem Sie beliebige Saisonfrüchte oder Beeren einmengen.

WALDMEISTERCREME

ZUTATEN FÜR 6 PORTIONEN
3/8 l Schlagobers
90 g Staubzucker
3 Blatt Gelatine
4 Eidotter
1/16 l Waldmeisteressenz (s. S. 424)
9 Biskotten
2 dl Erdbeersauce (s. S. 424)
120 g Erdbeeren, Walderdbeeren oder Himbeeren
Schlagobers zum Garnieren

Gelatine in kaltem Wasser einweichen. Eidotter und Staubzucker schaumig rühren, Gelatine mit einigen Tropfen Wasser erwärmen (schmelzen), gemeinsam mit Waldmeisteressenz unter die Dottermasse mengen. Geschlagenes Obers unterheben. Biskotten in Würfel schneiden, in Schalen oder Gläser geben, Erdbeersauce darübergießen. Waldmeistercreme einfüllen, 3–4 Stunden kalt stellen. Nach dem Erkalten mit Beeren und geschlagenem Obers garnieren.

Duftig-lockere Cremen: vorne eine Obers-Eier-Creme (s. Rezept S. 469), hinten eine Topfencreme

Wenn nach einem opulenteren Abendessen im Magen nicht mehr allzuviel Platz für das Dessert bleibt, so bieten sich leicht und locker geschlagene Cremen geradezu an: Grießflammeri (links), Topfencreme (links oben), Waldmeistercreme (rechts oben) und Crème Caramel (rechts unten) (s. Rezepte S. 470, 472, 473).

ZUTATEN FÜR 6 PORTIONEN
½ l Milch
70 g Kristallzucker
3 Eier
1 Eidotter
1 EL Vanillezucker

Karamel:
100 g Kristallzucker

Schlagobers zum Garnieren

CRÈME CARAMEL

Kristallzucker karamelisieren (s. S. 421), in kleine Auflaufförmchen (Dariolformen) bodenbedeckend eingießen. Milch, Kristall- und Vanillezucker aufkochen. Eier und Eidotter glattrühren, mit der heißen Milch verschlagen, durch ein Sieb seihen, in die Formen füllen. In Kasserolle zwei fingerhoch heißes Wasser einfüllen, Formen hineinstellen, mit Alufolie abdecken und in das vortemperierte Backrohr stellen. Wenn die Creme völlig gestockt ist, aus dem Wasserbad heben, erkalten lassen. Einige Stunden im Kühlschrank kühlen. Mit einem kleinen Messer am Rand der Formen entlangschneiden, Creme auf vorbereitete Teller stürzen, mit Schlagobers garnieren.

- BACKROHRTEMPERATUR: 120 °C (am besten Unterhitze)
- GARUNGSDAUER: ca. 50–60 Minuten
- MEIN TIP: Für die Garungsprobe stechen Sie mit einem kleinen Messer in die Creme – kommt klares Karamel hoch, so ist die Creme fertig.

»Richte mich auf«

Die süße Schwester des Carpaccios ist wie dieses venezianischer Herkunft, wenngleich viel, viel älter. Das ändert jedoch nichts daran, daß auch das Tiramisu auf Tafeln nördlich der Alpen erst seit ziemlich kurzer Zeit, da jedoch um so intensiver präsent ist. Noch vor einem Jahrzehnt hätte man bei einer Umfrage höchstens ein paar notorische Italien-Freaks gefunden, die mit dem seltsamen Namen etwas anzufangen gewußt hätten. Heute zählt das Tiramisu zu einem der bevorzugten und vor allem von Kindern heiß geliebten Desserts, und fast jede Hausfrau hat ihr ganz spezielles „Geheimrezept“, wie man es zubereitet. Nur, was Tiramisu tatsächlich bedeutet, ist nach wie vor weitgehend unbekannt geblieben. Es heißt schlicht und einfach „Zieh mich hinauf!“, was sich wohl auf die Funktion des kräftigen Desserts in der Menüabfolge bezieht, die dazu führen soll, daß man nach einem langen Essen durch den Schuß Kaffee, den das Tiramisu unbedingt enthalten muß, die Lebensgeister wieder weckt.

Tiramisu

TIRAMISU

ZUTATEN FÜR 6 PORTIONEN

4 Eidotter
2 Eiklar
60 g Staubzucker
40 g Kristallzucker
½ kg Mascarpone (ital. Doppelrahm-Frischkäse)
30 Biskotten
4 cl Rum
¼ l Kaffee zum Tunken
Kakao zum Bestreuen

Eidotter mit Staubzucker schaumig rühren. Mascarpone langsam einrühren. Eiklar mit Kristallzucker zu Schnee schlagen, diesen unter die Masse heben. Starken Kaffee mit Rum vermengen, darin Biskotten tränken, Boden der Form damit auslegen. Einen Teil der Creme einfüllen, glattstreichen, abwechselnd Biskotten und Creme einfüllen. Die letzte Lage ist Creme, diese glattstreichen; 2–3 Stunden im Kühlschrank durchkühlen. In Rechtecke schneiden und kurz vor dem Servieren mit Kakao bestreuen.

- MEIN TIP: Beachten Sie unbedingt die Hinweise für den richtigen Umgang mit rohen Eiern auf Seite 56.

GRIESSFLAMMERI

ZUTATEN FÜR 6 PORTIONEN

⅜ l Milch
60 g Weizengrieß
⅜ l Schlagobers
75 g Kristallzucker
2½ Blatt Gelatine
Schale von 1 Zitrone
Schale von 1 Orange
3 EL Grand Marnier (Orangenlikör)
Prise Salz

Garnierung: Orangenfilets, Datteln, marinierte Zwetschken, Schlagobers

Gelatine in kaltem Wasser einweichen. Milch mit Kristallzucker, Salz, Orangen- und Zitronenschale aufkochen. Unter ständigem Rühren Grieß in die Milch einlaufen lassen, bei geringer Hitze ca. 4 Minuten kochen, dabei rühren! In eine Schüssel umfüllen. Gelatine mit einigen Tropfen Wasser erwärmen (schmelzen), unter die Grießmasse mengen. Kurz vor dem Anstocken geschlagenes Obers unterheben, Grand Marnier einrühren. Creme in die kalten Dariolformen (kleine Auflaufförmchen) füllen und 4 Stunden im Kühlschrank anstocken lassen. Die Formen ganz kurz in sehr heißes Wasser tauchen, Grießflammeri auf Teller stürzen und nach Belieben garnieren.

REIS TRAUTTMANSDORFF

ZUTATEN FÜR 8 PORTIONEN
½ l Milch
80 g Kristallzucker
120 g Rundkornreis
½ l Schlagobers
6 Blatt Gelatine
Prise Vanillezucker
Salz
Zitronenschale, gerieben
400 g Früchte nach Wahl (Birnen, Trauben, Kirschen, Beeren etc.)
2 EL Weinbrand, Kirschwasser oder Maraschino

Garnierung:
Erdbeer- oder Himbeersauce, Früchte, Cocktailkirschen

Früchte in kleine Würfel schneiden und mit Alkohol ziehen lassen, eventuell etwas Zucker beigeben. Reis heiß abschwemmen. Milch, Kristallzucker, Vanillezucker, Zitronenschale und Salz aufkochen, Reis beigeben. Nochmals aufkochen, zugedeckt im Rohr dünsten lassen. Gelatine in kaltem Wasser einweichen. Gelatine ohne Wasser unter den heißen Reis mengen, erkalten lassen. Bevor die Masse abstockt, geschlagenes Obers sowie marinierte Früchte untermengen. Masse in Dariolformen (kleine Auflaufförmchen) füllen, 4 Stunden im Kühlschrank kühlen. Formen kurz in sehr heißes Wasser tauchen, den Reis stürzen. Beliebig garnieren.

- BACKROHRTEMPERATUR: 130 °C
- GARUNGSDAUER: ca. 20 Minuten

WEINCHARLOTTE

ZUTATEN FÜR 8 PORTIONEN
Roulade:
4 Eiklar
4 Eidotter
65 g Kristallzucker
30 g Mehl, glatt
35 g Stärkemehl
Prise Salz
100 g Erdbeermarmelade zum Füllen

Creme:
500 g Weinschaum (s. S. 535)
½ l Schlagobers
5 Blatt Gelatine
150 g Marillenmarmelade zum Abglänzen
Kristallzucker zum Bestreuen

Garnierung:
geschlagenes Obers, Schokospäne

Eiklar, Kristallzucker und Salz zu festem Schnee schlagen. Eidotter einrühren, Mehl und Stärke vermischen, unter die Masse mengen. Backblech mit Trennpapier belegen, Masse über die halbe Blechlänge verstreichen und im vorgeheizten Backrohr hellbraun backen. Nach dem Backen auf mit Kristallzucker bestreutes Papier stürzen. Trennpapier abziehen, Biskuit dünn mit Erdbeermarmelade bestreichen, einrollen, erkalten lassen. Gelatine in kaltem Wasser einweichen. Roulade in dünne Scheiben schneiden, Glasschüssel (20 cm ∅) damit ganzflächig auslegen. Weinschaum über Dampf cremig schlagen, Gelatine beigeben, kalt rühren. Geschlagenes Obers unterheben, Creme in die Schüssel füllen und 4–5 Stunden kalt stellen. Charlotte auf eine Platte oder Portionsteller stürzen, mit erhitzter Marillenmarmelade dünn bestreichen, beliebig garnieren.

- BACKROHRTEMPERATUR: 200 °C
- BACKDAUER: 8–10 Minuten

Ein „Klassiker der Moderne" der Wiener Küche sind die gebackenen Strudelblätter mit Beerenobers.

GEBACKENE STRUDELBLÄTTER MIT BEERENOBERS

ZUTATEN FÜR 4 PORTIONEN
1 Paket Strudelblätter, tiefgekühlt
½ l Schlagobers
200 g Erdbeeren
100 g Staubzucker
1 EL Grand Marnier (Orangenlikör)
80 g Erdbeeren, passiert (frisch oder tiefgekühlt)
Staubzucker zum Bestreuen
Butterschmalz zum Bestreichen

Garnierung:
Beerenoberssauce

Strudelteig auflegen, mit glattem Ausstecher (ca. 8 cm ∅) 16 Kreise ausstechen. Backblech mit Butterschmalz bestreichen, Teigscheiben auflegen, nochmals mit Butterschmalz bestreichen, im vorgeheizten Backrohr backen. Erdbeeren putzen, waschen, in kleine Würfel schneiden und mit Staubzukker, Erdbeermark sowie Grand Marnier vermengen. 2–3 Stunden im Kühlschrank ziehen lassen. Obers schlagen und unter die marinierten Erdbeeren mengen. Erdbeerobers in Dressiersack ohne Tülle füllen. Auf ein Strudelblatt Beerenobers aufspritzen, weiteres Strudelblatt aufsetzen, diesen Vorgang noch zweimal wiederholen. Das Deckblatt mit Staubzucker bestauben. Auf diese Weise 4 Portionen füllen.

- BACKROHRTEMPERATUR: 220 °C
- BACKDAUER: ca. 4 Minuten
- MEIN TIP: Das Dessert darf nicht lange stehen, da die Teigblätter die Knusprigkeit verlieren. Für die Fülle kann man auch andere Beeren verwenden. Besonders geeignet sind Himbeeren, Walderd-, Brom- oder Heidelbeeren, wobei man die Beeren auch mischen kann.

ZUTATEN FÜR 8 PORTIONEN

Biskuit:
3 Eier
70 g Kristallzucker
70 g Mehl, glatt
30 g Butter, geschmolzen
Prise Salz
1 TL Vanillezucker
Zitronenschale
Butter zum Ausstreichen
Semmelbrösel zum Ausstreuen

Fülle:
2 dl Weichselsaft
250 g Weichselkompott, entkernt
⅓ l Schlagobers
1 KL Erdäpfel- oder Maisstärke
2 EL Rum

Überguß:
1,5 dl Schlagobers
150 g Kochschokolade

Dekor:
6 cl Schlagobers
Mandelsplitter, geröstet
Pistazienkerne

MOZARTBOMBE

Ulmerform (halbkugelförmige Metallform) gut mit Butter ausstreichen, mit Semmelbröseln ausstreuen. Eier mit Kristallzucker, Salz, Vanillezucker und Zitronenschale über Dampf schaumig, anschließend kalt schlagen. Mehl untermengen, Butter einrühren. Masse in Ulmerform füllen, im vorgeheizten Backrohr backen. Für die Fülle Schlagobers schlagen, Weichselsaft kochend reduzieren, etwas kalten Weichselsaft mit Stärke anrühren, in den kochenden Saft einmengen, aufkochen lassen, Rum beifügen. Entkernte Weichseln etwas zerkleinern. Das erkaltete Biskuit in möglichst viele horizontale Scheiben schneiden. Die kleinste Scheibe in eine Bombenform (Kuppelform) einlegen, mit eingedicktem Weichselsaft tränken, Schlagobers darauf gruppieren, Weichseln und etwas Saft darauf verteilen, die nächstgrößere Biskuitscheibe einsetzen. Diesen Vorgang wiederholen, bis die Form gefüllt ist und die Materialien verbraucht sind. Den Abschluß bildet die größte Biskuitscheibe. 3 Stunden kalt stellen. Schokolade zerkleinern, in kochendem Schlagobers auflösen, durchrühren, erkalten lassen. Bombe einige Sekunden in heißes Wasser tauchen, auf Glacierrost stürzen. Bombe mit glattgerührter Schokoglasur übergießen, mit Pistazien und Mandeln bestreuen, auf eine Tortenplatte heben, mit geschlagenem Obers rundum garnieren. Die Bombe wird nicht geschnitten, sondern als Dessert bei Tisch mit einem Löffel gestochen.

- BACKROHRTEMPERATUR: 200 °C
- BACKDAUER: 18 Minuten

Amadeus, Amadeus . . .! Der Kaloriensünde entspricht der Hochgenuß dieser opulenten Mozartbombe.

KASTANIENREIS MIT SCHLAG

ZUTATEN FÜR 6 PORTIONEN

800 g Edelkastanien
130 g Staubzucker
1 EL Rum
2 EL Vanillezucker
¼ l Schlagobers
Staubzucker zum Bestreuen
6 Kirschen, kandiert

Kastanien mit Wasser bedeckt ca. 45 Minuten kochen. Abseihen, mit kaltem Wasser abschrecken, schälen. Kastanien passieren oder fein faschieren, mit Staub- und Vanillezucker sowie Rum zu einer Masse verkneten. Obers schlagen, erhaben auf Teller oder in kleine Schüsseln mittels Spritzsack aufdressieren. Kastanienmasse mittels Kastanienpresse oder durch einen Krenreißer auf das Schlagobers pressen. Mit Staubzukker bestreuen und mit kandierter Kirsche garnieren.

OBERSOMELETTEN

ZUTATEN FÜR 6 PORTIONEN

3 Eidotter
3 Eiklar
20 g Staubzucker
30 g Kristallzucker
45 g Mehl, glatt
15 g Stärkemehl
1 EL Vanillezucker
Salz

Fülle:
1 Ei
1 Eidotter
50 g Staubzucker
¼ l Schlagobers
1½ Blatt Gelatine
1 EL Vanillezucker

Kristallzucker zum Bestreuen
Staubzucker zum Bestreuen

Auf Trennpapier 6 Kreise (à 12 cm ∅) zeichnen. Eidotter und Staubzucker schaumig rühren. Eiklar mit Vanillezucker, Kristallzucker sowie Salz zu festem Schnee schlagen, unter die Dottermasse heben. Mehl mit Stärkemehl versieben, in die Schneemasse mengen. Masse auf die gezeichneten Kreise aufteilen und gleichmäßig verstreichen. Im vorgeheizten Backrohr hellbraun backen. Papier mit Kristallzucker bestreuen, die Omeletten darauf stürzen. Nach dem Auskühlen Papier abziehen. Gelatine in kaltem Wasser einweichen. Ei, Eidotter, Staub- und Vanillezucker schaumig rühren. Gelatine mit einigen Tropfen Wasser erwärmen (schmelzen) und unter die Eimasse rühren. Geschlagenes Obers einmengen. Creme mittels Spritzsack (Sterntülle Nr. 12) jeweils auf eine Omelettenhälfte auftragen, Omeletten zusammenklappen, mit Staubzucker bestreuen.

- BACKROHRTEMPERATUR: 220 °C
- BACKDAUER: 8 Minuten
- MEIN TIP: Vermengen Sie zur Abwechslung die Obersfülle auch mit Fruchtmark, Beerenmark oder Beeren bzw. Fruchtstücken.

TOPFEN-OBERS-NOCKERLN

ZUTATEN FÜR 4 PORTIONEN

250 g Topfen, passiert
80 g Staubzucker
1 dl Joghurt
¼ l Schlagobers
3 Blatt Gelatine
Vanillezucker
Orangenschale, gerieben

Garnierung:
Schlagobers, Himbeer- oder Erdbeersauce, Minzblätter

Topfen glattrühren, Vanille- und Staubzucker, Joghurt sowie Orangenschale beifügen. Gelatine in kaltem Wasser einweichen, abseihen, mit wenig Wasser zart erwärmen (auflösen) und zügig unter die nicht zu kalte Topfenmasse mengen. Geschlagenes Obers unterziehen, Masse in eine passende Form füllen (ca. 3 cm hoch), im Kühlschrank gut durchkühlen. Einen Suppenlöffel in heißes Wasser tauchen und aus der gestockten Topfenmasse Nocken stechen, diese sofort auf die Teller gruppieren. Beliebig garnieren.

- MEIN TIP: Sie können die Creme auch direkt in Glasschalen füllen und sie darin (gekühlt) servieren.

ZUTATEN FÜR 6 PORTIONEN
5 Eidotter
60 g Staubzucker
100 g Tunkmasse oder Haushaltsschokolade
¼ l Schlagobers

Garnierung:
Weichseln, Beeren, exotische Früchte, Minzblätter

SCHOKOLADEMOUSSE I

Eidotter mit Zucker zuerst warm, dann kalt schaumig aufschlagen. Schokolade (Tunkmasse) zart temperieren (unter 30 °C), mit Dottermasse glatt verrühren. Geschlagenes Obers unterheben und einige Stunden gut durchkühlen lassen. Mit einem nassen Suppenlöffel oder Eisportionierer Kugeln oder Nocken ausstechen.

● MEIN TIP: Die Mousse kann auch in Gläser portioniert und dann gekühlt werden.

ZUTATEN FÜR 6 PORTIONEN
250 g Bitterschokolade
½ Moccatasse Kaffee, stark
160 g Butter
6 Eidotter
100 g Staubzucker
4 EL Cognac
¼ l Schlagobers
2 EL Sahnesteif
6 Eiklar
Zitronensaft
Orangen- und Zitronenschale, gerieben

Garnierung:
s. Schokolademousse I

SCHOKOLADEMOUSSE II

Schokolade grobwürfelig schneiden (brechen), mit dem Kaffee im Wasserbad schmelzen, aus dem Wasserbad heben. Flockenweise die nicht zu harte Butter einrühren. Eidotter und Staubzucker zuerst warm über Dampf, dann kalt schaumig schlagen. Cognac, Zitronensaft sowie Zitronen- und Orangenschale beigeben, Eiermasse und Schokolade vorsichtig vermengen. Eiklar mit 1 EL Sahnesteif fest ausschlagen, ebenso Schlagobers mit restlichem Sahnesteif schlagen. Obers unter die Schokomasse heben. Zuletzt den Eischnee vorsichtig darunterziehen, in Schalen füllen und einige Stunden kühlen. Beliebig portionieren und garnieren.

ZUTATEN FÜR 6 PORTIONEN

Teig:
50 g Butter, handwarm
50 g Mehl, glatt
50 g Staubzucker
30 g Eiklar
½ TL Vanillezucker

Rum nach Geschmack
Schokolademousse, weiß (s. S. 479)
Weichseln zum Garnieren

SCHMANKERLMOUSSE

Für den Teig alle Zutaten gut vermischen und glattrühren. Masse hauchdünn auf Trennpapier streichen, im vorgeheizten Backrohr goldbraun backen. Nach dem Erkalten vom Blech nehmen und in kleine Stücke brechen. Die zerbrochenen „Schmankerln" sowie den Rum unter die Schokolademousse heben. In Schalen füllen oder mit dem Eisportionierer (Suppenlöffel) Kugeln oder Nocken formen. Mit Weichseln garnieren.

● BACKROHRTEMPERATUR: 220 °C
● BACKDAUER: ca. 5 Minuten

Die Schokolademousse – hier aus weißer und dunkler Schokolade – stammt zwar aus der klassischen französischen Küche, ist aber längst auch in Österreich ein echter „Renner“ geworden.

MOUSSE VON WEISSER SCHOKOLADE

ZUTATEN FÜR 6 PORTIONEN

125 g Schokolade, weiß
3 dl Schlagobers
1 Eidotter
1 Ei
1 EL Grand Marnier (Orangenlikör)
1 Blatt Gelatine
1 EL Rum

Garnierung:
s. Schokolademousse I

Schokolade im Wasserbad schmelzen, Ei und Eidotter unter die Schokolade rühren (lippenwarm). Gelatine in kaltem Wasser einweichen, mit wenig Wasser schmelzen, einrühren. Grand Marnier und Rum ebenfalls einmengen, geschlagenes Obers unter die kalte Schokomasse ziehen. In passendes Geschirr (Schüssel oder Wanne) füllen und im Kühlschrank einige Stunden kühlen. Löffel oder Eisportionierer in heißes Wasser tauchen und damit Halbkugeln oder Nocken ausstechen. Auf gekühlten Tellern anrichten, beliebig garnieren.

Variante I: Für Kokosmousse lassen Sie etwa 60 g Kokosflocken mit 4 EL Kokoslikör ziehen und mengen dieses Gemisch mit 1 EL Rum unter die Mousse.

Variante II: Krokantmousse erzeugt man, indem etwa 80 g Kristallzucker karamelisiert und mit 80 g gerösteten Mandeln auf einem geölten Blech getrocknet, anschließend gerieben und mit etwas Rum unter die Mousse gemengt werden.

Variante III: Für Zimtmousse verwendet man zur Herstellung der weißen Schokolademousse 1½ Blatt Gelatine (statt 1), löst 1 TL Vanillezucker in 2 EL Rum auf und vermengt alles vorsichtig gemeinsam mit 1 TL Zimt.

ZUTATEN FÜR 6 PORTIONEN
600 g Zwetschken, reif, entkernt
50 g Kristallzucker
50 g Pinienkerne
8 Blatt Gelatine
Schale von ½ Orange, gerieben
Schale von ½ Zitrone, gerieben
4 Gewürznelken
½ Zimtrinde
⅛ l Wasser
Spritzer Slibowitz

Hülle:
ca. 200 g Marzipan, angewirkt

ZWETSCHKENTERRINE

Wasser, Kristallzucker, Gewürznelken und Zimtrinde zum Kochen bringen. Zwetschken beigeben, kernig dünsten, aus der Flüssigkeit heben, Nelken und Zimtrinde entfernen. Verbliebene Flüssigkeit auf ca. ⅛ Liter reduzierend einkochen. Gelatineblätter in kaltem Wasser einweichen, abpressen, in heißem Zwetschkenwasser auflösen, erkalten lassen. Zwetschken, Pinienkerne, Slibowitz, Orangen- und Zitronenschale untermengen. Terrinenform mit Klarsichtfolie auslegen. Zwetschkengemisch einfüllen, einige Stunden im Kühlschrank anziehen lassen. Terrine stürzen, Folie abziehen. Marzipan messerrückendick, rechteckig in Länge der Terrine ausrollen. Die Terrine damit einhüllen. In ca. 1 cm dicke Tranchen schneiden.

- GARUNGSDAUER: ca. 5 Minuten

ZUTATEN FÜR 6 PORTIONEN
6 Birnen
½ l Rotwein
100 g Kristallzucker
1 Orange
1 Zitrone
Zimtrinde

POCHIERTE ROTWEINBIRNE

Orange und Zitrone halbieren, mit Rotwein, Zimtrinde, Gewürznelken und Zucker aufkochen. 10 Minuten kochen lassen, anschließend abseihen. Birnen schälen, das Kerngehäuse mittels Pariser Ausstecher von unten aus der Frucht holen

Ob Rotweinbirne oder Zwetschkenterrine – in beiden Fällen vermählen sich frische Früchte mit leichter zeitgemäßer Zubereitung.

und dadurch einen gleichmäßigen Hohlraum schaffen. Birnen in einen hohen Topf stellen, mit Rotweinsud bedecken, zugedeckt bei 90 °C pochieren. Birnen aus dem Sud heben, abtropfen lassen. Stärkemehl mit etwas kaltem Rotwein abrühren, in den kochenden Rotwein einrühren, kalt stellen. Datteln in kleine Würfel schneiden, mit Nüssen und Rosinen vermengen, in die Birnen einfüllen. Birnen auf Teller stehend anrichten, mit Gewürzrotwein übergießen und garnieren.

- GARUNGSDAUER: ca. 5 Minuten

4 Gewürznelken
20 g Stärkemehl
Rotwein zum Abrühren

Fülle:
100 g Walnüsse, grob gehackt
100 g Rosinen
50 g Datteln

Garnierung:
Vanilleeis und Minzblätter

GEFÜLLTE HAWAII-ANANAS

ZUTATEN FÜR 6 PORTIONEN
3 Baby-Ananas oder 1 normal große Ananas
100 g Himbeeren
4 dl Schlagobers
2 Eier
100 g Staubzucker
4 EL Orangenblütenwasser
3 Blatt Gelatine

Ananas samt Laub senkrecht halbieren. Fruchtfleisch ausschneiden, wodurch ein Hohlraum entsteht. Gelatine in kaltem Wasser einweichen. Eier mit Zucker über Dampf schaumig schlagen. Gelatine mit einigen Tropfen Wasser erwärmen (auflösen), mit Orangenblütenwasser unter die Eiermasse mengen. Geschlagenes Obers unterheben. Creme mittels Dressiersack (Sterntülle Nr. 8) jeweils in ausgehöhlte Ananas spritzen, kalt stellen. Ananasfleisch vom Holz befreien, in Scheiben schneiden und auf die gefüllte Ananas legen, mit Himbeeren garnieren.

FEIGEN IN CASSIS

ZUTATEN FÜR 6 PORTIONEN
12 Feigen
100 g Kristallzucker
100 g Himbeermark
½ l Orangensaft
2 cl Cassis (Johannisbeerlikör)
½ Zimtstange
Schale und Saft von 2 Zitronen
Schale von 2 Orangen

Feigen waschen und halbieren. Alle Zutaten (außer Feigen) gemeinsam aufkochen. Feigen mit dem Saft übergießen und im vorgeheizten Backrohr pochieren. Feigen im Saft auskühlen lassen und anrichten.

- BACKROHRTEMPERATUR: 170 °C
- GARUNGSDAUER: ca. 25 Minuten

FRUCHTSALAT

ZUTATEN FÜR 6 PORTIONEN
2 Orangen
1 Apfel
1 Birne
1 Banane
¼ Hawaii-Ananas
100 g Weintrauben
3 Kiwis
¼ Zuckermelone
200 g Erdbeeren
Saft von 1 Zitrone
Saft von 2 Orangen
2 cl Grand Marnier (Orangenlikör) oder Maraschino (Kirschenlikör)
Läuterzucker (s. S. 421)
60 g Walnüsse, gehackt

Zitronensaft, Orangensaft und Grand Marnier vermischen, mit Läuterzucker süßen. Birne und Apfel schälen, entkernen, in messerrückendicke Scheiben (Spalten) schneiden. Orangen filetieren, Trauben halbieren, entkernen. Kiwis und Banane schälen, in Scheiben schneiden. Erdbeeren halbieren oder vierteln, Melone (ohne Schale und Kerne) sowie Ananasfruchtfleisch in kleine Stücke schneiden. Früchte in der Marinade 2 Stunden kühl ziehen lassen. In Schüsseln oder Schalen anrichten, mit gehackten Nüssen bestreuen.

- MEIN TIP: Für Fruchtsalat eignet sich eine Vielzahl von Früchten, weshalb die Auswahl durch Marktangebot und persönlichen Geschmack bestimmt werden sollte.

ZUTATEN FÜR 6 PORTIONEN
3 Eier
2 Eidotter
160 g Kristallzucker
70 g Nougat
3 dl Schlagobers
2 EL Cognac

Grillage:
50 g Kristallzucker
50 g Haselnüsse, ungeschält
Öl zum Bestreichen

Garnierung:
siehe Pralinenparfait

HASELNUSSPARFAIT

Für die Grillage Kasserolle erhitzen, Kristallzucker unter ständigem Rühren bräunen (karamelisieren), Haselnüsse beigeben, durchrösten, auf geöltem Blech erkalten lassen. Grillage mit Bröselreibe reiben. Eier mit Eidotter und Kristallzucker über Dampf schaumig schlagen, kalt weiterschlagen. Eiermasse mit Nougat, Cognac und Grillage vermischen, geschlagenes Obers unterziehen. Masse in eine vorgekühlte Rehrückenform (oder andere Formen) füllen, 4–5 Stunden im Tiefkühlfach frieren. Vor dem Anrichten Form kurz in heißes Wasser stellen, stürzen, portionieren.

ZUTATEN FÜR 6 PORTIONEN
4 Eidotter
1 dl Milch
60 g Kristallzucker
100 g Schokolade, dunkel
80 g Nougat
2 EL Grand Marnier (Orangenlikör)
1,5 dl Schlagobers
Schale von 1 Orange, gerieben

Garnierung:
Vanille- oder Schokosauce, Weichseln, kalter Weinschaum, Schlagobers, Hippen, Minzblätter

PRALINENPARFAIT

Milch und Zucker zum Sieden bringen. Eidotter schaumig rühren, beigeben, erhitzen, mit Kochlöffel dickrühren (nicht kochen). Geschmolzene Schokolade in die Milch-Dotter-Masse einmengen, kaltrühren. Nougat, Orangenschale sowie Grand Marnier einrühren, geschlagenes Obers vorsichtig unterheben. In gekühlte Formen füllen, im Tiefkühlfach 4–5 Stunden tiefkühlen. Vor dem Servieren Formen kurz in heißes Wasser halten, stürzen.

- MEIN TIP: Man kann die Parfaitmasse auch mit geriebener Grillage anreichern, wodurch sich eine reizvolle geschmackliche Variation ergibt, die auch durch verschiedene Liköre erzielt werden kann.

ZUTATEN FÜR 6 PORTIONEN
2 Eier
1 Eidotter
70 g Kristallzucker
3 dl Schlagobers
6 EL Waldmeisteressenz (s. S. 424)

Garnierung:
Erdbeer- oder Himbeersauce, Erdbeeren, Himbeeren, Schlagobers, Minzblätter, Hippen

WALDMEISTERPARFAIT

Eier, Eidotter und Zucker über Dampf schaumig schlagen, kalt weiterschlagen. Waldmeisteressenz einmengen, geschlagenes Obers unterziehen. In vorgekühlte Dariolformen (kleine Auflaufformen) füllen und im Tiefkühlfach 4–5 Stunden frieren. Vor dem Servieren Formen kurz in heißes Wasser stellen, stürzen.

- MEIN TIP: Man kann die Parfaitmasse mit grüner Lebensmittelfarbe zart einfärben. Sollte keine hausgemachte Essenz zur Verfügung stehen, behilft man sich mit Waldmeisterlikör.

Die Waldmeisteressenz gibt dem luftig-lockeren Waldmeisterparfait seinen unverwechselbaren nach Wald duftenden Geschmack *(s. Rezept S. 482).*

GRAND-MARNIER-PARFAIT

ZUTATEN FÜR 6 PORTIONEN

2 Eier
1 Eidotter
60 g Kristallzucker
3 dl Schlagobers
Grand Marnier (Orangenlikör) nach Geschmack

Garnierung:
Kompott von Zwergorangen, marinierte Orangenspalten, Schlagobers

Eier, Eidotter und Zucker über Dampf schaumig schlagen, vom Dampf nehmen, kalt schlagen. Eierschaum kalt unter das geschlagene Obers mengen. Grand Marnier einrühren, in gekühlte Dariolformen (kleine Auflaufformen) füllen, im Tiefkühlfach frieren, bis die Masse stürzfähig erscheint (ca. 4–5 Stunden). Formen kurz in sehr heißes Wasser halten, sofort auf gekühlte Teller stürzen. Nach Belieben garnieren.

- MEIN TIP: Das Parfait kann auch in Wannen gefrostet werden. Nach dem Stürzen mit Kakao bestreuen und in Scheiben schneiden.

LEBKUCHENPARFAIT

ZUTATEN FÜR 6 PORTIONEN

2 Eier
1 Eidotter
1 EL Kristallzucker
3 dl Schlagobers
50 g Lebkuchen, feingerieben
Prise Lebkuchengewürz
1 EL Rum

Garnierung:
Weinschaum, Preiselbeeren, Minzblätter

Eier, Eidotter und Kristallzucker über Dampf warm schlagen, dann kalt schlagen. Geriebenen Lebkuchen, Lebkuchengewürz sowie Rum unterrühren. Geschlagenes Obers vorsichtig einmengen. Masse in vorgekühlte Dariolformen (kleine Auflaufformen) füllen, ca. 4 Stunden im Tiefkühlfach frieren. Formen kurz in sehr heißes Wasser halten und Parfaits auf gekühlte Teller stürzen.

- MEIN TIP: Als Einlage kann man mit Likör und Läuterzucker angeweichte Lebkuchenstücke untermengen.

» *Die Weihnachtsbäckerei* « *ist älter als der Christbaum*

Während der Christbaum ein Kind des vorigen Jahrhunderts ist und mit alpenländischem Brauchtum nicht das geringste zu tun hat (dieser Brauch stammt aus dem angelsächsischen Sprachraum), zählt die Herstellung von Weihnachtsbäckerei zu den alteingesessenen Weihnachtsritualen. Vor allem die Christbrote und -stollen sind mindestens ein halbes Jahrtausend alt, wahrscheinlich jedoch noch viel älter, weil sie als unmittelbare Nachfolger der heidnischen Gebildbrote gelten dürfen. Und wie die christlichen Missionare ihren Schäfchen das Katholischwerden erleichterten, indem sie Wotans Eiche stehen ließen und nur ein Madonnenbildnis darannagelten, haben sie auch die zahlreichen „Opferbäckereien" für Fricka, Freia und andere heidnische Götter toleriert – solange sie in den Dienst des christlichen Weihnachtsfestes gestellt und damit zur Weihnachtsbäckerei wurden.

TRÜFFELKUGELN

ZUTATEN FÜR 60 STÜCK
250 g Kokosfett (Ceres)
½ kg Staubzucker
60 g Mehl, glatt
60 g Kakao
60 g Walnüsse, gerieben
1 Päckchen Vanillezucker
Rum
Schokostreusel zum Rollen

Sämtliche Zutaten zu einer geschmeidigen Masse verkneten, kühl rasten lassen. Kleine Kugeln formen, in Schokostreusel wälzen und in Papierkapseln (Konfektkapseln) setzen.

BELVEDERE-SCHNITTEN

ZUTATEN FÜR 70 KLEINE SCHNITTEN
200 g Butter
100 g Staubzucker
100 g Kristallzucker
200 g Haushaltsschokolade
140 g Walnüsse, gerieben
160 g Mehl, griffig
6 Eidotter
6 Eiklar
1 EL Vanillezucker
Prise Salz

Rumglasur:
300 g Staubzucker
1 dl Rum
Butter zum Befetten
Mehl zum Bestauben

Backblech mit Butter befetten, mit Mehl bestauben. Handwarme Butter mit Staubzucker schaumig rühren, Dotter nach und nach beigeben, lippenwarm temperierte Schokolade untermengen. Eiklar, Kristallzucker, Vanillezucker und Salz zu steifem Schnee schlagen. Mehl und Nüsse vermengen. Schnee unter den Butterabtrieb heben, Nuß-Mehl-Gemisch vorsichtig unterziehen. Die Masse auf das Backblech streichen, im vorgeheizten Rohr backen. Staubzucker und Rum glatt verrühren. Glasur auf das noch heiße Gebäck auftragen. Wenn sich die Glasur zu trüben beginnt, Masse mit scharfem Messer in 4 cm × 4 cm große Stücke schneiden.

- BACKROHRTEMPERATUR: 200 °C
- BACKDAUER: ca. 20 Minuten

POLO

ZUTATEN FÜR 40 STÜCK

125 g Butter
125 g Margarine
140 g Staubzucker
25 g Kakao
200 g Mehl, glatt
2 Eier
Salz
Vanillezucker
250 g Pariser Creme (s. S. 423)
Tunkmasse zum Tunken

Handwarme Butter, Margarine, Staubzucker, Salz und Vanillezucker schaumig rühren. Eier verschlagen und unter den Abtrieb mengen. Mehl mit Kakao versieben, einrühren. Masse in Dressiersack (mit glatter Tülle Nr. 6) auf Trennpapier zu kleinen Busserln spritzen. Im vorgeheizten Backrohr backen und erkalten lassen. Die Hälfte der Busserln umdrehen, mit schaumig gerührter Pariser Creme erhaben füllen, restliche Busserln daraufsetzen. Zur Hälfte in temperierte Tunkmasse tauchen.

- BACKROHRTEMPERATUR: 200 °C
- BACKDAUER: ca. 10 Minuten

EISENBAHNER

ZUTATEN FÜR 30 STÜCK

ca. 450 g Mürbteig (s. S. 416)
370 g Rohmarzipan
60 g Staubzucker
40 g Butter
60 g Eiklar
300 g Ribiselmarmelade, passiert

Mürbteig zu einer Fläche von 25 cm × 4 cm ausrollen. Auf Backblech einige Minuten hell anbacken. Rohmarzipan mit Staubzucker, weicher Butter und Eiklar glattrühren. Marzipanmasse mit Spritzsack (glatte Tülle Nr. 8) in 2 Bahnen außen auf den Mürbteigboden auftragen. Im vorgeheizten Backrohr goldbraun überbacken. Ribiselmarmelade in die Mitte der Bahnen in Längsrichtung einspritzen, erkalten lassen. (Das Gebäck sieht nun wie Eisenbahnschienen aus.) Gebäck in ca. 2,5 cm breite Stücke schneiden.

- BACKROHRTEMPERATUR: 200 °C
- BACKDAUER: ca. 7 Minuten

Damit die Vorweihnachtszeit auch in Ihrer Wohnung nach Lebkuchen und Mandeln zu duften beginnt, hier eine kleine Auswahl. Linke Bildhälfte von oben nach unten: Gespritzte Linzer, Belvedereschnitten, getunkte Nougatkipferln, Linzer Augen, Rubine. Rechte Bildhälfte von oben nach unten: Früchtebrot, Eisenbahner, Kokosbusserl, Vanillekipferl, Heidesand.

GESPRITZTE LINZER

ZUTATEN FÜR 40 STÜCK

220 g Butter
80 g Staubzucker
1 Ei
1 Eidotter
150 g Mehl, glatt
150 g Mehl, griffig
1 EL Vanillezucker
Zitronenschale
Prise Salz
Erdbeermarmelade zum Füllen

Handwarme Butter mit Staubzucker, Vanillezucker, Zitronenschale und Salz schaumig rühren. Ei und Dotter verschlagen, langsam unter den Abtrieb mengen. Beide Mehlsorten versieben und miteinander vermischen, ebenfalls langsam unterheben. Masse mit Spritzsack (Tülle Nr. 6) auf Trennpapier zu kleinen Busserln dressieren. Im vorgeheizten Backrohr backen und erkalten lassen. Die Hälfte der Busserln umdrehen, mit Marmelade bestreichen, mit restlichen Busserln zusammensetzen. Gespritzte Linzer natur belassen oder in Schokoglasur tunken.

- BACKROHRTEMPERATUR: 200 °C
- BACKDAUER: 10 Minuten

KOKOSKUGELN

ZUTATEN FÜR 60 STÜCK

380 g Staubzucker
250 g Butter
70 g Mehl
130 g Kokosraspel
1 KL Kakao
3 EL Rum
1 Päckchen Vanillezucker
Kokosraspel zum Wälzen

Butter und Zucker schaumig rühren. Mehl, Kokosraspel, Kakao, Rum und Vanillezucker untermengen, Masse kalt stellen. Kleine Kugeln formen, in Kokosraspeln wälzen. In Papierkapseln anrichten.

KOKOSBUSSERLN

ZUTATEN FÜR 2 BLECHE

5 Eiklar
200 g Staubzucker
50 g Kristallzucker
250 g Kokosraspel
1 EL Mehl, griffig
Schale von 1 Zitrone

Eiklar mit Kristallzucker zu festem Schnee schlagen. Staubzucker, geriebene Zitronenschale und Kokosraspel untermengen. Die Masse über Dampf sehr warm rühren, Mehl einrühren. Backblech mit Trennpapier belegen. Mit zwei Kaffeelöffeln Busserln formen, auf das Trennpapier in genügend großen Abständen legen. Im vorgeheizten Backrohr goldgelb backen.

- BACKROHRTEMPERATUR: 200 °C
- BACKDAUER: ca. 15 Minuten

POLSTERZIPFE

ZUTATEN FÜR 24 STÜCK

250 g Topfen, 20%
250 g Mehl, glatt
250 g Butter
Ribisel- oder Marillenmarmelade zum Füllen
1 Ei
Staubzucker zum Bestreuen

Topfen, Mehl und Butter rasch zu einem glatten Teig verkneten. Eine Stunde kalt stellen. Teig 2–3 mm dick ausrollen, in 4 cm × 4 cm große Quadrate schneiden. In die Mitte jeweils einen Marmeladepunkt setzen, Ränder mit Ei bestreichen. Ecken übereinanderklappen und die Ränder festdrücken. Im vorgeheizten Backrohr goldgelb backen. Ausgiebig mit Staubzucker bestreuen.

- BACKROHRTEMPERATUR: 200 °C
- BACKDAUER: ca. 15 Minuten

RUBINE

ZUTATEN FÜR 40 STÜCK
400 g Mürbteig (s. S. 416)

Fülle:
1 dl Milch
60 g Kristallzucker
30 g Vanillezucker
200 g Walnüsse, fein gerieben
1 TL Zimt
2 EL Rum
Schale von ½ Zitrone

80 g Marillenmarmelade, dünn, passiert
40 g Kokosraspel
150 g Erdbeermarmelade

Mürbteig dünn ausrollen. Mit glattem Ausstecher 80 Scheiben (3 cm Ø) ausstechen, auf Backblech legen und im vorgeheizten Backrohr farblos backen. Milch, Kristallzucker, Zitronenschale und Zimt aufkochen, Walnüsse beigeben, unter ständigem Rühren durchkochen. Abschließend Vanillezucker und Rum einmengen. Masse erkalten lassen. Die Hälfte der Mürbteigscheiben umdrehen, mittels Dressiersack (glatte Tülle Nr. 5) Nußfülle aufdressieren und mit den restlichen Mürbteigscheiben abdecken. Marillenmarmelade auf einem Teller flach auftragen. Gefüllte Kekse zuerst seitlich durch die Marmelade, dann durch den Kokosraspel rollen. (Es sollen nur die Ränder behaftet werden.) Oben die Erdbeermarmelade in Tupfenform aufspritzen.

- BACKROHRTEMPERATUR: 200 °C
- BACKDAUER: 10 Minuten

LINZER AUGEN

ZUTATEN FÜR 25 STÜCK
100 g Staubzucker
200 g Butter
300 g Mehl, glatt
1 Ei
1 EL Vanillezucker
Zitronenschale
Marillen- oder Ribiselmarmelade zum Füllen
Staubzucker zum Bestreuen

Alle Zutaten rasch verkneten, 30 Minuten kalt rasten lassen. Teig 3 mm dick ausrollen, mit einem gezackten Ausstecher (6 cm Ø) Scheiben ausstechen. Die Hälfte der Scheiben mit 3 Löchern versehen (Spezialausstecher oder kleinen Ausstecher verwenden). Scheiben auf Backblech legen, im vorgeheizten Backrohr goldgelb backen. Nach dem Backen die Unterteile mit Marmelade bestreichen, Oberteile aufsetzen, mit Staubzucker bestreuen.

- BACKROHRTEMPERATUR: 200 °C
- BACKDAUER: ca. 10 Minuten
- MEIN TIP: Wie jedes Kleingebäck aus Mürbteig bedürfen auch Linzer Augen einer Lagerzeit von ca. 14 Tagen, bis diese mürb sind. Empfehlenswert ist dabei eine Lagerung in verschlossenen Metallschachteln.

VANILLEKIPFERLN

ZUTATEN FÜR 2 BLECHE
170 g Butter
50 g Staubzucker
70 g Walnüsse oder Mandeln, gerieben
270 g Mehl, glatt

Zum Wälzen:
200 g Staubzucker und 3 EL Vanillezucker, vermischt

Versiebtes Mehl, Staubzucker, Butter und Walnüsse zu einem glatten Teig verkneten, eine Rolle formen und 1 Stunde im Kühlschrank rasten lassen. Aus dem Teig Kugeln formen, daraus kleine Rollen mit verjüngten Enden walken und zu Kipferln formen. Auf Backblech setzen. Im vorgeheizten Backrohr zu heller Farbe backen. Noch warm vom Blech heben und im Zuckergemisch wälzen.

- BACKROHRTEMPERATUR: 200 °C
- BACKDAUER: ca. 10 Minuten

HAUSFREUNDE

ZUTATEN FÜR 1 BLECH

3 Eier
130 g Staubzucker
120 g Mehl, griffig
50 g Nüsse, grob gehackt
20 g Rosinen, grob geschnitten
30 g Schokolade, grob gerieben
50 g Mandeln oder Haselnüsse, grob gehackt
20 g Aranzini, grob geschnitten
Fett zum Ausstreichen
Mehl zum Ausstauben

Eier und Zucker schaumig rühren. Mehl, Nüsse, Mandeln, Schokolade, Rosinen und Aranzini untermengen. Backblech befetten und mit Mehl bestauben, Masse 1 cm dick aufstreichen. Im vorgeheizten Backrohr goldbraun backen. Noch heiß in schmale, kurze Streifen schneiden. Nochmals kurz überbacken.

- BACKROHRTEMPERATUR: 180 °C
- BACKDAUER: ca. 15 Minuten

MANDELBÖGEN

ZUTATEN FÜR 30 STÜCK

100 g Mandeln, gehobelt, ungeröstet
100 g Mandeln, gehobelt, geröstet
150 g Kristallzucker
6 cl Schlagobers
50 g Butter
2 EL Honig
3 Streifen Oblaten (20 cm lang, 6 cm breit)
Butter zum Bestreichen

Obers, Butter, Honig und Zucker bis zum Faden kochen. Mandeln in die Zuckermasse einrühren. Masse auf Oblaten aufstreichen, auf Backpapier legen. Im vorgeheizten Backrohr backen. Aus dem Rohr nehmen, überlaufende Masse wieder zum Oblatenrand streichen. Mit gebuttertem Messer in 2 cm breite Streifen schneiden, über eine halbrunde Form legen und erkalten lassen.

- BACKROHRTEMPERATUR: 250 °C
- BACKDAUER: 6–8 Minuten

ANISBÖGEN

ZUTATEN FÜR 30 STÜCK

75 g Butter
75 g Staubzucker
75 g Mehl, glatt
1 Ei
1 Eidotter
1 EL Vanillezucker
Anis zum Bestreuen

Handwarme Butter mit Staub- und Vanillezucker schaumig rühren. Ei und Eidotter nach und nach beigeben, Mehl unterheben. Backblech mit Trennpapier belegen. Masse mittels Dressiersack (glatte Tülle Nr. 4) in größeren Abständen in Form von kleinen Krapferln aufdressieren. Mit Anis bestreuen, hell backen. Nach dem Backen noch warm mit einer Spachtel vom Blech heben, über einen Kochlöffelstiel biegen, erkalten lassen.

- BACKROHRTEMPERATUR: 200 °C
- BACKDAUER: ca. 10 Minuten

BUTTERBREZELN

ZUTATEN FÜR 15 STÜCK

220 g Mehl, glatt
140 g Butter
90 g Staubzucker
2 Eidotter
Milch zum Bestreichen
Hagelzucker zum Bestreuen

Mehl, Butter, Zucker und Eidotter zu einem Teig verarbeiten, 30 Minuten im Kühlschrank rasten lassen. Kleine Brezeln formen, mit Milch bestreichen und mit Hagelzucker kräftig bestreuen. Im vorgeheizten Backrohr hellbraun backen. Zirka 2 Wochen zur Mürbung lagern. (Auch als Christbaumbehang geeignet.)

- BACKROHRTEMPERATUR: 180 °C
- BACKDAUER: ca. 12 Minuten

GETUNKTE NOUGATKIPFERLN

Mehl mit Backpulver versieben. Butter und Nougatmasse zerkleinern. All diese Zutaten mit Dotter, Ei, Vanillezucker und Salz zu einem glatten Teig verarbeiten. Auf bemehlter Arbeitsfläche Teig in kleine Stücke teilen und zu Kipferln formen. Backblech mit Trennpapier belegen, Kipferln darauf gruppieren, im vorgeheizten Backrohr hell backen. Kipferln auf dem Blech überkühlen lassen, auf Glaciergitter umschlichten und mit den Enden in temperierte Schokoglasur tauchen. Zum Abtrocknen auf Alufolie oder Gitter legen.

- BACKROHRTEMPERATUR: 180 °C
- BACKDAUER: 12–15 Minuten

Zutaten für 30 Stück

210 g Nougatmasse
310 g Mehl, glatt
80 g Butter
1 Päckchen Vanillezucker
1 Päckchen Backpulver
2 Eidotter
1 Ei
Prise Salz
Sacherglasur zum Tunken (s. S. 422)

ORANGENDUKATEN

Handwarme Butter, Staubzucker und Orangenschale schaumig rühren, Eidotter und Ei einrühren, Mehl unterziehen. Backblech mit Trennpapier belegen. Masse in Dressiersack (glatte Tülle Nr. 6) füllen, auf das Backblech kleine Krapferln aufdressieren, im vorgeheizten Backrohr hellbraun backen. Aranzini fein faschieren, mit Marmelade glattrühren. Die Hälfte der Krapferln umdrehen, mit Aranzinimasse füllen, Oberteile daraufsetzen. Tunkmasse temperieren, Krapferln zur Hälfte darin tunken. Zum Trocknen auf Alufolie oder Papier legen.

- BACKROHRTEMPERATUR: 190 °C
- BACKDAUER: ca. 15 Minuten

Zutaten für 40 Stück

140 g Butter
125 g Staubzucker
150 g Mehl, glatt
Orangenschale, gerieben
2 Eidotter
1 Ei
100 g Aranzini
80 g Marillenmarmelade
Tunkmasse zum Tunken

ZIMTSTERNE

Alle Zutaten mit wenig Eiklar zu einer festen Masse verkneten, diese ca. 5 mm dick ausrollen. Mit Zitronenglasur bestreichen. Teig mit nassem Sternausstecher (ca. 6 cm) ausstechen, Sterne auf ein mit Trennpapier belegtes Backblech legen und im vorgeheizten Rohr bei eingehängter Backrohrtüre backen.

- BACKROHRTEMPERATUR: 150 °C
- BACKDAUER: ca. 15 Minuten

Zutaten für 70 Stück

200 g Mandeln, ungeschält, gerieben
480 g Kristallzucker
100 g Walnüsse, gerieben
75 g Aranzini, fein gehackt
10 g Zimt
Eiklar nach Bedarf
Zitronenglasur (s. S. 422)

HEIDESAND

Alle Zutaten zu einem glatten Teig verkneten. Zwei Rollen (3 cm ∅) formen, kalt stellen. Rollen mit Eiklar bestreichen, in Hagelzucker wälzen und in 1 cm dicke Scheiben schneiden. Auf Trennpapier legen, eine leichte Vertiefung in jede einzelne Scheibe drücken, im vorgeheizten Backrohr backen. Ribiselmarmelade noch heiß in die Mulden einfüllen.

- BACKROHRTEMPERATUR: 200 °C
- BACKDAUER: ca. 10 Minuten

Zutaten für 40 Stück

200 g Mehl, glatt
100 g Staubzucker
130 g Butter
1 Eidotter
1 EL Vanillezucker
Zitronenschale, gerieben
Prise Salz
Hagelzucker zum Wälzen
Eiklar zum Bestreichen
Ribiselmarmelade zum Füllen

LEBKUCHEN

ZUTATEN FÜR 55 STÜCK

¾ kg Honig
250 g Roggenmehl
½ kg Weizenmehl, glatt
150 g Mandeln, gerieben
10 g Lebkuchengewürz
3 g Pottasche
6 g Ammonium
Gummiarabikum zum Abglänzen
Mandeln zum Belegen
Spritzglasur zum Dekorieren

Den Honig auf ca. 50 °C erwärmen, mit Mehl, Mandeln und Lebkuchengewürz zu einem Teig verkneten, 3 Tage zugedeckt rasten lassen. Ammonium und Pottasche mit wenig Wasser getrennt auflösen, unter den Teig kneten. Teig ca. 5 mm dick ausrollen, in beliebige Formen ausstechen. Mit Wasser bestreichen, mit Mandeln belegen und im vortemperierten Backrohr backen. Noch heiß mit Gummiarabikum abglänzen. Nach dem Erkalten mit Spritzglasur dekorieren.

- BACKROHRTEMPERATUR: 220 °C
- BACKDAUER: ca. 10 Minuten
- MEIN TIP: Lebkuchen wird erst nach längerer Lagerung (ab 14 Tagen) mürbe. Am besten eignen sich dafür verschließbare Dosen, wobei ein beigelegtes Apfelstück den Lebkuchen schneller mürbe werden läßt.

FRÜCHTEBROT

ZUTATEN

250 g Mehl, glatt
15 g Germ
25 g Staubzucker
100 g Butter
1/16 l Milch
1 Eidotter
1 EL Vanillezucker
Prise Salz

Fülle:
150 g Dörrzwetschken, entkernt
100 g Feigen
100 g Rosinen
100 g Zitronat und Aranzini
50 g Datteln, entkernt
50 g Mandeln, gehackt
10 g Germ
50 g Mehl, glatt
50 g Kristallzucker
Zimt, Nelkenpulver
1 EL Slibowitz
1 EL Rum
2 Eidotter zum Bestreichen
10 halbe Nüsse zum Belegen

Früchte würfelig schneiden, mit Germ, Zucker, Mehl, Aromaten, Mandeln und Alkohol zu einer festen Masse verkneten. Für den Teig Milch erwärmen, Germ darin auflösen und restliche Teigzutaten beigeben. Zu einem Teig verkneten, 30 Minuten kühl rasten lassen. Teig rechteckig ausrollen. Früchtemasse zu einem länglichen Ziegel formen, auf den Teig legen. Teigränder mit Ei bestreichen, Ziegel völlig in Teig einhüllen, Teigenden verbinden (anpressen). Mit Teignaht nach unten auf ein mit Trennpapier belegtes Backblech legen. Mit Dotter kräftig einstreichen, antrocknen lassen, nochmals mit Dotter bestreichen. Mit Nüssen belegen und im vorgeheizten Backrohr backen.

- BACKROHRTEMPERATUR: 180 °C
- BACKDAUER: 30–40 Minuten

HUSARENKRAPFERLN

ZUTATEN FÜR 30 STÜCK

250 g Mehl, glatt
180 g Butter
100 g Staubzucker
50 g Mandeln, fein gerieben
2 Eidotter
Zitronenschale
1 EL Vanillezucker
Prise Salz
150 g Marillenmarmelade zum Füllen
Staubzucker zum Bestreuen

Alle Zutaten zu einem Teig verkneten, 3 Stunden kalt rasten lassen. Backblech mit Trennpapier belegen, Teig zu einer Stange rollen, in 30 Teile schneiden, daraus Kugeln formen. Diese in regelmäßigen Abständen auf das Backblech setzen, mit dem Daumen flachdrücken, in der Mitte mit dem Finger eine Vertiefung drücken. Krapferln im vorgeheizten Backrohr backen. Passierte Marmelade in Papierstanitzel füllen und in die Vertiefung der noch heißen Husarenkrapferln spritzen. Auskühlen lassen, mit Zucker bestreuen.

- BACKROHRTEMPERATUR: 200 °C
- BACKDAUER: ca. 20 Minuten

NUSS-SCHNITTEN

ZUTATEN FÜR 50 KLEINE SCHNITTEN

Biskuit:
4 Eiklar
4 Eidotter
60 g Kristallzucker
30 g Mehl, glatt
30 g Stärkemehl

Fülle:
⅛ l Milch
60 g Kristallzucker
15 g Puddingpulver
1 EL Vanillezucker
⅛ l Schlagobers
40 g Walnüsse, gerieben
1 EL Rum
1 Päckchen Sahnesteif

350 g Marzipan
Marillenmarmelade zum Bestreichen
50 Walnußhälften
Schokolade als Dekor
Staubzucker zum Bestreuen

Eiklar und Kristallzucker zu festem Schnee schlagen. Eidotter, versiebtes Mehl und Stärkemehl einrühren, auf mit Trennpapier (32 cm × 30 cm) belegtes Backblech aufstreichen. Im vorgeheizten Backrohr backen. ⅔ der Milch mit Kristallzucker aufkochen. Restliche Milch mit Puddingpulver glattrühren, in die kochende Milch einrühren, nochmals aufkochen, kalt stellen. Biskuit vom Papier lösen, in zwei Teile zu 16 cm × 30 cm schneiden. Pudding passieren, Rum, Vanillezucker und Walnüsse einrühren, geschlagenes Obers und Sahnesteif unterheben. Creme auf einen Biskuitfleck streichen, zweite Biskuithälfte darauflegen, einige Stunden tiefkühlen. Schnitte mit passierter Marillenmarmelade dünn bestreichen, der Länge nach in vier Teile schneiden. Marzipan auf mit Staubzucker bestaubter Unterlage dünn ausrollen. Die Streifen damit einschlagen, in 2,5 cm breite Schnitten schneiden. In Dessertkapseln setzen. Mit temperierter Schokolade Ornamente spritzen, mit Walnußhälften belegen.

- BACKROHRTEMPERATUR: 200 °C
- BACKDAUER: ca. 10 Minuten
- MEIN TIP: Beim Rollen von Marzipan erzielt eine „Rillenwalze“ äußerst dekorative optische Effekte.

PREISELBEERSCHNITTEN

ZUTATEN FÜR 50 STÜCK

Biskuit:
4 Eidotter
4 Eiklar
60 g Kristallzucker
30 g Mehl, glatt
30 g Stärkemehl

Fülle:
⅛ l Milch
40 g Kristallzucker
15 g Puddingpulver
⅛ l Schlagobers
80 g Preiselbeermarmelade
1 Päckchen Sahnesteif

350 g Marzipan
Marillenmarmelade zum Bestreichen
Schokolade als Dekor
Staubzucker zum Bestauben

Eiklar mit Kristallzucker zu festem Schnee schlagen. Eidotter, versiebtes Mehl und Stärkemehl einrühren, auf mit Trennpapier belegtes Backblech fingerhoch aufstreichen. Im vorgeheizten Backrohr backen. ⅔ der Milch mit Kristallzukker aufkochen. Restliche Milch mit Puddingpulver glattrühren, in die kochende Milch einrühren, nochmals aufkochen, kalt stellen. Biskuit vom Papier lösen, in 2 Teile zu je 16 cm Breite und 30 cm Länge schneiden.

Pudding passieren, Preiselbeermarmelade einrühren, mit geschlagenem Obers und Sahnesteif vermengen. Creme auf einen Biskuitfleck streichen, zweite Biskuithälfte darauflegen. Einige Stunden tiefkühlen. Schnitte mit passierter Marillenmarmelade bestreichen, der Länge nach in 4 Teile schneiden. Marzipan auf mit Staubzucker bestaubter Unterlage dünn ausrollen. Die Streifen damit einschlagen, in 2,5 cm breite Schnitten schneiden. In Dessertkapseln setzen. Mit temperierter Schokolade Ornamente spritzen.

- BACKROHRTEMPERATUR: 200 °C
- BACKDAUER: ca. 10 Minuten
- MEIN TIP: Man kann das Marzipan auch mit Lebensmittelfarbe, etwa rosa, einfärben.

Verwöhnen Sie Ihre Gäste zum guten Schluß – wie im Restaurant – mit kleinen Näschereien, sogenannten „Petits fours“. Sie werden sehen: Der Erfolg macht Sie sicher.

ZUTATEN FÜR CA. 40 SCHEIBEN

250 g Nougat, fest
150 g Milchtunkmasse
80 g Tunkmasse, dunkel
20 g Waffeln, ungezuckert, ungefüllt

Grillage:
40 g Kristallzucker
40 g Mandeln, geschält
Öl zum Bestreichen

Tunkmasse zum Bestreichen

ZAUNERSCHNITTEN

Für die Grillage Mandeln rösten, Zucker zu Karamel schmelzen, Mandeln beigeben, durchrühren. Auf ein schwach geöltes Blech aufbreiten, erkalten lassen, fein reiben.
Nougat, Milchtunkmasse und Tunkmasse im Wasserbad schmelzen. Waffeln fein reiben, mit der Grillage in die Nougatmasse einrühren. Halbrunde Form (4 cm hoch, 40 cm lang) mit Alufolie auskleiden, Masse in die Form füllen und 6 Stunden im Kühlschrank kühlen. Aus der Form stürzen, Folie abziehen. Mit geschmolzener Tunkmasse bestreichen, stocken lassen. Mit scharfem Messer in Scheiben schneiden.

- MEIN TIP: Die ungefüllten Waffeln sind im Fachhandel erhältlich.

ZUTATEN FÜR 35 STÜCK

380 g Rohmarzipan
100 g Staubzucker
100 g Haselnüsse, gehackt, geröstet
2 cl Korn
2 cl Maraschino
Tortenglasur, weiß
Haselnüsse zum Belegen
Staubzucker zum Bestauben

MARZIPANKONFEKT MIT HASELNÜSSEN

Marzipan, gesiebten Staubzucker, Korn, Maraschino und Haselnüsse homogen verkneten. Masse auf angezuckerter Arbeitsfläche zu einer Rolle formen. Zugedeckt (Folie) 20 Minuten rasten lassen. Mit bezuckertem Nudelholz auf eine Stärke von 1 cm und 3 cm Breite rollen und kleine Trapeze schneiden. Glasur temperieren. Marzipanstücke darin tunken. Auf Glaciergitter legen und mit Haselnüssen dekorieren, trocknen lassen.

FLORENTINER SCHNITTEN

ZUTATEN FÜR 30 STÜCK

Teig:
250 g Mehl, glatt
180 g Butter
1 TL Backpulver
½ Päckchen Vanillezucker
Schale von ½ Zitrone
1 Ei

Belag:
1/16 l Schlagobers
2 EL Honig
50 g Butter
150 g Zucker
150 g Mandeln, gehobelt
80 g Aranzini
50 g Kirschen, kandiert

Fett zum Bestreichen
Schokoladeglasur

Mehl und Backpulver versieben, mit den übrigen Zutaten zu einem Mürbteig verkneten. Den Teig auf bemehlter Arbeitsfläche zu einer 4 mm dicken Platte ausrollen. Auf leicht gefettetem Backblech ca. 10 Minuten bei 160 °C vorbacken. Für den Belag Obers, Butter, Honig und Zucker miteinander aufkochen. Mandeln und Aranziniwürfel einrühren, aufkochen, grob gehackte Kirschen beigeben, rühren. Belag auf den Teig streichen. Bei 180 °C weitere 10 Minuten backen. Nach dem Abkühlen in gleichmäßige Schnitten teilen. Die Enden in temperierte Schokoladeglasur tauchen. Auf Glaciergitter trocknen lassen.

- BACKROHRTEMPERATUR: 160 bzw. 180 °C
- BACKDAUER: 2 × 10 Minuten
- MEIN TIP: Die Rückseite der Schnitten kann auch mit Schokolade glaciert und mit Hilfe einer gezackten Teigkarte mit einem wellenartigen Muster versehen werden.

MARZIPANKARTOFFELN

ZUTATEN FÜR 20 STÜCK

300 g Rohmarzipan
300 g Staubzucker
1 EL Rum

Fülle:
150 g Haselnußnougat
100 g Haushaltsschokolade
Kakao zum Wälzen

Marzipan, Staubzucker und Rum verkneten. Schokolade schmelzen, mit Nougat abmischen und erkalten lassen. Aus der Schoko-Nougat-Masse kleine Kugeln formen, kalt stellen. Marzipan zu einer Rolle formen, in Stücke teilen. Die Kugeln in Marzipan einhüllen. Marzipankugeln in Kakao wälzen. 3 Kerben einschneiden, in Konfektkapseln setzen.

GEFÜLLTE DATTELN

ZUTATEN FÜR 30 STÜCK

30 Datteln, entkernt
80 g Dörrpflaumen, entkernt
80 g Dörrdatteln, entkernt
80 g Rosinen
Vanillezucker
Weinbrand
Schokoladeglasur

Datteln halbieren. Restliches Dörrobst fein faschieren oder hacken, mit Weinbrand und Vanillezucker zu einer glatten Masse verarbeiten. Die Dattelhälften mit dieser Masse erhaben füllen, zweite Hälfte verschließend daraufdrücken. In temperierte Schokoglasur tunken, trocknen lassen. In Papierkapseln setzen.

WEICHSELKUGELN

ZUTATEN FÜR 20 STÜCK

280 g Nüsse, gerieben
200 g Staubzucker
2 EL Vanillezucker
2 Eiklar
20 Weichseln, eingelegt
2 cl Rum
80 g Schokolade
70 g Butter
Schokostreusel

Nüsse, Staubzucker, Vanillezucker, Rum und Eiklar zu einem Teig verkneten. Weichseln gut abtropfen lassen, einzeln mit der Masse umhüllen, zu Kugeln formen.
Schokolade und Butter im Wasserbad erwärmen, gut verrühren. Kugeln in warme Glasur tunken, in Streusel wälzen und in Papierkapseln setzen.

ZWETSCHKENRÖSTER

Zutaten für 8 Portionen
1 kg Zwetschken
200 g Kristallzucker
2 cl Wasser
1 Zimtrinde
5 Gewürznelken
1 Zitrone, halbiert

Zwetschken waschen, halbieren und entsteinen. Zimtrinde zerkleinern und mit den Nelken in ein kleines Leinentuch einbinden. Wasser, Zucker, Gewürzsäckchen und halbierte Zitrone aufkochen. Die Zwetschken beigeben, unter wiederholtem Umrühren langsam weichdünsten. Erkalten lassen, Zitrone und Gewürzsäckchen entfernen.

- GARUNGSDAUER: 35 Minuten

HOLLERKOCH

Zutaten für 8 Portionen
1 kg Holler, gerebelt
200 g Kristallzucker
100 g Birnen
100 g Zwetschken
1 Zimtrinde
8 Gewürznelken

Gewaschene Zwetschken halbieren, entkernen, Birnen schälen, Kerngehäuse entfernen und in Spalten schneiden. Zimtrinde zerkleinern und mit Nelken in ein Leinensäckchen einbinden. Holler, Zucker, Zwetschken und Birnen langsam erwärmen, Leinensäckchen beigeben, gemeinsam schwach wallend weichdünsten. Gewürzsäckchen entfernen.

- GARUNGSDAUER: ca. 20 Minuten
- MEIN TIP: Sollte das Hollerkoch zu dünn sein, so geben Sie abgerührte Stärke bei und kochen nochmals kurz auf.

MARINIERTE DÖRRZWETSCHKEN

Zutaten für 6 Portionen
60 Dörrzwetschken, entkernt
½ l Orangensaft
150 g Kristallzucker
1/16 l Grand Marnier (Orangenlikör)
Schale von 2 Orangen

Orangensaft, Kristallzucker und geriebene Orangenschalen gemeinsam aufkochen. Dörrzwetschken beigeben, einmal aufkochen und erkalten lassen. Grand Marnier untermengen, 2 Tage im Kühlschrank marinieren (ziehen) lassen.

GEDÜNSTETE FEIGEN ODER ZWETSCHKEN

Zutaten für 6 Portionen
1 kg Feigen (ungeschält) oder Zwetschken (entkernt)
½ l Wasser
½ kg Kristallzucker
2 dl Rum
Zitronen- und Orangenschale, gerieben
1 Zimtstange

Wasser mit Kristallzucker, Rum, Zitronen- und Orangenschale sowie Zimtstange gemeinsam aufkochen.
Feigen oder Zwetschken halbieren, in eine flache Wanne einschichten, den kochenden Ansatz darübergießen und kurz im vorgeheizten Backrohr pochieren. In der Flüssigkeit erkalten lassen.
Verwendung: Beigabe zu Eis, Parfaits und Cremen

- BACKROHRTEMPERATUR: 80 °C
- GARUNGSDAUER: 5 Minuten

Gegenüberliegende Seite: Kompotte machen will gelernt sein, die fruchtigen Köstlichkeiten sind ein deliziöser Bestandteil der Wiener Mehlspeisküche.

ZUTATEN FÜR 6 PORTIONEN
900 g Äpfel, geschält, entkernt
150 g Kristallzucker
1 Zimtrinde
5 Gewürznelken
Zitronensaft nach Bedarf
Zitronenschale, gerieben
ca. 6 dl Wasser

APFELKOMPOTT

Äpfel in Spalten schneiden, mit Zitronensaft marinieren. Zitronensaft, Wasser, Kristallzucker, Zitronenschale, Zimtrinde und Gewürznelken einige Minuten verkochen lassen. Apfelstücke einlegen, zart wallend kernig garen. Erkalten lassen. Zitronenschale, Zimtrinde und Gewürznelken entfernen.

- GARUNGSDAUER: ca. 3 Minuten

ZUTATEN FÜR 6 PORTIONEN
900 g Kirschen, entstielt
150 g Kristallzucker
1 Zimtrinde
ca. 6 dl Wasser

KIRSCHENKOMPOTT

Wasser, Zimtrinde und Kristallzucker aufkochen, gewaschene Kirschen einlegen, einmal aufkochen, ziehen lassen. Zimtrinde entfernen.

- GARUNGSDAUER: ca. 5 Minuten

ZUTATEN FÜR 6 PORTIONEN
900 g Zwetschken oder Pflaumen, entstielt
150 g Kristallzucker
3 Gewürznelken
Zimtrinde
ca. 6 dl Wasser

ZWETSCHKEN- ODER PFLAUMENKOMPOTT

Gewaschene Zwetschken (Pflaumen) mit einer Nadel mehrmals anstechen oder aber bis zum Kern anschneiden (nicht entkernen), damit die Haut nicht unkontrolliert aufplatzen kann. Wasser, Zucker, Gewürznelken und etwas Zimtrinde einige Minuten kochen lassen, Gewürze entfernen. Zwetschken einlegen, aufkochen, heiß ziehen lassen, bis die Früchte kernig weich sind.

- GARUNGSDAUER: ca. 5 Minuten
- MEIN TIP: Man kann das Kompott mit Rum und Zitronensaft noch verfeinern.

ZUTATEN FÜR 6 PORTIONEN
900 g Birnen
150 g Kristallzucker
Zitronensaft nach Bedarf
ca. 6 dl Wasser

BIRNENKOMPOTT

Birnen schälen, halbieren, mit Pariser Ausstecher entkernen. Wasser, Zucker und Zitronensaft aufkochen, Birnenhälften einlegen, aufkochen, zart wallend kernig garen.

- GARUNGSDAUER: ca. 5 Minuten

ZUTATEN FÜR 6 PORTIONEN
1 kg Rhabarber
200 g Kristallzucker
7 dl Wasser
Zitronensaft nach Bedarf
Zimtrinde
5 Gewürznelken

RHABARBERKOMPOTT

Rhabarber schälen und in ca. 2 cm große Stücke schneiden. Wasser, Zitronensaft, Kristallzucker, Zimtrinde und Gewürznelken einige Minuten reduzierend kochen. Rhabarber einlegen und kernig kochen. Zimtrinde und Gewürznelken entfernen. Im Sud auskühlen lassen.

- GARUNGSDAUER: ca. 5 Minuten

PREISELBEERKOMPOTT

Zutaten für 6 Portionen

1 kg Preiselbeeren
200 g Kristallzucker
1/8 l Wasser
1/16 l Rotwein
1 Zimtrinde

Wasser, Kristallzucker, Rotwein und Zimtrinde gemeinsam aufkochen. Gewaschene, verlesene Preiselbeeren beigeben und ca. 10 Minuten schwach wallend kochen. Zimtrinde entfernen. 2/3 der Preiselbeeren aus dem Sud heben, restliche Preiselbeeren zu Marmelade verkochen, passieren. Ganze Preiselbeeren unter diese Masse mengen.

MARILLEN- ODER PFIRSICHKOMPOTT

Zutaten für 6 Portionen

900 g Marillen (Pfirsiche)
150 g Kristallzucker
ca. 6 dl Wasser
Zitronensaft nach Geschmack

Marillen (Pfirsiche) kurz in siedendes Wasser halten, sofort in Eiswasser legen, anschließend vorsichtig die Haut abziehen. Früchte halbieren. Wasser mit Zucker und Zitronensaft aufkochen, die Fruchthälften einlegen, einmal aufkochen und kurz ziehen lassen.

- GARUNGSDAUER: ca. 4 Minuten
- MEIN TIP: Man kann den Fruchtsaft auch mit etwas Weißwein versetzen.

APFELMUS

Zutaten für 6 Portionen

800 g Äpfel, geschält, entkernt
150 g Kristallzucker
Saft von 1 Zitrone
1 Zimtrinde
3 Gewürznelken
1/4 l Wasser

Äpfel in Zitronensaft wenden. Wasser, Gewürznelken, Kristallzucker und Zimtrinde einige Minuten verkochen lassen. Äpfel vierteln, zugedeckt weich dünsten. Sofort durch ein feines Sieb streichen.

- GARUNGSDAUER: ca. 15 Minuten
- MEIN TIP: Man kann zur Geschmacksverfeinerung etwas Weißwein einrühren.

Vorhergehende Doppelseite: Beeren und Früchte sind aus zahlreichen berühmten Kreationen der Wiener Mehlspeisküche einfach nicht wegzudenken.

Herstellen von Strudelteig

1

◁ *Die Zutaten für den Strudelteig sind: glattes Weizenmehl Typ W 480, Eier, Wasser, Öl und Salz.*

Mehl auf Arbeitsfläche häufen, einen Krater bilden, Salz, Öl, (Ei) sowie nach und nach lauwarmes Wasser mit einer Gabel einrühren. Anschließend glatt verkneten. ▷

2

3

◁ *Den Teig auf einen Teller legen, dünn mit Öl bestreichen und zugedeckt an einem warmen Ort etwa eine halbe Stunde rasten lassen.*

Teig auf bemehltes Tuch legen, mit Mehl bestauben, mit einem Nudelholz großflächig gleichmäßig ausrollen. ▷

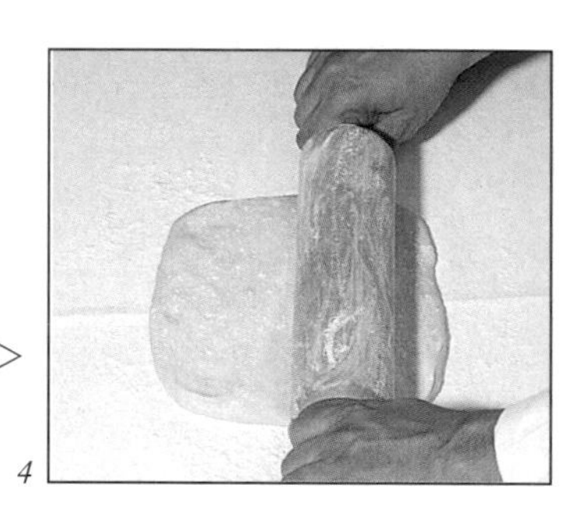
4

5

◁ *Den Teig mit flüssiger Butter bestreichen, zugedeckt ca. 5 Minuten rasten lassen. Dadurch läßt sich der Teig anschließend problemlos ziehen.*

Nun den Teig mit den Handrücken hauchdünn und gleichmäßig ausziehen, den Teig – wenn möglich – über die Ecken eines passenden Tisches ziehen und so fixieren. ▷

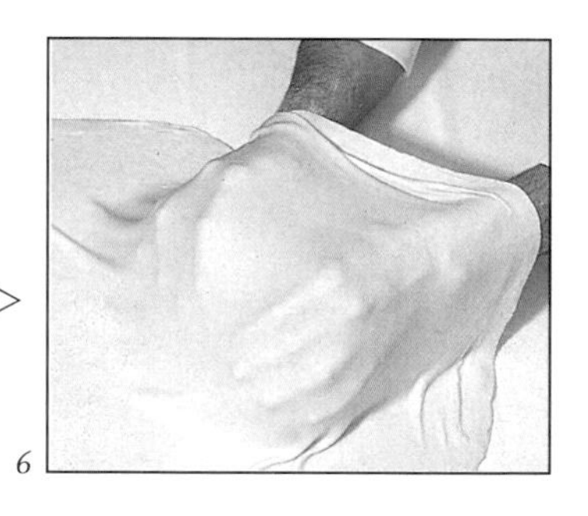
6

7

◁ *Die Ränder abschneiden. Eventuell nochmals mit Butter beträufeln und die Fülle – Bild zeigt Topfenfülle – auftragen.*

Durch Anheben des Tuches den Strudel einrollen. Die Enden verschließen, Strudel je nach Gattung auf gebuttertem Backblech oder in Backform backen. ▷

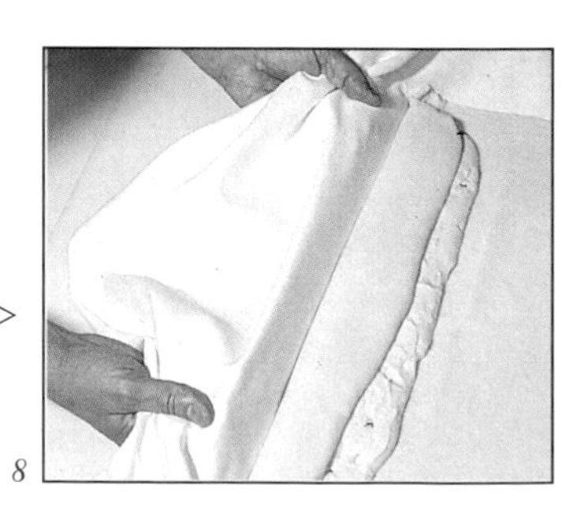
8

» *Striptease on the table* «

Der alte Pennälerwitz, daß ein Ausziehtisch auf englisch Striptease-Table heiße, verliert sofort an Anzüglichkeit, wenn man das Ausziehen nicht auf die Hausfrau, sondern auf den Strudel bezieht. Tatsächlich ist es schon eine ganz eigentümliche Kunstfertigkeit, mit der da aus einem Stückchen Teig ganze Tischplatten ausgeschlagen werden. Und es ist überdies eine Kunstfertigkeit, die unserer Epoche allmählich abhandenkommt, weil die Fertigindustrie der Hausfrau diese Arbeit immer häufiger abnimmt. Jede noch so perfekte Kopie des „selbstausgezogenen" Strudelteigs ist jedoch allenfalls eine halbherzige Angelegenheit, wie man sich bei einer Vergleichsverkostung von „Handarbeit" gegenüber dem Fertigprodukt leicht überzeugen kann.
Der Strudel ist als Mehlspeise etwa seit dem 18. Jahrhundert überliefert. Obwohl er als Inbegriff einer Wiener Mehlspeise gilt, hält jedoch auch der Strudel keiner allzu intensiven innerösterreichischen Recherche stand. Schon bald wird sich der kulinarische Fährtensucher auf den Spuren der Strudelgeschichte in Ungarn wiederfinden, um schließlich festzustellen, daß wir den Urstrudel just jenen Türken verdanken, die uns seinerzeit den Halbmond auf den Stephansturm pflanzen wollten. Was ihnen politisch mißglückte, ist den Muselmanen jedoch bei Strudel und Kaffee glorios gelungen – nämlich die hundertprozentige Einbürgerung türkischer Lebensart.

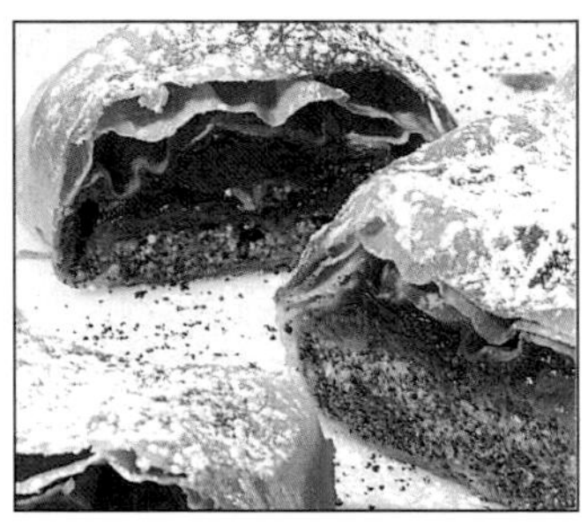

Mohn-Zwetschken-Strudel *(s. Rezept S. 515)*

STRUDELTEIG

ZUTATEN FÜR
6–8 PORTIONEN

200 g Mehl, glatt (Typ 480)
⅛ l Wasser, lauwarm
1 EL ÖL
eventuell 1 Ei
Prise Salz
Mehl zum Bestauben
Butter zum Bestreichen
Öl zum Bestreichen

Mehl kegelartig auf Arbeitsfläche häufen, oben einen Krater bilden. Salz, Öl, (Ei), nach und nach Wasser beigeben und alle Zutaten zu einem glatten Teig verkneten. Teig dünn mit Öl bestreichen und zugedeckt ca. ½ Stunde rasten lassen. Ein Tuch mit Mehl bestauben, Teig ebenfalls mit Mehl anstauben und mit dem Nudelholz gleichmäßig ausrollen. Mit flüssiger Butter bestreichen, zugedeckt einige Minuten rasten lassen. Nun den Teig mit dem Handrücken hauchdünn gleichmäßig ausziehen, dabei beide Hände verwenden. Ränder abschneiden.

- MEIN TIP: Wird der Strudel gekocht (Lungen- oder Grießstrudel), so fügt man dem Teig ein Ei oder etwas Eiklar bei und verringert die Wassermenge.

BRANDTEIG FÜR FRUCHTKNÖDEL

ZUTATEN FÜR 12 STÜCK
3 dl Milch
30 g Butter
160 g Mehl, glatt
1 Ei
Prise Salz

Milch, Butter und Salz zum Kochen bringen. Mit dem Kochlöffel Mehl einrühren und Teig so lange rühren, bis er sich von Geschirr und Löffel löst. Teig kurz überkühlen lassen, Ei einkneten.

TOPFENTEIG FÜR FRUCHTKNÖDEL

ZUTATEN FÜR 18 STÜCK
400 g Topfen, 10%
150 g Mehl, glatt
60 g Butter, handwarm
1 Ei
1 Eidotter
Schale von ½ Zitrone, gerieben
Prise Salz

Butter mit Salz und Zitronenschale schaumig rühren. Ei und Eidotter untermengen, Mehl sowie Topfen beifügen und zu einem glatten Teig kneten. 3–4 Stunden im Kühlschrank rasten lassen.

ERDÄPFELTEIG FÜR FRUCHTKNÖDEL

ZUTATEN FÜR 18 STÜCK
½ kg Erdäpfel, mehlig, roh geschält
120 g Mehl, griffig
40 g Butter
2 Eidotter
Prise Salz

Erdäpfel in kleine, gleichmäßige Stücke teilen. In Salzwasser kernig weich kochen, abseihen, auf einem Backblech im heißen Backrohr ca. 15 Minuten ausdampfen lassen. Heiße Erdäpfel durch ein Passiersieb streichen, erkalten lassen! Mit den restlichen Zutaten vermengen und zu einem glatten Teig verkneten.

BIERTEIG *(Backteig)*

ZUTATEN
200 g Mehl, glatt
¼ l Bier, hell (Mineralwasser oder Weißwein)
2 Eidotter
2 Eiklar
40 g Butter, zerlassen
Prise Salz und Zucker

Mehl, Bier (Mineralwasser etc.) und Eidotter zu einem glatten Teig verrühren. Butter, Salz und Zucker untermengen. Eiklar nicht zu steif (cremig) schlagen, vorsichtig unterheben.

PALATSCHINKENTEIG

ZUTATEN FÜR 18 STÜCK
120 g Mehl, glatt
4–5 Eier
¼ l Milch
Salz
Fett zum Backen

Alle Zutaten vermengen und zu einem glatten Teig verrühren. Fett in flacher Pfanne erhitzen, Teig dünn einfließen lassen, anbacken, wenden, aus der Pfanne heben.

- MEIN TIP: Für Crêpes wird die gleiche Menge Mehl mit 1 Ei, 2 Eidottern, ⅜ l Schlagobers, ⅜ l Milch und einer Prise Salz abgerührt. Den Teig ganz dünn in eine Pfanne mit erhitztem Butterschmalz einfließen lassen und beidseitig backen.

JOGHURTAUFLAUF

Weiche Butter schaumig rühren, Staubzucker beigeben, Eidotter langsam einrühren und Joghurt untermengen. Eiklar mit Kristallzucker zu steifem Schnee schlagen. Butterabtrieb mit Aromastoffen, Mehl und Schnee vorsichtig vermengen. Dariolformen (Puddingformen) ausbuttern und mit Kristallzucker ausstreuen. Masse ¾ hoch in die Formen füllen, im Wasserbad im vorgeheizten Backrohr pochieren. Stürzen, mit Früchten oder Beerenmark auftragen.

- BACKROHRTEMPERATUR: 220 °C
- GARUNGSDAUER: ca. 15–18 Minuten
- MEIN TIP: Spektakulär ist es, den Auflauf erst bei Tisch aus der Form zu stürzen. Man gießt die Sauce(n) auf die Teller, serviert diese und stürzt den Auflauf erst dann.

ZUTATEN FÜR 4 PORTIONEN

25 g Butter
2 EL Kristallzucker
2 EL Staubzucker
4 EL Joghurt
4 EL Mehl, griffig
4 Eidotter
4 Eiklar
Vanillezucker
Zitronenschale, gerieben
Butter zum Ausstreichen
Kristallzucker zum Ausstreuen

Garnierung:
Erdbeer-, Himbeer-, Mango oder Kiwisauce, Minzblätter

GEWÜRZAUFLAUF

Butter schmelzen, Mehl einrühren, mit heißer Milch aufgießen und glatt verkochen. Eidotter und Aromastoffe einrühren. Eiklar mit Kristallzucker zu festem Schnee schlagen, unter den Teig mengen. Dariol-(Pudding)förmchen mit Butter gut ausstreichen, mit Kristallzucker gut ausstreuen, die Masse einfüllen (¾ hoch). Förmchen in ein Wasserbad stellen und im vorgeheizten Backrohr pochieren und stürzen.

- BACKROHRTEMPERATUR: 220 °C
- GARUNGSDAUER: ca. 18 Minuten
- MEIN TIP: Servieren Sie zu diesem Auflauf Weinschaum, Preiselbeeren oder Zimtobers.

ZUTATEN FÜR 4 PORTIONEN

25 g Butter
50 g Mehl, glatt
⅛ l Milch
3 Eidotter
3 Eiklar
Prise Zimt
Prise Nelkenpulver
90 g Kristallzucker
Orangen- und Zitronenschale, gerieben
Butter zum Ausstreichen
Kristallzucker zum Ausstreuen

WARME TOPFENPASTETE

Weiche Butter schaumig rühren, Dotter nach und nach beigeben. Weißbrot in Milch einweichen, ausdrücken und zerkleinern. Topfen, Weißbrot, Sauerrahm, Butterabtrieb und Aromastoffe gut vermengen. Eiklar mit Kristallzucker zu festem Schnee schlagen. Butterabtrieb sowie Mehl vorsichtig unter den Schnee heben, in eine gefettete und bemehlte Pastetenform füllen und im vorgeheizten Backrohr backen. Pastete stürzen, in dicke Portionsstücke schneiden und mit Puderzucker bestauben.

- BACKROHRTEMPERATUR: 150 °C
- BACKDAUER: 105 Minuten
- MEIN TIP: Diese Pastete kommt noch besser zur Geltung, wenn Sie Himbeer- oder Vanillesauce dazu servieren.

ZUTATEN FÜR 6 PORTIONEN

250 g Topfen, 10%, passiert
80 g Butter
80 g Kristallzucker
50 g Sauerrahm
60 g Weißbrot, entrindet
15 g Mehl, glatt
4 Eidotter
4 Eiklar
Prise Salz
Milch zum Weichen
Zitronenschale, gerieben
Butter zum Ausstreichen
Mehl zum Ausstauben
Puderzucker zum Bestauben

SALZBURGER NOCKERLAUFLAUF

ZUTATEN FÜR 6 PORTIONEN
Nockerlmasse:
150 g Mehl, glatt
20 g Butter
¼ l Milch
1 Ei
1 Eidotter
Prise Salz
½ l Milch zum Einkochen

Auflaufmasse:
40 g Butter
50 g Staubzucker
20 g Mehl, glatt
3 Eidotter
3 Eiklar
1 EL Vanillezucker
Schale von 1 Zitrone

Fett zum Ausstreichen
Mehl zum Ausstauben
Staubzucker zum Bestreuen

Garnierung:
Himbeersauce

Milch (¼ l) zum Kochen bringen, Butter und Salz beifügen. Mehl mittels Schneerute einrühren und mit dem Kochlöffel so lange rühren, bis sich der Teig vom Geschirr löst (Brandteig). Ei mit Eidotter verschlagen und langsam in den heißen Teig einarbeiten. Teig auf bemehlter Arbeitsfläche zu fingerdicker Rolle formen, in ca. 2 cm große Stücke teilen. ½ l Milch zum Kochen bringen, Nockerln darin einkochen. Einige Minuten kochen lassen, mittels Lochschöpfer aus der Milch heben, abtropfen und erkalten lassen.
Handwarme Butter, die Hälfte des Zuckers, Vanillezucker und Zitronenschale schaumig rühren, Eidotter nach und nach einmengen. Eiklar mit Restzucker zu steifem Schnee schlagen und zugleich mit dem Mehl unter den Abtrieb ziehen. Nockerln mittels Kochlöffel unter die Masse heben, in eine gefettete und bemehlte Auflaufform füllen und im vorgeheizten Backrohr goldbraun backen. In Portionsstücke schneiden, diese herausheben, mit Staubzucker bestreuen.

- BACKROHRTEMPERATUR: 200 °C
- BACKDAUER: 30–40 Minuten

MOHR IM HEMD

ZUTATEN FÜR 6 PORTIONEN
50 g Butter
50 g Kochschokolade
50 g Kristallzucker
50 g Walnüsse oder Mandeln, gerieben
40 g Semmelbrösel
3 Eidotter
3 Eiklar
Vanillezucker
Prise Salz
Butter zum Ausstreichen
Kristallzucker zum Ausstreuen
Schokoladesauce (s. S. 535)
Schlagobers zum Garnieren

Schokolade lippenwarm schmelzen. Handwarme Butter schaumig rühren, Schokolade untermengen, Eidotter nach und nach beigeben. Walnüsse und Semmelbrösel vermengen; Eiklar mit Kristall- und Vanillezucker sowie Salz zu Schnee schlagen. Eischnee und Nußmischung vorsichtig unter den Abtrieb heben. Dariolformen (Puddingformen) mit Butter ausstreichen, mit Kristallzucker ausstreuen. Masse einfüllen und diese im Wasserbad bei niedriger Temperatur am Herd zugedeckt pochieren (nicht kochen). Formen stürzen, Mohr mit Schokoladesauce überziehen und mit geschlagenem Obers garnieren.

- WASSERBADTEMPERATUR: 90 °C
- GARUNGSDAUER: 30–35 Minuten
- MEIN TIP: Dieselbe Masse kann man auch in einer Wanne pochieren, mit Eischnee dick bestreichen und überbacken.

LEBKUCHENAUFLAUF

ZUTATEN FÜR 6 PORTIONEN
50 g Walnüsse, fein gerieben
90 g Kristallzucker
20 g Semmelbrösel
90 g Butter, flüssig
3 EL Rum

Eidotter mit Zitronenschale schaumig rühren. Walnüsse, Semmelbrösel, Lebkuchengewürz und Salz vermischen. Geschmolzene Butter und lauwarmen Rum verrühren. Form mit Butter ausstreichen, mit Mehl ausstauben. Eiklar mit Kristallzucker zu festem Schnee schlagen, diesen unter den Dotterabtrieb mengen, Nußgemisch vorsichtig unterziehen, Butter einrühren. Masse in die vorbereitete Auflaufform füllen, die Form in ein temperiertes Wasserbad setzen und dieses ins vorgeheizte Backrohr stellen. Pochieren, in portionsgerechte Stücke teilen, mit Staubzucker bestreuen.

- BACKROHRTEMPERATUR: 160 °C
- GARUNGSDAUER: ca. 50–60 Minuten

5 Eiklar
5 Eidotter
½ TL Lebkuchengewürz
Schale von ½ Zitrone, gerieben
Prise Salz
Butter zum Ausstreichen
Mehl zum Ausstauben
Staubzucker zum Bestreuen

Garnierung:
Weinschaum, Preiselbeerkompott

REISAUFLAUF

Zutaten für 10 Portionen

¾ l Milch
240 g Rundkornreis
90 g Butter
100 g Kristallzucker
50 g Staubzucker
50 g Rosinen
8 Eidotter
8 Eiklar
Salz
2 EL Vanillezucker
Zitronenschale
Butter zum Befetten
Brösel zum Ausstreuen
Staubzucker zum Bestreuen

Garnierung:
Himbeersaft, Frucht- oder Beerensauce, Kompott

Reis heiß abschwemmen und abtropfen lassen. Milch mit Vanillezucker und Salz aufkochen, Reis beigeben, aufkochen lassen, zugedeckt im Backrohr dünsten, kalt stellen. Butter, Dotter, Staubzucker und Zitronenschale schaumig rühren. Eiklar mit Kristallzucker zu steifem Schnee schlagen. Butterabtrieb und Rosinen unter den kalten Reis mengen, Schnee unter die Masse ziehen. Masse in die gefettete, mit Bröseln ausgestreute Auflaufform geben, glattstreichen. Im vorgeheizten Backrohr hellbraun backen, mit Staubzucker bestreuen.

- BACKROHRTEMPERATUR: 180 °C
- BACKDAUER: 40–45 Minuten
- MEIN TIP: Für Apfel-Reis-Auflauf Form nur halb füllen, mit Oblaten belegen, ½ kg geschälte, geschnittene, mit Zucker und Zimt marinierte Äpfel darauf gruppieren, mit Restmasse auffüllen, backen.

APFELAUFLAUF

Zutaten für 6 Portionen

¾ kg Äpfel, ungeschält
80 g Butter
70 g Kristallzucker
60 g Weißbrot, entrindet
70 g Mandeln, gerieben
4 Eidotter
4 Eiklar
1 TL Vanillezucker
½ TL Zimt
Schale von ¼ Zitrone, gerieben
Prise Salz
Milch zum Einweichen
Oblaten
Butter zum Ausstreichen
Mehl zum Bestauben
Staubzucker zum Bestreuen
Zucker-Zitronen-Wasser

Garnierung:
Frucht- oder Beerensauce, Zimtschaum, Chaudeau, Minzblätter

Äpfel schälen, entkernen, in Spalten schneiden. Äpfel in kochendes Zucker-Zitronen-Wasser geben, aus dem Sud heben und auf Küchenkrepp abtropfen lassen. Weißbrot in Milch einweichen, ausdrücken, passieren. Auflaufform (Wanne) buttern, mit Mehl bestauben. Butter mit Zitronenschale und Eidotter schaumig rühren. Eiklar, Kristallzucker, Vanillezukker und Salz zu festem Schnee schlagen. Eischnee unter den Abtrieb mengen. Weißbrot und Mandeln unterziehen. Die Hälfte der Masse in die Form füllen, mit Oblaten bedecken, Äpfel darauf verteilen und mit Zimt bestreuen. Die restliche Masse darüber verteilen, im vorgeheizten Backrohr backen. In Stücke teilen und mit Zucker bestreuen.

- BACKROHRTEMPERATUR: 180 °C
- BACKDAUER: 45 Minuten
- MEIN TIP: Statt Äpfel können auch Birnen verwendet werden. Dazu empfiehlt sich ein mit Birnenschnaps versetztes Chaudeau.

Zutaten für 6 Portionen
80 g Mohn, gerieben
60 g Semmelbrösel
80 g Butter
70 g Kristallzucker
3 Eiklar
3 Eidotter
1 EL Honig
1 EL Rum
Schale von ¼ Zitrone
1 TL Vanillezucker
Prise Salz
Butter zum Ausstreichen
Kristallzucker zum Ausstreuen

Garnierung:
Weinschaum, Preiselbeeren, marinierte Zwetschken

MOHNAUFLAUF

Eine große oder mehrere kleine Formen mit Butter ausstreichen, mit Kristallzucker ausstreuen. Handwarme Butter, Honig, Zitronenschale und Eidotter schaumig rühren. Brösel mit Rum befeuchten. Eiklar mit Zucker, Vanillezucker und Salz zu festem Schnee schlagen, unter den Abtrieb mengen. Brösel und Mohn vermischen, der Masse beigeben. Masse ¾ hoch in die Form(en) füllen, im Wasserbad am Herd (zugedeckt) zart pochieren, stürzen.

- WASSERBADTEMPERATUR: ca. 90 °C
- GARUNGSDAUER: 30 Minuten

Zutaten für 6 Portionen
70 g Walnüsse, fein gerieben
60 g Semmelbrösel
70 g Butter
70 g Kristallzucker
4 Eidotter
4 Eiklar
Schale von ¼ Zitrone, gerieben
1 TL Vanillezucker
Prise Salz
Butter zum Ausstreichen
Kristallzucker zum Ausstreuen

Garnierung:
Weinschaum, Preiselbeeren

WALNUSSAUFLAUF

Dariolformen (Puddingformen) mit Butter ausstreichen, mit Kristallzucker ausstreuen. Handwarme Butter mit Dotter und Zitronenschale schaumig rühren. Eiklar, Kristall- und Vanillezucker sowie Salz zu festem Schnee schlagen, unter den Abtrieb mengen. Walnüsse und Brösel vermischen, in die Masse einrühren, in die Formen füllen (¾ hoch) und im Wasserbad am Herd leicht wallend zugedeckt pochieren. Stürzen, mit Weinschaum überziehen oder „naturell" auftragen.

- WASSERBADTEMPERATUR: ca. 90 °C
- GARUNGSDAUER: 30 Minuten

Zutaten für 6 Portionen
200 g Topfen, 10%
3 Eidotter
4 Eiklar
70 g Kristallzucker
Zitronenschale, gerieben
Rum
1 TL Vanillezucker
Prise Salz
Butter zum Ausstreichen
Kristallzucker zum Ausstreuen

Garnierung:
Himbeersauce

TOPFENSOUFFLÉ

Eidotter und passierten Topfen glatt verrühren, etwas Rum, Vanillezucker sowie Zitronenschale beigeben. Eiklar mit Kristallzucker und Salz zu festem Schnee schlagen, unter den Topfen mengen. Dariolformen (Puddingformen) mit Butter ausstreichen, mit Kristallzucker ausstreuen, Masse einfüllen. In ein auf ca. 70° C temperiertes Wasserbad setzen, im vorgeheizten Backrohr pochieren. Auf warme Teller stürzen.

- BACKROHRTEMPERATUR: 200 °C
- GARUNGSDAUER: ca. 20 Minuten

» Gaisberg, Mönchsberg und Nonnberg im Pfandl «

Die idealen Salzburger Nockerln, sagt man, sollen aussehen wie ein Gebirge zu Winterbeginn: leicht überzuckert, aber keineswegs verschneit. Die Frage, ob es sich um sanfte Hügelkuppen oder um eine zerklüftete Felsenlandschaft handelt, die da aus der Rein herauswachsen sollen, müssen jeder Koch und jede Köchin indessen für sich selbst beantworten. Sie wird freilich letztlich so offen bleiben wie eine andere Frage rund um die Salzburger Nockerln: War es nun wirklich die fürsterzbischöfliche „Mesalliance" Salome Alt, die ihrem Wolf Dietrich von Raitenau das kleine Präsent des Lustschlosses Mirabell mit der Erfindung der Salzburger Nockerln dankte? Oder muß diese Legende, wie manche Volkskundler meinen, alleine schon deshalb bloße Schimäre sein, weil zur Zeit Salome Alts Öfen mit Oberhitze noch nicht erfunden waren und es daher auch keine Salzburger Nockerln geben konnte?
Doch auch der volkskundliche Versuch, die Salzburger Nokkerln von ihrem Renaissance-Denkmal mitten ins neunzehnte Jahrhundert zu stoßen, glückte nicht wirklich. Die wahren und echten Salzburger Nockerln bereitet man nämlich – so meinen zumindest manche radikalen Vertreter der reinen Nokkerllehre – nicht im Backrohr, sondern im Pfandl zu. Und dazu braucht's keine Oberhitze. Was freilich auch schon Salome Alt klargewesen sein könnte.

Salzburger Nockerln II (s. Rezept S. 509)

SALZBURGER NOCKERLN I

Zutaten für 3 grosse Nockerln

7 Eiklar
100 g Kristallzucker
2 Eidotter
20 g Mehl, glatt
1 EL Vanillezucker
Butter zum Bestreichen
Staubzucker zum Bestreuen

Eiklar unter ständiger Zugabe von Kristallzucker zu festem Schnee schlagen. Vanillezucker und Eidotter einrühren. Mehl vorsichtig unter die Masse mengen. Flache Wanne oder Platte (Nirosta-Silber, feuerfestes Glas) mit Butter bestreichen, Nocken pyramidenförmig daraufsetzen (Teigkarte) und im vorgeheizten Backrohr backen. Mit Staubzucker bestreuen, sofort auftragen.
Variante: ⅛ l Milch, 20 g Butter und Vanillezucker in einer Auflaufform aufkochen. Nocken in die Flüssigkeit einsetzen, im vorgeheizten Backrohr backen, mit Staubzucker bestreuen.

- BACKROHRTEMPERATUR: 200 °C
- BACKDAUER: 9 Minuten
- MEIN TIP: Auf Wunsch kann man zu den Salzburger Nockerln auch Beeren-, Schokolade- oder Vanillesauce servieren.

Zubereiten von Salzburger Nockerln II

1

◁ *Das Gelingen von Salzburger Nockerln erfordert Genauigkeit, einen fettfreien, kalten Schneekessel sowie schnelle Aktion. Bereiten Sie daher alle Zutaten und Geschirre vor.*

Eiklar mit Schneebesen oder in einem Rührwerk aufschlagen. ▷

2

3

◁ *Unter ständiger Beigabe von Kristallzucker zu festem Schnee schlagen.*

Etwas Zitronenschale, Vanillezucker und Eidotter unter den Schnee heben. ▷

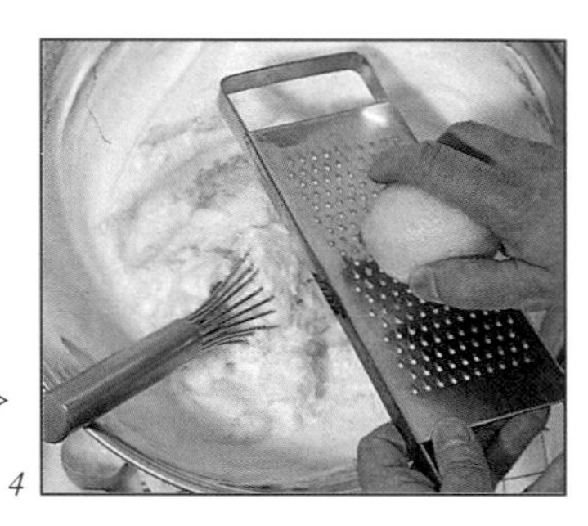

4

5

◁ *Zum Schluß vorsichtig das Stärkemehl einmengen.*

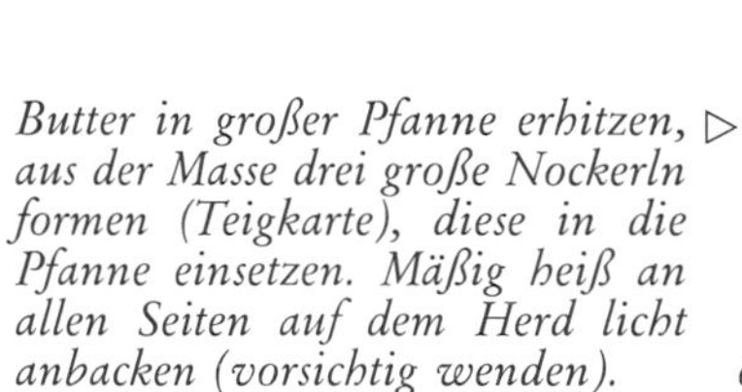

Butter in großer Pfanne erhitzen, aus der Masse drei große Nockerln formen (Teigkarte), diese in die Pfanne einsetzen. Mäßig heiß an allen Seiten auf dem Herd licht anbacken (vorsichtig wenden). ▷

6

7

◁ *Passende Platte (Silber-Nirosta oder feuerfestes Glas) mit Butter bestreichen oder diese darauf schmelzen und verteilen.*

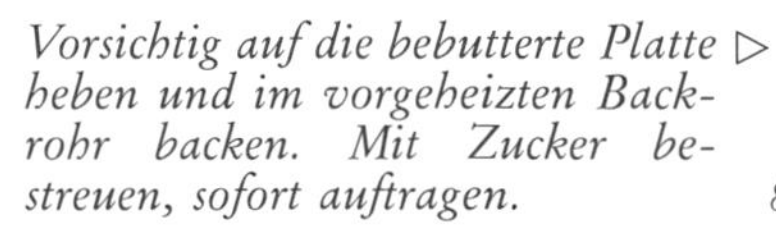

Vorsichtig auf die bebutterte Platte heben und im vorgeheizten Backrohr backen. Mit Zucker bestreuen, sofort auftragen. ▷

8

SALZBURGER NOCKERLN II

ZUTATEN FÜR 3 GROSSE NOCKERLN

7 Eiklar
2 Eidotter
100 g Kristallzucker
1 EL Vanillezucker
15 g Stärkemehl
30 g Butter zum Anbacken
Zitronenschale
Butter zum Bestreichen
Staubzucker zum Bestreuen

Eiklar unter ständiger Beigabe von Kristallzucker zu festem Schnee schlagen. Eidotter, Zitronenschale und Vanillezucker untermengen, Stärkemehl vorsichtig einrühren. Butter in großer Pfanne erhitzen, aus der Masse drei große Nockerln formen (Teigkarte) und diese in die Pfanne einsetzen. Bei mäßiger Hitze auf der Herdplatte unter vorsichtigem Wenden an allen drei Seiten lichtbraun anbacken. (Sollten die Nockerln nicht auf einmal in die Pfanne passen, zwei Pfannen verwenden oder hintereinander anbacken.) Nockerln auf eine mit Butter bestrichene Platte (Nirosta-Silber oder feuerfestes Glas) setzen und im vorgeheizten Backrohr backen. Mit Staubzucker bestreuen, sofort servieren.

- BACKROHRTEMPERATUR: 220 °C
- BACKDAUER: ca. 6 Minuten
- MEIN TIP: Diese Methode eignet sich eher für „Geübte", verspricht allerdings ein wahrhaftiges Gaumenerlebnis.

KIRSCHENMICHL

ZUTATEN FÜR 8 PORTIONEN

6 Semmeln
ca. ¼ l Milch
100 g Butter
50 g Staubzucker
Nelkenpulver
50 g Kristallzucker
Zitronenschale
Zimt
2 cl Kirschwasser
⅛ l Sauerrahm
3 Eidotter
3 Eiklar
300 g Kirschen, entstielt
Butter zum Ausstreichen
Semmelbrösel zum Ausstreuen
Walnüsse, gehackt
Staubzucker zum Bestreuen

Semmeln entrinden, würfelig (wie für Knödel) schneiden, mit Milch befeuchten. Butter schaumig rühren, Staubzucker, etwas Zimt und Nelkenpulver beigeben, Dotter nach und nach einrühren. Zitronenschale, Kirschwasser, Rahm und Semmelwürfel unter den Abtrieb mischen. Eiklar mit Kristallzucker zu steifem Schnee schlagen, vorsichtig unter die Semmelmasse heben. Abschließend die Kirschen untermengen. Eine Auflaufform mit Butter ausstreichen, mit Bröseln ausstreuen. Walnüsse auf dem Boden der Form verteilen, Masse einfüllen, im vorgeheizten Backrohr backen. Etwas überkühlen lassen, stürzen, mit Staubzucker bestreuen, portionieren.

- BACKROHRTEMPERATUR: 160 °C
- BACKDAUER: ca. 45 Minuten

SCHEITERHAUFEN

ZUTATEN FÜR 6 PORTIONEN

5 Semmeln oder 240 g Brioche (Kipferln)
⅛ l Milch
3 Eier
50 g Butter
30 g Rosinen
30 g Kristallzucker
1 EL Vanillezucker

Apfelfülle:
½ kg Äpfel
40 g Kristallzucker
1 EL Rum

Semmeln oder Brioche in ca. 5 mm dicke Scheiben schneiden. Eier mit Milch verschlagen, Kristall- und Vanillezucker darin auflösen. Die Semmeln damit befeuchten, Rosinen beigeben, geschmolzene Butter einmengen. Äpfel schälen, entkernen, sechsteln und in feine Scheiben schneiden. Apfelscheiben mit Zucker, Zimt, Rum und Mandeln vermengen. Etwas Semmelmasse in eine gebutterte Auflaufform füllen, bodendeckend verteilen, eine Lage Äpfel einstreuen. Diesen Vorgang wiederholen, bis Semmelmasse und Äpfel verbraucht sind. Die letzte Lage soll Semmelmasse sein. Im vor-

Zimt, gemahlen
40 g Mandelsplitter

Schneehaube:
3 Eiklar
100 g Kristallzucker

Butter zum Ausstreichen

geheizten Backrohr backen. Eiklar unter ständiger Zugabe von Kristallzucker zu steifem Schnee schlagen. Den Schnee über den Scheiterhaufen streichen, nochmals sehr heiß im Backrohr überbacken.

- BACKROHRTEMPERATUR: 180 °C und 230 °C
- BACKDAUER: 40 Minuten und 10 Minuten für die Schneehaube

ZUTATEN FÜR 6 PORTIONEN
70 g Haselnüsse, fein gerieben
60 g Semmelbrösel
70 g Butter
70 g Kristallzucker
4 Eidotter
4 Eiklar
1 TL Vanillezucker
Prise Salz, Zitronenschale
40 g Schokolade, gerieben

Überguß:
½ l Rotwein
80 g Zucker
1 dl Wasser
Zimtrinde
2 Gewürznelken
Zitronenschale

Butter zum Ausstreichen
Mehl zum Ausstauben
Schlagobers zum Garnieren

B'SOFFENER KAPUZINER

Auflaufform mit Butter ausstreichen, mit Mehl ausstauben. Handwarme Butter schaumig rühren, Eidotter nach und nach einrühren, Aromastoffe beigeben. Eiklar unter ständiger Beigabe von Kristallzucker zu festem Schnee schlagen, unter den Butterabtrieb mengen, Schokolade einrühren. Nüsse und Brösel vermischen und vorsichtig in die Masse einmengen. Masse in die Auflaufform füllen, in ein heißes Wasserbad setzen und im vorgeheizten Backrohr backen.
Für den Überguß Wein, Wasser, Zucker und Aromastoffe erhitzen, jedoch nicht kochen und ca. 5 Minuten ziehen lassen, abseihen.
Die gebackene Masse in Portionen teilen, aus der Form heben, auf Tellern anrichten und mit heißem Weingemisch kräftig übergießen. Mit geschlagenem Obers garnieren.

- BACKROHRTEMPERATUR: 180 °C
- BACKDAUER: ca. 35 Minuten

ZUTATEN FÜR 6 PORTIONEN
120 g Weißbrot (Semmeln)
40 g Butter
60 g Kristallzucker
20 g Semmelbrösel
20 g Mandeln, fein gerieben
1 Ei
2 Eidotter
2 Eiklar
1 EL Vanillezucker
¼ l Milch
Prise Salz
60 g Preiselbeer- oder Ribiselmarmelade zum Bestreichen

Schneehaube:
3 Eiklar
100 g Kristallzucker
Spritzer Rum

Butter zum Ausstreichen
Semmelbrösel zum Ausstreuen

EISKOCH

Entrindetes Weißbrot in Milch einweichen, ausdrücken, passieren. Handwarme Butter mit Vanillezucker schaumig rühren, zuerst das ganze Ei, dann die Dotter beigeben, Weißbrot untermengen. Eiklar mit Kristallzucker und Salz zu steifem Schnee schlagen, unter den Abtrieb mengen. Brösel mit Mandeln vermischen, unter die Masse rühren. Eine passende Form (Pfanne) mit Butter ausstreichen, mit Semmelbröseln ausstreuen. Masse in die Pfanne füllen, im vorgeheizten Backrohr backen. Mit Marmelade bestreichen. Eiklar und Zucker zu festem Schnee schlagen, Rum einrühren. Die Schneemasse auf das Koch streichen und nochmals kurz im sehr heißen Backrohr überbacken.

- BACKROHRTEMPERATUR: 190 °C und 250 °C
- BACKDAUER: 35 Minuten und 8–10 Minuten für die Schneehaube

ÄPFEL IM SCHLAFROCK

Äpfel schälen, Kerngehäuse mit Apfelbohrer ausstechen oder mit Pariser Ausstecher aushöhlen. Vanillecreme, Walnüsse, Zimt und Rum abrühren, die Masse in die Äpfel füllen. Blätterteig 30 cm × 40 cm groß ausrollen, daraus 6 Rechtecke schneiden. Äpfel auf die Teigstücke legen, Teigränder mit verschlagenem Ei bestreichen, Teigränder über den Apfel ziehen, fixieren. Aus Restteig Rosetten ausstechen, mit Ei bestreichen und auf die Teigzusammenschlüsse legen. Backblech mit Trennpapier belegen, Äpfel rundum gut mit Ei bestreichen, auf das Blech setzen und noch 15 Minuten rasten lassen. Im vorgeheizten Backrohr backen. Nach dem Backen mit erhitzter Marillenmarmelade bestreichen. Fondant erwärmen, die Äpfel dünn glacieren, mit Mandeln bestreuen. Heiß auftragen.

- BACKROHRTEMPERATUR: 210 °C
- BACKDAUER: ca. 20 Minuten
- MEIN TIP: Die Äpfel können auch unglaciert serviert werden.

ZUTATEN FÜR 6 PORTIONEN

6 Äpfel, nicht zu groß
80 g Vanillecreme (s. S. 423)
50 g Walnüsse, grob gehackt
Prise Zimt
1 EL Rum
400 g Butter- oder Blätterteig (s. S. 414)
1 Ei zum Bestreichen
80 g Marillenmarmelade
80 g Fondant
20 g Mandeln, gehobelt, geröstet

Garnierung:
Vanille- oder Zimtsauce

Schönbrunner Äpfel geraten ganz besonders duftig, wenn man sie nach dem Braten auch noch mit Weinschaum überzieht (s. Rezept S. 512).

ZUTATEN FÜR 4 PORTIONEN

4 Äpfel, groß
1,5 dl Milch
70 g Walnüsse, gerieben
40 g Biskuitbrösel
30 g Kristallzucker
25 g Rosinen
1 EL Rum
Zitronensaft

Weinsud:
8 cl Wasser
8 cl Weißwein
2 Gewürznelken
Zimtrinde
20 g Kristallzucker

4 Cocktailkirschen
Minzblätter zum Garnieren
Zimt zum Bestreuen
Weinschaum von 2 Eidottern *(s. S. 535)*

SCHÖNBRUNNER ÄPFEL

Äpfel schälen, oben etwas abkappen, so daß ein Deckel entsteht. Äpfel innen mittels Pariser Ausstecher großräumig aushöhlen, innen und außen mit etwas Zitronensaft einreiben. Milch aufkochen lassen, Zucker, Nüsse, Brösel, Rum und Rosinen einrühren, quellend kochen, bis ein dicker Brei entsteht. Diese Masse in die Äpfel füllen, Deckel aufsetzen. Wasser, Weißwein, Zucker, Gewürznelken und Zimtrinde gemeinsam 2 Minuten kochen, abseihen. Äpfel in passende Kasserolle setzen, mit Weinsud übergießen. Kasserolle zudecken. Im vorgeheizten Backrohr kernig dünsten. Weinschaum schlagen, Äpfel aus dem Sud heben, anrichten. Mit Weinschaum überziehen, mit Zimt zart bestreuen, mit Kirschen und Minzblättern garnieren.

- BACKROHRTEMPERATUR: 200 °C
- BACKDAUER: ca. 12 Minuten
- MEIN TIP: Statt Biskuitbrösel können Sie auch Semmelbrösel verwenden.

ZUTATEN FÜR 6 PORTIONEN

750 g Erdbeeren, frisch
150 g Kristallzucker
¼ l Orangensaft
Schale von 1 Orange, gerieben
1/16 l Grand Marnier (Orangenlikör)
30 g Pfeffer, grün
6 Kugeln Vanilleeis

ERDBEEREN MIT GRÜNEM PFEFFER

Kristallzucker in Pfanne schmelzen, Orangensaft beigeben, glattrühren, Orangenschale einmengen. Verkochen lassen, bis Zucker völlig aufgelöst ist. Erdbeeren putzen, waschen, auf Küchenkrepp abtropfen lassen, halbieren. Orangensauce mit Grand Marnier und grünem Pfeffer vermengen, aufkochen. Erdbeeren beigeben, kurz dünsten, die Erdbeeren sollen dabei kernig bleiben. In Suppentellern anrichten und mit Vanilleeis servieren.

- GARUNGSDAUER: ca. 2 Minuten

GEZOGENER APFELSTRUDEL

Äpfel vierteln, in ca. 3 mm dicke Scheiben schneiden. Butter in Pfanne erhitzen, Semmelbrösel beigeben, goldbraun rösten, kalt stellen. Äpfel mit Kristall- und Vanillezucker sowie Zimt, Rum und Rosinen abmengen. Strudelteig anrollen, mit flüssiger Butter bestreichen, dünn auf bemehltem Tuch ausziehen, Ränder abschneiden. Strudelteig mit Bröselgemisch bestreuen, Äpfel darauf gruppieren, straff einrollen, Enden schließen. Auf ein gebuttertes Backblech legen, nochmals kräftig mit flüssiger Butter bestreichen, im vorgeheizten Backrohr braun backen. Mit Staubzucker bestreuen, warm oder kalt servieren.

- BACKROHRTEMPERATUR: 220 °C
- BACKDAUER: ca. 40 Minuten
- MEIN TIP: Für einen echten Altwiener Apfelstrudel bestreichen Sie die Äpfel vor dem Einrollen mit 2 dl Sauerrahm oder geschlagenem Obers und streuen noch 80 g gehackte Walnüsse darüber. Am leichtesten läßt sich Strudelteig ausziehen, indem man ihn auf einem bemehlten Tuch mittels Nudelholz fingerdick ausrollt, 5 Minuten zugedeckt rasten läßt und mit flüssiger Butter kräftig bestreicht. Anschließend läßt sich der Teig wunderbar ziehen. Statt Äpfel lassen sich auch andere Obstsorten (Birnen, Marillen, Pflaumen etc.) verarbeiten.

ZUTATEN FÜR 8 PORTIONEN

1½ kg Äpfel, säuerlich, geschält, entkernt
150 g Kristallzucker
150 g Semmelbrösel
80 g Butter
1 KL Zimt
1 EL Vanillezucker
80 g Rosinen
2 EL Rum
Strudelteig (s. S. 501) oder Fertigteig
100 g Butter zum Bestreichen
Staubzucker zum Bestreuen

BLÄTTERTEIG-APFELSTRUDEL

Äpfel in kleine Scheiben schneiden, mit Zucker, Vanillezukker, Zimt, Zitronensaft, Rum und Rosinen vermengen. Butter schmelzen, Äpfel beigeben, kernig dünsten, erkalten lassen. Blätterteig 40 cm × 24 cm groß ausrollen, zwei Streifen à 2 cm der Länge nach abschneiden. Äpfel auf den rechten Teil des Teiges gruppieren. Teig mit Ei bestreichen, linke Hälfte darüberklappen, anpressen. Strudel mit Ei bestreichen, Teigränder schlangenförmig darauflegen, nochmals mit Ei bestreichen und im vorgeheizten Backrohr backen. Mit Staubzucker bestreuen.

- BACKROHRTEMPERATUR: 220 °C
- BACKDAUER: ca. 25 Minuten
- MEIN TIP: Dieser Apfelstrudel eignet sich eher als Mehlspeise zur Kaffeejause denn als Dessert. Am besten schmeckt er lauwarm.

ZUTATEN FÜR 10 PORTIONEN

500 g Blätterteig (s. S. 414)
1 kg Äpfel, säuerlich, geschält, entkernt
Zitronensaft
50 g Butter
100 g Kristallzucker
60 g Rosinen
2 EL Vanillezucker
1 EL Rum
Zimtpulver
Ei zum Bestreichen
Staubzucker zum Bestreuen

MILCHRAHMSTRUDEL

ZUTATEN FÜR 6 PORTIONEN
Strudelteig *(s. S. 501)*
400 g Topfen, 10%, passiert
40 g Mehl
100 g Butter
100 g Kristallzucker
¼ l Sauerrahm
4 Eidotter
4 Eiklar
1 EL Vanillezucker
Zitronenschale, Prise Salz

Eiermilch:
3 Eier
¼ l Milch
20 g Staubzucker
1 TL Vanillezucker

100 g Butter zum Bestreichen
Staubzucker zum Bestreuen
Vanillesauce *(s. S. 535)*

Butter mit Eidotter und Zitronenschale schaumig rühren. Passierten Topfen und Sauerrahm beigeben, glattrühren. Eiklar, Kristall- und Vanillezucker sowie Salz zu steifem Schnee schlagen, unter den Butterabtrieb mengen. Mehl unterheben. Strudelteig ausziehen, mit flüssiger Butter bestreichen. Topfenmasse auf das erste Drittel des Teiges streichen, Ränder abschneiden, Strudel einrollen und Enden fixieren. Strudel in gebutterte Wanne (Form) legen, nochmals mit Butter bestreichen und anschließend 20 Minuten anbacken.
Eier, Milch, Vanillezucker und Staubzucker aufmixen, über den Strudel gießen und abermals 20 Minuten backen. Mit Zucker bestreuen, mit Vanillesauce servieren.

- BACKROHRTEMPERATUR: 180 °C
- BACKDAUER: 40–45 Minuten

TOPFENSTRUDEL

ZUTATEN FÜR 8 PORTIONEN
Strudelteig *(s. S. 501)* *oder Fertigteig*
600 g Topfen, 20%, passiert
150 g Butter, handwarm
150 g Kristallzucker
250 g Weißbrot, entrindet
100 g Rosinen
6 Eidotter
6 Eiklar
¼ l Milch
¼ l Sauerrahm
Prise Salz
2 EL Vanillezucker
Schale von 1 Zitrone
100 g Butter zum Bestreichen
Zucker zum Bestreuen
Vanillesauce *(s. S. 535)*

Weißbrot in Milch einweichen, ausdrücken, passieren. Butter, Zitronenschale und Vanillezucker schaumig rühren. Eidotter nach und nach einrühren, Sauerrahm, Topfen sowie Weißbrot untermengen. Eiklar, Kristallzucker und Salz zu festem Schnee schlagen, unter den Abtrieb heben. Strudelteig ausziehen, Ränder abschneiden, mit Butter bestreichen. Topfenmasse in einem Streifen auftragen, Rosinen darüberstreuen, straff einrollen, Enden gut verschließen. In eine gebutterte Wanne geben und im vorgeheizten Backrohr goldbraun backen. Mit Zucker bestreuen, mit Vanillesauce anrichten.

- BACKROHRTEMPERATUR: 180 °C
- BACKDAUER: ca. 50–60 Minuten

GEKOCHTER GRIESS-STRUDEL

ZUTATEN FÜR 8 PORTIONEN
Strudelteig *(s. S. 501)*
200 g Weizengrieß
150 g Sauerrahm
100 g Butter
5 Eidotter
5 Eiklar
Schale von ½ Zitrone
Prise Salz

Handwarme Butter mit Zitronenschale schaumig rühren. Eidotter nach und nach beigeben. Eiklar mit Salz zu festem Schnee schlagen. Butterabtrieb, Grieß und Sauerrahm vermischen, den Eischnee unterheben. Strudelteig ausziehen, mit flüssiger Butter bestreichen, Teigränder abschneiden. Die Masse in einem Streifen auf den Teig auftragen, Strudel zusammenrollen. Enden verschließen. Mit bemehltem Kochlöffelstiel in 8 gleichmäßige Stücke abdrücken, mit Messer durchtrennen. Strudelstücke auf ein bemehltes Blech legen und 2 Stunden kalt stellen. In kochendes Salzwasser einlegen und schwach wallend kochen. Butter in einer Pfanne erhitzen, Brösel und Walnüsse beigeben, goldbraun rösten.

Den Mohn-Zwetschken-Strudel können Sie kalt oder auch warm auftragen. Hauptsache, er schmeckt – wie es sein soll – nach Zimt, Honig und Zucker.

Strudelstücke aus dem Wasser heben, abtropfen lassen (Küchenkrepp). Mit Bröselgemisch überziehen, mit Zucker bestreuen.

- GARUNGSDAUER: 20 Minuten
- MEIN TIP: Ohne Bröselgemisch und Zwetschkenröster, also natur gereicht, gilt der Grießstrudel als klassische Beilage zu Beuschel, aber auch zu anderen gedünsteten Gerichten.

Butterbrösel:
200 g Butter
100 g Semmelbrösel
30 g Walnüsse, gehackt
60 g Butter zum Bestreichen
Staubzucker zum Bestreuen

Garnierung:
Zwetschkenröster

MOHN-ZWETSCHKEN-STRUDEL

Für die Fülle Milch mit Kristallzucker, Honig, geriebener Zitronenschale, einer Prise Zimt, Vanillezucker und Salz gemeinsam aufkochen, Mohn einrühren, quellen lassen, gut rösten. Rum unterrühren, kalt stellen. Zwetschken waschen, entkernen, abtropfen lassen. Strudelteig anrollen, mit Butter bestreichen, Teig auf bemehltem Tuch dünn ausziehen, Ränder abschneiden. Mohnfülle vorsichtig auf den Teig streichen, Zwetschken darauf verteilen. Zimt und Zucker vermischen, auf die Zwetschken streuen. Strudel straff einrollen, Enden verschließen, auf ein gebuttertes Backblech legen. Nochmals kräftig mit flüssiger Butter bestreichen. Im vorgeheizten Backrohr braun backen. Mit Staubzucker bestreuen, warm oder kalt auftragen.

- BACKROHRTEMPERATUR: 220 °C
- BACKDAUER: ca. 30 Minuten

ZUTATEN FÜR 8 PORTIONEN
Strudelteig (s. S. 501) oder Fertigteig
800 g Zwetschken
100 g Kristallzucker
½ TL Zimt

Fülle:
300 g Mohn, gemahlen
50 g Kristallzucker
⅛ l Milch
1 EL Honig
1 EL Vanillezucker
2 EL Rum
Zitronenschale
Prise Salz
Zimt

100 g Butter zum Bestreichen
Staubzucker zum Bestreuen

KIRSCHENSTRUDEL

ZUTATEN FÜR 8 PORTIONEN

Strudelteig (s. S. 501) oder Fertigteig
1½ kg Kirschen
150 g Semmelbrösel
80 g Butter
200 g Kristallzucker
1 KL Zimt
100 g Butter zum Bestreichen
Staubzucker zum Bestreuen

Garnierung:
Zimtschlagobers, Zimtschaum oder Vanilleeis

Kirschen waschen, entkernen, abtropfen lassen. Butter in Pfanne erhitzen, Brösel beigeben, goldbraun rösten, kalt stellen. Kristallzucker mit Zimt vermengen, mit den Butterbröseln unter die Kirschen mischen. Strudelteig anrollen, mit Butter bestreichen, auf bemehltem Tuch ausziehen, Ränder abschneiden. Kirschenmasse darauf verteilen, straff einrollen. Enden verschließen. Auf ein gefettetes Backblech legen, nochmals kräftig mit flüssiger Butter bestreichen. Im vorgeheizten Backrohr braun backen, mit Staubzucker bestreuen. Warm oder kalt auftragen.

- BACKROHRTEMPERATUR: 220 °C
- BACKDAUER: 25–30 Minuten

WEINTRAUBENSTRUDEL

ZUTATEN FÜR 8 PORTIONEN

Strudelteig (s. S. 501) oder Fertigteig
600 g Weintrauben, weiß, blau oder gemischt
100 g Mandeln, fein gerieben
60 g Kristallzucker
50 g Puddingpulver
4 Eidotter
4 Eiklar
2 EL Vanillezucker
½ TL Zimt
Schale von 1 Zitrone
Prise Salz
100 g Butter zum Bestreichen
Staubzucker zum Bestreuen

Weintrauben waschen, gut abtropfen lassen, halbieren, entkernen. Eidotter, Vanillezucker, Zitronenschale und Zimt schaumig rühren. Eiklar, Kristallzucker und Salz zu festem Schnee schlagen und diesen unter die Dottermasse heben. Puddingpulver mit Mandeln vermischen, unter die Masse mengen. Strudelteig ausziehen, mit Butter bestreichen, Teigränder abschneiden. Masse in breitem Streifen auftragen, mit Weintrauben bestreuen, zusammenrollen, Enden fixieren. Auf mit Trennpapier belegtes oder mit Butter bestrichenes Backblech legen, nochmals kräftig mit Butter bestreichen und im vorgeheizten Backrohr backen. In Stücke schneiden, mit Staubzucker bestreuen.

- BACKROHRTEMPERATUR: 220 °C
- BACKDAUER: 30 Minuten

RHABARBERSTRUDEL

ZUTATEN FÜR 8 PORTIONEN

Strudelteig (s. S. 501) oder Fertigteig
1¼ kg Rhabarber
200 g Äpfel, geschält, entkernt
150 g Semmelbrösel
80 g Butter
200 g Kristallzucker
1 KL Zimt
100 g Butter zum Bestreichen
Staubzucker zum Bestreuen

Rhabarber schälen, in ½ cm dicke Scheiben schneiden. Äpfel in etwas dünnere Scheiben schneiden, beides miteinander vermengen. Butter in Pfanne erhitzen, Brösel darin goldbraun rösten, kalt stellen. Kristallzucker mit Zimt vermischen, mit Butterbröseln unter das Apfel-Rhabarber-Gemisch mengen. Strudelteig ausziehen, Ränder abschneiden, mit flüssiger Butter beträufeln. Rhabarbermasse darauf gruppieren, zusammenrollen, Enden gut verschließen. Auf befettetes Backblech legen. Mit Butter kräftig bestreichen und im vorgeheizten Backrohr backen. Mit Zucker bestreuen.

- BACKROHRTEMPERATUR: 220 °C
- BACKDAUER: 25–30 Minuten

TOPFENKNÖDEL I

ZUTATEN FÜR 24 STÜCK
700 g Topfen, 10%, trocken
200 g Toastbrot, entrindet, fein gerieben
2 Eidotter
3 Eier
50 g Butter, handwarm
3 EL Staubzucker
Salz
Zitronenschale

Butterbrösel:
180 g Butter
150 g Semmelbrösel
Puderzucker zum Bestauben

Garnierung:
Zwetschkenröster

Trockenen Topfen unpassiert mit allen Zutaten gut verrühren, bis eine glatte Masse entsteht; 2 Stunden kühl rasten lassen. Kleine Knödel (ca. 4 cm Ø) formen. Genügend leicht gesalzenes Wasser zum Kochen bringen, Knödel schwach wallend kochen. Butter schmelzen, Brösel leicht bräunen und Knödel darin vorsichtig wälzen. Anrichten, mit Zucker bestauben.

- GARUNGSDAUER: ca. 12 Minuten
- MEIN TIP: Verwenden Sie trockenen Bröseltopfen.

TOPFENKNÖDEL II

ZUTATEN FÜR 18 STÜCK
200 g Topfen, 10%
100 g Weißbrot, entrindet
60 g Butter, handwarm
130 g Sauerrahm
50 g Mehl, griffig
3 Eidotter
3 Eiklar
Prise Salz
1 EL Vanillezucker
Zitronenschale, gerieben

150 g Butter
130 g Semmelbrösel
Staubzucker zum Bestreuen

Garnierung:
Zwetschkenröster

Weißbrot in kleine Würfel schneiden. Butter mit Zitronenschale schaumig rühren. Eidotter nach und nach beigeben. Topfen und Sauerrahm untermengen. Eiklar, Salz und Vanillezucker zu festem Schnee schlagen. Weißbrot sowie Mehl unter die Topfenmasse heben, Schnee vorsichtig unterziehen. 3 Stunden im Kühlschrank kalt stellen. Mit nassen Händen Knödel formen, in leicht gesalzenem Wasser zart wallend kochen. Butter schmelzen, Brösel darin goldbraun rösten. Knödel aus dem Wasser heben, gut abtropfen lassen und in Butterbröseln wälzen. Anrichten, mit Staubzucker bestreuen.

- GARUNGSDAUER: ca. 10–12 Minuten

Am Topfenknödel erweist sich die Kunst des Mehlspeiskochs und der Mehlspeisköchin. Doch keine falschen Hemmungen: Es ist gar nicht so schwer, und wir halten gleich zwei Rezepte für Sie parat.

» *Tausche Bauch gegen Magen* «

An Phäaken im weinheberschen Sinne hat es in Österreich niemals gemangelt, schon gar nicht in Künstlerkreisen. Man denke nur an jenen legendären Kammersänger Richard Mayr, dem Richard Strauss die falstaffische Rolle des „Ochs von Lerchenau" auf den Leib geschrieben hat. Nicht minder legendär war auch der Appetit von Kammersänger Leo Slezak („Wann geht der nächste Schwan?"), dem der Gusto freilich weniger nach gebratenem Federvieh à la Lohengrin als nach Altwiener Mehlspeisen stand. Sein absolutes Lieblingsgericht waren Marillenknödel, die der weltberühmte Heldentenor stets mit entkernten Früchten und Unmengen von Staubzucker orderte. Nach deren Genuß pflegte er, wie er später seinem Sohn Walter erzählte, stets ein Stoßgebet gen Himmel zu senden: „Lieber Gott, bitte gib mir einen zweiten Magen – ich geb' dir meinen Bauch dafür!"

MARILLENKNÖDEL

ZUTATEN FÜR 18 STÜCK
18 Marillen
18 Stück Würfelzucker
150 g Butter
130 g Semmelbrösel
Staubzucker zum Bestreuen
Topfen-, Erdäpfel- oder Brandteig (s. S. 502)

Marillen waschen, abtrocknen. Kern mit Kochlöffelstiel hinausdrücken (durchstoßen). Würfelzucker anstelle des Kerns in die Frucht füllen. Aus Teig eine ca. 5 cm dicke Rolle formen, in Scheiben schneiden, Teig flachdrücken, Marillen darin einhüllen. Knödel in siedendes Wasser einlegen, zart wallend kochen, leicht anstoßen, damit sich die Knödel wenden. Butter schmelzen, Brösel einrühren, goldbraun rösten. Knödel aus dem Wasser heben, abtropfen lassen, in Butterbröseln wälzen, mit Staubzucker bestreuen.

- GARUNGSDAUER: je nach Größe 12–15 Minuten
- MEIN TIP: Man kann die Knödel auch in Krokantbröseln wälzen.

MOHNKNÖDEL

ZUTATEN FÜR 12 STÜCK
Topfenmasse:
350 g Topfen, 10%, trocken
100 g Weißbrot, entrindet, gerieben
25 g Butter, weich
30 g Staubzucker
1 Eidotter
2 Eier
Prise Salz, Vanillezucker
Mohnfülle:
150 g Mohn, gerieben
8 cl Milch
40 g Zucker
20 g Vanillezucker
150 g Mandeln, gerieben
Schale von ½ Zitrone
Prise Zimt, Rum
Mohn zum Wälzen
Staubzucker zum Bestreuen

Für die Topfenmasse alle angeführten Zutaten miteinander vermischen und 4 Stunden im Kühlschrank rasten lassen.
Für die Mohnfülle Milch, Zucker, Vanillezucker, Zitronenschale und Zimt gemeinsam aufkochen. Mohn, Mandeln und Rum unterrühren, kurz anziehen lassen, Masse kalt stellen. Aus der erkalteten Masse 12 Kugeln formen.
Topfenmasse in 12 Teile schneiden, mit der Hand flachdrükken, Mohnkugeln daraufsetzen und mit Teig umhüllen. In zart wallendem Salzwasser kochen. Aus dem Wasser heben, in Mohn wälzen und mit Zucker bestreuen.

- GARUNGSDAUER: ca. 10 Minuten

Zubereiten von Marillenknödeln

1

◁ *Handwarme, rührfähige Butter mit einer Prise Salz und Zitronenschale schaumig rühren. Ei sowie Eidotter untermengen.*

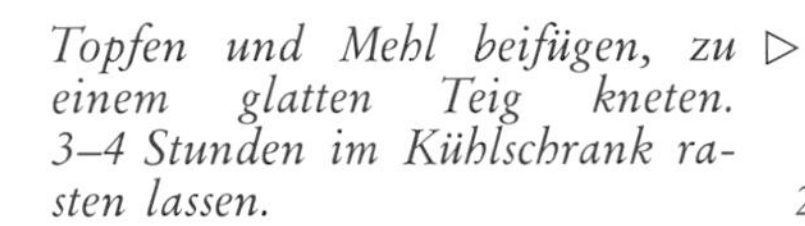

Topfen und Mehl beifügen, zu einem glatten Teig kneten. 3–4 Stunden im Kühlschrank rasten lassen. ▷

2

3

◁ *Marillen waschen, abtrocknen, Kern mit Kochlöffelstiel ausstoßen (durchstoßen).*

Würfelzucker an Stelle des Kerns in die Fruchthöhlung füllen. Diesen Vorgang nicht zu früh beginnen, da der Zucker schmilzt und die Frucht näßt. ▷

4

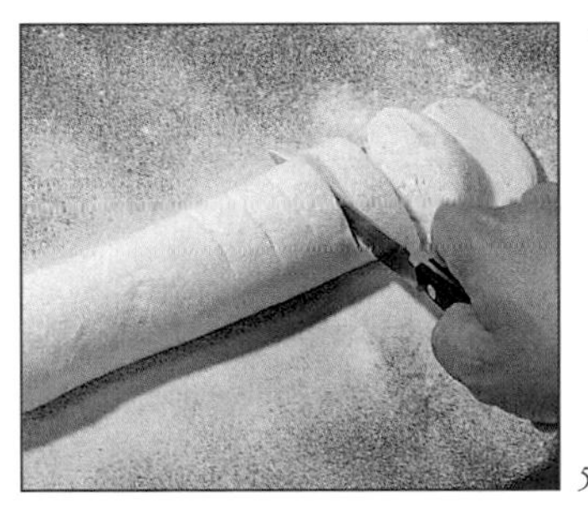
5

◁ *Aus dem Teig auf leicht bemehltem Brett oder anderer Unterlage eine ca. 5 cm dicke Rolle formen. Passende Scheiben herunterschneiden, flachdrücken.*

Marillen mit Teig umhüllen, die Enden sollten nicht bei den Fruchtöffnungen sein. Enden mit den Fingerspitzen zusammendrükken, mit Innenhand rund formen. ▷

6

7

◁ *Knödel in siedendes Wasser legen, zart kochen, leicht anstoßen, damit sich die Knödel wenden. Butter schmelzen, Brösel darin goldbraun rösten, Knödel aus dem Wasser heben.*

Knödel in Butterbröseln vorsichtig wälzen, anrichten, mit Staubzukker bestreuen. ▷

8

ZUTATEN FÜR 18 STÜCK
18 Zwetschken
150 g Butter
130 g Semmelbrösel
Staubzucker zum Bestreuen
Brand-, Erdäpfel- oder Topfenteig (s. S. 502)

ZWETSCHKENKNÖDEL

Zwetschken waschen, trockenreiben, nicht entkernen. Teig in eine 5 cm dicke Rolle formen, in Scheiben schneiden, Teigstücke flachdrücken. Zwetschken darin einhüllen, runddrehen. In kochendem Salzwasser zart wallend kochen, dabei Knödel manchmal vorsichtig anstoßen, damit sie sich wenden. Butter schmelzen, Semmelbrösel darin goldbraun rösten. Knödel aus dem Wasser heben, gut abtropfen lassen, in Bröseln wälzen. Anrichten, mit Staubzucker bestreuen.

- GARUNGSDAUER: 10–12 Minuten
- MEIN TIP: Wer die Knödel gesüßt bevorzugt, entkernt die Zwetschken und ersetzt den Kern durch ein Stück Marzipan. Zwecks geschmacklicher Abwechslung wälzen Sie die Knödel statt in Semmelbröseln in Krokantbröseln. Erdbeerknödel bereiten Sie auf dieselbe Art zu.

ZUTATEN FÜR 18 STÜCK
300 g Weißbrot, kleinwürfelig geschnitten
60 g Kristallzucker
60 g Rosinen
¼ l Milch
1 EL Vanillezucker
Öl zum Backen

Überguß:
¼ l Milch zum Übergießen
2 EL Vanillezucker
Mandeln, gehackt
Staubzucker
Schokolade, gerieben, zum Bestreuen

KAPUZINERKNÖDEL

Milch, Kristall- und Vanillezucker abrühren, über die Weißbrotwürfel gießen und 20 Minuten ziehen lassen. Rosinen untermengen und Knödel formen. In ausreichend viel erhitztem Öl goldbraun backen. Aus dem Fett heben, gut abtropfen lassen und in eine geeignete Form legen. Mit Vanillezukker bestreuen, die Milch darübergießen und abdecken. Die Knödel im vorgeheizten Backrohr so lange backen, bis die Milch von den Knödeln aufgesaugt worden ist. Knödel anrichten, mit Mandeln, Staubzucker und Schokolade bestreuen.

- BACKROHRTEMPERATUR: 180 °C
- BACKDAUER: 30 Minuten

ZUTATEN FÜR 6 STÜCK
250 g Mehl, griffig
15 g Germ
25 g Butter
⅛ l Milch
25 g Staubzucker
2 Eidotter
1 TL Vanillezucker
Zitronenschale
Prise Salz

GERMKNÖDEL

Germ in lauwarmer Milch auflösen, mit 50 g Mehl verrühren, etwas Mehl darüberstreuen und zugedeckt an einem warmen Ort gehen lassen (Dampfl). Butter erwärmen, mit Staub- und Vanillezucker, Eidotter, Zitronenschale sowie Salz über Dampf warm schlagen. Dampfl, Mehl und Butterabtrieb zu einem glatten Teig verkneten. Teig in 6 Teile schneiden, zu Kugeln formen und zugedeckt ½ Stunde ruhen lassen. Nachdem der Teig aufgegangen ist, Kugeln flachdrücken, Powidl in die Mitte setzen, Teigränder zusammendrücken, mit dem Schluß nach unten auf ein bemehltes Tuch oder Brett legen. Mit Tuch bedecken und nochmals so lange gehen lassen, bis sie um die Hälfte ihres Volumens aufgegangen sind. Eine für 6 Knödel geeignete Kasserolle zur Hälfte mit Wasser füllen. Ein Tuch über die Kasserolle spannen, mit Spagat fixieren. Das Wasser zum Kochen bringen. Tuch mit Butter bestreichen, Knödel auflegen, mit einem zweiten Topf zudecken, kochen lassen. Germknödel auf Teller anrichten, mit flüssiger Butter übergießen. Mohn mit Zucker abmischen, über die Knödel streuen.

240 g Powidl zum Füllen
Butter zum Einstreichen

90 g Mohn, gerieben
90 g Butter
90 g Staubzucker

- GARUNGSDAUER: ca. 20 Minuten
- MEIN TIP: Einfacher ist es, die Knödel in reichlich Wasser zu kochen (halb zugedeckt ca. 7 Minuten kochen, wenden und ca. 8 Minuten fertig kochen).

SCHNEENOCKERLN

Zutaten für 4 Portionen
8 Eiklar
260 g Kristallzucker

Garnierung:
Vanillesauce (heiß oder kalt), Schokolade-, Himbeer- oder Erdbeersauce

Eiklar unter ständiger Beigabe von Kristallzucker zu festem, sämigem Schnee schlagen. Wanne mit Wasser erhitzen (ca. 70–80 °C). Mittels Teigkarte große Nockerln aus der Masse formen, diese in das Wasser einlegen. Nach ca. 4 Minuten auf die nächste Seite wenden, nach weiteren 4 Minuten auf die dritte Seite drehen. Mit Backschaufel aus dem Wasser heben, kalt oder warm servieren.

- GARUNGSDAUER: 12 Minuten, je nach Größe

TOPFEN-MOHN-NOCKERLN

Zutaten für 3–4 Portionen
340 g Topfen, trocken, passiert
90 g Mehl, griffig
30 g Kristallzucker
40 g Butter, handwarm
1 Ei
Zitronenschale, gerieben
Prise Salz
Vanillezucker
80 g Butter, geschmolzen, zum Wälzen
50 g Mohn, gemahlen
Staubzucker zum Bestreuen

Topfen, Mehl, Zucker, Butter, Ei sowie Aromastoffe gemeinsam zu einem homogenen Teig verarbeiten, 1 Stunde im Kühlschrank rasten lassen. Mit Hilfe eines Löffels Nockerln formen, in reichlich Salzwasser zart wallend kochen. Nockerln aus dem Wasser heben, in geschmolzener Butter wenden, mit Mohn und Zucker bestreuen.

- GARUNGSDAUER: 10–12 Minuten
- MEIN TIP: Diese Masse eignet sich auch für schnell zubereitete Topfenknödel.

Daß die feinsten Altwiener Mehlspeisen aus der alten Tschechoslowakei importiert wurden, ist alles andere als ein Geheimnis. Ganz besonders gilt das für die Powidltascherln (rechts) und die gewuzelten Mohnnudeln (links).

ZUTATEN FÜR 30 STÜCK
Erdäpfelteig (s. S. 502)
300 g Powidl
2 EL Rum
1 TL Zimt
1 Ei zum Bestreichen
130 g Semmelbrösel
150 g Butter
Staubzucker zum Bestreuen
Mehl (griffig) zum Stauben

POWIDLTASCHERLN

Powidl mit Rum und Zimt verrühren, in Dressiersack (glatte Tülle Nr. 6) füllen. Erdäpfelteig auf mit griffigem Mehl bestaubter Unterlage ca. 4 mm dick ausrollen, mit rundem Ausstecher (6 cm ∅) 30 Scheiben ausstechen. Mit versprudeltem Ei dünn bestreichen. Powidl in der Mitte aufdressieren. Tascherln zusammenklappen, die Ränder fest andrücken. Reichlich (schwach) gesalzenes Wasser zum Kochen bringen. Powidltascherln einlegen, zart wallend kochen. Butter erhitzen, Brösel beigeben, goldbraun rösten. Powidltascherln aus dem Wasser heben, abtropfen lassen. In Butterbröseln wenden. Anrichten, mit Staubzucker bestreuen.

- GARUNGSDAUER: ca. 8 Minuten

ZUTATEN FÜR 6 PORTIONEN
300 g Bandnudeln, hausgemacht (s. S. 238) oder gute Markenware
130 g Semmelbrösel
150 g Butter
80 g Staubzucker
Salz

Garnierung:
Zwetschkenröster oder Kompott

BRÖSELNUDELN

Nudeln in reichlich Salzwasser „al dente" (kernig) kochen, abseihen, heiß spülen. Butter erhitzen, Semmelbrösel beigeben, goldbraun rösten. Nudeln und Staubzucker beigeben, durchschwenken. Anrichten, mit Zucker bestreuen.

- GARUNGSDAUER: ca. 3 Minuten bei frischen, hausgemachten Nudeln, bei Industrieware ca. 15 Minuten

TOPFENTASCHERLN

ZUTATEN FÜR 30 STÜCK

Topfenteig (s. S. 502)
120 g Topfen, 10%, passiert
50 g Butter
60 g Staubzucker
2 Eidotter
1 EL Vanillezucker
Zitronenschale
Prise Salz
1 EL Rum
1 Ei zum Bestreichen

130 g Semmelbrösel
150 g Butter
Staubzucker zum Bestreuen
Mehl (griffig) zum Stauben

Garnierung:
Zwetschkenröster, Preiselbeeren

Handwarme Butter, Staubzucker, Eidotter, Vanillezucker, Zitronenschale, Rum und Salz schaumig rühren. Topfen untermengen. Teig auf mit griffigem Mehl bestaubter Unterlage ca. 4 mm dick ausrollen. Mit Hilfe eines runden Ausstechers (6 cm Ø) 30 Scheiben ausstechen, diese mit Ei zart bestreichen, Topfenfülle mit Spritzsack (glatte Tülle) aufdressieren. Teig zusammenklappen, Ränder fest andrücken, auf bemehlter Unterlage kalt stellen. Reichlich (schwach) gesalzenes Wasser zum Kochen bringen, Tascherln einlegen und zart wallend kochen. Butter erhitzen, Brösel beigeben, goldbraun rösten. Tascherln aus dem Wasser heben, abtropfen lassen. In Butterbröseln wenden, anrichten. Mit Staubzucker bestreuen.

- GARUNGSDAUER: ca. 8 Minuten

GEWUZELTE MOHNNUDELN

ZUTATEN FÜR 6 PORTIONEN

600 g Erdäpfelteig (s. S. 502)
100 g Mohn, gerieben
50 g Staubzucker
50 g Butter
Zucker zum Bestreuen
Mehl (griffig) zum Stauben

Garnierung:
Zwetschkenröster

Erdäpfelteig mit griffigem Mehl stauben, zu 2 cm dicken Stangen rollen und in kleine Stücke teilen. Teig mit flacher Hand zu runden, an den Enden schmäler werdenden Rundnudeln „wuzeln" (rollen). In reichlich kochendes Salzwasser einlegen, an der Siedegrenze ziehen lassen, abseihen oder aus dem Wasser heben. Butter in Pfanne schmelzen, Nudeln beigeben, Mohn und Zucker darüberstreuen, durchschwenken. Mit Staubzucker bestreuen. Eventuell mit Zwetschkenröster auftragen.

- GARUNGSDAUER: 6–8 Minuten
- MEIN TIP: Nußnudeln bereiten Sie nach demselben Rezept zu, wälzen die Nudeln allerdings abschließend in einer Walnuß-Zucker-Mischung.

» *Ich kann nicht mehr!* «

Wenn Baron Egon Fodermayer, der Gründer und langjährige Patron der „Drei Husaren", diesen Stoßseufzer von einem Gast zu hören bekam, wußte er, was zu tun war. Er empfahl dem leidgeprüften Esser eine leichte Husarenomelette mit Erdbeersauce, und siehe da, noch jeder hat sie mit absolutem Genuß verspeist. Das Gericht steht auch heute noch auf der Speisekarte der „Drei Husaren", obwohl es von allzu strengen Testern zu Beginn der Nouvelle-Cuisine-Welle als völlig unzeitgemäß verdammt wurde. Mittlerweile hat sich das Testerurteil geändert, und die „Drei-Husaren-Omelette" ist ihre drei Hauben mehr als nur wert: für jeden Husaren eine.

OMELETTE „DREI HUSAREN"

ZUTATEN FÜR 4 PORTIONEN

Teig:
40 g Butter
40 g Mehl, glatt
2 dl Milch
4 Eidotter
4 Eiklar
20 g Kristallzucker
Orangen- und Zitronenschale, gerieben
Prise Vanillezucker
Butter zum Backen

Fülle:
40 g Walnüsse, gerieben
40 g Marillenmarmelade, passiert
⅛ l Schlagobers

Saucen:
4 EL Erdbeermarmelade
100 g Kochschokolade
20 g Staubzucker
1 dl Schlagobers
Butter

Garnierung:
Schlagobers

Für den Teig Butter schmelzen, Mehl kurz farblos anschwitzen, mit heißer Milch aufgießen und so lange rühren, bis der Teig glatt ist und sich vom Geschirr löst. Eidotter, Zucker und Aromastoffe in den heißen Teig einrühren, kalt stellen. Eiklar steif schlagen, unter den kalten Teig mengen. In kleinen Pfannen oder Dalkenpfannen etwas Butter erhitzen, den Teig fingerdick eingießen, langsam backen, nach ca. 6 Minuten wenden und nochmals 6 Minuten backen. Aus den Pfannen heben. Auf diese Weise 8 Omeletten backen. Für die Fülle Schlagobers und Marillenmarmelade erhitzen, geriebene Walnüsse beigeben, dickflüssig einkochen lassen. Eine Omelette mit Nußfülle bestreichen, zweite Omelette daraufsetzen. Diesen Vorgang noch dreimal wiederholen. Erdbeermarmelade mit etwas Wasser dickflüssig glattrühren. Schlagobers, Zucker und Schokolade gemeinsam erhitzen, glattrühren, etwas Butter beigeben, damit die Sauce Glanz erhält. Die Omeletten je zur Hälfte mit Erdbeer- und Schokoladesauce überziehen. Heiß servieren.

● GARUNGSDAUER: 12 Minuten

STEPHANIE-OMELETTE

ZUTATEN FÜR 4 PORTIONEN

60 g Mehl, glatt
60 g Kristallzucker
3 Eiklar
3 Eidotter
Zitronenschale
Prise Salz

Omelettenpfanne mit Butter ausstreichen, mit Mehl leicht bestauben. Eiklar, Zucker und Salz zu festem Schnee schlagen. Zuerst Eidotter und Zitronenschale, dann Mehl vorsichtig einrühren. Omelettenmasse in die Pfanne füllen, zum Rand hochstreichen. Im vorgeheizten Backrohr backen.

Die Drei-Husaren-Omelette ist eine Erinnerung an den ebenso legendären wie langjährigen Patron des Wiener Traditionslokals, Baron Egon Fodermayer, und sie wird nicht zuletzt auch deshalb bis heute in Ehren gehalten (s. Rezept S. 524).

(Masse muß braun sein und beim Befühlen Widerstand zeigen.) Geschälte, entkernte Früchte klein schneiden. Früchte und Beeren in Marmelade erhitzen, auf die Omelette streichen, zusammenklappen, stürzen. Mit Staubzucker bestreuen, sofort heiß servieren.

- BACKROHRTEMPERATUR: 200 °C
- BACKDAUER: ca. 10 Minuten

150 g Beeren und Früchte, frisch oder eingelegt (Bananen, Birnen, Marillen, Pfirsiche etc.)
60 g Marillenmarmelade, passiert
Butter zum Ausstreichen
Mehl zum Bestauben
Staubzucker zum Bestreuen

BÖHMISCHE DALKEN

Germ in erwärmter Milch auflösen, 50 g Mehl glatt unterrühren, mit restlichem Mehl bestauben, zugedeckt an einem warmen Ort gehen lassen (Dampfl). Dampfl mit Eidotter, zerlassener Butter und Zitronenschale verrühren, zu einem weichen Teig verschlagen. Eiklar, Kristallzucker und Salz zu festem Schnee schlagen, unter den Teig heben und 30 Minuten rasten lassen. In einer Dalken- oder Spiegeleierpfanne Butter schmelzen. Teig in jede Vertiefung einfüllen. Langsam backen, wenden, fertigbacken (insgesamt 16 Dalken). Powidl mit Rum und Zimt verrühren, erwärmen. Je zwei Dalken mit Powidl zusammensetzen, mit Zucker bestreuen.

- BACKDAUER: ca. 10 Minuten

ZUTATEN FÜR 8 PORTIONEN
160 g Mehl, glatt
20 g Germ
2 Eiklar
2 Eidotter
30 g Kristallzucker
30 g Butter
¼ l Milch
Prise Salz, Zitronenschale
Butter zum Backen
Staubzucker zum Bestreuen

Fülle:
200 g Powidl
2 EL Rum
Prise Zimt

Kaiserschmarren

» *Viele Gerüchte* « *um ein imperiales Gericht*

Während es über den heute kaum noch bekannten Kaiser-Gugelhupf keinerlei historische Debatte gibt – das Rezept stammt nachweislich aus dem Jahre 1914 und wurde von Hofkoch Friedrich Hampel persönlich im „Ersten Wiener Kochkunst-Kalender" veröffentlicht – steht das wohl berühmteste kaiserliche Gericht, der Kaiserschmarren, im Zentrum zahlreicher Gerüchte. Eines davon erzählt von einem Leibkoch des Kaiserpaars, dessen Ehrgeiz es war, der stets um ihre Linie besorgten Kaiserin Elisabeth besonders flaumige und leichte Desserts vorzusetzen. Als er jedoch einmal mit einer neuen Komposition aus zerrissenem Omelettenteig und Zwetschkenröster in der kulinarischen Gunst der Kaiserin gar nicht zu landen vermochte, sprang seine Majestät in die Bresche und aß die Portion der Kaiserin mit den Worten „Na, geb' Er mir halt den Schmarren her, den unser Leopold da wieder z'sammkocht hat" auf. Ein anderes Gerücht berichtet von einer kaiserlichen Jagd, die in einer Hütte endete, wo der Senner – auch „Kaser" genannt – dem Kaiser einen „Kaserschmarren" vorsetzte. Der Kaiser war angeblich so begeistert, daß er das Gericht kurzerhand in „Kaiserschmarren" umtaufte. Historisch verbürgt ist übrigens weder die eine noch die andere Anekdote, sehr wohl jedoch die Tatsache, daß der Kaiser den Kaiserschmarren vor allem auf seinen Jagdgesellschaften durchaus zu schätzen wußte. Zumindest berichtet das Joseph Cachée, einer der letzten Hofbediensteten, in seinem Buch über die „Hofküche des Kaisers".

KAISERSCHMARREN I

ZUTATEN FÜR 6 PORTIONEN
8 Eiklar
8 Eidotter
5 EL Kristallzucker
240 g Mehl, glatt
½ l Milch
60 g Rosinen
1 EL Vanillezucker
1 EL Rum
Prise Salz
100 g Butter zum Backen
Zucker zum Bestreuen

Garnierung:
Zwetschkenröster oder Zwetschkenkompott

Rosinen in Rum einige Stunden marinieren. Milch, Eidotter, Vanillezucker und Mehl glattrühren. Eiklar, Kristallzucker und Salz zu festem Schnee schlagen, unter den Teig mengen. Butter in flacher Pfanne erhitzen, Masse einlaufen lassen, mit Rosinen bestreuen, anbacken, wenden und im vorgeheizten Backrohr fertigbacken. Mit zwei Gabeln in kleine Stücke reißen, mit etwas Kristallzucker bestreuen und nochmals bräunen. Anrichten, mit Staubzucker bestreuen.

- BACKROHRTEMPERATUR: 200 °C
- BACKDAUER: 8–10 Minuten
- MEIN TIP: Verwenden Sie am besten zwei Pfannen gleichzeitig, da der Schmarren nur frisch gebacken von bester Qualität ist.

KAISERSCHMARREN II *(leichte Masse)*

Eiklar mit Kristallzucker und Salz zu steifem Schnee schlagen. Eidotter, flüssiges Obers, Vanillezucker und Zitronenschale beimengen, Mehl vorsichtig unterheben. Butter in entsprechend großer Pfanne (oder zwei Pfannen) schmelzen, Masse in die Pfanne einfließen lassen, mit Rosinen bestreuen. Zuerst am Herd anbacken, dann im vorgeheizten Backrohr braun backen. Wenn die Masse optimal gebacken ist, mit zwei Gabeln vorsichtig in kleine Würfel teilen, diese mit Kristallzucker bestreuen und am Herd nochmals nachbräunen. Anrichten, mit Zucker bestreuen.

- BACKROHRTEMPERATUR: 200 °C
- BACKDAUER: ca. 8–10 Minuten
- MEIN TIP: Aus der gleichen Masse kann man fingerhoch eingegossene Omeletten backen und diese mit Marmelade füllen.

ZUTATEN FÜR 4 PORTIONEN

6 Eiklar
6 Eidotter
2 EL Schlagobers
2 EL Rosinen
4 EL Kristallzucker
60 g Mehl, glatt
Zitronenschale, gerieben
Vanillezucker
Prise Salz
50 g Butter zum Backen
Zucker zum Bestreuen

Garnierung:
Zwetschkenröster

KIPFERLSCHMARREN

Kipferln in ½ cm dicke Scheiben schneiden. Milch, Kristallzucker, Eier, Eidotter und Vanillezucker verrühren, über die Kipferln gießen. Auflaufpfanne ausbuttern, eingeweichte Kipferln einlegen, mit Rosinen und Butterflocken bestreuen, im vorgeheizten Backrohr goldbraun backen. Mit zwei Gabeln zerkleinern, mit Zucker bestreuen.

- BACKROHRTEMPERATUR: 200 °C
- BACKDAUER: 35 Minuten

ZUTATEN FÜR 6 PORTIONEN

12 Kipferln
2 Eier
4 Eidotter
40 g Kristallzucker
¼ l Milch
60 g Rosinen
2 EL Vanillezucker
100 g Butter
Staubzucker zum Bestreuen

Garnierung:
Zwetschkenröster oder Kompott

Ein Schmarren muß keineswegs „ein Schmarren" sein. Ganz besonders gilt das für das Kaiserschmarrenrezept auf der gegenüberliegenden Seite.

ZUTATEN FÜR 2 PORTIONEN

½ l Milch
180 g Weizengrieß, grob
90 g Butter
30 g Kristallzucker
50 g Rosinen
1 EL Vanillezucker
Zitronenschale
Prise Salz
Butter zum Ausstreichen
Zucker zum Bestreuen

Garnierung:
Zwetschken- oder Apfelkompott, Zwetschkenröster

GRIESS-SCHMARREN

Milch, Butter, Kristallzucker, Vanillezucker, Salz und Zitronenschale gemeinsam aufkochen. Grieß einrühren, aufkochen, Rosinen beigeben. Masse dick einkochen lassen, überkühlen. Pfanne mit Butter ausstreichen, die Masse einfüllen, zerteilen, im Backrohr unter wiederholtem Wenden und ständigem Zerkleinern goldbraun backen. Anrichten, mit Zucker bestreuen.

- BACKROHRTEMPERATUR: 200 °C
- BACKDAUER: ca. 30 Minuten
- MEIN TIP: Für Grießkoch bringen Sie 1 l Milch zum Kochen, geben 40 g Butter sowie eine Prise Salz bei und lassen 150 g Grieß einlaufen. Unter ständigem Rühren garen, bis der Grieß weich erscheint. Mit brauner Butter, geriebener Schokolade, Kakao oder Zimt servieren.

ZUTATEN FÜR 6 PORTIONEN

150 g Holler, gerebelt
200 g Mehl, glatt
5 Eiklar
5 Eidotter
40 g Kristallzucker
2 dl Milch
Prise Salz
100 g Butter zum Backen
Staubzucker zum Bestreuen

Garnierung:
Apfel- oder Birnenkompott

HOLLERSCHMARREN

Milch, Eidotter und Mehl glattrühren. Eiklar, Kristallzucker und Salz zu festem Schnee schlagen, unter den Teig ziehen. Butter in flacher Pfanne erhitzen. Masse einlaufen lassen, mit gewaschenem Holler bestreuen, anbacken, wenden und im vorgeheizten Backrohr fertigbacken. Den Schmarren mit zwei Gabeln zerkleinern, mit etwas Kristallzucker bestreuen und nochmals bräunen.

- BACKROHRTEMPERATUR: 200 °C
- BACKDAUER: 8–10 Minuten
- MEIN TIP: Anstelle von Holler können auch Heidelbeeren verwendet werden.

ZUTATEN FÜR 4 PORTIONEN

120 g Maisgrieß (Polenta)
½ l Milch
90 g Feinkristallzucker
50 g Rosinen
80 g Butter
4 Eier
3 Äpfel
1 Päckchen Vanillezucker
Schale von 1 Zitrone, gerieben
Zimt
Prise Salz
Staubzucker zum Bestreuen

TÜRKENTOMMERL

Maisgrieß mittels Schneerute in die kalte Milch einrühren. Kristallzucker, Eier, Vanillezucker, Zitronenschale, Zimt und Salz beifügen. Alles gut verrühren und 20 Minuten quellen lassen. Nochmals gut durchmischen. Äpfel schälen und grob schaben. Butter in Bratpfanne erhitzen, Polentamasse in die Bratpfanne gießen, auf der Herdplatte kurz anbacken. Äpfel auf der Oberfläche gleichmäßig verteilen, Rosinen darüberstreuen. (Die Gesamthöhe des Tommerls soll ca. 1 cm betragen.) Tommerl im vorgeheizten Backrohr backen, anrichten, mit Zucker bestreuen.

- BACKROHRTEMPERATUR: 210 °C
- BACKDAUER: 15–20 Minuten
- MEIN TIP: Wenn Sie das Gericht stilecht nach altem Brauch servieren wollen, so reichen Sie dazu kalte Milch.

MARMELADEPALATSCHINKEN

ZUTATEN FÜR 18 STÜCK

Palatschinkenteig (s. S. 502)
350 g Marmelade (Marillen-, Erdbeer-, Ribisel- oder Preiselbeermarmelade)
Butterschmalz zum Backen
Staubzucker zum Bestreuen

Butterschmalz in flacher Pfanne erhitzen, Palatschinkenteig einfließen lassen, Palatschinke anbacken, wenden, fertigbakken, übereinander gestapelt warm stellen. Marmelade erwärmen, Palatschinken damit bestreichen, zusammenschlagen (nicht rollen), mit Staubzucker bestreuen.

- MEIN TIP: Der Mikrowellenherd eignet sich besonders gut, gefüllte Palatschinken zu erhitzen.

NUSSPALATSCHINKEN

ZUTATEN FÜR 18 STÜCK

18 Palatschinken (s. S. 502)
250 g Walnüsse, fein gerieben
1 EL Honig
50 g Kristallzucker
⅛ l Milch
1 EL Vanillezucker
40 g Rosinen
Zitronenschale
2 EL Rum
Prise Salz
Zimt
Staubzucker zum Bestreuen

Garnierung:
Weinschaum

Milch mit Kristallzucker und Honig aufkochen, Walnüsse, Vanillezucker, Zitronenschale, Rum, Zimt sowie Salz einrühren, quellend kochen, Rosinen beigeben. Palatschinken mit heißer Nußmasse füllen, mit Staubzucker bestreuen.

- MEIN TIP: Für Mohnpalatschinken verwenden Sie statt der Walnüsse 80 g geriebene Mandeln, vermengt mit 150 g gemahlenem Mohn, und aromatisieren noch zusätzlich mit einer Prise Nelkenpulver. Die vorbereiteten Palatschinken mit der heißen Mohnmasse füllen, einrollen und mit Staubzucker bestreuen. Dazu servieren Sie Weinschaum oder Preiselbeeren.

SCHOKOLADE-NUSS-PALATSCHINKEN

ZUTATEN FÜR 18 STÜCK

18 Palatschinken (s. S. 502)
250 g Walnüsse, gerieben
3 dl Schokoladesauce, warm (s. S. 535)
Zucker zum Bestreuen

Warme Palatschinken mit heißer Schokoladesauce bestreichen, mit Walnüssen bestreuen. Palatschinken zusammenrollen, mit Zucker bestreuen.

CRÊPES SUZETTE

ZUTATEN FÜR 6 PORTIONEN

18 Crêpes (s. S. 502)
60 g Butter
80 g Kristallzucker
⅛ l Orangensaft
Saft von 1 Zitrone
2 EL Grand Marnier
1 EL Cognac (Weinbrand)
Walnüsse oder Mandeln, gehackt

Zucker in flacher Pfanne erhitzen, unter Rühren karamelisieren. Butter beigeben, mit Orangen- und Zitronensaft ablöschen, verkochen, bis sich der Zucker aufgelöst hat. Grand Marnier zugießen. Jeweils eine Crêpe einlegen, durch die Flüssigkeit ziehen, zu einem Dreieck falten. Den Vorgang mit allen Crêpes wiederholen, mit Cognac (Weinbrand) begießen und diesen entzünden (flambieren). Auf einer Platte oder einem Teller anrichten, mit Nüssen bestreuen.

Wenn Topfenpalatschinken wie hier „in Reih und Glied“ antreten, wirken sie vielleicht noch etwas attraktiver. Aber auch die „Einzelpalatschinke“ erweist sich als familienfreundliches Mittagessen.

ZUTATEN FÜR 6 PORTIONEN
9 Palatschinken (s. S. 502)
120 g Butter
60 g Staubzucker
600 g Topfen, 20%
120 g Kristallzucker
60 g Rosinen
3/8 l Sauerrahm
6 Eidotter
6 Eiklar
1 EL Vanillezucker
Prise Salz
Zitronenschale

Überguß:
2 Eier
1/4 l Sauerrahm
40 g Staubzucker
1 TL Vanillezucker

Butter zum Ausstreichen
Mehl zum Ausstauben
Zucker zum Bestreuen

TOPFENPALATSCHINKEN

Handwarme Butter, Staubzucker und Zitronenschale schaumig rühren. Nach und nach Eidotter einrühren, zum Schluß passierten Topfen, Sauerrahm sowie Rosinen beigeben. Eiklar, Kristallzucker, Vanillezucker und Salz zu festem Schnee schlagen, unter die Buttermasse ziehen. Palatschinken leicht überlappend in einer Reihe auflegen. Mit 2/3 der Topfenmasse bestreichen, die „Palatschinkenschlange“ einrollen und in ca. 6 cm große Stücke teilen. Eine passende Auflaufform mit Butter ausstreichen, mit Mehl ausstauben. Palatschinkenstücke dachziegelartig einordnen. Im vorgeheizten Backrohr 15 Minuten anbacken.
Für den Überguß Eier, restliche Topfenmasse, Sauerrahm, Staub- und Vanillezucker glattrühren, über die Palatschinken gießen und im Backrohr fertigbacken. Mit Zucker bestreuen, sofort servieren.

- BACKROHRTEMPERATUR: 160 °C
- BACKDAUER: 35–40 Minuten
- MEIN TIP: Wie alle Aufläufe kann man auch die Topfenpalatschinken mittels Mikrowelle gut regenerieren.

BRANDTEIGKRAPFERLN MIT POWIDLFÜLLE

Für den Teig Milch, Salz, Rum und Butter aufkochen. Mehl mit dem Kochlöffel zügig einrühren und so lange rühren, bis der Teig glatt erscheint und sich vom Kasserollenrand löst. Kasserolle vom Herd nehmen. Weiterrühren, nach und nach verschlagene Eier sowie Zucker einmengen. Den Teig in Spritzsack (mit glatter Tülle Nr. 9) füllen. Jeweils 4 Krapferln auf ein Pergamentpapier dressieren. Reichlich tiefes Fett erhitzen, Krapferln mit dem Papier nach oben in das Fettbad einlegen. Das Papier abziehen, die Krapferln an beiden Seiten goldbraun backen. Krapferln aus dem Fett heben, abtropfen lassen. Powidl erwärmen, mit Zimt und Rum verrühren. Powidl mit Dressiersack (glatte Tülle Nr. 3) in die Krapferln einspritzen. Krapferln in geriebener Schokolade rollen, mit Staubzucker bestreuen und mit Vanillesauce auftragen.

- GARUNGSDAUER: 6–7 Minuten
- MEIN TIP: Ganz wesentlich ist es, daß die für die Masse vorgesehenen Eier vorher gut verschlagen werden, da dadurch das Einarbeiten in den Teig erleichtert wird. Die Eier müssen unbedingt in den noch sehr heißen Teig gerührt werden, da dieser sonst zu flüssig wird.

ZUTATEN FÜR 6 PORTIONEN

Brandteig:
¼ l Milch
75 g Butter
125 g Mehl, glatt
3 Eier
5 g Kristallzucker
1 EL Rum
Prise Salz

Fülle:
400 g Powidl
1 TL Zimt
2 EL Rum

100 g Kochschokolade, fein gerieben, zum Wälzen
Staubzucker zum Bestreuen
Vanillesauce (s. S. 535)
Fett zum Backen

Mit einer feinen Vanillesauce aufgetragen, sind Brandteigkrapferln mit Powidlfülle ein Dessert „par excellence“.

SCHLOSSERBUBEN

ZUTATEN FÜR 4 PORTIONEN
24 Dörrzwetschken (Pflaumen), groß, ohne Stein
180 g Marzipan
80 g Schokolade, gerieben
40 g Staubzucker
Zucker zum Bestreuen
Rum
Grand Marnier oder Slibowitz
Backteig (s. S. 502)
Öl zum Backen

Garnierung:
Vanillesauce

Zwetschken einige Stunden mit etwas Rum und Grand Marnier marinieren. Zwetschken öffnen, an Stelle des Kerns eine Kugel Marzipan einfüllen. Reichlich Öl erhitzen, Zwetschken durch Backteig ziehen und schwimmend goldbraun und knusprig backen. Aus dem Öl heben, vorsichtig mit Küchenkrepp abtupfen. Schokolade mit Staubzucker vermischen, Schlosserbuben darin wälzen, anrichten, mit Zucker bestreuen.

- GARUNGSDAUER: 3–4 Minuten

WIENER WÄSCHERMÄDELN

ZUTATEN FÜR 4 PORTIONEN
12 Marillen, vollreif
180 g Marzipan
Marillenbrand
Backteig (s. S. 502)
Vanillesauce (s. S. 535)
50 g Mandelspäne, gehobelt, geröstet
Öl zum Backen
Staubzucker zum Bestreuen

Marillen waschen, gut abtrocknen, mit kleinem Kochlöffel den Kern herausstechen (stoßen). Marzipan mit Marillenbrand anwirken (verkneten) und jeweils ein Stückchen in die Marillen füllen. Marillen durch den Backteig ziehen, in reichlich erhitztem Öl goldbraun backen. Aus dem Fett heben, auf Küchenkrepp legen, abtupfen. Vanillesauce in Teller eingießen, mit Mandeln bestreuen, Wäschermädeln daraufsetzen und mit Zucker bestreuen.

- GARUNGSDAUER: 6 Minuten

GEBACKENE SEMMELN MIT APFELFÜLLE

ZUTATEN FÜR 4 PORTIONEN
4 Semmeln vom Vortag
400 g Äpfel, geschält, entkernt
40 g Rosinen
50 g Kristallzucker
1 EL Rum
40 g Butter
Prise Zimt
1/8 l Weißwein
Mehl, glatt
2 Eier
Semmelbrösel zum Panieren
Öl zum Backen
Staubzucker zum Bestreuen

Garnierung:
Weinschaum

Semmeln entrinden, oberes Drittel horizontal abschneiden, Schmolle aus beiden Teilen der Semmeln herausnehmen. Äpfel in kleine Stücke schneiden (wie für Apfelstrudel). Butter schmelzen, Äpfel darin andünsten. Zucker, Rum, Rosinen und Zimt beigeben. Die Apfelmasse in die Semmeln füllen, Deckel aufsetzen. Semmeln von allen Seiten in Wein tunken, in Mehl, verschlagenem Ei und Semmelbröseln panieren. Reichlich Öl in passender Kasserolle oder tiefer Pfanne erhitzen. Semmeln langsam beidseitig braun backen. Aus dem Fett heben, auf Küchenkrepp abtropfen lassen, mit Staubzucker bestreut auftragen.

- GARUNGSDAUER: ca. 8 Minuten
- MEIN TIP: Bei dieser Altwiener Mehlspeise kann die Fülle auch variiert werden. Dazu eignen sich vor allem Früchte wie Birnen oder Kombinationen mit leicht mariniertem Dörrobst (Kletzen, Marillen oder Pflaumen).

Gegenüberliegende Seite: Wenn Apfelspalten so knusprig herausgebacken werden, munden sie gleich noch einmal so gut (s. Rezept S. 534).

ZUTATEN FÜR 4 PORTIONEN
3 Äpfel (Golden Delicious oder Boskoop)
30 g Kristallzucker
1 gestrichener TL Zimt
1 EL Rum
Zitronensaft
Backteig (s. S. 502)
Staubzucker zum Bestreuen
Öl zum Backen

GEBACKENE APFELSPALTEN

Äpfel schälen, mit Ausstecher vom Kerngehäuse befreien, in ca. 1 cm dicke Scheiben schneiden. Mit Rum und Zitronensaft beträufeln, mit Zimt-Kristallzucker-Gemisch bestreuen, etwas marinieren lassen. Reichlich Öl erhitzen. Apfelspalten durch den Backteig ziehen, schwimmend beidseitig goldbraun backen. Aus dem Fett heben, mit Küchenkrepp abtupfen. Mit Staubzucker oder Zimtzucker bestreuen.

- GARUNGSDAUER: ca. 4–5 Minuten
- MEIN TIP: Auch zahlreiche andere Früchte, wie Feigen, Bananen, Pfirsiche, Marillen etc., lassen sich auf diese Art backen.

ZUTATEN FÜR 6 PORTIONEN
6 Semmeln vom Vortag
120 g Powidl
½ l Milch
3 Eier
20 g Mehl, glatt
2 EL Vanillezucker
1 TL Zimt
1 EL Rum
Fett zum Backen
Staubzucker zum Bestreuen

POWIDLPOFESEN *(Arme Ritter)*

Semmeln entrinden, halbieren, mit Powidl füllen, Ober- und Unterseite wieder zusammenfügen. Milch mit Zimt, Vanillezucker und Rum vermischen. Reichlich Fett erhitzen. Semmeln in aromatisierter Milch beidseitig leicht weichen. Eier mit Mehl verschlagen. Semmeln (Pofesen) durch die Eier ziehen, in das heiße Fett einlegen und beidseitig braun backen. Aus dem Fett heben, auf Küchenkrepp legen, abtupfen, angezuckert auftragen.

- GARUNGSDAUER: ca. 5–6 Minuten
- MEIN TIP: Für die Pofesen können Sie statt Semmeln auch Milch- oder Toastbrot verwenden. Es könnte allerdings auch der Powidl durch andere Marmeladesorten ersetzt werden.

ZUTATEN
Große Hollerblüten
Backteig (s. S. 502)
Öl zum Backen
Staubzucker zum Bestreuen

Garnierung:
Vanille- oder Fruchtsauce

GEBACKENER HOLLER

Hollerblüten waschen, gut abtropfen lassen, mit der Schere vom großen Stamm trennen. Ausreichend Fett erhitzen. Die Blüten (am Stiel haltend) durch den Backteig ziehen und schwimmend in heißem Öl backen. Auf Küchenkrepp legen, abtupfen. Mit dem Stiel nach oben anrichten, mit Zucker oder Zimtzucker bestreuen.

- GARUNGSDAUER: ca. 3 Minuten

SCHOKOLADESAUCE

Schlagobers aufkochen. Schokolade in kleine Stücke brechen, unter ständigem Rühren schmelzen, einmal aufkochen.
Verwendung: als Garnierung für Omeletten, Palatschinken, Mohr im Hemd oder Eisspezialitäten

ZUTATEN FÜR 6 PORTIONEN
¼ l Schlagobers
150 g Bitterschokolade (Kochschokolade)
100 g Milchschokolade

KANARIMILCH

Milch mit Vanillezucker (Schote) aufkochen. Staubzucker mit Eidotter schaumig rühren, in die heiße Milch mittels Schneerute einschlagen. Unter ständigem Rühren bis zur Rosenprobe erhitzen (Schote entfernen).
Rosenprobe: Hält man einen Kochlöffel in die Flüssigkeit, hebt diesen wieder heraus und bläst über die Wölbung des Löffels, so bildet sich ein wellenartiges, rosenblätterartiges Bild.
Verwendung: als Beilage für Dukatenbuchteln, Topfenauflauf oder Dampfnudeln

ZUTATEN FÜR 6 PORTIONEN
½ l Milch
80 g Staubzucker
30 g Vanillezucker (Vanilleschote)
4 Eidotter

VANILLESAUCE

⅛ l Milch mit Vanillecremepulver glatt verrühren. Restliche Milch, Kristall- und Vanillezucker gemeinsam aufkochen. Pulvergemisch mit Schneerute zügig einrühren, unter ständigem Rühren nochmals aufkochen, Rum einmengen.
Verwendung: als Beilage zu warmen Germmehlspeisen, Fruchtdesserts oder Topfenspeisen

ZUTATEN FÜR 4–6 PORTIONEN
½ l Milch
80 g Kristallzucker
30 g Vanillecremepulver
2 EL Vanillezucker
1 EL Rum

WEINSCHAUM *(Weinchaudeau)*

Alle angeführten Zutaten glatt verrühren. Im Schneekessel über Dampf mittels Schneerute schaumig warm schlagen.
Verwendung: als Dessert mit Biskotten oder als Beilage zu warmen oder kalten Desserts und Eisspezialitäten

ZUTATEN FÜR 6 PORTIONEN
1,5 dl Weißwein
50 g Staubzucker
etwas Zitronensaft
4 cl Grand Marnier (Orangenlikör)
6 Eidotter

GLÜHWEIN

Alle angeführten Zutaten gemeinsam aufkochen, abseihen. (Für Sauce Bischoff wird Rotwein mit Stärke verrührt und mit Zucker, Aromaten, Rosinen und Mandeln verkocht.)
Verwendung: als Beilage zu diversen Aufläufen

ZUTATEN FÜR 2–4 PORTIONEN
½ l Weißwein
60 g Zucker
1 Zitronenschale, klein
Zimtrinde
2 Gewürznelken

ZUTATEN
1 kg Orangen mit Fruchtfleisch, unbehandelt, gewaschen, entkernt
500 g Kristallzucker

ORANGENMARMELADE NACH ART DER BRÜDER OBAUER

Halbierte Orangen in reichlich kaltem Wasser zustellen, aufkochen, abseihen. Vorgang zweimal wiederholen. Orangen in Streifen schneiden, mit Zucker langsam kochen. Abfüllen.

- KOCHDAUER: ca. 3–4 Stunden

ZUTATEN
1 kg Marillen, gewaschen, abgetrocknet, entsteint, geviertelt
400 g Gelierzucker

MARILLENMARMELADE

Früchte mit Zucker vermengen, einen Tag kühl stehen lassen. Auf sämige Konsistenz kochen, Schaum abschöpfen, eventuell mit Marillenbrand verfeinern. Gelierprobe empfehlenswert. Kann passiert werden. Zwetschken- und Ribiselmarmelade werden ebenso gekocht.

- KOCHDAUER: ca. 20 Minuten

ZUTATEN
1 kg Rhabarber, geschält, klein geschnitten
4 Zitronen, unbehandelt, gewaschen, in dünne Scheiben geschnitten
1 kg Kristallzucker
pro Glas 1 Geranienblatt

RHABARBERMARMELADE

Rhabarber, Zitronenscheiben und Zucker vermischen, 12 Stunden kühl ziehen lassen. Gemeinsam unter ständigem Rühren kochen. Je ein Geranienblatt auf den Boden der Gläser legen, Marmelade heiß einfüllen, verschließen.

- KOCHDAUER: ca. 30 Minuten

ZUTATEN
1 kg Feigen, vollreif, gewaschen, abgetrocknet, geviertelt
200 g Kristallzucker
200 g Gelierzucker
1/16 l Rot- oder Portwein
etwas Rosmarin

FEIGENMARMELADE

Kristallzucker unter ständigem Rühren karamelisieren, Feigen beigeben, mit Wein ablöschen. Gelierzucker beigeben, unter Rühren kochen. Mit Rosmarin dezent parfümieren.

- KOCHDAUER: ca. 45 Minuten
- MEIN TIP: Heute kocht man Marmeladen zuckerärmer (je nach Wunsch mit Gelier- oder Kristallzucker). Empfehlenswert sind vollreife Früchte (auch exotische), Beeren und Steinobst erster Qualität. Gläser mit Drehverschluß oder Zellophan (Gummiring oder Spagat) luftdicht verschließen. Gläser vor der Füllung sterilisieren. Heiß, auf Tücher gestellt, füllen, nicht verrücken! Etikettieren, kühl und dunkel lagern.

GLOSSAR

Abfrischen. Kochgut unter fließendem kaltem Wasser abkühlen
Abschmalzen. Kochgut mit erhitztem Fett übergießen
Abtrieb. Schaumig gerührte Masse
Abliegen. Fleisch durch längere Lagerung mürb werden lassen
Anschwitzen. Zwiebeln, Gemüse, Mehl etc. in heißem Fett kurz, ohne Farbe nehmen zu lassen, anrösten

Backhuhn. Paniertes, in heißem Fett gebackenes Huhn
Beiried. Ausgelöstes Rindsrippenstück
Beuschel. Gericht aus Kalbslunge und -herz
Biskotte. Löffelbiskuit
Blunze. Blutwurst
Bries. Kalbsmilch
Brösel (Semmelbrösel). Paniermehl
Buchteln. Hefegebäck
Busserl. Runde, kleine Plätzchen

Dalken. Kleine Hefeteig-Pfannkuchen
Dampfl. Hefeansatz, Vorteig
Dotter. Eigelb

Eierschwammerl. Pfifferlinge
Eierspeise. Rühreiähnliches Gericht
Eiklar. Eiweiß
Einbrenn. Braune Mehlschwitze
Einmach. Helle Mehlschwitze
Erdäpfel. Kartoffeln

Faschiertes. Hackfleisch
Fisole. Grüne Bohne
Fleckerln. Kleine quadratische Nudelteigstücke
Frankfurter. Wiener Würstchen
Frittaten. Nudelig geschnittene Pfannkuchen, als Suppeneinlage verwendet

Gelbe Rübe. Möhre
Germ. Hefe
Geselchtes. Rauchfleisch, Geräuchertes
Golatsche. Mehlspeise aus Plunderteig
Grammeln. Grieben
Gugelhupf. Napfkuchen

Häuptelsalat. Kopfsalat
Heidelbeeren. Blaubeeren
Heidenmehl. Buchweizenmehl
Hendl. Junges Huhn
Herrenpilz. Steinpilz
Heurige. Frühkartoffeln
Holler. Holunder
Hühnerbügerl. Hühnerkeule

Junges (Hühner-, Enten- oder Gänsejunges). Klein
Jungfernbraten. Schweinsfilet

Kaiserfleisch. Geräuchertes (gepökeltes) Rippen- oder Bauchfleisch mit Schwarte
Kalbsstelze. Kalbshaxe
Kalbsvögerl. Ausgelöste Hesse
Karfiol. Blumenkohl
Karotte. Mohrrübe
Kipferl. Hörnchen
Kitz. Junge Ziege, Zicklein
Kletzen. Dörrbirnen
Kletzenbrot. Früchtebrot
Knackwurst. Zervelatwurst
Knödel. Klöße
Koch. Dem Auflauf ähnliche Süßspeise
Kohl. Wirsing
Kohlsprossen. Rosenkohlröschen
Kotelett. Rippchen
Krapfen. In Schmalz gebackenes Hefegebäck
Kraut. Weißkohl
Kren. Meerrettich
Kruspelspitz. Stück von der Rindsschulter
Kutteln. Kaldaunen

Marille. Aprikose
Marmelade. Konfitüre
Maroni. Edelkastanien
Melanzani. Auberginen

Neugewürz. Piment
Nierndln. Niere
Nockerl. Spätzle, Klößchen

Ochsenschlepp. Ochsenschwanz
Omelett. Eierkuchen

Palatschinken. Pfannkuchen
Panieren. Kochgut in Mehl, Ei und Paniermehl wenden
Paradeiser. Tomate
Plenten. Dicker Brei aus Maisgrieß
Porree. Lauch
Powidl. Pflaumenmus
Püree. Mus

Rahm. Saure Sahne
Rein (Reindl). Kasserolle
Ribisel. Johannisbeere
Rieddeckel. Rind-Zwerchrippendecke
Rindslungenbraten. Lende, Filet
Röster. Gedunstetes Obst
Rostbraten. Hohe Rippe, hohes Roastbeef
Rote Rübe. Rote Bete
Rotkraut. Rotkohl

Sauerkraut. Sauerkohl
Schlagobers. Schlagsahne
Schmalz. Ausgelassenes Schweinefett
Schöberl. Kleine Biskuit-Suppeneinlage
Schopfbraten. Schweinekamm
Schwammerl. Pilze
Selchspeck. Räucherspeck
Semmel. Brötchen
Spagat. Bindfaden
Spanferkel. Junges Milchschwein
Sterz. Dicker Brei aus Maisgrieß oder Buchweizenmehl
Staubzucker. Puderzucker

Tafelspitz. Ende des Rindschwanzstückes
Topfen. Quark

Versprudeln. Verquirlen

Wadschinken. Ausgelöste Hesse
Weichsel. Sauerkirsche
Weißes Scherzel. Hinteres Schwanzstück beim Rind
Weißkraut. Weißkohl
Wurzelwerk. Wurzelgemüse (Karotten, Sellerie, Petersilie etc.)

Zwetschke. Pflaume
Zwetschkenröster. Gedünstete Pflaumen

KLEINES KÜCHEN-ABC

Einige Fachausdrücke, die Sie in diesem und anderen Kochbüchern immer wieder lesen werden: Von *Amuse gueule* bis *Ziselieren*.

Amuse gueule. Wörtlich übersetzt „kleine Gaumenfreude"; kleiner „Gruß aus der Küche" zu Beginn des Menüs.
À point. Exakt auf den Punkt gegart, nicht zu roh und nicht ganz durch gebraten (siehe auch S. 42).

Blanchieren. Ein Produkt, etwa Spinat, Gemüse, Kalbsbries oder Obst, kurz in kochendem Wasser überbrühen, um es kochfertig zu machen (siehe auch S. 37).
Brunoise. Fein geschnittene Gemüsewürfelchen, die etwa als Suppeneinlage oder für Saucen verwendet werden.

Consommé. Besonders gehaltvolle Kraftbrühe, mit rohem Fleisch angesetzt. Wird die Menge des Klärfleisches verdoppelt, spricht man von einer Consommé double.
Court-bouillon. Mit Kräutern und anderen Aromastoffen angesetzter Würzsud als Grundlage zum Pochieren von Fischen (s. S. 187).
Crépinettes (Netzwürstchen). Würstchenartiges Gericht im Netz (z.B. Hummercrépinettes, Schweinscrépinettes, Wachtelcrépinettes etc.). Hat mit Crêpes (siehe unten) nichts zu tun.
Crêpes. Hauchdünn gebackene, aus Frankreich stammende Palatschinken. Berühmt sind vor allem die Crêpes Suzette (s. S. 529).
Croutons. In Butter geröstete Weißbrotwürfel, meist für Suppen oder Salate verwendet.

Duxelles. Farce aus gehackten Schalotten (kleine Zwiebeln) und Champignons, die in Fett geschwenkt und mit Salz, Pfeffer sowie Petersilie abgeschmeckt werden (s. S. 229).

Farce. Jede Art von Fülle, beispielsweise hergestellt aus Fisch (Hechtfarce) oder Geflügel (Hühnerbrustfarce).
Flambieren. Ursprünglich bezeichnete man damit das „Abbrennen" von gerupftem Geflügel, heute versteht man darunter vor allem das Abbrennen eines Gerichtes mit hochprozentigen Spirituosen (z. B. Cognac).
Fleurons. Kleine Blätterteig-Halbmonde oder -Fische, die vorwiegend als Dekor für Frikassee oder Ragoutgerichte Verwendung finden.
Fond. Die Grundlage jeder feinen Saucenküche. Grundbrühe, die den Geschmack von Karkassen (Knochen, Gräten etc.) von Fisch, Geflügel oder Fleisch aufgenommen hat und konzentriert weiterverwendet werden kann.
Frikassee. Weißes Ragout von hellem Fleisch, wie etwa Kalb, Lamm oder Geflügel.

Galantine. Ursprünglich verstand man darunter eine Pastetenfarce, die so in ein entbeintes Geflügel eingerollt war, daß die Façon des Tieres noch erkennbar war. Heute wird jede – wie immer geformte – Rollpastete so genannt (siehe Hühnergalantine S. 150).

Hautgoût. Eigenartig intensiver, würziger Geruch und Geschmack, der durch längeres Abhängen von Wild entsteht; für viele Gourmets entbehrlich, für manche unbedingtes „Muß".
Hors d'œuvres. Französische Bezeichnung für kalte Vorspeisen.

Julienne. Feinnudelig geschnittenes Gemüse oder Fleisch.
Jus. Bratensaft, brauner Fond, in Österreich auch als „Natursaftl" bezeichnet.

Karkassen. Knochenreste, etwa von Geflügel oder Fisch, die zur Herstellung von Fonds und Extrakten dienen.
Krustade. Franz. „croustade", blind gebackene Pasteten aus Blätter- oder Mürbteig, die meist mit würzigem, pikantem Ragout gefüllt und mit Deckel serviert werden.

Legieren. Eine Flüssigkeit (etwa eine Suppe oder Sauce) mit Eidotter und Obers binden.

Mie de pain. Entrindetes Weißbrot, das ganz fein (oder durch ein Sieb) gerieben und zum Panieren verwendet wird.
Mise en place. Vorbereitung aller einzelnen Zutaten, um den Kochvorgang so zeit- und raumsparend wie möglich zu gestalten.
Montieren. „Aufschlagen" einer Sauce oder Suppe zu stabiler Konsistenz, vor allem mit Hilfe von kalter Butter. Diese wird unter Schwingen der Pfanne der Flüssigkeit beigemengt.
Mousse. Bedeutet ursprünglich „Schaumbrot" und bezeichnete unterschiedlichste, aufwendig hergestellte Pastetenvariationen. Wird heute jedoch fälschlicherweise für alle Arten von Cremen auf Pürierbasis verwendet, die mit Obers (Sahne) oder Eiweiß schaumig aufgeschlagen werden.

Nappieren. Ein Stück Fleisch, Fisch oder Gemüse mit Sauce überziehen.

Parfait. Eine gesulzte oder mit Eiweiß im Wasserbad pochierte Farce wird vor dem Servieren in einer Form zum Erstarren gebracht. Ideale Grundlage sind Fische, Gemüse und Krustentiere. Eine Sonderform ist das Eisparfait.
Parieren. Fleisch oder Fisch durch Wegschneiden der überflüssigen Teile (Parüren) koch- bzw. bratfertig machen.
Pastete. Jede Farce, die in einen Teigmantel gewickelt und darin gebacken wird. Die berühmte „Gänseleberpastete" ist daher keine Pastete, sondern eine Terrine.
Petits fours. Süße kleine Näschereien, die zum Kaffee angeboten werden.
Pochieren. Fisch, Fleisch oder Gemüse knapp unterhalb des Siedepunkts (bei ca. 95 °C) garziehen lassen (siehe auch S. 37).
Poêlieren. Fleisch in Butter mit Wurzelwerk dünsten bzw. braten.

Ragout. Gericht aus würfelig geschnittenem Fleisch, Fisch oder Gemüse, das auch als „Ragout fin" für Pastetenfüllungen verwendet werden kann.
Reduktion. Fond und Wein werden bis zu jener sämigen Konsistenz eingekocht, die dann die Grundlage für eine optimale Sauce ergibt.
Reduzieren. Einer der wichtigsten Vorgänge der gehobenen Saucenküche, der das Einkochen einer Flüssigkeit (Fond, Wein etc.) auf die gewünschte Konsistenz beschreibt.

Sautieren. Fleisch- oder Fischwürfel kurz anbraten.
Suprême. Geflügelbrust, aber auch Sammelname für die besten Stücke, auch „Königsstücke", eines Tieres.

Terrine. Pastete ohne Teigmantel, meist in mit Speck oder Blattgemüse ausgelegter Keramikform. Terrinen werden im Wasserbad gegart.

Timbale. Pastete in Becherform.

Velouté. Samtige weiße Sauce auf der Basis von Kalbs- oder Geflügelfond, die mit Obers aufgekocht und anschließend durch ein Tuch passiert wird (siehe auch S. 189).

Ziselieren. Leichtes Einschneiden von portioniertem Fisch oder Fleisch, damit sich die Ränder während des Garens nicht verbiegen oder gar platzen.

REGISTER DER REZEPTE

Wenn sich ein Stichwort nicht als eigenständiges Rezept auffinden läßt, siehe
● MEIN TIP